HISTORIA DE LA PSICOLOGÍA: INVESTIGACIÓN Y DIDÁCTICA

HISTORIA DE LA PSICOLOGÍA: INVESTIGACIÓN Y DIDÁCTICA

Juan Carlos Pastor Soriano
Cristina Civera Mollá
Francisco Tortosa Gil

tirant lo blanch
Valencia, 2000

Director de la colección:
MANUEL ASENSI PÉREZ

© JUAN CARLOS PASTOR SORIANO
CRISTINA CIVERA MOLLÁ
FRANCISCO TORTOSA GIL

© TIRANT LO BLANCH
EDITA: TIRANT LO BLANCH
C/ Artes Gráficas, 14 - 46010 - Valencia
TELFS.: 96/361 00 48 - 50
FAX: 96/369 41 51
Email:tlb@tirant.com
http://www.tirant.com
Librería virtual: http://www.tirant.es
DEPOSITO LEGAL: V - 2327 - 2000
I.S.B.N.: 84 - 8442 - 129 - 5
IMPRIME: GUADA LITOGRAFIA, S.L. - PMc

A la memoria de
Johannes C. Brengelmann (1920-1999)

ÍNDICE

Presentación 13

1ª Parte
LA HISTORIA DE LA PSICOLOGÍA:
CONCEPTO, TEORÍA Y MÉTODO

Capítulo 1
EL CONCEPTO DE HISTORIA DE LA PSICOLOGÍA

1. DEFINICIÓN DE HISTORIA 27

2. TEORÍA DE LA HISTORIA 33
   2.1. Teoría clásica de la Historia 35
   2.2. Teoría moderna de la Historia. Filosofía de la Historia 36
   2.3. Teoría contemporánea de la Historia. Ciencia histórica y
        Filosofía de la Historia. 39
   2.4. Consideraciones sobre la actual Teoría de la Historia. 54

3. CONCLUSIONES 61

Capítulo 2
EL MÉTODO DE LA HISTORIA DE LA PSICOLOGÍA

1. LA METODOLOGÍA DE LA HISTORIA 68

2. EL MÉTODO HISTÓRICO. 72
   2.1. Lo común de los métodos 74
   2.2. Lo específico del método histórico 85

3. EL PROCESO HISTORIOGRÁFICO 87
   3.1. Búsqueda, selección y reconstrucción 89
   3.2. Explicación, Comprensión, Retrodicción 91
   3.3. Descripción, Interpretación y Narración 97

4. TEORÍAS Y MODELOS HISTORIOGRÁFICOS 103

4.1. Modelos explicativos del desarrollo histórico. 104
4.2. Modelos explicativos del desarrollo histórico de la Psicología 105

Capítulo 3
HISTORIA, CIENCIA Y PSICOLOGÍA

1. PSICOLOGÍA Y CIENCIA 123
   1.1. El concepto de Ciencia 125
   1.2. Ciencia e Historia 136

2. PSICOLOGÍA E HISTORIA 153
   2.1. El concepto de Psicología 154
   2.2. Ciencia, Historia y Psicología 164

3. LA JUSTIFICACIÓN DE LA HISTORIA DE LA PSICOLOGÍA 184
   3.1. Objeto de la Historia de la Psicología 185
   3.2. Sentido de la Historia de la Psicología 194

2ª Parte
LA HISTORIA DE LA PSICOLOGÍA EN EL MARCO
UNIVERSITARIO: INVESTIGACIÓN Y DOCENCIA

Capítulo 4
HISTORIA DE LA HISTORIA DE LA PSICOLOGÍA

1. ORIGEN Y DESARROLLO DE LAS CIENCIAS 202

2. ORIGEN Y DESARROLLO DE LA HISTORIA DE LAS CIENCIAS 206

3. ORIGEN Y DESARROLLO DE LA HISTORIA DE LA PSICOLO-
   GÍA 213
   3.1. Nacimiento de la Historia de la Psicología 216
   3.2. Apogeo de la Historia de la Psicología 220
   3.3. Crisis de la Historia de la Psicología 226
   3.4. Institucionalización de la Historia de la Psicología en los
        EE.UU. 229
   3.5. Institucionalización de la Historia de la Psicología en Europa 235

4. ORIGEN Y DESARROLLO DE LA HISTORIA DE LA PSICOLO-
   GÍA EN ESPAÑA 237

5. LA HISTORIA DE LA PSICOLOGÍA EN LA ACTUALIDAD 245

Capítulo 5
LA DOCUMENTACIÓN EN HISTORIA DE LA PSICOLOGÍA

1. LA DOCUMENTACIÓN CIENTÍFICA 256
   1.1. Documentos y tipos de documentos 258
   1.2. Fuentes documentales y tipos de fuentes documentales 261

2. FUENTES PRIMARIAS EN HISTORIA DE LA PSICOLOGÍA 265
   2.1. Documentos escritos 267
   2.2. Otros documentos 279
   2.3. Fuentes de archivo 286

3. FUENTES SECUNDARIAS EN HISTORIA DE LA PSICOLOGÍA 296
   3.1. Fuentes secundarias no periódicas. 297
   3.2. Fuentes secundarias periódicas 316

4. FUENTES TERCIARIAS EN HISTORIA DE LA PSICOLOGÍA .. 323
   4.1. Fuentes bibliográficas impresas 324
   4.2. Fuentes electrónicas: Bases de datos 335

5. CENTROS DE DOCUMENTACIÓN 355
   5.1. Centros de Documentación en España 359
   5.2. Centros de Documentación en el extranjero 369

6. RECURSOS DOCUMENTALES A TRAVÉS DE LA RED INFOR-
   MÁTICA INTERNACIONAL: INTERNET 376

Capítulo 6
LA DIDÁCTICA DE LA HISTORIA DE LA PSICOLOGÍA

1. EL PROGRAMA DE LA ASIGNATURA *HISTORIA DE LA PSICO-
   LOGÍA.* TEORÍA 400
   1.1. Objetivos del programa 400
   1.2. Aspectos formales del programa 403
   1.3. Aspectos de contenido del programa 413

2. EL PROGRAMA DE LA ASIGNATURA *HISTORIA DE LA PSICO-
   LOGÍA.* PRÁCTICAS 422
   2.1. Objetivos del programa 423
   2.2. Aspectos formales del programa 424
   2.3. Aspectos de contenido del programa 428

3. LA DOCENCIA DE LA *HISTORIA DE LA PSICOLOGÍA* 431

3.1. Clases teóricas 434
3.2. Clases prácticas 438

4. CONCLUSIÓN Y REFLEXIONES FINALES 441

ANEXO 1: El programa de Historia de la Psicología. Teoría 453

ANEXO 2: El programa de Historia de la Psicología. Prácticas 597

Bibliografía 607

PRESENTACIÓN

Desde los orígenes de nuestra civilización occidental el ser humano ha intentado comprenderse a sí mismo y explicar su actuación en el mundo. Dicho intento se ha plasmado a lo largo de los años en un esfuerzo permanente por encontrar soluciones satisfactorias a distintos problemas e interrogantes sobre la naturaleza humana. En general, preguntas y respuestas han revestido diversas formas según el contexto geográfico y temporal en que eran formuladas, variando en función de múltiples y muy diversos factores relacionados tanto con la propia dinámica interna del conocimiento psicológico, como con el marco social más amplio en que éste se encuadra.

La Historia de la Psicología, bajo nuestro punto de vista, no es sino la reconstrucción de dichos esfuerzos y su narración en forma de relato, de acuerdo con ciertas reglas del quehacer y de la investigación científica, y a partir de los materiales que han sobrevivido al paso del tiempo. El historiador recoge información sobre el pasado, la describe, la explica, la interpreta, y la presenta en forma de narración con la que hace público su trabajo. Por una parte, busca y maneja datos que luego selecciona, articula e integra en un patrón coherente y significativo. Por otra, su quehacer se fundamenta en una investigación rigurosa, en el empleo de una metodología consensuada, y en la aceptación de las normas implícitas del saber y del conocimiento racional.

Con independencia de que la noción misma de hecho histórico pueda resultar más o menos controvertida, el componente «constructivo» y creador del trabajo del historiador hace que el producto final, la historia propiamente dicha, sea algo distinto de una mera colección ordenada de nombres, datos y realizaciones del pasado. Con independencia de que la objetividad en la reconstrucción histórica pueda representar un mito más que un ideal, el componente «científico» de su trabajo es lo que diferencia su narración histórica de un relato de ficción, de una fábula sobre el pasado o de la mera opinión especulativa sobre lo que debió ocurrir y el por qué ocurrió.

A nuestro entender, la historia se convierte por ello en un proyecto científico de pleno derecho y orientado al conocimiento, en una estimulante y productiva actividad de creación intelectual y en una herramienta útil y necesaria para la ordenación del saber, la reflexión epistemológica y la comprensión de claves y razones significativas en la evolución temporal de nuestra disciplina. Esta será, en primer lugar y a grandes rasgos, la concepción de la historia que desarrollaremos y trataremos de justificar en este trabajo.

Por otra parte, en lo que respecta a la docencia de la Psicología en el marco de la universidad, entendemos que la enseñanza de esta materia, como el de cualquier otra dentro de un plan de estudios universitario, no debiera ser un mero proceso de transmisión de información, transitorio e intrascendente, sino concebirse como un eslabón de un proceso formativo que tendrá como resultado la creación de expertos en un área del saber.

No se nos escapa que, por regla general, los estudiantes tienen su mirada última puesta en la consecución de un título académico que los acredita como psicólogos y que, hoy por hoy, certifica tanto su cualificación como su capacitación profesional. Ahora bien, pensamos que ser psicólogo es algo más que estar en posesión de un título: significa pasar a formar parte de una comunidad que comparte una serie de ideas, procedimientos y aspiraciones relacionadas tanto con el conocimiento como con el reconocimiento por parte de otros colectivos. De este modo, adquirir y asumir la condición de psicólogo, equivale a adquirir y asumir la condición de experto o profesional de lo psicológico, y en última instancia, a integrarse en un colectivo y a adoptarlo como referente tanto desde el punto de vista científico como profesional.

Los estudios universitarios se convierten así, en cierta medida, en un paulatino proceso de «adoctrinamiento» en el que el estudiante aprende a asumir una función, la de psicólogo, que lleva implícita la asunción de ciertas ideas, métodos y puntos de vista, el reconocimiento de la propia habilitación para afrontar un tipo específico de problemas con un tipo específico de soluciones, y la autoatribución de ciertas facultades propias del experto. Pensamos que en este proceso el docente desempeña, sin ninguna duda, un papel crucial.

Entendemos, además, que como profesores universitarios nuestra obligación docente no es sólo informar, sino formar. Más allá de la mera transmisión de información nos sentimos en la obligación de contribuir al desarrollo del espíritu crítico de los estudiantes. Cuanto menos en lo relativo a nuestro ámbito disciplinar, y como parte de un proceso educativo iniciado antes del acceso a la universidad, debemos enseñar a reconocer la información adecuada, a contrastar puntos de vista, a distinguir procedimientos correctos...

Como profesores no queremos olvidar que aunque defendemos el derecho a opinar en los estudiantes, destacamos la importancia de hacerlo con conocimiento y con criterio, y abominamos de las opiniones gratuitas y sin fundamento. Defendemos asimismo la pluralidad, pero en un abanico de opciones en el que no todo vale. Al hacerlo solemos tener claro, de forma más o menos implícita, dónde se encuentra la línea divisoria entre lo que consideramos válido y lo que no consideramos válido.

El criterio de demarcación se identifica, en nuestra opinión, con una doble realidad: por una parte con un criterio de racionalidad consensuado por una comunidad científica; por otra parte con un criterio de especialización consensuado por una comunidad de expertos. Ambas comunidades confluyen en el mundo académico: el colectivo académico, como comunidad científica institucionalizada, establece los límites, cánones y pautas de la especialidad; como comunidad de expertos dispone, promueve y sanciona el conocimiento especializado a través de la formación universitaria, refrendada legalmente con el correspondiente título académico.

A nuestro entender, la enseñanza universitaria de la Historia de la Psicología se convierte de este modo en un proyecto de instrucción de pleno derecho y orientado a la formación del futuro psicólogo, en una estimulante y productiva actividad de entrenamiento intelectual y en una herramienta útil y necesaria para la formación del espíritu crítico, el desarrollo de la identidad disciplinar, y la reflexión sobre lo que significa ser psicólogo y por qué. Esta será, a grandes rasgos, la concepción de la docencia universitaria de la Historia de la Psicología que desarrollaremos y trataremos de justificar en la segunda parte de esta obra.

En su conjunto, el libro que presentamos ha sido concebido pensando en estudiantes y profesores interesados en la Historia y en la Teoría de la ciencia psicológica, y adquiere por ello su pleno sentido en el contexto universitario. Tal y como ha sido escrito, aspira a convertirse en una herramienta útil que pueda servir como obra de consulta y de referencia, y que al mismo tiempo estimule la reflexión sobre algunas de las cuestiones fundamentales que atañen al presente, pasado y futuro de nuestra disciplina.

La elaboración de cualquier guía para la investigación y docencia de una determinada especialidad, implica en mayor o menor medida su delimitación conceptual y metodológica. Por ello, nuestro primer objetivo consistirá en tratar de definir la Historia de la Psicología. Contextualizado en el marco universitario, semejante intento de definición es doblemente valioso, si consideramos que no sólo es un fin en sí mismo en la medida en que sirve para adquirir conocimiento, sino también un paso previo para luego transmitirlo. El método científico contempla justamente estas dos fases, la heurística y la didáctica, la investigación y la enseñanza. Por ello, intentando proceder científicamente, hemos articulado nuestro trabajo en estas dos partes complementarias.

En la primera parte, la heurística, intentaremos contribuir a la conceptuación de la Historia de la Psicología, y lo haremos tanto en lo relativo a la teoría como al método. Para ello realizaremos un esfuerzo de organización, análisis, integración y síntesis de distintos puntos de vista, tanto sobre lo histórico como sobre lo psicológico, que ayuden no sólo a contextualizar la disciplina, sino también a perfilar nuestro propio modo de entenderla.

La tarea, no obstante, no es sencilla, teniendo en cuenta la pluralidad de enfoques que caracterizan el pensamiento contemporáneo, y que afectan por igual a la Psicología y a la propia Historia, donde la disparidad de sistemas, escuelas y puntos de vista contrasta con el desarrollo en cierto modo más uniforme y lineal de las ideas históricas y psicológicas en la época moderna. Por otra parte, la compleja naturaleza de lo psicológico y el peculiar *statu quo* epistemológico de la Psicología actual, caracterizada frecuentemente como un estado de crisis permanente de identidad, tampoco debieran ser menospreciados. La Historia de la Psicología es además una disciplina relativamente joven, especialmente si adoptamos un criterio restrictivo en el que la institucionalización y profesionalización sean necesarias para delimitar una disciplina, en cuyo caso sería aún más joven que cosas tan recientes como el cine, la radio, e incluso la televisión.

La tarea entraña aún mayor dificultad si consideramos el carácter dinámico del saber y de la organización del saber, y si pensamos que todo ámbito disciplinar está en constante cambio y evolución. Por todo ello, para definir y encuadrar adecuadamente la Historia de la Psicología consideramos necesario utilizar distintos marcos y puntos de referencia, al igual que enfocar toda interpretación desde una doble perspectiva: histórica y epistemológica. En consonancia con estas ideas, nuestra exposición ha sido estructurada en tres capítulos.

En el *capítulo 1* abordaremos la delimitación como disciplina científica desde el punto de vista teórico. Para ello, partiremos de una conceptuación previa de la Historia, de la Psicología y de la propia Ciencia, planteando algunas reflexiones y consideraciones generales sobre Filosofía y Teoría de la Ciencia, y sobre Filosofía y Teoría de la Historia, que reflejen el sentido y la evolución de estos conceptos.

En el *capítulo 2* haremos lo propio desde el punto de vista metodológico. Para ello, encuadraremos nuestros procedimientos y problemas como historiadores de la Psicología en el marco de la metodología de la Historia y de las exigencias del trabajo y resultados del historiador profesional. Esta será contextualizada, a su vez, en el marco general de la metodología científica. Igualmente plantearemos en ese momento algunas reflexiones que reflejen el sentido y evolución de los métodos.

En el *capítulo 3* nos centraremos en las peculiaridades de la combinación entre Historia, Psicología y Ciencia. Para ello la Psicología será considerada desde una doble perspectiva: como ciencia y como objeto de investigación histórica. En este sentido, plantearemos algunas reflexiones en torno al concepto de Psicología, y por extensión al concepto de Ciencia, contextualizaremos la Historia de la Psicología en el marco conceptual de la Historia de la Ciencia, y presentaremos la Filosofía y la Historia de la Ciencia como saberes auxiliares de nuestra disciplina.

Con tres capítulos complementarios, la segunda parte del libro sitúa la Historia de la Psicología en el contexto académico, enfocándola como especialidad y materia o asignatura universitaria.

En el *capítulo 4* examinaremos su origen y desarrollo como disciplina académica, tratando de mostrar lo que ha sido, lo que es hoy, y lo que pretende llegar a ser. Habiéndonos planteado ya qué estudia y cómo lo estudia, analizaremos aquí su procedencia y razón de ser, es decir, de dónde surge y por qué. Con este objetivo, tomaremos la Historia de las Ciencias como marco general de la Historia de la Psicología, y abordaremos específicamente su proceso de institucionalización como disciplina universitaria, y las etapas por las que ha atravesado en su desarrollo histórico. En este proceso histórico consideraremos tanto su asentamiento en el mundo académico como su profesionalización, es decir, la progresiva toma de conciencia por parte de los historiadores de la Psicología de las peculiaridades de su disciplina, y su creciente esfuerzo por impulsar su desarrollo teórico y metodológico.

Los dos últimos capítulos tienen una finalidad más práctica, facilitando un conjunto de recursos que pueden ser utilizados con fines didácticos, formativos o de especialización, por cualquier persona interesada en la Historia de la Psicología, y muy especialmente por profesores y alumnos universitarios que quieran acercarse de un modo u otro y con mayor o menor profundidad a esta especialidad.

El *capítulo 5* está dedicado a las fuentes documentales para la docencia e investigación en Historia de la Psicología, contextualizándola en el marco general de la Documentación científica. Plantearemos aquí ciertas consideraciones de carácter general sobre la información, comunicación y documentación, presentándola como una herramienta auxiliar de la Historia de la Psicología, así como algunas reflexiones en torno al concepto de fuente y al de fuente histórica. Incluiremos igualmente una exhaustiva y actualizada revisión de fuentes bibliográficas y recursos documentales en Historia de la Psicología, categorizando los principales tipos de recursos, junto con una muestra de algunos de los mas representativos.

El *capítulo 6*, finalmente, incluye algunas reflexiones particulares sobre la didáctica de la Historia de la Psicología, basadas en nuestra propia experiencia personal como profesores de la asignatura en la Universidad de Valencia. Como complemento de una particular propuesta conceptual y metodológica, y en consonancia con las ideas y planteamientos vertidos a lo largo de toda la obra, se cierra este trabajo con una propuesta de programa para la docencia universitaria de la asignatura, acompañada de una también extensa y actualizada bibliografía organizada por bloques temáticos.

El proceso de transformación y renovación de los planes de estudios, en que desde hace años se encuentra sumida una buena parte de las universidades españolas, nos hace ser conscientes de la provisionalidad de cualquier programa o propuesta docente. Aún así, confiamos en que el lector encuentre en este trabajo una obra de consulta y referencia que pueda resultarle útil. Sea como fuere, y más allá del valor práctico que en el libro pudiera encontrar, tampoco quisiéramos dejar de reseñar nuestro deseo de que al leerlo, llegara a apreciar el deseo de agradar con el que ha sido hecha esta humilde aportación, la inquietud intelectual que la ha movido, y el placer y la satisfacción personal con los que ha sido escrito. Gracias.

DR. JUAN CARLOS PASTOR
Profesor Titular
Universidad de Valencia.

1ª PARTE:
HISTORIA DE LA PSICOLOGÍA: CONCEPTO, TEORÍA Y MÉTODO

«Una sociedad que ha perdido la fe en su capacidad de progresar en el futuro, dejará pronto de ocuparse de su propio progreso en el pasado»

EDWARD H. CARR (1961, p. 179): *¿Qué es la historia? (What is history?)*

CAPÍTULO 1
EL CONCEPTO DE HISTORIA DE LA PSICOLOGÍA

En un libro como éste, sobre Historia de la Psicología, la primera pregunta que debiéramos plantearnos, para empezar, sería justamente ésta: ¿Qué es la Historia de la Psicología? Encontrar una respuesta adecuada no es tarea fácil, y tan sólo puede ser el fruto de una meditada teorización sobre los contenidos y objetivos de la disciplina. Qué pretende, por qué y en qué se basa para ello, serían algunos de los interrogantes añadidos que surgirían de este esfuerzo intelectual. Por nuestra parte trataremos de seguir un itinerario más o menos sistemático, reflejando a lo largo de este libro algunos de los resultados de nuestra propia reflexión.

Conscientes de que cualquier definición «define», pero a su vez «nos define», y aún a sabiendas de que hacerlo no deja de ser aventurado, nos gustaría plantear desde el primer momento una definición provisional que pueda servir de referente durante nuestra exposición. A medida que vayamos avanzando intentaremos matizar los aspectos formales, el contenido y el sentido de la disciplina.

La Historia de la Psicología la entendemos como «una disciplina científica, que mediante el empleo de una metodología también científica, trata de explicar, comprender y retrodecir la evolución y cambios experimentados por la Psicología a lo largo del tiempo, escribiendo para ello narraciones históricas sobre su devenir temporal, en las que trata de reflejar tanto los aspectos intelectuales como los sociales que han condicionado el desarrollo de la Psicología como área de conocimiento, tecnología y profesión».

La Teoría de la Ciencia nos presenta la *definición* (junto con la división y la demostración) como uno de los modos usuales que tienen las ciencias deductivas de obtener y manejar conceptos hasta cierto punto a priori o independientes de la experiencia. La definición se utiliza para delimitar un concepto mediante sus notas o aspectos constitutivos, distinguiéndose a su vez dos tipos de definiciones, *nominales* y *reales*, según expresen el origen o significado del nombre que designa lo definido, o nos digan lo que eso es. Comencemos por un intento *de definición nominal* de la Historia de la Psicología.

Lo primero que apreciamos es que el nombre se compone de dos términos: Historia y Psicología, siendo fácil constatar que ambos designan, a su vez, disciplinas científicas. Por esta razón será preciso definir en su momento lo que entendemos por Historia y lo que entendemos por Psicología, aunque por ahora nos interesa la expresión que las reúne. La Historia de la Psicología se define, de este modo, como *«una disciplina científica en la que una disciplina, la historia, habla de otra, la Psicología».* Lo siguiente que parece necesario clarificar es, pues, su naturaleza: ¿es histórica, psicológica o ambas cosas?

La Historia de la Psicología no es, en sentido estricto, Psicología. Pensemos que habría una diferencia esencial si cambiáramos el rótulo y en lugar de hablar de Historia de la Psicología, habláramos de Psicología de la Historia. El profesor Caparrós (1984a) abordó esta misma cuestión partiendo de la distinción entre aspectos formales y de contenido. Aclaraba así que desde el punto de vista formal, la Historia de la Psicología es una disciplina histórica; desde el punto de vista de su contenido, es una disciplina psicológica. En otras palabras se ocupa de temas psicológicos con procedimientos históricos. En este sentido la Historia de la Psicología es, estrictamente, Historia, porque sus fundamentos teóricos, sus métodos y técnicas son los propios de la Historia. En tanto que Historia, se encuadra dentro de la Historia General, y en este marco adopta un enfoque, una metodología y unos criterios científicos específicos.

Por esta misma razón no debe entenderse como una parte de la Psicología en el sentido en que lo podrían ser la Psicología de la percepción o la Psicología clínica, sino más bien como un modo de abordar la Psicología enfocándola desde una de sus dimensiones: la dimensión temporal. Ahora bien, no considerarla como una especialidad de la Psicología no quiere decir, ni mucho menos, que sea ajena a la Psicología. Su temática es psicológica. Y esto no cambia definamos como definamos su objeto: tanto da que hablemos de «la evolución histórica de la Psicología», como que hablemos de «la Psicología en evolución histórica». En ambos casos se trata de un objeto temporal, dinámico, cambiante... y psicológico. La Historia de la Psicología trata la Psicología en su integridad y, como tendremos ocasión de exponer, contribuye de múltiples formas a este saber y a su desarrollo disciplinar. Su inclusión en un plan de estudios de Psicología está, por tanto, plenamente legitimada.

Con esta definición nominal parece evidente, pues, que nuestra disciplina ha de enmarcarse, sobre todo, en el terreno de los saberes históricos. Procediendo de un modo sistemático, podríamos plantearnos a continuación una *definición real* de Historia de la Psicología. La Teoría de la Ciencia distingue dentro de esta segunda clase tres tipos diferentes de definiciones: *descriptivas, genéticas* y *esenciales,* según nos indiquen respectivamente sus rasgos característicos, cómo se forma el objeto, o bien la esencia de lo definido. En este sentido podríamos plantear tres definiciones que nos indicaran lo que es realmente la Historia de la Psicología: (1) *es una ciencia que tiene por objeto sucesos del pasado concernientes al ámbito psicológico*; (2) *es un discurso específico sobre la Psicología que se genera a raíz de la proclamación de ésta como ciencia*; (3) *es el estudio científico del devenir temporal de la Psicología.*

La primera definición real, aún siendo incompleta, podría calificarse como *esencial.* Su imperfección resulta hasta cierto punto comprensible si consideramos que en tanto que ideal de las ciencias racionales, las definiciones esenciales suelen ser poco viables en las ciencias que se ocupan de objetos reales. En cualquier caso, dado que las definiciones esenciales se hacen tradicionalmente por el «género próximo» (concepto general más inmediato a lo definido) y la «diferencia específica» (nota que añadida al género nos dice lo que el objeto es), la Historia de la Psicología se revela esencialmente como «ciencia» y específicamente como «relativa a sucesos psicológicos del pasado». En este sentido, esta primera definición nos remite, ante todo, al concepto general de ciencia y al ámbito del saber interesado en delimitar su sentido y significado: la Filosofía de la Ciencia. Esta se revela como un saber auxiliar que ayudará a analizar los supuestos epistemológicos que subyacen en cada momento histórico a la producción del conocimiento psicológico.

La segunda definición real, podríamos considerarla como *genética*, en la medida en que subraya su origen. Herramienta también de las ciencias deductivas, la definición genética resulta igualmente imperfecta e incompleta aplicada a la Historia de la Psicología. Aunque nos hace pensar que ésta no es un resultado tan evidente como, por ejemplo, el de la rotación de una figura geométrica sobre uno de sus lados, muestra en cualquier caso que la Historia de la Psicología tiene, a su vez, un origen y razón de ser histórica. Aún presentada como un discurso hasta cierto punto independiente de la propia Psicología, nace subordinada a ella y evoluciona con ésta. Por ello, aún teniendo una finalidad independiente de la psicológica, una finalidad propia, presta concurso al conocimiento psicológico. Esta segunda definición remite, pues, al concepto general de ciencia psicológica, y al ámbito del saber capaz de delimitar su constitución, desarrollo y naturaleza científica: la Historia de la Ciencia. También ésta se revela como un saber auxiliar que ayudará a analizar los supuestos epistemológicos y condiciones subyacentes a la gestación y construcción de la ciencia psicológica.

La tercera definición real, podríamos considerarla de tipo *descriptivo*, si tenemos en cuenta que hablar del devenir subsume rasgos característicos de su objeto, como la temporalidad, el dinamismo, la evolución, la direccionalidad, el cambio. Permitiendo que el término definido entrara en la definición, lo expresaríamos con una palabra: su historicidad. En este sentido esta tercera definición nos remite adicionalmente al objeto y función de la historia, y al ámbito del saber capaz de encontrarle un sentido trascendente a los hechos históricos: La Filosofía de la Historia. También ésta aparece finalmente como un saber auxiliar que contribuye a interpretar y explicar el desarrollo de la ciencia psicológica.

El siguiente paso en la definición de la Historia de la Psicología nos remite a los términos que la integran, esto es, al concepto de Historia y al concepto de Psicología. Entendidas ambas como ciencias, también consideramos necesario plasmar nuestras propias concepciones y puntos de vista al respecto de la ciencia. Teoría, Filosofía e Historia de la Ciencia, y Teoría y Filosofía de la Historia, se revelan como saberes auxiliares y elementos indispensables en cualquier intento ulterior de clarificación de nuestra disciplina. Por ello creemos necesario considerar los esfuerzos de teorización desarrollados desde cada una de estas perspectivas. Este será justamente nuestro objetivo en lo sucesivo, donde intentaremos reflejar distintas consideraciones que ayuden a delimitar lo que entendemos por Historia, lo que entendemos por Ciencia y lo que entendemos por Psicología. Comencemos por el principio.

1. DEFINICIÓN DE «HISTORIA»

¿Qué es la historia? Edward H. Carr (1961), uno de los más distinguidos historiadores británicos del presente siglo, publicaba en 1961 con este mismo título (What is history?) un excelente y sintético estudio sobre el contenido y la finalidad de la ciencia histórica, que ya se ha convertido en un clásico. En su obra, en la que Carr recopilaba una serie de conferencias, reflexiona sobre distintos temas que tienen que ver con: (1) la relación del historiador con los hechos; (2) la sociedad y el individuo, (3) historia, ciencia y moralidad; (4) la causación en la historia; (5) la historia como progreso; y (6) la posición de la historia y del historiador en nuestro tiempo. Sin embargo, el autor no ofrece una escueta definición de la historia, sino que elabora minuciosamente su significado. Este sólo llega a desvelarse después de un brillante y laborioso trabajo de teorización.

En sucesivas y diferenciadas aproximaciones a lo histórico, Carr ofrece distintas contestaciones a la pregunta de qué es la historia, relacionadas con la anterior estructuración temática. Así, la define como: (1) *«un proceso continuo de interacción entre el historiador y sus hechos»* o *«el diálogo entre el pasado y el presente»* (p. 40); (2) *«un proceso social en el que participan los individuos en calidad de seres sociales»*, o *«el diálogo... entre la sociedad de hoy y la sociedad de ayer»* (p. 70); (3) una ciencia con *«el propósito fundamental de tratar de explicar, y el procedimiento fundamental del preguntar y responder»* (p. 116); (4) una ciencia que se plantea la *pregunta «¿Por qué?»* y el interrogante *«¿Adónde?»* intentando *«fomentar nuestra comprensión del pasado a la luz del presente y la del presente a la luz del pasado»* (p. 144-146); (5) un *«diálogo entre los acontecimientos del pasado y las metas del futuro que emergen progresivamente»* (p. 167); (6) *«un proceso en permanente movimiento dentro del cual se mueve el historiador»* (p. 181)

Existen, además del de Carr, numerosos y notables estudios sobre teoría de la historia (véanse, entre otros, Barraclough, 1965; Burckhardt, 1961; Collingwood, 1987; Croce, 1955, 1960; Childe, 1976; Fontana, 1979, Huizinga, 1946; Kon, 1962; Meinecke, 1943; Ortega, 1974, 1975; Popper, 1961; Vilar et al., 1976; Vilar, 1976; Toynbee, 1951-1968; Marrou, 1968; Topolski, 1988), en los que no obstante tampoco suele encontrarse definida de modo inequívoco. La definición de la historia sólo parece poder alcanzarse como el fruto de una meditada y profunda teorización sobre los contenidos y las metas de la ciencia histórica. En la medida en que son diversas las teorías sobre la historia, son muchas, ciertamente, las matizaciones que podríamos hacer acerca de su significado.

Etimológicamente la palabra procede del griego, y originariamente significaba curiosear, inquerir o investigar. Herodoto, considerado como el padre de la historia, fue el primero en utilizarla en este sentido, no limitándose a narrar hechos, sino buscando indagar en ellos para descubrir el cómo y el porqué de los mismos. Al principio de su obra definió su meta como conservar el recuerdo de las hazañas de griegos y bárbaros, y especialmente, más que nada, decir la causa de que lucharan unos contra otros. La definición ha variado a lo largo de los años e incluso actualmente sigue siendo un término en evolución, pero la noción de causación y la investigación de las causas sigue implícita en ella. La historia, por lo tanto, es así una empresa de investigación de naturaleza explicativa. Pero ¿sobre qué versa? ¿Cuál es su objeto?

Hace tan sólo medio siglo, el Diccionario de la Real Academia de la Lengua Española (1954) definía la historia como «*la narración y exposición verdadera de los acontecimientos pasados y cosas memorables»;* actualmente la identifica con el «*estudio de los acontecimientos pasados relativos a las sociedades humanas en general o a alguno de sus aspectos particulares, o el propio desarrollo de esos acontecimientos»* (1988). En estas definiciones podrían apreciarse dos aspectos esenciales, uno de contenido y otro formal, que merecerían una consideración más detallada: su condición de estudio del pasado centrado en torno a la actividad humana, y su condición de conocimiento verdadero.

En primer lugar, la historia tiene como centro la actividad humana. Kragh (1989) decía que «*la historia tiene que ver con las actividades humanas, preferentemente con aquéllas que son socialmente pertinentes. Los factores no humanos se hallan, naturalmente, incluidos en la historia en la medida en la que hayan influido en las actividades humanas»* (p. 34). Carr (1961), como hemos visto al comenzar estas reflexiones, también concebía la historia como un proceso de investigación del pasado del hombre en sociedad. La propia definición de la Real Academia así lo recoge, indicando explícitamente que la historia es siempre relativa a sociedades.

Ya en plena Ilustración Kant vislumbró la tensión dialéctica de la historia, y en la medida en que la realización de la esencia humana exige sociedad, justificó ésta última como un aspecto indispensable para la comprensión de la historia. Para él la historia no era sino una consecuencia necesaria de lo que es el hombre: un conjunto de disposiciones naturales destinadas a desarrollarse alguna vez de una manera completa y conforme al fin (primer principio de la historia), en comunidad, de ahí el decurso temporal de la historia (segundo principio). En este sentido Kant la concibió como un desarrollo constantemente progresivo, aunque lento, de las disposiciones originarias del género humano en su totalidad, preguntándose en su Filosofía de la Historia (véase, Kant, 1964) en qué medida, bajo qué condiciones y hasta qué punto la historia, en cuanto evolución de la comunidad humana, podía llevar a la realización del soberano bien —hoy diríamos a una sociedad plenamente justa—. Kant sustentó la explicación de la historia en múltiples principios, desvelando la complejidad de la misma y haciendo de ella algo así como un prisma de múltiples caras, aunque lógicamente excedería nuestro propósito revisarlos todos ellos.

El concepto de historia ha cambiado desde entonces, pero en cierto modo sigue formando parte de los esfuerzos del hombre por conocerse a sí mismo y proyectar su futuro (Tuñón, 1985a,b; Fontana, 1982). Carr (1961), también recoge esta idea sintéticamente en los siguientes términos: «*la historia... es un proceso social, en el que participan los individuos en calidad de seres sociales; y la supuesta antítesis entre la sociedad y el individuo no es sino un despropósito interpuesto en nuestro camino para confundirnos el pensamiento. El proceso recíproco de interacción entre el historiador y sus hechos, lo que he llamado el diálogo entre el pasado y el presente, no es diálogo entre individuos abstractos y aislados, sino entre la sociedad de hoy y la sociedad de ayer. La historia como dijo Burckhardt, "es el conjunto de lo que una época encuentra digno de atención en otra"' El pasado sólo nos resulta inteligible a la luz del presente y sólo podemos comprender plenamente el presente a la luz del pasado. Hacer que el hombre pueda comprender la sociedad del pasado, e incrementar su dominio de la sociedad del presente, tal es la doble función de la historia»* (p. 73).

En segundo lugar, la narración ha de ser verdadera, lo que equivale a identificar la historia con una actividad científica. Ya hemos dicho que la historia es un proceso de investigación, destacando la importancia de la causación. Los historiadores, en efecto, no se limitan a registrar o describir los hechos del pasado, sino que tratan de conocer, fieles al significado etimológico de la historia, las causas, los factores, los motivos de las actuaciones humanas. Buscan explicaciones de los hechos y de este modo contribuyen con su actividad al conocimiento. La historia es, por otra parte, una práctica institucionalizada y social y legalmente sancionada, ejercida de acuerdo con cánones y normas de actuación consensuadas por un colectivo organizado que se identifica a sí mismo y es identificado como comunidad de expertos. En este doble sentido ha de entenderse como una empresa científica, como una disciplina sistemática interesada en el estudio del pasado, cuyo objeto es descubrirlo, ordenarlo y reconstruirlo.

Hablando de dobles sentidos, también observamos, por lo demás, que la palabra historia entraña algunos de ellos que pueden crear confusión acerca de su significado. En primer lugar, la historia se refiere tanto a lo que ha sucedido, como a su propio devenir. Hegel, después de Kant, (1974) fue el que mejor desarrolló esta distinción señalando que la palabra historia significaba tanto *historiam rerum gestarum*, como la *res gestae*. Es decir, tanto los hechos y acontecimientos, como la narración de estos hechos. El pensamiento hegeliano va característicamente unido al concepto de dialéctica, que como queda patente en su Filosofía de la Historia tiene un carácter concreto e histórico (Kon, 1962, Hegel, 1974). Hegel aplica el adjetivo «dialéctico» tanto a su idea del conocimiento y del método como a su idea o teoría acerca de la realidad. En este último sentido defendía que cada cosa sólo es lo que es, y llega a serlo en su continuo devenir y proceso; es decir, la realidad en cuanto dialéctica no es fija ni está determinada de una vez para siempre, sino que está en un inquieto proceso de transformación y cambio, cuyo motor es a la par tanto su interna contradicción, limitación y desajuste (en relación con su exigencia e intención de totalidad, infinitud y absoluto), como la interna relación en que está con otra cosa o realidad, que en este respecto aparece como su contrario.

Otro doble sentido que encierra la palabra historia es el que confunde el pasado con la investigación histórica. La historia hace referencia, por una parte a la investigación llevada a cabo por el historiador, y por otra parte a los hechos del pasado que él estudia. Para evitar posibles confusiones de este tipo, se sugiere a menudo la distinción entre historia e historiografía. El concepto de historia se reserva entonces para designar el pasado, mientras que el de historiografía denota el proceso de investigación histórica. Sin embargo, como Gundlach (1991) analiza detalladamente, tampoco el concepto de historiografía se emplea inequívocamente. En rigor, la historiografía haría referencia a la práctica escrita de la historia, identificándose con el conjunto de técnicas y métodos empleados para identificar los sucesos del pasado, tratarlos, narrarlos, comprenderlos, explicarlos…, en definitiva: reconstruirlos. La Historiografía conlleva así un proceso de investigación, implica una actividad sistemática gracias a la cual se hace posible el conocimiento histórico. En este sentido remite a la consideración de la historia como disciplina científica.

En tercer lugar, otra confusión en torno al concepto de historia tiene que ver con su doble sentido al designar tanto la investigación histórica (o historiográfica), como el producto en forma de narración histórica al que se llega como resultado de la misma. Por nuestra parte, separaremos la teoría y práctica de la historia, reservando para el próximo capítulo la discusión en torno al método histórico, los modos prácticos de la investigación histórica y aspectos varios relacionados con el procedimiento. En este capítulo nos limitaremos a recoger las principales teorías y presupuestos teóricos acerca de la historia, junto con algunas reflexiones de corte histórico y epistemológico acerca de su objeto de estudio. Veámoslo.

2. TEORÍA DE LA HISTORIA

En general los historiadores no han sido muy dados a teorizar sobre la ciencia histórica. Bajo la influencia de la historiografía académica del siglo XIX se tendía a creer que al historiador no le hacía falta tener buenas ideas; para mostrar lo sucedido le bastaba con un buen utillaje técnico. Las teorías de la historia han venido tradicionalmente de la mano de los filósofos, quienes paradójicamente influían así de modo decisivo en la labor pretendidamente neutral de los historiadores (una revisión de la Filosofía de la Historia desde el Renacimiento hasta el siglo XVIII puede encontrarse, por ejemplo, en Dujovne, 1959).

La Filosofía de la Historia tenía por objeto estudiar las causas íntimas o primeros principios del desarrollo de los hechos humanos en el curso de los siglos. Se consideraba que la marcha que concretamente ha seguido, sigue y seguirá la historia tiene una razón última de ser, y la pregunta era entonces ¿cuál es? Los problemas que la Filosofía de la Historia puede plantearse tienen que ver, pues, con el significado último de la historia, pero también le conciernen de alguna manera problemas filosóficos acerca del conocimiento y de la realidad históricos. Los primeros tienen que ver con la posibilidad misma del conocimiento histórico, el cual se fundamentaría en la historicidad del propio ser del hombre. Los problemas sobre la realidad histórica, por su parte, podrían distribuirse en dos grupos: unos epistemológicos, y otros de contenido. Los problemas epistemológicos harían referencia a cuestiones como por ejemplo la naturaleza de la verdad histórica, sus fuentes, el valor de los testimonios y tradiciones, el grado de efectividad en el descubrimiento de la verdad histórica, si es que ello es posible, etc. En este sentido tendrían claras implicaciones prácticas para la investigación histórica o historiografía. Los de contenido harían referencia a cuestiones relacionadas con la naturaleza de la historia en su objetividad dada y hecha, su tipo de realidad, sus causas, la clase de unidad que tiene, sus leyes, etc.

Más allá de todos estos problemas cabría, como hemos reseñado, una metafísica de la historia real, que en última instancia respondería a la definición estricta de Filosofía de la Historia. Su problema se reduciría al intento de averiguar cuál es la significación última de la historia. Esta podría ser, por ejemplo, una manifestación del ser del hombre, de su espíritu, de su destino, una revelación de Dios, de su sabiduría y de su amor, etc. Hasta el siglo pasado los distintos filósofos encontrarían distintas respuestas en el marco de sus sistemas filosóficos.

Esta tendencia, no obstante, fue invirtiéndose a lo largo del siglo XX. A medida que la Historia, junto a la Sociología, la Economía y la Antropología, iba afianzándose como una de las ciencias sociales, las Filosofías de la Historia fueron perdiendo terreno en favor de una nueva concepción teórica de la historia, que tendría nuevas y profundas implicaciones prácticas. Desde entonces la tarea del historiador ya no se reduce a la mera recopilación de los hechos históricos, sino que también le incumbe la investigación y la consecuente reflexión sobre el objeto de esta tarea, sobre los métodos y las finalidades de la misma. Veamos con mayor detenimiento algunas pinceladas de esta evolución (una exposición más amplia sobre la trayectoria histórica y curso contemporáneo de la historia puede encontrarse en Topolsky, 1982; Vilar, 1980; Tuñón, 1985a; o Iggers, 1980, entre otros).

2.1. Teoría clásica de la historia

La Historia nació con el pensamiento griego. Surgió con Herodoto y Tucídides como un deseo de registrar verazmente los acontecimientos, en oposición a la imagen mítica de los mismos recogida en la poesía y la epopeya. Sin embargo, el concepto de la disciplina sostenido por los griegos y mantenido a lo largo de las edades antigua y media, tenía poco que ver con el actual. Topolsky (1982) califica este período de pragmático, basándose en que la finalidad principal de la Historia era la de servir de enseñanza para la vida, y no el mero descubrimiento del pasado por sí mismo. El modelo griego adolecía de otras limitaciones. Una era su criterio de tomar como válido sólo lo recogido de testigos presenciales, lo que limitaba considerablemente su radio de acción, y además la indiferenciaba de otras disciplinas: historia podía serlo también la investigación botánica y zoológica, por ejemplo (de hecho, aún en nuestros días se utiliza la expresión «historia natural»). Además la concepción del tiempo como algo estático o cíclico, sin dirección definida, difuminaba la perspectiva de la dinámica de los acontecimientos.

Durante la Edad Media, la concepción cristiana dominante en Occidente condujo a una visión lineal del tiempo, con un comienzo y un final. Esto daba más sentido a la sucesión de los acontecimientos y al establecimiento de etapas en los mismos. Sin embargo, las historias medievales eran tan pobres en capacidad explicativa como las de la Antigüedad, y solían dejar sucesos a merced de causas providenciales o de motivaciones personales. Abundaban, eso sí, las crónicas, muy centradas en los acontecimientos políticos o en los personajes relevantes.

Con el Renacimiento y el racionalismo filosófico se inició una nueva etapa, caracterizada según Topolsky (1982) por un mayor espíritu crítico y erudito. En los siglos XVI y XVII, *«la búsqueda de la verdad sobre el pasado llega a formularse como la tarea principal de la historiografía, reemplazando así la tarea de proporcionar preceptos morales»* (p. 62). Comienza la preocupación por la localización de las fuentes y el estudio crítico de las mismas, y aunque no se eliminan ciertos usos pragmáticos de la historia (como por ejemplo su uso como afirmación de los nacientes Estados, o como guía de acción para la política), la veracidad se convierte en un criterio crucial.

De esta época datan dos de las grandes interpretaciones de la historia universal: la de Bossuet y la de Juan Bautista Vico. Bossuet, obispo de Meaux (1627-1704), cuya obra incompleta sería continuada en España por el mallorquín Quadrado, planteó, dentro de la tradición escolástica, una interpretación de la historia acorde con el providencialismo agustiniano. En cuanto a Vico (1668-1743), también con influencias escolásticas, representa el tránsito del Barroco a la Ilustración, concibiendo la historia universal en forma de ciclos que van desde un periodo de barbarie hasta otro de extrema civilización, para retornar sobre lo mismo, en una solución cíclica de «corso e ricorso». Sus teorías, desarrolladas como grandes Filosofías de la Historia, reflejaban una mayor amplitud de visión y un mayor esfuerzo constructivo, dos notas características de esta época. Sus planteamientos anticipaban ya algunos de los cambios cualitativos que la Ilustración dieciochesca introduciría en la forma de concebir la historia, y con los que en cierto modo se podría hablar ya del inicio de una nueva tradición.

2.2. Teoría moderna de la historia: Filosofía de la Historia

A lo largo de lo que hemos calificado como periodo clásico en la Teoría de la Historia, ésta se había caracterizado por una serie de supuestos comunes (Iggers, 1980). Entre ellos, una de las ideas dominantes durante todo este tiempo era que los hombres hacen su propia historia, por lo que las explicaciones históricas se basaban fundamentalmente en las motivaciones de los actores. Por lo general éstos solían ser miembros de una élite dominante, por lo que la historia se centraba casi exclusivamente en grandes acontecimientos políticos o militares, con exclusión de lo cotidiano, que en definitiva constituye la mayor parte de la vida humana.

Con el siglo XVIII, coincidiendo con la Ilustración, se produjo un importante salto cualitativo en la concepción de la historia (Iggers, 1980). En efecto, los ilustrados romperían con la visión clásica de la historia, proponiendo una historia de la civilización en el más amplio sentido, de tal modo que en ella tuvieran cabida todo tipo de acontecimientos. Instituciones, costumbres, opiniones, etc., fueron analizadas en busca de un «espíritu de la época»; se incorporaron los estudios económicos o demográficos; la historia se abrió a la consideración de otras culturas distintas de la occidental, etc. En suma, el siglo XVIII alumbró una concepción más integral de la historia.

Por otra parte, también nació entonces la aspiración a una comprensión teórica de la historia, lo que en un sentido estricto podríamos calificar de Filosofía de la Historia. Ya hemos mencionado al napolitano Vico, que a caballo entre dos tradiciones intentó comprender el aspecto cíclico del desarrollo de los grupos humanos. Junto a él, los escritores franceses prerrevolucionarios realizaron una importante aportación a la Filosofía de la historia. El racionalismo de estos autores tendía a mecanizar el movimiento histórico. Suponía la identidad del hombre a través del tiempo y aplicaba esquemas rígidos y con pretensión de validez universal y permanente, resaltando disposiciones carentes del sentido temporal.

François M. Arouet, Voltaire (1694-1778), demoledor de toda jerarquía, criticó el anecdotismo de las historias anteriores, aplicando los principios del racionalismo ilustrado al estudio de personajes y épocas históricas, en busca de una penetración más aguda de los hechos y del sentido de la historia. En abierta discusión con Rousseau defendería que no es éste el mejor de los mundos posibles: el mal está presente en la historia y sin esperanza de erradicación plena. Sin embargo, el único medio que se puede y debe oponer a este hecho es la sana razón, clarificadora, ilustradora, tal y como reflejan obras suyas como *Filosofía de la Historia* (1765) o su *Ensayo sobre las costumbres y el espíritu de las naciones (1740)* (véase, Hazard, 1963).

También renovadores serán Carlos de Secondat, barón de La Brède y de Montesquieu (1689-1775) y Juan Antonio marqués de Condorcet (1743-1794) (Vilar, 1980). Montesquieu, en *El espíritu de las leyes* (1738) (véase Cassirer, 1943), interpretó el Estado en su función histórica, distinguiendo tres estructuras del mismo: el depósito; la monarquía, cuyo motor histórico es el honor; y la república, que es movida por la virtud. Sin honor o sin virtud no habría Estados bien organizados y regidos. La teoría histórica racionalista culminará en la idea de progreso indefinido, que cuajará más adelante en la obra de Condorcet (véase Cassirer, 1943, Hazard, 1963). Este anticipará en cierto modo las concepciones positivistas, basadas en la confianza ingenua en la ciencia al servicio del progreso sin límites y la mejora de la calidad de vida.

En Alemania, algunos literatos como Teófilo Efraim Lessing (1728-1781) y sobre todo Juan Godofredo von Herder (1744-1803) realizarán alguna notable aportación filosófica en relación con la interpretación de la historia. Lessing (1780), simbolizando el momento de la Ilustración alemana, consideró la historia como educación de la razón, ensalzando el progreso y apuntando la idea de la evolución histórica. Herder se encuentra ya en la transición hacia el idealismo y el romanticismo, al considerar la historia como la evolución armónica de lo absoluto y distinguir edades en la humanidad: la admiración por el progreso es un signo racionalista, pero al lado se da una interpretación claramente nacionalista, y como tal prerromántica, de los fenómenos históricos. Así se refleja, entre otras, en su obra *Ideas para la Filosofía de la Historia de la Humanidad* (1784-91) (véase Cassirer, 1943). Justamente cuando este sentido historicista penetra la Filosofía es cuando aparecerán los primeros historiadores modernos.

En resumen, la Ilustración inspiró una naciente Filosofía de la Historia, buscando leyes generales que dieran cuenta del avance humano hacia el progreso y la razón. Pero este afán interpretativo no llegó muy lejos. En ausencia de una teoría explicativa de los procesos de organización y cambio social, era difícil llegar a una comprensión auténtica de la dinámica histórica, lo que hizo que las historias subsiguientes se limitaran a recopilar datos sin ser capaces de organizarlos. Con el siglo XIX se produjo un segundo salto cualitativo que marca el inicio de una nueva etapa en la Teoría de la Historia.

2.3. Teoría contemporánea de la historia: Ciencia histórica y Filosofía de la Historia

El siglo XIX contempló la profesionalización de la Historia y su establecimiento como disciplina académica. Se produjo en el marco de la universidad alemana, de la mano de famosos historiadores como Federico Carlos von Savigny (1779-1861) y Leopoldo von Ranke (1795-1886). Savigny, profesor de Derecho Romano en las universidades de Marburgo, Landshut y Berlín, fue el fundador de la llamada Escuela histórica del Derecho. Ranke, Catedrático de la Universidad de Berlín, desarrolló una importante labor institucional y ejerció una gran influencia sobre generaciones de historiadores, lo que ha hecho que sea considerado como uno de los padres fundadores de la moderna ciencia histórica. Se interesó por la historia universal, aunque sus trabajos tratan en su mayor parte de países europeos (Alemania, Prusia, Francia, Inglaterra), y abogó por una historia objetiva fundamentada en la investigación de los hechos. A ellos podríamos añadir los nombres de Niehburg (1776-1831) y Teodoro Mommsen (1817-1903), que centraron sus esfuerzos en la historia de Roma.

El proceso de profesionalización aumentó el rigor en la crítica de fuentes y el establecimiento de hechos, y afirmó el derecho de la historia al título de ciencia, si bien distinta de las ciencias naturales. Ya no se trataba de hacer relatos literarios o imaginativos, ni meras crónicas con una aséptica enumeración de acontecimientos, sino un estudio científico basado en documentos y otros datos, para revivir el pasado con la mayor exactitud posible. Para ello la historia se crearía su método propio, auxiliada por otras ciencias, y ampliaría considerablemente el horizonte histórico conocido.

En Francia, por otra parte, la pretensión ilustrada de una historia integral cedió el paso a una serie de estudios altamente especializados, centrados en la política y en el mundo occidental. Una importante excepción a este respecto fue Julio Michelet (1798-1874), profesor de Historia en la Escuela Normal Superior desde 1827 y Catedrático del Colegio de Francia, que defendería una historia global. A su nombre debiéramos añadir los de Agustín y Amadeo Thierry (1795-1855) y (1797-1873). En Inglaterra los nombres principales fueron los de Lord Macaulay (1800-1859) y, sobre todo, Tomás Carlyle (1795-1881) quien sostuvo la tesis, en confrontación con los sectores liberales y socialistas defensores del igualitarismo, de que los avances de la historia dependían de los héroes, considerados éstos como figuras señeras cuyo valor debían reconocer los demás, subordinándose a ellos. En España debiéramos mencionar a Modesto Lafuente (1806-1866), continuador de la Historia de España del padre Marianas; a José Amador de los Ríos (1818-1878), historiador de los judíos en España y autor de la Historia de la literatura española; a Marcelino Menéndez Pelayo (1856-1912) por su destacada obra en el ámbito histórico literario, y a su maestro Milá y Fontanals (1818-1884).

Globalmente considerado, el XIX fue un siglo prolífico en actividad histórica, pero difícil de sistematizar por la multitud de corrientes que confluyeron en él. El Romanticismo fue una de las principales, contribuyendo a la teoría de la historia con algunas aportaciones interesantes. Justamente bajo el signo historicista del romanticismo, frente a la manera ahistórica racionalista, fue como surgió la poderosa escuela histórica representada por los citados Ranke y Savigny, que asumió la construcción científica de la historia moderna. Efectivamente, frente a la búsqueda ilustrada de una naturaleza humana invariable y de leyes generales de la historia, el Romanticismo asumió un historicismo que subrayaba la especificidad de cada cultura y cada época. Ahora bien, la narración se construía conforme a un modelo genético, basado en secuencias de estadios sucesivos, y aunque se tenía en cuenta el cambio histórico, no se daba una explicación madura del mismo.

Por ello, si bien se avanzó en algunos aspectos también se retrocedió en otros, especialmente en lo que respecta al trabajo de teorización. La concepción de la historia como una ciencia de lo único, de lo irrepetible, así como la negación de leyes históricas, llevó a una despreocupación por la teoría y a una preocupación excesiva por la recopilación de hechos. A este respecto se ha hecho famosa una expresión de Ranke con la que decía que había que mostrar la historia «como ha sido realmente» (*wie es eigentlich gewesen ist*) (Ranke, 1885). La historia quedó reducida así a una cuestión de compilación de la mayor cantidad posible de datos irrefutables y objetivos, dejando en segundo plano el problema de la explicación de los mismos. El historiador pasaba a ser concebido como una especie de notario, que tan sólo debía de dar fe de lo que había pasado. Bastaba con que se dotara para ello de una buena técnica de prospección de datos y se convirtiera en un buen conocedor de las fuentes bibliográficas y documentales. Provisto de este utillaje técnico su única misión consistía en la recopilación de los hechos históricos, ya que éstos de por sí mostraban lo que había sucedido.

Desde mediados del siglo XIX se empezaron a perfilar dos tendencias contrapuestas acerca de la historia, que entrarán en abierto conflicto en las últimas décadas del siglo: el positivismo histórico y su contrapartida antipositivista, representada por distintas corrientes entre las se encuentran, principalmente, el materialismo histórico marxista y el historicismo de los filósofos vitalistas. El enfrentamiento entre las concepciones positivistas y antipositivistas de la historia no es, en realidad, sino un reflejo del conflicto entre positivismo y antipositivismo en el terreno general de la ciencia, que repercutió, al igual que en la historia, en prácticamente todos los ámbitos del saber.

a) Concepción positivista de la historia

La concepción positivista de la historia va invariablemente ligada al nombre de Augusto Comte (1798-1857) fundador del positivismo. Tal vez fuera él el primero en proponer una teoría sistemática de la Historia de la Ciencia. Irá implícita en su Sociología, que ocupándose de la investigación de las leyes que rigen el orden y el progreso de la sociedad, será también la ciencia encargada de establecer las leyes del desarrollo histórico. Sabemos, de hecho, que el positivismo de Comte tuvo una importante dimensión histórica y filosófica que sobrepasó con mucho a la puramente epistemológica (Mill, 1972).

Comte pensaba que lo que es el saber científico no se determina de forma arbitraria, sino atendiendo a la Historia de las Ciencias, al desarrollo progresivo en el que éstas se han constituido. Semejante planteamiento llevaba implícita una doble necesidad: la de estudiar la Historia de las Ciencias, y la de interpretar la naturaleza y sentido de la historia. La teoría del saber y el sistema de las ciencias, constituidos y realizados en la historia, ponía además de manifiesto lo que es la historia misma.

Derivada de estos planteamientos irá desarrollándose una concepción positivista de la historia que acabará siendo conocida con el nombre de «positivismo histórico». Acorde con la epistemología positivista y sus ideas acerca de la naturaleza del saber y de la ciencia, acentuaba el aferramiento a los datos, procediendo inductivamente a partir de ellos. Consideraba al historiador como una especie de notario, cuya competencia exclusiva consistía en recoger datos, tomándolos como hechos objetivos y limitándose a constatarlos, dejando a un lado la explicación de los mismos. La pretensión última no era sino hacer de la historia una ciencia objetiva y neutral, conforme al modelo de las ciencias naturales.

El positivismo tuvo una gran repercusión en la historia desde mediados del siglo XIX, extendiéndose su influencia hasta el propio siglo XX. En Francia contará entre sus principales representantes con Hipólito Taine (1828-1893), Alberto

Sorel (1842-1906) o Ernesto Renan (1823-1892), miembro de la Academia Francesa y a su vez muy influyente, cuyos estudios históricos, escritos con cierto encanto y sensibilidad poética, adolecen no obstante de cualquier tipo de interpretación arbitraria, aferrándose a criterios puramente objetivos. El austríaco Guillermo Scherer (1841-1886), profesor de la Universidad de Viena, también fue un destacado representante de esta tendencia en el contexto germanoparlante.

El positivismo histórico todavía impera en parte de la historiografía contemporánea. Algunos estudiosos del pasado siguen caracterizándose hoy en día por su identificación de la historia con la documentación, por el culto a la consignación de datos factuales, y por la veneración acrítica por las fuentes, tal y como en su día formulara estos rasgos Ortega (1928/1974) en su prólogo a las *Lecciones sobre Filosofía de la Historia Universal* de Hegel. Sin embargo, buena parte de las tendencias historiográficas actuales parecen discurrir por cauces antipositivistas. Veamos sus formas.

b) Concepciones antipositivistas de la historia

Las pretensiones del positivismo histórico desencadenaron en su momento una fuerte reacción antipositivista, que defendería la especificidad de la ciencia histórica, y por extensión de las ciencias sociales, en base a que poseían métodos y estructuras distintas de las de las ciencias de la naturaleza. Autores como Droysen, Dilthey, Windelband, Rickert y muchos otros, intentaron establecer las peculiaridades de la historia frente a los fenómenos naturales, insistiendo en que, aún a pesar de sus diferencias con respecto a aquéllos, podía ser objeto de una investigación científica rigurosa. Estos autores concebían la historia como una ciencia hermenéutica, pero ciencia al fin y al cabo (Iggers, 1995). Una ciencia, por lo demás, que podía captar la coherencia que inviste al proceso histórico en general, y las peculiaridades propias de cada cultura en sus particulares coordenadas espaciales y temporales.

Desde el punto de vista metodológico, el primero en proclamar la autonomía de la Historia frente a las ciencias naturales fue Droysen (1960), quien acuñó el concepto de comprensión. Este concepto, procedente de la filología y la teología, acentuaba el carácter interpretativo de la labor histórica, cuya misión era comprender (*verstehen*), frente a la tarea de las ciencias naturales, cuya misión era explicar mediante leyes (*erklären*). Otras contribuciones en la misma línea fueron la distinción de Dilthey entre las ciencias naturales (*Naturwissenschäften*) y las ciencias del espíritu (*Geistwissenschäften*), o la distinción de Windelband entre ciencias nomotéticas (es decir, que enuncian leyes como las de la naturaleza) y ciencias idiográficas (es decir, que describen acontecimientos singulares, como la historia).

Otras figuras de la Sociología o de la Historia, como Benedetto Croce (1866-1952), Simmel, Rickert o Weber, también participaron en la polémica. En líneas generales defendían la individualidad del hecho histórico; negaban su carácter objetivo y dado, considerándolo una construcción guiada por la experiencia del historiador. Al separar la Historia del canon positivista de las ciencias naturales, volvieron a poner en entredicho la posibilidad de encontrar leyes históricas, a la par que acentuaron el papel activo del hombre como hacedor de la historia. Droysen señala que la historia es empujada por decisiones de los hombres en nombre de las ideas (Burger, 1978).

Desde el punto de vista conceptual, en el marco cultural del Romanticismo alemán y con la idea de progreso de trasfondo, se fue gestando un movimiento teórico caracterizado por el reconocimiento de que todas las ideas y valores humanos están históricamente condicionados y sujetos a cambio. Bajo el nombre genérico de «historicismo», tal corriente iría desarrollándose a lo largo de los siglos XIX y XX. Iggers (1995, p. 133) ha realizado un detallado análisis sincrónico y diacrónico del significado del término desde que fuera utilizado por primera vez por Schlegel en 1797.

El desarrollo del historicismo desembocaría a su vez en actitudes relativistas que hoy en día son ya características en la mayor parte de la historiografía contemporánea. El relativismo histórico asociado al historicismo rechaza la idea del progreso como motor de la historia y niega la existencia de valores absolutos sancionados por alguna razón suprahistórica. Por ello, cada cultura debe ser interpretada desde su propia historicidad. Cada época histórica es única y no admite comparaciones ni juicios de valor que no provengan de su propia especificidad, por lo que sólo puede estudiarse desde su propia perspectiva histórica.

En el terreno de la Filosofía de la Historia, dos interpretaciones alternativas surgieron en este periodo como réplica al positivismo histórico. Nos referimos a las concepciones implícitas en el marxismo y en el vitalismo, cuyas principales particularidades presentamos en las próximas líneas.

1. La concepción materialista de la historia: el materialismo histórico

La concepción de la historia derivada del positivismo de A. Comte tuvo su contrapartida en la desarrollada por Carlos H. Marx (1818-1883) y Federico Engels (1820-1895). Su interpretación de la historia se desarrolla desde la conjunción de materialismo y dialéctica, los dos principios básicos del marxismo, siendo conocida como concepción materialista de la historia o «materialismo histórico». Las ideas del marxismo y su interpretación de la historia tienen distintos antecedentes filosóficos, entre los que podrían citarse las teorías hegelianas del Estado, las ideas de Feuerbach, el materialismo y el propio positivismo.

En efecto, aunque lo identifiquemos como antipositivista, el marxismo también se caracteriza por la completa confianza en la ciencia, propia de Comte, y por la idea de una evolución histórica rigurosamente determinista, cuyas leyes se pueden descubrir. Desde otro punto de vista, el marxismo y el positivismo también tendrían en común el poder ser entendidos como reacciones contra el sistema de Hegel: si Comte reacciona contra el racionalismo hegeliano en lo que pudiera tener de menosprecio de la experiencia, Marx lo hace contra su idealismo, distinguiéndolo y separándolo del método dialéctico. Aceptando y transformando este último, la Filosofía marxista invierte el sistema de Hegel, proponiendo una visión dialéctica materialista de la conciencia, la sociedad y la historia. Por otra parte, al igual que el positivismo, el marxismo no sólo tuvo un significado político, económico y sociológico, sino también filosófico e histórico, especialmente si englobamos en él el intento de Engels de sistematizar y completar las tesis de Marx hasta elaborar toda una teoría de la sociedad, de la naturaleza y, por supuesto, de la historia.

Partiendo de la Filosofía hegeliana, el marxismo aporta una reexposición teórica de la realidad, concebida como una crítica y superación dialéctica tanto del idealismo como del materialismo mecanicista, que denomina «materialismo dialéctico». En el materialismo dialéctico está implícita una concepción de la realidad como una totalidad dinámica de elementos interrelacionados, como algo «no natural»: no se considera al margen y con independencia del hombre, de la producción de vida y de la historia, sino que la naturaleza y el hombre se consideran conjuntamente, dialécticamente relacionados. La realidad se concibe así como trabajo o acción productiva del hombre en y con la naturaleza, y la ciencia como producción material mediada y transformada por actividad humana social.

De este proceso dialéctico entre naturaleza y hombre sólo cabe una teoría y una ciencia: la ciencia de la historia. Para el marxismo la historia no es ni una colección de hechos muertos, como lo es para los empiristas, ni «*una acción imaginaria de sujetos imaginarios*» (Marx y Engels, 1970, p. 27), según la interpretó el idealismo; se reduce, en último término, a la sucesión de los diferentes modos de producción, al proceso real de producción: «*Del mismo modo que no se puede juzgar a un individuo por lo que él se imagina ser, así tampoco es posible juzgar una tal época de transformación por su conciencia, sino que hay que explicar esa conciencia por las contradicciones de la*

*vida material, por el conflicto existente entre las fuerzas produc-
tivas sociales y las relaciones de producción»* (Marx, 1970, p. 37-
38). Por ello la dialéctica material marxista es una dialéctica
histórica y su materialismo puede considerarse como un materialismo histórico.

En palabras de Engels (1968, p. 264): *«La concepción materialista de la historia parte del principio de que la producción y,
junto con ella, el intercambio de sus productos, constituyen la
base de todo el orden social; que en toda sociedad que se presenta
en la historia la distribución de los productos y, con ella, la
articulación social en clases o estamentos, se orienta por lo que
se produce y por cómo se produce, así como por el modo cómo se
intercambia lo producido. Según ésto, las causas últimas de
todas las modificaciones sociales (…) deben buscarse (…) en las
transformaciones de los modos de producción y de intercambio;
no hay que buscarlas en la Filosofía, sino en la economía de las
épocas de que se trate».*

El materialismo histórico supone, pues, que en la evolución
histórica el factor determinante es el económico. Este determina el movimiento histórico en forma de lucha de clases y exige
que un cambio en la vida social no pueda lograrse sino cambiando la estructura económica de la misma: cualquiera que
sea la persona y el momento en que una idea se origina, ésta sólo
adquiere vigencia cuando lo permite una estructura económi-
co-social adecuada. La concepción materialista de la historia
descansa, en definitiva, sobre tres tesis fundamentales: (1) El
motor de la historia es la contradicción entre las fuerzas
productivas y las relaciones de producción; (2) Aunque el factor
económico es en última instancia el factor explicativo del
proceso histórico, no es el único determinante, sino que se da
una relación dialéctica entre la infraestructura (fundamento
económico) y la supraestructura (conciencia o conjunto de
ideas que la configuran); (3) El fin hacia el que tiende la historia
es la desaparición de las clases.

Para Hegel la forma superior de vida humana sobre la tierra
había sido el Estado, frente al cual la persona individual no

contaba, de ahí el carácter absoluto, totalitario de aquél. La evolución histórica seguía el ritmo dialéctico de tesis, antítesis y síntesis, si bien Hegel distinguía entre la evolución natural, determinada, y la evolución histórica, caracterizada por la realización de la libertad. El marxismo mantiene el carácter totalitario del Estado, pero niega rotundamente la libertad: lo que evoluciona no es la Idea, sino la Materia.

La superación crítica de la concepción idealista de la historia exigía así tres cosas: (1) «*Desglosar las ideas de los individuos dominantes, que dominan por razones empíricas, bajo condiciones empíricas (...) reconociendo con ello el imperio de las ideas o las ilusiones en la historia*». (2) «*Introducir en este imperio de las ideas un orden, demostrar la existencia de una trabazón mística entre las ideas sucesivamente dominantes, lo que se logra concibiéndolas como autodeterminaciones del concepto (...) meras ideas (...) distinciones establecidas por el propio pensamiento*». (3) «*Para eliminar la apariencia mística de este concepto que se determina a sí mismo, se lo convierte en una persona — la autoconciencia— o (...) en una serie de personas representantes del concepto en la historia, en los pensadores, los filósofos, los ideólogos, concebidos a su vez como los fabricantes de la historia, como el Consejo de los Guardianes, como las potencias dominantes*» (Marx y Engels, 1970, p. 54-55).

Las doctrinas de Marx y Engels serían reelaboradas en los países comunistas según la línea que se llamó marxista leninista y después stalinista. Fuera de los países comunistas, el marxismo adoptaría distintos matices, tal y como puede apreciarse en las obras de Ernst Bloch (1885-1977) en Alemania, uno de los renovadores del marxismo teórico bajo el signo de la apertura antidogmática; Marc Bloch y Lucien Febvre (1878-1965) en Francia, iniciadores en los años treinta de la escuela francesa de los *Annales*; o Antonio Gramsci (1891-1937) en Italia, que recuperará la raíz del pensamiento marxista, entendido no como un sistema, sino como una crítica continua y una permanente dialéctica renovadora de la vida y la cultura humanas. Gramsci criticará así el carácter positivista del materialismo histórico, reinterpretando el marxismo como «*concreta conciencia histórica*», «*historicismo absoluto*» o, utilizando su expresión característica: «*Filosofía de la praxis*» (Grasci, 1949). Este tipo de aportaciones ha permitido conjugar tanto los aspectos sociales, económicos, etc., como el papel de los individuos, en cuanto actores de transformación. Lejos de ver una sociedad como un sistema en equilibrio, se plantea un análisis de las contradicciones internas que producirán el cambio de la misma.

Los historiadores de orientación marxista, entre los que podríamos incluir a Thompson, a Topolsky o a Pierre Vilar entre otros, han hecho un importante esfuerzo por incorporar los métodos de las ciencias sociales a la historia, y una valiosa contribución a la explicación de los procesos de cambio. En la medida en que estudian la estructura social desde el punto de vista de su funcionamiento y parten de una teoría de la transformación social, han sabido integrar adecuadamente el aspecto dinámico propio de la historia, que en otras orientaciones suele encontrarse insuficientemente representado.

Otros historiadores de la ciencia siguen adaptando las tesis y puntos de vista marxistas a sus diferentes especialidades. V. Gordon Childe (1976), por ejemplo, cuya obra ha sido caracterizada como una rigurosa y eficiente aplicación del materialismo histórico al campo de la arqueología (véase Trigger, 1982), afirmaba que la historia es un proceso creador, y por tanto no hay nada en él que esté determinado de antemano: «*el carácter histórico de un proceso reside precisamente en su autodeterminación*» (Childe, 1976). Sin querer decir que siempre tenga que suceder así, está afirmando que la historia, lo que en ella ha sucedido, demuestra que pese a la discontinuidad, o si se prefiere, los retrocesos, se avanza siempre. La tarea del historiador consiste pues en revelar la existencia de un orden en el proceso de la historia humana, orden que, según Childe (1985), ha sido hasta ahora el del progreso. Algunos de estos planteamientos de inspiración marxista también alcanzarán, como veremos, a los intentos de reconstrucción de la Historia de la Psicología.

2. La concepción vitalista de la historia: el historicismo

En el terreno general de la Filosofía también hubo algunos pensadores que se sintieron profundamente insatisfechos con la explicación puramente mecánica y descarnada de la ciencia, buscando en cierto modo una especie de renovación metafísica de los supuestos de la Filosofía del momento. Entre este tipo de reacciones antipositivistas se encontraron las de un grupo de filósofos que creyeron descubrir en la vida, concebida como una totalidad integradora, un elemento de singular relieve que no podía explicarse mecánica y positivamente. Su Filosofía, que siguió muy variadas direcciones, se conoce genéricamente con el nombre de Vitalismo.

Bajo esta denominación se identifica a un conjunto heterogéneo de filósofos cuya reflexión gira en torno al tema de la vida. En este contexto nos interesan en la medida en que en estrecha relación con el fenómeno de la vida y la irreductibilidad de la existencia personal también suelen tomar como principal objeto de consideración el fenómeno de la historia. Ahora bien, la agrupación de todos ellos bajo la misma denominación puede prestarse a confusiones y ambigüedades, ya que el concepto de vida que manejan es, de hecho, diverso.

En general el concepto de vida puede entenderse en un doble sentido: biológico y biográfico. En el primer caso remite al concepto de impulso; en el segundo caso se halla en relación esencial con el concepto de vivencia. Cuando el concepto de vida es entendido en el sentido biográfico, es decir, como existencia humana vivida, es cuando el Vitalismo se revela en estrecha conexión con el llamado Historicismo. En efecto, la vida humana es por naturaleza temporal, y temporales son las realizaciones humanas individuales y colectivas, de ahí que la historicidad sea rasgo esencial de las realizaciones culturales, y éstas, por tanto, no puedan ser comprendidas ni interpretadas adecuadamente si no es desde la perspectiva histórica. En la Historia se ve que toda doctrina pensada, por falsa que sea, es verdad que ha existido en un pensamiento humano alguna vez.

Por ello, para establecer una nueva doctrina filosófica habría que señalar antes el nivel histórico del momento, y tener presente que el hombre es un ser eminentemente histórico. En general, aunque las teorías vitalistas e historicistas se desarrollaron en su mayor parte en el siglo XIX, no cobraron fuerza y verdadero sentido hasta el siglo XX, especialmente en nuestro país. Algunas de ellas, en particular, fueron especialmente significativas por su interpretación de la historia. Entre ellas serían dignas de mención la visión histórica y analítica de la vida humana ofrecida por Guillermo Dilthey (1833-1911), la concepción de la misma como transcurso en el tiempo, duración o permanente fluencia de Enrique Bergson (1859-1941) y el historicismo de José Ortega y Gasset (1883-1955).

Dilthey fue tal vez el primero en captar la historicidad esencial del hombre. La Filosofía, que para él es ciencia de lo humano, será pues histórica. El hombre es un ser sin naturaleza, es decir, sin textura fija, por ser histórico esencialmente. En este carácter se apoya la historia universal para existir, ya que se trata de un intento de interpretación de la vida humana, partiendo de la unidad real de la humanidad. La vida lo integra todo, y no es sólo razón. El hombre puramente racional es un ser antirreal. Por ello, todo pensamiento actual con aspecto científico lo referirá a la naturaleza total del hombre, según la experiencia, el estudio del lenguaje y la historia nos la presentan.

Este historicismo produce una visión perspectivista que en ocasiones se ha interpretado erróneamente como un relativismo. Para Dilthey la historia vendría a ser algo así como una propedéutica de la Filosofía: «*La Filosofía tiene como misión primera y como parte propedéutica la conducción, a través de las etapas de la historia, de la predisposición filosófica y de la necesidad filosófica que existe en los sujetos a la plena conciencia histórica actual*» (Dilthey, 1949, p. 350). Con su historicismo, lo que pretende, en última instancia, es justamente escapar del relativismo y del escepticismo, manteniendo la historicidad de la vida. Historia y Vida vertebran su Filosofía: ésta tiende, a partir de la historia, a una concepción sistemática de la vida como realidad radical.

En lo que respecta al sentido de la historia, Dilthey analiza los intentos previos de fundamentar y explicar las ciencias del espíritu. La escuela histórica que en aquellos momentos empezaba a desarrollarse en la universidad alemana constituía, sin lugar a dudas, el primer intento serio de abordar y estudiar la historia como una ciencia y un ámbito o parcela de la realidad hasta entonces muy descuidado. Ahora bien, Dilthey la considera en última instancia como una forma del positivismo reinante, un positivismo histórico, en la medida en que considera los hechos culturales e históricos como meros hechos, limitándose a observarlos y reseñarlos sin llegar a indagar su sentido en el marco del todo unitario que es la historia y el decurso de la vida humana.

Enrique Bergson, por su parte, en la línea de los filósofos vitalistas, concibe la vida como un impulso vital (*élan vital*) que determina la evolución en el tiempo y muestra la entrega gozosa al mundo y a la vida con deseo de plenitud vital. Bergson diviniza el alma del mundo, entendiéndola como creación incesante y concibiendo la evolución como evolución creadora (Bergson, 1907). Sin embargo, Bergson no destaca aquí por un historicismo en el mismo sentido que Dilthey u Ortega, sino más que nada por su ruptura con la concepción decimonónica de la ciencia positivista. De hecho, pese a las críticas de irracionalismo que se le han hecho no combatió el conocimiento científico, sino que fue extraordinariamente receptivo a los progresos que hizo la ciencia de su tiempo.

Bergson sometió a un examen crítico la verdad científica, considerando que ésta surge de evidentes limitaciones de nuestros hábitos perceptivos y del sentido común, y trató de mostrar cómo ésta está estrechamente vinculada a «*formas de la acción para pensar*»: «*Estamos hechos para obrar, tanto más que para pensar; o mejor dicho, cuando seguimos el movimiento de nuestra naturaleza, pensamos para obrar*» (Bergson, 1985, p. 10). En la medida en que la ciencia nace de lo útil, favorece más el hablar y el manejar que el ver. Lo que llamamos un hecho constituye en el fondo una adaptación de lo real a los intereses de la práctica, a las exigencias de la vida social.

En lo que respecta a Ortega y Gasset, posiblemente sea en su obra donde mejor representada se encuentre la conjunción de vitalismo, historicismo y relativismo: la vida es considerada como realidad primera, pero esta vida se desarrolla, si es vida humana, históricamente, y en este desarrollo histórico todo es relativo a la época en que se manifiesta y varía de unas épocas a otras, presentando cada una, en todas sus creaciones cultura-les, una unidad. La Filosofía de Ortega parte del reconocimien-to de la temporeidad como una de las categorías de la vida humana: la sustancia de la vida es el tiempo, el cambio; cambia la perspectiva porque existe un irreductible desajuste entre el pasado y el futuro del hombre, que precisamente da en el presente un continuo dinamismo en perspectiva.

Ortega considera que la realidad específicamente humana tiene consistencia temporal, lo que obliga a que tengamos que desnaturalizar todos los conceptos referentes al fenómeno integral de la vida humana para someterlos a una radical «historización». En su pensamiento todo concepto con preten-siones de representar alguna realidad humana lleva incluida una fecha, es decir, toda noción referente a la vida específicamente humana es función del tiempo histórico.

Ortega plantea el concepto de razón vital para señalar que ésta funciona desde el sujeto en su totalidad, y nunca como un entendimiento desarraigado del sujeto. Además considera que ésta se concreta en razón histórica, ya que la encontramos realizada en esta vida. En la medida en que la vida es esencial-mente temporeidad, y en consecuencia comprende la realidad en su devenir, «*la razón histórica no acepta nada como mero hecho, sino que fluidifica todo hecho en el fieri de que proviene: ve cómo se hace el hecho*» (Ortega, 1914/1975, IX). La razón histórica no es, pues, una mera descripción narrativa superfi-cial de la *res gestae*, sino la búsqueda de lo que la posibilita y hace inteligible la totalidad de su ser histórico. Así pues, más allá de la mera descripción o narración, de lo que se trata es de comprender la realidad mediante la iluminación de esquemas intelectuales. La razón histórica es «*ratio, logos, riguroso concepto*» (Ortega, 1914/1975, IX).

El hombre es, por lo demás, el sujeto que hace su vida y no esta acción misma. Por eso se puede dar razón histórica de todo lo que el hombre hace, pero no del hombre mismo que lo realiza. Es decir, el hombre no es hoy lo que es por todo lo que ha hecho, sino que lo ha hecho por ser como es: un ser dotado de razón y capaz de decidir y elegir reflexivamente. En cuanto a su interpretación de la sociedad, considera que los usos sociales vigentes son la forma externa de la sociedad en un momento dado, pero su forma interna es la unidad del orden. En este sentido tratará de comprender la historia no por sus formas externas, al modo de historiadores como Spengler o Toynbee, de los que hablaremos en breve, sino por sus formas internas. Esta idea de concebir la historia según conceptos abarcadores y no según la evolución externa, será justamente una de sus principales aportaciones a la Filosofía de la Historia, sin olvidar su teoría de las generaciones.

2.4. Consideraciones sobre la actual Teoría de la Historia

La teoría contemporánea de la Historia podría caracterizarse, siguiendo a Iggers (1980), por una serie de rasgos generales, entre los que podríamos destacar aquí algunos de los principales. En primer lugar, resulta cada vez más evidente la necesidad de una síntesis entre la actitud excesivamente especulativa de ciertas Filosofías de la Historia, especialmente las idealistas, y la mera recolección de datos característica del positivismo histórico.

En segundo lugar, también se insiste cada vez más en la importancia de la teoría y la necesidad de un procedimiento científico de investigación basado en la formulación y contrastación de hipótesis. Para que la Historia sea una ciencia, es necesario que alcance este nivel de desarrollo teórico y metodológico, caracterizado por un nivel suficiente de elaboración teórica y capacidad de explicación comprensiva.

Por otra parte, los cambios sociales y políticos también han influido, indudablemente, en la concepción de la labor del historiador. La sociedad tecnológica, la democratización, el extraordinario desarrollo de las tecnologías de la información y de la comunicación, y en general el descubrimiento de las estructuras que mediatizan la existencia humana, ha contribuido al desarrollo de una tendencia más o menos generalizada hacia una historia de los grandes procesos sociales, más que a una historia de acciones individuales.

Junto a ello, también se ha ampliado considerablemente el horizonte histórico, así como el campo a estudiar, con una mayor preocupación por la vida cotidiana colectiva y un aumento concomitante de las fuentes de estudio. Finalmente, también se han abandonado las ideas de progreso lineal, vestigio de la Ilustración, con una mayor tendencia a concebir la historia como un desarrollo en el que caben retrocesos, rupturas y discontinuidades.

Estos planteamientos son generalmente aceptados, aunque ello no es óbice para que también haya habido importantes disputas metodológicas. Algunas de ellas giran en torno al modelo de explicación apropiado, otras tienen que ver con las estrategias historiográficas escogidas, y otras en fin con el tipo de análisis planteados. Siguiendo una tendencia general en el ámbito de las ciencias sociales, hay un consenso más o menos generalizado acerca del carácter científico de la historia, que coexiste con una pluralidad de opciones teóricas y metodológicas, y en ocasiones con un cierto eclecticismo.

El panorama actual es, por ello, muy variado y complejo, sin que pueda hablarse de un paradigma unificado en la historia (Iggers, 1980), pero es fácil apreciar que ha habido una creciente profesionalización y una mejora sustancial en la labor historiográfica y el trabajo del historiador. También se ha constatado en líneas generales una mayor aproximación a las ciencias sociales, así como la aspiración a una historia integral, que parece revelarse en ciertos sectores como una meta a alcanzar, mientras que en otros siguen abundando los estudios altamente especializados.

Resumiendo, la tendencia a una concepción integral de la historia, la profesionalización en la investigación, el interés por el planteamiento teórico previo a los datos y la conciencia crítica sobre los propios supuestos, son y siguen siendo aspectos en franco desarrollo en el ámbito de la historia actual, un campo, como tantos otros en el panorama científico contemporáneo, caracterizado por una diversidad y riqueza de propuestas metodológicas y de teorización. Entre ellas, nos limitaremos a perfilar dos tendencias, en cierto modo contrapuestas, que a nuestro juicio merecen especial atención.

Mencionadas ya las orientaciones positivista, marxista e historicista como las principales concepciones fundamentadas en una Filosofía de la historia, nos centraremos ahora en dos de ellas representadas básicamente por historiadores profesionales, aunque a veces también puedan haber intervenido ocasionalmente los filósofos. Una de ellas es la de la denominada «Escuela Francesa de los Annales»; la otra, la llamada «Morfología de la historia», representada por historiadores como Oswald Spengler (1880-1936) y Arnold Toynbee (1889-1975).

a) La Escuela Francesa de los «Annales»

Próximos a la orientación marxista y frente al culto al historicismo y al hecho concreto, Marc Bloch y Lucien Febvre iniciarán en los años 30 la llamada Escuela Francesa de los *Annales*, cuya gran contribución será una propuesta de renovación de perspectivas que llegará a tener una fuerte repercusión en la vida académica posterior a la Segunda Guerra Mundial. En general los historiadores de los *Annales* propulsarán una investigación histórica que abarque aspectos políticos, económicos, sociales y culturales, con el fin de dar una imagen más completa del hombre. En este sentido compartirán con la orientación marxista la pretensión de hacer una historia integral, no compartimentalizada, y la conciencia de que los actos humanos están apoyados en un transfondo de fuerzas y condiciones materiales de vida que los determinan en gran parte.

Uno de sus iniciadores y máximos representantes Lucien Febvre (1878-1965), cultivará esta visión integral de la historia en numerosos estudios, geográficamente muy acotados, en los que tratará de encontrar e interrelacionar todos los aspectos importantes relativos a la economía, la política, la vida cotidiana, la mentalidad, etc., y hará mucho por plantear una historia de problemas, es decir, guiada por hipótesis y no meramente inductiva.

Fernando Braudel (1902-), principal cabeza visible de la escuela tras la Segunda Guerra Mundial, mostrará en un influyente trabajo sobre el mundo mediterráneo en tiempos de Felipe II, que bajo el tiempo rápido de los acontecimientos hay ritmos temporales más lentos, como el de las coyunturas sociales, económicas, etc., y el más estable aún de los factores geográficos, climáticos, etc., insistiendo en que el historiador ha de ser consciente de estas regularidades y de sus efectos sobre las acciones humanas (Braudel, 1949). Posteriormente defenderá un concepto de «historia total» que integre todas las ciencias sociales (Braudel, 1968).

Esta idea de historia integral será también recogida por historiadores marxistas, que tenderán a dar cierta primacía al factor económico, destacando los problemas del desarrollo y la definición del modo de producción. Pierre Vilar (1905-), por ejemplo, partirá del concepto de «historia total» de Braudel y lo desarrollará en base a una metodología marxista, de modo que sea capaz de englobar toda la actividad humana y analizar al mismo tiempo los mecanismos del devenir. La explicación de los procesos de cambio era justamente uno de los puntos débiles de los *Annales*, que en su análisis de las interrelaciones entre los distintos aspectos del sistema descuidaban el dinamismo inherente al propio proceso histórico.

Un intento diferente de superar aspectos sólo relativamente empíricos de la Escuela de los *Annales*, fue el propuesto por Pierre Chaunu, discípulo de Braudel, que planteó un análisis de elementos integrables en una serie homogénea, tratada matemáticamente. Esta tendencia histórica «seriada» también encontraría uno de sus máximos representantes en Emmanuel Le Roy Ladurie, quien dio un nuevo impulso a la historia demográfica, sobre cuya base intentó estudiar las mentalidades colectivas y su evolución.

La amplitud temática abordada por esta escuela también ha permitido la incorporación a la Historia de métodos propios de las ciencias sociales, especialmente los métodos de análisis cuantitativo característicos de la Sociología. A este respecto los anglosajones han desarrollado en torno a la *new economic history* un concepto econométrico de la historia. Para esta escuela, representada por autores como S.L. Engerman o R.W. Fogel, los datos estadísticos determinan leyes históricas que permiten un análisis global de un determinado periodo histórico, aunque sus detractores afirman que se trata de una historia sectorial que se puede emparentar a la historia clásica, superada ya en los años veinte.

b) La Morfología de la historia

Decíamos anteriormente que algunas interpretaciones contemporáneas de la historia no constituían propiamente una Filosofía, sino una morfología de la historia desarrollada por historiadores profesionales como Oswald Spengler o Arnold Toynbee, en base a una concepción cíclica con la que intentan sustituir la vieja visión lineal que tiene su origen en la Ilustración.

Se trata, por otra parte, de propuestas estructurales que contrastan con los intentos de hallar la esencia de lo histórico por la vía filosófica del marxismo, del historicismo o incluso de la fenomenología, basada ésta última en el análisis descriptivo de los hechos históricos (véase, p. ej. Huizinga, 1934). Sin embargo, estas interpretaciones estructurales tampoco están del todo libres de la influencia de las concepciones filosóficas.

En primer lugar, la interpretación morfológica de la historia de Oswald Spengler (1880-1936) se desarrolla bajo la influencia del vitalismo historicista. En su obra maestra, «La decadencia de Occidente» (*Der Untergang des Abendlandes*), desarrolla una teoría cíclica de la historia universal que le permita interpretar nuestro tiempo, es decir, la situación actual de la cultura occidental. Esta interpretación es justamente la que da el título a la obra. Influido por la idea de Goethe de «cultura viviente», por los planteamientos de Dilthey, y por las concepciones positivistas y pragmatistas, considera que no hay en un sentido estricto historia universal: lo que se llama así está formado por ocho culturas diferentes y sin comunicación en absoluto entre sí. El alma de cada cultura se expresa en una religión, una literatura, un arte, una ciencia y unas formas de vida que no son inteligibles para los hombres de otras culturas.

Spengler lleva al extremo el irracionalismo y el relativismo. Como estas culturas son seres biológicos, se desarrollan como la vida humana, de tal modo que surgen sin saber por qué y mueren fatalmente. Dada esta forma de desarrollo se pueden establecer paralelismos históricos, según los cuales nuestra cultura occidental estaría entrando en la vejez, al nivel de la época de los triunviratos en Roma. Sin embargo, la incomunicabilidad de las culturas parece históricamente in-sostenible, por lo que partiendo de las ideas de Spengler se han desarrollado otras morfologías de la historia en las que la transmisión resulta esencial.

Este es el caso de la teoría cíclica de la historia, desarrollada por el historiador británico Arnold J. Toynbee en su obra monumental «Estudio de la historia» (*A Study of History*). Escrita en diez volúmenes, de los que consta la edición inglesa original, publicados entre 1934 y 1961, posiblemente sea la última de las grandes teorizaciones que se han hecho de la historia universal en la época contemporánea (véase, Toynbee, 1985).

La vieja idea, presente en todas las sociedades tradicionales, de que el tiempo se regenera periódicamente, forma parte del bagaje intelectual de Toynbee, cuya obra es un intento de sustituir la concepción lineal de la historia por una cíclica, emparentando de esta manera con las concepciones que Spengler puso de manifiesto en «La decadencia de Occidente». Esta necesidad de acogerse a un principio cíclico, de hallar en la historia grandes regularidades que se repiten, responde a un intento de predecir el porvenir (Fontana, 1979), puesto que si conocemos el punto de un ciclo histórico en que nos encontramos, no habrá de resultarnos difícil anticipar lo que ha de suceder hasta la terminación en este ciclo, por analogía con lo que ha ocurrido en fases semejantes de ciclos anteriores.

Para Fontana (1979) esta analogía constituye una semejanza externa y superficial que no autoriza a construir una teoría de los ciclos; pero aquí es importante resaltar este intento de profetizar el porvenir que inspira a los autores de morfologías históricas como Toynbee y Spengler, cuya obras se conciben por lo demás en conexión con el clima de incertidumbre y pesimismo cultural característico de la Europa del periodo de entreguerras, en el que o bien se reducía el acontecimiento a leyes naturales, históricas o sociológicas, o bien se buscaba una interpretación metafísica.

Sin embargo, a diferencia de Spengler, Toynbee no considera que la historia se desarrolle de modo circular. Es cierto que en parte atribuye un carácter cíclico al devenir histórico, pero éste aparece como resultado de unas leyes que son descriptivas, y que el historiador inglés asegura derivar empíricamente del estudio comparado de la génesis, apogeo y decadencia de las civilizaciones. La historia se asemeja más a una serie de rutas que son paralelas en algunos casos y divergentes en otros, que no a un camino circular.

Ello es así porque la primera y más importante categoría que utiliza Toynbee, aquélla que en su teoría define lo que es el motor de la historia, es la del desafío-respuesta. Las sociedades avanzan o se estancan y perecen en virtud de la respuesta que son capaces de dar a un desafío o reto que tienen ante sí. Partiendo de la idea de que las civilizaciones constituyen el único campo histórico inteligible, Toynbee estudia en ellas la sucesión de génesis, crecimiento, colapso y desintegración que, según él, como forma viva que es, caracteriza a toda civilización.

Aunque Toynbee no intenta unos paralelismos tan artificiosos como los de Spengler, su morfología sólo presenta, al igual que en aquél, estructuras formales que no penetran en lo histórico, sino que lo ordenan e interpretan según sus apariencias externas. Este es justamente el reproche que les hará Ortega en las doce conferencias que consagró al Estudio de Toynbee (véase Ortega, 1972).

3. CONCLUSIONES

El objeto de esta serie de consideraciones sobre la Teoría y Filosofía de la Historia y su evolución a lo largo del tiempo, no era otro sino el de clarificar nuestra propia concepción de la historia. Comenzábamos esta serie de reflexiones planteándonos abiertamente el mismo interrogante con el que Edward H. Carr (1961) daba título a su obra más conocida, y recordando el modo en que este distinguido historiador elaboraba el significado del concepto: ¿Qué es la historia?

Retomemos ahora este trabajo de teorización, con el cual nos sentimos estrechamente identificados, y tratemos nuevamente de responder a la pregunta haciéndonos eco de las tendencias más actuales de la historiografía contemporánea. En este intento de definición de la historia, recordemos en primer lugar las palabras de Carr cuando consideraba ésta como «*un proceso continuo de interacción entre el historiador y sus hechos*» o «*el diálogo entre el pasado y el presente*» (p. 40). Pensamos, como él y como muchos historiadores contemporáneos, que la historia no consiste meramente en consignar datos factuales, sino que sale a su encuentro y los demanda. El sujeto y el objeto de la investigación histórica no están en absoluto divorciados, sino que mantienen así una continua interacción.

Desde este punto de vista consideramos que la idea empírica, propia del positivismo, de que los datos traducen hechos históricos y de que éstos están ahí esperando que un historiador los desentierre del archivo, es una idea equivocada. Coincidimos con Carr en considerar que los llamados datos básicos, que son los mismos para todos los historiadores, más bien suelen pertenecer a la categoría de materias primas del historiador que a la historia misma. En otras palabras, la categoría de hecho histórico no está dada de por sí. Es el historiador, el sujeto que investiga, quien decide, merced a la ordenación y selección, qué hechos poseen relevancia histórica.

En cualquier caso, no por ello desestimamos la importancia objetiva de los hechos. No es que el historiador pueda conceder un valor arbitrario a tal o cual hecho; la historia no es un producto subjetivo de su mente, sino que es como dice Carr un proceso continuo de interacción entre el historiador y sus hechos, un diálogo sin fin entre el presente y el pasado. En este diálogo, el historiador aparece como un producto de la sociedad en que vive y, en último término, de la historia.

Por eso también Carr la definía como «*un proceso social en el que participan los individuos en calidad de seres sociales*», o «*el diálogo... entre la sociedad de hoy y la sociedad de ayer*» (p. 70). Decir que el historiador no es un individuo abstracto, sino concreto, producto de unas circunstancias históricas y sociales, equivale también a sostener que la historia no está hecha por individuos, sino por la sociedad entera, a modo de fuerza social que también debe ser objeto de investigación histórica. Por ello tampoco nos sentimos próximos a enfoques biográficos, sino más bien a los que resaltan la importancia de las fuerzas sociales. Ello tampoco quiere decir que desestimemos el papel del individuo en la historia, sino que lo consideramos simplemente como uno más entre los factores que intervienen en un proceso histórico, sin la capacidad de determinación que algunos le han atribuido tradicionalmente.

En tercer lugar, consideramos que la historia es un saber científico que contribuye al conocimiento ajustándose a las reglas, cometidos y procedimientos de la ciencia. En sus reflexiones acerca del problema de la verdad en la historia, Carr la definía como una ciencia con «*el propósito fundamental de tratar de explicar, y el procedimiento fundamental del preguntar y responder*» (p. 116), y posteriormente como una ciencia que se plantea la *pregunta* «*¿Por qué?*» y el interrogante «*¿Adónde?*» intentando «*fomentar nuestra comprensión del pasado a la luz del presente y la del presente a la luz del pasado*» (p. 144-146). Más que proclamar el carácter absoluto de la verdad en el manejo del material histórico, Carr sentenciaba que ninguna afirmación histórica puede considerarse absolutamente cierta o absolutamente falsa. Por nuestra parte, suscribiendo esta tesis nos sentimos próximos a una concepción relativista de la historia que nos aleja tanto del idealismo como del positivismo histórico.

Estamos, en efecto, convencidos de que en la tarea del historiador no hay absolutos de ninguna clase, como no sean los del propio devenir, los del cambio, los de algo que siempre aparece como incompleto y que sólo toma forma desde el pasado hacia el futuro. Es decir, lo contrario de un absoluto, de una verdad única que está por encima de las restantes y parciales interpretaciones históricas que puedan hacerse. Del mismo modo que no hay una verdad, tampoco hay en la historia leyes, entendidas como un cuerpo de hipótesis verificadas de una vez por todas después de un proceso inductivo. Como muchos historiadores contemporáneos, y a diferencia de los del siglo XIX, renunciamos a buscar leyes universales e inmutables emparentadas con el positivismo, y nos contentamos con la investigación de cómo funcionan las cosas.

Si entendemos que no hay verdades absolutas ni leyes inmutables que puedan dar cuenta del curso de la historia, también nos posicionamos frente al idealismo. En efecto, no podemos pensar que los procesos históricos están orientados a unos valores supremos no sujetos a variación ninguna, porque creemos que no es cierto: los propios valores están arraigados en la historia y en la sociedad, y varían de un sitio a otro y según la época, y se explican, como dice Carr, en función de las condiciones históricas del momento y del lugar. En este sentido, ideales, absolutos o valores como la libertad, la justicia, la igualdad, etc. serían siempre válidos a la hora de interpretar un determinado hecho histórico. Por ello, más allá de sus propios valores circunscritos a una época y sociedad determinada, el historiador debe buscar la objetividad. El grado en que la logre dependerá justamente de su capacidad para reconocer hasta qué punto se halla inmerso en una determinada situación social e histórica; en otras palabras, de su capacidad para darse cuenta de hasta qué punto resulta imposible una total objetividad (Carr, 1961, p. 166).

Carr definía finalmente la historia como un «*diálogo entre los acontecimientos del pasado y las metas del futuro que emergen progresivamente*» (p. 167) o como «*un proceso en permanente movimiento dentro del cual se mueve el historiador*» (p. 181). Suscribiendo esta tesis nos sentimos próximos a un relativismo histórico que es además sensible a ciertas tesis historicistas y materialistas. En la actualidad nos ocupamos más que nunca de la historia y pensamos más que nunca en términos históricos; el hombre contemporáneo es consciente más que nunca de sí mismo y de su historia, y en esta conciencia histórica se fundamentan sus metas, la fe en su futuro y en el de la sociedad. Y ahí es donde creemos que estriba el sentido de la historia, por eso abríamos este capítulo con una cita sobre la vinculación entre pasado, presente y futuro en la cadena temporal de la historia. Nuestra interpretación del pasado se realiza siempre en el presente y se proyecta siempre hacia el futuro, por lo que la elección de lo que consideramos como importante y significativo, varía en función de nuestras metas actuales y evoluciona conforme van emergiendo otras nuevas (Carr, 1961, p. 167).

Decíamos en nuestro intento de definición de la historia que ésta encerraba un doble sentido: la investigación llevada a cabo por el historiador y los hechos del pasado que investiga.

Resumiendo nuestro propio punto de vista, podemos ahora concluir con una doble definición de historia en la que queden reflejados ambos aspectos.

La historia como objeto de investigación podría definirse así como «*una serie de sucesos específicos, acontecidos en un tiempo y lugar determinados, en los que un conjunto de individuos, constituidos en sociedad, se hallaron comprometidos conscientemente, y que ahora son conscientemente seleccionados en otro momento y lugar determinados y con una determinada finalidad*».

La historia como investigación, por su parte, podría definirse como «*el proceso global de búsqueda, selección, descripción, interpretación y narración de dichos acontecimientos, en base a un intento subjetivo de reconstrucción objetiva de los mismos*».

En el próximo capítulo nos ocuparemos de analizar con detenimiento este proceso de investigación, en el marco general de la metodología histórica y científica. Entre tanto, si de algo estamos seguros es de que la historia proseguirá, y alguien tendrá que contarla.

CAPÍTULO 2
EL MÉTODO DE LA HISTORIA DE LA PSICOLOGÍA

Si en el capítulo precedente nos ocupamos de la conceptuación de la Historia de la Psicología como disciplina científica desde el punto de vista teórico, en este segundo capítulo abordaremos su delimitación metodológica. En este sentido trataremos de ofrecer una descripción general del método histórico, así como una fundamentación del mismo. Los procedimientos y modos de hacer del historiador de la Psicología, junto con los planteamientos, exigencias y requisitos relativos a sus métodos, los encuadraremos en el marco general de la historiografía y metodología de la historia, y ésta a su vez en el marco general de la metodología científica.

Somos conscientes que ni las reglas del quehacer científico ni la propia metodología científica son, ni mucho menos, inmunes al paso del tiempo, sino que han ido evolucionando y renovándose a lo largo de la historia. Del mismo modo que van cambiando las teorías, también van cambiando los métodos y procedimientos de investigación. En este sentido, los criterios de demarcación de acuerdo con los cuales definimos el modo de alcanzar el conocimiento científico e histórico no deben considerarse como algo definitivo, sino como algo simplemente provisional y constantemente sujeto a modificaciones.

El problema de la definición del conocimiento científico, su Filosofía, su objeto y método es un problema histórico, que sólo puede ser adecuadamente comprendido en unas coordenadas espaciales y temporales concretas. Tan sólo la reflexión histórica y epistemológica permite comprender la evolución de las metodologías científicas y de las propias concepciones de la ciencia en que aquéllas se basan. Por esta razón recogeremos en los próximos apartados algunas reflexiones acerca de la naturaleza, el sentido y la evolución de los métodos.

1. LA METODOLOGÍA DE LA HISTORIA

La metodología histórica es un tipo de metodología científica. Los métodos que emplea el historiador son métodos sujetos a las reglas del quehacer científico, que en última instancia no pretenden sino lograr y transmitir conocimiento. Tan sólo en la medida en que dicho conocimiento versa sobre un objeto «histórico», la metodología y el procedimiento recibirán el calificativo de «históricos». Por lo demás, concebida la historia como una ciencia empírica, sus métodos no serán sino los propios de las ciencias empíricas. Identificada como una ciencia social, sus métodos serán comunes a las restantes ciencias empíricas sociales. Especificada como ciencia histórica, sus métodos serán compartidos con las ciencias catalogadas como empíricas, sociales e históricas en las clasificaciones al uso del saber.

La actividad del historiador de la Psicología, igualmente sometida a las reglas de la metodología científica general, debe ser considerada, por la misma razón, como científica. Más allá de su especificidad, sus métodos son los comunes a las llamadas ciencias históricas y las reglas de su quehacer las propias de la metodología histórica. Lógicamente, al incluir la Historia de la Psicología entre ellas no pretendemos ignorar sus características distintivas, sino tan sólo insistir en que toda cuestión relacionada con el método de la Historia de la Psicología, hará referencia necesariamente al método de la Historia en general.

Como habrá podido apreciarse, cuando hablamos de metodología nos referimos a la ciencia del método, incluyendo tanto el conjunto de presupuestos teóricos y filosóficos que regulan la actividad científica del historiador, como las estrategias de que dispone para llevar a cabo su investigación. Al hablar de método nos referimos específicamente al conjunto de procedimientos de que dispone para lograr su objetivo de alcanzar el conocimiento y transmitirlo. Tanto en un caso como en otro ambos conceptos se definen con relativa independencia de la materia concreta que constituya el objeto de investigación.

La metodología histórica ha sido objeto de un estudio detallado en obras ya clásicas como las de Topolsky (1982), Collingwood (1987), Danto (1989), todas ellas disponibles en español, que incluyen diversas reflexiones generales sobre la historia y la historiografía. Junto a ellas también debiéramos citar el interesante trabajo publicado no hace mucho por Rosa, Huertas y Blanco (1996).

En general, la metodología histórica trata de guiar la actividad científica del historiador a través de distintos objetivos que podríamos cifrar, básicamente, en los siguientes: (1) establecer los criterios para asignar valor histórico a determinados acontecimientos del pasado; (2) definir los procedimientos que deben seguirse para reunir evidencia sobre los mismos; (3) establecer el modo de certificar su validez y significado; (4) delimitar las estrategias de investigación y marcar las pautas en que debe desarrollarse; y (5) establecer el modo de explicar la aparición y evolución de determinadas ideas a lo largo del tiempo, entre los aspectos más destacables.

La metodología de la historia guarda relación con lo sucedido en el pasado y con la propia narración histórica. Sabemos, a partir de la definición que hemos ofrecido en páginas precedentes, que el término historia se refiere tanto a los hechos del pasado, como a la reconstrucción y narración de los mismos. Lo utilizamos en la primera acepción al decir, por ejemplo, que algo ya es historia, y lo utilizamos en la segunda de ellas al hablar de un libro de historia, o al decir que alguien cuenta o escribe una historia. En la medida en que el concepto suele utilizarse indistintamente con ambas acepciones, también la metodología de la historia se ocupa indistintamente de estas dos cosas. Sin embargo, posiblemente para evitar confusiones, la reflexión metodológica en el ámbito de las ciencias históricas no suele vincularse habitualmente al término historia, sino más bien al de «historiografía». De este modo, la historiografía designa tanto el arte de escribir la historia, como la propia ciencia del método (metodología) histórico. En resumidas cuentas y simplificando: la historia designa los hechos y la narración; la historiografía el modo de escribirla y el conjunto de ideas referidas a la historia.

En un trabajo sobre la polisemia de la palabra historia, Rosa (1993) planteó una clarificadora distinción entre historia-pasado, historia-narración, historiografía e historia intelectual, señalando que las dos primeras son, sin duda, las acepciones más comunes del vocablo que interesan a la discusión metodológica (Rosa, 1993). Topolsky (1982), por su parte, también se hizo eco de esta necesidad de distinción, diferenciando tres ramas de la metodología histórica interesadas en las ideas, resultados y objeto de la investigación histórica, que denominó respectivamente metodología pragmática, apragmática, y objetiva. El autor las definió en los siguientes términos (Topolsky, 1982, p. 36):

1. *Metodología pragmática*: incluye reflexiones sobre las operaciones cognoscitivas en la investigación histórica, es decir, sobre la ciencia histórica interpretada como el oficio de los historiadores.

2. *Metodología apragmática*: incluye reflexiones sobre los resultados de la investigación, es decir, sobre la ciencia histórica interpretada como una serie de afirmaciones sobre el área de la investigación.

3. *Metodología objetiva*: incluye reflexiones sobre la materia de la investigación histórica, es decir, sobre la historia en el sentido de los hechos del pasado.

La historiografía de la Psicología debe ser sensible a estos tres aspectos de la reflexión metodológica, considerando las dimensiones pragmática, apragmática y objetiva propias de la investigación histórica general. A partir de aquí, ideas, contenidos y procedimientos se conjugan en la labor historiográfica actuando como referentes básicos que imponen al ejercicio práctico de la Historia de la Psicología un compromiso teórico y de procedimiento.

Más allá de la pluralidad de puntos de vista, opciones y alternativas de interpretación que puedan darse cita en las ciencias históricas, consideramos que el trabajo historiográfico en general, y la historiografía de la Psicología en particular, debieran mantener algunas de estas exigencias de modo permanente. En concreto, el investigador debe atenerse en todo momento:

1. al carácter científico que ha de revestir su quehacer como historiador de la Psicología y al desarrollo de procedimientos correctos, de acuerdo con su finalidad científica última, en la que estriba su valor y utilidad;

2. a la necesidad última de contar, imponiendo al relato la estructura narrativa propia de los informes históricos, y teniendo como fin la reconstitución y explicación del pasado de la Psicología;

3. al valor del testimonio, sobre el que reposa en última instancia la ciencia histórica, y a la necesidad de imponer a su investigación y reconstitución de los acontecimientos del pasado de la disciplina psicológica, los criterios de bondad y relevancia propios de cualquier investigación científica.

Estas tres exigencias básicas deben presidir cualquier aplicación del método histórico. En nuestra opinión se dan cita en las tres partes que éste comprende: heurística, crítica e historia. Pensamos, sin ignorar ni mucho menos sus particularidades, que el método histórico no debiera desligarse del de la ciencia en general. Por ello, en el próximo apartado realizaremos algunas puntualizaciones sobre los elementos comunes y específicos del método histórico en relación con el método general de las ciencias, en un intento de contextualizar la reflexión sobre la metodología histórica en el marco general de la teoría del método científico.

2. EL MÉTODO HISTÓRICO

El método histórico es, en última instancia, un método, y éste no es sino un procedimiento, es decir, una manera ordenada de actuar que permite llegar a un resultado concreto. Etimológicamente la palabra método procede de los vocablos griegos «hacia» y «camino», y significaría el camino que conduce a un fin. El método se emplea siempre con una determinada finalidad, y no es sino un medio para la consecución de un fin. En este sentido vendría definido por lo que hacemos y por la serie de pasos y reglas que seguimos para alcanzarlo (Suárez, 1977; León y Montero, 1993).

Cuando se habla del método científico, se hace referencia al procedimiento más o menos estandarizado que se utiliza para adquirir conocimiento. Es, en definitiva, un movimiento de avance hacia la meta o término de la ciencia, y comprende un conjunto de procedimientos mediante los cuales se analiza, reconstruye y traslada al orden de la razón el objeto investigado. Con él nos referimos al modo en que se genera el conocimiento científico, y no tanto a sus objetivos, aunque lógicamente la consecución de los mismos esté en cierta medida subordinada a la adecuación de aquél. En la medida en que el fin que persigue la ciencia no es sino el conocimiento verdadero de su objeto, el método científico podría definirse como el camino mediante el cual las ciencias encuentran sus respectivas verdades.

Aunque es cierto que el conocimiento científico aspira a establecerse en forma de leyes de la mayor generalidad posible, cuyo ámbito de aplicación sea a su vez lo más universal posible, en la actualidad la mayoría de los científicos son conscientes de que la universalidad del conocimiento es más un mito que un ideal, por lo que más que aspirar a ella buscan fórmulas que garanticen el consenso dentro de la comunidad científica. Lo mismo ocurre en relación con el procedimiento, donde el viejo ideal de unificar el método, que Descartes intentó con el matemático, y filósofos como Bacon o Locke en torno a la inducción, hoy en día ha sido prácticamente abandonado. Por ello, también aquí tratan de garantizar el consenso. Para lograrlo, con independencia del ámbito de investigación, los científicos tienden a utilizar procedimientos más o menos estandarizados cuya principal característica sea la replicabilidad. Gracias a ella el investigador científico hace posible que cualquier otro colega, cuando explore el mismo fenómeno, obtenga el mismo tipo de resultados, siempre que siga ese mismo método.

Por otra parte, la especialización y relatividad del saber y de la ciencia imponen que tanto el conocimiento como el método para lograrlo vayan siempre referidos a un determinado tipo de fenómenos. Estos constituyen además el objeto de estudio de una determinada disciplina en un determinado ámbito del saber. En este sentido, y como hemos indicado anteriormente, más que hablar del método científico en general o de variantes generales del mismo, tendemos a hablar del método empleado por tal o cual disciplina, como por ejemplo el que utiliza la Psicología o el que utiliza la Historia.

Del mismo modo podría justificarse la necesidad de hablar del método empleado para el estudio de determinados fenómenos dentro de cada ciencia, como por ejemplo el método que utilizan los psicólogos para conocer los fenómenos mentales, o en el caso de la historia, para reconstruir un documento o comprobar su autenticidad. Por otra parte, si entendemos el método como un medio para llegar a un fin, lo más importante es que sea adecuado al tipo de fenómeno que pretende conocer. En este sentido el método estaría determinado hasta cierto punto por la propia naturaleza del objeto a cuyo conocimiento aspira, justificándose así la existencia de una amplia variedad y diversidad de los mismos. Cada ciencia tiene por ello su método, es decir, dispone de un conjunto de procedimientos especiales que le permiten alcanzar su objeto propio con mayor rigor, exactitud y perfección que en el conocimiento no científico.

2.1. Lo común de los métodos

Resumiendo lo expuesto hasta este momento, pensamos que ya no podemos seguir hablando de un único método en singular, sino más bien de métodos en plural. A pesar de los intentos de unificación que ha habido lo largo de la historia del pensamiento, hoy en día se reconoce mayoritariamente que no hay un método válido para todas las ciencias. Dada la gran diversidad de objetos de que pueden ocuparse las ciencias, el uso de un sólo método no parece posible. El método tiene que ser adecuado al objeto que se investiga; de ahí que pueda haber una gran variedad de métodos científicos.

Con el fin de introducir un orden en esta diversidad, los métodos han sido agrupados en clases amplias, por lo general acordes con clasificaciones de las ciencias en grandes grupos. Aunque todas las clasificaciones son mudables y dependen del criterio adoptado, nos apoyaremos en ellas como estrategia expositiva para delimitar el lugar de la historia y emparentar la metodología histórica con la de saberes afines. Complementariamente, consideramos que todos los métodos comparten una serie de aspectos, más allá de su especificidad y con independencia del objeto investigado. Por nuestra parte, identificaremos dos elementos comunes, dos partes comunes, una actitud compartida y un triple objetivo en común, subordinados todos ellos a su naturaleza científica y finalidad última, tal y como pasamos a exponer.

En primer lugar, habiendo definido el método científico como el conjunto de procedimientos de que dispone una ciencia para alcanzar el conocimiento y luego transmitirlo, podemos afirmar que siempre consta de dos partes. La parte del método que trata de descubrir algo nuevo, es decir, la parte de investigación, se denomina *heurística*. La parte del método encargada de transmitir lo ya conocido, es decir, la parte de enseñanza, se denomina *didáctica*. Aunque en ocasiones sean presentadas como dos métodos distintos en base a que heurística y didáctica rara vez coinciden, pensamos que son en realidad dos partes complementarias de un mismo método y, en este sentido, un aspecto integrador de la metodología científica.

En segundo lugar, el método va implicado en toda investigación científica. Un nuevo intento de sistematización permitiría distinguir dos procedimientos esenciales que pueden ser interpretados como elementos metodológicos comunes a toda investigación científica, con relativa independencia de su objeto: el *análisis* y la *síntesis*. El primero permite reducir un complejo que en principio se nos presenta confuso, ayudando a discernir elementos más simples; no se trata de descomponer el todo en partes homogéneas y complejas, sino en elementos simples, por lo que no debe confundirse con la división. Si el método analítico es regresivo, la síntesis se define a modo de contraprueba necesaria: reconstruye el todo con ayuda de sus elementos. El método sintético es, por tanto, progresivo ya que muestra cómo los elementos simples concurren en la producción de las cosas. Análisis y síntesis se aplican por igual sobre objetos ideales y empíricos y son patrimonio de todas las ciencias, incluyendo la Historia, que se sirve de ellos en cualquiera de las fases de la investigación histórica.

En tercer lugar, el empleo del método implica un tipo característico de actitud, que lejos de ser espontánea puede considerarse como el producto de un esfuerzo mental. En efecto, el modo de ver el mundo del científico no coincide con el modo de ver habitual de la gente normal y corriente. La ciencia ve las cosas de forma muy diferente a la vulgar, y por eso decimos que su modo de ver el mundo no es natural ni espontáneo. La *actitud científica* tampoco es una actitud natural en el ser humano, sino que es una conquista de la historia. La humanidad empezó explicándose el mundo mediante mitos o narraciones simbólicas en las que intervenían dioses; después utilizó la razón, y sólo mucho más tarde surgirá la ciencia, equiparada con el método. Desde entonces la ha utilizado y la ha desarrollado. Por eso no la concebimos como algo natural sino como un logro humano y como un producto histórico. A través de ella intentamos liberarnos de opiniones subjetivas e infundadas o mal fundadas, y llegar a conocer, llegar a saber.

El método científico implica así una actitud y un modo peculiar de contacto con la realidad, distinto por ejemplo al de la poesía, la religión o la filosofía. Representa un modo de orientarse en el mundo, disipar dudas, resolver problemas y sentir confianza y seguridad, basado en el conocimiento, que es justamente el objetivo de la ciencia. A este respecto, Pierce (1877) contrastaba el método de la ciencia con otros métodos que suelen emplear los hombres para asegurarse en sus creencias: (1) el *método de la tenacidad*, en el que se acepta una opinión y luego se defiende desesperadamente contra cualquier opinión contraria sin querer saber nada acerca de los que piensen distinto; (2) el *método de la autoridad*, en el que la tenacidad se hace colectiva, al haberse impuesto una opinión con exclusión de las demás, a través de un proceso de adoctrinamiento; (3) el *método de las preferencias naturales*, en el que se acepta como verdadero aquello que resulta agradable a la razón, aquello que está dentro de nuestras inclinaciones intelectuales; y (4) el *método de la ciencia*, que viene a considerar que hay cosas reales cuyos caracteres son enteramente independientes de nuestras opiniones acerca de ellos, y que podemos averiguar mediante el razonamiento cómo son las cosas real y verdaderamente.

En cuarto lugar, el saber se parcela en diferentes ámbitos de conocimiento, relativos a diferentes aspectos o fenómenos que forman parte de esa realidad, dando origen a las distintas ciencias. Sin embargo, más allá de su particularidad, toda ciencia pretende, en mayor o menor medida, tres cosas: explicar, comprender y predecir. Estos tres objetivos también pueden considerarse, básicamente, como elementos comunes implícitos en el método científico.

La *explicación* consiste en reducir un fenómeno a sus causas, aunque el concepto de causa es un concepto controvertido y muy discutido en la actualidad. Por ello, a menudo suele ser substituido por otros conceptos como ley, función, condición, etc. En general pueden distinguirse cuatro tipos de explicación: deductiva, probabilística, finalística y genética, según se trate respectivamente de una deducción a partir de una ley general, se cifre en términos estadísticos, se insista en el para qué más que en la causa o en el porqué, o se intente explicar un fenómeno mostrando su génesis, ésta última muy corriente en las ciencias históricas.

La *comprensión* presenta el problema de la falta de acuerdo acerca de su significado. Tradicionalmente se ha contrapuesto a la explicación como objetivo científico, en base a la distinción tradicional entre Ciencias de la Naturaleza, cuyo objetivo sería explicar, y Ciencias del Espíritu (Ciencias Humanas), cuyo objetivo sería comprender. Como vimos en el capítulo precedente, fue Dilthey quien planteó esta distinción en el siglo XIX, ante el surgimiento de nuevas disciplinas como la Historia y la Psicología, que según él no podían utilizar explicaciones. En ese momento imperaba la tendencia a unificar las ciencias bien fuera en un sólo saber, o con un método único que entonces era la explicación deductiva. Hoy en día, sin embargo, resulta insostenible la separación tajante entre Ciencias Naturales y Ciencias Humanas en base a la distinción entre explicación y comprensión. De hecho, ni siquiera es posible separar comprensión y explicación, ya que la explicación permite comprender y el comprender reclama frecuentemente nuevas explicaciones. De ahí que algunos autores hayan propuesto superar la distinción hablando de explicación comprensiva. Resumiendo, podríamos decir que toda ciencia tiene un carácter explicativo-comprensivo: explica y ayuda así a comprender problemas que de otro modo serían inexplicables y problemáticos. El modo en que procede la ciencia para descubrir la explicación adecuada es lo que muchas veces se llama método científico.

En lo que respecta a la *predicción*, finalmente, podemos afirmar que toda ciencia trata de hacer que sea posible predecir la ocurrencia de ciertos fenómenos, acontecimientos naturales o reacciones humanas. La predicción científica, con independencia de que sea o no probabilística, se distingue de otras prácticas adivinatorias en su fundamentación en teorías y datos científicamente establecidos y en su carácter condicional. Además de predicciones, la ciencia hace también *retrodicciones*, es decir, retrovisiones de lo que sucedió, o lo que es lo mismo, reconstrucciones de un pasado desconocido para nosotros. Muchas ciencias, como la historia, la cosmología, la geología, la paleontología, etc., son propiamente retrodictivas. Sólo en algunos casos pueden hacerse retrodicciones estrictas y seguras. En otros casos se recurre a extrapolaciones o interpolaciones (Bunge, 1969, p. 647).

Por último, debiéramos mencionar ciertos intentos de sistematización basados en la *clasificación de las ciencias*. En efecto, la Filosofía sigue tratando hoy en día de ordenar las ciencias buscando criterios de catalogación. En general, aunque las clasificaciones son cambiantes, provisionales, suele distinguirse entre Ciencias Formales y Ciencias Empíricas. Las primeras (básicamente la Lógica y las Matemáticas), a diferencia de las segundas, no se ocupan de hechos, por lo que no dan información acerca de la realidad, sino que tratan con entes formales, es decir, construcciones ideales de la mente; la verdad de sus enunciados requiere sólo de coherencia lógica, no de contrastación empírica o experimental con la realidad. Las Ciencias Empíricas se siguen dividiendo a su vez en Ciencias Naturales y Ciencias Sociales o Humanas, aunque esta distinción, basada fundamentalmente en su mayor o menor proximidad a la Física, ha sido abiertamente cuestionada y es cada día menos evidente. La Historia se contaría entre estas últimas; el lugar de la Psicología está aún por definir y sigue siendo objeto permanente de debate. En base a este tipo de criterios de clasificación, se distinguen tradicionalmente dos métodos generales: el método deductivo, propio de las ciencias racionales, y el método inductivo, propio de las ciencias experimentales.

El *método deductivo*, característico de las ciencias racionales o formales como las Matemáticas o la Filosofía, va de unos principios a unas conclusiones, valiéndose únicamente de conceptos. Ello no quiere decir que se prescinda completamente de la experiencia, pero la importancia que se le concede es mínima. Para obtener sus conceptos las ciencias racionales no precisan de mucha experiencia; basta con observar algunas realidades para que la mente obtenga por abstracción las ideas generales que precisa para elaborar el conocimiento. A modo de ejemplo podríamos citar conceptos filosóficos como ser, sustancia, accidente, materia, forma, etc., o conceptos matemáticos como punto, línea, ángulo, plano, etc. Mediante la elaboración de estas ideas se generarán definiciones y principios de evidencia inmediata, de los cuales, a través de la deducción, se irán obteniendo nuevas verdades hasta construir la ciencia.

Los modos usuales que tienen las ciencias deductivas de obtener y manejar estos conceptos, hasta cierto punto a priori o independientes de la experiencia, son básicamente tres: la definición, la división y la demostración.

La *definición* se utiliza para delimitar un concepto mediante sus notas o aspectos constitutivos. A su vez se distinguen dos tipos de definiciones: *nominales* y *reales*. Las primeras expresan el origen o significado del nombre que designa un objeto, y cuando se remontan a su origen se denominan *etimológicas*. Las segundas nos dicen lo que la cosa es, pudiendo ser a su vez de tres tipos: *descriptivas*, *genéticas* y *esenciales*, según nos indiquen respectivamente sus rasgos característicos, cómo se forma el objeto, o bien la esencia de lo definido.

La *división* se emplea para distribuir un todo en sus partes, que en la ciencia no es sino un todo lógico o concepto universal, según una base o criterio. Una variante de la división es la *clasificación*, que no parte de un concepto sino, por el contrario, de una multitud de individuos, que debe ordenar en grupos o clases.

La *demostración* es un tipo de argumentación deductiva que se utiliza para hacer deducciones que no sólo sean correctas sino además verdaderas, y representa el raciocinio científico por excelencia. Para evitar una regresión sin fin, toda demostración debe partir, en última instancia, de proposiciones o principios indemostrables o evidentes por sí mismos, los cuales pueden ser de dos tipos: *primeros principios*, que son generales a todo saber, como el de identidad, no contradicción, tercero excluido, etc., y *axiomas*, que son principios propios de cada ciencia. A los axiomas se podrían añadir los *postulados*, principios también propios de las ciencias particulares, que sin ser estrictamente evidentes, permiten derivar de ellos una serie de inferencias válidas.

El *método inductivo* o analítico es el método predominante y fundamental de las ciencias empíricas o experimentales, como la Física, la Química o la Biología (en el lado de las Ciencias Naturales), o la Sociología, Economía, Historia, Política, Geografía, etc. (en el lado de las Ciencias Sociales o Humanas), incluyendo la Psicología, con independencia de donde sea ubicada en la clasificación de las ciencias. Mediante la inducción o análisis se trata de alcanzar la ley general, pero a partir de casos concretos. El procedimiento de investigación inductiva se desarrolla en tres fases: (a) observación atenta y sistemática de los hechos para delimitarlos con precisión; (b) formulación de hipótesis, que sería como una explicación que se da por adelantado del hecho observado, de la que se deducen consecuencias; y (c) comprobación de la hipótesis mediante la experimentación, de tal modo que si las pruebas experimentales verifican la verdad de la hipótesis, ésta se formula como ley.

Así pues, el procedimiento metodológico de las Ciencias Empíricas, en las que abiertamente hemos incluido a la Historia, constaría de los siguientes pasos: (1) Constatación de hechos mediante la observación pormenorizada; (2) Construcción o formulación de hipótesis explicativas; (3) Deducción de consecuencias a partir de estas hipótesis; (4) Contrastación de las consecuencias con la experiencia; (5) En el supuesto de que las pruebas experimentales verifiquen la verdad de la hipótesis, ésta se formula como ley, pudiendo comenzar entonces un proceso deductivo a partir de esta ley, que se considera, aún con sus limitaciones, universalmente válida; (6) Siempre que se pueda, se intenta matematizar o expresar de forma matemática la ley, siendo conscientes de que hay ciencias que lo permiten y ciencias que no.

Como vemos, se da realmente una combinación de inducción y deducción, por lo en la actualidad tiende a hablarse de un método mixto, denominado *método hipotético-deductivo*, el cual utiliza una estrategia que mezcla las dos anteriores, considerándolas como dos partes de un único método. Aunque no deja de ser un procedimiento ideal unificador, que abunda en el intento de superar las divisiones en las ciencias basadas en criterios metodológicos, cuando se habla hoy en día de método científico en singular, se identifica usualmente con el método hipotético-deductivo.

Independientemente de donde empiece el proceso, el investigador necesita tanto ir de los datos a la teoría como de la teoría a los datos. Así, desde una teoría se deduce una consecuencia contrastable en la realidad, y se realizan una serie de observaciones que sirven para corroborar o modificar lo deducido desde la misma. En el caso de no existir una teoría previa, se puede empezar realizando una observación a partir de la cual se haría una generalización en forma de ley. A partir de un conjunto de leyes podríamos elaborar una teoría de la que a su vez deduciríamos nuevas consecuencias, lo cual nos permitiría volver a realizar observaciones que servirían como contraste, y así sucesivamente (Hempel, 1978).

En su curso de epistemología Bunge (1980, p. 34-35) describe el método hipotético-deductivo. articulándolo en cuatro partes y nueve pasos:

A. Problema (constatación de un hecho):

    1 Descubrimiento del problema o laguna en un conjunto de conocimientos. Si el problema no está enunciado con claridad se pasa a la etapa siguiente; si lo está, a la subsiguiente;

    2 Planteamiento preciso del problema, o bien replanteamiento de un viejo problema a la luz de nuevos

conocimientos (empíricos o teóricos, substantivos o metodológicos).

B. Hipótesis (si el recurso a lo ya conocido no es suficiente):

1   Búsqueda de conocimientos o instrumentos relevantes al problema (por ejemplo, datos empíricos, teorías, técnicas, etc.). O sea, inspección de lo conocido para ver si puede resolver el problema;

2   Tentativa de solución del problema con ayuda de los medios identificados. Si este intento falla se pasa a la etapa siguiente; si no, a la subsiguiente;

3   Invención de nuevas ideas (hipótesis, teorías o técnicas) o producción de nuevos datos empíricos que prometan resolver el problema;

4   Obtención de una solución (exacta o aproximada) con ayuda del instrumental conceptual o empírico disponible.

C. Deducción (de consecuencias):

1   Investigación de las consecuencias de la solución obtenida. Si se trata de una teoría, búsqueda de predicciones que puedan hacerse con su ayuda. Si se trata de nuevos datos, examen de las consecuencias que puedan tener para las teorías relevantes.

D. Contrastación (con teorías, datos y experimentos):

1   Puesta a prueba (contrastación de la solución): confrontación de ésta con la totalidad de las teorías y de la información empírica pertinente. Si el resultado es satisfactorio, la investigación se da por concluida hasta nuevo aviso. Si no, se pasa a la etapa siguiente;

2   Corrección de las hipótesis, teorías, procedimientos o datos empleados en la obtención de la solución incorrecta, con lo que comienza un nuevo ciclo de investigación.

Ahora bien, el método hipotético-deductivo no es el único modelo posible. Los inductivistas, por ejemplo, presididos por Rudolf Carnap siguen proponiendo el método inductivo, que también desarrollan en cuatro etapas: (1) Observar y registrar todos los hechos, sin seleccionarlos ni hacer conjeturas acerca de su relevancia; (2) Compararlos y clasificarlos; (3) Hacer entonces generalizaciones referentes a las relaciones causales entre los hechos; y (4) Deducir las consecuencias de las leyes así obtenidas.

En el extremo opuesto, los convencionalistas, como por ejemplo Poincaré o Eddington (1952), conciben la ciencia como una pura construcción racional, en la cual los hechos sólo sirven para suscitar las teorías; por ello las teorías se consideran más bien productos convencionales sin apoyo en los hechos. Por nuestra parte nos inclinamos por el método hipotético-deductivo, a modo de vía intermedia entre estas dos posturas, en la medida en que conjuga hechos y teorías, observación y racionalidad.

Defendido el carácter científico de la Historia de la Psicología, defendemos también lógicamente la cientificidad de su método. Si en su especificidad éste es calificado de método histórico, en su generalidad y comunalidad con el procedimiento indiferenciado de la ciencia no sería otra cosa sino un método hipotético-deductivo, eso sí, aplicado a un tipo específico de problemas que identificamos como «problemas históricos». La Historia de la Psicología, en el marco de la Historia de la Ciencia y en el más amplio de la Historia General, es una disciplina orientada al conocimiento, sujeta a ciertas reglas consensuadas, que investiga un determinado tipo de fenómenos, tratando de explicarlos a partir de teorías previas, de las que constantemente se deducen consecuencias objeto de contrastación en la realidad. Afirmamos, pues, que la historia es una ciencia cuyo método es científico, tanto si es «el» método científico como si es «uno de ellos».

Desde su establecimiento académico en el siglo XIX, la historia asumió esta cientificidad. Hemos visto como en un primer momento, bajo la influencia del positivismo y presididos por el ideal de la objetividad, los historiadores trataron de ceñirse exclusivamente a los hechos y de reflejar en la medida de lo posible la realidad histórica. Para ello, intentaban reunir evidencia, es decir, pruebas, buscando y recogiendo el mayor número posible de documentación, testimonios y materiales, que luego sometían a la crítica histórica, con el fin de autentificarlos y desechar lo falso o irrelevante; finalmente los disponían en orden cronológico y lineal, configurando así su narración histórica. Esta etapa de la historiografía, que Collingwood (1987) denomina de «tijeras y engrudo» y Topolsky (1982) «erudita y genética», constituyó un importante paso para la consolidación de la historiografía científica, al sustituir la inventiva e imaginación usuales en las historias de la Ilustración, por la investigación empírica y el respeto a los hechos (Hearnshaw, 1984).

Con el giro epistemológico del siglo XX la concepción de ciencia y los criterios de cientificidad cambian pero el espíritu y procedimiento científico persiste. La objetividad absoluta deja de ser un ideal para convertirse en un mito, y la noción de hecho histórico pasa a ser controvertida, al cuestionarse si realmente es posible encontrar algo en el pasado sin teoría. La historia ya no se limita a registrar hechos supuestamente objetivos, sino que además de describir y explicar los datos del pasado, los interpreta deliberadamente a la luz de una teoría particular, y modifica la teoría contrastando dichos datos. Ahora bien, la historia sigue siendo una ciencia porque se sigue dedicando a la reconstrucción racional del pasado y porque su procedimiento no ha dejado de ser científico.

2.2. Lo específico del método histórico

La historia reposa sobre el valor del testimonio. Como cualquier otra disciplina intelectual, opera sobre unos materiales específicos que conocemos como fuentes, empleando unos procedimientos específicos que englobamos bajo la denominación de método histórico. Este comprende tres partes que se conocen con el nombre de heurística, crítica histórica e historia propiamente dicha.

La *heurística* es la parte del método histórico encargada de la búsqueda de materiales. Al igual que cualquier estudio científico requiere de datos sobre los que operar, el estudio histórico también requiere de materiales que suministren informaciones susceptibles de ser consideradas como datos históricos. Por ello, el estudio histórico, en tanto que estudio científico del pasado, tan sólo es posible en la medida en que queden vestigios de él. Los testimonios de los acontecimientos pasados pueden ser de tres tipos: orales (tradición, leyendas, folklore, etc.); materiales (monumentos de toda clase) y escritos (documentos oficiales, memorias, historias propiamente dichas, etc.). A partir de aquí, y en función de los objetivos del historiador, será desde donde se aborde en fases subsiguientes de la investigación histórica la descripción y eventual explicación e interpretación de los acontecimientos y del modo en que sucedieron.

La *crítica histórica* es la parte del método histórico encargada del análisis de los materiales. Los vestigios materiales del pasado pueden ser sometidos a dos tipos de crítica: interna y externa. La crítica interna se refiere al contenido del documento y también se denomina crítica de interpretación o hermenéutica. La crítica externa se centra en la forma de los documentos y se divide, a su vez, en dos tipos: crítica de restitución y crítica de origen. La crítica de restitución tiene como objetivo la reconstrucción del documento en su integridad; la crítica de origen tiene como objetivo comprobar la autenticidad del documento. Cuando se trata de testimonios orales, la crítica también determina su verosimilitud, la posibilidad real de lo referido, su concordancia, etc.

La *historia* propiamente dicha constituiría la tercera parte del método histórico, que se desarrolla una vez terminada la crítica. En estos momentos el historiador se halla todavía ante un conjunto de información dispersa, por lo que ha de efectuar una serie de operaciones sintéticas dirigidas a la reconstitución del pasado y a explicarlo, lo que dará lugar a la historia. Los acontecimientos se tienen que presentar dotados de una estructura narrativa, en el mejor orden posible y aclarados, explicados e interpretados para hacerlos inteligibles en su totalidad. Por ello también constituye un arte y un ejercicio creativo.

Sin embargo, debemos tener presente que el método histórico también es un concepto en evolución, que ha sufrido diversos cambios a lo largo del tiempo, acordes con los experimentados en la propia concepción de la historia. En general, podríamos distinguir una concepción clásica del método, característica de la historiografía decimonónica, y que ha dominado durante prácticamente la primera mitad del siglo XX, y una concepción moderna, cuyos fundamentos conceptuales y metodológicos han ido desarrollándose en la historiografía de los últimos cincuenta años.

Topolsky (1982) ha analizado las líneas maestras de este proceso. Según él, fue en la década de los cincuenta cuando se establecieron las bases de la nueva manera de entender la historia que llevaría a la sustitución de las concepciones clásicas sobre el quehacer del historiador. En los años sesenta y setenta habrían tenido lugar, respectivamente, el gran desarrollo conceptual y el gran desarrollo metodológico de la historia.

En el capítulo precedente resumimos a grandes rasgos las líneas directrices de la evolución conceptual, destacando algunos cambios significativos con respecto a las tendencias precedentes. La historia dejará de ser una simple crónica o relato de los sucesos del pasado, de los que el historiador debe dar mero testimonio pasivo, para convertirse en un intento de aprehenderlos, en el que el historiador reconstruye, cobrando importancia su pensamiento teórico y crítico.

Desde el punto de vista metodológico hubo igualmente un importante perfeccionamiento de los procedimientos, al complementar la mera inducción con la cuantificación, la interdisciplinaridad, y la planificación del trabajo según problemas. Con la aplicación del método experimental, la historiografía se enriqueció, incluyendo entre sus objetivos la explicación histórica frente a la mera descripción.

Pero debemos insistir en que tampoco en el ámbito de la historiografía hablamos ya de un único método histórico sino de varios métodos, que si bien comparten las características más generales que hasta el momento hemos mencionado, también adquieren progresivamente un mayor grado de especificidad, según sus objetivos y la concepción de la historia que les sirva de base. A los métodos más tradicionales, como el método heurístico, el análisis crítico o el método hermenéutico, se incorporan día a día otros nuevos.

En general, los distintos métodos sirven de forma diferente a la empresa historiográfica. Como procedimiento de investigación científica, ésta se desarrolla secuencialmente, integrando en un proceso temporal una serie de tareas diversas que forman parte del quehacer de todo historiador, con independencia de sus preferencias o compromisos teóricos y metodológicos. En el próximo apartado analizaremos distintas tareas que, integradas en este proceso, pueden ser consideradas como un denominador común en todo procedimiento de investigación historiográfica.

3. EL PROCESO HISTORIOGRÁFICO

El historiador no es sino un científico que investiga el pasado. Su trabajo va ineludiblemente ligado al tiempo y al cambio. El propio devenir y dinamismo evolutivo de los acontecimientos hace que lo que hoy es presente mañana sea pasado, y como tal pueda ser objeto de investigación histórica; pero sin materiales no habrá historia. En última instancia ésta siempre dependerá de la huella que haya quedado, de lo que perviva, de lo que haya sobrevivido al paso del tiempo. Por eso decimos que el trabajo del historiador requiere del testimonio y en él estriba su valor.

Todo aquello que quede, y que en definitiva sea susceptible de investigación histórica, se engloba bajo una misma denominación en el concepto de «fuente». De ellas mana justamente el conocimiento histórico, de ahí su nombre. Las fuentes, que serán objeto de un análisis más detenido en la segunda parte de este libro, constituyen el primer objetivo de la investigación histórica. Su búsqueda y localización es el primer paso de un proceso de investigación que culminará con la historia propiamente dicha, es decir, al escribir la narración histórica de los acontecimientos. Este proceso, que podríamos denominar procedimiento historiográfico o proceso de investigación histórica, se desarrolla en una serie de pasos que constituyen distintas formas de elaboración de la información suministrada por las fuentes y, en última instancia, objetivos complementarios de la investigación histórica.

A este respecto, Topolsky (1982), por ejemplo, propone un esquema clásico en nueve pasos: (1) elección del campo de investigación; (2) planteamiento de una cuestión en ese campo; (3) establecimiento de las fuentes sobre las que se va a basar el estudio; (4) crítica externa e interna de las fuentes; (5) descripción de lo que ocurrió y de aquello a lo que se refiere la pregunta; (6) explicación; (7) consecución de premisas teóricas; (8) formulación sintética de los resultados; y (9) valoración. Sin embargo no es el único. Distintos autores han realizado distintas propuestas metodológicas sobre la forma de desarrollar la investigación histórica, por lo general vinculadas a un determinado compromiso teórico (véanse, por ejemplo, las clasificaciones ofrecidas por Brozek y Pongratz, 1980; o Rodríguez, 1986).

En el próximo apartado recogeremos algunos de los principales modelos historiográficos más en uso en la actualidad. Por el momento nos interesa tan sólo reseñar la existencia de procedimientos estandarizados que hacen de la investigación y narración de la historia un proceso pautado de investigación científica, más o menos flexible, consensuado o replicable. Más allá de peculiaridades metodológicas o temáticas, el historiador de la Psicología, en su calidad de historiador de la ciencia, busca, selecciona, describe, explica, interpreta, retrodice, reconstruye o reconstituye y narra. Estas son, en definitiva, las actividades que despliega en su quehacer como investigador, en relación directa de subordinación con sus objetivos y métodos. Entretejidas en las reflexiones que acompañan a la exposición, va implícita nuestra propia concepción de la ciencia, y lógicamente de la historia.

3.1. Búsqueda, selección y reconstrucción

La búsqueda y selección de las fuentes pone en marcha el proceso de investigación histórica, constituyendo la materia prima para escribir la historia. Como señala Topolsky (1982), las fuentes por sí solas no bastan si no se añade el trabajo de elaboración del historiador. De este modo, la historia no la entendemos en el sentido positivista como un mero registro y relación de hechos pasados, sino como el producto de la actividad reconstructiva de aquél. El hecho suministra la información, pero él crea la historia. El pasado contiene los datos, pero él los elige. La historia solo es cognoscible y significativa a partir del trabajo de filtración y elaboración del historiador. Él imprime significado a sus datos a partir de su teoría.

Suele decirse que la investigación histórica, y en general la científica, parte de hechos significativos, pero ¿qué es un hecho? y ¿cuándo es significativo? Por una parte, los hechos de la ciencia no son naturales sino que han de ser determinados mediante complicados procedimientos de medida, y muchas veces son incluso expresamente construidos. Decíamos que la actitud científica no era una actitud natural y, en efecto, los hechos de la ciencia no son observados de forma espontánea sino que son «hechos» (en el sentido de hacer), es decir, fabricados. Por otra parte, un hecho sólo es significativo en función de una teoría, por ejemplo porque la contradice, por lo que para que un hecho adquiera significado es necesario disponer de una teoría con la que se lo pueda relacionar.

Del mismo modo que en términos kantianos nuestra mente operaría sobre datos sensoriales sin sentido para producir formas cognoscitivas con significado que se revelan en la experiencia, la investigación histórica opera sobre datos del pasado para producir historias significativas con hechos que se revelan en la narración. Del mismo modo que diríamos que nuestro conocimiento de la realidad parte de la experiencia pero no procede de ella, sino que es el resultado de ciertas operaciones perceptivas sobre información sensorial bruta, diremos que el conocimiento histórico procede de la elaboración sintética y analítica de la información suministrada por las fuentes. Al igual que los hechos de la experiencia se construyen, los hechos históricos se construyen, y al igual que diríamos que no conocemos lo que es sino el modo en que se nos muestra, diremos que no conocemos el pasado más allá de lo que nos han legado los historiadores a través de sus reconstrucciones. En este sentido habría que diferenciar entre *datos* y *hechos*, es decir, entre el pasado como realidad en sí misma incognoscible, y acontecimientos fechados, es decir, históricamente interpretados y, como tales, productos cognoscitivos.

El historiador es a fin de cuentas un productor o creador de historias. Para escribirlas está obligado a seleccionar los hechos que formarán parte de su estructura narrativa, y a partir de ellos reconstruir el trozo del pasado al que dedica su investigación. Los procesos de selección y reconstrucción no deben ser juzgados como defectos de la historia, sino como condiciones implícitas en el proceso historiográfico, y en general en el procedimiento ordinario de investigación en cualquier disciplina científica. La nueva Filosofía de la Ciencia muestra inequívocamente la íntima relación existente entre los datos y la teoría. En la Historia, como en cualquier otra disciplina preocupada por el conocimiento de la realidad, si los hechos no son independientes de la posición teórica adoptada, es precisa la reelaboración racional de los mismos. En este sentido, la historia es el producto de un historiador que selecciona y reconstruye el pasado en función de su concepción teórica previa. Aceptar esta proposición no implica suponer que cada historiador opera de modo caprichoso, sino justamente lo contrario: en la medida en que existe una historiografía científica disciplinada, todo historiador debe ajustarse a las exigencias marcadas por los cánones de la comunidad científica a la que pertenece.

Edward H. Carr (1961) hablaba en estos términos acerca del hecho histórico: «*¿Qué es un hecho histórico?* ... *Según el punto de vista del sentido común existen hechos básicos que son los mismos para todos los historiadores y que constituyen, por así decirlo, la espina dorsal de la historia. (...) más bien suelen pertenecer a la categoría de materias primas del historiador que a la historia misma (...) la necesidad de fijar estos datos básicos no se apoya en ninguna cualidad de los hechos mismos, sino en una decisión que formula el historiador a priori (...) Solía decirse que los hechos hablan por sí solos. Es falso, por supuesto. Los hechos sólo hablan cuando el historiador apela a ellos: él es quien decide a qué hechos se da paso, y en qué orden y contexto hacerlo. (...) El profesor Talcott Parsons calificó una vez la ciencia de "sistema selectivo de orientaciones cognitivas hacia la realidad". Tal vez podría haberse dicho con más sencillez. Pero lo cierto es que la historia es eso, entre otras cosas. El historiador es necesariamente selectivo. La creencia en un núcleo óseo de hechos históricos existentes objetivamente y con independencia de la interpretación del historiador es una falacia absurda, pero dificilísima de desarraigar*» (p. 14-15).

3.2. *Explicación, Comprensión, Retrodicción*

Al comenzar el proceso de búsqueda y localización de materiales con el que se pone en marcha el trabajo del historiador, éste ya trae consigo ciertos conocimientos básicos que actuarán como condicionantes de su investigación. Algunos de ellos harán referencia al mismo pasado, por lo que su actividad puede verse influida por ciertas ideas preconcebidas acerca de lo que se plantea investigar. En general le influirá la imagen del pasado que hayan dibujado otros historiadores, en la medida en que no existe más pasado que el reconstruido por ellos.

Representando una concepción heredada, esta imagen del pasado también constituye un punto de partida, ya que en cierta medida el historiador ha de ceñirse a ella, aunque sea con el objetivo de ofrecer una interpretación diferente, e incluso niegue algunas de las ideas ya establecidas. Por esta razón el historiador parte de los hechos. Consciente de su naturaleza como tales, muestra sus dudas, hace conjeturas, sugiere otras ideas, y plantea interpretaciones alternativas que, procediendo con rigor, formula como hipótesis explicativas que ha de verificar o refutar.

Ya hemos insistido en que, como cualquier otro científico, el historiador trata de buscar causas explicativas de los fenómenos que investiga. Para ello se plantean las hipótesis históricas y se someten a contrastación. El proceso es análogo al de cualquier otra ciencia. El historiador parte de una teoría recibida, heredada, ya existente, y se cuestiona un hecho que no puede ser explicado según la misma. Este es justamente el problema que él plantea. Para resolverlo o explicarlo hace una conjetura, o lo que es lo mismo, se inventa una hipótesis. A partir de ella hará predicciones o deducciones. En este momento, con ayuda de los materiales históricos recogidos, inicia un procedimiento de contrastación de hipótesis para ver si sus deducciones o predicciones teóricas se confirman de hecho o no. En caso afirmativo hablaremos de verificación y en caso negativo de falsación. Tanto nos da que opte por la verificación, propuesta por Carnap y el Círculo de Viena, siempre que no olvide que la pura confirmación de predicciones o deducciones no demuestra la verdad de una teoría, como que se identifique con la falsación de Popper, si considera que una hipótesis puede ser admitida aunque no se consiga demostrar que es verdadera, siempre que no resulte contradictoria con los hechos. Lo importante es que con sus conjeturas dinamiza y estimula el conocimiento histórico, y lo hace procediendo científicamente. Nosotros también pensamos como Popper (1963) que la ciencia es un ensayo permanente de encontrar soluciones, no un saber seguro y definitivo.

Por otra parte, tampoco creemos en el carácter infalible del método. Hoy en día sabemos que no existe ningún método de invención, sino que las hipótesis simplemente surgen, es decir, se plantean espontáneamente, se inventan sin método alguno, a base de trabajo, imaginación e incluso suerte (Hempel, 1978). Por ello lo verdaderamente importante no es la naturaleza hipotético-deductiva del método, e incluso ni siquiera el propio método en sí, sino el fin último del conocimiento. En este sentido tampoco somos ajenos a la tesis de Feyerabend (1970) cuando afirma que hay que elaborar hipótesis que contradigan los hechos o las teorías bien establecidas, que hay que hacer proliferar los métodos y las hipótesis; en definitiva, que para hacer avanzar la ciencia hay que partir de que todo vale. No es que nos confesemos, como él, partidarios de una teoría anarquista del conocimiento, pero también nosotros estamos hasta cierto punto en contra de la «metodolatría», y también de la «metodocracia».

En cualquier caso debemos pensar que optar por el método hipotético-deductivo no supone necesariamente que la explicación de un problema (o hecho problemático) implique siempre y en cada caso la invención de una nueva hipótesis. En muchos casos bastarán los conocimientos ya existentes. Si fuera así, en el nuestro bastaría con constatar lagunas en el conocimiento histórico (por ejemplo reconstrucciones incompletas o sesgadas), producir nuevos datos (por ejemplo utilizando nuevas fuentes) y examinar las consecuencias que pudieran tener para las teorías relevantes; es decir, limitarse a los pasos 1,5,7 y 8 del esquema propuesto por Bunge (1980) anteriormente citado (véase apartado 2.1, en este mismo capítulo).

El paso siguiente consistiría en determinar si eventualmente los resultados de la contrastación de hipótesis históricas permiten enunciar leyes. Como de forma clara, breve y práctica explica Yuren (1980), las leyes expresan la correlación o modo de regularidad relacional de un conjunto de hechos o fenómenos (cuando se trata de fenómenos regulares) o su modo de variación relacional (en caso de que tales fenómenos sean variables). Sin embargo, no debiéramos olvidar que aunque en principio las leyes se dan siempre y no pueden dejar de darse, es decir, son universales y necesarias, hoy en día se considera esto más que cuestionable, reconociéndoseles un carácter más hipotético. En este sentido podríamos equipararlas de alguna manera con una hipótesis explicativa en mayor o menor medida generalizable a hechos o fenómenos similares al que intentamos explicar. Por otra parte, la historia no necesita apoyarse en leyes generales para ser explicativa, y en ello estriba precisamente una de las peculiaridades de la explicación histórica.

Decíamos, al hablar del método científico, que la explicación consistía en reducir un fenómeno a sus causas. El historiador, en efecto, en su intento de explicar el pasado busca las causas históricas, busca el porqué de los acontecimientos (Carr, 1961; Sánchez Albornoz, 1974). Ahora bien, también señalábamos allí que el concepto de causa era y sigue siendo un concepto controvertido y muy discutido en la actualidad, y que por ello suele ser substituido por otros como ley, función, condición, etc.

En historia es posible, por supuesto, hablar de causas, pero la explicación histórica, no se produce por subsunción deductiva bajo leyes generales, es decir, no es una explicación deductiva o nomológica-deductiva como la llama Hempel (1978), sino que se consigue cuando conseguimos que el lector sepa lo que ocurrió y el relato tenga sentido (Kuhn, 1977). La explicación deductiva, considerada como la explicación científica más estricta, se logra haciendo que el fenómeno que quiere ser explicado (por lo que se le llama *explanandum*) sea subsumido, es decir, introducido bajo y derivado de una ley general (que es llamada, por ello, *explanans*); la explicación histórica, en cambio, se logra al insertar y organizar los hechos históricos investigados en un patrón coherente, en una trama comprensible y con significado (Veyne, 1971; Gergen y Gergen, 1984).

Por ello, también distinguíamos al hablar del método científico distintos tipos de explicación (deductiva, probabilística, finalística y genética), y al hacerlo subrayábamos que la más corriente en las ciencias históricas no era la primera, sino la explicación genética, en la se intenta explicar un fenómeno o acontecimiento a partir de la serie de hechos de que deriva, es decir, mostrando su génesis. Pensemos, complementariamente, que la historia pretende explicar, pero también comprender y predecir, y ya adelantábamos allí que el intento de comprensión se subsume en el explicativo si hablamos de explicación comprensiva, y que las predicciones históricas son realmente retrodicciones o retrovisiones de lo que sucedió, es decir, reconstrucciones de un pasado desconocido para nosotros.

Con esto no queremos decir, ni mucho menos, que la explicación histórica sea menos explicativa ni menos científica que cualquier otra (Pereyra, 1984). El historiador busca causas, las selecciona y las jerarquiza, por ejemplo estableciendo causas primarias y secundarias, racionales y accidentales; justifica su selección desde una determinada posición teórica y en función de la evidencia documental disponible. A partir de aquí construye un relato en donde establece un patrón explicativo coherente, exactamente igual que ocurre en cualquier otra disciplina científica. El historiador ofrece así respuestas a sus porqués. Utiliza al igual que los demás científicos esquemas organizativos y de interpretación, tan sólo que aquí no tienen la forma de ley sino de relato.

Enlazando estas reflexiones con las consideradas en relación con la noción de hecho histórico, Edward H. Carr (1961) hablaba en estos términos de las causas y explicaciones históricas: «*La historia es por lo tanto un proceso de selección que se lleva a cabo atendiendo a la relevancia histórica. Volviendo a tomar la frase de Talcott Parsons, la historia es un sistema selectivo de orientaciones, no sólo cognitivas, sino también causales, hacia la realidad. Así como el historiador selecciona del océano infinito de los datos los que tienen importancia para su propósito, así también extrae de la multiplicidad de las secuencias de causa y efecto las históricamente significativas, y sólo ellas; y el patrón por el que se rige la relevancia histórica es su capacidad de hacerlas encajar en su marco de explicación e interpretación racionales. Las otras secuencias de causa y efecto deben rechazarse como algo accidental, no porque sea distinta la relación de causa y efecto, sino porque la propia secuencia es irrelevante. El historiador nada puede hacer con ella: no es reducible a una interpretación racional, carece de significado tanto para el pasado como para el presente. Verdad es que la nariz de Cleopatra, o la gota de Bayaceto, o el mordisco que infligió cierto mono a Alejandro, o la muerte de Lenin, o el hecho de que Robinson fumase cigarrillos, tuvieron resultados. Pero carece de sentido la proposición general de que los generales pierden las batallas por estar enamorados de reinas guapas, o que las guerras ocurren porque los reyes tienen monos domesticados, o que hay atropellos y muertes en las carreteras porque la gente fuma cigarrillos»* (p. 141-142). *«También aquí distinguimos entre causas racionales y causas accidentales. Las primeras, por ser potencialmente aplicables a otros países, otros períodos y condiciones otras, conducen a generalizaciones y lecciones fructíferas que pueden deducirse de ellas: sirven el fin de ensanchar y profundizar nuestra comprensión. Las causas accidentales no pueden generalizarse; y como son exclusivas en la plena acepción de la palabra, ni nos enseñan lecciones ni nos llevan a conclusiones. Pero aquí quiero indicar una cosa más. Es precisamente esta noción de una meta por alcanzar lo que da su clave a nuestro enfoque de la causación en la historia; y esto implica por fuerza juicios de valor. La interpretación en la historia (...) viene siempre ligada a juicios valorativos, y la causalidad está vinculada a la interpretación»* (p. 143-144).

3.3. Descripción, Interpretación y Narración

El final del proceso de investigación histórica es lo que llamamos la historia propiamente dicha, es decir, una narración acerca de los hechos del pasado. Algunos autores la consideran como una mera síntesis de las conclusiones extraídas al término del proceso de investigación histórica. Topolsky (1982) habla en este sentido de *síntesis narrativa*. Otros, como Danto (1965), la consideran como parte del propio proceso de explicación histórica. En cualquier caso, los resultados de la investigación de los historiadores adoptan invariablemente la forma de un relato.

La narración es una estructura integral que pone en conexión temporal y otorga significado a los hechos de la historia. En este sentido satisface un doble objetivo: por una parte describe lo que ocurrió y por otra lo explica (Kuhn, 1977). En efecto, el historiador describe los acontecimientos del pasado, pero al mismo tiempo los ordena y estructura, los integra en un patrón significativo que hace que los hechos resulten plausibles y se explique y/o comprenda por qué ocurrieron. La trama narrativa ofrece así una estructura racional con la que interpretar los datos empíricos, sin la cual permanecerían inconexos e indeterminados. De este modo es como en última instancia consiguen explicarse.

Por otra parte, las consideraciones metodológicas del apartado anterior muestran el carácter provisional del conocimiento histórico. La contrastación de hipótesis conlleva la eventual modificación de las teorías, y conforme éstas cambian, cambia con ellas la interpretación de los datos, es decir, de los hechos históricos (Blas Aritio, 1982a,b). Todo lo que se interpreta es susceptible de reinterpretación, lo que implica que las interpretaciones del pasado están siempre abiertas a revisiones futuras. Por eso decimos que el conocimiento histórico es provisional.

Cuando afirmamos que lo narrado siempre está sujeto a crítica y revisión, no sólo nos referimos a que los relatos históricos puedan cambiarse en función de nuevas evidencias, sino que también destacamos la esencial relatividad de la historia. La historia reconstruye el pasado, pero cada época vive el pasado de modo distinto y le otorga un significado diferente. A medida que cambian los tiempos cambian también los valores, y con ellos los criterios interpretativos y de relevancia histórica. El pasado, por lo tanto, cambia y se enriquece con el presente y con el futuro, haciendo imposible que la historia sea algo cerrado y definitivo.

Tampoco debiéramos olvidar que la historia es además una creación literaria, en la que historiador debe atribuir intenciones y un significado históricamente plausible a los hechos y acciones investigadas, y valorar sus consecuencias. Para ello requiere lógica, pero también imaginación. Hempel (1978) decía que «*la transición de los datos a la teoría requiere imaginación creativa. Las hipótesis y teorías científicas no se derivan de los hechos observados, sino que se inventan para dar cuenta de ellos. Son conjeturas relativas a las conexiones que se pueden establecer entre los fenómenos que se están estudiando, a las uniformidades y regularidades que subyacen a éstos*» (p. 33).

Ahora bien, la narración histórica no sólo encierra interpretaciones o explicaciones históricas, sino que ofrece también una descripción objetiva del pasado. La Historia pretende ciertamente una reconstrucción racional y explicativa de los acontecimientos del pasado, pero lo más ajustada posible a la forma en que esos acontecimientos tuvieron lugar. El historiador reconoce que en la medida en que hay interpretación hay subjetividad, pero también reconoce que en la medida en que hay subjetividad hay peligro de sesgo o de deformación y por eso busca justamente la objetividad. Esta va implícita en la posibilidad de comprobación y remite necesariamente a la evidencia documental. En este sentido es en el que la narración histórica se diferencia del relato de ficción y de otras formas narrativas: el relato histórico se ciñe a la evidencia documental y debe estar basado en fuentes. La historia, pues, trata de explicar lo que ocurrió en el pasado, describiéndolo exactamente tal y como fue.

En la Historia la objetividad absoluta es imposible ya que no podemos saber cómo sucedieron en realidad las cosas en el pasado. No obstante, el problema de la objetividad, como señala Kragh (1989) no debiera ser mayor en la Historia que en otras ciencias bien aceptadas. Las concepciones convencionalista y operacionalista de la ciencia se encargaron de destacar cómo pretender que la ciencia nos de una copia exacta de la realidad no es ni mucho menos un ideal, sino otro de esos mitos de la ciencia. Los primeros, por ejemplo, afirman que las teorías son construcciones mentales convencionales que no coinciden en absoluto con la realidad: la ciencia nos hace contemplar teorías, no el mundo. La segunda, por su parte, afirma que leyes y teorías no describen el mundo, sino que únicamente nos permiten actuar en él, es decir, permiten la elaboración de reglas de actuación que, de hecho, funcionan. Por otro lado, tampoco habría de ignorarse que en la actualidad muchas teorías o hipótesis científicas no pueden ser contrastadas directamente por medio de datos empíricos, y sin embargo se las acepta si son compatibles con el conjunto de los conocimientos científicos del momento.

Decíamos, además, que los hechos siempre son «hechos». Los fenómenos que investigamos, los hechos que relatamos, adquieren significado histórico en la propia historia y a través de ella. Carr (1961) hablaba de la *«doble y recíproca función de la historia, de fomentar nuestra comprensión del pasado a la luz del presente y la del presente a la luz del pasado»* (p. 144). En la medida en que la escribimos desde el presente es prácticamente imposible lograr una descripción neutral del pasado que obvie toda conexión con el momento actual. Una de las formas de buscar la objetividad es justamente combatir las fuentes de sesgo, como por ejemplo eliminar posibles juicios históricos contaminados por presentismos, es decir, por valores, ideas y asunciones del presente, o interpretaciones sesgadas por ser unilateralmente historicistas (Stocking, 1965).

Pensamos que toda historia es necesariamente presentista, pero el historiador debiera tratar de lograr una juiciosa combi-

nación de historicismo (comprensión del pasado por el pasado)
y presentismo (comprensión del pasado por el presente), identificada con lo que Caparrós (1980a) denomina «presentismo
responsable» o Buss (1977) «presentismo crítico». La propuesta para la Historia de la Psicología sería tomar el presente como
punto de referencia para valorar el progreso relativo con
respecto al pasado. A partir de un fin poco más o menos
definido por el momento actual, se iría analizando la evolución
de la disciplina en términos de pasos sucesivos y significativos
en una determinada dirección, escogiendo selectivamente los
acontecimientos históricamente relevantes desde nuestra posición teórica y perspectiva actual. Desde este punto de vista, los
acontecimientos pasados se proyectan hacia el presente, conformando líneas históricas de evolución o progreso que en
nuestro presente son significativas, pero que puede que en
épocas pasadas no lo fueran, ni lo sean en épocas futuras. Con
ello proponemos una historia abierta y provisional, en la que el
historiador de la Psicología pueda recomponer libremente sus
relatos cuantas veces estime oportuno.

Pensamos, por lo demás, que la historia ha de ser como exige
Woodward, necesariamente crítica, lo que implica el reconocimiento e intento de superación no sólo de errores presentistas
o historicistas de interpretación, sino en general de cualquier
fuente potencial de sesgo (Woodward, 1980). En la medida en
que tiene un uso la historia también se presta a abusos que en
ocasiones han venido de la mano de excesos justificacionistas,
en forma de deslegitimaciones, ridiculizaciones ajenas,
ceremonialismos vacuos, mitificaciones, etc. (véanse, entre
otros Hilgard, Leary y McGuire, 1991; Samelson, 1974; Geuter,
1983). La historiografía crítica, que empezó a practicarse a
mediados de los años setenta, ha sido desde entonces la encargada de denunciar todos estos sesgos interpretativos. Estos, en
general, son fruto del componente subjetivo que forma parte
necesariamente del trabajo historiográfico, que en última instancia debe hacer que la historia sea significativa.

Nosotros pensamos que la objetividad historiográfica no sólo es deseable, sino también posible, aún sin dejar de admitir la relatividad histórica. Efectivamente podemos aceptar que un determinado fenómeno histórico posea existencia objetiva independiente del historiador, sin dejar de reconocer que es relativo a la época en que se manifiesta. Esto significa que podría haber sido cualquier otro fenómeno, y si no lo es se debe precisamente a que está determinado históricamente. Igualmente, en la medida en que todo proceso histórico está abierto hacia el futuro, su significado también será siempre relativo al período temporal tomado por el historiador como unidad de análisis. En este sentido, aún refiriéndonos a los mismos hechos del pasado podríamos estar ocupándonos de distintos hechos históricos. Debemos insistir nuevamente en que el concepto de hecho histórico, como cualquiera de los conceptos historiográficos utilizados para ordenar e interpretar el pasado, está vinculado a los modelos teóricos, a los intereses del historiador y a los datos concretos a los que se aplican. En tanto que conceptos, no son sino instrumentos racionales destinados a aprehender la realidad y hacerla inteligible; pero al mismo tiempo han de reflejar con efectividad las características de la realidad para poder ser científicamente útiles.

Resumiendo, coincidimos con Pereyra (1984, p. 159) cuando afirma que la historia es relativa a los modelos teóricos y a las necesidades del historiador, aunque no por ello deja de estar abierta a una interpretación objetiva. Pensamos que la construcción del pasado es en efecto relativa al historiador, a sus ideas, valores, creencias, intereses y motivaciones, lo que implica que cualquier relato puede ser constantemente revisado por o en base a los de otros historiadores. Ahora bien, ello no quiere decir que no se pueda y no se deba ejercer un control metodológico riguroso de los pasos seguidos por un historiador en la tarea de reconstruir objetivamente la historia. Con independencia del enfoque o modelo teórico desde el que trabaje el historiador y de las condiciones en que desarrolle su investigación, sus hipótesis explicativas son siempre contrastables, al igual que lo serían sus fundamentos teóricos. Sean cuales sean los condicionantes internos y externos de su trabajo, ninguno tiene que ver ni con la objetividad de la narración, ni con la posibilidad de someterla a las reglas y exigencias del conocimiento y procedimiento científico. La objetividad historiográfica y el relativismo histórico ni están reñidos ni son incompatibles.

Al igual que en los dos anteriores, cerraremos este apartado con una cita de Edward H. Carr (1961), a modo de compendio y conclusión final; en este caso se refiere al problema de la objetividad en la historia, que él calificaba de rompecabezas: «*La palabra misma de objetividad induce a error y plantea un mar de interrogantes. En una conferencia previa defendí ya la opinión de que las ciencias sociales —y entre ellas la historia— no pueden acomodarse a una teoría del conocimiento que disloca el sujeto del objeto y que sostiene una rígida separación entre el observador y la cosa observada. Necesitamos un nuevo modelo que haga justicia al complejo proceso de interrelación e interacción que media entre ellos. Los datos de la historia no pueden ser puramente objetivos, ya que se vuelven datos históricos precisamente en virtud de la importancia que les concede el historiador. La objetividad en la historia —si es que hemos de seguir utilizando este vocablo convencional—, no puede ser una objetividad del dato, sino de la relación, de la relación entre dato e interpretación, entre el pasado, el presente y el futuro*» (p. 161-162) ... «*También el historiador necesita, en su tarea interpretadora, su patrón de la importancia de los datos, que es también su patrón de objetividad, para distinguir entre lo significativo y lo accidental; y tampoco él puede hallarlo fuera de la relevancia frente a la meta propuesta. Pero es ella una meta necesariamente en evolución, ya que la interpretación cambiante del pasado es una función necesaria de la historia. La tradicional presuposición de que el cambio debe siempre explicarse en función de algo fijo e inmutable es contraria a la experiencia del historiador*» (p. 163)

4. TEORÍAS Y MODELOS HISTORIOGRÁFICOS

Los historiadores no sólo reciben, sino que también construyen teorías y modelos. En la ciencia, hechos, hipótesis y leyes son unificados en teorías que, careciendo de una coherencia total y absoluta, están continuamente sucediéndose y renovándose, pudiendo incluso coexistir en un mismo ámbito teorías compatibles o incompatibles sobre el mismo fenómeno o fenómenos diversos. Pueden, igualmente, armonizarse con otras teorías formando marcos teóricos más amplios, al igual que pueden también servir de modelo explicativo (Yuren, 1980).

El modelo, no obstante, no coincide exactamente con la teoría, ya que en el fondo no es más que una interpretación de la misma. Por lo general ofrece una representación por analogía de la teoría, que permite visualizarla y comprenderla mejor. En el caso de la Psicología, por ejemplo, lo que los psicólogos conocen como «procesamiento de la información» es una teoría acerca de la cognición humana; pero al mismo tiempo constituye un modelo explicativo que interpreta y trata de clarificar el funcionamiento de la mente humana en base al establecimiento de una analogía con el funcionamiento del ordenador. En este sentido otorgamos al modelo tanto un valor prescriptivo como instrumental, ya que supone la adopción de un determinado punto de vista teórico que orienta el modo de ordenar, manejar e interpretar los datos, y en general sirve de guía para todo el procedimiento de investigación historiográfica.

Los modelos constituyen, en definitiva, formas de acercarse al objeto o de enfocarlo, de ahí que en ocasiones se los defina como aproximaciones o enfoques teóricos. En nuestro caso el objeto no es la historia, sino la historiografía, identificada aquí con la investigación histórica en su conjunto, de ahí su inclusión en este capítulo dedicado a la metodología de la historia (en el doble sentido de método y teoría del método), y no en el precedente dedicado a la teoría de la historia. En los próximos apartados expondremos las principales directrices de algunos de los enfoques teóricos más usuales en el ámbito general de la historiografía, y de algunos de los enfoques específicamente concebidos y desarrollados en el de la Historia de la Psicología.

4.1. Modelos explicativos del desarrollo histórico

En historia se han desarrollado distintas teorías y modelos explicativos, lo que equivale a decir que el historiador actual no dispone de un modo único de construir sus historias, sino de modos muy diversos según sus preferencias teóricas. No obstante, en la propia evolución temporal de la historiografía se llega a un punto de inflexión que separa explícitamente los modos clásicos o tradicionales de entender la historia, de los puntos de vista modernos, refiriéndose éstos últimos a lo que se ha dado en llamar historiografía moderna o historiografía crítica.

Tradicionalmente la historia era considerada tanto una ciencia como un arte: una ciencia de los hechos del pasado, y el arte de exponer la evolución de la humanidad en su conjunto o en alguno de sus aspectos parciales. La consideración exclusiva de la historia como arte la constituía en un capítulo de la Literatura. A su vez, la consideración exclusiva de la historia como ciencia que trata de encontrar a los hechos humanos un sentido trascendente y explicarlos por medio de leyes remontándose a sus causas permanentes, se reservaba a la Filosofía de la Historia. Desde este punto de vista clásico, más que elaborarse modelos interpretativos se establecían divisiones de la historia atendiendo a diversos criterios como su finalidad, el objeto o materia tratados, o su alcance y extensión, que en cierto modo implicaban una determinada dirección en el trabajo historiográfico.

Así, por ejemplo, el primero de estos criterios reconocía una determinada finalidad en la historia, en función de la cual quedaba determinada la forma que el historiador imprimía a su obra. Atendiendo a ésta podían distinguirse tres modos de hacer o de escribirla, correspondientes a otras tantas divisiones de la historia: narrativa, pragmática y genética. La *narrativa*, en el sentido en que la cultivaron clásicos como Herodoto o Mariana trataba ante todo de excitar el interés del lector, insistiendo más en el estilo, amenidad y relato de los hechos, que en comprobar su realidad, incluyendo géneros como la leyenda, la fábula, el mito e incluso el cuento y la novela histórica. La *pragmática*, en el sentido en que la cultivaron clásicos como Tucídides trataba de sacar enseñanzas provechosas de los hechos pasados, considerando la historia como maestra de la vida. La *genética*, finalmente, era la que abogaba por un tratamiento científico, tratando de exponer los hechos de los seres humanos considerados como seres sociales, y de mostrar las causas que los condicionaban o motivaban. Por su parte, atendiendo al objeto o materia tratados en la obra histórica, se hablaba, por ejemplo, de Historia *sagrada y profana*, según se apoyara en fuentes y hechos sobrenaturales o humanos, o de Historia *externa e interna*, según considerara o no la materia en cuestión en un sistema de relaciones externas, mientras que según la mayor o menor extensión del objeto tratado podría hablarse de Historia *de las Civilizaciones*, de Historia *general* o historias *particulares*, de *monografías* o *biografías*, etc.

4.2. *Modelos explicativos del desarrollo histórico de la Psicología*

La Historia de la Psicología se enmarca dentro de la Historia de la Ciencia, y ésta a su vez en el marco general de la Historia. Sin embargo, los modelos explicativos de la Historia no coinciden necesariamente con los propuestos para la Historia de la Ciencia. En el caso de ésta última el enfoque teórico adoptado estará en gran medida vinculado a la concepción de la ciencia a cuya historia se refiera. La ciencia, tal y como nos detendremos a considerar en el próximo capítulo, representa hoy en día una realidad compleja y multidimensional, y a medida que esta concepción ha ido imponiéndose, han ido también proliferando las distintas perspectivas acerca de la misma. Los modelos historiográficos son hasta cierto punto un reflejo de esta multidimensionalidad, de la pluralidad de puntos de vista y modos de enfocar lo científico. El modo de hacer e interpretar la historia estará influido, pues, por el modo de hacer e interpretar la ciencia, sobre todo teniendo en cuenta la consideración de la propia historia como disciplina científica. Este mismo argumento, por lo demás, concuerda con el de otros autores que expresan la necesidad de integrar las diferentes dimensiones de la ciencia, planteando un análisis a distintos niveles. En este sentido, Grünwald (1984), por ejemplo, habló de tres niveles que han de ser tenidos en cuenta en la explicación histórica: el conceptual, el sociopsicológico y el institucional. En nuestro ámbito, Rosa, Huertas, Blanco y Montero (1991), hablan de un nivel teórico, otro biográfico y otro social.

Sin pretender ir más lejos, y centrándonos en la Historia de la Psicología, es fácil descubrir una amplia diversidad de enfoques temáticos y metodológicos. Brozek y Pongratz (1980) trataron de introducir un orden en esta pluralidad, clasificándolos en cinco grandes categorías que, más que modelos, definieron como métodos historiográficos de la Psicología. Estos eran: el método biográfico, el método descriptivo o analítico, el método cuantitativo, el método social y el método socio-psicológico. Rodríguez (1986), por su parte, planteó una clasificación no muy diferente, hablando de método descriptivo-narrativo, método explicativo-cualitativo y método explicativo-cuantitativo, distinguiendo a su vez entre enfoques sistemáticos e ideológicos.

Por nuestra parte, en la medida en que ya hemos adelantado en los apartados precedentes distintas reflexiones metodológicas que aluden al valor y función de la descripción y explicación en el procedimiento historiográfico, nos sentimos más inclinados a tomar aquí como referente una clasificación que refleje más las dimensiones del saber que los aspectos de procedimiento.

Por ello, aunque con fines meramente expositivos, ya que sabemos que cualquier clasificación no deja de ser convencional y un tanto aventurada, proponemos un esquema de ordenación acorde con la definición de ciencia que hemos venido manejando en las páginas precedentes y que desarrollaremos con mayor detenimiento en el próximo capítulo. Así, próximos a la propuesta de Rosa, Huertas, Blanco y Montero (1991), sugerimos clasificar los principales modelos mediante la utilización de un criterio basado en la importancia relativa atribuida a los factores individuales, intelectuales y sociales en la producción de la historia. De este modo agruparemos los distintos enfoques teóricos en tres grandes grupos que denominaremos respectivamente modelos individualistas, modelos externalistas y modelos internalistas.

a) Modelos individualistas

Los modelos individualistas, a los que en la historiografía moderna se identifica habitualmente con el llamado enfoque personalista o con el modelo biográfico, son tal vez los más tradicionales. Aunque este tipo de modelo ha sido objeto de múltiples críticas (véase, por ej. Furumoto, 1989), sigue siendo adoptado con frecuencia en el trabajo historiográfico actual (como ejemplo sirvan entre muchos otros las series clásicas de Murchison, 1926, 1930a, 1930b, 1932, 1936; Krawieck, 1972, 1974, 1978; o Watson, 1978; o los trabajos más recientes de García, 1992; Makkreel, 1992; Wolf, 1993; Lenning, 1994; Civera, 1995; Holzapfel, 1995; Sáiz y Sáiz, 1996; Hotherstall, 1997; Tortosa, Pérez y Civera, 1993; Lück, Miller y Sewz-Vosshenrich, 2000). En la Historia de la Ciencia, el modelo biográfico se centraría especialmente en los científicos y en su actividad, interesándose por lo que éstos hacen y el modo en que lo hacen. Se acentuaría, en definitiva, la dimensión individual del saber.

En efecto, el modelo individualista centra el análisis histórico en las personas, que son consideradas y destacadas como personajes o protagonistas de la historia. Adoptando este enfoque el discurso del historiador gira en torno a las acciones individuales, narrando una historia basada en la vida, obra y contribuciones particulares de determinados individuos, considerados como los verdaderos hacedores de la ciencia, y responsables, en última instancia, del cambio histórico. En este sentido se tenderá a singularizar el discurso, hablando con frecuencia de pioneros, discípulos, sucesores, fundadores, seguidores, detractores, opositores, defensores, etc. En general los individuos son presentados como herederos de determinadas tradiciones, que adoptan determinados posicionamientos científicos, a partir de los cuales aceptan, rechazan, aportan, crean, etc., haciendo avanzar la ciencia con su esfuerzo y trabajo personal.

Desde la perspectiva del modelo personalista cobran especial relevancia las estrategias biográfica y doxográfica, ya que las aportaciones individuales suelen relacionarse con momentos o acontecimientos significativos en la vida del personaje, estableciéndose un cierto paralelismo entre su trayectoria personal y la profesional o científica. Tampoco es inusual el establecimiento de genealogías o la demarcación de escuelas, agrupando bajo una denominación común a un grupo de científicos que comparten ciertas características o una cierta filiación.

b) Modelos externalistas

Los modelos externalistas hacen referencia a lo que en la historiografía moderna se reconoce habitualmente con el nombre de enfoque o modelo social. Bajo esta denominación se englobarían verdaderamente distintas perspectivas teóricas que tienen en común la importancia que conceden al contexto intelectual y a la realidad social en la explicación científica. En este sentido se incluirían en la denominación de modelos externalistas opciones diversas que irían desde las más clásicas, como el enfoque marxista fundamentado en la noción de dialéctica, o el enfoque historiográfico del Zeitgeist, a las más recientes como el enfoque socio-organizacional de Carpintero (1990) o el crítico-social desarrollado en los últimos años por Danzinger (1990a,b). En cierto sentido el modelo social vendría a ser la compensación del anterior, ya que sin negar que el enfoque personalista puede ayudar a comprender la contribución científica de determinados autores, insiste en considerarlos como parte de un entorno social y cultural más amplio que les envuelve y condiciona su actividad científica. En la Historia de la Ciencia, el modelo externalista se centraría especialmente en los aspectos institucionales y sociales, amén de los profesionales y tecnológicos, interesándose no tanto por lo que hacen los científicos y el modo en que lo hacen, como por las condiciones en que lo hacen. Se acentuaría, en definitiva, la dimensión organizacional y social del saber.

En la historiografía actual de la Psicología encontraríamos buenos ejemplos de este enfoque en numerosos trabajos, entre los que podríamos mencionar los de Wolf (1978), Buss (1979), Holzkamp (1973), Jaeger, (1985), Stauble (1985 y 1991), Jaeger y Stauble (1978), con una orientación marxista radical; o los de Woodward (1980), Danziger (1984, 1990a y b), Young (1966), Gergen, Gulerce, Lock y Misra (1996), Hilgard, Leary y McGuire, 1991; Mandler (1996) o Tortosa (1998) desde una orientación crítica.

El modelo externalista centra el análisis histórico en las sociedades, considerando y destacando la importancia de los factores sociales como condicionantes de la historia. Adoptando este enfoque, el discurso del historiador se basa no tanto en las acciones individuales, sino más bien en la realidad social o cultural que propició o hizo posibles dichas acciones, y a la que se le atribuye en última instancia el papel determinante en el cambio histórico (Wolf, 1978). La narración no gira pues en torno a individuos, sino a agentes externos que construyen la ciencia bajo condiciones históricas específicas (Danziger, 1984). En este sentido el discurso historiográfico tiende a ser más impersonal, hablando con frecuencia de fuerzas, factores, condiciones, etc.

Boring, por ejemplo, hablaba en este sentido del *Zeitgeist* en su enfoque naturalista de la historia, identificándolo con el conjunto de *«fuerzas impersonales que transcienden los individuos y los modelan»* (Leahey, 1998). El lo definía como *«el cuerpo total de conocimiento y opinión disponible en cualquier momento para una persona que vive en una cultura dada»* (Boring, 1955). Aunque el concepto no se refiere meramente a factores sociales, sino sobre todo a tendencias intelectuales, lo incluimos aquí en la medida en que refuerza la tesis de la naturaleza artefactual del descubrimiento científico (Boring, 1929). El autor reconoce explícitamente la importancia del clima social e intelectual de la época y tan sólo a partir de él, y en la medida en que el científico está inmerso en él, explica el curso de la historia.

Otro historiador, Michel Foucault (1985), hacía lo propio con el concepto de *Episteme*, definiéndolo como una especie de modelo teórico característico de una época y común a varios discursos. Con mayor propiedad haría referencia a un mismo orden epistemológico subyacente a los diferentes discursos de una época determinada, que permite relacionarlos en base a la existencia de un isomorfismo reflejado en dicho orden. El reconocía la existencia de tres *epistemes* o campos epistemológicos: el renacentista, el clasicista y el decimonónico. Aunque nuevamente hablamos de ideas y por lo tanto nos movemos en un ámbito más intelectual que social, mencionamos el enfoque de Foucault en la medida en que separa el orden empírico o práctico del orden epistémico. El primero queda subordinado a éste último, que él define como *«el orden de las expresiones posibles»*. Este orden, lo que él llama *Episteme*, es el que en definitiva permite saber por qué surge un tipo de saber y no otro; por qué, más allá del contexto empírico, aparece un enunciado y no otro.

En la línea de los distintos estructuralismos, el objetivo de Foucault es en realidad comprender por qué surge el hombre en tanto que objeto de conocimiento de la ciencia, lo que equivale a preguntarse cómo se constituyen las ciencias humanas, pero la pregunta lleva implícito «...*un estudio por reencontrar aquello a partir de lo cual han sido posibles conocimientos y teorías; según cuál espacio de orden se ha constituido el saber; sobre el fondo de qué a priori histórico y en qué elemento de positividad han podido aparecer las ideas, constituirse las ciencias, reflexionarse las experiencias en las Filosofías, formarse las racionalidades para anularse y desvanecerse quizá pronto* (Foucault, 1985, p. 7). El autor seguía explicando sus intenciones en los siguientes términos: *No se tratará de conocimientos descritos en su progreso hacia una objetividad en la que, al fin, puede reconocerse nuestra ciencia actual; lo que se intentará sacar a luz es el campo epistemológico, la episteme en la que los conocimientos, considerados fuera de cualquier criterio que se refiera a su valor racional o a sus formas objetivas, hunden su positividad y manifiestan así una historia que no es la de su perfección creciente, sino la de sus condiciones de posibilidad»* (Foucault, 1985, p. 7).

Más allá de estas consideraciones relativas al contexto intelectual y al modo en que influye sobre el conocimiento y realizaciones científicas, en el modelo externalista se considera que el ejercicio de la investigación científica es en el fondo una práctica social más que un ejercicio individual. Por ello, para elaborar una historia de la investigación científica hay que tener en cuenta las interacciones sociales. Esta es la base para entender la dinámica de la empresa científica. En la Historia de la Psicología supondría reconocer explícitamente, como hace Danziger en su enfoque crítico (1979b, 1984, 1987, 1990a y b), la naturaleza socialmente construida del conocimiento psicológico. Los hechos no son sino artefactos construidos y elaborados de acuerdo con determinados esquemas racionales aceptados por una determinada comunidad de investigadores, y que incluyen tanto reglas teóricas para interpretar los datos empíricos, como reglas prácticas para producirlos, siendo la Historia de la Psicología la historia de los cambios operados en dichos esquemas.

También incluido en el modelo externalista podría mencionarse el denominado enfoque socio-organizacional, propuesto por el profesor Carpintero y ampliamente desarrollado por el grupo de investigadores de la Universidad de Valencia. El modelo, con fuerte resonancia en la historiografía española contemporánea, especialmente en la década de los 80, sigue siendo hoy en día un importante referente para algunos autores y muchos jóvenes investigadores (Carpintero, 1977, 1980; Carpintero y Peiró, 1981, 1983; Carpintero y Tortosa, 1990, Carpintero, 1996b). Influido por la obra de autores como Price, Gardfield o Ziman, e importando métodos cuantitativos propios del ámbito de la Sociología, equipara la ciencia a una organización tanto en sus aspectos estructurales como de funcionamiento. En este sentido propone analizar tanto su estructura y organización interna como el sistema de relaciones y contactos que establece en el contexto social más amplio en el que se integra.

La idea básica de este enfoque es que, junto con las dimensiones intelectuales de toda ciencia, hay toda una serie de variables o factores estrictamente sociales que el historiador debe considerar, y que deben de ser analizados con la ayuda de otros métodos auxiliares. Para ello se equipara a la ciencia con una organización y se analizan las características que la definen como tal: división del trabajo, especialización de tareas y funciones, jerarquía y relaciones de liderazgo, sistema de autoridad basado en la calidad y reconocimiento de los colegas, integración en grupos y equipos de trabajo, procesos de selección e iniciación de nuevos miembros, canales de comunicación y difusión del conocimiento, productividad y competencia, vías de acceso y promoción, etc. (Carpintero y Peiró, 1983). El análisis se centra en las publicaciones científicas, ya que es en ellas donde se objetivan los logros y resultados de la actividad científica.

El método propuesto es el denominado análisis bibliométrico, que maneja una serie de variables cuantificables, y más allá del contenido obtiene una serie de indicadores, que según el modelo reflejan la estructura subyacente de la comunidad científica en cuestión. Así, datos como por ejemplo la productividad, el impacto, o la colaboración, ayudarían a conocer qué personas, instituciones o países son las que más publican sobre un determinado tema, cuáles son las más influyentes, que redes o grupos de trabajo se establecen, cómo se disemina la información, etc. (Carpintero, 1991). El método bibliométrico, en definitiva, se basa en la cuantificación y el manejo de cifras y valores numéricos susceptibles de ser considerados como indicadores objetivos, permitiendo con ello incluir en el estudio histórico aspectos relacionados con la dimensión social e institucional del saber. A su vez admite, por lo demás, distintas técnicas como el análisis de roles, el análisis de las redes de comunicación o colegios invisibles, el análisis de contenidos, etc., cuyo empleo se basa en ciertas concepciones derivadas de la Sociología de la ciencia.

La bibliometría ha sido criticada con frecuencia como una aproximación meramente descriptiva que aporta resultados irrelevantes y poco representativos, pero no debiéramos olvidar que no es sino una herramienta que permite un análisis objetivo de los datos. Aunque se sustenta en el análisis bibliométrico, el enfoque socio-organizacional no excluye la utilización de técnicas de análisis cualitativo, del mismo modo que el empleo de técnicas cuantitativas no es privativo del modelo. La propuesta de Carpintero va más allá de la técnica, dotando de un marco teórico a la investigación bibliométrica que permita lograr una explicación histórica comprensiva, y no meramente una descripción formalizada del área. La identificación del modelo con la bibliometría es por ello un craso error.

c) Modelos internalistas

Bajo la denominación de modelos internalistas incluimos una serie de enfoques historiográficos que focalizan la investigación histórica en los aspectos conceptuales y metodológicos de la ciencia, más allá del quehacer del científico individual o de sus condicionantes sociales y culturales. Se acentuaría, en definitiva, la dimensión intelectual del saber. Cuando hablamos de la dimensión intelectual de la ciencia hacemos referencia a las realizaciones científicas de cada disciplina, cifradas en términos conceptuales y de procedimiento, y no tanto al contexto intelectual, científico y cultural en el que éstas surgen y se enmarcan. Esta ha sido la que los historiadores han abordado tradicionalmente de forma casi exclusiva. En la medida en que la Historia de la Ciencia era cultivada por los propios científicos, éstos se limitaban a desarrollar las teorías tomando como eje central del discurso histórico la evolución de las ideas.

El modelo internalista centra efectivamente su análisis en las propias ideas y sistemas de pensamiento, articulando el discurso histórico en torno a realizaciones científicas concretas y destacando su valor y significación en la historia. Adoptando este enfoque el historiador se centra en los resultados de la investigación, narrando una historia que girará en torno a obras y contribuciones científicas, a través de las cuales explicar el devenir de una determinada ciencia. En este sentido se tenderá a objetivar el discurso histórico, hablando con frecuencia de hipótesis, teorías, leyes, modelos, sistemas, etc. en el plano teórico, y de métodos, instrumentos, técnicas, etc. en el metodológico. Las teorías pueden ser presentadas en determinados marcos científicos, por ejemplo, como integrantes de supuestos paradigmas, programas o tradiciones de investigación; como representantes de determinados posicionamientos filosóficos o científicos, por ejemplo, materialistas, racionalistas, holistas, etc.; como puntos de llegada o de partida en los que la ciencia desemboca o de los que arranca en una determinada dirección, o incluso en los que confluyen diversas tendencias intelectuales, etc.

Desde la perspectiva internalista se han desarrollado distintas propuestas, algunas de las cuales han tenido un valor instrumental para ordenar la diversidad de opciones temáticas y metodológicas que han caracterizado la Historia de la Psicología. Las más conocidas son sin duda el modelo prescriptivo de R.I. Watson (1967b, 1971a, 1971b, 1979) y el modelo factorial-dimensional de Coan (1968). Los dos tratan de proporcionar un marco de referencia conceptual que ayude en las tareas de selección, clasificación y síntesis en la investigación histórica. El primero proporciona unos principios de sistematización que denomina prescripciones y define como «*actitudes tomadas por las personas hacia el contenido y los métodos de estudiar los problemas psicológicos, que aunque cambian en una especificable variedad de formas manifiestan similitudes a lo largo de extensos periodos de tiempo*» (p. 193). Presentadas en forma de dimensiones bipolares, las prescripciones reflejan presupuestos básicos, tanto teóricos como metodológicos, con respecto a los cuales los principales teóricos de la Psicología supuestamente habrían diferido en mayor o menor grado a lo largo de la historia. Las obras del propio Watson (1971a), Fuchs y Kawash (1974) o Marx y Hillix (1983), entre muchas otras, plantean un análisis prescriptivo de las principales escuelas psicológicas en base a este modelo. El de Coan, por su parte, se basa en los resultados de un análisis factorial de las puntuaciones otorgadas en una escala de evaluación, a una serie de pensadores relevantes en la Historia de la Psicología, por parte de un grupo de expertos. De este modo Coan obtuvo seis factores de primer orden, dos de segundo y uno de tercer orden que supuestamente reflejarían las tendencias básicas en la teoría psicológica a lo largo de su historia.

Si los modelos prescriptivo y factorial se basan en un análisis de contenido, otras propuestas internalistas se basan en un análisis formal, es decir, en un análisis del lenguaje científico. Especialmente significativas son, a este respecto, la historia conceptual de Leary (1987, 1990) o la propuesta de análisis del discurso publicada no hace mucho por Rosa, Huertas y Blanco (1996). David Leary analiza la evolución de la retórica empleada por los psicólogos a lo largo de la historia, considerando que, a pesar del rechazo de la Psicología filosófica tradicional, el lenguaje utilizado por la Psicología moderna deriva del antiguo lenguaje, combinando términos filosóficos racionalistas y empiristas con nuevos términos fisiológicos. En este sentido las diferencias en el objeto de investigación reflejarían en muchas ocasiones más diferencias lingüísticas de denominación, que diferentes realidades empíricas (Leary, 1987). El autor también plantea un análisis de las metáforas empleadas por los psicólogos, el momento en que surgen y la función que desempeñan en el momento y lugar en que son utilizadas (Leary, 1990). Según Leary guardan relación con las prácticas metodológicas y sociales de los investigadores, por lo que la aparición, desaparición y cambio de metáforas en el lenguaje científico sería sintomática de cambios de orientación en los psicólogos que las emplean. El análisis de las mismas también adquiere de este modo un significativo valor instrumental como herramienta historiográfica.

Por su parte, la propuesta de Rosa, Huertas y Blanco (1996) se encuentra en esta misma línea de análisis lingüístico y conceptual de las obras históricas. Su modelo de análisis del discurso nos parece especialmente interesante, al tiempo que confesamos encontrar en muchas de sus tesis no pocas afinidades con nuestro propio modo de concebir el trabajo historiográfico. En la medida en que nos sentimos identificados con muchos de sus planteamientos teóricos y secundamos en buena parte su propuesta metodológica, querríamos reseñarlo aquí con especial énfasis. Para los autores, la historia es esencialmente una historia de ideas y la tarea historiográfica consiste fundamentalmente en describir, explicar e interpretar la producción, distribución y consumo del conocimiento disciplinado. Ellos lo expresan en los siguientes términos: «*la tarea que realmente identifica al historiador intelectual consiste en interpretar la significación histórica de los productos epistémicos que una determinada ciencia deposita a lo largo de su desarrollo y los vínculos conceptuales que existen entre los mismos*» (p. 73).

La tarea del historiador de la Psicología, en particular, sería explicar los cambios en los discursos psicológicos operados con el paso del tiempo, partiendo para ello de materiales que hayan sobrevivido, y analizando, en concreto, los textos psicológicos. Estos deben ser entendidos en un doble sentido: como obra y como documento, por lo que deben ser contemplados tanto en su propio contexto, como desde la perspectiva actual, tratando de determinar tanto la intención y significado que tuvo en su momento como el que pueda tener en el presente. Ahora bien, lo que el historiador tiene que hacer no es desvelar el verdadero significado del texto, sino facilitar su adecuada interpretación, estableciendo para ello unos límites conceptuales en los que debieran enmarcarse sus posibles lecturas. En lo relativo al procedimiento, los autores consideran la descripción, explicación e interpretación como tres etapas sucesivas del trabajo historiográfico; por consiguiente aplican este esquema al análisis de textos históricos.

En la fase de *descripción* se trata, en primer lugar, de identificar el documento reuniendo información sobre el mismo, incluyendo el autor, el título y la fecha de publicación, el género bibliográfico al que pertenece, eventualmente su ubicación en la estructura general del documento, la época en la que vivió el autor, la tradición científica a la que se adscribe, las aportaciones por las que se le conoce, el lugar que ocupa el texto en el conjunto de su producción bibliográfica y su impacto intelectual. En segundo lugar, se plantea un estudio de la estructura argumental del texto, de los recursos demostrativos empleados, así como del perfil argumentativo, clasificando en categorías los enunciados que aparecen en el texto como paradigmáticos, críticos y autoritarios (p. 85). En tercer lugar se pasa a la descripción del léxico empleado en el texto, para lo cual los autores proponen estudiar su grado de especificidad técnica, su grado de descontextualización, su grado de formalización, el grado en que apunta a un determinado tipo de habla social, y eventualmente los cambios que se han ido introduciendo en el mismo a lo largo de la historia. Finalmente, los autores indican otros dos aspectos que el historiador debe tener en cuenta en la descripción de un texto histórico: por un lado, reseñar y describir el lenguaje figurado, especialmente las metáforas, y la función que desempeña cuando es empleado; por otro, hacer lo propio con las voces que aparecen en el texto.

En la fase de *explicación* se trata de estudiar el diálogo incorporado por el texto, es decir, el modo en que el autor se relaciona con las distintas voces que aparecen en él y la forma en que las interpreta. Puede tratarse tanto de mecanismos de habla directa como indirecta o de mecanismos de ventriloquización. El análisis de dichas voces permite al historiador establecer el sociograma y el tecnograma, es decir, la red de relaciones sociales y conceptuales en que el texto cobra sentido. Además de ello habría que analizar los distintos contextos. Estos incluyen: el tipo de audiencia a la que originalmente iba destinado; el contexto socioinstitucional, político, moral y cultural en las que el texto se produjo; cómo llegó a escribirlo el autor; la tradición disciplinar en la que se enmarca y sus relaciones con la misma para entender su función histórica. Finalmente habría que analizar el discurso teórico del texto, lo cual comporta cuatro tareas historiográficas: (1) *«retomar el problema de la estructura argumental ligándola de manera explícita a los contenidos a los que dicha estructura argumental se aplica»;* (2) *«reconstruir el sistema teórico que el texto transporta a través de su estructura argumental, poniendo en relación los distintos enunciados que describen o explican las propiedades del objeto de estudio»;* (3) *«estudiar las reglas de la práctica que sostienen dicho sistema teórico. Se trata de detectar aquellos enunciados que indican de manera directa o indirecta las condiciones o reglas que permiten construir el sistema teórico (preceptos instrumentales, funcionales, axiomáticos, judicativos y normativos)»* (4) *«integrar el tecnograma (sistema teórico y reglas de la práctica epistémica) y el sociograma, derivado del análisis de los contextos»* (Rosa, Huertas y Blanco, 1996, p. 104).

En la fase de *interpretación,* finalmente, se trata de evaluar el contenido del texto analizando su coherencia teórica. En primer lugar habría que revisar críticamente tanto las posibles inconsistencias conceptuales como las restricciones que las reglas de la práctica introducen en la construcción del sistema teórico. A continuación se trataría de analizar las posibles funciones que cumplió o sigue cumpliendo el texto en el ámbito social y con respecto al conocimiento al que hace referencia, lo que conlleva definir la significación del texto en el seno de su ámbito contemporáneo, señalar las posibles transformaciones que pudo desencadenar, y analizar su viabilidad en el presente. El último paso de la interpretación consistiría en evaluar críticamente el texto desde la posición teórica y moral que el analista defiende.

Los modelos reseñados hasta ahora constituyen diferentes ejemplos basados en el análisis conceptual. Otras propuestas amplían este mismo enfoque planteando un análisis de temáticas o incluso ámbitos de especialización. En general, estos enfoques tratan de localizar los temas y cuestiones fundamentales que según ellos constituyen el núcleo de una ciencia, y de articular en torno a ellos su historia. Pongratz (1967), por ejemplo, toma como referente de su Historia de la Psicología el objeto de estudio psicológico y los problemas y controversias suscitadas en torno al mismo, utilizando como criterio de sistematización las transformaciones que éste ha ido experimentando a lo largo del tiempo.

Otros enfocan la historia a partir del desarrollo de diferentes áreas temáticas de investigación, y subrayando las tendencias teóricas y metodológicas dominantes (véase, entre otros, Lück, Miller y Rechtien, 1984; Kindler, 1976; Hilgard, 1987; Caparrós, 1979). En esta misma línea, Hans Hiebsch (1991), intentando apoyar la idea una tradición propia en las ciencias humanas, propone una estrategia de investigación para el análisis de conceptos principales (*Hauptbegriffe*) o categorías (*Kategorien*) y demuestra su procedimiento tomando como ejemplo el concepto de alma. Sprung y Sprung (1996a,b), por su parte, no se interesan tanto por los temas como por la metodología. En este sentido han mostrado en repetidas ocasiones (Sprung, Sprung y Müller, 1991; Sprung y Sprung, 1996a, 1996b, 1997a, 1997b; Sprung, 1997) cómo es posible tomar como eje de la Historia de la Psicología los métodos y plantear la reconstrucción histórica a partir a la evolución de los mismos y de las tendencias metodológicas dominantes.

Con ellos finalizamos este breve repaso de las principales teorías y modelos historiográficos. En el próximo capítulo plantearemos una serie de reflexiones sobre el objeto y significado de la ciencia y de la Psicología, para llegar a algunas consideraciones que contribuyan a justificar el sentido y la utilidad de la historia en general, y de la Historia de la Psicología en particular.

CAPÍTULO 3
HISTORIA, CIENCIA Y PSICOLOGÍA

En las páginas precedentes hemos planteado un análisis de la Historia, interpretándola como marco conceptual de la Historia de la Psicología. En sendos capítulos ha sido caracterizada desde el punto de vista teórico y desde el punto de vista metodológico como una disciplina científica, tanto en sus aspectos generales, como en los específicamente referidos al ámbito de lo psicológico. Sin embargo, al abordar la conceptuación de la disciplina, reconocíamos que cualquier intento de clarificación exigía considerar no uno, sino los dos términos de la expresión: la Historia y la Psicología. Para alcanzar nuestra meta parecen, pues, necesarias, ciertas reflexiones complementarias sobre la propia Psicología. Este será el objetivo del presente capítulo, en el que la Psicología será considerada desde una doble perspectiva: como ciencia y como objeto de investigación histórica.

En nuestro anterior intento de conceptuación, ensayamos distintos modos de definición de la Historia de la Psicología que la vinculaban tanto con la vertiente histórica como con la psicológica. Si bien es cierto que las definiciones nominales la enmarcaban en el terreno de los saberes históricos atendiendo a su procedimiento formal, las definiciones reales, más centradas en el contenido, la asimilaban a la Psicología al presentarla dotada de un objeto y de una temática específicamente psicológica. En diferentes aproximaciones al concepto de Historia de la Psicología la definíamos como una ciencia que tiene por objeto «*sucesos del pasado concernientes al ámbito psicológico*», o más específicamente «*el devenir temporal de la Psicología*». También la definimos como «*un discurso específico sobre la Psicología generado a raíz de la proclamación de ésta como ciencia*».

Decíamos, al mismo tiempo, que ambas eran saberes científicos, o al menos así pensamos que debieran ser consideradas. Nuestros intentos de definición nominal presentaban a la Historia de la Psicología como «*un saber pretendidamente científico, versado sobre otro saber que también se pretende científico*». Al igual que lo había hecho la Historia, cuando la Psicología surgió como disciplina autónoma se autodefinió como ciencia. Como tal definió también un objeto de estudio propio y un modo de adquirir conocimiento sobre el mismo análogo al del resto de las disciplinas científicas entonces existentes.

Desde su formulación original, estos dos aspectos, objeto y método de la Psicología, han ido sufriendo variaciones, del mismo modo que han ido variando las definiciones generales del objeto y método del conocimiento científico. La pluralidad de opciones conceptuales y metodológicas generadas a lo largo de la historia ha hecho que la Psicología actual sea un campo caracterizado por su diversidad, pero también es cierto que esta diversidad de propuestas guarda relación con las variaciones en la noción subyacente de ciencia y con la diversidad de asunciones previas a la propia actividad científica que se han ido sucediendo a lo largo del tiempo.

En el presente capítulo plantearemos algunas reflexiones en torno al concepto de Psicología, y por extensión al concepto de Ciencia, contextualizaremos la Historia de la Psicología en el marco conceptual de la Historia de la Ciencia, y presentaremos la Filosofía y la Historia de la Ciencia como saberes auxiliares de nuestra disciplina.

En primer lugar nos centraremos en la combinación entre Psicología y Ciencia, tratando de conceptuarlas y remitiéndonos a una serie de reflexiones de corte epistemológico e histórico sobre ambas. Ciencia y Psicología serán contempladas en todo momento como temáticas específicas de investigación histórica y contenidos de la Historia de la Psicología. En segundo lugar nos centraremos específicamente en la combinación entre Psicología e Historia, propia de nuestra disciplina, planteando algunas reflexiones sobre el contenido, la función y el sentido de la Historia de la Psicología.

1. PSICOLOGÍA Y CIENCIA

¿Qué es la Psicología? Si en los capítulos precedentes planteamos el interrogante sobre qué es la historia, ésta sería ahora la pregunta complementaria a formular. La respuesta, al igual que allí, no parece sencilla y posiblemente sólo pueda alcanzarse, igual que entonces, tras un meditado esfuerzo de reflexión y fruto de sucesivas aproximaciones al objeto de la investigación psicológica.

Por de pronto todos sabemos de la existencia de una Psicología del sentido común, que indudablemente forma parte de nuestra vida cotidiana y se presenta ocasionalmente en cualquier ambiente y situación, incluso en nuestro propio medio universitario. Incluso sin saber muy bien el significado de la palabra Psicología, los temas identificados como psicológicos resultan tan manidos que prácticamente cualquier persona puede versar opiniones contrastadas sobre asuntos relacionados con la personalidad, los estados anímicos o nuestras reacciones ante diversas situaciones.

Paralelamente existe una comunidad de expertos en Psicología, sancionados como tales por la sociedad a través de sus instituciones representativas (como por ejemplo la universidad), capaces de hablar de esos mismos temas con criterio científico. En su trabajo diario se enfrentan a problemas de este tipo con asiduidad, siendo fácil que en más de una ocasión hayan tenido que comprender, explicar o manejar la constitución, el humor, el comportamiento, o cualquier otro tema susceptible de ser adjetivado como psicológico.

Si en alguna ocasión se entablara una discusión entre uno de estos expertos y cualquier otra persona que no lo fuera, tal vez no llegaran a un acuerdo, pero sería evidente que tan sólo uno de ellos hablaría con verdadero conocimiento. En caso de duda puede que estuviéramos de acuerdo en considerar que las explicaciones y soluciones del experto no serían las conclusiones sacadas de tres o cuatro conversaciones ocasionales y algunas lecturas en tiempo de ocio, sino el fruto de un meritorio esfuerzo intelectual, y el resultado de un dilatado proceso de aprendizaje en alguna universidad o centro cualificado de enseñanza. Posiblemente sería en este caso cuando hablaríamos de saber psicológico, y no dudaríamos en considerarlo, más estrictamente, como conocimiento científico.

Evidentemente también tendría relevancia el contenido de las afirmaciones de uno y otro, y los procedimientos que hubieran sido utilizados para llegar a ellas, aunque de alguna manera el empleo mismo de conceptos y métodos también iría implícito en el proceso de formación que culmina en la cualificación como experto. Siendo así, tal vez debiéramos comenzar por preguntarnos qué significa hablar con conocimiento, es decir, qué es el saber o el conocimiento, como un paso previo a preguntarnos en qué consiste exactamente el conocimiento o el saber psicológico. Si hablar con conocimiento equivale a hacerlo con criterio científico, la reflexión nos remite explícitamente a la noción de ciencia, y en particular a la de ciencia psicológica.

Pero ¿qué es la ciencia? Por nuestra parte, como muchos de los científicos actuales, no la entendemos como un mero cuerpo de conocimiento (aunque evidentemente éste forma parte de ella), sino como una realidad compleja y dinámica que se presta a un análisis dimensional e histórico. Por un lado, es un logro de la humanidad que tiene su origen en la historia y evoluciona a lo largo del tiempo, lo que justifica su consideración como un producto histórico. Por otro es una creación humana en la que el saber intelectual se configura y organiza de acuerdo con ciertos criterios, preceptos y reglas consensuadas, lo que justifica su consideración como un producto humano y social. En las próximas líneas matizaremos la noción de ciencia desde cada una de estas perspectivas, con referencia explícita a la ciencia psicológica.

1.1. El concepto de ciencia

Conocimiento y disciplina son los dos componentes fundamentales del concepto de ciencia que aquí expondremos. Cada uno de ellos representa, bajo nuestro punto de vista, una de las dos dimensiones básicas del discurso científico: la dimensión interna y la dimensión externa. Si buscamos en la historia el origen de la ciencia encontraremos que ésta va ligada a dos necesidades o intereses constitutivos de la naturaleza humana: el interés por el conocimiento y el interés por preservar, perfeccionar y transmitir dicho conocimiento. Lo interno y lo externo, conocimiento y disciplina, son pues, desde el punto de vista de su origen, gestación y desarrollo histórico, los ejes en torno a los cuales gira el concepto de ciencia que aquí manejaremos, en el que «saber» y «organización del saber» quedarán igualmente representados.

Con el recurso a la historia, reconoceremos cómo en todos los pueblos primitivos el saber se presentó originalmente en forma de mito. Sólo a partir de éste se alcanzaría con el transcurrir de los siglos el conocimiento racional y la explicación causal de los hechos. La palabra *mithos (mito)* quiere decir fábula. Los pueblos primitivos, de modo similar a lo que le ocurre a los niños pequeños, fabulaban o mitificaban todo aquello que no podían comprender plenamente: fenómenos de la naturaleza, sentimientos y deseos humanos, conquistas técnicas, logros y hazañas, etc. En Grecia este proceso de mitificación comenzó por atribuir a las fuerzas naturales caracteres humanos, y terminó por deificarlas, al igual que los propios deseos y sentimientos humanos, en el marco de una cultura politeísta. Así *Kronos* simbolizaba el tiempo, *Zeus* el cielo sereno, *Hera* el cielo nublado, *Poseidón* el mar, *Atenea* la sabiduría, etc. En el orden moral, *Sísifo* representaba la tarea inútil y siempre inacabada y *Tántalo* el deseo siempre insatisfecho. En el aspecto puramente humano, *Prometeo*, significaba la conquista del fuego, y el mito de *Teseo* recordaba un hecho concreto como fue la destrucción del Imperio minoico (cretense) por los aqueos del continente. Lo mismo ocurría con las hazañas de Hércules o con la expedición de los Argonautas que, intemporalizadas, servían como ejemplos para los hombres y mujeres de la época.

Aunque haya mitos con significado e implicaciones filosóficas que puedan ser explicados, el saber mítico no constituye ciencia. «Ciencia» significa explicación sistemática, racional y causal, y esta forma de conocimiento sería a su vez una conquista que aún tardaría mucho tiempo en imponerse. Los griegos utilizarían las palabras *doxa* y *episteme* para diferenciar justamente el saber científico y la opinión. La palabra griega *doxa* significaba opinión y *episteme* significaba inteligencia, saber, ciencia. En la Filosofía griega adquirieron además un sentido que las contraponía. *Doxa* vino a significar la opinión fundada en las apariencias sensibles y, como ellas, variable. En cambio, *episteme* tomó el sentido que tradicionalmente ha tenido la palabra ciencia, esto es, un saber racional válido, que versa sobre lo universal y tiene carácter de necesidad. A este saber universal y necesario se contraponía el particular y contingente de la opinión, que se basaba en los sentidos y en la imaginación.

Aunque el saber científico partiera de la experiencia no se quedaba en la experiencia sensible, siempre particular, sino que se elevaba a «conceptos universales»: era un saber del *logos* o razón. Aún cabía otra distinción entre la *pura doxa* u opinión vulgar y la *empiria* o experiencia: ésta última suponía repetición y memoria, y alcanzaba un cierto valor en la práctica, como el saber de un curandero o del albañil frente a los del médico y el arquitecto, según un conocido ejemplo de Aristóteles. Pero se trataba siempre de un saber de rango inferior al saber científico. Esta valoración influyó decisivamente en el gran desarrollo del pensamiento especulativo, de la teoría, entre los griegos, en la que todo el saber racional aparece unificado.

La Psicología, como ciencia, no es un cuerpo de opinión sino de conocimiento, en el sentido en que acabamos de matizar estos conceptos. Como tal el saber del psicólogo se diferencia del lego o del aficionado, aunque en ambos casos se planteen temas psicológicos. Como cualquier otra ciencia, tiene una dimensión intelectual definida por un conjunto de ideas y presupuestos teóricos acerca de una determinada realidad que constituye su objeto de estudio, y un conjunto de procedimientos y presupuestos metodológicos sobre el modo de estudiarla, que definen su método.

Para poder conseguir y mantener un status científico como saber o cuerpo de conocimiento especializado sobre una parcela de la realidad, la Psicología debió y debe ajustarse a los criterios de racionalidad científica establecidos, es decir, demostrar que cumple los cánones científicos y criterios normativos vigentes en un tiempo y lugar determinados. En la medida en que los supuestos de la cientificidad hayan podido cambiar más o menos desde la concepción original de la ciencia, también lo habrá ido haciendo el saber psicológico. Reconstruir la evolución de este conocimiento psicológico desde el mito original hasta el saber actual es tarea del historiador y sólo en la historia y desde ella se puede comprender y justificar.

Por otra parte, la Psicología no es sólo un saber, sino un saber organizado, disciplinado. En su calidad de ciencia, no es sólo un cuerpo de conocimiento, sino toda una organización en torno a dicho conocimiento. Desde este punto de vista la Psicología es una disciplina con personalidad propia que se plasma en una serie de prácticas y actividades comunes a un colectivo de individuos. Como tal, si bien presenta ciertos rasgos comunes con otras disciplinas más o menos afines, también posee una identidad diferenciada y su propia trayectoria histórica en la que ésta se hace evidente.

Haciendo un nuevo y breve recorrido por el pasado apreciamos cómo los expertos de cualquier ámbito del saber sintieron desde muy pronto la necesidad de agruparse como tales. La agrupación era necesaria para preservar y transmitir dicho saber, y las comunidades y sociedades resultantes servían al mismo tiempo de foros de discusión y debate, dado que el «conocimiento» debía ser por definición sistemático y susceptible de revisión y crítica. Con el transcurso del tiempo, las agrupaciones iniciales adquirirían carácter de corporaciones dotadas de un espíritu «científico» y fundadas en un determinado orden social. No sólo ocurriría en el terreno de las ciencias, sino también en el de las artes y oficios, entendiendo por oficio la profesión de algún arte mecánica. Las reuniones de comerciantes, artesanos, etc. que tenían un mismo ejercicio se denominaron «gremios» y adquirirían progresivamente mayor oficialidad, hasta convertirse en uno de los pilares y formas básicas de organización social en los pueblos de Occidente, aunque conocimiento, arte y sociedad sean aquí difíciles de separar.

Si se nos permite la digresión, podríamos contextualizarlo en lo sucedido en Europa entre los siglos XI y XIII, cuando empezó a superarse la etapa feudal de economía de autoconsumo y regresó la vida urbana. La reaparición de las ciudades crea un sistema nuevo de división del trabajo y de intercambios, en el que el campo feudal produce alimentos y materias primas, y la ciudad produce objetos manufacturados, concentrando la producción artesanal. Resurge el comercio; primero entre el campo y la ciudad y luego a larga distancia. Las viejas ciudades romanas, semiabandonadas, renacen, o se crean otras nuevas, apareciendo más viviendas y barrios enteros fuera de las murallas antiguas. Estas se denominan «burgos», de donde vendrá el nombre de sus habitantes: «burgueses». Es así como en la ciudad, artesanos y comerciantes forman una nueva clase social, la «burguesía», que detenta un nuevo poder, el dinero.

Desde el punto de vista socioeconómico, en estas ciudades el trabajo industrial o artesanal se agrupa por oficios, y así aparecen los «gremios». Los hay de zapateros, tejedores, armeros, ceramistas, etc. El gremio es una asociación que procura defender a los asociados y al público. Ningún artesano puede trabajar en su oficio si no está inscrito en el gremio correspondiente, que le protege evitando la competencia. El gremio fiscaliza la producción: facilita las materias primas a los mismos precios a todos los agremiados, les propone los mismos modelos de productos manufacturados y les fija los precios de venta, calculando unos beneficios razonables. Los artesanos, establecidos en una misma calle por oficios, deben trabajar todos con las mismas condiciones. No pueden mejorar las técnicas de trabajo, ni ampliar el negocio. Para que el gremio y el público pueda vigilarlos, tienen su taller junto a la calle, abierto con amplios ventanales.

Dentro del taller trabajan varias personas. El dueño es el maestro. Es propietario de las herramientas, del local y está inscrito en el gremio. Le ayudan varios aprendices y oficiales. Los primeros, que viven en la casa del maestro, no cobran. Cuando superan unas pruebas de habilidad obtienen el grado de oficiales, que les permite cobrar un sueldo. Pero a los oficiales les resulta mucho más difícil alcanzar el título de maestro, para el que teóricamente sólo les es necesario realizar una obra maestra dentro de su oficio. Los maestros que forman el gremio y que no desean aumentar la competencia, difícil-mente promocionan nuevos maestros.

El gremio es un sistema de producción limitado, sin espíritu de empresa. Produce normalmente para un mercado pequeño formado por la propia ciudad y la comarca que le rodea. En principio las ciudades eran el centro comercial de una región, y fueron creciendo a medida que la comarca que les rodeaba podía abastecerles de alimentos y de materias primas, y a medida que la comarca tenía mayor poder adquisitivo y les compraba sus productos manufacturados. Sobre este marco reducido, la aparición del comercio a larga distancia aumentó la importancia de las ciudades, y aparecieron los comerciantes como la clase social que acaparaba fuertes fortunas de dinero. Los comerciantes formaron a su vez agrupaciones para defen-derse y luchar por sus derechos: las «guildas». Desde el punto de vista político, cada ciudad estructuró un gobierno corpora-tivo con representación de las guildas de comerciantes o los gremios de artesanos.

Esta digresión nos permite introducir y contextualizar la reflexión sobre los orígenes de la Psicología como disciplina con mayor perspectiva, ya que la ciudad medieval también asistió al nacimiento de la universidad —nuestra organización— y de las especialidades académicas, entre las que hoy en día —siete u ocho siglos después— también se cuenta la Psicología. En efecto, en la ciudad medieval aparecieron nuevos centros que han perdurado hasta nuestros días, concebidos originariamente para satisfacer nuevas necesidades surgidas del nuevo orden social: necesidades culturales (la universidad), religiosas (la catedral), políticas (el ayuntamiento) o económicas (la lonja). Como todo era nuevo también cambió la estética, imponiéndose una nueva concepción artística: el gótico.

Pero la ciudad no sólo creó un nuevo arte, sino también una nueva cultura, y lo hizo a través de la universidad. Esta nace como asociación de profesores y alumnos que buscan independizarse de la intransigencia de las escuelas episcopales, donde el obispo imponía sus criterios. El Papado, a partir de Inocencio III (siglo XIII) las protegió para dominarlas mejor y mantener las enseñanzas dentro de la ortodoxia cristiana —de hecho, una orden religiosa de tipo ciudadano, los dominicos, jugó un importante papel en este aspecto—. Por lo general, una universidad constaba de cuatro Facultades: una de Artes y Letras, una de Derecho, una de Medicina y la más importante de todas, la de Teología.

Cada Facultad elegía un decano; normalmente el de Artes y Letras, que era la Facultad con mayor número de alumnos, tomaba el título de Rector y representaba a la universidad. Junto a cada universidad aparecieron, a partir del siglo XIV, colegios que eran una especie de residencia para estudiantes, que cada vez eran menos eclesiásticos y más laicos. Se debía memorizar las enseñanzas del profesor porque había pocos libros, y saber latín porque éste era el idioma universitario. Las universidades se especializaron pronto: Bolonia fue famosa por los estudios de derecho en base a la obra de Justiniano; Montpellier y Salerno destacaron por sus estudios en Medicina y contaron con profesores y manuales musulmanes; la *Sorbonne* de París, por las enseñanzas de Teología. Otros centros universitarios importantes fueron Salamanca en Castilla, Lérida y Perpiñán en Aragón, Oxford en Inglaterra...

Cuando surge la universidad como centro de enseñanza, no hay lugar para la Psicología porque ésta no era entonces ninguna doctrina, ni ninguna especialidad, o si se prefiere con otras palabras, porque no había suficientes estudios y conocimientos especializados en Psicología, ni evidentemente expertos, como para justificar su enseñanza universitaria en latín. Por no existir, posiblemente no existiera ni el término, cuanto menos en su acepción moderna, ya que según ciertos indicios, la expresión «Psicología» fue creada en el siglo XVI para referirse a un aspecto del ser espiritual, combinando las palabras griegas «psyche» y «logos» (Lapointe, 1972, p. 329). Tan sólo en el siglo XIX se empezará a hablar de la Psicología como un cuerpo diferenciado del saber, suficientemente sistematizado como para poderse transmitir en un centro de enseñanza como el universitario, que posteriormente pasará además a ser reconocido como un conocimiento práctico y útil para la sociedad, y como una actividad profesional.

Desde la segunda mitad del siglo XIX los psicólogos se han ido constituyendo en un grupo académico e independiente, con una actividad claramente diferenciada de la de los demás, y consiguiendo logros institucionales que permitieran reafirmar y preservar su identidad y lograr una mayor autonomía, un mayor reconocimiento y un mayor respaldo social. Buena parte de este proceso se vio impulsado al empezar a constatarse la aplicabilidad de los conocimientos pscológicos, y en general la utilidad social de su trabajo e investigaciones. Las Guerras Mundiales constituirán en este sentido dos eventos decisivos, en que los psicólogos encontrarán la ocasión de prestar servicios especializados, poniendo sus conocimientos y procedimientos de trabajo e investigación al servicio del ejército y de las necesidades sociales derivadas de la guerra. La selección de personal militar mediante procedimientos psicotécnicos de evaluación significará la entrada del psicólogo en el mercado laboral y el primer paso en su reconocimiento social como profesional. Desde entonces hasta hoy, la Psicología ha evolucionado históricamente como profesión, con un perfil laboral propio y diferente del de otros trabajos como el de médico, maestro o abogado.

En esta dimensión externa de la Psicología también encontramos una serie de conquistas en política científica, que pasan por la consecución de recursos materiales y humanos por una parte, y por el reconocimiento y sanción legal por otra. En relación con el primero de estos aspectos debiéramos distinguir los recursos materiales de los humanos. Entre los primeros se encontraría el establecimiento, disposición, equipamiento o incluso construcción de espacios y lugares físicos de trabajo como aulas, laboratorios, institutos, etc., así como la fabricación o compra de aparatos, instrumentos y demás material inventariable y fungible. Entre los recursos humanos, se encontraría la consecución de profesores y alumnos, esto es, de personas cualificadas dispuestas a enseñar y personas inexpertas dispuestas a aprender para adquirir dicha cualificación. El segundo de los aspectos, el legal, pasa por su parte por el reconocimiento oficial de la actividad de los psicólogos y de los propios psicólogos como colectivo, en un doble sentido: como colectivo académico y como colectivo profesional. Como colectivo académico, es decir, como grupo de enseñantes y aprendices de una especialidad, se verá sancionado legalmente con la aprobación oficial del correspondiente título de graduación. Como colectivo profesional se verá sancionado con el reconocimiento de la capacitación laboral aparejada a dicho título, y con la regulación de los derechos y obligaciones profesionales y fiscales específicos.

Todos estos logros sociales e institucionales, a su vez, no son sino puntos de inflexión de un proceso que seguirá su desarrollo ulterior con la creación de departamentos y facultades, asociaciones, colegios y colectivos profesionales, etc. Por esta razón deben entenderse como contribuciones que facilitan el reconocimiento de una identidad propia en el psicólogo, como colectivo científico y profesional diferenciado, y que a su vez adquieren sentido contemplados desde una perspectiva histórica, como fruto de un proceso de crecimiento, evolución y maduración disciplinar.

Pensamos, pues, que existen suficientes razones para abogar por una noción amplia de ciencia psicológica, acorde con una concepción igualmente amplia de ciencia, en la que tengan cabida no sólo los aspectos conceptuales sino también los contextuales. La Psicología, más allá de su dimensión intelectual, también debe ser caracterizada como práctica disciplinar con anclaje socio-institucional en el mundo académico y laboral. Sin embargo, como cualquier otra ciencia, se ha definido tradicionalmente en términos conceptuales, es decir, atendiendo a su objeto y a su método de investigación, en base a las supuestas ventajas de este tipo de definición. Entre ellas se ha destacado que permite definir la ciencia con independencia del científico, del contexto geográfico, temporal o sociocultural, al tiempo que permite obtener una imagen globalizadora de la ciencia, etc.

Por nuestra parte, pensamos que esta tendencia a definir una ciencia por su objeto y por su método, no debiera ser incompatible con su definición como práctica disciplinar con anclaje socio-institucional en el mundo académico y laboral. De hecho, en muchas ocasiones se pierde de vista la importancia de factores individuales, sociales, geográficos o temporales, tradicionalmente considerados como contaminantes desde la óptica epistemológica positivista. Además, creemos que las presuntas ventajas de una definición en términos de método y objeto de investigación son tan sólo relativas.

En primer lugar, cifrándola en su objeto y método puede ser cierto que la práctica científica se defina con relativa independencia del practicante, pero también falsea en cierto modo la imagen real de la ciencia. En nuestro caso, aunque para ser psicólogo haga falta tener la correspondiente titulación, ésta no sería necesaria para hacer Psicología. Así, cualquiera podría practicarla, aún sin ser psicólogo, siempre que en dicha práctica abordara un tema «psicológico» con un método también «psicológico» de investigación. Hasta cierto punto resulta lógico: si ciencia es el conocimiento cierto de las cosas por sus principios y causas, bastaría con que ese alguien, fuera arquitecto o fontanero, conociera ciertamente los principios y causas de lo psicológico y obrara en consecuencia. Si ciencia es el cuerpo de doctrina que constituye un ramo particular del saber humano, bastaría con que ese alguien, fuera filósofo o fisiólogo, carpintero o electricista, dispusiera de dicho saber o erudición psicológica con independencia de la vía por la que lo hubiera adquirido. Por la misma regla de tres, cualquiera podría levantar una construcción sin ser ingeniero, abogar en un pleito sin ser letrado, o asistir a un enfermo sin ser médico, y he aquí donde resulta evidente la necesaria restricción y regulación legal. Según el diccionario de la Real Academia de la Lengua Española, ciencia también es, en un sentido figurado, «*habilidad, maestría o conjunto de conocimientos en cualquier cosa*». Existen, de hecho, procedimientos consensuados para adquirir dicha maestría, que en última instancia pasan por la formación universitaria y son social y legalmente sancionados con la titulación académica.

En segundo lugar, la definición también parece relativamente atemporal e independiente del contexto geográfico, pero esta independencia es sólo relativa. Psicología lo es tanto lo que un psicólogo español actual pueda hacer aquí como lo que uno alemán o uno americano puedan hacer en sus respectivos países, siempre que, ajenos al lugar, en su práctica aborden un tema psicológico con un método también psicológico de investigación. Igualmente resulta lógico pensar que tan psicólogo sería el actual como el de principios de siglo, si ambos se hubieran identificado como conocedores de los principios y causas de lo psicológico y obrado en consecuencia, y hubieran dispuesto del saber o erudición que los cualificara como expertos psicólogos, con independencia de la época o del lugar en el que lo hubieran adquirido. Por la misma regla de tres, yo mismo podría ejercer como psicólogo en Canadá o en los EE.UU o impartir docencia en una universidad alemana. Así mismo, al igual que Física es tanto la de Galileo, como la de Newton, como la de Einstein, y Medicina es tanto lo que Huarte de San Juan practicaba en Baeza en el siglo XVI como la que mi médico de cabecera practica hoy en el ambulatorio de debajo de mi casa, Psicología es tanto la actual como la de otras épocas. Si hoy en día nadie puede ser médico en el siglo de Oro, ni físico en el XVI o en el XVII, es tan sólo porque los viajes en el tiempo siguen siendo una ficción, y personarse en el pasado un sueño de historiador.

En tercer lugar, y estrechamente relacionada con esta última argumentación, las insuficiencias de una definición exclusivamente atenta a lo conceptual también resultan evidentes si consideramos el factor sociocultural, tanto en su dimensión geográfica como temporal. Por una parte, los planes de estudios y los requisitos para la obtención del grado académico y el ejercicio profesional difieren de un lugar a otro, y también están sujetos a distintas restricciones y regulaciones legales. Estas, a su vez, son fruto de un proceso de crecimiento y maduración disciplinar que sólo desde una perspectiva histórica resulta comprensible. Por otra parte, el modelo de universidad, el modelo de ciencia, e incluso de sociedad, también está sujeto a cambios y vicisitudes históricas, variando acusadamente en función de la época. Tan sólo enmarcando objeto y método en unas coordenadas espaciales y temporales concretas llegaríamos a una definición satisfactoria de ciencia en general, y de ciencia psicológica en particular.

Finalmente, en cuarto y último lugar, la definición en términos de objeto y método también parece relativamente globalizadora. Sin embargo, no podemos obviar que uno de los problemas debatidos en la Psicología de todos los tiempos y lugares ha sido justamente la falta de acuerdo con respecto al objeto y al método de investigación. La falta de consenso a la hora de establecer los fundamentos genéricos de la disciplina ha constituido una constante en la Historia de la Psicología, traduciéndose en una diversidad teórica y una pluralidad de métodos que llega hasta nuestro días.

Pensamos que la importancia de la dimensión externa del saber queda así suficientemente justificada. En las próximas líneas recordaremos, no obstante, cómo la importancia atribuida a los componentes internos y externos del saber ha variado a lo largo del tiempo, en función de las concepciones subyacentes de la ciencia. Los aspectos sociales, organizacionales, profesionales y tecnológicos quedan tradicionalmente olvidados en las reconstrucciones históricas realizadas bajo la influencia de la tradicional concepción positivista de la ciencia, al tiempo que en las tres o cuatro últimas décadas han sido rescatados del olvido bajo la influencia de las Filosofías postpositivistas de la ciencia. Veámoslo.

1.2. Ciencia e Historia

Combinando los tres términos que dan título al presente capítulo, la conjunción de ciencia e historia podría dar lugar a dos posibilidades que remitirían o bien a la Ciencia de la Historia, o bien a la Historia de la Ciencia. La ciencia histórica ha sido analizada con detenimiento en los capítulos precedentes, tanto en lo relativo a la teoría como al método, por lo que nuestro discurso girará ahora en torno a la Historia de la Ciencia. Enfocándola desde este punto de vista, nuestra exposición persigue una doble finalidad, subordinada por lo demás a la justificación de la materia. Por una parte, contextualizar la Historia de la Psicología en el marco de la Historia de la Ciencia, y ésta en el marco general de la Historia; por otra, plantear ciertas reflexiones sobre los fundamentos epistemológicos de la cientificidad y de su relativismo histórico, en la medida en que éste ha sido presentado como seña de identidad de nuestro compromiso teórico y formal.

La Historia de la Psicología se enmarca así en la Historia de la Ciencia en general, siendo ambas disciplinas recientes, surgidas en el seno de las ciencias históricas. Si el objeto de estudio de la primera es el devenir de la Psicología, el de la segunda sería el devenir de las distintas disciplinas científicas. De este modo, la Historia de la Ciencia refleja y permite apreciar los cambios experimentados a lo largo del tiempo en la idea de avance científico y en la propia noción de cientificidad.

Las primeras historias de la ciencia estuvieron muy influidas por el pensamiento positivista, aceptando por lo general que el progreso de la ciencia era un progreso continuo y acumulativo del saber. En la actualidad el cambio científico es enfocado desde perspectivas muy distintas, algunas de las cuales contrastan abiertamente con la idea positivista de progreso lineal.

Complementariamente, el significado de los conceptos de ciencia, saber o conocimiento científico, y otros afines y relacionados, es analizado por la denominada *Teoría del conocimiento* o *Epistemología*. También se la suele identificar con el nombre de *Teoría o Filosofía de la Ciencia*. Más allá de los matices que encierra cada una de estas denominaciones, los distintos términos denotan una misma realidad: un discurso teórico acerca de la cientificidad. Etimológicamente el término Epistemología procede de los vocablos griegos *episteme*, y *logos*. Como discurso acerca del conocimiento expresaba desde su mismo nacimiento un interés específico por los problemas relacionados con la búsqueda de normas y modelos del conocimiento racional, y en definitiva por el establecimiento y delimitación de los criterios y fronteras de la racionalidad. La Epistemología es concebida así con la finalidad de comprender y de justificar mediante argumentos racionales el propio conocimiento humano.

Aunque la Historia de la Ciencia no se desarrolla como disciplina hasta el siglo XX, el discurso sobre el conocimiento vinculado al concepto de ciencia forma parte de una tradición histórica que se remonta a la Antigüedad clásica. Por nuestra parte, dejaremos para el próximo capítulo la contextualización de nuestra disciplina en el marco de la Historia de las Ciencias, centrándonos por el momento en dicho análisis epistemológico, aunque reflejando, eso sí, el cambio y la evolución histórica de los criterios científicos y de la propia noción de ciencia.

a) La teoría clásica de la ciencia

Históricamente, y durante casi dos siglos, el vocablo conocimiento significó, fundamentalmente, conocimiento probado o justificado, bien mediante razonamientos intelectuales, bien mediante evidencia directa de los sentidos. Si en el mundo griego el conocimiento se contrapuso a la opinión, como mencionamos anteriormente, luego se designaría con el término latino *scientia*, de ahí que ambos conceptos estén tan estrechamente relacionados.

En la Antigüedad se consideraba que existían dos grandes vías o caminos para alcanzar el conocimiento: la razón y la observación o experiencia sensorial. Cada una de estas actitudes con respecto al conocimiento remite a una posición epistemológica distinta, identificada respectivamente como racionalismo o como empirismo. Los racionalistas apelaban a la razón como medio para descubrir la verdad; el conocimiento se identificaba justamente con el conocimiento racional. Los empiristas apelaban en cambio a la observación o la experiencia, identificando el conocimiento con conocimiento sensorial o empírico. Para alcanzar la verdad los primeros buscaban razones, los segundos causas (Toulmin, 1972). Razones y causas eran pues las dos maneras principales de entender y explicar la realidad.

b) La teoría moderna de la ciencia

Durante los siglos XVI y XVII, las aportaciones de autores como Copérnico, Descartes o Galileo contribuyeron a definir las directrices principales de las modernas ciencias naturales. La nueva concepción de la ciencia insistía en la necesidad de una observación sistemática y rigurosa de los fenómenos naturales, y en el desarrollo de explicaciones causales basadas exclusivamente en dichas observaciones. La idea de causalidad era considerada como la única vía o procedimiento formal de explicación científica. El empleo de la justificación racional, presente en la tradición clásica, quedó en desuso y se fue abandonando gradualmente.

Galileo realizó una decisiva aportación, proponiendo un procedimiento en el que intentó armonizar ambas formas de conocimiento: el racional o deductivo y el empírico o inductivo. Con su contribución metodológica sólo se consideraba como conocimiento fiable, y por tanto científico, aquél que hubiera sido obtenido de acuerdo con determinados cánones y procedimientos objetivos. Estos se identificaron con la denominación de método científico. Etimológicamente la palabra «método» significa camino, por lo que el método científico era el camino que recorre la ciencia en su búsqueda del conocimiento fiable y objetivo.

El método de Galileo hacía especial hincapié en la causalidad del orden físico natural. Conocido generalmente como «método experimental» planteaba el desarrollo de un proceso de investigación en cuatro etapas fundamentales: (1) observación; (2) formulación de hipótesis; (3) deducción de consecuencias; y (4) verificación de las mismas. En general, pasó a identificarse ciencia con método. Francis Bacon en su «*Novum Organum*» (1620) fue el primero en dotar de un valor absoluto a la ciencia experimental y al método científico. Consideró la aplicación rigurosa del principio experimental como garantía de fiabilidad y validez real, rechazando como mera especulación intelectual cualquier afirmación que careciera del imprescindible fundamento empírico en base a la observación sistemática.

En el siglo XIX surgieron nuevas propuestas epistemológicas. En Alemania, fue cuando se asistió al nacimiento de nuevas ciencias, como la Psicología o la Historia, defendiéndose su peculiaridad y especificidad frente a las ciencias tradicionales, y el reconocimiento de que saberes como el de la Historia podían ser científicos aunque no fueran obtenidos a través de los métodos de las ciencias naturales, sino a través de vías más intuitivas y emocionales, tales como la comprensión.

En contrapartida, las concepciones positivistas defendían la unidad formal de la ciencia, basada en el ideal de un saber único y un método único. Según ellos, cualquier ciencia, incluida la Historia, tenía una doble tarea: en primer lugar, buscar los hechos objetivos y contrastarlos con los procedimientos experimentales; y en segundo lugar, extraer las leyes inductivas que permitieran una explicación de los mismos. La tradición positivista de la ciencia pretende reducir la explicación al modelo causal: un hecho se explica causalmente cuando es deducido de condiciones iniciales, que llamamos causas, en conexión con leyes generales empíricamente probadas. La explicación causal, en la posición positivista, no sólo afecta al reemplazo de un concepto por otro, sino especialmente a los hechos, a los fenómenos, y a las acciones intencionales. El positivismo sería la concepción dominante en la ciencia contemporánea hasta prácticamente mediado el siglo XX. No obstante, su dominación intelectual no impidió que en la primera mitad de siglo se generaran otras Filosofías alternativas de la ciencia, de corte antipositivista, que sólo adquirirían relieve posteriormente, a raíz del declive del positivismo lógico.

c) La teoría contemporánea de la ciencia

A finales del siglo XIX, las concepciones positivistas de la ciencia serían reafirmadas y reformuladas a instancias de una serie de científicos y filósofos de la ciencia, en una nueva teoría que se dio a conocer con el nombre de Neopositivismo o Positivismo lógico. Aunque en realidad es una continuación de la tradición positivista, el Neopositivismo representa la madurez de la moderna Teoría de la Ciencia y surge en el contexto del pensamiento filosófico contemporáneo, de ahí que hayamos optado, con fines expositivos, por identificarlo con el inicio de la teoría contemporánea de la ciencia.

En 1922, un grupo de pensadores, formado tanto por filósofos como por científicos, se articula en torno a la cátedra de Filosofía de las ciencias inductivas de Schlick. Se constituirá en el denominado Círculo de Viena, convirtiéndose en el núcleo del Neopositivismo. En 1929 publicará un manifiesto con sus tesis, en cuya redacción participaron, entre otros, autores como Carnap, Neurath, Hahn, Feigl, etc. Confluyeron en sus tesis con otro grupo, la llamada Escuela de Berlín, integrada por autores como Reichenbach y Hempel, que tratarían de institucionalizar la nueva tendencia. En 1929 celebraron en Praga el primero de una serie de congresos internacionales, y en 1930 comenzaron a publicar la revista *Erkenntnis*, que utilizaron como órgano de difusión de sus nuevos puntos de vista. Veamos algunos de ellos.

Para el Positivismo lógico, el tribunal de apelación que legitimaba el conocimiento era la realidad, experiencia o cosa de hecho. Pensar científicamente equivalía a pensar críticamente sobre esa realidad. Este conocimiento científico debía reunir dos requisitos: ser empírico y positivo, por un lado, y emplear el análisis lógico, por otro. En tanto que empírico, debía fundarse en los hechos inmediatos de la experiencia una vez que fueran debidamente contrastados. Pero además, a este material empírico habría que aplicarle el análisis lógico. Ello significaba que el sentido de todo enunciado debía ser retrotraído a otros conceptos anteriores hasta llegar a los más originarios sobre lo dado en la experiencia. Para el Positivismo lógico, únicamente los enunciados sometidos a la lógica y la verificación empírica, podían ser calificados como científicos, siendo científico todo aquel análisis de la realidad que trabajase con relaciones lógico matemáticas y verificación empírica (Ayer, 1965).

Lo que perseguían fundamentalmente los positivistas lógicos era la demostración o verificación de sus enunciados científicos, lo cual les aseguraba la coherencia interna del sistema y su correspondencia con los hechos (Mayor 1989). Su interés se focalizaba plenamente en el llamado «contexto de justificación», adoptando un enfoque exclusivamente internalista de la ciencia. Recordemos a este respecto que la Filosofía de la Ciencia tiene dos vertientes, una sincrónica y otra diacrónica. Desde la primera perspectiva se analizaría la ciencia como producto, y desde la segunda como proceso. En este sentido, podría plantearse y de hecho se planteó, una distinción entre la fundamentación de la ciencia sin tener en cuenta la variable temporal, aludida como contexto o lógica de la justificación, y la explicación del desarrollo histórico y temporal de la ciencia, aludida como contexto o lógica del descubrimiento. Pues bien, en la tradición neopositivista que se origina en el Círculo de Viena, la disyuntiva entre el contexto de la justificación y el contexto del descubrimiento llegó a la conclusión de que no era posible la lógica del descubrimiento, siendo ésta cuestionada por muchos filósofos como posibilidad de análisis racional.

Por otra parte, los neopositivistas se centraron en la superación de la pseudociencia, especialmente la metafísica, mediante el análisis lógico del lenguaje; los rasgos exigidos a todo enunciado con pretensiones científicas serían: exactitud, precisión, y formalización (Ayer, 1965). En segundo lugar, se dirigieron a la comprobación y verificación empírica de todas las afirmaciones, tomando únicamente por verdadero y pleno de sentido lo que expresaba un estado de cosas objetivo y podía someterse a observación directa y comprobación mediante experimento. Todo ello dentro de una concepción de la ciencia como empresa acumulativa de extensión y enriquecimiento. El progreso científico, según los positivistas, es un proceso acumulativo, que se produce por la acumulación de pruebas experimentales en torno a la teoría.

La extensa actividad del grupo a principios de los años 30, se vería interrumpida con el ascenso del partido nazi en Alemania, que forzó la emigración de algunos de sus principales representantes, como Feigl o Carnap. El pensamiento positivista se extendería en el mundo anglosajón, convirtiéndose en la tendencia dominante hasta prácticamente los años 50 o 60, en que entrará en declive, al tiempo que surgirán otras Filosofías alternativas de la Ciencia, identificadas con el nombre genérico de Postpositivismo o Nueva Filosofía de la Ciencia.

d) La Nueva Filosofía de la Ciencia

La preocupación de los filósofos positivistas por el problema de la delimitación entre ciencia y no ciencia, sugiriendo algunos criterios de demarcación, había llevado al planteamiento de la naturaleza del conocimiento científico. Los planteamientos positivistas, no obstante, resultaron inaceptables para algunos pensadores que venían desarrollando alternativas desde principios de siglo. Mediado el siglo XX el positivismo entró en crisis, al tiempo que empezó a emerger una «nueva Filosofía de la Ciencia».

En efecto, en la década de los 60 un grupo de filósofos de la ciencia se apartó de las concepciones positivistas, criticando duramente su explicación de la práctica científica y planteando nuevas propuestas. Por esos mismos años, además, aparecerían las influencias de otras corrientes de pensamiento que subrayaban la importancia de lo que hemos denominado la dimensión externa de la ciencia, en contra del internalismo característico del positivismo lógico.

Las principales tendencias fueron las desarrolladas por la llamada Escuela de Francfort, que rompió desde sus comienzos con la tradición positivista, criticando el carácter último y justificador que reciben los hechos. Según sus representantes, la captación de lo empírico no es directa, sino que está mediada por la sociedad en que vive el científico. Las principales correcciones que imponen a la concepción positivista podrían cifrarse resumidamente en dos: (1) no se puede desvincular el contexto de justificación del de descubrimiento; (2) no se puede atender a la lógica de la ciencia, al funcionamiento conceptual, y prescindir del contexto social, político y económico donde se asienta tal ciencia.

Como vimos en el primer capítulo, hubo además dos tendencias que fueron especialmente significativas para la ciencia histórica. Nos referimos a los desarrollos derivados del materialismo dialéctico y de la Escuela francesa de los *Annales*. Los primeros dieron origen a una concepción historiográfica que propone el estudio de las grandes entidades sociales como son los modos de producción, es decir, una concepción metodológica que opera con colectivos. En estrecha relación con la anterior, la Escuela francesa de los *Annales* defendería una visión integral de la historia, abriendo nuevos caminos para la investigación, y convirtiéndose con sus planteamientos en estímulo y fuente de inspiración para historiadores y científicos que buscaron nuevas fórmulas conceptuales y metodológicas.

En general, los nuevos planteamientos aportaron una nueva mentalidad reflexiva sobre la naturaleza y el método de la ciencia, sobre sus condicionantes y progresos, produciendo una profunda crisis de confianza en las tesis positivistas, cuyos supuestos epistemológicos pasaron a ser ampliamente cuestionados. Bajo la denominación de «Nueva Filosofía de la Ciencia» se agrupan, no obstante, una serie de alternativas al positivismo tradicional, que si bien comparten ciertos supuestos, son por lo demás bastante diferentes entre sí. En las próximas líneas presentaremos algunas pinceladas de las propuestas más representativas.

1. Popper: la teoría falsacionista de la ciencia

El cuestionamiento del modelo epistemológico neopositivista, como explicación del progreso científico por acumulación de pruebas experimentales en torno a la teoría, provino inicialmente del seno del propio modelo positivista, con una propuesta de rectificación por parte de Karl Popper, conocida con el nombre de «Positivismo crítico» o «Falsacionismo». En su obra *La lógica de la investigación científica* (1935), Popper cuestionó la objetividad del positivismo, insistiendo en la naturaleza interpretativa de todo conocimiento. En sus estudios, evalúa los métodos a través de los cuales avanza la ciencia, postula el empleo del método hipotético-deductivo frente a la mera y simple inducción, y de la metodología de falsación de hipótesis frente al anterior planteamiento verificacionista.

Según Popper, el desarrollo de la ciencia exigía superar la etapa puramente inductiva de confirmación de hipótesis mediante la verificación experimental, establecida como criterio en el neopositivismo, proponiendo un criterio alternativo basado en la falsación de hipótesis. El progreso científico consistiría propiamente en la falsación de teorías. Propone así un nuevo criterio de demarcación entre ciencia y no ciencia: la «falsabilidad». Según este criterio, si una teoría no puede ser falsada sería una teoría pseudocientífica. Según Popper (1963), el conocimiento científico debe cumplir dos condiciones: (1) ser formulado de modo que sea falsable, es decir, que pueda demostrarse empíricamente su falsedad, y (2) que pueda ser valorado intersubjetivamente. Unicamente así podrá llegarse a la objetividad científica.

El principio de falsabilidad propuesto por Popper como criterio de aceptación o rechazo de una teoría, supone que las hipótesis que se formulen, en último término han de permitir una contrastación empírica de sus consecuencias, y si en un solo caso no se verifican los resultados predichos, la teoría queda falsada, lo cual pone de relieve la provisionalidad de toda teoría científica. Frente a los requisitos del neopositivismo estricto, inductivista, operacionista y verificacionista, la incorporación de la alternativa falsacionista venía a minar la concepción optimista ilusoria del desarrollo acumulativo de la ciencia, al abogar por el abandono de cualquier teoría en el momento en que un solo hecho falsee la predicción teórica, en cuyo caso no sólo quedaría falsada una teoría particular, sino también todo el conjunto del sistema teórico.

Por otra parte, basándose en la distinción de Reichenbach (1938) de los dos niveles de la actividad científica, el contexto de descubrimiento y el contexto de justificación, Popper afirma que el primero incluye términos teóricos, entidades no observables y modelos; es decir, proposiciones que pueden ser fruto de las ideas de los científicos, de sus conjeturas e imaginaciones creativas. Admite pues, proposiciones generales en la ciencia, pero sólo en la medida en que pueden proporcionar estímulos externos que permitan a los científicos falsar sus teorías: ellas mismas no son falsables y no pueden integrar el cuerpo esencial de la ciencia. El nivel de descubrimiento científico no desempeña pues una influencia real en las características esenciales de la ciencia, las cuales están incluidas en el contexto de justificación. Según Popper, la naturaleza no es una cadena de

eventos sólidamente soldados, sino que tienen niveles de inde-
terminación. En las ciencias naturales no se dan verdades
absolutas, sino sistemas interpretativos que pueden ser sometidos a revisión. La ciencia es así una hipótesis revisable que ha
de ser sometida a una crítica continua.

El modelo positivista de la ciencia propuesto por Popper fue
puesto en entredicho por una nueva generación de filósofos de
la ciencia, entre los que se encontraban nombres como los de
Kuhn, Feyerabend, Toulmin, Lakatos, Laudan, Bachelar, etc.,
que buscaron otros criterios. Distintos autores (Polanyi, 1958;
Strawson, 1959; Kuhn, 1962; Scheffler, 1967; Rappard, 1979;
Suppe, 1979) contribuyeron a elaborar un nuevo concepto de
ciencia en el que se insistía en su carácter de actividad
indisociable de factores personales estrictamente subjetivos y
de componentes sociales e históricos, además de los propiamente internos teóricos y metodológicos. Con ello derribaron
el mito de la supuesta objetividad de la ciencia, poniendo fin a
la hegemonía de la concepción positivista.

2. Toulmin: La teoría evolutiva de la ciencia

Toulmin (1953, 1964, 1972) concibe la ciencia como un
conjunto de conceptos que cambian a lo largo del tiempo. Para
explicar este cambio toma como modelo la teoría de la evolución de Darwin, proponiendo que los conceptos evolucionan de
modo similar a como lo hacen las especies animales. Desde este
punto de vista los tres conceptos centrales en la teoría de la
evolución (variación, selección y adaptación) pueden aplicarse
a la explicación del cambio científico (Leahey, 1980, 1998). Con
los conceptos, en suma, pasa algo parecido a lo que ocurre en
la evolución filogenética: se adaptan a las demandas de la
comunidad científica, y a medida que éstas van cambiando, los
viejos conceptos van siendo reemplazados por otros nuevos.

Toulmin parte de la base de que la ciencia está constituida
por un racimo de conceptos iniciales. Mediante el análisis
racional y la contrastación empírica, los científicos realizan

una selección, a través de la cual los conceptos útiles o provechosos son conservados, mientras que los inútiles son abandonados. Cuando se propone un concepto nuevo, se proponen variantes del mismo que son sometidas a evaluación empírica y racional, conservándose una o algunas de ellas, y abandonándose el resto.

Los conceptos evolucionan a lo largo del tiempo igual que lo hacen las especies. Los variantes compiten entre sí para ser aceptados por la comunidad científica. Aquéllos que lo consiguen son seleccionados por la comunidad, para ser conservados en la ciencia y transmitidos a la siguiente generación de científicos. El proceso de variación, selección, y conservación, es constante y jamás concluye. Así pues, Toulmin explica el progreso científico como un cambio gradual y continuo. Sin embargo, no es así, como veremos a continuación, como conciben el cambio científico otros filósofos de la ciencia.

3. Kuhn: La teoría de las revoluciones paradigmáticas

Con su libro *La Estructura de las Revoluciones Científicas*, publicado en 1962, Thomas Kuhn rebatía la mayor parte de las tesis positivistas, considerándolas como ahistóricas y ajenas a lo que es realmente la ciencia. Su obra tal vez sea la más representativa de la mentalidad postpositivista.

Kuhn replantea los supuestos de la tradición positivista, incluyendo el falsacionismo de Popper, considerando que en los procesos científicos intervienen tanto factores teóricos como sociales e ideológicos. Plantea la ciencia como una actividad que no está determinada exclusivamente por factores internos, sino también externos. La evolución científica se produce como consecuencia de la lógica interna del conocimiento racional, pero también intervienen factores personales y sociales que estimulan y condicionan su progreso.

Introduce el concepto de *paradigma* para explicar los cambios científicos, considerando que éstos se producen como consecuencia de saltos cualitativos o revoluciones en las que intervienen con peso significativo los factores políticos y sociales. Paradigma, tal y como lo entiende Kuhn (1962, 1970, 1977) no es más que *«un modelo o patrón de investigación científica que, basado en una o más realizaciones del pasado, es asumido y compartido por una comunidad ceintífica particular para su práctica posterior, tras imponerse a otros paradigmas rivales»*. Su función sería definir los problemas y los métodos de investigación, incluyendo leyes, teorías, ámbitos de aplicación e instrumentación.

El cambio científico sería el resultado de un proceso revolucionario que se desarrolla en distintas fases: ausencia de ciencia, ciencia normal, anomalía, crisis, revolución y cambio de paradigma, y nuevamente ciencia normal. En este sentido considera que la ciencia no se desarrolla mediante la acumulación de descubrimientos, sino mediante una revolución científica en la que un paradigma es reemplazado por otro nuevo e incompatible con el anterior. De este modo, criticaba la concepción acumulativa del progreso científico, proponiendo una visión discontinua de la Historia de la Ciencia. Al mismo tiempo también se oponía al falsacionismo, al considerar que una teoría científica sólo se declara inválida cuando se dispone de otro candidato para ocupar su lugar, y nunca es rechazada tan sólo por haber sido falsada empíricamente.

La obra de Kuhn dio origen a otras teorías en las que, al igual que él había hecho con su concepto de paradigma, se proponían distintos conceptos como unidades básicas del conocimiento científico e instrumentos privilegiados para el análisis, explicación y evaluación del progreso y de la actividad científica. La teoría de los programas de investigación de Lakatos, y la teoría de las tradiciones de investigación de Laudan constituyen los ejemplos más representativos.

4. Lakatos: La teoría de los «Programas de investigación»

Lakatos (1968, 1970, 1974, 1978, 1983), propone un análisis de la ciencia centrado en el concepto de programa de investigación. Al igual que Kuhn, consideraba que una teoría nunca se vería refutada por la observación ni por el experimento, sino por otra teoría rival. Ahora bien, según él, los científicos abandonan una teoría por otra en función del mayor contenido empírico de la segunda, caracterizado por el descubrimiento y la corroboración de algunos hechos nuevos y sorprendentes, pero también por su mayor potencial heurístico. Por ello, las teorías no deben ser evaluadas aisladamente en confrontación con la experiencia, sino dentro del programa de investigación en el que se insertan.

Un *programa de investigación* es una serie o conjunto de teorías unidas entre sí por un «centro firme» no falsable empíricamente, constituido por una serie de compromisos compartidos por todos sus defensores. Este centro o núcleo, conformado por postulados e interpretaciones teóricas, proposiciones generales ontológicas y metodológicas que aportan la conceptuación fundamental de una ciencia y orientan la actividad científica, constituye una especie de entramado conceptual o contenido lógico que genera el conjunto de teorías específicas del programa.

El progreso científico se produce, de acuerdo con Lakatos, no por la sustitución de una teoría aislada, sino por una secuencia de teorías organizadas en un programa, de tal suerte que la refutación de una teoría no tiene por qué suponer la eliminación del programa de investigación del que forma parte. Es más, a medida que un programa de investigación va madurando, han de surgir otras teorías nuevas para explicar los fracasos experimentales y hacer nuevas predicciones. La revolución científica consistirá en la substitución de un programa por otro más progresista, un programa que lleve a nuevas predicciones y logros científicos.

En cualquier ciencia pueden coexistir simultáneamente varios programas de investigación distintos, e incluso rivales, y la comparación y evaluación de los mismos habría de resolverse por la vía de la fertilidad y eficacia de sus componentes empíricos y de resolución de problemas. Este sería también el

criterio determinante del progreso científico y del manteni-
miento de las teorías en un programa, o del abandono de un
programa por otro más progresivo.

Los programas de investigación permitirían incluir rasgos
esenciales de la práctica científica, y ofrecer racionalidad al
trabajo científico, lo que significa conceder más importancia a
la lógica del descubrimiento y reducir el papel de los factores
externos. Los factores sociales, institucionales, psicológicos,
etc., influyen ciertamente en la ciencia de modo considerable,
pero al epistemólogo debe preocuparle fundamentalmente la
reconstrucción racional de la Historia de la Ciencia en función
de factores internos; la historia externa sólo es secundaria.

5. Laudan: La teoría de las «Tradiciones de investigación»

Laudan (1977, 1981, 1984) propuso un modelo del progreso
científico bastante similar al de Lakatos, en el que los factores
conceptuales de las teorías constituyen el criterio básico a la
hora de evaluarlas. Cuantos menos problemas conceptuales
presente una teoría, y cuanto mayores sean sus éxitos empíricos, tanto mayores serán sus posibilidades de triunfo sobre
otras. En la línea de Lakatos enfatiza la importancia de los
factores internos. Frente a los conceptos de paradigma y
programas de investigación propone el de «*tradiciones de investigación*» como clave explicativa del cambio científico.

Una *tradición de investigación* es «*un conjunto de supuestos
generales sobre las entidades y procesos de un ámbito de estudio,
y sobre los métodos apropiados que deben usarse para investigar
los problemas y construir las teorías dentro de ese dominio*»
(Laudan, 1977). Es, pues, una entidad que incluye una familia
de teorías, algunas de ellas incluso antagónicas entre sí, que no
obstante coinciden en una serie de compromisos básicos.

Las teorías que forman parte de una misma tradición de
investigación comparten una serie de asunciones filosóficas y
metodológicas, que determinan la dirección en la que irá la

investigación y la teorización, mostrando qué tipos de rutas de investigación deben seguirse y cuáles deben evitarse. Esos supuestos comunes no suelen estar formulados de un modo explícito, y tan sólo logran desvelarse después de un minucioso análisis filosófico. En cualquier caso, pueden ir sufriendo modificaciones a medida que vaya desarrollándose una tradición.

Las funciones de estas tradiciones son básicamente cuatro: (1) señalar los supuestos no sujetos a discusión, y por tanto fundamentales; (2) identificar las partes de una teoría que está en dificultades; (3) poner a prueba las teorías mediante reglas determinadas; y (4) explicitar los problemas conceptuales que tienen las teorías desde el punto de vista epistemológico. Su tarea esencial, con todo, es proporcionar herramientas decisivas en la resolución de problemas, con lo que se abandona la problemática en torno a la verdad o falsedad como tarea científica. Lo esencial es evaluar las teorías y explicar los fundamentos de esa evaluación.

Una tradición de investigación progresa, cuando a través del tiempo aumentan al máximo las explicaciones de los problemas empíricos y se reducen al mínimo los problemas conceptuales y las anomalías. Además, existe una racionalidad general y una serie de parámetros específicos propios de un momento y una cultura. Ahora bien, al final, siempre será la comunidad científica la que impone qué y con qué criterios se asumen y solucionan los problemas.

Laudan sostiene además que la mayoría de las personas con una cierta formación científica tienen una serie de creencias normativas, que él llama intuiciones preanalíticas sobre la racionalidad científica, como por ejemplo las siguientes: «*en el año 1800 era racional aceptar la mecánica newtoniana y rechazar la mecánica aristotélica; en 1890 era racional rechazar la idea de que el calor era un fluido; después de 1830 era irracional aceptar la cronología bíblica como un informe de la historia de la tierra, etc.* (véase Estany, 1993, p. 60). La Filosofía de la Ciencia ejerce tanto una función descriptiva como normativa con respecto a su objeto de análisis, que es la ciencia, y las aportaciones de Laudan al análisis y evaluación de la historia y la filosofía de la ciencia podrían considerarse, en este sentido, como propuestas de tipo normativo.

En resumen, las aportaciones y planteamientos de la Nueva Filosofía de la Ciencia han influido conjuntamente en la Historia de la Ciencia y en la Historia de la Psicología, aumentando el interés de los historiadores por incluir en su reconstrucción histórica el marco en el que los científicos desarrollan su actividad. En general, frente a la preocupación exclusiva por los aspectos intelectuales han cobrado mayor relevancia los aspectos externos, institucionales, sociales, profesionales y tecnológicos, cuya importancia ha venido siendo resaltada en las últimas décadas.

Por nuestra parte, entendemos que cualquier reconstrucción histórica que satisfaga los requisitos de explicación comprensiva del pasado de una disciplina científica como la Psicología, no puede circunscribirse a los factores internos. En la medida en que los objetivos y estrategias de actuación del científico están siempre mediados por factores externos, la Historia de la Ciencia deberá plantearse la reconstrucción del contexto situacional en el que las ideas y el propio científico se inscriben, reflejando en él las distintas mediaciones que operan sobre su trabajo.

Las diversas teorías sobre el conocimiento científico constituyen referentes en la explicación del progreso histórico de la ciencia, que pueden ayudar a reconstruir la Historia de la Psicología y de la ciencia en general. El historiador de la Psicología ha de elaborar un marco teórico que guíe su investigación histórica y su trabajo historiográfico. En este marco se refleja el sistema cultural y de valores en el que el historiador está inmerso, y el conjunto de ideas, motivos y objetivos que guían su trabajo. Desde estas premisas es desde donde puede comprenderse la necesidad que tiene el historiador de la Psicología de recurrir, como tal, a la Epistemología y de contextualizar su historia en el marco general de la Historia de la Ciencia. Retomaremos esta cuestión en el próximo capítulo.

2. PSICOLOGÍA E HISTORIA

Volvamos ahora sobre la pregunta original con la que empezamos este capítulo y planteémosla de nuevo: ¿qué es la Psicología? Clarificada su naturaleza científica, y nuestra propia concepción de la ciencia, no debiéramos llamarnos a engaño pensando en una definición aséptica y unitaria de ciencia psicológica. Por el contrario, nos identificamos con una noción histórica y social de ciencia, que sólo en unas coordenadas espaciales y temporales concretas adquiere sentido y significación.

Por otra parte, aunque un rasgo característico de la Psicología actual es su autoconsideración como ciencia y su naturaleza científica no suele cuestionarse, existen ciertamente muchas matizaciones a realizar acerca de su unidad científica (véase, por ej. Altman, 1987; Mayor y Pérez, 1989). La disgregación y la falta de consenso parecen haber sido, por lo demás, características permanentes a lo largo de su historia.

Teniendo en cuenta las dos dimensiones del saber que hemos venido destacando hasta el momento, la Psicología parecería revelarse como una disciplina científica, sólidamente organizada desde el punto de vista sociocultural aunque ambigua desde el punto de vista intelectual. Para enfrentarse a semejante ambigüedad Epistemología e Historia también se han aliado frecuentemente en un esfuerzo común de integración, capaz de desvelar un qué y un cómo unitarios en el estudio psicológico.

El análisis epistemológico, es decir, la reflexión sobre los fundamentos en los que descansa la pretensión de los psicólogos de generar conocimiento, contribuye a descubrir nexos comunes en el quehacer psicológico por encima de conceptuaciones y tendencias. El análisis histórico, es decir, la reflexión sobre la evolución temporal de dichos esfuerzos y sus condicionantes históricos, puede ayudar a descubrir puntos de inflexión, a encontrar razones y claves explicativas, y a integrar la diversidad en un patrón coherente y significativo. En este apartado queremos recoger algunos de los resultados más significativos de este análisis histórico y epistemológico.

2.1. El concepto de Psicología

Parece evidente que una adecuada caracterización de la Psicología no sería posible sino contemplando distintas dimensiones y niveles de análisis. En una primera aproximación podemos considerar, a la luz de lo expuesto hasta este momento, que cualquier análisis de la Psicología debiera contemplar tres facetas complementarias, que aluden a su triple condición de ciencia, tecnología y profesión.

Como científicos, los psicólogos plantean investigaciones con las que tratan de resolver problemas empíricos. Construyen teorías que luego someten a comprobación experimental. Tratan, en definitiva, de encontrar un orden en el pensamiento, los sentimientos, la conducta, los deseos y motivos humanos, etc., y se esfuerzan por hacer de dicho orden algo público y colectivo, para lo cual exponen sus ideas en reuniones científicas, revistas especializadas, libros y demás publicaciones, de forma sistemática y abiertas a la revisión crítica.

Paralelamente, los psicólogos plantean investigaciones con las que tratan de resolver problemas prácticos. Como tecnólogos diseñan instrumentos, aparatos y demás artefactos, en respuesta a exigencias comunitarias, y en un esfuerzo por satisfacer ciertas necesidades y problemas sociales, guiados por el criterio de utilidad. Ofrecen o hacen un uso sistemático del conocimiento psicológico con el objetivo de su aplicación a la industria, y desarrollan una investigación tecnológica institucionalizada en base a los descubrimientos teóricos de la investigación científica y a los procedimientos metodológicos de la Psicología.

En tercer lugar, como profesionales, los psicólogos prestan servicios especializados con una contraprestación económica. Ocupan un puesto en el mercado laboral, realizando un trabajo remunerado con el que también atienden a demandas sociales, sujeto a las leyes y fluctuaciones económicas y políticas. Ejercen la ciencia psicológica, cultivan y utilizan la disciplina con ánimo de lucro, y desarrollan en base a ella, y desde sus preceptos, una actividad productiva que opera sobre demanda.

Más allá de sus interrelaciones e influencias recíprocas, nexos de unión y puntos de confluencia, cada una de estas facetas constituye una línea de desarrollo en cierto modo autónoma, que debiera conjugarse con las otras dos en toda reconstrucción histórica del devenir temporal de la Psicología. Por otra parte, también es cierto que las tres líneas han evolucionado conjuntamente, en estrecha interacción, confiriendo a la Psicología una identidad propia que nos permite caracterizarla como un ámbito diferenciado del saber. Aunque los aspectos profesionales y tecnológicos han sido tradicionalmente olvidados en las historias clásicas realizadas bajo la influencia de la concepciones positivistas de la ciencia, pensamos que la Historia de la Psicología debiera aspirar a incluirlas en una concepción integral de la Psicología como ciencia diferenciada.

Por otra parte, insistimos en que el concepto de ciencia evoluciona a lo largo de dos grandes dimensiones o líneas de desarrollo: una interna, y otra externa. La primera, centrada en el saber o en el conocimiento propiamente dicho, guarda relación con los aspectos puramente intelectuales y académicos de la ciencia. La segunda, centrada en la organización del saber o del conocimiento, hace referencia a los aspectos sociales, institucionales, organizativos y laborales. Por esta razón, cualquier acercamiento a la Psicología debiera contemplarla desde esta doble perspectiva: en un sentido sociocultural y en un sentido teórico y académico. Ambas dimensiones debieran quedar reflejadas, igualmente, en una historia integral de la Psicología.

Partiendo de esta doble caracterización, algunos autores se han esforzado en ver y comprender la Psicología como una disciplina unitaria y coherente, algo que como pretendemos mostrar en las próximas líneas no parece haber sido una tarea sencilla. Giorgi (1992), por ejemplo, con muchas de cuyas tesis nos sentimos identificados, considera que el *statu quo* actual de la Psicología como disciplina en el mejor de los casos sería ambiguo y en el peor de ellos caótico. Cuando habla de disciplina no lo hace en el sentido sociocultural, ya que él mismo reconoce que la Psicología está bien institucionalizada y organizada, como la mayor parte de las disciplinas intelectuales, sino en el sentido teórico y académico, queriendo indicar con ello que el significado preciso de la Psicología y su lugar entre las demás ciencias es algo que aún está por determinar de forma clara. El autor se refiere, en otras palabras, a la ausencia de un objeto de estudio y un método de investigación consensuados para toda la Psicología, y aceptables para la mayoría de los psicólogos. Presentaremos a continuación algunos de los argumentos más significativos en torno a la disgregación y posible congregación de la Psicología moderna.

a) La disgregación de la Psicología

En general, aunque un rasgo característico de la Psicología actual es su autoconsideración como ciencia, existen ciertamente muchas matizaciones a realizar acerca de su *statu quo* y su unidad científica. De hecho, la situación epistemológica de la Psicología contemporánea ha sido objeto de reflexiones diversas que han subrayado, por ejemplo, su importancia y carácter permanente y actual (véase, p. ej. Giorgi, 1985, p. 48; Muller, 1979; Gilgen, 1987, p. 179; Yela, 1987, p. 241; Kendler, 1987; o los artículos de Altman, 1987; Bevan, 1991; Bowler, 1993; Fowler, 1990; Kendler, 1981; Kimble, 1989, 1990, 1994, Kimble y Schlesinger, 1985; Koch, 1981, 1992, 1993; Royce, 1982; Rychlak, 1993; Schneider, 1990; Spence, 1987; Staats, 1981, 1991).

Algunos trabajos (véase, por ej., Staats y Mos, 1987) coinciden en que la diversidad es un rasgo característico de la Psicología, y distintos autores llegan a interpretarla como un síntoma de inmadurez, subrayando la necesidad del análisis teórico para reorganizar todo el material producido y disperso. Por nuestra parte, con fines expositivos, sugerimos estructurar algunos resultados de dicho análisis en cinco dimensiones, relativas a diferentes debates internos en el seno de la comunidad de psicólogos. Estas harían referencia a las siguientes confrontaciones: (1) ciencia *versus* no-ciencia; (2) ciencia *versus* profesión; (3) ciencia experimental *versus* ciencia correlacional; (4) las luchas intestinas entre escuelas con pretensión de representatividad y monopolio científico; y (5) las derivadas de la diversidad cultural entre tradiciones de investigación.

La primera de estas dimensiones sintomáticas de un debate interno en la Psicología contemporánea, concierne específicamente a la Psicología académica y hace referencia a la distinción entre lo que se da en llamar Psicología «científica» y lo que tiende a considerarse como Psicología «no científica». Por Psicología científica se entiende toda aquélla que, más allá de diferencias de puntos de vista o de escuelas, e independientemente de la especialidad, cumple una serie de requisitos fundamentales de conceptuación teórica y procedimiento metodológico, ajustándose a los cánones de cientificidad sancionados mayoritariamente por la comunidad de psicólogos académicos y profesionales. Por Psicología no científica, en cambio, tiende a considerarse toda aquélla que en su formulaciones o modos de hacer se aparta de aquellas prescripciones.

La primera tiende a ejemplificarse con mayor claridad en la Psicología experimental o fisiológica y en la Psicología del comportamiento, mientras que la no científica se ha identificado, por ejemplo, con la Psicología de orientación psicodinámica, con la Psicología humanista, la Psicología filosófica o la Psicología popular (véase entre otros, Rosenzweig, 1992; Kimble, 1984, 1989, 1990; Kendler, 1987; Fraisse, 1987; Bowler, 1993). Mientras que la primera, buscando un enfoque científico-natural, en tanto que Psicología experimental, se reconoce una ciencia nomotética fundamentada fisiológicamente, la Psicología no científica se basa más bien en constructos experienciales, no fisiológicos y en el reconocimiento del papel central del individuo en el discurso psicológico. Mientras que aquélla articula la investigación en Psicología sobre el experimento objetivo, la segunda focaliza el énfasis de la investigación en la interacción entre el experimentador específico y la persona particular que le complementa en la situación experimental.

Si la separación entre ambas Psicologías es un hecho, también lo es la intromisión de otras pseudopsicologías, que aunque no lo sean en un sentido estricto, contaminan el sentido de identidad disciplinar de la Psicología actual. Su unificación está descartada, habiendo sido considerada como algo irreal e ilusorio, así como una de las causas de la dispersión y fragmentación de la Psicología actual. A este respecto, Eysenck (1972, 1987) ha combatido con dureza las pseudociencias, expresando su convencimiento de que la Psicología acabará por deshacerse de parásitos teóricos pseudocientíficos como el psicoanálisis, la hermenéutica o el existencialismo, del mismo modo que la química o la astronomía lo consiguieron con respecto a la alquimia y la astrología.

El segundo de los aspectos o dimensiones que parecen reflejar una situación cuanto menos anómala en la Psicología contemporánea, reside en la confrontación de intereses entre los psicólogos científicos y los profesionales (Altman, 1987, Schneider, 1990, Fowler, 1990, Bowler, 1993). Los científicos, como depositarios del saber psicológico, se sienten en la obligación de promover su aplicación social; los profesionales, encargados de su aplicación a las necesidades y demandas sociales, se quejan de la falta de consenso y unidad de los científicos, acusándoles de perder el contacto con la realidad, de alejarse de los problemas prácticos, y de dedicarse a investigar cuestiones triviales e irrelevantes que en muchas ocasiones no sirven para nada. Este conflicto parece reflejar, en última instancia, la falta de integración, en este caso de articulación, entre los productores del conocimiento psicológico y los que diariamente lo ponen en práctica.

Lejos de ser óptimas, las relaciones actuales entre psicólogos académicos y profesionales siguen siendo conflictivas e inestables, a la vez que son escasos y difíciles los vínculos y contactos entre asociaciones científicas y colegios profesionales (véase, p. ej. Leahey, 1992). Aunque hoy por hoy la necesidad de cooperación e intercambio mutuo de experiencias e ideas se sigue sintiendo con fuerza en ambos colectivos, las reivindicaciones y deseos de unos y de otros parecen más bien incompatibles.

Una tercer aspecto crítico, también centrado en la Psicología científica, remite a la escisión entre dos corrientes psicológicas que se definen por su método: la Psicología experimental y la Psicología correlacional (Kimble, 1994; Cronbach, 1957). Casi desde sus inicios la Psicología desarrolló dos líneas metodológicas diferentes: una para el estudio de lo general y otra para el estudio de las diferencias individuales. De este modo se originaron dos tradiciones que han acompañado a la Psicología a lo largo de su evolución histórica y siguen coexistiendo en el seno de la Psicología actual.

En cuarto lugar, un nuevo foco de tensiones y discrepancias dentro de la Psicología moderna remite a la existencia de diferentes conceptuaciones y tradiciones de investigación asociadas a diferentes ámbitos geográficos y áreas de influencia lingüística y cultural. En este sentido, aunque el ideal de una ciencia universal y sin fronteras pueda haber dificultado su reconocimiento, existen tendencias propias, características de cada cultura, que sin duda han existido tanto en la teoría como en la práctica de las diferentes especialidades.

En la nuestra, Th. Ribot ya señalaba a finales del siglo pasado que existían dos grandes formas de entender la Psicología, caracterizadas por rasgos diferenciales: la alemana y la británica. Del mismo modo podríamos hablar de una tradición francesa o de una norteamericana. A finales del siglo XIX, no era extraño que las controversias científicas fueran unidas a pasiones nacionalistas ni que cada país tratara de empujar a un primer plano a sus propios científicos, de tal modo que desde comienzos de siglo resultaba evidente una creciente rivalidad entre la ciencia alemana, la francesa y la inglesa (Ellenberger, 1976). Hasta cierto punto la ciencia ya había perdido entonces el carácter internacional que aún conservaba en el siglo XVIII, y los intentos por crear una nueva ciencia internacional tropezaban cada vez con mayores dificultades debido a su propia expansión y al aumento del número de científicos.

Nuestro propio grupo viene estudiando desde hace años la existencia de tendencias nacionales en la Historia de la Psicología, mediante diversos análisis centrados en los autores más prominentes del campo, los cuales, planteados en términos de generación, nacionalidad y actividad científica, buscan una posible categorización de grupos homogéneos y consistentes de autores frente a otros de diferente nacionalidad (véase, por ej. Tortosa y Quiñones, 1991; Tortosa, Quiñones y Pérez 1992; Tortosa, Pérez y Civera, 1993; Pastor, Pérez y Calatayud, 1999). La pretensión de una Psicología general unitaria tropieza también aquí con el obstáculo de la variedad, en este caso, de Psicologías regionales ligadas a ámbitos geográficos y culturales.

Finalmente, una quinta fuente de debate interno en el seno de la Psicología actual se manifiesta de forma particularmente evidente en la lucha de escuelas, es decir, en la proliferación continuada de conceptuaciones contradictorias que luchan por representar a la Psicología. El resultado ha sido la conciencia de un campo fragmentado y una sensación de crisis de identidad, casi permanente, que ya tiende a hacerse crónica.

Son muchas, en efecto, y muy diversas, las alternativas y opciones teóricas que se han ido generando a lo largo del tiempo acerca del objeto y del método de la Psicología. Algunas de ellas representan posicionamientos opuestos, explícitamente enfrentados y manifiestamente irreconciliables, que invitan al reconocimiento de una pluralidad de concepciones teóricas y metodológicas en el ámbito del saber psicológico. Si la Psicología ha tenido un objeto y un método definido, el modo de enfocarlo y acercarse al mismo ha variado según el contexto geográfico y temporal, al igual que su conceptuación, proliferando puntos de vista distintos y tal vez complementarios sobre una misma realidad. Diversos autores han analizado a este respecto el significado histórico de esta diversidad teórica y metodológica, planteándose si existe alguna razón sustancial que la justifique.

Algunos consideran que la diversidad va implícita en la propia naturaleza de la Psicología, por lo que su estatuto científico es incierto. Así, por ejemplo, Koch considera que la fragmentación de la Psicología es una constante en todas las épocas y está presente desde los orígenes mismos de la Psicología, ya que ésta por naturaleza es un saber fragmentario (Koch, 1961, 1992, 1993). Según el autor, la unificación teórica de la Psicología y, con ello, el reconocimiento de la Psicología como ciencia, es imposible, aunque no niega que puedan existir estudios científicos. Por ello considera que más que hablar de Psicología tendríamos que hablar de estudios psicológicos.

En esta misma línea, otros autores han destacado la naturaleza histórica de la Psicología, como un saber que ha evolucionado acomodándose a lo largo del tiempo, más que en función de la propia lógica de su desarrollo interno (Bevan, 1991; Robinson, 1976, 1985, 1993). Otros, en cambio, defienden la posibilidad de una Psicología científica unificada, en base a distintas fórmulas que pasamos a considerar a continuación.

b) La congregación de la Psicología

Algunos autores dejan abierta la posibilidad de una Psicología unitaria, interpretando la fragmentación actual como una mera cuestión de inmadurez (Giorgi, 1985; Staats, 1981, 1983, 1987a, 1987b, 1991, 1993). Entre ellos, Staats, por ejemplo, defiende la integración de las diversas teorías en una concepción filosófica o paradigmática genuina, en una metateoría capaz de superar la diversidad. Según el autor la dispersión y fragmentación teórica podría reducirse promoviendo la integración de los nuevos trabajos en los ya existentes y la socialización del conocimiento, frente a la tendencia usual a promover la originalidad y el individualismo, y construyendo una Filosofía de la Ciencia propia, que sirviera para tratar con la Psicología misma. La desunión terminológica, metodológica y teórica de la Psicología es, en su opinión, una muestra evidente de su inmadurez, lo que hace inviable la aplicación sin más de las categorías filosóficas e historiográficas de las ciencias maduras para comprender su estado fragmentario.

Los análisis sobre la crisis epistemológica de la Psicología y la superación de la diversidad, se tornan especialmente interesantes con el reconocimiento de la naturaleza filosófica de la Psicología y de la naturaleza científica de la Filosofía. A este nivel de reflexión pertenecen las argumentaciones de diversos autores (véanse, entre otros, Koch, 1981; Miller, 1985; Royce, 1982), para quienes el problema constitutivo de la Psicología es el de ser una ciencia de la conciencia, lo que implica que antes de nada hemos de definir qué es el ser humano en tanto que sujeto capaz de conciencia o ser cognoscente. Únicamente la reformulación de nuestra idea de hombre, y no la sofisticación de nuestras herramientas de investigación, podrá acercarnos, según ellos, a la posibilidad de una Psicología unificada por la vía de la reflexión filosófica.

En esta misma línea, Koch (1981) afirma que la Psicología ni es conceptualmente independiente de la Filosofía, ni es una ciencia, basándose para ello en la peculiaridad del objeto de estudio del psicólogo, por definición invisible, intangible e inapresable. Defiende Koch que el psicólogo tiene que trivializar su objeto para poder adscribirlo a un simple esquema científico, con lo que o hace ciencia de trivialidades o hace Filosofía de problemas psicológicos profundos.

Para Amedeo Giorgi (1992) la articulación de la Psicología como una disciplina coherente también es posible. El autor considera que podría llegarse a un acuerdo general acerca de su significado partiendo de la reflexión teórica o conceptual. Según él «*la falta de unidad en Psicología se manifiesta de varias maneras, pero puede verse más claramente en términos de dos problemas: (1) cómo encontrar una perspectiva teórica unificada para todo el campo más que unidades menores (conductismo, psicoanálisis, gestalt, etc.), y (2) cómo establecer relaciones significativas entre distintos subcampos (entre psicofísica y psicoterapia o entre Psicología fisiológica y Psicología social). Estas dificultades apuntan a la falta de una perspectiva central comprehensiva que pueda clarificar el significado de la Psicología como tal, que a su vez proporcione la base para unificar subcampos aparentemente dispersos»* (Giorgi, 1992, p. 49)».

Para Giorgi el problema se solucionaría unificando en un mismo objeto de la Psicología experiencia subjetiva y conducta manifiesta, ya que en su opinión, lo psicológico es principalmente un fenómeno relacional entre lo biológico y lo anímico. En este sentido lo considera como algo diferenciado de lo sustancial biológico y de lo sustancial ideológico y, por lo tanto, diferenciado de las aproximaciones tanto científico-naturales como filosóficas. En una línea similar de argumentación, Rychlak (1993) defendió la posibilidad de integración buscando el equilibrio y compromiso teórico entre los distintos aspectos que conciernen a la Psicología, a saber, *Physikos, Bios, Socius* y *Logos,* considerándolos como dimensiones complementarias más que como excluyentes de una misma realidad.

Nuestra posición, como veremos, no se aleja demasiado de estos planteamientos, aunque conscientes del malestar que esta «crisis de identidad» ha generado, querríamos interpretar la dispersión en términos positivos, como un síntoma de desarrollo en el marco de un proceso evolutivo y temporal de aproximación, gestación, crecimiento y maduración disciplinar, a lo largo de los últimos ciento cincuenta años. La lucha de principios, transformada después en lucha de escuelas, queda relativizada a la luz de móviles personales, institucionales y sociales, como el deseo de prioridad científica, de singularidad, o la necesidad de reconocimiento y aceptación social, amén de las diferencias culturales y lingüísticas.

Podríamos aceptar, si fuera necesario, que la nuestra es una disciplina conceptualmente indisciplinada e inmadura, pero pensamos que la Psicología tiene clara su esencia y su razón de ser, aunque en ocasiones pueda renegar en cierta medida de su pasado y de su dimensión filosófica, dudar de su relevancia y utilidad, o sentirse poco preparada para una gestión plural y democrática en que opciones minoritarias puedan desarrollar programas y propuestas teóricas y metodológicas concretas que rivalicen entre sí, al no haber sabido definir, consensuar y asumir claramente las reglas del juego.

Por lo demás, las distintas alternativas y opciones acerca del objeto y del método de la Psicología se han ido generando a lo largo del tiempo. Los modos de enfocarlo y acercarse al mismo han variado también en función del contexto geográfico y temporal, incluso dentro de una misma propuesta. El objeto y el método de la Psicología, como el de cualquier ciencia, se revelan así como realidades dinámicas y como productos históricos, que sólo en la historia y desde la historia adquiere su verdadero significado y puede ser conceptuado. Planteado hasta el momento un análisis sincrónico de la diversidad, el objetivo de las próximas líneas será hacer lo propio desde el punto de vista diacrónico. Planteamos, pues, una caracterización de lo psicológico desde el punto de vista temporal.

2.2. Ciencia, Historia y Psicología

Existe un acuerdo generalizado entre los historiadores de la Psicología en reconocer en el último tercio del siglo XIX, coincidiendo con la creación del primer instituto de Psicología experimental en la Universidad alemana de Leipzig, el momento fundacional de la ciencia psicológica. En su revisión del siglo de existencia de la Psicología científica, Koch (1992) analiza algunos aspectos de la institucionalización de la Psicología, comparando la creación de Wundt en su año cero y en su año cien de existencia.

El autor comienza señalando lo raro que resulta que los seguidores de un área de investigación o actividad creativa tengan la imagen de que ésta haya sido fundada en una fecha determinada, observando que nadie celebra, por ejemplo, la fundación de la Filosofía o Física por Tales de Mileto, ni de la Historia por Herodoto, ni de la pintura o de la literatura o de cualquiera de las actividades hoy en día institucionalizadas, en ningún taller ni momento concreto; sus orígenes más bien se pierden en el tiempo, remontándose a los orígenes de la historia o a la prehistoria.

Es cierto que en la Historia de la Psicología existe este punto de inflexión que permite distinguir entre un antes y un después. Con él se separan dos modos de hacer y entender la Psicología: uno basado en la reflexión, indagación y especulación filosófica, y otro basado en la observación, cuantificación e investigación experimental. Por esta razón se habla en la historiografía de la Psicología «nueva» o «moderna», y se la identifica con la Psicología «científica». La Psicología se constituye además como especialidad académica y se institucionaliza en el marco universitario. Por esta razón también se habla en la historiografía de «nacimiento» o «fundación» de la Psicología como disciplina autónoma. Pero por esta misma razón no habría que ignorar ni obviar el pasado filosófico de la Psicología, sino más bien reconocer que lo que hacemos no es sino adoptar un criterio convencional con el que distinguir dos periodos diferenciados en la Historia de la Psicología, que podríamos caracterizar como periodo clásico y periodo moderno.

De hecho, podríamos ampliar la perspectiva histórica, y más allá de la Psicología científica, remontarnos en el tiempo hasta el origen de los planteamientos psicológicos en la historia del pensamiento occidental. Además podríamos enmarcar las ideas psicológicas en el contexto general del pensamiento y de las ideas filosóficas. Semejante análisis en perspectiva, ha sido realizado por autores como Carpintero (1978, 1983, 1996a), quien reconstruye el desarrollo histórico de la Psicología distinguiendo una serie de etapas sucesivas caracterizadas por objetos de estudio diferentes: el alma, la mente, la conducta, y la conciencia y la conducta. Las diferencias no sólo hacen referencia al contenido, sino también, como es lógico, al método de investigación.

Análisis de este tipo permiten efectivamente distinguir periodos diferenciados en la Historia de la Psicología, en los que los componentes intelectuales de la investigación psicológica han ido cambiando. Pero también permiten mostrar, al mismo tiempo, que dichos cambios se integran armónicamente en los movimientos generales y corrientes de ideas, que son producto de los tiempos, fruto de la evolución del pensamiento filosófico, y reflejo de las grandes concepciones del hombre y del mundo imperantes en diversos momentos de la historia.

Desde este punto de vista nos parece que tiene sentido, y que no sólo resultaría lógico sino también saludable, el establecimiento de puntos de inflexión que articularan la Historia de la Psicología. La sorpresa de Koch ante el reconocimiento del momento fundacional de la Psicología moderna por parte de los propios psicólogos, resultaría en cierto modo injustificada y hasta cierto punto absurda, si adoptamos este enfoque y pensamos que la reconstrucción histórica requiere previamente de la búsqueda y selección de eventos memorables y sucesos relevantes, que ubicados en un tiempo y lugar determinados, sirvan de indicadores y señalen puntos de llegada y de partida del pensamiento y las ideas en un determinado ámbito del saber.

De este modo, podríamos pensar que la mencionada distinción entre Psicología clásica y Psicología moderna tendría tanto sentido como la distinción entre Física clásica y moderna o Filosofía clásica y moderna, o incluso entre racionalismo y racionalismo moderno por citar tan sólo un par de ejemplos. La fundación del laboratorio de Psicología experimental de Leipzig sería tan memorable en la Historia de la Psicología, como el descubrimiento de América o la toma de la Bastilla en la historia de las civilizaciones, y algo tan emblemático para los psicólogos como la caída del muro de Berlín para los políticos, la publicación de «*El Origen de las Especies*» de Darwin para los biólogos, o la de los trabajos de Einstein sobre el movimiento browniano, el efecto fotoeléctrico y la electrodinámica de los cuerpos en movimiento para los físicos. En todos estos casos hablamos de fechas determinadas: 1879, 1459, 1789, 1989, 1859, y 1905 respectivamente; en todos los casos hablamos de acontecimientos que marcan un antes y un después, articulando la evolución y desarrollo histórico de cada ámbito.

Koch además no distingue el origen de las ideas (que no va ligado a una fecha concreta sino que efectivamente se pierde en el tiempo) del nacimiento, establecimiento o fundación de un dominio artístico o científico (que siempre tiene un referente cronológico concreto). Por otra parte, cuando se contempla desde la propia perspectiva nadie piensa en su gestación, en la que no participó ni estuvo presente, pero sí que recuerda y celebra con gozo su nacimiento, en el que estuvo presente y del que fue protagonista. Cada aniversario refuerza además el propio sentido de identidad.

En lo que respecta a su origen, al igual que los orígenes del pensamiento filosófico, físico o histórico, los orígenes del psicológico se pierden en el tiempo remontándose a la prehistoria. Es cierto que la Física no la funda Tales, ni la Historia Herodoto, ni la Psicología Platón, pero también es cierto que en ellos encontramos sistematizados por primera vez los conocimientos filosóficos, históricos o psicológicos. En lo que respecta a su fundación, es cierto que la Física o Filosofía, al igual que las artes y oficios, no se constituyeron, no fueron fundados, pero también es cierto que la universidad y los gremios sí que lo fueron, lo que marcó indirectamente su nacimiento como dominio del saber o ámbito de actividad, sin que fuera necesario elegir una fecha simbólica. Los psicólogos, además, participaron activamente en el nacimiento de su especialidad, dándole una denominación y convirtiéndola en Facultad en el sentido universitario, de ahí que celebren su fundación e insistan en el valor simbólico del aniversario como recordatorio de la presencia y participación activa, y como sello de identidad.

En nuestra línea constructiva, pensamos que como el de Koch, muchos libros de revisión del *statu quo* epistemológico de la Psicología, entendidos a veces a modo de reflexión ponderada, ciertamente insatisfecha por lo que se pudo hacer y no se hizo, y por momentos pesimista por lo incierto de su futuro, podrían ser enfocados como aniversario, con la carga implícita de alegría y celebración que conlleva, con satisfacción por los logros conseguidos y optimismo ante un futuro estimulante y siempre esperanzador de una disciplina que, como señala Carpintero, «*es una ciencia en expansión*» y «*No se sabe bien donde están sus límites*» (1996a, p. 21). Justificaremos por ahora las propuestas de articulación en periodos de la Historia de la Psicología, diferenciando a este respecto los dos periodos convencionales a que hemos hecho alusión: el clásico y el moderno.

a) La Psicología clásica

El periodo clásico de la Historia de la Psicología abarca más de veinte siglos, desde la Antigua Grecia hasta el siglo XIX con la investigación experimental de los fenómenos mentales. En este periodo el estudio psicológico se basa en la mera reflexión filosófica. Aunque en ocasiones se fundamente en la observación empírica o se presente sistematizado y abierto a la crítica, mantiene un carácter puramente especulativo y no experimental, identificándose como un dominio específico del saber filosófico. Este periodo suele articularse a su vez en dos etapas diferenciadas en función del objeto característico del estudio psicológico.

La primera etapa, centrada en el estudio del alma, duraría hasta la Modernidad, momento que en nuestro caso suele establecerse en el siglo XVII con el racionalismo cartesiano, aunque también podría situarse en el siglo XVIII con el empirismo británico. Con independencia de las corrientes y tendencias filosóficas representadas por los diferentes autores, el objeto de la investigación psicológica es el alma, entendida como una sustancia e interpretada en un doble sentido: como el principio de la vida, y como el principio del conocimiento racional.

La segunda etapa, identificada con el estudio de la mente, iría desde los orígenes de la Filosofía subjetiva moderna hasta los inicios de la Psicología científica en la segunda mitad del siglo XIX. Aunque existen marcadas diferencias a la hora de conceptuar la mente moderna, la investigación psicológica se centra ahora en la subjetividad humana, tratando justamente de objetivarla mediante el análisis racional del conocimiento o la descripción de la vida mental. Revisaremos cada una de estas etapas, tratando de enmarcarlas en el contexto más general de las corrientes de pensamiento en que se integran.

1. El estudio del alma

En el pensamiento griego, el problema del alma se planteaba de forma muy distinta a como lo plantearíamos en la actualidad. Esta discrepancia de planteamientos se pone de manifiesto con sólo observar que ningún filósofo griego negó la existencia del alma: incluso los materialistas aceptaban su existencia, aún cuando la consideraran compuesta de átomos como el resto de lo real. El problema fundamental para los griegos no es, pues, la existencia del alma, sino su naturaleza (material o no, inmortal o perecedera). Muchos en la actualidad no aceptarían, a buen seguro, este planteamiento. Por lo pronto, hoy es inconcebible que un materialista acepte la existencia del alma. Para el pensamiento moderno el problema primero y fundamental no es la discusión de la naturaleza del alma, sino la cuestión misma de su existencia.

Los filósofos griegos trataron desde el principio de sistematizar, racionalizar y esclarecer el tema del alma, por lo que la especulación acerca de ella ya está presente en el pensamiento mítico y en las creencias religiosas desde la más remota antigüedad.

El concepto del alma en el pensamiento griego, al igual que en nuestra cultura, estaría vinculado a dos tipos de hechos distintos, aunque en cierta medida relacionados entre sí: a la vida, por un lado, y al conocimiento intelectual, por otro. En efecto, si preguntáramos a gente corriente lo que entienden por alma, probablemente obtuviéramos dos tipos de respuestas más o menos imprecisas. Algunos aludirían al hecho de estar vivos, al hecho de la vida: ¿no es, después de todo, lo que abandona el cuerpo al morir?; el alma sería, por tanto, algo así como el «principio de la vida», aquello en virtud de lo cual un ser vivo está vivo. Otros aludirían posiblemente a actividades superiores, exclusivas del ser humano: ¿no es, al fin y al cabo, lo que distingue al hombre del animal? Y como el hombre se distingue del animal por su capacidad de reflexión, por poseer entendimiento, el alma vendría a entenderse como el «principio del conocimiento racional».

Las consecuencias que se derivan de una y otra concepción del alma son evidentes. En primer lugar, si se acepta la primera de estas concepciones (el alma como principio de vida), habrá que añadir que todos los vivientes poseen alma, no sólo los animales, sino también las plantas; si, por el contrario, se adopta la segunda de las concepciones (el alma como principio de conocimiento racional), parecerá razonable afirmar que solamente el hombre posee alma. En segundo lugar, y planteando la cuestión en los términos en que los filósofos griegos la planteaban, supuesta la concepción del alma como principio de vida, es fácil concebir que exista una estrecha conexión entre alma y cuerpo (¿cómo no ha de estar unida el alma al cuerpo si es aquello en virtud de lo cual el cuerpo vive?), pero resulta verdaderamente difícil, si no imposible, encontrar algún sentido a la inmortalidad del alma (¿qué sentido puede tener un alma separada del cuerpo, si su única misión es hacer qué este viva?). Por el contrario, la aceptación de la segunda noción, el alma como principio del conocimiento racional, hace posible plantear la cuestión de su inmortalidad, pero a costa de hacer muy difícil una explicación satisfactoria de la unión del alma con el cuerpo.

Estas dos maneras de entender el alma pueden ser denominadas respectivamente concepción aristotélica y concepción platónica del alma. Para Aristóteles el alma es fundamentalmente el principio de la vida, mientras que para Platón el alma es fundamentalmente el principio del conocimiento intelectual. Es importante, sin embargo, no olvidar que en la Filosofía griega no se dio nunca una separación radical, total, entre ambos modos de considerar el alma. Ni Platón se desentiende de la función vital del alma respecto del cuerpo, ni Aristóteles deja de relacionar la actividad intelectual con el concepto del alma.

Tras el giro antropológico que experimentó el pensamiento griego desde finales del siglo IV a. de C., en el que el hombre, y en particular el tema moral se convirtieron en centro de la reflexión filosófica con escuelas como el epicureísmo y el estoicismo, el concepto de alma recobra fuerza con el Cristianismo, y evoluciona a través de la Edad Media primero bajo el predominio de la Filosofía de inspiración platónica, y a partir del siglo XIII bajo la del aristotelismo, con su principal expresión en el pensamiento filosófico cristiano de Tomás de Aquino.

El siglo XIV fue un periodo histórico de crisis que asistió al desmoronamiento de las estructuras políticas y religiosas del medioevo cristiano, con la desmembración del Imperio y de la Iglesia. En el ámbito de las ideas, también representó el derrumbamiento de las grandes síntesis filosófico-cristianas elaboradas sobre bases griegas, así como la aparición de ideas nuevas cuyo desarrollo llevará, en algunos aspectos, a la Modernidad. Los filósofos del siglo XIV, y especialmente Guillermo de Ockham someterán a crítica las bases mismas de toda la Filosofía anterior, preparando el terreno para la entrada de la Filosofía y la Ciencia modernas. El pensamiento moderno se instituye y se desarrolla, pues, en un abierto enfrentamiento con la cultura y los ideales del medioevo. La reflexión filosófica de la Modernidad subrayará la autonomía de la razón y otorgará un lugar central al hombre y a la subjetividad (Ortega, 1957/1983). Con ello también se introducirán importantes cambios en la investigación psicológica.

2. El estudio de la mente

En la Modernidad, la primera contestación a la concepción radicalmente religiosa del mundo vigente en la Edad Media se produjo con el Humanismo renacentista, con su visión antropocéntrica y naturalista del hombre y del universo. El Humanismo retorna a los grandes filósofos griegos, pero su forma de leerlos e interpretarlos no se pone ya al servicio de la fe religiosa. Los platónicos renacentistas ya no lo son como San Agustín ni los aristotélicos del Renacimiento lo son como lo fuera Tomás de Aquino.

En segundo lugar, junto al Humanismo renacentista y de forma más decisiva que éste, el desarrollo de la ciencia acabó por arruinar los sistemas filosóficos medievales, aportando una nueva imagen, heliocéntrica y mecanicista, del universo. La crítica a la física aristotélica había comenzado ya implacablemente en el siglo XIV con los físicos nominalistas. En el Renacimiento, el descubrimiento de los grandes científicos griegos (especialmente el Pitagorismo y Arquímedes), juntamente con necesidades de tipo técnico-práctico (estudios de balística, etc.), llevaron al abandono de la Física aristotélica y de la imagen geocéntrica del universo, esférico y finito. Copérnico, primero; Galileo y Kepler, después y, por último, Newton, trajeron una nueva ciencia, una nueva metodología científica, en la cual la matematización ocupa un lugar fundamental, cuyo triunfo final tendrá lugar en el siglo XVII, relegando definitivamente unas ideas científicas rudimentarias que habían prevalecido hasta entonces.

En tercer lugar, juntamente con el abandono de la Ciencia y la Filosofía medievales, el pensamiento moderno trajo la afirmación radical de la autonomía de la razón. La razón se constituye en principio supremo, no sometido a ninguna instancia ajena a ella misma (tradición, fe, etc.), desde el cual se fundamenta el conocimiento y se pretende responder a las cuestiones filosóficas supremas acerca del hombre, la sociedad y la historia. Es cierto que el análisis de la razón llevado a cabo en el periodo que va de Descartes (primer filósofo de la Modernidad) a Hegel (creador del último gran sistema especulativo) no lleva a las mismas conclusiones. El concepto de razón, la forma en que ésta se constituye como principio y el alcance de su principialidad, no es igual en el Renacimiento, en el empirismo, en Kant y en el idealismo absoluto de Hegel.

Ahora bien, el hecho de que el pensamiento moderno se presente en todos sus autores y escuelas como un análisis de la razón no debe llevar a la interpretación unilateral de la Filosofía moderna como una Filosofía interesada exclusiva o preferentemente por cuestiones gnoseológicas. Como acabamos de señalar, el análisis de la razón se lleva a cabo en función de fundamentar en ella y desde ella la ciencia y en función de responder, en último término, a las demandas y problemas humanos, sociales e históricos, en busca de una ordenación racional de la vida y la sociedad. Esto, que es patente en todos los movimientos filosóficos modernos, se manifiesta de modo culminante en el siglo XVIII en la Ilustración.

No obstante, suele considerarse que la Filosofía moderna comienza en el siglo XVII con Descartes. Como escribió Hegel, con él entramos en una Filosofía propia e independiente *«que sabe que procede substantivamente de la razón y que la conciencia de sí es un momento esencial de la verdad»* (1977, p. 252). La Filosofía cartesiana inaugura una nueva época, caracterizada por la autonomía absoluta de la Filosofía y de la razón, lo que implica que ésta es el principio y tribunal supremo a quien corresponde juzgar lo verdadero y lo conveniente, tanto en el ámbito del conocimiento teórico como en el de la actividad moral y política, algo que se extenderá a todo el pensamiento moderno. Además, en el racionalismo, en íntima conexión con el triunfo de la ciencia moderna, son las matemáticas las que ejemplifican el ideal de saber que se pretende instaurar.

Con el racionalismo moderno el alma se identifica con el yo pensante, el sujeto consciente; El foco de atención se desplaza entonces a la potencia intelectual del alma: la mente. El sustancialismo permanece, el principialismo deja paso a la subjetividad: el alma ya no se caracteriza como principio de vida o de conocimiento racional, sino como un ámbito o esfera de la realidad autónoma e independiente de la materia, definida por lo subjetivo y consciente y diferenciada del cuerpo.

Descartes distingue, en efecto, tres esferas o ámbitos de la realidad: Dios o sustancia infinita, el yo o sustancia pensante y los cuerpos o sustancia extensa, afirmando la independencia mutua entre la sustancia pensante y la sustancia extensa, que no necesitan la una de la otra para existir. El objetivo último del pensamiento de Descartes al afirmar que alma y cuerpo, pensamiento y extensión, constituyen sustancias distintas, es salvaguardar la autonomía del alma respecto de la materia. La ciencia clásica (cuya concepción de la materia comparte Descartes) imponía una concepción mecanicista y determinista del mundo material, en el cual no queda lugar alguno para la libertad. La libertad y con ella el conjunto de los valores espirituales defendidos por Descartes solamente podía salvaguardarse sustrayendo el alma del mundo de la necesidad mecanicista, y esto, a su vez, exigía situarla como una esfera de la realidad autónoma e independiente de la materia. Esta independencia del alma y el cuerpo es la idea central aportada por el concepto cartesiano de sustancia.

El alma en cualquier caso sigue siendo una sustancia, algo que existe de tal modo que no necesita de ninguna otra cosa para existir, caracterizada por el pensamiento, por la conciencia. La autonomía del alma respecto de la materia, se justifica, por lo demás, en la claridad y distinción con que el entendimiento percibe la independencia de ambas: «*puesto que, por una parte, poseo una idea clara y distinta de mí mismo en tanto que soy una cosa que piensa e inextensa, y, de otra parte, poseo una idea distinta del cuerpo en tanto que es solamente una cosa extensa y que no piensa, es evidente que yo soy distinto de mi cuerpo y que puedo existir sin él.*» (Descartes, 1640, Meditaciones, VI). Descartes escindió así la realidad y los medios para conocerla en dos entidades clara y distintamente diferenciadas, separando al sujeto que conoce de las cosas conocidas, y convirtiendo al sujeto conocedor en un nuevo objeto de estudio y reflexión.

La vertiente empirista, conservando el interés por la interioridad y la subjetividad propios del pensamiento moderno, derivó en su modo de plantear el problema del conocimiento en un psicologicismo, al considerar que el valor de los conocimientos depende de su origen y génesis, y estudiar dicha génesis desde el punto de vista de los procesos y mecanismos de la mente humana, basados en la asociación y combinación de ideas procedentes de la experiencia. Con ello el empirismo moderno centró su investigación no tanto en el sujeto como sustancia pensante cuanto en la vida mental o en los propios mecanismos psicológicos.

Justamente en esta etapa fue cuando apareció por primera vez en los tratados eruditos un nombre para este nuevo ámbito o campo de investigación y reflexión: *Psychologia*. El término fue introducido en 1590 por Goclenius en el título de una obra colectiva: «*Psychologia, hoc est, de hominis perfectione*» (Lapointe, 1970). Esta nueva palabra continuaría evolucionando para seguir integrando diferentes aspectos y manifestaciones de la subjetividad humana, hasta que en el siglo XIX adquirió rango científico al basar sus afirmaciones en observaciones empíricas, formulaciones cuantitativas y resultados experimentales. Con ello se inauguró una nueva forma de hacer y entender la Psicología que marca el inicio de lo que hemos llamado Psicología moderna.

b) La Psicología moderna

El periodo moderno de la Historia de la Psicología se inicia a finales del siglo XIX y llega hasta nuestros días. Su presentación como disciplina científica conllevó una reformulación, tanto conceptual como metodológica. Conceptualmente, la Psicología seguirá indagando en la mente y en la subjetividad, aunque los investigadores alemanes la reformularán como el estudio de la experiencia (*die Erfahrung*) o de la conciencia (no en el sentido moral —*das Gewissen*—, sino cognitivo —*das Bewußtsein*—). Metodológicamente, la Psicología planteará análisis explicativos frente a los análisis meramente descriptivos de los filósofos, basándose para ello en la observación empírica y en procedimientos experimentales de investigación análogos a los de las ciencias naturales, y más específicamente a los de la fisiología experimental. Desde este punto de vista, el inicio de la Psicología moderna viene marcado justamente por la incorporación del método experimental.

También aquí podemos distinguir tres etapas diferenciadas: una primera etapa centrada en la investigación científica de variables subjetivas bajo la denominación común de Experiencia (*Erfahrung*), una segunda centrada en la investigación científica de variables objetivas, bajo la denominación común de Conducta (*Behaviour*), y una tercera en la que la investigación científica versa tanto sobre aspectos subjetivos como objetivos (*Behaviour and Conciousness*). También aquí contemplaremos ambas en su contexto filosófico más amplio. En este sentido su origen y desarrollo va ligado al de la Filosofía contemporánea, si por ésta entendemos, dentro de la imprecisión cronológica propia de las producciones culturales, la que se extiende a lo largo de la segunda mitad del siglo XIX y la primera mitad del XX.

3. El Estudio de la Conciencia

La gestación de la Psicología científica debiera comprenderse como un proceso que transcurre en el marco general de la evolución del pensamiento alemán durante los siglos XVIII y XIX. A lo largo del XVIII la Ilustración se desarrolló como un amplio movimiento intelectual, imponiendo la exigencia de claridad, o mejor de clarificación, en todos los aspectos y dimensiones de la vida humana. Es cierto que toda actitud y reflexión filosóficas, en general, se proponen una clarificación racional de la vida humana y del mundo. Ahora bien, lo característico de la Ilustración consistió en una peculiar manera de entender esa clarificación racional y las cuestiones sometidas a ella. Como actitud y mentalidad racionalista de clarificación, se configuró y repercutió de un modo muy distinto en los diversos países. La Ilustración alemana se caracterizó por el análisis de la «Razón», una razón ilustrada, es decir, autónoma, natural, crítica, analítica y secular, con la idea de encontrar en ella el sistema de principios que rigiera fundadamente y desde sí misma el saber de la Naturaleza y la acción moral y política de la vida humana. La expresión más depurada y filosófica de esta actitud y exigencia de la Ilustración se encontrará en Kant, cuyo pensamiento representa un intento vigoroso y original de superar, sintetizándolas, las dos corrientes filosóficas fundamentales de la Modernidad: el Racionalismo y el Empirismo. La obra de Kant, sin embargo, no se limita a tal síntesis superadora, sino que en ella confluyen los principales hilos argumentales de la trama de la época moderna. Puede, por ello, ser considerada como la culminación filosófica del siglo XVIII, y a su vez como un punto de partida en la historia de las ideas.

El sistema de Kant provocó, en efecto, una honda transformación crítica del pensamiento que afectó a todas las esferas de la reflexión filosófica. Con relación a esa transformación, la Filosofía kantiana aparecía como un punto de referencia ineludible, ya que proseguir el espíritu del kantismo significaba, al mismo tiempo, rechazar muchas de sus tesis. Lograr su superación, como una reimplantación nueva de aquel criticismo, sólo se alcanzará en el sistema de Hegel, que pasa por ser el último gran sistema filosófico moderno, en el que confluyen y se conjugan prácticamente todas las Filosofías anteriores. Su obra puede considerarse por ello como la madurez filosófica y cultural de la tradición occidental. La Filosofía de Hegel también constituye un importante referente y punto de inflexión en la evolución del pensamiento psicológico.

En primer lugar, Hegel se propone pensar la relación entre los dos grandes y fundamentales conceptos alumbrados en la tradición filosófica anterior: Naturaleza y Espíritu. El primero, objeto principal de investigación por parte de la Filosofía griega; el segundo, descubrimiento del Cristianismo y sobre el que se apoyó y giró especialmente la Filosofía moderna desde Descartes, bajo el nombre de conciencia o subjetividad. El proyecto filosófico hegeliano consiste en pensar la interna unidad y conexión entre uno y otro, de modo que quepa elaborar una teoría unitaria, total y cerrada sobre la realidad en su totalidad. Aristóteles concibió expresamente la Filosofía como lo que su mismo nombre indica: una «tendencia (filo—) a la «sabiduría» (—sofía), es decir, la tendencia a un saber universal y necesario de la totalidad de lo real. Para Kant era una tarea inalcanzable, por lo que la Filosofía no podía ser sino «crítica». Hegel anuncia que la Filosofía tiene que dejar de ser «tendencia al saber, para ser un efectivo y pleno «saber», para ser ciencia (*Wissenschaft*).

Semejante pretensión de cientificidad, animada por el espectacular desarrollo de las ciencias naturales a lo largo de los siglos XVIII y XIX presidirá las propuestas de los primeros programas alemanes de Psicología científica de finales del siglo XIX, centrados en el estudio de la conciencia. En lo que respecta al dualismo, no obstante, la moderna Psicología científica será más sensible a las raíces de la tradición filosófica racionalista, que desde Leibnitz había tomado en Alemania un nuevo rumbo respecto del dualismo cartesiano. La teoría de las mónadas, había preparado el camino para una concepción unificada, en la cual la mente y el cuerpo son expresiones de una única realidad subyacente. Leibnitz sostuvo que la mente y el cuerpo no interactuaban, como pensaba Descartes, sino que seguían caminos causales separados, paralelos, independientes entre sí. Las correlaciones entre mente y cuerpo no tenían, pues, relación alguna de causa y efecto.

Esta teoría del paralelismo psicofísico, hoy en día tan peculiar, significó un paso decisivo en un momento histórico en el que se pensaba que las leyes de la mente eran metafísicas y no podían entenderse en términos físicos, ni eran susceptibles de explicación científica. La propuesta de Leibnitz contribuyó a despejar el camino hacia la concepción naturalista de la mente:

podían hacerse precisas declaraciones sobre la mente recurriendo al estudio del cuerpo, si ambos tenían una perfecta correlación en sus acciones, y la actividad de la mente y el cuerpo tenían una perfecta correlación porque ambos tenían una causa común. Esta misma idea quedará recogida en el primer sistema de Psicología científica, propuesto por Wundt, reflejada en el principio de la causalidad psíquica. Fue el inicio de la Psicología moderna.

4. El Estudio de la Conducta

La Filosofía contemporánea constituye en gran medida una reacción contra el sistema hegeliano, a la vez que recoge no pocos de sus análisis y planteamientos. Una de las principales reacciones fue el marxismo, proponiendo una visión dialéctica-materialista de la conciencia, la sociedad y la historia. Otra reacción, estrechamente vinculada a la situación económica, social e intelectual resultante de la revolución industrial fue el positivismo, reaccionando contra el racionalismo hegeliano en lo que pueda tener de menosprecio de la experiencia. Otras corrientes tomarán como principal objeto de consideración el fenómeno de la historia, la vida y la irreductibilidad de la existencia personal: las Filosofías historicistas, vitalistas, existencialistas y personalistas.

Ahora bien, aún cuando las corrientes filosóficas mencionadas remitan directa o indirectamente a Hegel, sería un error pretender deducir de éste, por oposición, continuación o ambas cosas, todo el pensamiento contemporáneo. Pensemos que la característica externa más sobresaliente de la Filosofía contemporánea posiblemente sea la disparidad de enfoques, sistemas y escuelas, frente al desarrollo en cierto modo más uniforme y lineal de la Filosofía moderna. A esta proliferación de puntos de vista y de escuelas han contribuido en gran medida factores socioculturales como la crisis contemporánea de los sistemas políticos, el avance espectacular de las ciencias naturales y lógico-formales y el desarrollo de las ciencias

humanas, cuyos métodos y resultados han comportado reper-
cusiones y consecuencias de interés en el campo y en los
problemas de la Filosofía.

Entre las distintas corrientes imperó en el mundo anglosajón desde mediados del siglo XIX hasta mediados del XX el
positivismo. Tomado en general como una actitud reacia a la
especulación filosófica y proclive a considerar la ciencia como
forma de conocimiento, no sólo modélica, sino exclusiva, el
positivismo constituye realmente una constante en la historia
del pensamiento. A pesar de sus notables diferencias de planteamiento, es posible reconocer esta línea en el empirismo del
siglo XVIII, en el positivismo del XIX y en el positivismo lógico
del XX.

Justamente a principios del XX, en esta órbita epistemológica
positivista, algunos psicólogos norteamericanos llevaron hasta
sus últimas consecuencias lógicas el deseo de objetivar la
subjetividad, reduciendo ésta a sus manifestaciones externas.
Bajo el influjo del positivismo optaron por centrar el estudio
psicológico en lo estrictamente observable, y en su defecto
operacionalizar lo que no lo fuera. De este modo la Psicología
se olvidó temporalmente de la conciencia centrándose en el
estudio de la conducta. Pinillos (1991, p. 8) lo expresa con estas
palabras: «*el alma, la mente, la conciencia constituyeron durante
milenios los objetivos preferentes de esa elusiva operación de
espeleología anímica, hasta que finalmente la Psicología optó por
quedarse a solas con lo observable, esto es, con una conducta
vuelta de espaldas a todo cuanto sonara a interioridad*».

La propia conducta fue objeto de diversas conceptuaciones,
suscitando fuertes polémicas y diferentes propuestas teóricas y
metodológicas. Aunque su aportación ha sido acusada y dura-
dera, el interés exclusivo por la conducta fue efímero, y el
abandono de la conciencia meramente transitorio, ya que en
menos de cincuenta años los psicólogos norteamericanos volvieron a recuperarla como objeto de la investigación psicológica.

El ascenso y declive del conductismo transcurre paralelamente al ascenso y declive del positivismo lógico y de la investigación sobre aprendizaje animal, en los que, como señala Quintana, el conductismo tenía sus dos pilares fundamentales, uno epistemológico y el otro empírico, respectivamente (1985, p. 517). Al igual que el neopositivismo, la Psicología de la conducta insistía en el experimento objetivo, en una teoría axiomática rigurosa en la forma de postulados y teoremas deducidos conforme a reglas lógicas precisas previamente decididas, referentes a casos concretos y verificables. Cuando esta concepción de la ciencia empezó a ser cuestionada y rebatida, a finales de los años cincuenta y en las décadas posteriores, también empezó a ser cuestionado el modelo conductista.

Hemos visto cómo la Filosofía postpositivista de la ciencia criticará la anterior explicación de la práctica científica. Paralelamente surgirán nuevas propuestas psicológicas, rebatiendo los planteamientos, concepciones y soluciones conductistas. La nueva Filosofía de la Ciencia, centrada más en el contexto del descubrimiento científico que en el de su justificación, y más sensible a los factores socioculturales que influyen en el desarrollo científico, vino a poner de relieve que la concepción de la ciencia y de la práctica científica del positivismo, como un sistema lógicamente coherente, a base de axiomas, teoremas, predicciones y verificaciones, era incorrecta, falseaba lo que realmente es la ciencia y no tenía nada que ver con su práctica real y humana (Quintana, 1985, p. 517).

Cuestionado el modelo de ciencia en el que se apoyaba la Psicología de la conducta, perdió sentido la pretensión de ser demasiado objetivo, demasiado axiomático, riguroso y formal, y la Psicología recuperó la conciencia, terminando por aceptar la convivencia en su seno de planteamientos y métodos objetivos, con planteamientos y métodos propios de la Psicología subjetiva (Pinillos, 1984, 1989; Rivière, 1991a, 1991b). El resultado fue una nueva reformulación del campo, plasmada bajo la denominación de Psicología Cognitiva.

5. El Estudio de la Actividad

Algunos autores, (véase p. ej. Mayor, 1985a,b; o Carpintero, 1996a) sancionan explícitamente la existencia de una nueva etapa, característica de la Psicología contemporánea, interesada en el estudio tanto de lo interno o conciencia, como de lo externo o conducta, algo que podría denominarse con el término general de «actividad». En ella, la simbiosis entre objetividad y subjetividad no sólo reconoce la relevancia de factores y variables mentales en la descripción y explicación de las reacciones observables, sino que intenta conjugar armónicamente el estudio objetivo de pensamientos, creencias y deseos, con la interpretación del comportamiento observable en términos de factores subjetivos como motivos, planes o intenciones. Metodológicamente, conlleva la extensión y aplicación de los métodos objetivos del comportamiento a la investigación de lo mental.

Los constantes cambios acontecidos en la moderna Psicología han ido acompañados, no obstante, de una creciente fragmentación y desintegración teórica. La diversificación es hasta cierto punto lógica, y ha venido de la mano del progresivo crecimiento, especialización y profesionalización de la Psicología, pero por otra parte parece seguir reflejando la inexistencia de unas bases conceptuales compartidas en todo el campo científico psicológico (Westland, 1978, p. 134; Mayor, 1980, 1985, p. 19). Esta fragmentación teórica y la tendencia al pluralismo metodológico ha terminado por desembocar en una situación crítica casi permanente, caracterizada por el malestar y la tensión teórica y metodológica en el seno de la disciplina. La comunidad de psicólogos ha tomado conciencia de los problemas de la Psicología en tanto que disciplina científica, y entre ellos del peligro de enajenamiento, de que la Psicología se vuelva extraña a sí misma y olvide el núcleo de cuestiones que dan sentido y justificación a su existencia.

Durante un largo periodo de tiempo la Psicología se alejó de la Filosofía, se olvidó de la reflexión epistemológica y de los estudios de corte histórico, centrándose de forma casi exclusiva en la investigación experimental, la elaboración teórica y la aplicación práctica de los conocimientos psicológicos. En los últimos cincuenta años, sin embargo, la situación ha cambiado y la Psicología científica se abre cada vez más a la reflexión filosófica y al recurso a la historia.

Uno de los problemas que los epistemólogos e historiadores de la Psicología, y en general los psicólogos contemporáneos debaten con mayor insistencia, sigue siendo el de su unidad: la integración teórica y metodológica del campo. Ya hemos visto en el apartado anterior cómo para algunos la solución al problema pasa por conceptuar y consensuar la definición de un objeto y un método para la Psicología contemporánea, mientras que para otros la diversidad de opciones teóricas constituye un problema conceptual y genuino de la Psicología, es decir, un problema real que no se puede solucionar con la investigación empírica, sino únicamente con la reflexión filosófica y epistemológica. Caparrós (1984a) expresaba esta idea en los siguientes términos: «*Los psicólogos se comportan científicamente. Pero ¿cuál es el objeto de su estudio e investigación? (...) Los presuntos "objetos", sus definiciones, serían interminables y casi tan diversas como los textos consultados: el alma, la mente, la conciencia, la experiencia interna, la experiencia inmediata, las vivencias y sus significados, el inconsciente, la actividad nerviosa superior, la conducta, la conducta y la conciencia, la conducta y la vivencia, la interacción organismo y medio, etc. La única conclusión posible vendría a rezar así: la delimitación del objeto de la Psicología es un problema auténtico y genuino*» (1984a, p. 59).

En nuestra opinión, aquí es justamente donde la Historia de la Psicología adquiere su sentido y desarrolla su función. Pensamos que sí que hay una forma de ver la unidad de la Psicología, y ésta la proporciona la mirada histórica. Entendemos que la Historia de la Psicología no puede resolver los problemas de la Psicología, pero también consideramos que sólo el conocimiento de nuestra historia puede hacernos más conscientes de pertenecer a un proyecto intelectual común. El devenir histórico de la Psicología ha ido estableciendo unos límites definidos dentro de la propia disciplina y en relación con otras. Los esfuerzos de descripción y explicación y de delimitación conceptual y metodológica desplegados por los psicólogos a lo largo del tiempo constituyen justamente el objeto de estudio de la Historia de la Psicología. Antes de cerrar este capítulo, nos detendremos en la justificación de nuestra disciplina desde este punto de vista, planteando algunas reflexiones acerca de su objeto, su sentido y su función.

3. LA JUSTIFICACIÓN DE LA HISTORIA DE LA PSICOLOGÍA

Al inicio de este libro avanzamos una definición de la Historia de la Psicología que quisiéramos ahora retomar. Definíamos ésta como «*una disciplina científica, que mediante el empleo de una metodología también científica, trata de explicar, comprender y retrodecir la evolución y cambios experimentados por la Psicología a lo largo del tiempo, escribiendo para ello narraciones históricas sobre su devenir temporal, en las que trata de reflejar tanto los aspectos intelectuales como los sociales que han condicionado el desarrollo de la Psicología como área de conocimiento, tecnología y profesión*».

Matizados algunos de sus aspectos formales y de contenido, y analizado el marco conceptual y epistemológico de la Psicología y de la propia Historia, faltarían tan sólo ciertas consideraciones acerca del objeto y sentido de nuestra disciplina. A la vez que sirven para su justificación, encierran en cierto modo nuestra propia propuesta.

La Historia de la Psicología se enmarca en nuestra universidad en el área de conocimiento de Psicología Básica, a la que (como su propio nombre deja entrever) corresponde el estudio e investigación de la bases y fundamentos de nuestra disciplina.

No en vano ha venido siendo denominada tradicionalmente como Psicología General, y tan sólo hace unos años que fue variada su denominación.

Algunos autores consideran que es justamente la Psicología General la que debe asumir la responsabilidad de ordenar armoniosamente los descubrimientos psicológicos realizados en diversos ámbitos empíricos, intentando elaborar un único sistema teórico integrado (Vygotski, 1991; Richlak, 1993). La Psicología General sería así la encargada de homogeneizar desde el punto de vista conceptual todos aquellos fenómenos que guardan correspondencia con diversas partes empíricas de una supuesta totalidad estudiada por la Psicología. Esta fue un proyecto original de algunos de los fundadores y pioneros de la Psicología científica como Wilhelm Wundt o Carl Stumpf (véase p. ej. Pastor, Sprung y Sprung, 1997; Pastor et al. 1999) y en cierta medida sigue representada, cuanto menos en su rótulo, en el actual área de conocimiento de Psicología Básica. La Historia de la Psicología, dentro de ella, también puede adquirir, como veremos a continuación, una importante función de integración y fundamentación teórica de la Psicología.

El objetivo de las próximas líneas es simple. Ante la aparente ausencia de un objeto unitario de la investigación psicológica, la pregunta que quisiéramos plantearnos es si sería posible hablar de un objeto unitario de la investigación histórica de la Psicología, y en caso afirmativo, cuál sería entonces dicho objeto. En otros términos, nos interesaría saber cómo elaborar un discurso histórico unificado y coherente acerca de la Psicología. Nuestra propuesta, como veremos a continuación, es la de un objeto multidimensional y dinámico, cuya realidad va cambiando en función de la perspectiva histórica.

3.1. Objeto de la Historia de la Psicología

Nuestra Historia de la Psicología tiene como objeto de estudio la evolución de la Psicología a lo largo del tiempo como disciplina intelectual, es decir, como cuerpo de conocimiento especializado, institucionalizado y organizado, o en otras palabras como práctica disciplinar susceptible de análisis dimensional a distintos niveles. Pensamos que esta evolución puede entenderse como un proceso gradual de construcción intelectual y social, conducente a la delimitación de un ámbito propio y a la configuración de un sentido de identidad disciplinar para la Psicología.

Dicho proceso puede ser entendido como una tendencia persistente a lo largo del tiempo, en la que la Psicología se ha ido conformando con respecto a distintos referentes, que nosotros ciframos en tres: uno biológico, uno ideológico, y uno sociológico. Como tales, sirven de puntos de referencia en la delimitación conceptual, tanto del objeto y método de la Psicología, como de la propia disciplina psicológica como ámbito diferenciado del saber. Complementariamente, pueden servir para definir puntos de inflexión en el crecimiento disciplinar y desarrollo temporal de la Psicología, contribuyendo así a articular el discurso histórico.

Como referentes conceptuales en la investigación psicológica, contribuyen a delimitar el perfil científico, tecnológico y profesional de la Psicología, y a definir el objeto de estudio tanto del psicólogo como del historiador de la Psicología. En efecto, del mismo modo que su objeto queda delimitado frente a otros objetos, la propia Psicología queda delimitada frente a otras disciplinas intelectuales más o menos afines con las que se relaciona y que, sin ser propiamente psicológicas, contribuyen o han contribuido al conocimiento psicológico, como la Biología, la Fisiología, la Sociología, la Antropología, etc., y de aquéllas otras de las que hace un uso instrumental, como las Matemáticas o la Lógica. Cualquier delimitación, no obstante, es convencional y cambiante, en la medida en que las fronteras con las restantes disciplinas y en el propio seno de la Psicología están en constante evolución.

Lo biológico, lo ideológico y lo social, se integran como dimensiones en la conceptuación del objeto de investigación psicológica. Integrando una cuarta dimensión, la dimensión temporal, es decir, reconociendo su naturaleza histórica, permitimos que dicho objeto se vaya conformando y configurando a lo largo del tiempo, y definimos de este modo el objeto de la investigación histórica en Psicología. Con semejante propuesta no aportamos ninguna conceptuación previa, sino que permitimos que ésta se construya en la historia, y se revele justamente como una construcción humana y social en función de unos parámetros históricos definidos.

a) El referente biológico

Como referente biológico identificamos en la Historia de la Psicología todos aquellos esfuerzos por comprender y explicar lo psicológico a partir de su substrato corporal, anatómico y fisiológico. Tal vez el concepto que mejor aglutine todos ellos sea el de «conducta». Puede que lo psicológico se identifique con lo conductual o puede que se materialice en lo corporal y se exteriorice en la conducta. De un modo u otro todos los psicólogos se han referido de forma más o menos explícita a la conducta manifiesta del organismo en sus tratados científicos o filosóficos. La conducta ha sido un referente obligado en los diversos sistemas psicológicos, que o bien la han propuesto como el objeto de estudio de la Psicología, o bien como un medio imprescindible para materializarlo. Por ello, y con independencia de las propuestas concretas, es un concepto central en cualquier estudio psicológico de cualquier lugar geográfico o temporal, y un referente obligado que, como tal, ha estado presente de forma más o menos explícita a lo largo de toda su historia.

La denominación de conducta es suficientemente amplia como para que en ella quepa tanto un movimiento reflejo como un acto intencional. Por otra parte, aunque aglutinemos en torno a ella el referente biológico en la evolución temporal de la Psicología, debemos tener presente que en sí misma ni sería biológica ni sería psicológica. Ello no quiere decir, lógicamente, que el estudio de la conducta no sea psicológico ni produzca conocimiento psicológico. Pensemos que la conducta puede ser objeto de investigación por parte de la Psicología, pero también puede ser objeto de investigación por parte de otros saberes. De este modo, si puede ser estudiada tanto por un psicólogo, como por un anatomista o un fisiólogo, puede interesar tanto a un estudio psicológico, como a uno anatómico o uno fisiológico, y producir en consecuencia conocimiento psicológico, anatómico o fisiológico.

Fijémonos que en última instancia es una cuestión de perspectiva, que no refleja sino la adopción de un punto de vista desde el que enfocar la realidad estudiada de una determinada manera y con una determinada intención. En efecto, aunque los psicólogos no estudien el ojo ni la visión, sino la conducta visual, el estudio psicológico puede generar conocimientos que sean útiles desde el punto de vista anatómico y fisiológico. Igualmente, aunque el fisiólogo no estudie el ojo ni la conducta visual, sino la visión, el estudio fisiológico puede producir conocimientos que sean útiles desde el punto de vista psicológico. Y del mismo modo, aunque el anatomista no estudie la conducta visual ni la visión, sino el ojo, el estudio anatómico puede producir conocimientos que sean útiles desde el punto de vista psicológico.

En general, ninguna opción psicológica niega la existencia de un substrato anatómico y fisiológico de la actividad psíquica y en su explícito reconocimiento estriba el propio sentido fundacional de la Psicología moderna, que nace bajo la denominación de «Psicología Fisiológica». La Psicología Fisiológica actual sigue teniendo como objetivo determinar la relación que guardan entre sí biología y conducta desde un punto de vista psicológico, desvelando las características estructurales y funcionales del organismo que a lo largo de la filogenia y de la ontogenia han permitido que el sistema nervioso regule procesos psicológicos como los perceptivos, la emoción, la motivación, el aprendizaje, la memoria o los procesos superiores (Carlson, 1996; Rosenzweig y Leiman, 1992). En general, la

Psicología Fisiológica explora las formas en que los estados y procesos corporales producen y controlan la conducta, así como el modo en que la conducta influye sobre los sistemas corporales, por lo que ésta está directa o indirectamente implicada en el estudio psicológico desde los orígenes mismos de la moderna Psicología científica.

Ciertas conceptuaciones psicobiológicas y psicofisiológicas suponen posicionamientos ontológicos y epistemológicos en los que cabe el reconocimiento de algo psicológico que «es» distinto de lo biológico, con propiedades distintas de lo biológico y sujeto a leyes distintas de las que rigen para lo biológico, cuya actividad genuina se «traduce» y expresa en la conducta. Hablamos de diferentes ámbitos de realidad, de diferentes puntos de vista, o de diferentes lenguajes descriptivos. Pensemos por ejemplo en la Psicología Fisiológica de Wundt o en el modo en que se presenta la llamada Neurociencia actual, en cuyo recorrido por las bases biológicas de la mente se sigue proclamando como el nexo natural entre las Humanidades y las Ciencias Naturales (Kandel, Schwartz y Jessell, 1997).

Otras posturas biologicistas y fisiologicistas, en cambio, explican lo psíquico, representado en la conducta, en función de las mismas leyes físico-químicas que regulan la actividad corporal, adoptando posicionamientos filosóficos tendentes al naturalismo, desde los que lo psicológico no «es» distinto de lo biológico, ni tiene propiedades distintas de lo biológico y ni está sujeto a leyes distintas de las que rigen para lo biológico, por lo que el término psicológico «conducta» no es ninguna traducción sino pura actividad corporal. Hablamos aquí de un único ámbito de realidad, de un único punto de vista, y de un único lenguaje descriptivo. La Reflexología rusa y la Fisiología experimental alemana constituyen buenos ejemplos de planteamientos psicológicos reducidos a lo biológico y fundamentados en lo corporal.

Su posicionamiento ontológico y epistemológico vendría definido por términos como: (1) Mecanicismo, dado su énfasis exclusivo en lo objetivo, con relegación de la conciencia y de las consideraciones subjetivas, bien dejándolas a un lado, bien repudiándolas por completo; (2) Reduccionismo, en la medida en que lo psíquico es reducido a lo físico y explicado desde el punto de vista fisiológico, identificándose la psique con la acción neural y muscular, de tal modo que los fenómenos psíquicos son explicables bajo la consideración de los actos nerviosos corpóreos; (3) Monismo, dada su concepción radical del ser humano como una sustancia física desprovista de cualquier elemento psíquico *sui generis*; y (4) Ambientalismo, ya que parten de que el organismo no puede existir sin el apoyo del entorno que lo sustenta, surgiendo las ideas del aprendizaje y sólo mínimamente de la herencia.

Las conexiones existentes entre las conductas, los estímulos y sus correlatos biológico y fisiológico, también llevaron a algunos psicólogos a pensar que podían dedicarse a analizar experimentalmente la conducta prescindiendo de la fundamentación anatómica y fisiológica propia de los psicobiólogos y de los psicofisiólogos. Agrupados bajo la denominación de conductismos convirtieron la conducta en un objeto diferenciado y único para la Psicología, independiente de las condiciones materiales de los organismos, las cuales aceptaban, pero no consideraban necesarias para la explicación psicológica. Por lo demás, el proyecto filosófico que animaba a sus teóricos prácticamente coincidía con el anterior, caracterizándose también por posiciones monistas, mecanicistas, reduccionistas y ambientalistas.

Con independencia del tipo de propuesta, lo biológico juega un papel central en todas ellas y remite a la conducta. Desde este punto de vista podemos afirmar que siempre que hablamos de Psicología se hace referencia, de un modo u otro, directa o indirectamente, a la conducta. El modo de referirse a ella dependerá de la posición epistemológica y ontológica adoptada. Integrando y unificando propuestas dispares como las que acabamos de mencionar, la noción «conducta» se identifica con una de las dimensiones del objeto unitario de estudio de la Psicología que aspiramos a construir.

b) El referente ideológico

Como referente ideológico identificamos en la Historia de la Psicología todos aquellos esfuerzos por comprender y explicar lo psicológico a partir de las ideas, en base a lo mental. Tal vez el concepto que mejor aglutine todos ellos sea el de «mente», «fenómenos mentales» o «estados mentales».

Bajo diversas denominaciones, lo mental se ha identificado con lo psicológico, hasta tal punto que una definición comprehensiva de Psicología como el estudio de los estados mentales unificaría a la mayor parte de las corrientes de pensamiento psicológico y a sus respectivos representantes. Con independencia de la diversidad de propuestas, todos los psicólogos se han referido de forma más o menos explícita a los fenómenos mentales en sus tratados científicos o filosóficos. De un modo u otro lo mental también ha sido un referente obligado en los diversos sistemas psicológicos, que o bien lo proponían como el objeto de estudio de la Psicología bajo diversas denominaciones, o bien como un medio imprescindible para idealizarlo, o bien como algo que excluir, por innecesario, de la explicación psicológica. Por ello, y con independencia de las propuestas concretas, también el de estados mentales es un concepto central en cualquier estudio psicológico de cualquier tiempo o lugar, y un referente obligado en la Historia de la Psicología.

Si analizamos las diversas propuestas teóricas y metodológicas en torno a lo mental utilizando los criterios normativos de la Psicología contemporánea, encontraremos que pocas de ellas podrían ser consideradas al mismo tiempo como Psicología y como ciencia, es decir, catalogadas como Psicología científica. De hecho, cuando se adopta la mente como objeto de estudio de la Psicología, la diversidad en definiciones y métodos es considerablemente mayor que en el caso de la conducta, englobando opciones tan dispares como las de las Psicologías del acto y del contenido, el Estructuralismo y el Funcionalismo, la Psicología de la Gestalt, el Psicoanálisis o la Psicología Cognitiva, entre otras.

Con independencia del tipo de propuesta, y exceptuando las Psicologías objetivas más radicales, lo mental juega un papel central en todas ellas. En el propio manifiesto conductista de Watson (1913), «La Psicología tal y como la ve el conductista», proliferan expresiones como estados mentales, estados de conciencia, fenómenos de la conciencia, etc. Desde este punto de vista podemos afirmar que siempre que hablamos de Psicología se hace referencia, de un modo u otro, directa o indirectamente, a la mente. El modo de referirse a ella dependerá de la posición epistemológica y ontológica adoptada. Por ello, integrando y unificando propuestas dispares como las mencionadas, la noción «estados mentales» se identifica con la segunda de las dimensiones del objeto unitario de estudio de la Psicología que aspiramos a construir.

c) El referente sociológico

Con el referente sociológico identificamos en la Historia de la Psicología todos aquellos esfuerzos por comprender y explicar lo psicológico a partir del contexto social en el que se exhibe. Tal vez el concepto que mejor aglutine todos ellos sea el de «situación» o «ambiente».

Los ambientes o situaciones no son otra cosa sino circunstancias que concurren en un momento determinado como parte de un contexto más amplio, especificándose de modo diferente por las distintas sociedades y culturas en las que se inscriben. Las situaciones constituyen un referente en la medida en que en la explicación psicológica se reconozca relevancia y se otorgue peso a la realidad, con relativa independencia de la naturaleza y grado de conciencia de dicha realidad y de la base biológica.

En este sentido diversas opciones psicológicas resaltan la importancia de los determinantes socioculturales sobre los biológicos e ideológicos. Este referente situacional o ambiental identifica algunas opciones teóricas que justifican la aparición de especialidades que concretan los fenómenos psicológicos en entornos específicos y que pueden ser interpretadas como subespecialidades en la medida en que ciñen la explicación psicológica a sus manifestaciones en estos contextos (Psicología educativa, industrial y de las organizaciones, clínica, social, etc.). También en relación con este referente tendrían sentido especialidades como la Psicología Social o la Evolutiva, centradas en la evolución del organismo individual y su expresión en grupos.

La atribución de un mayor o menor peso al entorno en la explicación de lo psicológico dependerá nuevamente de posicionamientos filosóficos, aunque en general todos los psicólogos también se han referido de forma más o menos explícita al ambiente en sus tratados científicos o filosóficos. De un modo u otro lo situacional también ha sido un referente en los diversos sistemas psicológicos. Por ello, y con independencia de las propuestas concretas, también el de «situación» es un concepto central en cualquier estudio psicológico de cualquier tiempo o lugar, y un referente obligado en la Historia de la Psicología. Integrando y unificando propuestas dispares que tengan en común la relevancia concedida al ambiente, también podríamos identificar en la noción de «situación» la tercera de las dimensiones del objeto unitario de estudio de la Psicología que aspiramos a construir.

Finalmente, la ciencia en general y la psicológica en particular, no consta exclusivamente de hechos y proposiciones, ni el conocimiento es ajeno al tiempo histórico: la ciencia, así lo entendemos, es una construcción humana y social. Carpintero considera que esto es así (1996a, p. 25) cuanto menos en un triple sentido: (1) «*En primer lugar, toda ciencia implica un progreso del conocimiento sobre un determinado objeto*»; (2) «*En segundo lugar, la ciencia sustituye explicaciones heredadas, insuficientes, por otras más perfectas*»; (3) «*En tercer lugar, (...) la ciencia consiste en ser un sistema de posibilidades cognitivas y operativas que el hombre posee en forma social y que se va modificando en función del tiempo histórico (...) Cada teoría tiene unas posibilidades y unas limitaciones tanto en su sentido explicativo como operativo y, en cada caso,*

o en cada tiempo, los sucesivos investigadores están condicionados
por el marco intelectual que crea el sistema de ideas dentro del cual
se están moviendo». Por ello, la dimensión temporal sería la cuarta
y última de las dimensiones del objeto unitario de estudio de la
Psicología que aspiramos a construir. La Historia adquiere y dota
así de sentido a la propia Psicología, pero éste no es su único uso.
En el próximo apartado resumiremos sus principales funciones.

3.2. Sentido de la Historia de la Psicología

La Historia de la Psicología, y en general la Historia de la
Ciencia en la que ésta se enmarca, pueden desempeñar distintas funciones que en última instancia dan cuenta de su finalidad. Frente a la tendencia a cuestionar su valor y a desestimar
su importancia, son muchos los argumentos a favor de la
historia que justificarían sobradamente su sentido y utilidad.
Autores como Wertheimer (1980) o Rosa, Blanco y Huertas
(1991, 1998) han recogido y clasificado muchos de ellos, aduciendo razones de muy distinto peso y consistencia. Por nuestra parte consideramos que, atendiendo a su finalidad, podrían
clasificarse en dos grandes apartados, según se destacara su
relevancia para el psicólogo o para la propia Psicología.

El primer grupo de argumentos en defensa de la Historia de
la Psicología, se cifra en su utilidad para el psicólogo (Esper,
1964, Eysenck, 1988; Crutchfield y Krech, 1962; Helson, 1972;
Jaynes, 1973; Watson, 1960, 1966); Diamond, 1974; Robinson,
1976; Henle, 1976; Krantz, 1965). Compartiendo este punto de
vista, consideramos que la historia tiene efectivamente un valor
formativo, en la medida en que contribuye, más allá de lo que
sería la adquisición de conocimientos científicos o técnicos, al
propio desarrollo intelectual y humano, tanto del estudiante de
Psicología como del psicólogo profesional.

Familiarizándonos con el pasado de nuestra propia disciplina, la historia nos acerca también a la cultura, los valores, las
raíces, los esfuerzos humanos de construcción intelectual y

consolidación institucional, los complejos condicionantes de la investigación y de los logros y fracasos, que han ido dándose cita, en distintos momentos y lugares y vinculados a distintos nombres y tendencias, a lo largo de toda su evolución temporal. El estudiante enriquece así, gracias a la historia, su bagaje humano y cultural, al tiempo que aprende a implicarse en un proceso de desarrollo en el que de un modo u otro ha empezado a formar parte. Al psicólogo profesional la historia le ayuda a conocer mejor su propia disciplina, a ampliar su horizonte teórico y a ser más consciente del núcleo de cuestiones fundamentales que, en su permanencia a través de la historia, dan sentido y coherencia a su disciplina, así como de la relatividad de su propio posicionamiento con respecto a lo psicológico. También él gana en comprensión, juicio crítico, tolerancia y perspectiva.

Un segundo grupo de argumentos incluiría todos aquéllos que de un modo u otro destacan la utilidad de la historia para la propia Psicología (Esper, 1964; Eysenck, 1988; Krantz, 1965; Pongratz, 1967; Watson, 1966; Wolman, 1968). Aquélla, en efecto, desempeña una función legitimadora que, por una parte ayuda a justificar su *statu quo* actual, y complementariamente contribuye al desarrollo de un sentido de identidad disciplinar. Algunos autores, como Henle (1976) o Watson (1966) han destacado explícitamente su función integradora, especialmente en un campo fragmentado en especialidades y tan dividido en orientaciones y escuelas como es la Psicología. Rosa, Blanco y Huertas (1991, 1998), consideran que incluso podría llegar a servir para construir una teoría general de la Psicología.

Por nuestra parte, pensamos que aunque realmente no corresponda a la historia ni unificar ni fundamentar la Psicología, sí que puede ayudar a comprender los orígenes y claves de la diversidad, y más allá de la misma, contribuir a desarrollar en el seno de la disciplina una filiación común y un sentimiento compartido de identidad, construida a través de un mismo devenir temporal y desarrollos históricos integrales.

Creemos que el historiador es capaz de conseguir una comprensión genuina de los sucesos del pasado, de integrarlos, y de darles sentido desde su perspectiva histórica. Ante la diversidad y fragmentación actual del campo, la Historia de la Psicología permite enfocar desde una perspectiva temporal y crítica los conceptos, la función que desempeñan y su significado concreto en su contexto histórico. Teniendo en cuenta tanto la dimensión externa como la interna en el saber, y considerando los distintos niveles en los que se despliega la práctica científica, la historia reconstruye hechos y trata de determinar las causas y razones que explican la evolución de la Psicología en el tiempo. Sólo así se puede comprender por qué se producen e implantan, en unas fechas y en unos lugares concretos, determinados sistemas conceptuales. De este modo, la explicación histórica confiere pleno sentido a las diversas alternativas y desarrollos teóricos que, autodefiniéndose como psicológicos, han ido apareciendo dispersos tanto geográficamente como en el tiempo.

Tal y como hemos visto, nuestra Historia de la Psicología pretende ser la historia de la amplia diversidad de opciones y planteamientos teóricos y metodológicos formulados como psicológicos a lo largo del tiempo. Ello supone la adopción de una definición comprensiva en la que tengan cabida las distintas propuestas entendidas como alternativas no excluyentes de conceptuación. Pensamos que una definición comprometida y partidista, basada exclusivamente en un tipo determinado de interpretaciones, delimitando lo que forma parte de la Psicología y lo que no, conduciría a una historia necesariamente sesgada.

Con independencia de la pluralidad, creemos, como señala Carpintero (1996a, p. 19), que la variedad de saberes psicológicos comparten raíces comunes y un devenir común. La historia, como él señala, puede servir de guía e hilo conductor para reconstruir la unidad subyacente a todos ellos. Por esta razón partimos de una concepción amplia que integre los diversos posicionamientos teóricos tal y como han ido surgiendo y confrontándose a lo largo del tiempo, configurando el devenir histórico de la Psicología. Nuestra propuesta, en definitiva, es partir de una conceptuación suficientemente amplia como para que todos los psicólogos se sientan identificados.

Por otra parte, nuestra inclinación a juzgar la ciencia en términos no sólo conceptuales, sino también sociales e históricos, nos lleva a no intentar calificar como científica o acientífica una corriente basándonos en criterios puramente intelectuales, ni a seleccionar el pasado en función de los criterios normativos actuales. Consideramos que la única forma de entender la diversidad de la Psicología actual, en la que coexisten opciones teóricas y metodológicas tan dispares, es adoptando un punto de vista histórico amplio, capaz de reflejar dicha diversidad y mostrar cómo se encuentra enraizada en el origen mismo de la Psicología.

Más que imponer una determinada concepción con el propósito manifiesto de superar la diversidad, aún a costa de excluir determinadas propuestas e interpretaciones, aspiramos justamente al proceso inverso: partir de la diversidad conceptual para integrarla. Nuestra propuesta es desvelar todo aquello que en un momento u otro de la historia, con independencia del tiempo, del lugar, de la orientación o de las preferencias teóricas de su proponente, haya sido objeto de estudio psicológico.

Más que considerar las distintas propuestas como objetos de estudio diferentes, proponemos contemplarlas como puntos de vista alternativos que definen aspectos complementarios del objeto de estudio del psicólogo. Las distintas propuestas se identificarían así con dimensiones de un objeto unitario que se ha ido conformando a medida que aquéllas han ido siendo elaboradas e implantadas. De este modo reconocemos efectivamente un objeto unitario de estudio de la Psicología, pero plural y susceptible de ser enfocado desde distintas perspectivas, en virtud de su peculiar naturaleza.

En base a una concepción multidimensional del objeto de la investigación psicológica aportamos una definición unitaria, integradora, y global de lo que es la Psicología. Integrando en ella una dimensión temporal, es decir, reconociendo la naturaleza histórica de la propia Psicología, permitimos que dicho objeto se vaya conformando y configurando, y que la propia Psicología se vaya construyendo a lo largo del tiempo. Apoyada en tal propuesta, nuestra historia no podrá ser sino provisional, como cualquier otra.

LA HISTORIA DE LA PSICOLOGÍA EN EL MARCO UNIVERSITARIO: INVESTIGACIÓN Y DOCENCIA

CAPÍTULO 4
LA HISTORIA DE LA PSICOLOGÍA COMO ESPECIALIDAD ACADÉMICA

En los dos primeros capítulos del presente proyecto docente contextualizamos la Historia de la Psicología dentro de las ciencias históricas, caracterizándola como tal desde el punto de vista teórico y metodológico. En el tercer capítulo presentamos la Psicología —y la propia Historia— como saberes científicos. Ahora, pues, estamos en condiciones de definir nuestra disciplina como «la historia particular de una ciencia», encuadrada en el marco de «la Historia general de las ciencias». Este será precisamente nuestro objetivo en el presente capítulo.

En este sentido, pretendemos examinar aquí el origen y desarrollo de la Historia de la Psicología como disciplina académica, tratando de mostrar lo que ha sido, lo que es hoy, y lo que pretende llegar a ser. Habiéndonos planteado ya qué estudia y cómo lo estudia, en las próximas líneas analizaremos su procedencia y razón de ser, es decir, de dónde surge y por qué surge. En primer lugar, comenzaremos con algunas reflexiones sobre el origen y evolución de las disciplinas científicas, proponiendo la «Historia de las Ciencias» como marco general de la Historia de la Psicología. En segundo lugar, abordaremos específicamente la configuración y principales etapas en el desarrollo histórico de nuestra especialidad.

Aunque el fin último sigue siendo perfilar la identidad disciplinar de la Historia de la Psicología, evitaremos retomar la cuestión del objeto y método analizada en los capítulos previos, centrándonos aquí en su proceso de institucionalización como disciplina universitaria. En este proceso histórico consideraremos tanto su asentamiento en el mundo académico como su profesionalización, es decir, la progresiva toma de conciencia por parte de los historiadores de la Psicología de las peculiaridades de su disciplina, y su creciente esfuerzo por impulsar su desarrollo teórico y metodológico. Finalmente, prestaremos particular atención a su desarrollo institucional en nuestro país, así como a las tendencias más recientes en la historiografía contemporánea de la Psicología.

1. ORIGEN Y DESARROLLO DE LAS CIENCIAS

El origen y desarrollo de disciplinas científicas es un fenómeno relativamente nuevo, cuyo origen se sitúa a mediados del siglo XIX. Con el gran desarrollo científico y tecnológico de la época contemporánea, los límites conceptuales de cada especialidad son cada vez más difíciles de precisar, al tiempo que las grandes transformaciones sociales hacen que los aspectos institucionales de la ciencia, y en especial su estructura académica, necesiten remodelaciones periódicas para adaptarse a los nuevos tiempos. Debemos pensar, por otra parte, que las ciencias no son algo inmutable, sino algo dinámico y en continuo cambio. Constantemente aparecen nuevas especialidades y nuevas denominaciones, se establecen puentes de unión entre ciencias que hasta ese momento no habían tenido un terreno común, una disciplina se disgrega en varias más específicas, otras que permanecían separadas se integran para formar un único campo, etc.

Evidentemente, todos estos cambios no son arbitrarios, sino que obedecen a causas y razones. Pensamos que la historia no debiera limitarse a describir el desarrollo de una disciplina, sino también aspirar a comprender la forma en que se ha constituido como tal. Si es éste nuestro propósito, que de hecho lo es en el caso de la Psicología, tendremos que atender a los factores que intervienen en su formación. Desde nuestro punto de vista, esto supone responder a tres preguntas: su procedencia, es decir, de dónde surge; su razón de ser, es decir, ¿por qué surge?; y su identidad, es decir, ¿qué estudia y cómo lo estudia?

En lo que respecta a su procedencia, una disciplina no acostumbra a surgir de la nada; por lo general, los problemas de que se ocupa ya existían con anterioridad, y puede que se hubiera intentado abordarlos desde otras perspectivas hasta percibirse la necesidad de crear un dominio científico específico. También es frecuente que se apoye en otras disciplinas, o que se defina a partir de ellas, mediante un proceso que puede adoptar dos formas básicas: la hibridación de campos ya existentes, o la división de alguno de ellos en nuevas especialidades.

En el primer caso, dos o más ciencias unen sus esfuerzos para comprender un ámbito de la realidad. Un ejemplo puede ser la bioquímica, fruto de la aplicación de los métodos de la investigación química a los problemas de la biología. La propia Psicología fue un híbrido en su origen, al utilizar los métodos fisiológicos para afrontar ciertos problemas tradicionales de la Filosofía (Ben-David y Collins, 1966).

En cuanto a la especialización, sería el proceso de subdivisión de una disciplina en otras más específicas. Como ejemplo podemos pensar en la forma en que la Psicología ha ido generando campos específicos a medida que han ido siendo requeridos, desde las grandes áreas, como la Psicología clínica o la Psicología social, hasta los desarrollos más concretos y recientes, como la Psicología del deporte, la Psicología jurídica, o la Psicología del transporte y la seguridad vial. Precisamente, una característica de la Psicología contemporánea es su diversificación y fragmentación, de la mano de su progresivo crecimiento, profesionalización y especialización.

Sea fruto de un proceso de hibridación o de especialización, la aparición de una disciplina debe responder a una necesidad, que constituye su motivo o razón de ser. Puede ser el resultado de un proceso interno a la propia ciencia, que experimenta la necesidad de crear un nuevo campo por razones de orden teórico (como el surgimiento de la Psicología comparada), o fruto de un proceso externo o demanda social, para afrontar un problema de orden práctico (como en el caso de la Psicología diferencial y la Psicometría). Las razones pueden ser múltiples, pero en cualquier caso, lo que nos interesa subrayar aquí es que ha de haber conciencia de una necesidad, de un problema o de una carencia, para que aparezca un nuevo dominio de investigación; la forma en que se perciba esa necesidad influirá en las características del nuevo campo.

La disciplina naciente configura su propia identidad a través de diferentes medios. Los pilares básicos los constituyen el objeto y el método de investigación adoptados; gracias a ellos se delimita como dominio intelectual específico. Sin embargo, hemos visto que el componente intelectual no es el único ingrediente de la ciencia, poseedora igualmente de una dimensión social e institucional. De este modo, el sentido de identidad disciplinar de cualquier nueva especialidad también se configura a través de un proceso histórico de institucionalización y toma de conciencia profesional por parte de sus miembros, que de este modo se identifican a sí mismos y son identificados como especialistas en dicho campo.

Por una parte, toda nueva disciplina requiere de cauces institucionales que aseguren su crecimiento y continuidad, así como la incorporación de nuevos miembros. Tales cauces institucionales se refieren tanto al ámbito académico, a través, por ejemplo, de la presencia de la especialidad en los *curricula*, la dotación de cátedras y espacios universitarios, etc., como al ámbito científico en general, a través, por ejemplo, de la fundación de sociedades científicas, la aparición de publicaciones especializadas, la organización de congresos, etc. Por otra parte, toda nueva disciplina requiere de la profesionalización de sus miembros para consolidarse como tal. No nos referimos meramente a la dedicación exclusiva en su trabajo, que tampoco es necesaria, sino más bien a la adquisición de una formación específica y la asunción de unas normas consensuadas de trabajo intelectual en dicha especialidad. A medida que esa formación vaya consolidándose, servirá para canalizar la socialización científica de los futuros investigadores en el área.

La tendencia general en la Historia de la Ciencia parece estar siendo en las últimas décadas la de una progresiva asimilación de las historias de las ciencias particulares, y la integración de todas ellas en una especialidad única bajo la denominación de «Historia general de las ciencias». No se trata, en cualquier caso, de un proceso explícita y definitivamente aceptado, y la cuestión sigue constituyendo hoy en día un foco de intenso debate entre historiadores y científicos en el ámbito académico. El problema que se plantea es quién de estos dos profesionales es el que debe asumir la responsabilidad de la investigación histórica, y en última instancia, a cuál de las dos especialidades adscribirla, si a la historia o a la propia ciencia historiada.

Lo habitual en la historia de cualquier ciencia particular, es que al principio hayan sido los propios científicos los encargados de historiar sus correspondientes especialidades (Kragh, 1989; Kuhn, 1908). Sus historias comienzan así como una parte de la propia ciencia, y sólo en una etapa posterior van cobrando autonomía y perspectiva propia. En lo que respecta a la Historia de la Psicología, en concreto, no surge como especialidad en el seno de la Historia, sino en el de la Psicología. Su origen va unido al interés de los propios psicólogos por descubrir sus raíces, por conocer y comprender su pasado; sólo después podría hablarse del eventual encuadre en la Historia general y en la Historia de las Ciencias en particular, a través de un proceso gradual de acercamiento, identificación y asimilación a las ciencias históricas. Por lo demás, lo ocurrido a la Psicología es lo mismo que antes sucediera con otras ciencias como la Química, la Medicina o la Biología.

Así pues, siguiendo una tendencia general en la evolución de las disciplinas históricas, la Historia de la Psicología comienza siendo una parte de la propia Psicología, para luego definir su propia identidad disciplinar. Posteriormente, en un proceso de acercamiento a otras disciplinas históricas, evoluciona hasta poder ser considerada como la historia de una ciencia particular. Por nuestra parte intentaremos reflejar el proceso de incorporación y asimilación de la Historia de la Psicología a la Historia de las otras ciencias, sin dejar de destacar sus particularidades. Antes de examinar las peculiaridades del desarrollo histórico de nuestra disciplina, y con el fin de contextualizarla en el marco general propuesto, comenzaremos por plantear algunas consideraciones sobre la Historia general de las ciencias.

2. ORIGEN Y DESARROLLO DE LA HISTORIA DE LAS CIENCIAS

Tal y como hemos visto en los capítulos precedentes, la historia no fue objeto de reflexión y estudio científico hasta el siglo XVIII, y no logró establecerse como disciplina académica hasta el siglo XIX. La institucionalización y profesionalización de la propia ciencia se produjo poco más o menos por las mismas fechas, considerando además que el término «científico» fue propuesto aproximadamente entre 1830 y 1840 por William Whewell para referirse a la actividad que desarrollaban entonces los nobles eruditos británicos (Kragh, 1986).

La institucionalización de la Historia de la Ciencia fue, lógicamente, más tardía, ya que hasta 1950 no consiguió un espacio académico propio, y sólo en los EE.UU. (Kuhn (1968). Aunque sea en la actualidad cuando se la reconozca como una especialidad profesional, con una identidad propia y asentada en el mundo universitario, podría decirse que la Historia de la Ciencia, al igual que la Historia general, ha existido siempre.

Durante la mayor parte de su desarrollo fue una parte, a menudo irrelevante, de la propia ciencia, pero también como en el caso de la historia, ha ido configurando a lo largo del tiempo un objeto y un método propios, y conquistando un mayor reconocimiento profesional y social.

En la concepción clásica, la ciencia iba unida indisolublemente a la historia, puesto que el tratamiento de un problema implicaba la exposición de teorías anteriores y la discusión de las mismas (Kragh, 1989). Existía entonces una mínima historiografía de la ciencia, aunque adolecía de las mismas limitaciones que la Historia general de la época: concepción no lineal del tiempo, descuido de la cronología, limitación a periodos cortos para los que se disponía de testimonios directos, etc. Poco ha quedado de las historias antiguas de la ciencia, y lo más significativo que ha sobrevivido han sido ciertas obras de Proclo y Simplicio de los siglos V y VI, junto con las contribuciones de otros comentaristas de finales del periodo clásico o principios del medieval.

Con el advenimiento de la Revolución científica se producirá un cierto cambio: se seguirá utilizando la historia como parte de la argumentación científica, pero ahora el pensamiento de los clásicos ya no será aducido como autoridad, sino más bien como una tesis oponente a refutar. Cada vez se dará más importancia a los progresos actuales, de tal modo que la historia se convertirá en un vehículo de legitimación de la ciencia moderna. Este papel legitimador se apreciará en dos vertientes a lo largo de los siglos posteriores. Una subrayará la función de la historia para ilustrar el progreso de la ciencia (véase, por ej. Priestley, 1775); la otra, su función para justificar una determinada concepción del método científico y de sus normas. En ambos casos, la Historia de la Ciencia tendrá una finalidad práctica: defender una determinada concepción de la empresa científica.

Sabemos que el periodo ilustrado fue prolífico en obras históricas, en especial a finales del siglo XVIII, aunque paradójicamente ofrecieran una visión ahistórica de la ciencia. El excesivo énfasis que los ilustrados pusieron en el progreso les llevó a sobrevalorar lo actual frente a lo existente anteriormente. En consecuencia, no se analizará el pasado científico por sí mismo, sino tan sólo en la medida en que afecte a los desarrollos recientes. Las obras de este periodo muestran un ingenuo optimismo científico y poca sensibilidad respecto a la historicidad de la ciencia. La utilidad de investigar el pasado científico se reducía a la posibilidad de aprender de los éxitos y fracasos precedentes, así como al análisis de cómo se generan los descubrimientos.

En el siglo XIX, el cambio en la perspectiva histórica proporcionado por el Romanticismo tuvo algunos efectos positivos para la Historia de la Ciencia. Al reconocer los méritos propios de cada período y cultura, y defender que el pasado había de ser juzgado conforme a sus propias premisas, permitió la recuperación de tradiciones hasta entonces descuidadas o desdeñadas. Un efecto negativo, por el contrario, fue la tendencia de algunos románticos a una visión intuitiva y especulativa de la historia, poco compatible con la historiografía crítica y sistemática que había empezado a cobrar forma.

Es precisamente en este siglo cuando la vida científica se profesionaliza y organiza académicamente, y esto facilita el interés por la Historia de la Ciencia. Sin embargo, también se produce un distanciamiento cada vez mayor entre las ciencias naturales y las ciencias sociales y humanidades, en el marco del ya aludido debate entre el positivismo y el antipositivismo. Las ciencias naturales, reforzadas por el positivismo, desdeñarán a las demás, lo que provocará un *«cisma entre la Historia de la Ciencia y campos como el de la Filosofía, la historia de la civilización y la teoría de la historia»* (Kragh, 1989, p. 17). Esto no significa que los positivistas del siglo XIX dejaran de hacer Historia de la Ciencia, sino todo lo contrario: la hicieron, pero la separaron de la evolución general de la historiografía, y al igual que había sucedido en etapas anteriores, la utilizaron para legitimar su propia concepción de la ciencia. Las obras históricas de esta etapa son contribuciones de científicos, muy especializadas y técnicas, centradas en el saber contemporáneo y sus predecesores inmediatos.

En lo que respecta al planteamiento historiográfico de estas obras, podrían señalarse dos formas tradicionales de enfocar la Historia de la Ciencia durante el siglo XIX (Kuhn, 1968): una con fines pedagógicos, a modo de presentación y propaganda de la propia disciplina y de sus avances, de forma análoga a lo que suele hacerse con las introducciones históricas con las que se abren muchos tratados científicos; la otra, pretendiendo descubrir el método correcto de la investigación, a modo de reflexión epistemológica, suplantando a la Filosofía de la Ciencia o creando una propia. Esta última fue la adoptada por William Whewell, al que algunos consideran como el primer historiador moderno de la ciencia. Whewell criticó el uso de la Historia de la Ciencia como mera fuente de ejemplos para el desarrollo de la Filosofía, y propuso invertir los términos: examinar el proceso seguido históricamente por las distintas ciencias, para así encontrar los patrones que guían el desarrollo científico (Losee, 1981).

El positivismo constituyó la manera dominante de enfocar la Historia de la Ciencia en este siglo, pero no fue la única. Hubo intentos aislados, bien apoyados en una concepción más sensible a la Historia en la línea de Ranke, o bien derivados del marxismo. En cualquier caso, la corriente principal se caracterizó por los rasgos ya destacados: interpretación del progreso científico como un desarrollo continuo, lineal y acumulativo; sobrevaloración del presente; distanciamiento de la perspectiva humanística propia de los pensadores antipositivistas; adopción del método científico actual como universalmente válido; y finalmente, el olvido de los factores sociales y externos a la ciencia, que apenas fueron tenidos en cuenta.

En el siglo XX se producirá la institucionalización de la Historia de la Ciencia, y cambiará notablemente su enfoque con respecto al objeto y al método de investigación. El proceso de institucionalización comenzará prácticamente con el siglo, ya que la Primera Conferencia Internacional tendrá lugar en París en 1900, y luego se seguirán celebrando otras reuniones anuales. En estos primeros años también se fundarán en Alemania sociedades nacionales y revistas. Así mismo se constatará una creciente toma de conciencia del valor educativo de la Historia de la Ciencia para la formación de los científicos, así como una ampliación de las fuentes disponibles para el historiador, gracias a los nuevos medios proporcionados por la arqueología, la filología o la antropología. La Historia de la Medicina comenzó un poco antes su establecimiento académico, manteniéndose tradicionalmente como un campo afín pero separado, que desde entonces ha conservado su propia estructura (véase, por ej. Laín Entralgo, 1975; Mora, 1965). La utilidad de la Historia de la Ciencia estribaba en su valor formativo para los futuros científicos; de hecho fue en el marco de los departamentos de ciencias donde se llevó a cabo la docencia durante la primera mitad del siglo.

Entre las figuras más relevantes de este proceso podemos mencionar a Paul Tannery, Charles Singer, y especialmente a George Sarton, a quien Gardfield (1985) considera como el «padre de la Historia de la Ciencia». De origen belga, emigró a los EE.UU tras la ocupación alemana de su país durante la Segunda Guerra Mundial, donde llevó a cabo, sobre todo en Harvard, una notable labor de promoción de la disciplina. Sarton fue el creador de *Isis*, la revista más importante de este campo, fundada en 1913, y el autor de una obra monumental convertida ya en un clásico: «Introducción a la Historia de la Ciencia» (*Introduction to the History of Science*) (Sarton, 1927-1947). Su interés para nosotros estriba más que nada en su importante labor institucional, ya que por lo demás compartió con sus coetáneos una concepción de la Historia de la Ciencia notablemente anticuada. En general, se estaba defendiendo una visión del desarrollo científico basada en el progreso y la racionalidad, exclusivamente centrada en el desarrollo de ideas y teorías, y descuidando los factores externos.

El hecho de que la disciplina comenzara a cultivarse de forma sistemática, permitió que en esta primera mitad del siglo XX se produjera paulatinamente un cambio de perspectiva.

Según Kuhn (1968) dicho cambio fue debido a diversos factores, entre los que podemos destacar los siguientes: 1) la influencia de la Historia de la Filosofía; 2) la influencia de planteamientos continuistas sobre el desarrollo científico; 3) la tendencia a una historia integral de la ciencia; y 4) la tendencia a una concepción integral de la ciencia en la reconstrucción histórica. Plantearemos algunas consideraciones más detenidas sobre cada uno de estos aspectos.

En primer lugar, la influencia de la Historia de la Filosofía, a través de figuras como Lange o Cassirer, que tocaron también la esfera científica, supuso un importante cambio de actitud con respecto al pasado: frente a la actitud presentista, que mide el pasado con el rasero del presente, los filósofos enseñarán a adoptar una actitud más respetuosa con respecto a los logros del pasado, a su coherencia interna y su valor.

En segundo lugar, frente al mito de la brusca discontinuidad entre la Edad Media y la Revolución científica, empezaron a imponerse planteamientos continuistas que invitaron a la reinterpretación de la Historia de la Ciencia. Los estudios de Duhem, en esta línea, mostraron cómo la ciencia medieval apunta ya elementos distintos a la aristotélica, abriendo el camino de la renovación posterior. La importancia de este análisis fue enorme, ya que dio origen a toda una escuela de historiadores de la ciencia interesados en la elaboración de esta tesis continuista, entre los que podríamos citar, entre otros, a autores como Djksterhuis, Crombie o Koyré.

En tercer lugar, pudo constatarse una progresiva toma de conciencia de la necesidad de estudiar las ciencias en su conjunto, de forma integral, sin tratar de aplicar al pasado las divisiones del conocimiento que hoy conocemos. Esta actitud ya había sido formulada por algunos positivistas, como el propio Comte, y defendida por Tannery o Sarton, aunque sólo ahora empezaba a generalizarse. Aunque hacer una historia integral de la ciencia es una tarea casi imposible, se reconoció entonces la importancia de estudiar el propio campo en el contexto general del conocimiento de cada momento histórico.

En cuarto lugar, finalmente, la progresiva relación con la Historia general, así como la influencia de sociólogos alemanes e historiadores marxistas, hizo que se empezara a tomar en mayor consideración la importancia de los factores institucionales y socioeconómicos, y en general, lo que hemos denominado como la dimensión externa de la ciencia.

El cambio de orientación producido por todos estos factores se fue gestando en la primera mitad del siglo XX, aunque no será generalizado hasta los años 50, en que la Historia de la Ciencia experimentará un segundo impulso institucional después de algunos años de abandono. En efecto, en los años inmediatamente posteriores a la Segunda Guerra Mundial, la Historia de la Ciencia fue dejada de lado, tachada de innecesaria, descuidándose tanto su investigación como su enseñanza. Este paréntesis terminó en los años 50, en gran parte debido al cambio de la opinión pública sobre la ciencia, que empezó a verla como una amenaza. Las autoridades educativas trataron de acercar la ciencia tanto a las humanidades como al público lego, y la Historia de la Ciencia pareció un medio adecuado para ello. De este modo comenzó una nueva etapa de crecimiento para la disciplina, pero en un marco muy distinto, ya que la Historia de la Ciencia pasó ahora a integrarse en departamentos de Humanidades, como los de Historia o Filosofía, y ya no en los de Ciencias. La nueva generación de historiadores de la ciencia, educada en ese marco, será mucho más sensible al análisis de la ciencia en el contexto de sus condiciones sociales e históricas.

Desde los años 50 a esta parte ha podido constatarse un rápido crecimiento en el número de trabajos e historiadores de la ciencia, una ampliación de la investigación a nuevas áreas científicas, y un creciente interés por la ciencia moderna y contemporánea, y por los factores sociales e institucionales que integran su dimensión externa (Kuhn, 1987). Este resurgimiento, plasmado en la mayor producción, ha sido posible gracias a la reimplantación académica de la Historia de la Ciencia. El contacto con historiadores, filósofos y científicos sociales se ha traducido igualmente en cambios temáticos y de orientación.

Así mismo se aprecian, en conjunto, síntomas de madurez y afianzamiento profesional, como la disposición de mayores y mejores fuentes y medios de investigación.

En cuanto al enfoque característico de la actual Historia de la Ciencia, ya hemos señalado algunos de sus rasgos, como el análisis del pasado por sí mismo, sin intentar dar por supuesta una línea de progreso hasta el presente; o la adopción de una actitud interpretativa y explicativa en la reconstrucción histórica, y de una concepción integral de la ciencia en el marco de un contexto social más amplio. En general, el estado actual de la Historia de la Ciencia, al igual que el de la Historia general, es el de una disciplina madura, si por madurez entendemos un nivel suficiente de institucionalización y profesionalización, y también el de una disciplina plural, en la que coexisten diferentes perspectivas, al igual que ocurría en la Historia general, y al igual que ocurre, como veremos a continuación, en la Historia de la Psicología.

3. ORIGEN Y DESARROLLO DE LA HISTORIA DE LA PSICOLOGÍA

La Historia de la Psicología es hoy en día una especialidad académica de pleno derecho, con un lugar propio en los estudios universitarios de Psicología y un ámbito definido de conocimiento e investigación. Por una parte agrupa a un conjunto de profesionales identificados como expertos en este campo específico, al tiempo que dispone de medios y cauces institucionales que garantizan su desarrollo teórico y metodológico, así como su continuidad futura. Encuadrada conceptualmente en el marco de la Historia General, y dentro de ella en el de la Historia de las Ciencias, sería, en definitiva, la historia de «una» ciencia.

La Historia de la Psicología, así la definimos en su momento, es formalmente Historia, por lo que consideramos que no debiera perder su conciencia de ciencia histórica. En cuanto a su contenido, versa sobre la Psicología, entendida ésta como una disciplina especializada en dar respuestas teóricas a problemas empíricos, y que por ello se pretende ciencia. En este sentido tampoco debiera renunciar a su condición de Historia de la Ciencia. Ahora bien, al igual la Psicología comparte la condición científica con otras ramas del saber pero también posee sus propias peculiaridades, la Historia de la Psicología también posee particularidades propias que la diferencian, aunque por motivos distintos, tanto de la Historia General, como de la Historia de las Ciencias. Su surgimiento como especialidad estará, en cierto modo, condicionado por la especificidad de la propia ciencia psicológica.

Teniendo en cuenta las consideraciones epistemológicas incluidas en el capítulo precedente, sabemos que la Psicología sólo tardíamente se autoproclama como ciencia, al tiempo que constantemente se formula y reformula científica y profesionalmente. Con un objeto peculiar, la Historia de la Psicología, aunque pueda aproximarse a la historia de las otras ciencias, también mantendrá su diferenciación con respecto a ellas. De hecho, como mencionamos al hablar de la metodología, los historiadores de la Psicología siempre han buscado sus propios modelos y aproximaciones historiográficas para analizar históricamente la Psicología.

En cualquier caso, Lepenies y Weingart (1983) afirman que las historias de cualquier disciplina cumplen una labor de legitimación. Esto quiere decir que son escritas para una determinada audiencia y con una determinada finalidad. «*Las historias de las disciplinas son escritas y reescritas para extender el presente (…) tanto como sea posible en el pasado, construyendo así una imagen de continuidad, consistencia y determinación*» (Lepenies y Weingart, 1983, p. xvii). Esto es particularmente evidente en momentos de luchas internas por la supremacía de escuelas rivales, o de crisis de orientación teórica.

Las primeras historias de la Psicología, como las primeras de cualquier otra ciencia, fueron escritas por científicos de la propia disciplina bajo la influencia de esa necesidad de legitimación. Las motivaciones del científico, comprometido personalmente con el curso actual de su ciencia, son claramente distintas de las del historiador profesional, interesado en una reconstrucción del pasado por sí mismo, por lo que la Historia de la Ciencia resultante, al reunirse en una misma persona las condiciones de científico e historiador, venía a reflejar las opiniones epistemológicas que ellos mismos sostenían acerca de lo que hacían. Se trataba así de historias presentistas, justificacionistas y pragmáticas, que solían resaltar el presente como la superación de un pasado plagado de errores. En ella no se buscaba ninguna explicación histórica acerca de por qué la ciencia avanza, sino que se aceptaba el progreso científico como algo inevitable, ligado a la propia lógica interna de la práctica científica. La tarea del historiador se limitaba por ello a narrar los hechos, exponiéndolos ordenadamente en una secuencia temporal conducente al presente.

Desde las primeras historias de la Psicología, escritas desde la óptica de la propia ciencia psicológica, ha habido un progresivo acercamiento a las ciencias históricas y un gradual encuadre conceptual y metodológico en el marco de la Historia y de la Historia de la Ciencia. La Historia de la Psicología actual es una disciplina profesional e institucionalizada, mucho más permeable que antes al contacto con los historiadores de otros campos, mucho más sensible a los recursos historiográficos de las ciencias históricas, y a la necesidad de dotar de una formación histórica a los investigadores. Frente a la actitud pragmática y legitimadora de antaño, es característica hoy en día la adopción de una perspectiva crítica. Pero este sería el final de la historia y debemos comenzar por el principio.

Centrándonos en su origen como especialidad, si consideramos como suficiente el que se lleve a cabo una actividad historiadora sobre un objeto propio, entonces el nacimiento de nuestra disciplina es prácticamente contemporáneo al de la Psicología: se iniciaría en el siglo XVIII, desarrollándose a finales del siglo XIX. En cambio, si adoptamos un criterio más estricto, entendiendo que la institucionalización y profesionalización son necesarias para poder hablar de una disciplina científica, entonces sería mucho más reciente, ya que no podríamos hablar con rigor de una especialidad de Historia de Psicología, como tal, hasta los años sesenta.

Aunque compilaciones como la de Brozeck y Pongratz (1980) han tratado de reunir el desarrollo historiográfico en distintas zonas del mundo, hasta ahora no abundan los análisis que traten extensamente el desarrollo general de la Historia de la Psicología desde sus primeras etapas. Caparrós (1980a), en un artículo destinado fundamentalmente a resaltar la necesidad de teorías explicativas en la historiografía, hace un repaso general a sus etapas, señalando su logros e insuficiencias. También interesantes son los trabajos de Rodríguez (1986) y Tortosa, Calatayud y Redondo (1991). Más ceñidos a zonas geográficas concretas son los trabajos de Ash (1983), centrado en los EE.UU, y los de Pongratz (1980) y Geuter (1983) sobre el desarrollo de la historiografía alemana de la Psicología. En base a estos trabajos, la corta historia de nuestra especialidad podría articularse en cuatro etapas, relacionadas respectivamente con su nacimiento, apogeo, decadencia y posterior resurgimiento, tal y como pasamos a exponer a continuación.

3.1. Nacimiento de la Historia de la Psicología

Las primeras historias de la Psicología fueron publicadas en Alemania a principios del siglo XIX, algo que no es de extrañar, si tenemos en cuenta la gran tradición de la Psicología en este país (Pongratz, 1980). En su mayor parte eran concebidas como parte de una Historia de la Filosofía, o al menos enmarcadas en ella. La primera se debe a F. A. Carus (1808) un profesor de Filosofía de Leipzig que se interesó por la Historia de la Filosofía como una forma de explicitar el desarrollo gradual de la conciencia espiritual del hombre. La historia de Carus ofrecía una perspectiva temporal amplia, desde los griegos hasta su tiempo. Más limitados en su ámbito temporal son los trabajos de K. Werner (1876) y F. Harms (1878). Ambos se centran fundamentalmente en las figuras importantes del pensamiento. H. Siebeck, en sus obras de 1880 y 1884, combinaba el análisis de los individuos con la consideración de temáticas psicológicas.

En conjunto, como señala Max Dessoir (1894), estas primeras historias adoptaban uno o una combinación de varios enfoques, incluyendo el cronológico, el biográfico, el doxográfico (centrado en las ideas y problemas), y un cuarto enfoque de clasificación y sistematización, propuesto por él, por ejemplo para diferenciar la Psicología empírica de la especulativa, establecer periodos, etc.

Ya en el siglo XX aparecen numerosas obras, debidas en su mayor parte a autores alemanes y americanos. Entre los primeros son destacables las de Dessoir (1911) y Klemm (1911). Esta última fue la primera historia escrita por un autor instruido en la Psicología experimental, ya que Klemm estudió con Wundt en Leipzig (Pongratz, 1980). Por parte americana, tenemos los trabajos de J. M. Baldwin (1913), G. S. Brett (1912) o G. S. Hall (1912), además de una compilación de textos producida por B. Rand (1912). William James no escribió ninguna Historia de la Psicología, pero como veremos también dejó su huella con sus reflexiones sobre el motor de la historia.

Como vemos, entre estos primeros historiadores hay nombres ilustres de la Psicología como Hall o Baldwin, o discípulos directos de los pioneros, como es el caso de Klemm. Otro ejemplo notable fue Ribot, con sus trabajos sobre la Psicología inglesa (1877) y la alemana (1885). Más tarde encontraremos una actividad historiográfica entre dos de los discípulos de Titchener: Pillsbury y Boring.

A primera vista, podría parecer extraño que la historia estuviera tan presente en un momento en que la prioridad fundamental para la Psicología era el establecimiento de su carácter científico y su independencia respecto a la Filosofía, pero hay razones que lo explican. Como apunta Caparrós

(1980a), la aparición de la Psicología científica en Alemania está enmarcada en un contexto cultural ampliamente favorable a la perspectiva histórica. Tanto la Ilustración como el Romanticismo habían dejado en Alemania un fuerte interés por la historia, bien fuera por la idea ilustrada de progreso, o por el énfasis romántico en la especificidad de cada cultura y periodo cronológico, acentuado por Herder. La obra de Hegel supuso una culminación, al hacer de la historia el marco en el que se desarrolla el espíritu. La influencia hegeliana fue grande, especialmente en la Historia de la Filosofía, que se convirtió en gran medida en una historia de las ideas o de los sistemas filosóficos surgidos de los grandes teóricos. Más ligada incluso a la Psicología está la posición de Dilthey, que como vimos defendió la especificidad de la Historia como una de las ciencias del espíritu, frente a las pretensiones positivistas, concibiéndola como el estudio de lo individual mediante la comprensión.

Considerando ahora las estrechas relaciones que la Psicología iniciada en Alemania mantuvo con la Filosofía, no es de extrañar que la importancia de la historia se transmitiera a los psicólogos. Es cierto que Wundt trató de independizar la Psicología de la Filosofía, pero también es cierto que durante bastantes décadas ambos saberes siguieron institucionalmente ligados. Además, muchas de las primeras figuras psicológicas cultivaron paralelamente la Filosofía, e incluso pudieron interesarse por la Psicología a partir de ésta: el propio Wundt, Brentano, Kulpe, Stumpf, etc. La separación entre las disciplinas no implicaba, desde luego, un rechazo de la matriz filosófica.

Dada la juventud de la disciplina, no es de extrañar que estas historias se centraran mayormente en el pasado filosófico, pero también hubo otras razones para ello. Según Ash (1983), las primeras historias escritas en Estados Unidos, que coincidieron con los esfuerzos por institucionalizar la Psicología y hacerla socialmente deseable, trataron de presentar a nuestra ciencia como digna heredera de la tradición de Filosofía moral y práctica que había dominado el ambiente intelectual norte-americano, y que se enraizaba en la Escuela Escocesa y Bacon. La nueva ciencia, lejos de oponerse a la tradición filosófica o religiosa, intentó ser su aliada en la educación de individuos formados para ser útiles a la sociedad.

Siendo su contenido principalmente filosófico, tampoco sorprende que siguieran, por regla general, el esquema de sucesión de ideas típico de la historiografía filosófica del momento. Por lo demás se mantenían en un plano meramente descriptivo, limitándose a constatar, sin explicar, el desarrollo histórico. En este sentido no hacían sino exponer sus conteni-dos en orden cronológico, presentar la sucesión de figuras, delimitar etapas, demarcar escuelas, etc. Todo ello en la línea de la Historia de la Filosofía, centrada en el desarrollo autóno-mo y progresivo de las ideas.

El único atisbo de una cierta reflexión sobre las causas del dinamismo histórico, lo encontramos en un trabajo de William James (1880): «Los grandes hombres, las grandes ideas y el ambiente» (*Great men, great thoughts and the environment*). En él defiende la tesis de que son los grandes hombres, con sus decisiones en los momentos cruciales, los que guían el curso de la historia, por encima de los determinantes externos. Para Caparrós (1980a), esta tesis constituye el primer intento explí-cito de preguntarse por las causas del devenir histórico. Por lo demás se trata de una tesis acorde con ciertos planteamientos psicológicos de James, como por ejemplo su defensa de la voluntad y el libre albedrío frente a las tendencias materialistas y mecanicistas (James, 1890).

Esta teoría de los «Grandes Hombres» ha sido considerada a su vez como un influyente modelo historiográfico, aunque no tanto por influencia directa de James como por la tendencia a las lecturas ingenuas del pasado, hechas a menudo por los propios científicos, destacando a los padres, fundadores y grandes precursores de la ciencia actual. En cualquier caso, el enfoque sería ampliamente discutido en las décadas siguientes, en contraposición con la teoría naturalista del desarrollo científico propuesta por Boring (1990), que comentaremos en el próximo apartado.

3.2. Apogeo de la Historia de la Psicología

La actividad historiográfica se prolongó, e incluso experimentó un aumento durante las décadas de 1920 y 1930. La Psicología por aquel entonces era una ciencia en expansión, tanto en Europa como en los EE.UU. No sólo los aspectos teóricos, sino también los aplicados se desarrollaban y diversificaban velozmente, contribuyendo a una cierta sensación de desunión en el seno de la disciplina. La etapa suele ser conocida como el periodo de la lucha de escuelas, especialmente en el nuevo continente. Allí, la Psicología mentalista sería cuestionada, bajo la dominancia de la Psicología de la conducta, mientras tendencias fuertemente arraigadas en Europa, como la Psicología de la Gestalt o el Psicoanálisis buscan reconocimiento. En esta situación de enfrentamiento, la historia parecía la única posibilidad de dotar de sentido y unidad a toda aquella diversidad de opciones, y los trabajos históricos empezaron a proliferar (Hilgard, Leary y McGuire, 1991; Evans, 1982).

Entre ellos la obra de Edwin G. Boring merece una consideración especial, por la importancia que ha tenido en el desarrollo de la Historia de la Psicología. Boring se formó en la Universidad de Cornell, EE.UU, con Titchener, y gran parte de su labor profesional se desarrolló en Harvard. Trabajó en distintos campos, y destacó también como editor y divulgador de la Psicología, organizando, por ejemplo, la revista *Contemporary Psychology*. La historia fue uno de sus intereses principales: escribió una obra sobre la historia de la sensación y la percepción (1942), numerosos artículos, recogidos y editados por Watson y Campbell (Boring, 1963a,b), y las dos ediciones de su manual: «Una Historia de la Psicología Experimental» (*A History of Experimental Psychology*) (Boring, 1929, 1950). Finalmente, Boring también contribuyó a preparar el proceso de institucionalización de la disciplina, dando el relevo en los años sesenta a otro eminente historiador: Robert I. Watson. Por todo ello, y por el intento de hacer una historia explícitamente apoyada en conceptos explicativos, Boring ocupa un lugar destacado en la historia de nuestra disciplina.

El libro de Boring *A History of Experimental Psychology* (Boring, 1929, 1950), ha marcado de hecho un hito, constituyendo una obra clásica y de reconocido impacto, tanto entre sus contemporáneos como en la época actual. Aunque no está exento de críticas, ha sido lectura obligada durante muchos años para todos los interesados en la Historia de la Psicología.

Por otra parte, Boring propuso en él un modelo historiográfico, conocido como teoría naturalista, que influyó considerablemente en los historiadores de la Psicología, cuando menos hasta la década de los setenta. (véase, por ej., Tortosa et al., 1995). A diferencia de los demás autores, Boring organizó su historia, sobre todo después de revisarla en 1950, utilizando su propia categoría explicativa. Así, mientras otras historias se limitaban a adoptar un planteamiento y criterios descriptivos, Boring adoptó un enfoque explicativo basado en el concepto de *Zeitgeist*, con el que dotaba al historiador de la Psicología de una herramienta conceptual alternativa a la mencionada teoría personalista o de los *Grandes Hombres*.

Buscando antecedentes a su propia idea, Boring (1955) identificó a Goethe como el primero en utilizar el término, y señaló que sólo después de Freud empezó la gente a darse cuenta de los motivos inconscientes de sus ideas. Por otra parte, aludió a Tolstoi, como ejemplo de alguien que encadenaba la humanidad al mandato de la historia, por encima de cualquier voluntarismo personalista que, en opinión de Boring, nada puede explicar: «*Charles Darwin, Herbert Spencer, y Francis Galton apoyaron la opinión de Tolstoi de la determinación inconsciente de las acciones del gran hombre, contra las más voluntaristas opiniones de Thomas Carlyle, William James, y algunos escritores menores*» (Boring, 1955/71, p. 55).

Interpretándose a sí mismo como el producto de su época, que es la del neopositivismo en Filosofía de la Ciencia y la del conductismo en Psicología, Boring ofreció una definición fisicalista del término. El *Zeitgeist* se traduciría por «*el conjunto total de las interacciones sociales en un momento y lugar dados*», en donde la comunicación del pensamiento encuentra su mundo efectivo de posibilidades. La red de interacciones sociales es el lugar donde se materializa el concepto de *Zeitgeist*, aglutinando «*el cuerpo total de conocimiento y opinión disponible en una época determinada*».

Según su teoría, las comunidades científicas constituyen un microcosmos psicosocial, una especie de *Zeitgeist* reducido en el que se reproduce a escala el mismo patrón de relación de fuerzas que controlan la evolución general del pensamiento, y cuya misión principal es la de adoctrinar a los futuros científicos. Las novedades, aparentemente revolucionarias, que se observan en el mundo de la ciencia, no lo son tanto: solamente surgen nuevos descubrimientos cuando la época está ya preparada para recibirlos. Boring pensaba que la tendencia a jalonar el curso de la historia de la ciencia con representantes destacados no era más que un artefacto del historiador (Boring, 1955, 1965). Las nuevas ideas, por el contrario, se iban formulando según él muy lentamente, debido a la acción conjunta de todos los científicos, asimilándose y aglutinándose gradualmente al conocimiento humano. El científico, por consiguiente, pertenece a una comunidad profesional que se encuentra sumergida en una corriente de ideas más general. Cada época sanciona sus propias concepciones del mundo, y el científico ha de asimilarlas para hacer avanzar poco a poco a la humanidad.

Así considerado, el *Zeitgeist* desempeña el doble papel de favorecer y limitar la originalidad en la ciencia; cada científico debe reaccionar ante él de un modo u otro. Por ello, en el prólogo a la segunda edición de su *A History of Experimental Psychology* afirmaba: «*el Zeitgeist y los grandes hombres (...) no se excluyen mutuamente, sino que se enfrentan y se invierten en cada proceso histórico*» (Boring, 1950, p. 11 de trad. cast.) Lo que favorece la originalidad del científico y su grandeza es, según Boring, haberse dejado afectar por el buen conocimiento de la época y haberlo explotado en la dirección oportuna, en la misma en la que lo harán otros muchos antes o después. El científico debe elegir, de entre todo aquel conjunto de conocimientos, ideas, hábitos de pensamiento, etc., que circulan por su época y que le han afectado consciente e inconscientemente, aquéllos que considere los acertados para hacer avanzar su ciencia. En la medida en que así lo haga, aumentará las probabilidades de que su nombre obtenga un lugar en la historia del pensamiento, disminuyéndolas en el caso contrario. Boring era consciente de que lo que hoy consideramos como acertado puede ser un error del mañana; pero pensaba que es la ciencia la encargada de denunciarlo y superarlo.

Aunque la intención de Boring al introducir el concepto de *Zeitgeist* era garantizar el determinismo histórico (Friedman, 1967), las primeras y principales críticas que recibió (por ej., Ross, 1969) lo consideraban como un concepto explicativo inadecuado, que simplificaba la historia en exceso y la reducía a una mera historia de ideas. El *Zeitgeist* se centra de hecho en las ideas y actitudes, ignorando todos los demás factores que hoy en día se tienen en cuenta: políticos, económicos, sociales, institucionales, psicológicos, etc. De ahí que el modelo de Boring también haya sido objeto de críticas por parte de la moderna historiografía (Wertheimer, 1984, Furumoto, 1989, Hilgard, Leary y McGuire, 1991; Blumenthal, 1975; Danziger, 1979a, b; O'Donnell, 1979; Ash, 1983; Kuhn, 1968). Algunas de estas críticas se centran en su linealidad y acumulación progresiva del conocimiento, presentismo ingenuo, justificacionismo, etc. En cualquier caso, el mero hecho de que Boring se convirtiera en blanco prioritario de las críticas, y su modelo sirviera como referente para los historiadores de la Psicología, es algo que ya avala su importancia. Como señala Caparrós (1980a), su modelo del *Zeitgeist* fue el primer intento serio por introducir categorías explicativas en el discurso historiográfico.

Por otro lado, sería absurdo pensar que su *A History of Experimental Psychology* haya perdido fuerza o que carezca de interés para los historiadores contemporáneos, más allá del distanciamiento crítico o del reconocimiento ceremonial. En él uno encuentra una inagotable fuente de conocimiento sobre las ideas psicológicas, los psicólogos y sus relaciones, las escuelas de pensamiento y sus representantes, genealogías intelectuales y demás elementos imprescindibles para la preparación de un curso especializado y de calidad sobre Historia de la Psicología.

Uno de sus críticos más tenaces (véase O'Donnell, 1979, p. 294) reconoce lo que nadie, en nuestra opinión, podría negarle: a pesar de las limitaciones que puedan señalarse sobre la perspectiva adoptada por Boring, todos somos beneficiarios de su inmensa erudición. Por nuestra parte, creemos que una indeseable contradicción en la que podría incurrir la historiografía crítica contemporánea, sería la de transmitir la imagen de un Boring deficiente e inútil, en lugar de invitar a las sucesivas generaciones de historiadores a leer sus trabajos directamente. En nuestra opinión, que se corresponde en este punto con la del propio Boring, es muy probable que el estado de la historiografía de la Psicología actual no fuera muy distinto si él se hubiera dedicado por completo a la investigación en Psicología Experimental y no se hubiera detenido, por las razones que fueran, en la Historia de la Psicología. Pero, de hecho, Boring fue un activo participante en la configuración histórica de nuestro *Zeitgeist*, convirtiéndose de este modo en un elemento decisivo en la historiografía de la Psicología, con el que tuvieron que contar los historiadores que, como Robert I. Watson, heredaron su vocación profesional y continuaron la tradición que él empezó.

Por lo demás, la publicación de la obra de Boring se enmarca en el mencionado contexto de fragmentación teórica de la Psicología y de expansión de su campo de aplicación. Contemplándola desde esta perspectiva, Ash (1983) interpreta la historia de Boring como un intento por mantener la unidad, mostrando el carácter de ciencia experimental de la Psicología y su desarrollo lineal y progresivo en el tiempo. En contrapartida, la afirmación de dicha identidad y unidad supuso pagar el precio de ciertas concesiones: la historia de Boring arrincona el pasado filosófico de la Psicología (en ese momento, Boring estaba enzarzado en Harvard en una batalla por su independencia institucional respecto de la Filosofía); minimiza la atención a los aspectos aplicados (buena prueba de la influencia de su maestro Titchener y de su polémica con el conductismo, muy preocupado por la aplicabilidad); y deforma o minimiza ciertos desarrollos psicológicos (como es el caso de la Psicología de Wundt o la de la Gestalt), para sostener dicha imagen de desarrollo lineal y progresivo desde que se separó de la Filosofía hasta su consolidación como ciencia experimental.

Frente al intento integrador de Boring, otras obras históricas relevantes optaron por hacer frente directamente a la realidad de las escuelas, presentando en ellas la pluralidad reinante. En estos años, por ejemplo, aparecen las famosas series de Murchison sobre las Psicologías de 1925 y 1930 (Murchison, 1926, 1930) y su colección de autobiografías, posteriormente editada por otros autores. También se publican algunas historias notables, como las de los libros «La evolución de la Psicología moderna» (*The evolution of Modern Psychology*) de Müller-Freienfels (1935), «Introducción histórica a la Psicología moderna» (*Historical Introduction to Modern Psychology*) de Gardner Murphy (1929) o «Cien años de Psicología, 1833-1933» (*A hundred years of Psychology, 1833-1933*) de Flugel (1933). Las obras de Woodworth o Heidbreder explicitan incluso en su título la diversidad existente: «Escuelas contemporáneas de Psicología» (*Contemporary schools of psychology*) (Woodworth, 1931) y «Siete Psicologías» (*Seven Psychologies*) (Heidbreder, 1933). En cualquier caso, a pesar de la diferencia de estrategia, coinciden con Boring en la pretensión de dar un sentido de unidad dentro de la Psicología, mostrando la raíz común de la que deriva el presente (Ash, 1983). La apariencia de integración se logra mediante la ordenación cronológica de los desarrollos, como por ejemplo en el caso de Murphy, o bien presentando la diversidad de escuelas como una etapa provisional y fructífera que terminará por dejar paso a otra de verdadera síntesis teórica, como hacen Woodworth y Heidbreder.

En lo referente a sus contenidos, aunque algunos de estos libros sigan siendo clásicos valiosos, siguen manteniéndose en un nivel meramente descriptivo. Salvo Boring, nadie expone explícitamente una concepción de la historia y explica su dinámica (Blas Aritio, 1980), sino que se limitan a la ordenación, habitualmente en torno a la biografía o al concepto de escuela.

Por lo demás, también debiéramos mencionar que esta proliferación de libros de Historia de la Psicología en Norteamérica, a finales de los años 20 y principios de los 30, es algo que también fue *«debido en parte a necesidades de mercado, ya que no se había publicado ningún texto sobre esta materia durante quince años»* (Ash, 1983, p. 148), desde la publicación de la «Historia de la Psicología» (*History of Psychology*) de J. M. Baldwin en 1913. En pocos años, las necesidades de mercado fueron cubriéndose con la aparición de libros como los mencionados, dejando paso a una nueva etapa caracterizada por un vacío en la actividad historiográfica.

3.3. Crisis de la Historia de la Psicología

La abundancia de obras relacionadas con la Historia de la Psicología durante los años 20 y 30 del siglo XX, y la labor impulsora desarrollada por Boring, hacían pensar que en las décadas siguientes nuestra disciplina gozaría de buena salud. Así lo anticipó el propio Boring, pero su predicción resultó equivocada, ya que desde mediados de los años 30 hasta principios de los 60 en que comenzaría la recuperación, hubo un gran vacío en la actividad historiográfica. En lo que respecta a la docencia, la Historia de la Psicología se mantuvo como asignatura en buena parte de los *curricula* universitarios, muchas veces enfocada bajo el prisma de sistemas y escuelas (Ash, 1983). La prueba de que se siguió impartiendo la constituyen las sucesivas ediciones que se publicaron, por ejemplo, de las obras de Woodworth, Boring o Murphy durante estos años. Ahora bien, siguió constatándose una falta de investigación histórica.

En su conocido artículo «La Historia de la Psicología: Un área olvidada» (*The history of psychology: A neglected area*), R. I. Watson (1960) describió y analizó las causas de esta crisis, ilustrándola con datos: en primer lugar, el escaso número de artículos históricos publicados en las tres revistas americanas más abiertas a esta temática (*American Journal of Psychology, Journal of General Psychology* y *Psychological Bulletin*) de 1938 a 1957, que sólo fue de 38 trabajos sobre un total de casi 3.000; en segundo lugar, el escaso número de miembros de la A.P. A. con interés en la Historia de la Psicología, que Watson estimaba en unos 60, de un total de 16.644 miembros; también el aún menor número de psicólogos vinculados a una institución representativa de la temática en ese momento, como era la Sociedad de Historia de la Ciencia (*History of Science Society*). En opinión de Brozek y León (1983, p. 264), este trabajo «*significó una especie de convocación y desafío lanzados a la comunidad psicológica norteamericana para estimular el desarrollo de un área a la que él, con justicia, había calificado de abandonada*».

Como posibles causas de este olvido podrían señalarse varias. En lo que se refiere a la Psicología europea, el desmantelamiento académico producido por las dos Guerras Mundiales, así como la emigración y el exilio de muchos, forzados por el nazismo, puede ayudar a explicar la interrupción de la actividad historiográfica, y en general de la investigación psicológica (Pongratz, 1980). En los Estados Unidos la situación era distinta, por lo que habría que buscar otros factores explicativos. Entre ellos podríamos mencionar el interés de los psicólogos por impulsar y promover el desarrollo de una ciencia en expansión como era la Psicología: estaban demasiado absorbidos por el presente como para ocuparse del pasado. Esta misma tendencia parecía observarse también en la sociedad general de los EE.UU, con una cierta inclinación a olvidar el pasado, que Watson (1960) consideraba como característica de nuestro tiempo.

En el caso de la Psicología también se debió a razones internas a la propia ciencia: la situación de crisis y enfrentamiento de escuelas que presidió las décadas anteriores cedió paso a un periodo de construcción teórica e investigación empírica, más preocupado por consolidar el *statu quo* de la Psicología que por la reflexión teórica, histórica o epistemológica. De hecho hubo una gran expansión de la Psicología aplicada, debido a las demandas de la guerra y a las nuevas necesidades sociales, de tal modo que la actividad de los psicólogos se centró en la solución de los problemas del momento, descuidando las actividades más académicas o de investigación (Watson, 1960).

Por otra parte, aunque persistiera la diversidad de enfoques teóricos, es indudable que la Psicología de la conducta pasó a presidir la escena psicológica, ofreciendo un marco de trabajo y creando una mayor conciencia de unidad y acuerdo entre los psicólogos. Tanto el conductismo como la Filosofía del positivismo lógico, que durante estos años se apoyaron mutuamente, fomentaron una concepción de la ciencia como saber acumulativo regido por una lógica interna y ahistórica (Caparrós, 1980a). Con semejante visión del desarrollo científico es normal que sólo se valorara el presente: cualquier teoría que resultara ser falsa mediante la demostración científica pasaba a ser parte del pasado precientífico, por lo que sólo interesaba lo actual y en la medida en que aún no había sido refutado por los hechos. Al desaparecer, por tanto, el valor del pasado, desaparece con él la necesidad de historiarlo. Y si a pesar de todo esto se hace, es para buscar en él los precedentes de la situación actual, descontextualizándolos.

Resumiendo, absorbidos por la labor de hacer una Psicología socialmente relevante y científicamente respetable, y apoyados por una concepción de la ciencia poco proclive al respeto por la historia, los psicólogos adoptaron una actitud desdeñosa hacia la historia, avergonzándose de un pasado filosófico demasiado reciente. Como Watson (1960) apunta, esta actitud produjo un provincianismo histórico, paralelo al provincianismo geográfico, también característico de la Psicología norteamericana.

Afortunadamente, este provincianismo histórico al que se refería Watson comenzó a superarse en los años 60, gracias a lo cual la Historia de la Psicología ha llegado a ser hoy en día una especialidad floreciente. La superación de la crisis y el resurgimiento de la historiografía de la Psicología habría que enmarcarlos en un proceso más amplio que contempló su institucionalización y profesionalización como disciplina académica, lo que, en cualquier caso, nos remite a una nueva etapa en su desarrollo histórico.

3.4. Institucionalización de la Historia de la Psicología en EE.UU.

A partir de los años 60 empezó a constatarse una recuperación de la reflexión histórica y una revitalización de la investigación en Historia de la Psicología. La superación de la crisis y este resurgimiento fueron posibles gracias a diversos factores. Combinando los dos enfoques historiográficos clásicos, podríamos decir que se debió a la conjunción del esfuerzo del algunos «grandes hombres», es decir, figuras relevantes de la Psicología que ejercieron un papel fundamental en este proceso, y de un «*Zeitgeist*» más favorable a la actividad histórica.

Desde el punto de vista interno, un factor decisivo lo constituyó el declive del conductismo como escuela dominante, debido tanto a sus propias deficiencias como a la pérdida de su base epistemológica representada por el positivismo lógico. Con ello se flexibilizó el criterio para determinar lo que es científicamente legítimo, volviéndose admisibles áreas y métodos de investigación antes rechazados. En este contexto se creó un clima de reflexión epistemológica, en el que la Historia de la Ciencia empezó a adquirir un destacado protagonismo. Trabajos como la monumental obra de Koch (1959-1963) en 6 volúmenes, son una muestra de la mayor receptividad hacia la contribución de los historiadores.

Desde el punto de vista externo, en los años 60 se estaban produciendo también grandes transformaciones en el terreno de la Filosofía y la Historia de la Ciencia. Las ya mencionadas contribuciones de Kuhn, Toulmin, Lakatos, etc. mostraban una imagen distinta de la ciencia, señalando sus discontinuidades, sus irracionalidades, sus avances y retrocesos, desde una óptica más fiel a la realidad histórica. La historia pasará a ser una herramienta auxiliar para el filósofo, al tiempo que la Filosofía de la Ciencia proporcionará al historiador nuevos marcos teóricos de interpretación que le permitirán superar el nivel descriptivo que las historias habían tenido hasta ese momento. La conjunción de todos estos factores generó un caldo de cultivo favorable a la investigación histórica en general, y en Historia de la Psicología en particular.

En lo que respecta a la contribución de los grandes hombres, también debiéramos mencionar algunas figuras destacadas que desempeñaron un importante papel en el desarrollo institucional de nuestra disciplina. Entre ellas ocupa el lugar principal, Robert I. Watson, autor de numerosos trabajos historiográficos y uno de los artífices de la consolidación de la Historia de la Psicología como especialidad. En cierto modo podemos considerar que con él se inicia propiamente su proceso de institucionalización. Varios trabajos, suyos y de otros, dan cuenta de su importante labor (Brozek y Evans, 1977; Brozek y León, 1983; Hilgard, Leary y McGuire, 1991; Benjamin, 1992).

En palabras de Evans (1982, p. 93), «*su mayor contribución a la Historia de la Psicología es con toda probabilidad la de fundador y organizador. Muchas de las instituciones y marcos profesionales en el movimiento de la Historia de la Psicología son un producto de Bob Watson*». En 1982, tras su fallecimiento, se le dedicó un número de la revista *Journal of the History of the Behavioral Sciences* (Vol. 18, n° 4), con el significativo título de «Robert I. Watson y el desarrollo de la Historia de la Psicología» (*Robert I. Watson and the Development of the History of Psychology*), en el que se detallan las variadas y significativas tareas que realizó en este sentido: 1) sus contribuciones intelectuales a la Historia de la Psicología (Brozek, 1982); 2) su participación en la creación de la División 26 (Historia de la Psicología) de la A.P. A. (Hilgard, 1982); 3) su participación en la creación de los Archivos de Historia de la Psicología norteamericana (Popplestone y McPherson, 1982); 4) su participación en la creación del programa de doctorado en Historia de la Psicología de la Universidad de New Hampshire (Evans, 1982); 5) su colaboración en la creación de la *International Society for the History of Behavioral and Social Sciences* (Goodman, 1982); 6) su destacada participación en la fundación del *Journal of the History of the Behavioral Sciences*. Veamos cómo fue sucediendo todo ello.

Desde que en 1960 publicara su famoso trabajo «La Historia de la Psicología: Un área olvidada» (*The history of psychology: A neglected area*), mencionado anteriormente, Watson nunca dejó de pronunciarse en favor de la profesionalización del historiador de la Psicología y de la necesidad de una mayor implicación del mismo en la vida académica en general (Watson, 1960, 1966, 1967b, 1972, 1975). La especialización del historiador, tal y como ya lo anunció Watson en sus primeros trabajos (Watson, 1960, 1966), vendría de la mano de una historiografía próxima a la historia de otras ciencias, de naturaleza explicativa e interpretativa, sensible al contexto social y cultural específico en que surgen las teorías, y abierta a la reinterpretación en función de los intereses del presente (Watson, 1967b, 1975).

Al igual que Boring había hecho con el *Zeitgeist*, Watson también elaboró su propio modelo historiográfico, basado en el concepto de prescripción, que aplicó a la Historia de la Psicología (Watson, 1967a, 1971a,b, 1975, 1979, 1980). Para Watson «*esta teoría de las prescripciones es más que un sistema clasificatorio, más que un medio conveniente para que un historiador concreto pueda organizar su narración. Estas prescripciones fueron y son parte del equipamiento intelectual de los psicólogos*» (Watson, 1967a, p. 183 de trad. cast.).

En un trabajo posterior, Coan continuaría la labor de Watson dedicada a buscar las dimensiones básicas de la construcción teórica en Psicología. A diferencia de Watson, que parte sin más de unas categorías clasificatorias *a priori*, Coan (1968) aplicó un análisis cuantitativo directo a los autores más representativos de la Historia de la Psicología, escogidos de una escala anterior (Coan y Zagona, 1962), con 34 variables que tenían que ver con el contenido de sus investigaciones (aprendizaje, sensación y percepción, emoción, etc.), el método (introspección, experimentación, estadística, etc.), los supuestos básicos (voluntarismo, determinismo, finalismo y mecanicismo) y el modo de conceptuación (operacionalismo, nomoteticismo, etc.), para tratar de especificar empíricamente las dimensiones que orientan sus trabajos.

Volviendo a nuestro recorrido histórico, el año 1960 fue además el punto de partida de su actividad institucional en los Estados Unidos. A comienzos de año, Watson, junto con D. Bakan y J. C. Burnham, plantearon la posibilidad de un encuentro de discusión de historiadores de la Psicología en el marco de la Convención Anual de la A.P. A. El artículo de Watson de 1960 ayudó a crear el clima adecuado. Al encuentro asistieron veintiséis personas, y otras expresaron su adhesión. Así se constituyó el Grupo de Historia de la Psicología (*History of Psychology Group*), que a partir de entonces mantuvo en contacto y al corriente de las novedades de interés que pudieran producirse a sus miembros a través de un boletín o *Newsletter* (Hilgard, 1982). El grupo se planteó la posibilidad de convertirse en una nueva División dentro de la A.P. A., aduciendo entre otros argumentos la necesidad de un mayor reconocimiento académico por parte del resto de los psicólogos (Watson, l975). El número de miembros necesario para ello se alcanzó en 1965, momento en que se constituyó oficialmente la División 26 de la A.P. A.: Historia de la Psicología (*History of Psychology*).

Paralelamente, también se había iniciado una cierta actividad en un campo afín, la Historia de la Psiquiatría, que acabaría confluyendo con la de este grupo. En 1960 también apareció el *History of the Behavioral Sciences Newsletter*, iniciado por Eric T. Carlson, y apoyado por un Comité de Historia de la Psiquiatría de la *American Psychiatric Association*. Los contactos entre Watson y Carlson suscitaron la propuesta de crear una primera revista especializada. Tras algunos años de gestiones en busca de apoyo, la nueva publicación, aún hoy posiblemente la más importante de esta disciplina, apareció en 1965 con el nombre de *Journal for the History of the Behavioral Sciences*.

Desde su comienzo, la revista se planteó ser un proyecto interdisciplinar, como lo prueba el hecho de que en su Consejo Editorial se dieran cita psicólogos, historiadores, psiquiatras, sociólogos, antropólogos, etc. (Ross, 1982). Manteniendo este carácter plural, es cierto que el peso de la Psicología en dicha publicación ha sido bastante grande, representando un 74.5% en sus primeros trece volúmenes (Tur, Peiró y Carpintero, 1983). Además de ofrecer trabajos originales de gran calidad, la revista incluye bibliografías y reseñas de trabajos recientes, por lo que resulta un útil instrumento de documentación. R. I. Watson fue su editor desde sus comienzos hasta 1974, en que fue relevado por su discípula Bárbara Ross.

El año 1965 fue pródigo en acontecimientos importantes para la Historia de la Psicología: además de la creación de la División y de la revista, en la misma fecha se constituyeron oficialmente los Archivos de Historia de la Psicología Americana *(Archives of the History of American Psychology*, en la Universidad de Akron (Popplestone y McPherson, 1976, 1982), desde entonces bajo la dirección de John Popplestone y Marion White McPherson, respondiendo al interés por salvaguardar materiales no publicados y ampliar el horizonte de la investigación. Hablaremos con más detenimiento de estos archivos en el próximo capítulo, dedicado a las fuentes y recursos documentales en Historia de la Psicología.

En los años siguientes se dieron pasos importantes para la profesionalización de la disciplina. La Universidad de New Hampshire invitó a Watson a organizar un programa de doctorado especializado en Historia de la Psicología, que empezó a funcionar en 1967. Posteriormente se incorporó a dicho programa R. Evans, y después W. Woodward y D. Leary, que fueron mejorándolo con sus respectivas aportaciones (Evans, 1982). Un año después, en el verano de 1968, se llevó a cabo en Durham (New Hampshire) la primera «Escuela de verano de enseñanza de la Historia de la Psicología» (*I Summer Institute on the Teaching of the History of Psychology*), financiada por la *National Science Foundation* y dirigida por otro destacado historiador, Joseph Brozek, también digno de especial consideración.

De origen polaco y formado en Checoslovaquia, Brozek sigue desempeñando actualmente su trabajo en Estados Unidos. Además de su producción propia como historiador, ha investigado y dado a conocer el desarrollo de la Historia de la Psicología en distintas áreas geográficas, como la antigua Unión Soviética, Latinoamerica y España. Un perfil autobiográfico en el que el propio Brozek relata su historia como historiador de la Psicología ha sido publicado hace apenas unos meses en la revista *History of Psychology* (véase Brozek, 1999). La *Revista de Historia de la Psicología* también le dedicó un número monográfico de homenaje (véase, Brozek, l984a), que recoge una autobiografía selectiva.

Dirigida por el propio Brozek, se celebró en l971 la segunda Escuela, emplazada esta vez en la *Lehigh University* de Pensylvania. Al igual que en la anterior hubo entre los ponentes destacados psicólogos e historiadores de la ciencia. La importancia de estos encuentros residió en que proporcionaron una verdadera formación profesional en historia a toda una generación de historiadores, la siguiente, lo que claramente contrastaba con el carácter *amateur* de sus antecesores (véase, Brozek, Watson y Ross, 1969, 1970; Brozek 1984b; Brozek y Schneider, 1973; Watson, 1975).

La primera Escuela de verano derivó además en la creación de la *International Society for the History of the Behavioral and Social Sciences*, denominada también CHEIRON, en recuerdo de un centauro mitológico versado en las artes y las ciencias (Goodman, 1982). La razón para establecer una sociedad independiente de la División 26 era la posibilidad de crear un foro de discusión interdisciplinar, lo cual no era posible en el seno de la A.P.A. En 1968 se constituyó oficialmente la sociedad, y desde entonces ha mantenido encuentros anuales. Estos se caracterizan por una gran flexibilidad en cuanto al intercambio de ideas y trabajos, fomentando el debate y la discusión. Entre sus miembros hay investigadores de distintos continentes, aunque como veremos se han ido creando progresivamente sociedades independientes en Europa y Latinoamérica. A partir de 1974, la CHEIRON también publica su propio boletín: la *CHEIRON Newsletter.*

En conjunto, todos estos eventos sirvieron para estimular una investigación que hasta entonces permanecía relativamente aislada en sus respectivas universidades (Goodman, 1982). También condujo a la creación de medios para dotar a los historiadores de la Psicología de una verdadera formación histórica, necesaria para afrontar una disciplina que, como hemos visto, aunque versa sobre la Psicología no es parte de ella ni puede aplicar sin más sus métodos. Finalmente, contribuyó a tomar conciencia de la importancia de las fuentes históricas, publicadas y no publicadas, tanto en lo referente a la salvaguarda y custodia del material ya existente, como de materiales actuales pensando en futuras investigaciones. En la década de los ochenta, la vieja aspiración de R.I. Watson, que moriría en 1982, se había cumplido: hacer de la Historia de la Psicología una especialidad académica. El desarrollo institucional y profesional iniciado en los EE.UU no tardaría en llegar a Europa.

3.5. *Institucionalización de la Historia de la Psicología en Europa*

Hasta ahora, nuestra descripción del proceso de institucionalización de la Historia de la Psicología se ha centrado en los Estados Unidos, dado que éste fue el país pionero. Sin embargo, mientras la disciplina se convertía allí a lo largo de los años 60 en una especialidad académica bien asentada, también se producían importantes esfuerzos de este tipo en Europa, gracias al contacto institucional entre investigadores procedentes de distintos ámbitos geográficos y su participación activa en investigaciones, publicaciones especializadas, congresos y otras actividades de organización.

Existen numerosos trabajos publicados sobre la institucionalización de la Historia de la Psicología en distintos lugares del mundo (Ardila, 1980; Brozek, 1973a, 1973b, 1974a, 1974b, 1983; Jue-Fu, 1984; Kodama, 1984; Laver, 1977; León, 1982; Turtle, 1986; Turtle y Blowers, 1984). Dado que una revisión exhaustiva sería imposible, nos limitaremos al ámbito europeo, no sin antes mencionar la creación de la Sociedad Latinoamericana de Historia de la Psicología (CHEIRON-Latinoamerica), y su órgano de difusión, el *Archivo Latinoamericano de Historia de la Psicología y Ciencias Afines*, creado en 1988, y en el que colaboran investigadores castellanoparlantes, además de otros autores europeos.

Ya en Europa, la Historia de la Psicología comenzó a desarrollarse en los años 70 en algunos países como Italia, Alemania o Inglaterra, aunque habría que esperar a la década de los 80 para que estos esfuerzos se coordinaran. La creación de la *CHEIRON-Europe* tuvo lugar en 1982, en un encuentro celebrado en Amsterdam. Desde entonces, esta sociedad ha mantenido una reunión anual, a finales del mes de Agosto y principios de Septiembre, que han tenido su sede en Heidelberg, Roma, París, Varna, Brighton, Budapest, Göteborg, Weimar, Madrid, Groningen, Poznan, Passau, Leiden, Budapest/Szeged y Durham. El decimoctavo y último encuentro celebrado hasta la fecha, tuvo lugar el mes de Septiembre de 1999 en Florencia, Italia, organizado por el Departamento de Psicología de la Universidad de Florencia. Teniendo como lenguas oficiales de sus actividades el inglés, el francés y el alemán, el objetivo de la sociedad y de estas reuniones es promover el avance de la historiografía de las ciencias humanas en el más amplio sentido, lo que quiere decir que aunque la Psicología ocupe un lugar central, no es la única disciplina cultivada, sino que también se incluyen la Pedagogía, la Sociología, la Antropología, las Ciencias Políticas, la Lingüística y las áreas relacionadas de la Biología, Historia y Filosofía. Con el fin de reflejar esta realidad, en 1996 la sociedad cambió de hecho su nombre: denominada hasta ese momento *European Society for the History of the Behavioural and Social Sciences (CHEIRON)*, pasó a llamarse *European Society for the History of the Human Sciences (ESHHS)*. Entre sus miembros se cuentan investigadores de numerosos países europeos, incluyendo españoles, e incluso algunos norteamericanos. El contacto y comunicación se garantiza mediante un boletín, el *ESHHS Newsletter*, (hasta 1996 *Cheiron Newsletter*) de publicación semestral.

En cuanto a la evolución de la Historia de la Psicología por países, existen algunos trabajos sobre áreas específicas (Brozek y Dazzi, 1977; Pongratz, 1980). Un buen resumen general lo ofrece igualmente Quintana (1991). Por nuestra parte, conscientes de que una revisión más detallada por países excedería nuestros propósitos, nos limitaremos a considerar con mayor detenimiento los hitos principales del desarrollo institucional de la Historia de la Psicología en nuestro país, proceso con el que nos sentimos comprometidos y del que, de un modo u otro, formamos parte activa.

4. ORIGEN Y DESARROLLO DE LA HISTORIA DE LA PSICOLOGÍA EN ESPAÑA

En España, el origen y desarrollo histórico de la Historia de la Psicología transcurre paralelo al de la Psicología en general. El proceso de institucionalización de la disciplina, por otra parte, tampoco fue ajeno al del resto de Europa, aunque lógicamente presenta, como en otros países, sus rasgos propios y diferenciales. Los momentos decisivos en dicho proceso y con mayor repercusión para el asentamiento de la Historia de la Psicología como especialidad académica se constatan a partir de la década de 1980, aunque también podríamos ampliar la perspectiva histórica y remontarnos mucho más atrás en el tiempo.

Procediendo en este sentido, las primeras obras históricas las encontraríamos a finales del siglo XIX y principios del XX, unidas al esfuerzo de algunos intelectuales por introducir en España la Psicología científica que se estaba haciendo en otros países europeos. A finales del siglo pasado fue publicada la obra de González Serrano (1880), que podría considerarse como el primer trabajo de importancia historiográfica. En el siglo XX, durante los años 20 y 30, destacarían J. V. Viqueira, formado con G. E. Muller y W. Wundt, y autor del libro *La Psicología contemporánea,* donde revisaba los desarrollos dentro y fuera de nuestras fronteras (Viqueira, 1930), y el Padre M. Barbado, que escribió en 1928 una Historia de la Psicología experimental reeditada en 1942 (Barbado, 1928). Otra muestra del interés por la Historia de la Psicología en este periodo es la existencia de traducciones muy tempranas de obras de este tipo, como la de Ribot sobre la Psicología inglesa (Ribot, 1877) y la historia de Mercier (1901) (León y Brozek, 1980).

Lamentablemente, la Guerra Civil truncó cualquier posible desarrollo ulterior, no sólo por el conflicto bélico en sí, sino también porque la ideología del nuevo régimen obligó a exiliarse a muchas de las figuras más relevantes para la Psicología del momento, como Emilio Mira, Rodríguez Lafora o Angel Garma, a la vez que impuso un enfoque filosófico neoescolástico a la Psicología que se impartía en los centros de enseñanza (Carpintero, 1984; Tortosa y Carpintero, 1980). Sin embargo, un grupo de investigadores agrupados en torno a J. Germain, entre los que se encontraban M. Yela, J. L. Pinillos o M. Siguán, lograrían restaurar poco a poco la tradición de una Psicología científica receptiva a lo que se hacía en el extranjero.

Paulatinamente se fueron creando cauces para la reimplantación de la disciplina. Se creó un Departamento de Psicología Experimental en el Consejo Superior de Investigaciones Científicas (C.S.I.C.), así como los Institutos de Psicología Aplicada de Madrid y Barcelona, que continuaron la rica tradición psicotécnica española anterior a la contienda. Aparecieron instrumentos para la comunicación científica, como la *Sociedad Española de Psicología* (creada en 1953) o la *Revista de Psicología General y Aplicada*. En 1968 reapareció el *curriculum* psicológico en la Universidad, con el precedente de una Escuela de Psicología ya existente en Madrid, y a partir de 1980 empezaron a establecerse Facultades de Psicología, en un proceso que dura hasta hoy.

La Historia de la Psicología también participó en este proceso de reimplantación. Aunque su expansión y consolidación como disciplina se producirá en la década de los 80, su implantación como asignatura obligatoria en los planes de estudios universitarios de Psicología creados a partir de 1968, la existencia de un contexto cultural favorable y el deseo explícito de los psicólogos españoles por recuperar la tradición de la Psicología científica tras la ruptura provocada por la guerra, sirvieron para impulsar la especialización en este campo.

Desde la primera generación de psicólogos científicos pudo constatarse un cierto interés por la Historia de la Ciencia y por la Historia de la Psicología (Pinillos, 1962; Pinillos, López Piñero y García Ballester, 1966; Siguán, 1981, 1991; Caparrós, 1979, 1980b, 1984a; Carpintero, 1978, 1987; Quintana, 1985; Rodríguez, 1984), así como una actividad institucional progresivamente creciente (véase, por ej. Quintana, 1991, Carpintero y Lafuente, 1991, Tortosa, Calatayud y Redondo, 1991) que contribuyó a promover dicho interés y el contacto entre especialistas, estimulando en general el crecimiento de la disciplina.

Tal vez los dos momentos más significativos en su evolución histórica hayan sido la fundación en 1980 de la primera revista española especializada en Historia de la Psicología, la *Revista de Historia de la Psicología (R.H.P.)*, y la creación en 1988 de la *Sociedad Española de Historia de la Psicología (S.E.H.P.)*.

El primer número de la *Revista de Historia de la Psicología* fue publicado en 1980, por el entonces Departamento de

Psicología General de la Universidad de Valencia, bajo la dirección del profesor Heliodoro Carpintero y contando con José Mª Peiró como codirector. Desde su nacimiento se convirtió en el órgano principal de comunicación de los historiadores de nuestro país, sin que su publicación se haya visto interrumpida desde entonces. En 1982 se abrió a la publicación de artículos en inglés, dando así salida a la creciente producción de trabajos de corte histórico hasta entonces acogidos por revistas como la *Revista de Psicología General y Aplicada*, el *Anuario de Psicología, Estudios de Psicología* o *Análisis y Modificación de Conducta* (Tortosa, Calatayud y Redondo, 1991), y permitiendo que las nuevas generaciones de historiadores españoles se familiarizaran con los problemas de la historiografía internacional. En sus páginas pueden leerse trabajos de reconocidos historiadores de todo el mundo, lo que hace de ella puente de unión y comunicación bidireccional, fomentando el conocimiento del estado de la disciplina en el exterior, y permitiendo al mismo tiempo a los historiadores españoles proyectarse fuera de nuestras fronteras.

Desde 1991 la *Revista de Historia de la Psicología (R.H.P.)* es el órgano oficial de expresión de la *Sociedad Española de Historia de la Psicología*, y viene publicando puntualmente las *Actas* de sus reuniones, celebradas con periodicidad anual. Las Actas de la primera reunión fueron publicadas por Rosa, Quintana y Lafuente (1988), y a partir del *II Symposium* organizado por esa entidad, por la propia *Revista de Historia de la Psicología*. También han aparecido, desde entonces, los *Boletines Informativos* de las actividades de la Sociedad, tradicionalmente editados por la Universidad organizadora de cada reunión anual, y desde el décimo aniversario de la Sociedad por Enrique Lafuente y Jose Carlos Loredo, de la U.N.E.D.

La *Sociedad Española de Historia de la Psicología (S.E.H.P.)* se constituyó oficialmente en 1988, pero contaba ya con ciertos antecedentes. El proyecto venía gestándose desde la *Reunión Internacional de Psicología Científica*, celebrada en Alicante en 1981 (Carpintero, 1983). En 1985 tuvo lugar un primer encuentro científico dedicado en exclusiva a la Historia de la Psicología, organizado por S. Rodríguez, de la Universidad de Salamanca (Rodríguez, 1985). En él se analizaron, fundamentalmente, los problemas teóricos y metodológicos de la disciplina.

La necesidad de regularizar el contacto entre los historiadores animó a J. Quintana y A. Rosa de la Universidad Autónoma de Madrid, y a E. Lafuente de la U.N.E.D. a convocar a historiadores de la Psicología de las distintas universidades a una primera reunión. Esta se celebró en enero de 1987 en la Universidad Autónoma de Madrid, y allí se escribió un primer borrador de los estatutos que iban a regular las directrices de la futura S.E.H.P. , llegándose a importantes acuerdos: constituirse como *Grupo de Trabajo en Historia de la Psicología* y editar un boletín que sirviera de enlace; estudiar la posibilidad de constituirse en sociedad científica; y convocar un I Symposium para el año siguiente (para una detallada historia de la S.E.H.P. , véase Quintana, 1991).

Este *I Symposium de Historia de la Psicología* tuvo lugar también en la U.A.M., en 1988. Su contenido científico marcó la pauta que seguirían los siguientes encuentros: incluía varias sesiones monográficas, una de las cuales, a sugerencia de J. L. Pinillos, se dedicaría a la Historia de la Psicología española, así como la presentación de otros materiales (vídeos, y más tarde posters). Fue en este momento cuando se creó oficialmente la S.E.H.P. : se aprobaron sus estatutos, y se nombró una Comisión Gestora, posteriormente reelegida como Junta de la Sociedad, compuesta por H. Carpintero (presidente), A. Caparrós, J. Mª. Gondra, E. Quiñones y J. Quintana. Desde entonces (1988) se ha venido produciendo un encuentro anual de la Sociedad, siendo los siguientes en Torrente (Valencia), Sitges (Barcelona), Sevilla, San Sebastián, Salamanca, La Manga (Murcia), Palma de Mallorca, Marbella (Málaga), Madrid, Barcelona y Almagro (Ciudad Real), organizados por sus correspondientes universidades.

En estos doce años de vida, la S.E.H.P. se ha consolidado y no ha parado de crecer en número de socios, en asistentes a las reuniones, en la cantidad y calidad de las comunicaciones presentadas, etc. En su trayectoria la S.E.H.P. ha tenido, como ordenan los estatutos, cuatro *Juntas Directivas* que, con toda normalidad democrática, se han sucedido en la dirección de la *Sociedad*: la primera, elegida en el congreso de Madrid (1988), estaba formada por H. Carpintero (Presidente), A. Caparrós (Vicepresidente), y tres Vocales: J. Mª Gondra, E. Quiñones y J. Quintana; la segunda tomó el relevo en el encuentro de San Sebastián (1992), con A. Caparrós de Presidente y formando su equipo J. Mª Gondra, F. Tortosa, J. Quintana y G. Ruiz; la tercera Junta, elegida en el congreso de Palma de Mallorca (1995), amplió a cinco el número de vocalías, siendo sus miembros F. Tortosa (Presidente), G. Ruiz, A. Rosa, F. Gabucio, E. Lafuente, M. Sáiz y J. A. Vera; la actual Junta Directiva tomó el relevo tras el Congreso de Barcelona (1998), siendo elegido como cuarto presidente de la Sociedad José Mª Gondra y contando como miembros de la Junta con M. Sáiz (Vicepresidenta), A. Rosa (Secretario), F. Gabucio (Tesorero) y E. Lafuente, Mª. V. Mestre y S. Rodríguez (Vocales).

El *XIII Symposium* de la S.E.H.P. se celebrará en Valencia del 4 al 6 de mayo de 2000, organizado por nuestro equipo del Departamento de Psicología Básica de la Universidad de Valencia, tal y como fue aprobado por la Asamblea en su última reunión (Almagro, 1999). El Comité Organizador del Congreso ha estado integrado por los autores de este libro, contando además con la colaboración de Julia Osca, del Instituto de Historia de la Ciencia y Documentación López Piñero, del Consejo Superior de Investigaciones Científicas (C.S.I.C)-Universidad de Valencia. Bajo el lema *«El papel de la Historia en la construcción de una Psicología para el nuevo milenio»*, el Congreso reunirá a más de un centenar de especialistas cuyas comunicaciones han sido organizadas en distintas mesas, todas ellas directamente relacionadas con la temática propia de la Historia de la Psicología. Está prevista la presentación de más de 60 trabajos, en torno a los siguientes temas de discusión: (1) Historiografía, Modernidad y Postmodernidad; (2) Historia de la Psicología Española; (3) Procesos Cognitivos; (4) Ciencia, Tecnología y Aplicaciones; (5) Temas Libres; (6) Historia del Psicoanálisis. Centenario de *La interpretación de los sueños*; (7) Historia en el ámbito de la Motivación y Emoción. También se contará con la participación de colegas extranjeros, entre los que actuarán, en calidad de conferenciantes, los profesores Marc Richelle, Profesor emérito de la Universidad de Lieja (Bélgica), Helmut E. Lück, Profesor de la Universidad a Distancia de Hagen (Alemania), y Luciano Mecacci, Profesor de la Universidad de Florencia (Italia). Sus conferencias llevan los sugerentes títulos de «*El renacimiento de la conciencia, olvidos y omisiones en la Historia de la Psicología*», «*Historia de la Psicología alemana tras la Segunda Guerra Mundial*», y «*La metáfora de la mente como espacio en la Historia de la Filosofía, de la Psicología y de la Neurociencia*», respectivamente. Procurando que el evento coincida con la presentación de este libro, ultimamos las tareas de organización, esperando ilusionados esta nueva ocasión de reunir en nuestra ciudad a los historiadores españoles de la Psicología, por lo demás en una fecha tan emblemática como es el año 2000.

Los historiadores de la Psicología españoles tampoco hemos descuidado nuestro propio pasado. La S.E.H.P. mantiene desde su constitución una sección temática dedicada a la Historia de la Psicología Española, a la que año tras año concurren numerosos trabajos. Este esfuerzo queda reflejado además en obras como el libro de Carpintero (1994), *Historia de la Psicología en España*, la obra colectiva, editada por M. Sáiz y D. Sáiz (1996), *Personajes para una Historia de la Psicología en España*, o el más reciente editado por Florentino Blanco (1997) *Historia de la Psicología española desde una perspectiva socioinstitucional*. También dignos de mención son el reciente volumen conmemorativo del décimo aniversario de la fundación de la *Sociedad Española de Historia de la Psicología*, editado por nuestros colegas de la Universidad Autónoma de Madrid J. Quintana, A. Rosa, J. A. Huertas y F. Blanco (1997) *La incorporación de la Psicología científica a la cultura española. Siete décadas de traducciones (1868-1936)*, y el disco compacto para ordenador complementario del anterior libro-catálogo, publicado hace tan sólo unos meses (véase, A. Rosa, J. Quintana, J. A. Huertas y F. Blanco, 1999). Siguiendo con material audiovisual, también conmemorativo es el vídeo sobre la historia de la S.E.H.P. editado por el *Archivo y Seminario de Historia de la Psicología de la Universidad Autónoma de Barcelona* bajo la dirección de D. Sáiz y M. Sáiz, con motivo de su décimo aniversario: *La Sociedad Española de Historia de la Psicología (1988-1998)*. Estas y otras muchas muestras bibliográficas, son sin duda reflejo de la buena salud de la que goza esta disciplina en nuestro país.

En lo que respecta a la docencia universitaria, buena parte de las universidades españolas están inmersas en los procesos de reforma de los Planes de Estudios de Psicología, lo que ha obligado a replantear los programas y métodos docentes de la asignatura, así como su ubicación en el *curriculum* psicológico. Más allá del estímulo de renovación que ello pueda suponer, la Historia de la Psicología ocupa una posición sólida, como materia troncal, teniendo garantizada su continuidad. Su presencia también es notable en los estudios de tercer ciclo, existiendo cursos especializados de Historia en los programas de doctorado de las distintas universidades españolas, a la espera de poder crear un Programa de Doctorado específico.

En lo relativo a la investigación, abundan las temáticas y planteamientos, revelándose como un área fecunda con un futuro prometedor. Los grupos de trabajo se consolidan en torno a las cátedras de Historia de la Psicología en las principales universidades españolas, con un notable crecimiento tanto cuantitativo como cualitativo en el trabajo historiográfico. En Valencia, bajo la dirección de Francisco Tortosa, se asienta día a día un grupo de jóvenes investigadores que viene desarrollando en los últimos años una línea de investigación histórica muy sensible a los desarrollos más recientes de la historiografía crítica contemporánea. Además de las relaciones con historiadores y grupos de investigación nacionales, mantenemos relaciones institucionales con distintas sociedades internacionales, universidades y centros extranjeros de investigación en Historia de la Psicología, habiendo participado habitualmente en las principales reuniones científicas dentro y fuera de nuestro país a lo largo de esta última década. Parte de este trabajo se ha visto recompensado con la reciente publicación del manual *«Una Historia de la Psicología moderna»* (Tortosa, 1998), en el que han participado 38 especialistas de 17 universidades diferentes, siete de ellas extranjeras, coordinados por Francisco Tortosa. Por lo demás, miramos al futuro con optimismo. La organización del *XIII Symposium de la S.E.H.P.* ha sido nuestro último reto, sin olvidar este mismo trabajo, y sin querer obviar el decisivo impulso que está significando el asentamiento definitivo en el mundo académico de los más jóvenes de nosotros.

5. LA HISTORIA DE LA PSICOLOGÍA EN LA ACTUALIDAD

A lo largo de su desarrollo histórico e institucionalización como disciplina académica y especialidad profesional, la Historia de la Psicología ha experimentado tanto un crecimiento cuantitativo como una transformación cualitativa. Cuando Watson publicó su artículo en defensa de la Historia (Watson, 1960), no reivindicaba tan sólo el rescatarla del olvido, sino también una nueva manera de entender la investigación histórica. Por una parte, debía tratarse de una investigación científica rigurosa, además de profesional, fundamentada en el conocimiento de la teoría y el método histórico, y contextualizada en la Historia general de las ciencias. Por otra, más allá de las ideas científicas, debía ser sensible a lo que hemos caracterizado como la dimensión externa del saber, y en general a las nuevas concepciones de la ciencia y del conocimiento científico implícitas en la epistemología moderna.

Desde este trabajo original, han sido muchas las publicaciones de corte epistemológico sobre la actividad científica del historiador de la Psicología. Como ejemplo, podríamos citar, entre otros muchos, los trabajos de Woodward, 1980; Brozek y Pongratz, 1980; Blas Aritio, 1980; Caparrós, 1980b, 1984b; Eckardt y Sprung, 1983; Tortosa, Mayor y Carpintero, 1990; Rosa, Huertas, Blanco y Montero, 1991; o Lück y Miller, 1991. Esta reflexión crítica sobre la propia actividad historiográfica y sus fundamentos científicos, ha contribuido de forma gradual a una renovación en la forma de hacer y entender la Historia de la Psicología, haciendo realidad la vieja aspiración de Watson y promoviendo el desarrollo de la disciplina en nuevas direcciones.

Los nuevos desarrollos, característicos de la investigación desplegada en nuestro campo en las dos últimas décadas, apuntan a una mayor diversificación y sofisticación en los métodos y teorías, y a una historia crítica, muy distinta de las anteriores historias presentistas, caracterizadas por la función legitimadora a que antes hacíamos referencia. En general, las nuevas tendencias tratan de superar las historias tradicionales supliendo algunas de sus insuficiencias (Hilgard, Leary y McGuire, 1991). Concretamente, éstas tienen que ver con tres cuestiones básicas que consideraremos a continuación: a) sus concepciones epistemológicas; b) sus planteamientos descriptivos; y c) su carácter *amateur*.

En primer lugar, las concepciones epistemológicas de las historias tradicionales quedaron desfasadas con los planteamientos derivados de la nueva Filosofía de la Ciencia. En este sentido, las tendencias actuales en la historiografía contemporánea tratan de corregir ciertas interpretaciones erróneas de las historias precedentes, y en concreto, su representación unidimensional de la ciencia, exclusivamente centrada en las ideas (Grunwald, 1984), y su concepción lineal del progreso científico como un proceso acumulativo, culminante en el estado actual.

En segundo lugar, las historias tradicionales se mantenían en un plano meramente descriptivo, limitándose a relatar hechos, sin plantearse la dinámica del cambio científico (Blas Aritio, 1980; Caparrós, 1980b). Frente a ello los historiadores contemporáneos tratan de alcanzar un nivel de explicación histórica, buscando causas y razones en la evolución de la ciencia. Para ello, en sus reconstrucciones del pasado científico, trabajan con hipótesis, partiendo de modelos explicativos sobre el cambio histórico y el progreso de la ciencia, y formulan interpretaciones susceptibles de contrastación y revisión. También aquí, como vimos en el capítulo precedente, la Filosofía y la Historia de la Ciencia han contribuido a la renovación historiográfica, proporcionando nuevos marcos de interpretación.

En tercer lugar, de acuerdo con nuestra exposición precedente, las historias tradicionales de la ciencia en general, y de la Psicología en particular, han estado escritas por científicos, o en concreto psicólogos, sin una formación específica en las técnicas y métodos de trabajo e investigación histórica. De ello derivaban ciertas insuficiencias que la historiografía contemporánea también ha tratado de suplir, como por ejemplo la utilización exclusiva de fuentes publicadas de información histórica, el excesivo apoyo en fuentes secundarias, la selección y tratamiento acrítico de las fuentes, la asunción también acrítica de ciertas concepciones e interpretaciones históricas heredadas, o la falta de rigor metodológico en la comprobación de los datos y referencias, junto a otras cuestiones formales (Danziger, 1984; Bagg, 1972; Brozek, 1970; Littman, 1976; Sokal, 1985; Samelson, 1985). Frente a todo ello, la historiografía contemporánea aboga, en definitiva, por un trabajo científico, riguroso, en una palabra: profesional. Esta necesidad de profesionalización es la que en última instancia ha estimulado el acercamiento entre historiadores de las ciencias, contribuyendo a la creación de un marco conceptual común y criterios consensuados de investigación, tal y como hemos querido reflejar en el planteamiento general de este capítulo.

Motivada por esta misma necesidad, la historiografía contemporánea también subraya la importancia de la documentación científica y de una investigación histórica apoyada convenientemente en las fuentes y recursos documentales adecuados. Entre ellos se ha revalorizado el empleo de fuentes primarias y materiales de archivo, así como la propia creación de nuevas fuentes y archivos históricos, los cuales serán objeto de una exposición más detallada en nuestro próximo capítulo, dedicado a los recursos documentales en Historia de la Psicología. Furumoto (1989, p. 16) lo expresaba con las siguientes palabras: «*La nueva historia utiliza fuentes primarias y documentos de archivo, en lugar de fuentes secundarias que pueden conducir a la transmisión de anécdotas y mitos de una generación a la siguiente. Y finalmente, la nueva historia intenta introducirse en el pensamiento de un periodo para ver los problemas tal y como se apreciaban en aquel momento, en lugar de buscar los antecedentes de las ideas actuales o escribir la historia hacia atrás desde el presente estado de la disciplina*».

También se insiste en el análisis y tratamiento crítico de las fuentes, lo que ha hecho que en ocasiones, las nuevas tendencias en la historiografía contemporánea se hayan agrupado bajo una denominación común con el nombre de «historiografía crítica» (véase, p. ej. Ash, 1983; Danziger, 1984; Tortosa, Mayor y Carpintero, 1990; Woodward, 1980). En cualquier caso, el concepto de historiografía crítica debiera entenderse en varios sentidos, tal y como señala el historiador canadiense Kurt Danziger (1984), uno de los principales representantes y defensores de esta corriente historiográfica contemporánea, en un artículo publicado en nuestra *Revista de Historia de la Psicología* en 1984, titulado «Hacia un marco teórico para una historia crítica de la Psicología» (*Towards a conceptual framework for a Critical History of Psychology*).

En primer lugar, según el autor, con el término se quiere dar a entender la cientificidad y profesionalidad del trabajo histórico, haciendo referencia más específicamente al rigor en la selección, interpretación e integración de los datos. Por otra parte, el término implica un posicionamiento crítico con respecto a tres cuestiones básicas: (1) la autoridad de las fuentes tradicionales, considerando que sus interpretaciones pueden estar sesgadas, y dichos sesgos ser transmitidos a generaciones posteriores; (2) los propios supuestos de partida y compromisos teóricos e ideológicos del historiador, debiendo ser consciente de que afectan necesariamente a su trabajo y se refleja en los resultados del mismo. (3) la propia disciplina historiada y su estado actual, en este caso la Psicología, siendo conscientes de que no hay que dar por supuesto que lo presente es mejor que lo anterior, o que el desarrollo ha sido siempre progresivo, sin que ello implique un rechazo de lo actual, sino el reconocimiento de su carácter relativo y no absoluto.

En segundo lugar, Danziger (1984) aún interpreta el significado del término en otro sentido complementario, más estricto, que da a entender un fuerte compromiso con una determinada concepción de la ciencia y de su dinamismo. Como expusimos en el apartado correspondiente a los modelos historiográficos en el capítulo 2, semejante enfoque implica considerar a la ciencia, a sus productos y a los propios científicos dentro del marco social, que es el que marca sus intereses (es decir, las necesidades a las que responder), el horizonte intelectual en el que se moverán sus teorías, e incluso las relaciones sociales que se establecerán entre sus miembros, bajo la convicción de que la ciencia, como cualquier actividad humana, es una construcción social, y como tal no puede ser comprendida fuera de este marco.

Las características diferenciales de la historiografía crítica desde este otro punto de vista también se indican en el trabajo de 1984, siendo luego reelaboradas en el libro «Construyendo el sujeto» (*Constructing the subject*) del propio Danziger (1990a), el cual representa, por lo demás, la consolidación de su programa historiográfico (véase además Danziger 1979a,b, 1985, 1987a,b, 1990b). Serían las siguientes: (1) se niega el naturalismo simplista que concibe a los objetos psicológicos como cosas que están ahí para ser analizadas sin más; atención, sensación, percepción, sujeto experimental, paciente, etc., son objetos psicológicos que emergen por razón de la propia actividad investigadora de los psicólogos; los objetos psicológicos, como cualquier objeto científico, son producto de una construcción humana; (2) los objetos psicológicos no sólo son producto de una construcción humana, sino que son objetos socialmente construidos; los objetos psicológicos, a diferencia de cualquier otro objeto científico, están condicionados desde su origen por el patrón social en que se generan: la relación investigador-sujeto experimental es social desde el mismo inicio; y (3) los objetos psicológicos no son el resultado de la aplicación individual de una lógica abstraída de los intereses sociales; la misma existencia de una comunidad de expertos justifica la aceptación de un sujeto colectivo como el agente real de la producción de los conocimientos psicológicos.

Para Danziger la Psicología siempre ha consistido en una construcción de objetos psicológicos, siendo éstos el producto de una interacción sujeto/objeto socialmente contextualizada. Frente a la historiografía tradicional, que reduce la investigación psicológica a la estricta aplicación de unas reglas de investigación o métodos concretos que deben ser utilizados correctamente por los psicólogos individuales, Danziger considera la investigación como una dimensión que incluye todos los aspectos sociales que intervienen en la producción del conocimiento psicológico: instituciones, tradiciones, etc.

Por encima de los investigadores individuales, una explicación histórica ha de considerar la tradición intelectual y social a la que pertenecen, aunque no se trata de que lo social o externo influya en lo intelectual o interno, puesto que ambos aspectos son inseparables: «*El objeto de una historia crítica no consiste en cuerpos inertes sino en actividades humanas en las que los aspectos social e intelectual son inseparables. Las actividades que constituyen a los objetos psicológicos son igualmente sociales e intelectuales. En el mismo acto de generar cierto contenido cognitivo se están reproduciendo formaciones sociales particulares y anticipando los intereses de grupos definidos*» (Danziger, 1984, p. 105).

La unidad de análisis más adecuada la encontró Danziger en la práctica investigadora, que según él es donde se generan los objetos psicológicos. Al hablar de «práctica científica» quiere dar a entender que no existen objetos psicológicos independientes de la propia actividad teórica y práctica de los psicólogos. En otras palabras, los «objetos psicológicos» no son algo natural, preexistente a la actividad de los psicólogos, sino que son objetos construidos, del mismo modo que los hechos científicos, como explicamos en su momento, son hechos, es decir, fabricados. Como construcciones sociales, los objetos psicológicos sólo pueden comprenderse investigando el contexto histórico en que se originaron.

La historiografía crítica vendría a resumir las principales tendencias de la investigación actual en la Historia de la Psicología, aunque ésta, como la propia ciencia, es una realidad histórica permanentemente inmersa en un proceso dinámico de evolución y cambio, que sin duda seguirá deparando novedades y sorpresas en el nuevo milenio. Los historiadores de la Psicología siguen acercándose día a día a los colegas de la Historia de la Ciencia y de la Historia general, en un enriquecedor proceso de intercambio mutuo de intereses y experiencias, gracias a lo cual la presencia y consideración de la historiografía de la Psicología está siendo progresivamente mayor en foros nacionales e internacionales de discusión en el ámbito de las ciencias humanas, en el que Psicología e Historia comparten un lugar común.

En cualquier caso, la nuestra es hoy por hoy una especialidad consolidada y una disciplina académica seria, tal y como refleja la cita de Edward H. Carr (1961) con la que iniciábamos la segunda parte de este libro. Al escribir aquellas líneas, el historiador británico quería borrar la imagen de la historia que según él tenían algunos, al concebirla como una especie de colector en el que confluían los que encontraban demasiado difíciles los clásicos y demasiado serias las ciencias. Por nuestra parte, estamos convencidos de que en el umbral del siglo XXI esta falsa apariencia sólo pertenece al pasado: los historiadores de la Psicología desarrollan investigaciones científicas rigurosas y mejoran día a día la calidad de las mismas; tienen mayor fe en lo que hacen y en la importancia de lo que hacen; comprenden mejor la identidad de sus metas, y son conscientes de que hoy por hoy el suyo es un campo de interés, esforzándose por que así sea reconocido.

Por otra parte, más allá de la afiliación formal a las ciencias históricas, la Historia de la Psicología contribuye al conocimiento psicológico. Los historiadores de la Psicología son hoy en día científicos, que como cualquier otro historiador, o como cualquier otro científico, contribuyen con su estudio respectivo al progreso en general, y en particular al conocimiento, comprensión y control del ser humano y de su mundo, y del modo en que ambos se afectan mutuamente. No en vano elegimos como lema del *XIII Symposium de la S.E.H.P.* «*El papel de la historia en la construcción de una Psicología para el nuevo milenio*». Como historiadores de la Psicología estamos seguros, por muchas y diversas razones mencionadas a lo largo de las páginas precedentes, de que éste es nuestro presente, y también nuestro futuro.

CAPÍTULO 5
LA DOCUMENTACIÓN EN HISTORIA DE LA PSICOLOGÍA

La ciencia es una empresa pública, y en ello estriba precisamente su verdadero sentido y razón de ser. Los científicos investigan para obtener conocimiento, pero deben transmitir los resultados de sus investigaciones haciendo del mismo algo público y colectivo. Por esta razón siempre han buscado cauces que hicieran posible la comunicación y agilizaran la transmisión de conocimientos. La publicación tradicional en forma de libro, y fenómenos más recientes como la aparición de las revistas científicas o de las publicaciones de resúmenes, constituyen una muestra de ello. En el mundo de la ciencia la comunicación se materializa en documentos, los cuales se constituyen de este modo en fuentes de información y conocimiento científico.

De la mano de las nuevas tecnologías, también hemos sido testigos en los últimos años de una extraordinaria revolución en las comunicaciones, que está introduciendo importantes cambios en nuestra forma de vida y de trabajo. El acceso a la información es cada vez más fácil, permitiendo llegar a una mayor diversidad de fuentes con mayor rapidez y eficacia. Uno de los grandes beneficiarios de esta nueva situación ha sido, sin duda, el colectivo de profesores y alumnos universitarios, quienes día a día vemos cómo nuestras oportunidades de trabajo y formación se ven incrementadas, por ejemplo, con la posibilidad de acceder en pocos minutos a archivos de bibliotecas, institutos, o centros de documentación de prácticamente cualquier lugar del mundo.

En el ámbito científico no se trata de un fenómeno nuevo, ya que el ritmo de crecimiento de este tipo de literatura parece ser una constante que acompaña a la ciencia en su desarrollo (Price, 1973). La información está así instalada en nuestras vidas, ampliando día a día no sólo nuestras posibilidades de trabajo, sino también las de elección. La gran cantidad de información disponible obliga también a seleccionarla, y por esta razón, más que acceder a ella, la prioridad parece ser saberla elegir, interpretar y, en definitiva, hacer un uso adecuado de la misma.

En efecto, prácticamente sobre cualquier tema nos encontramos ante una multiplicidad de puntos de vista, en ocasiones contradictorios, que fomentan actitudes y comportamientos dispares y convierten cada toma de decisiones intelectual no sólo en un acto de libertad, sino también en una penosa encrucijada. Cuanta mayor información científica es aprehendida y mayor conocimiento adquirimos, mayor es la sensación de limitación, y más conscientes somos de que la información es incompleta, el conocimiento sólo parcial, y nuestro aprendizaje provisional. En esta tesitura, la separación entre lo correcto y lo incorrecto resulta cada vez más difusa, más trivial y relativa, convirtiéndose en muchos casos en una mera cuestión de perspectiva.

Decíamos en la presentación de este libro, que como profesores universitarios nos sentíamos en la obligación no sólo de informar, sino también de formar, contribuyendo al desarrollo del espíritu crítico de nuestros estudiantes, por encima de la mera transmisión de información. Decíamos allí que, cuanto menos en lo relativo a nuestro ámbito disciplinar y como parte de un proceso educativo iniciado antes del acceso a la universidad, debíamos enseñar a reconocer la información adecuada, a contrastar puntos de vista, a distinguir procedimientos correctos, a opinar con conocimiento y con criterio, a familiarizarse con la pluralidad, y a aprender a escoger en un abanico de opciones en el que no siempre todo vale. No basta, pues, con conocer una bibliografía básica, sino que es necesario saber acceder a las fuentes a través de las cuales se puede identificar y seleccionar la información relevante. De este modo no sólo llegaremos a la bibliografía, sino que además la podremos ir actualizando a medida que ésta vaya quedando obsoleta o las exigencias del mundo académico y de la investigación científica así lo vayan imponiendo.

En el ámbito general de la Historia, y en particular en el de la Historia de la Psicología, el valor de la documentación es doble, ya que no sólo representa una fuente de información y conocimiento científico como en cualquier otra disciplina, sino que además se constituye en objeto de la propia investigación histórica. La noción de documento se hace extensiva a cualquier tipo de material susceptible de proporcionar información sobre el pasado, y la noción de documentación pasa a convertirse en una fase plena de significado en el proceso de investigación del historiador. El conocimiento de las fuentes resulta por ello doblemente esencial, como vía de acceso tanto a la información científica como al conocimiento histórico.

En este capítulo, hablaremos de las fuentes documentales para la docencia e investigación en Historia de la Psicología, contextualizándola en el marco general de la Documentación científica. En primer lugar, a modo de introducción, plantearemos algunas consideraciones de carácter general acerca de la información, comunicación y documentación, presentando ésta como una herramienta auxiliar de la Historia de la Psicología. En segundo lugar, plantearemos algunas reflexiones en torno al concepto de fuente, y en particular al de fuente histórica, clarificando conceptos básicos y definiendo las principales categorías en las que éstas suelen agruparse. Analizaremos entonces las distintas fuentes documentales para la docencia e investigación en Historia de la Psicología, categorizando los principales tipos de recursos, junto con una muestra actualizada de algunos de los más representativos en el ámbito de nuestra disciplina. Finalmente revisaremos la función de los centros y servicios de documentación en la gestión de fuentes bibliográficas, y de los archivos históricos en la de documentos primarios, concluyendo con ciertas consideraciones sobre la accesibilidad a las fuentes y disponibilidad de recursos con las nuevas tecnologías de la información y de la comunicación.

1. LA DOCUMENTACIÓN CIENTÍFICA

Información, comunicación y documentación científica integran, en relación de interdependencia, las llamadas "Ciencias de la Información". La información científica guarda relación con la producción de conocimiento, la comunicación científica con la transmisión de tal información y del conocimiento en ella contenido, y la documentación con el tratamiento y difusión de dicha información. Si producir y transmitir el conocimiento son objetivos de la ciencia, la documentación contribuye a procesarlo y difundirlo, convirtiéndose por ello en un saber auxiliar de la ciencia en general y de la Historia de la Psicología en particular.

El objetivo último de la información de cualquier tipo, no es otro que el de ser transmitida. En la medida en que esto es así, la información debiera ser interpretada en el marco de un proceso de comunicación en el que un mensaje particular es dirigido por un emisor a un receptor, a través de ciertos canales, y en un determinado contexto. La información científica no es sino un tipo específico de información en el que queda reflejado el conocimiento derivado de la investigación. La transmisión de la información y del conocimiento científico podría concebirse, en este sentido, como un proceso de comunicación que permite la difusión e intercambio de descubrimientos e ideas fruto de la investigación.

Tal comunicación puede ir dirigida a todo tipo de públicos, aunque dado el carácter especializado del mensaje informativo suele ser habitual que el proceso adopte la forma de un diálogo entre científicos. Asimismo, aunque puede darse una comunicación informal entre investigadores, la comunicación científica es esencialmente comunicación formal, es decir, transmisión informativa realizada a través de canales institucionalizados, que la propia ciencia dispone, como empresa organizada, para facilitar justamente el acceso al conocimiento y su transmisión.

La comunicación científica, no obstante, presenta ciertas peculiaridades frente a otros tipos de comunicación que no debieran dejar de ser consideradas. Aquí tan sólo quisiéramos recordar dos de ellas: su rápido crecimiento y su rápido envejecimiento.

En efecto, una de las singularidades de la información científica es la gran cantidad de producción y la rapidez con que se genera. Decíamos en la introducción al presente capítulo que la información se ha instalado en nuestras vidas, refiriéndonos con ello a la ingente cantidad de información de todo tipo producida y disponible. En el ámbito científico sorprende además la rapidez con que se produce, con un ritmo de crecimiento mucho más rápido que otros fenómenos sociales. Hace casi treinta años que autores como Price (1971) o López Piñero (1972) indicaran que la información científica disponible crecía en progresión geométrica. Según sus cálculos y observaciones, es posible que ésta se haya cuadruplicado desde entonces.

Por otra parte, en la medida en que el conocimiento científico es sólo provisional, la información científica envejece rápidamente. En efecto, las teorías, métodos y procedimientos de investigación e intervención nunca son definitivos, sino que están abiertos a nuevas aportaciones, correcciones y reinterpretaciones. Por esta razón, la información científica queda con cierta facilidad obsoleta y tiende a caer relativamente pronto en desuso.

Estas dos particularidades, su acelerado crecimiento y su acelerada obsolescencia, plantean problemas adicionales de almacenamiento de la información, que hacen que resulte prácticamente imposible acceder sistemáticamente a toda la producción científica en un área de interés. Esta es la razón por la que se requieren formas de tratamiento y organización de la información científica que la conviertan en información útil y accesible. Con este doble objetivo, la Documentación científica, tradicionalmente considerada como un mero conjunto de técnicas, se ha erigido en las últimas décadas en una especialidad interdisciplinar (Amat, 1987, 1990; Guinchat y Menou, 1992) en la que, al igual que otras muchas ciencias, también se apoya la Psicología.

La documentación y las técnicas documentales constituyen efectivamente valiosas herramientas al servicio de cualquier proceso informativo y de investigación científica, en la medida en que contribuyen a facilitar un acceso rápido, económico, preciso, exhaustivo y pertinente a la información disponible sobre un tema determinado. Subordinados a esta finalidad última, sus objetivos se centran en el eficaz tratamiento y difusión de dicha información. Tales objetivos podrían concretarse en las siguientes tareas (Coll, 1984, 1990): (1) procesar la información de modo que se facilite el acceso a la misma, su explotación y uso óptimo; (2) almacenar la información de modo que se facilite su diseminación y recuperación; (3) generalizar la accesibilidad a las fuentes de información y conocimiento científico; (4) facilitar la consulta de textos científicos condensando su contenido; (5) agilizar el acceso a la información precisa; (6) facilitar la transferencia e intercambio de información a nivel mundial, para evitar puntos oscuros, repeticiones y redundancias.

La Documentación descansa en el concepto de "documento", en el que se materializa la comunicación. Las ciencias de la información y las ciencias históricas se acercan de modo diverso al documento, resaltando distintos aspectos del mismo desde sus respectivos puntos de vista. En las próximas líneas trataremos de clarificar el significado del término desde la óptica del historiador y desde la perspectiva del documentalista.

1.1 Documentos y tipos de documentos

En la comunicación científica, la información y el conocimiento se plasman en forma de documentos, de donde procede justamente la palabra Documentación. En su acepción original proviene del latín *documentum*, que significa modelo o demostración, por lo que definiéndolo con rigor, tal y como es entendido en el ámbito de las ciencias históricas, un documento sería *"un escrito con que se prueba o acredita una cosa, y en general cualquier cosa que sirva para probar o aclarar algo"*. Documentar no es sino *"probar, justificar con documentos"*.

Sin embargo, en el ámbito de las ciencias de la información, los documentos son interpretados como unidades de información. Con independencia del canal de comunicación, el emisor siempre transmite un mensaje informativo y lo hace en un determinado soporte, en el que llega al receptor, y gracias al cual la información en él contenida puede ser objeto de ulteriores consultas. Este es el sentido usualmente atribuido al término documento. Por ello, cuando en el lenguaje documental se habla de documentos científicos, no se habla de pruebas acreditativas o justificativas como en el lenguaje histórico, sino también de unidades de información científica: en distintos formatos o soportes, el documento constituye la forma básica de presentación y transmisión del saber.

Así pues, podríamos concluir que en la Documentación científica el término *documento* puede ser utilizado en un doble sentido: por una parte, en el proceso de comunicación científica haría referencia al mensaje, es decir, al contenido informativo en el que se condensa el conocimiento; por otra parte, y por extensión, también se identifica en ocasiones con el soporte material de dicho mensaje, es decir, con el formato de presentación de la información. En Historia, el término documento se reserva más bien para aquellos materiales bibliográficos o de cualquier otra índole que den fe de un acontecimiento pasado o sirvan para reconstruir de forma fiable un hecho histórico, del que sólo en base a dicha prueba documental tenemos constancia actual. Puede tratarse así de un escrito, pero también de un testimonio oral o de cualquier otro material. Veremos a continuación los tipos de documentos y las formas habituales de clasificarlos.

Los documentos científicos suelen diferenciarse atendiendo tanto a criterios formales como de contenido. Las distinciones y clasificaciones formales se basan en los distintos tipos de soporte del mensaje informativo, siendo los más habituales el papel (manuscritos o mecanoscritos), la película (filmaciones, microfichas, etc.), el soporte magnético (discos o cintas de audio y video, etc.) y el soporte electrónico (discos ópticos, página web, etc.), sin olvidar que el testimonio oral también podría convertirse en documento en la medida en que pudiera tener valor probatorio.

Las catalogaciones basadas en el contenido, por su parte, distinguen entre tres tipos de documentos: primarios, secundarios y de referencia (Del Valle, 1989; Alía, 1998). Los *documentos primarios* son aquellos que transmiten información original, como libros, artículos, informes, comunicaciones en congresos, tesis, etc. Los *documentos secundarios* no contienen información original, sino que presentan la información de los documentos primarios en forma elaborada, fruto de una labor documental, como es el caso de los repertorios e índices bibliográficos, boletines de sumarios, libros de resúmenes, etc. Los *documentos de referencia*, finalmente, son documentos de consulta cuyo objetivo principal es identificar, dar a conocer y difundir los documentos primarios, y para lo cual han sido diseñados con una estructura especifica que facilita el acceso a la información de forma rápida y precisa; éste es el caso de catálogos, enciclopedias, glosarios, léxicos, anuarios, guías, directorios, etc.

Los documentos constituyen además la principal fuente de información, aunque ambos términos no debieran tomarse como intercambiables, ya que entre ellos existe una cierta diferencia semántica. En la medida en que un documento contiene y suministra información constituye una fuente informativa, pero el concepto de documento connota específicamente un valor probatorio, mientras que con el de fuente aludimos tan sólo al origen o suministro de la información. Por otra parte, el documento sólo es fuente de la información en él contenida, mientras que en su uso habitual la fuente informa sobre los propios documentos, más que sobre el contenido de uno de ellos. Por esta razón se adjetiva habitualmente como "fuente documental" o "fuente bibliográfica", es decir, fuente de información sobre documentos o de conocimiento sobre los mismos. En el próximo apartado analizaremos con mayor detenimiento este concepto.

1.2. Fuentes documentales y tipos de fuentes documentales

Otro de los conceptos centrales en el área de la documentación científica es el de fuente. Pero ¿qué es una fuente? Estando claro el significado literal del término, su comprensión no entrañará demasiadas dificultades, ya que aplicado a este ámbito se utiliza en un sentido metafórico y figurado. El término procede del latín *fons, fontis*, refiriéndose etimológicamente tanto al brote de agua que surge a la superficie de la tierra, como al origen, causa o principio de alguna cosa. Al hablar de fuentes documentales o de información científica también se utiliza en este doble sentido.

Por una parte, al igual que de los manantiales y fuentes arquitectónicas brota el agua, de las fuentes de información mana la información y de las fuentes de información científica brota la información científica. Las fuentes constituyen, en este sentido, recursos documentales, es decir, un lugar en donde obtener la información, o a donde acudir en busca de ella. Por esta misma razón también se convierten en un referente obligado en cualquier proceso de investigación científica, en el que la adquisición de información constituye un paso previo necesario. Por otra parte, las fuentes no lo son sólo de información sino también de conocimiento. Más estrictamente, constituyen la materia prima y fundamento del conocimiento. Por eso decíamos que toda investigación científica debiera partir o iniciarse en las fuentes. Así, al igual que cuando queremos beber acudimos a una fuente de agua para saciar nuestra sed, cuando queremos saber acudimos a una fuente de información o de sabiduría para saciar nuestra sed de conocimiento.

Ahora bien, si el concepto de fuente es importante en el ámbito de la documentación científica, en el histórico adquiere una relevancia particular. En efecto, en el ámbito general de la Historia, y en particular en el de la Historia de la Psicología, el valor de la documentación y de las fuentes documentales es doble, ya que puede que las propias fuentes se constituyan en objeto de la investigación histórica.

Decíamos al hablar de la historia que ésta descansa en el valor del testimonio, oral o escrito. El historiador se apoya en él para reconstruir el pasado. Pues bien, el testimonio es una fuente de información sobre el pasado, y las fuentes de información sobre el pasado los instrumentos de que dispone el historiador para reconstruir el pasado, de ahí su importancia y valor añadido en las disciplinas históricas. Una de las principales preocupaciones de los historiadores es precisamente la búsqueda, contrastación y fundamentación de las fuentes. Por esta razón, toda investigación histórica requiere del conocimiento previo de los tipos de fuentes documentales existentes, los lugares donde encontrarlas y el modo de manejarlas.

Por esta misma razón, la definición de fuente podrá variar según la emplee un documentalista o un historiador: para éste último constituyen una vía de acceso tanto a la información científica como al conocimiento histórico, de ahí su particular importancia en nuestra disciplina. Para evitar esta confusión es habitual establecer una distinción entre fuente histórica y fuente documental, según suministre o no información sobre el pasado humano (Topolsky, 1982). Mientras los documentalistas hablan tan sólo de fuente documental, los historiadores hablarán de fuente documental o de fuente histórica, según la información que suministre sea o no relevante para el estudio histórico, y deba o no ser investigada por parte del historiador en función de sus objetivos.

En cualquier caso, documentalistas e historiadores coinciden en clasificar las fuentes atendiendo al grado de originalidad de la información que contienen. En este sentido distinguen tres tipos de fuentes, primarias, secundarias o terciarias, según transmitan información original, en el primer caso, o derivada de ella, en los otros dos. Cada uno de estos profesionales enfoca su descripción desde sus respectivas especialidades, aunque el sentido último que atribuyen a los términos apenas difiere. Los documentalistas atienden a las característiticas bibliográficas de la fuente, mientras que los historiadores atienden a su centralidad o principalidad en el estudio histórico. Sea como fuere, ambos fundamentan la diferenciación de las fuentes en la prioridad de unas con respecto a las otras y en función del objeto de investigación. En este sentido, por ejemplo, un mismo documento podrá ser fuente primaria, secundaria o terciaria, según el uso que se haga de él.

Para los documentalistas (véase, p.ej. Amat, 1993; Alía, 1998), las *fuentes primarias* son las que transmiten información original, sea cual sea su naturaleza. Estas pueden ser muy variadas, presentando distintos tipos de información en distintos formatos: actas, folletos, informes, monografías, patentes, publicaciones oficiales, revistas, separatas, tesis de licenciatura, tesis doctorales, libros, cintas de audio y video y demás documentos en soporte químico fotosensible, magnético o electrónico. Constituyen la fuente principal de información y el núcleo de cualquier colección bibliográfica.

Las *fuentes secundarias* son las que sirven de guía para manejar las primeras; no contienen información nueva, sino que recogen información ya conocida en forma organizada. Derivan pues de las fuentes primarias y contienen datos e información referente a ellas. Se presentan en forma de catálogos, inventarios, índices, listados o resúmenes de publicaciones primarias, siendo los tipos más habituales los resúmenes, revisiones, índices, repertorios y series temáticas.

Las *fuentes terciarias*, también conocidas como fuentes u obras de referencia, son las que sirven de guía para manejar tanto las primarias como las secundarias. Contienen información original como las fuentes primarias, y difunden o proporcionan la información de los documentos primarios como las fuentes secundarias, pero su verdadero sentido estriba en su función auxiliar como obras de consulta. Generalmente se clasifican en tres grupos: (1) Obras de conjunto: diccionarios, glosarios, léxicos, terminologías, vocabularios y enciclopedias; (2) Obras periódicas: publicaciones de organismos e instituciones, bibliografías, almanaques y guías; y (3) Documentos gráficos: mapas, planos, dibujos, anuncios, catálogos comerciales y tablas de cifras y estadísticas.

Los historiadores, por su parte, definen como *fuentes primarias* aquéllas que transmiten información original sobre el pasado. En este sentido, una fuente primaria podría ser cualquier documento, escrito o no, que recogiera las ideas e investigaciones originales de un autor, o proporcionara información de primera mano sobre una temática o periodo temporal objeto de investigación histórica. Un manuscrito o una publicación original, escritos con notas personales, correspondencia, declaraciones o testimonios personales, bien fueran orales o por escrito, documentos antiguos con información relevante, e incluso imágenes de época, constituirían algunos ejemplos de fuentes históricas primarias.

Ahora bien, aunque es cierto que los testimonios escritos constituyen la principal materia prima de la historia, las fuentes históricas no son sólo documentos antiguos, sino que otras muchas cosas pueden proporcionar información sobre el pasado. Mostrábamos en los capítulos precedentes cómo al historiador actual le interesa la historia integral, es decir, la historia de los múltiples aspectos de la vida cotidiana, incluyendo lo social, económico, político, cultural..., lo que hace que múltiples elementos, incluyendo instrumentos y enseres cotidianos, restos artísticos y testimonios diversos puedan convertirse en fuentes de información histórica. Algo similar ocurre en la Historia de la Ciencia y de la Psicología, donde también podemos encontrar una amplia diversidad de fuentes que ya no se reduce a la obra intelectual de los científicos.

En cuanto a las *fuentes secundarias*, serían las que reflejan el trabajo previo de otros investigadores acerca del tema investigado. Desde el punto de vista del documentalista serían fuentes primarias al contener información original, pero desde el punto de vista del historiador son secundarias, al estar versadas sobre una información anterior, prioritaria y central en la investigación histórica. Una fuente secundaria podría ser cualquier documento que recogiera un trabajo o estudio histórico, fuera contemporáneo o no, sobre las ideas e investigaciones originales de un autor, o cualquier investigación precedente sobre la temática o periodo temporal que está siendo objeto de investigación histórica. Las fuentes secundarias históricas transmiten información relevante, pero ésta no es directa, sino de segunda mano, ya que es una elaboración derivada de las fuentes primarias.

Las *fuentes terciarias*, al igual que para los documentalistas, también serían obras que sirven de guía a las anteriores. En este sentido serían documentos u obras generales de referencia que contienen información sobre fuentes históricas primarias y secundarias. Suministran la información necesaria sobre la localización de las otras fuentes, agilizando el acceso al material sobre el tema de interés. Entre ellas podríamos encontrar reseñas, revisiones, bibliografías, revistas de resúmenes, revistas y boletines de sumarios, índices de citas, catálogos, directorios, etc.

Adoptando un punto de vista específicamente histórico, diferenciado en ciertos aspectos del documentalista, presentaremos a continuación algunos de los principales tipos de fuentes primarias, secundarias y terciarias, relevantes para la docencia e investigación en Historia de la Psicología. Las agruparemos en categorías generales, incluyendo algunas muestras actualizadas representativas de las distintas clases, y ciertas consideraciones sobre el modo de acceder a ellas.

2. FUENTES PRIMARIAS EN HISTORIA DE LA PSICOLOGÍA

Hemos visto cómo el concepto de fuente histórica primaria no se refiere exclusivamente a las obras científicas y publicaciones de un determinado autor, sino que abarca diversos elementos susceptibles de proporcionar información sobre aspectos sociales, políticos, económicos, culturales e ideológicos de la historia o del pasado de la ciencia, además de los puramente intelectuales. Por otra parte, al referirnos a las fuentes también podemos estar hablando de distintos tipos de documentos, incluyendo tanto material escrito como otra clase de materiales, gráficos, audiovisuales o de tipo instrumental.

Por ello, ante la diversidad de fuentes históricas primarias, distintos autores han propuesto clasificaciones variadas atendiendo a diferentes criterios. Así, por ejemplo, se ha propuesto clasificarlas en función de su naturaleza (Tuñón, 1985), separándolas en cuatro grupos: (1) fuentes escritas, sean manuscritas o impresas: documentos, prensa, memorias, cartas, literatura, etc.; (2) fuentes iconográficas: obras plásticas, registros gráficos como cine, diagramas o planos, etc.; (3) testimonios orales, sean directos o grabados; y (4) fuentes variadas: instrumentos, enseres cotidianos, etc. También se han hecho otras clasificaciones atendiendo a su procedencia y destino, distinguiéndose entre fuentes personales e institucionales y, dentro de cada una de ellas, entre fuentes públicas o semipúblicas y privadas o confidenciales (véase Dahl, 1967). También se ha distinguido entre fuentes directas e indirectas según su mayor o menor cercanía a los hechos (Topolsky, 1982), y en función de su utilidad y relevancia para el historiador (Knight, 1975; Kragh, 1989).

Por nuestra parte, próximos a la propuesta de Tuñón (1985) arriba mencionada, propondremos una agrupación basada en la naturaleza del material, si bien estableciendo tan sólo dos categorías de fuentes: escritas y no escritas. En este sentido, con fines meramente expositivos, estructuraremos este apartado en dos secciones, separando los documentos escritos de otros tipos de documentos de distinta naturaleza, como fotografías, filmaciones, aparatos, instrumentos, etc.

Generalmente, esta clase de materiales suelen estar custodiados en lugares específicos, generalmente conocidos como archivos históricos, donde pueden ser consultados satisfaciendo ciertos requisitos. En relación con el material escrito, cuando se trata de fuentes publicadas, éstas pueden localizarse por los procedimientos habituales en bibliotecas o librerías especializadas, y en general a través de los centros y servicios de documentación. Sin embargo, aún tratándose de materiales impresos, puede que algunos de los escritos no hayan sido publicados debido a su carácter privado, o que al ser documentos antiguos no estén a la venta ni en circulación en el mercado editorial. En este caso también podrán formar parte de las colecciones de archivo. Dada su importancia, dedicaremos a este tipo de fuentes de archivo una tercera y última sección dentro de este mismo apartado.

2.1. Documentos escritos

Cuando al hablar de fuentes históricas primarias nos referimos a documentos escritos, podemos estar haciendo alusión a una amplia variedad de publicaciones, como libros, monografías, artículos en revistas especializadas, trabajos presentados en congresos y recogidos en libros de actas, tesis doctorales y un largo etcétera. Tratándose de libros o monografías posiblemente tomemos como referente a los autores, las fechas de publicación o las temáticas abordadas. Cuando se trata de artículos, también es interesante estar familiarizados con las revistas o con las series de publicaciones periódicas en las que es más frecuente encontrarlos.

Como muestra de algunas de las revistas que habitualmente servían de canales de difusión de los trabajos e investigaciones realizadas por los psicólogos modernos desde finales del siglo XIX hasta aproximadamente la Segunda Guerra Mundial, podríamos mencionar, indicando su año de fundación, las siguientes: las revistas alemanas *Philosophische Studien* (1881), *Archiv für die gesamte Psychologie* (1887), *Zeitschrift für Psychologie und Physiologie der Sinnesorgane* (1890), *Psychologische Arbeiten* (1895), *Psychologische Studien* (1905), *Jahrbuch der Psychoanalyse* (1909), *Internationale Zeitschrift für Psychoanalyse* (1913), o *Psychologische Forschung* (1921); las revistas en lengua inglesa *Mind* (1876), *American Journal of*

Psychology (1887), *Journal of Genetic Psychology* (1891), *Studies from the Yale Psychological Laboratory* (1892), *Psychological Review* (1894), *Psychological Bulletin* (1904), *British Journal of Psychology* (1904), *Archives of Psychology* (1906), *Journal of Abnormal Psychology* (1906), *Journal of Educational Psychology* (1910), *Journal of Experimental Psychology* (1916), o el *Journal of Applied Psychology* (1917); las revistas francesas *Journal de Psychologie normale et pathologique* (1904) o *L'Année Psychologique* (1894); y la *Rivista di Psicologia* (1905) italiana.

Tratándose de libros podríamos mencionar del mismo modo una pequeña muestra representativa de algunas de las publicaciones más emblemáticas en la Historia de la Psicología moderna. Entre ellas nos gustaría recordar, por ejemplo, los primeros manuales alemanes de Psicología experimental y algunas de sus peculiaridades, como los *Grunzüge der physiologischen Psychologie* de Wundt (1873-1874), cuya primera edición data de 1874 con sucesivas ediciones en 1880, 1887, 1893, 1902-1903 y 1908-1911, cada una de las cuales fue revisada y ampliada, de tal modo que la primera apareció en un solo volumen, la segunda, tercera y cuarta aparecieron en dos, y la quinta y sexta en tres; o el *Grundiß der Psychologie* de Oswald Külpe, publicado originalmente en 1893, y traducido al inglés en 1895.

También podríamos recordar los primeros manuales en inglés, como el *Elements of Physiological Psychology* (1887) de George Trumbull Ladd, que fue recibido con mucho entusiasmo en el mundo anglosajón, ya que fue el primer manual en inglés de la nueva ciencia y durante mucho tiempo *"el único compendio de Psicología que se preocupaba por tratar la fisiología del sistema nervioso"* (Boring, 1978, pág. 548); en 1911 fue revisado por R.S. Woodworth, convirtiéndose de nuevo en libro de texto. Otro libro especialmente significativo fue el *Principles of Psychology* de William James, que el autor publicó en 1890, doce años después de que hubiera firmado el contrato con la casa editorial, debido a las numerosas interrupciones provocadas por su precario estado de salud. Entre el éxito editorial que en su día obtuvieron estas obras, y el de los manuales más recientes, como por ejemplo *Psychology* de Camille Wortman, Elizabeth Loftus y Charles Weaver (1999), que este mismo año alcanzaba su quinta edición, o *Psychology. An Introduction* de Benjamin B. Lahey que llegó a la sexta en 1998, media prácticamente un siglo. La lista, por supuesto, no se agota con ellas, ni mucho menos, sino que sería interminable.

a) Libros de fuentes

En la actualidad los trabajos originales pueden aparecer publicados en documentos más recientes y en diferentes formatos, aunque siempre es posible acceder al material original, o en su defecto a una copia o duplicado del mismo. Generalmente, en la medida en que las publicaciones forman parte de los fondos bibliográficos de determinadas bibliotecas, o a través de librerías especializadas en obras raras o antiguas, éstas pueden consultarse tal y como fueron originalmente publicadas en sus primeras ediciones y en versión original. Es frecuente, no obstante, que muchas de ellas hayan sido traducidas a uno o varios idiomas, y que hayan sido objeto de reediciones o reimpresiones, tanto en otras lenguas como en la suya original.

Como ejemplo, podríamos citar la reciente reimpresión de ocho trabajos seleccionados de Carl Stumpf, uno de los pioneros de la moderna Psicología científica en Alemania, publicados originalmente entre 1899 y 1939. Los textos originales en alemán han sido reeditados, prologados y precedidos de una introducción biográfica por parte de Helga Sprung, con la colaboración de Lothar Sprung, ambos profesores de la Universidad de Berlín, bajo el título de *Carl Stumpf. Escritos de Psicología*[1]. Tampoco hace mucho que Robert H. Wozniak ha publicado, precedida de una introducción histórica, una

---

[1]   Carl Stumpf. Schriften zur Psychologie. (Neu herausgegeben, eingeleitet und mit einer biographischen Einführung versehen von Helga Sprung

reimpresión del trabajo clásico de John Broadus Watson *La Psicología desde el punto de vista de un conductista*, con el que su autor reafirmaba definitivamente el conductismo, cuya edición original en inglés data de 1919[2]. Más reciente, en cualquier caso, es la reedición de las conferencias que Wolfgang Köhler pronunció en el marco del *Instituto de orientación profesional de Barcelona* en 1927, publicadas poco después en la revista *Anales de la Sección de Orientación profesional de la Escuela del trabajo* (1930), que llevó a cabo hace unos meses el Prof. Heliodoro Carpintero[3].

Los dos ejemplos mencionados muestran cómo es posible encontrar textos originales en publicaciones recientes gracias a sus reimpresiones o reediciones, sin necesidad de remitirse al antiguo documento primario. En este caso trabajamos con documentos secundarios, pero manejamos fuentes primarias de información histórica. El primer ejemplo citado también muestra cómo es posible que una misma publicación reúna varios documentos publicados en distintas fechas. En este caso se trata de contribuciones de un mismo autor, pero también es posible que se hayan recopilado en un mismo documento trabajos de distintos autores, dando origen a un volumen especial de textos. En nuestro país ya es un clásico el libro de José Mª Gondra *La Psicología moderna*, en el que recoge en torno a una veintena de textos significativos para la Historia de la Psicología, escritos por autores como Fechner, Wundt, Wertheimer, Köhler, Koffka, Freud, Jung, Spearman, Watson,

unter Mitarbeit von Lothar Sprung) *Beiträge zur Geschichte der Psychologie. Editada por Helmut E. Lück, Vol. 14, ISBN 3-631-31367-5, 412 págs. Francfort, Berlín, Berna, Nueva York, París, Viena: Peter Lang, 1997.*

2   Watson, John Broadus. *Psychology from the Standpoint of a Behaviorist* (Historical introduction by Robert H. Wozniak), 429 págs. Philosophical Library: Bristol, 1929 (1994).

3   Köhler, W.: *El problema de la Psicología de la forma.* Ed. de Helio Carpintero. Madrid: Facultad de Filosofía de la Universidad Complutense, 1998.

Skinner, etc. Cada texto viene precedido de una breve introducción que ayuda a contextualizarlo y resalta su significado histórico y el de su autor, incluyendo asimismo algunas referencias bibliográficas[4].

Otras obras de este estilo no incluyen el texto completo, sino tan sólo un fragmento significativo. Concebidos como libros de lectura y herramientas didácticas, generalmente pretenden introducir al alumno en el comentario de textos clásicos, a través de ejemplos cuidadosamente escogidos teniendo en cuenta su relevancia y grado de dificultad. Un libro de este tipo disponible en español, también clásico, es la *Historia de la Psicología* de William S. Sahakian, que en 616 páginas recoge fragmentos de textos importantes en la Historia de la Psicología, escritos por más de un centenar de autores, desde los filósofos presocráticos hasta pensadores contemporáneos, agrupados en veintiséis bloques temáticos. También incluye una cronología de acontecimientos importantes en la Historia de la Psicología desde el siglo II a. de C. hasta 1967, y una bibliografía de obras en inglés relacionadas con la Historia de la Psicología. La calidad de las traducciones, no obstante, deja mucho que desear[5]. Más reciente es el libro editado por Helio Carpintero, Francisco Tortosa y Elena Quiñones *La Historia de la Psicología. Textos y comentarios*, que además de presentar textos significativos de autores eminentes en la historia de la disciplina, incluye los comentarios realizados por autores especializados en los respectivos temas[6].

Numerosas obras de este tipo existen naturalmente en otros idiomas, aunque su uso docente está limitado por el lógico inconveniente lingüístico. En cualquier caso, siempre que lo

---

[4]   Gondra, J.Mª: *La Psicología moderna. Textos básicos para su génesis y desarrollo histórico*. Bilbao: DDB, 1982.
[5]   Sahakian, W.S.: *Historia de la Psicología*. México: Trillas, 1968 (1982).
[6]   Quiñones, E.; Tortosa, F. y Carpintero, H. (Dirs.): *La Historia de la Psicología. Textos y comentarios*. Madrid: Tecnos, 1993.

permita el conocimiento de la lengua extranjera, la lectura de los textos en su idioma original hace posible captar matices que muchas veces escapan a la mejor de las traducciones. En ocasiones, especialmente en textos de Psicología filosófica, puede que el original llegue a resultar hasta más fácilmente comprensible que su versión castellana, ante la imposibilidad de captar adecuadamente las peculiaridades idiomáticas de muchos conceptos, construcciones y expresiones lingüísticas. Esto, en cualquier caso, no deja de ser una apreciación subjetiva, fruto de nuestra propia experiencia en el manejo y estudio comparado de fuentes históricas primarias en distintos idiomas. A modo de ejemplo, podríamos citar tan sólo algunas obras relativamente recientes.

En alemán, Gerd Jüttemann, profesor de la Universidad Técnica de Berlín, ha recopilado 53 contribuciones de afamados psicólogos, filósofos, sociólogos e historiadores, en su práctica totalidad germanoparlantes, en una obra de éxito, cuya segunda edición revisada apareció en 1995. Con este libro, que en su primera edición se titulaba *Precursores de la Psicología Histórica (Wegbereiter der Historischen Psychologie)* y ahora lleva por título *Precursores de la Psicología,* el autor pretende recorrer el anclaje de la Psicología en las Ciencias Humanas a través de textos históricos de autores como G.W. Leibniz, C. Wolff, G.C. Lichtenberg, J.G. Herder, K.Ph. Moritz, J.G. Fichte, F.D.E. Schleiermacher, W. Dilthey, F. Nietzsche, K. Lamprecht, G. Simmel, E. Durkheim, M. Weber, A.M. Warburg, E. Spranger, A. Geblen, L. Wittgenstein, W. Sombart, K. Mannheim, Z. Barbu, L. Fleck, G.H. Mead, y A. Schütz[7].

Textos de autores alemanes y franceses traducidos al inglés pueden encontrarse en la voluminosa obra de Thorne Shipley *Clásicos en Psicología,* que en sus más de mil trescientas

---

[7]   Jüttemann, Gerd: *Wegbereiter der Psychologie. Der geisteswissenschaftliche Zugang von Leibniz bis Foucault.* 2. Auflage, 1995, 549 págs. Weinheim: Beltz. Psychologie Verlags Union.

páginas incluye artículos clásicos de autores como Helmholtz, Mach, Pinel, Esquirol, Charcot, Kraepelin, Paulov, Binet, Lewin, etc, además de las primeras traducciones al inglés de parte de algunas de las obras alemanas precursoras o pioneras en la Historia de la Psicología científica como la *Psychologie als Wissenschaft* de Herbart o las *Beiträge* de Wundt, entre otras[8]. De esa misma época, pero más conocida, es la obra de R.I. Watson *Grandes psicólogos desde Aristóteles a Freud*, de más de 600 páginas, que reproducen en su mayor parte textos de psicólogos modernos como Brentano, Binet, Galton, Ebbinghaus, Külpe, Helmholtz, Fechner, Cattell, Stanley Hall, autores gestálticos y conductistas, etc[9]. Más reciente es *Una Historia de la Psicología. Fuentes originales e investigación contemporánea*, de T. Benjamin, que ofrece tanto fuentes primarias como secundarias, incluyendo un trabajo histórico sobre cada autor clásico, además del correspondiente texto original[10]. Otros ejemplos de libros de fuentes de este tipo pueden encontrarse en Rand, 1912; Ellis, 1938; Dennis, 1948; Reeves, 1958; Drever, 1960; Henle, 1961; Hunter y Macalpine, 1963; Herrstein y Boring, 1965; Mann y Kreyche, 1966; Marks, 1966; Wrenn, 1966; Goshen, 1967; Hillix y Marx, 1974; Murphy y Murphy, 1969; Diamond, 1974; Broser y Pagel, 1987; O'Connell y Russo, 1990... La lista sería interminable, por lo que nos contentamos con mencionar esta pequeña muestra.

También es posible que las fuentes históricas primarias hayan sido recopiladas en varios volúmenes, integrando una serie o formando parte de colecciones más amplias, en las que se reúnen distintos trabajos de uno, o más frecuentemente de distintos autores. Una de las más conocidas y tal vez la más

---

[8]   Shipley, Thorne (Ed.): *Classics in Psychology*. Nueva York: Philosophical Library, 1961, 1342 p.

[9]   Watson, R.I. (Ed.): *Great Psychologist from Aristotle to Freud*. Philadelphia, 1963 (1968, 1979), 613 págs.

[10] Benjamin, L.T. (Ed.): *A history of Psychology. Original sources and contemporary research*. Nueva York: McGraw-Hill, 1988.

extensa, sería la de Robinson, constituida por 28 volúmenes que incluyen trabajos clásicos en Psicología publicados entre 1750 y 1920[11]. También significativas son las series de Murchison, concebidas en su día para reflejar la Psicología contemporánea[12]. Con esta misma finalidad podríamos añadir, igualmente, la serie en 6 volúmenes de Koch[13] *Psicología: Un estudio de una ciencia*.

Entre las fuentes históricas primarias que recopilan textos originales la más novedosa, no sólo por su carácter reciente sino también por su formato, es la serie de clásicos en la Historia de la Psicología (*Classics in the history of Psychology*) presentada no hace mucho en *Internet* por Christopher D. Green, de la Universidad de York, Canadá[14]. Elaborada a modo de documentación para la docencia en Historia y Teoría de la Psicología en el marco del programa para graduados en Psicología de la Universidad de York, contiene el texto íntegro de más de 30 documentos significativos en la Historia de la Psicología y disciplinas afines de autores como Freud, James, Watson, Skinner, Koffka, Darwin, Dewey, Binet, Terman y Tolman. Los textos van acompañados de introducciones y comentarios por parte de especialistas, constituyendo por ello, al igual que por las facilidades de acceso a la información, un valioso recurso

---

[11]   Robinson, D.N. (Ed.): *Significant contributions to the history of psychology, 1750-1920*. Washington, DC: University Publications of America, 1977-78, 28 volúmenes.

[12]   Murchison, C.: *Psychologies of 1925*. Worcester, Massachusetts: Clark University Press, 1926.
        Murchison, C.: *Psychologies of 1930*. Worcester, Massachusetts: Clark University Press, 1930.

[13]   Koch, S.: *Psychology: A study of a science* (6 vols.). Nueva York: McGraw-Hill, 1959-1963.

[14]   Christopher D. Green, *Classics in the history of Psychology*, Graduate Programme Office, Department of Psychology, York University, Toronto, Ontario, Canadá M3J 1P3. Véase para los textos *http://www.yorku.ca/dept/psych/classics/* y para el programa *http://www.yorku.ca/dept/psych/grad/ht/welcome.htm*

para estudiantes y profesores. Las indudables ventajas de este tipo de soporte hacen previsible su creciente utilización en el futuro. Por nuestra parte, retomaremos esta cuestión al final de este capítulo, con una exposición más detallada de las fuentes y recursos documentales accesibles a través de la red.

b) Autobiografías

Otro tipo de fuentes primarias dignas de mención son las autobiografías. Aunque puedan ser presentadas como publicaciones independientes, también ha habido valiosos intentos de recopilación de varias de ellas en volúmenes e incluso series especiales de autobiografías de psicólogos relevantes, concebidas específicamente como tales. En ellas, distinguidos psicólogos de distintas áreas de la docencia e investigación describen sus vidas intelectuales, destacando las influencias familiares y sociales y las experiencias con otros estudiantes, profesores y colegas, en relación con su contribución científica. Algunos de estos psicólogos reflexionan acerca de la Psicología contemporánea, y en particular sobre aquellos hechos y aspectos significativos que les conciernen a ellos desde el punto de vista personal y profesional, enmarcándolos en su contexto histórico.

Muestras de este tipo de publicaciones podemos encontrarlas en distintos idiomas. En francés, por ejemplo, Françoise Parot y Marc Richelle editaron no hace mucho la obra *Psicólogos de lengua francesa*, que incluye las autobiografías de personajes como A. Binet, H. Piéron, H. Wallon y muchos otros personajes importantes de la Historia de la Psicología en el área francófona[15]. Entre las publicadas en alemán, la más completa sería *La Psicología en Autorretratos*, editada por L.J. Pongratz, W. Traxel y E.G. Wehner, y que consta desde 1992 de tres

---

[15]   Parot, F. y Richelle, M.: Psychologues de langue française: autobiographies. Paris: Presse Universitaire, 1992.

volúmenes con las autobiografías de destacados psicólogos germanoparlantes[16]. También en alemán se encuentra *La Psicoterapia en Autorretratos*, editada así mismo por L.J. Pongratz, y restringida a personajes del ámbito de la Psicología clínica[17].

Entre las series de autobiografías en inglés, indudablemente la más conocida y completa es la *Historia de la Psicología en autobiografías*, iniciada por Murchison, y luego proseguida en sucesivos volúmenes, hasta un total de ocho, por el propio Murchison y por otros editores[18]. A la serie de Murchison podríamos añadir la de Krawiec *Psicólogos*, que al igual que la anterior nació con el propósito de dar a conocer la vida y obra de distinguidos psicólogos contemporáneos, entonces aún en vida. A un primer volumen con las autobiografías de Anne Anastasi, Irwin A. Berg, Wendell Richard Garner, Harry Helson,

---

[16]   Pongratz, L.J.; Traxel, W.; Wehner, E.G.: *Psychologie in Selbstdarstellungen*. Bern: Huber, 1972/1979, Vols. 1 y 2.
Wehner, E.G.: *Psychologie in Selbstdarstellungen*. Bern: Huber, 1992, Vol. 3.

[17]   Pongratz, L.J.: *"Psychotherapie in Selbstdarstellungen"*. Bern: Huber, 1975.

[18]   *A History of Psychology in Autobiography (8 volúmenes):*
Murchison, C. (Ed.): *A History of Psychology in Autobiography*. Worcester, Massachussets: Clark University Press, 1930 (Vol. 1).
Murchison, C. (Ed.): *A History of Psychology in Autobiography*. Worcester, Massachussets: Clark University Press, 1932 (Vol. 2).
Murchison, C. (Ed.): *A History of Psychology in Autobiography*. Worcester, Massachussets: Clark University Press, 1936 (Vol. 3).
Boring, E.G.; Langfeld, H.S.; Werner, H. y Yerkes, R.M. (Eds.): *A History of Psychology in Autobiography*. Worcester, Massachussets: Clark University Press, 1952 (Vol. 4).
Boring, E.G. y Lindzey, G.: *A History of Psychology in Autobiography*. Nueva York: Irvington, 1967 (Vol. 5).
Lindzey, G.: *A History of Psychology in Autobiography*. Englewood Cliffs, Nueva Jersey: Prentice-Hall, 1974 (Vol. 6).
Lindzey, G.: *A History of Psychology in Autobiography*. San Francisco: Freeman, 1980 (Vol. 7).
Lindzey, G.: *A History of Psychology in Autobiography*. Stanford, California: Stanford University Press, 1989 (Vol. 8).

William A. Hunt, Jerome Kagan, W.J. McKeachie, M. Brewster Smith, Frederick C. Thorne, Robert I.Watson, Wilse B. Webb y Paul Thomas Young, aparecido en 1972, seguirían otros dos, publicados respectivamente en 1974 y 1978[19]. Más reciente es la obra *La Historia de la Psicología clínica en autobiografías*, editada por C. Walker en dos volúmenes[20].

En castellano también se han publicado algunas entrevistas y relatos autobiográficos de psicólogos españoles eminentes (véanse, por ej. Germain, 1980a y b; Mallart, 1981; Pinillos, 1982, Siguán, 1984; Yela, 1982, Carpintero, 1991) y de algunos psicólogos e historiadores extranjeros bien conocidos en nuestro país como Paul Fraisse, Joseph Brozeck, Thomas H. Leahey, Rubén Ardila o Johannes C. Brengelmann, entre otros (véase Fraisse, 1983; Brozeck, 1984; Leahey, 1987; Ardila, 1994; y Civera, 1995, respectivamente).

c) Correspondencia

Finalmente, no quisiéramos cerrar este apartado sin mencionar cuanto menos brevemente otra valiosa fuente de información histórica, representada en las cartas escritas por psicólogos eminentes. Aunque los documentos originales suelen estar en posesión de familiares o custodiados en los archivos históricos, la correspondencia de algunos autores ha sido reproducida en determinadas publicaciones, que si bien cons-

---

[19] *The psychologists. Autobiographies of distinguised living psychologists (3 volúmenes):*
Krawiec, T.S. (Ed.): *The psychologists.* Nueva York, Oxford University Press, 1972 (Vol. 1).
Krawiec, T.S. (Ed.): *The psychologists.* Nueva York, Oxford University Press, 1974 (Vol. 2).
Krawiec, T.S. (Ed.): *The psychologists.* Brandon: Clin. Psychol. Publishers, 1978 (vol. 3).
[20] Walker, C.: The History of Clinical Psychology in autobiography. Pacific Grove, CA: Brooks/Cole, 1991-1993 (Vols. 1 y 2).

tituyen documentos secundarios también incluyen de este modo información original. Aunque la lista también sería muy extensa, podríamos mencionar algunos casos a modo de muestra. Así, por ejemplo, es bien conocido el trabajo clásico de R.B. Perry (1935) sobre las ideas y el carácter de William James a partir de su correspondencia y escritos. Aunque desde este punto de vista sería una fuente secundaria de información histórica, los dos volúmenes de que consta la obra incluyen muestras de cartas y notas del autor no publicadas hasta entonces, junto con otros escritos publicados[21]. Más explícita es, en cualquier caso, la obra de Henry James, también en dos volúmenes, *The Letters of William James* (1920)[22]. Otros ejemplos ilustrativos serían la recopilación de algunas de las cartas del llamado padre de la Psicología aplicada, Hugo Münsterberg, publicada en 1916[23]; la edición en inglés de la correspondencia mantenida entre Sigmund Freud y Carl Gustav Jung realizada por W. McGuire, con más de 360 cartas escritas en un periodo de siete años, incluyendo detalladas anotaciones para poder identificar a personas, obras y temas diversos a los que en ellas pudiera hacerse alusión[24]; o la totalidad de las cartas de C.G. Jung, traducidas al inglés y recopiladas en dos volúmenes publicados entre 1973 y 1975 por Gerhard Adler y Aniela Jaffé[25].

Entre los documentos más recientes de este tipo, podría mencionarse el libreto publicado en 1992 por la A.P.A. con

---

[21] Perry, R.B.: *The Thought and Character of William James as revealed in unpublished correspondence and notes, together with his published writings.* 2 Volumes. London: Humphrey Milford Oxford University Press, 1935.

[22] James, H. (Ed.): The Letters of William James, 2 vols. Boston: Atlantic Monthly Press, 1920 (1969).

[23] Münsterberg, H.: *Tomorrow. Letters to a friend in Germany*, Nueva York: Philosophical Library, 1916 (1917) 275 págs.

[24] McGuire, W. (Ed.): *Freud/Jung Letters.* Princeton: Philosophical Library, 1974, 650 págs.

[25] Adler, G. y Jaffé, A. (Eds.): *C.G.Jung. Letters. Volume I: 1906-1950. Volume II: 1951-1961.* Princeton: Philosophical Library, 1973-1975, 596 y 716 págs.

motivo del centenario de su División 6, que incluye cartas de 14 expresidentes de la misma[26]. Un buen ejemplo de cómo el contenido de este tipo de cartas podría ser interpretado como un reflejo del devenir histórico de la Psicología puede encontrarse en un trabajo también relativamente reciente de Ludy T. Benjamin: *La Historia de la Psicología en cartas*[27]. Finalmente podríamos mencionar, para concluir, la reciente publicación de parte de la correspondencia mantenida entre Max Wertheimer y Wolfgang Metzger, maestro y discípulo, representantes ambos de la Escuela Berlinesa de Psicología de la Gestalt, facilitada por su hijo Michael, prestigioso historiador de la Psicología, y editada por Hans Jürgen Walter, presidente de la Sociedad Alemana de Teoría y Aplicaciones de la Gestalt (GTA) (véase Pastor, Tortosa y Civera, 1999)[28].

2.2 Otros documentos

Tal y como mencionamos anteriormente, existe una amplia diversidad de fuentes históricas primarias que no se reduce exclusivamente a los documentos escritos. Entre ellas, y sin ánimo de ser exhaustivos, tan sólo nos gustaría mencionar algunos materiales que a nuestro juicio resultan especialmente significativos por su valor didáctico, en la medida en que pueden ser utilizados como herramientas auxiliares de la docencia, tanto en las clases teóricas como en las prácticas. Estructuraremos la exposición de los mismos agrupándolos en dos categorías distintas de documentos, que hemos denominado como material gráfico y audiovisual, y material instrumental.

---

[26]   American Psychological Association: *Centennial Booklet Division 6 American Psychological Association*, DC, 1992, 52 págs.

[27]   Benjamin, L.T.: *A History of psychology in Letters*. Dubuque: Philosophical Library, 1993, 218 págs.

[28]   Walter, H.J.: Briefwechsel Wolfgang Metzger-Max Wertheimer 1929-1937. *Gestalt Theory*, 20, 1, págs. 11-44, 1998.

a) Material gráfico y audiovisual.

Limitándonos exclusivamente al material impreso, no quisiéramos dejar de mencionar algunas publicaciones relevantes que incluyen valiosos testimonios gráficos y audiovisuales del pasado de nuestra disciplina. En este sentido nos gustaría destacar, por una parte ciertos libros, en especial los más recientes, que incluyen numerosas imágenes y fotografías de personas, situaciones y objetos significativos en la Historia de la Psicología; por otra parte, ciertas publicaciones que incluyen referencias a material audiovisual.

Entre los primeros, un clásico es el libro de Abraham A. Roback y T. Kiernan *Una historia gráfica de la Psicología y de la psiquiatría*[29], que apareció en 1969 como continuación del de D.D. Runes *Una historia gráfica de la Filosofía*[30] publicado diez años antes, aunque lógicamente no tienen la calidad gráfica de las publicaciones más recientes. Entre estas últimas, particularmente interesante nos parece el libro *Una historia ilustrada de la Psicología*, editado por los profesores Helmut E. Lück y Rudolf Miller, de la Universidad a Distancia de Hagen, Alemania, publicado inicialmente en alemán en 1995. Aunque no de forma exclusiva, se centra en su mayor parte en la Psicología europea, incluyendo cerca de 460 fotografías, documentos e imágenes, en su mayor parte inéditas hasta ese momento, que sirven para ilustrar 82 capítulos de más de 60 autores de renombre, dentro y fuera del contexto germanoparlante, especialistas en los distintos autores y temas de Historia de la Psicología incluidos en él[31]. En 1997 fue traducido al inglés y publicado con el título de *Una historia gráfica de la Psicología*.

---

29 Roback, A.A. y Kiernan. T.: *Pictorial History of Psychology and Psychiatry*, Nueva York: Philosophical Library, 1969, 294 págs.
30 Runes, D.D.: *Pictorial History of Philosophy*, Nueva York: Philosophical Library, 1959.
31 Lück, H.E. y Miller, R. (Hg.): *Illustrierte Geschichte der Psychologie*, München, Quintessenz, 1995.

La versión inglesa, editada por Wolfgang Bringmann, Helmut E. Lück, Rudolf Miller y Charles E. Early, incluye algunas modificaciones y ampliaciones con respecto a la edición alemana original[32].

Como complemento del anterior también existe una *Historia ilustrada de la Psicología norteamericana*, editada por John Popplestone y Marion White McPherson, que incluye una variada colección fotográfica de artefactos, individuos, eventos y situaciones relacionadas con la historia de la disciplina entre 1875 y 1975, con las que los autores ilustran las tres épocas de la Psicología americana en que se estructura el libro: fundación, desarrollo y madurez. En ambos casos el formato de presentación de los libros es excelente, al igual que la calidad de las fotografías. Aunque nuestra afirmación no está mediada por intereses comerciales, confesamos descubrir en ellos no sólo un valioso testimonio gráfico, sino también un auténtico tesoro para la biblioteca de cualquier historiador de la Psicología[33].

Más modesta, aunque también ilustrativa, es la colección de diapositivas que los Archivos de Psicología Holandesa de la Universidad de Groningen (*Archives of Dutch Psychology - A.D.N.P.*) sacaron a la venta en 1998. Esta colección incluye un total de 32 dispositivas sobre Fisionomía, Frenología, Antropología criminal, Antropometría, Tests de inteligencia, Psicotecnia y Técnicas proyectivas, las cuales vienen acompañadas de textos explicativos (ref. 41).

En relación con el material audiovisual, existen numerosas grabaciones, películas y filmaciones de interés histórico, en su mayor parte fuentes de archivo, aunque en algunas ocasiones

---

[32]   Bringmann, W.G.; Lück, H.E.; Miller, R. y Early, Ch.E. (Eds.): *A Pictorial History of psychology*, Chicago: Quintessence, 1997.
[33]   Popplestone, J. y McPherson, M.W.: *An Illustrated History of American Psychology*, Akron, Ohio: University Press, 1994 (1999)

también se han difundido a través de publicaciones y videos editados a partir de las mismas. Como ejemplo de las primeras podríamos mencionar el libro *Counseling and Psychotherapy*, publicado en 1942 por Carl Rogers[34], fundador de la terapia centrada en el cliente y pionero en el registro completo de las entrevistas de psicoterapia y de casos enteros. En dicho libro, Rogers presentó su punto de vista, entonces novedoso, sobre el consejo y la psicoterapia, presentando una teoría y un método de asesoramiento basado en su experiencia previa en el ámbito de la orientación infantil, y abriendo a su vez una línea de investigación propia. Rogers grabó las entrevistas con el fin de utilizarlas posteriormente para mejorar la técnica y la enseñanza de la psicoterapia y poner en práctica un estudio más objetivo del proceso de ayuda. Las últimas 177 páginas del libro contienen la presentación del caso de Herbert Bryan, incluyendo la transcripción completa de las 8 entrevistas en que se desarrolló el caso. En torno a 1960, se confeccionaría además una fonoteca para ilustrar el comportamiento del psicoterapeuta en la práctica real. Con el tiempo, dicha fonoteca se ha convertido en un documento histórico que puede consultarse a través de la Academia Americana de Psicoterapeutas (*American Academy of Psychotherapists*), sita en Atlanta, EE.UU, a instancias de la cual fue creada. La Biblioteca Nacional de Medicina del Instituto Nacional de Salud (*National Library of Medicine. National Institute of Health*) de Bethesda, Maryland, EE.UU, también contiene numerosas grabaciones de interés para la Psicología.

Centrándonos en las películas, tenemos otro ejemplo de cómo las filmaciones antiguas pueden reeditarse como parte de un nuevo material audiovisual en el vídeo *J.B. Watson, fundador del conductismo*, de Jose Mª Gondra, editado por la Universidad Nacional de Educación a Distancia en 1995, en el que se

---

[34] Rogers, C.: *Counseling and Psychotherapy*. Boston: Houghton Mifflin, 1942.

reproducen fragmentos de diversas filmaciones antiguas, entre ellas la película del famoso experimento de Albert, con el que Watson intentó demostrar a finales de 1919 su teoría de la emoción, produciendo experimentalmente una reacción emocional condicionada de miedo en un niño de once meses[35].

Aunque un listado exhaustivo de estos documentos sería aquí nuevamente imposible, existen publicaciones especializadas en fuentes documentales de este tipo. Por nuestra parte, aún conscientes de que se trata realmente de fuentes secundarias, nos limitaremos a mencionar algunas de ellas. La revista *Contemporary Psychology*, editada por la *American Psychological Association* (A.P.A.), por ejemplo, además de incluir reseñas sobre libros, suele incluir también referencias sobre esta clase de materiales. Desde 1944 su publicación es mensual, y cada año edita índices de contenido. Otra de ellas es el *Psychological Cinema Register*, publicado irregularmente por la Universidad de Pennsylvania, EE.UU, que recoge películas y videos en el ámbito de las ciencias de la salud, incluyendo la Psicología, Psiquiatría y ciencias afines. Especialmente interesante a este respecto es la guía editada por R.E. Fröhlich *Revisiones de películas en psiquiatría, psicología y salud mental; un listado descriptivo y evaluativo de películas formativas y educativas*[36], que además de la ficha técnica de la película ofrece en cada caso la valoración de un experto. En lo referente específicamente a nuestra especialidad, en su manual para la docencia de la Historia de la Psicología, L.T. Benjamin (1981) incluye una relación de un centenar de películas, así como grabaciones de conferencias, entrevistas, etc., junto con los distribuidores de ambos tipos de material[37].

[36] Fröhlich, R.E. (Ed.) Film Reviews in Psychiatry, Psychology and Mental Health; a descriptive and evaluative listing of educational and instructional films. Ann Arbor, Michigan: Pierian Press.

[37] Benjamin, L.T.: *Teaching History of Psychology: A handbook*. Nueva York: Academic press, 1981.

b) Material instrumental

Los instrumentos, aparatos y utensilios diversos, utilizados por los psicólogos en sus investigaciones experimentales o en los procedimientos psicotécnicos habituales, están recibiendo día a día una creciente atención por parte de los historiadores. Aunque es posible encontrar catálogos de instrumental, familiarizarse con estos aparatos antiguos, en muchas ocasiones ya raros y muy delicados, sólo es posible accediendo directamente a ellos o a una réplica de los mismos, disponibles exclusivamente en museos, archivos históricos, y algunos institutos y laboratorios de investigación.

En EE.UU se inició en los años 70 una interesante línea de investigación sobre esta temática, encabezada por el profesor Michael Sokal, del Instituto Politécnico de Worcester, en Massachusetts, EE.UU (*Worcester Polytechnic Institute*), actual editor de la revista *History of Psychology*, creada en 1998 como revista oficial de la División 26 (Historia de la Psicología) de la A.P.A. El propio Sokal, Davis y Merzbach (1975) publicaron un Inventario Nacional de Aparatos Psicológicos Históricos (*National Inventory of Historic Psychological Apparatus*), cuyos fondos se encuentran custodiados en el Museo Nacional de Historia y Tecnología, dependiente de la *Smithsonian Institution* de Washington[38].

En Canadá, la Universidad de Toronto posee una amplia e interesante colección de aparatos utilizados en los laboratorios de Psicología experimental a finales del siglo XIX y principios del XX, en su mayor parte restos del antiguo laboratorio psicológico de esta universidad, fundado en 1891 por James Mark Baldwin, y luego ampliado por su sucesor August Kirschmann de 4 a 16 habitaciones en 1897. Este último sería

[38]   Michael S. Sokal, Department of Humanities and Arts, Worcester Polytechnic Institute, 100 Institute Road, Worcester, MA 01609-2280. Telephone: 508-831-5712; Fax 508-831-5932; E-mail:msokal@wpi.edu.

su director de 1893 a 1907. Los aparatos se utilizaban allí para estudiar la visión del color, la percepción del tiempo y otros fenómenos sensoriales, según el modelo wundtiano y en el marco de una curso de laboratorio de dos años de duración.

La colección de aparatos sobrevivió al paso del tiempo y fue rescatada de los almacenes en que se encontraba en los años 60, cuando el departamento retomó una línea de investigación experimental después de varias décadas de estudios evolutivos y aplicados. Conscientes de su valor histórico, se tomaron diversas medidas para salvaguardar los instrumentos que culminaron con su exposición en la 50° Convención de la Asociación Psicológica Canadiense, y la asignación a partir de entonces de un espacio permanente en el departamento, a modo de museo de aparatos psicológicos. La *Toronto Collection of Historical Instruments*, como se la conoce, ha sido fotografiada, y estas fotografías pueden observarse en la actualidad a través de *Internet*, junto con una presentación y bibliografía general[39]. Cada instrumento va acompañado de una descripción del material y de sus características técnicas, una breve introducción histórica y un listado de referencias bibliográficas sobre el mismo y su uso experimental. Los instrumentos de la colección se encuentran agrupados en cuatro categorías correspondientes a las salas de óptica, acústica, tiempos de reacción, memoria y demostración del laboratorio, más una categoría de instrumentos por ahora sin identificar. Entre ellos se encuentran un test para la ceguera del color del Profesor Holmgren, un espectroscopio, un aparato de Hering para la ceguera del color, un mezclador de colores, una colección de resonadores de Helmholtz y otra de diapasones, un variador de tonos de Stern, un tubo o flauta de órgano desmontable de madera, un instru-

---

[39] C. Douglas Creelman, Department of Psychology, University of Toronto & David Pantalony, Institute for the History and Philosophy of Science and Technology, University of Toronto. http://www.psych.utoronto.ca/museum.

mento de localización auditiva, un cronoscopio de Hipp, un kimógrafo vertical y dos horizontales, uno de 1892 y otro de 1916, una pluma de señalización de oscilaciones (*Federsignal nach Feil*), un cronómetro de caída (*Fallchronometer*), un aparato de martillo de control, un ergógrafo de Mosso, un motor, un aparato de memoria de Ranschburg y una caja de compases o estesiómetros.

Finalmente, también quisiéramos mencionar, cuanto menos brevemente, la existencia del Museo de Historia de la Experimentación Psicológica (*Museum of the History of Psychological Experimentation*). En una iniciativa similar a la de la Universidad de Toronto, ha publicado a través de *Internet* las 160 imágenes del catálogo de aparatos e instrumentos psicológicos del fabricante alemán Zimmermann, cuyo original data de 1903. Las imágenes reproducen el instrumental psicológico y fisiológico con el etiquetado correspondiente a cada tipo de aparato[40].

2.3 Fuentes de archivo

Aunque en las líneas precedentes nos hayamos referido a publicaciones que reproducen correspondencia o imágenes gráficas, la mayoría de cartas, manuscritos, fotografías, e incluso los originales de aquéllos, junto con otros muchos documentos, se trate de material escrito o no, se encuentran custodiados en los llamados "archivos históricos". La palabra *archivo* designa tanto el local en que se guardan documentos como el conjunto de ellos. Cuando se adjunta el calificativo de *histórico* nos referimos, pues, a una colección de materiales que han sido seleccionados por su valor histórico, y también a los

---

[40] E. Haupt y T. Perera, URL: *Museum of the History of Psychological Experimentation*. http://www.chss.montclair.edu/ psychology/museum/ museum.html.

propios locales que les sirven de depósito. Al hablar de fuentes de archivo se hace referencia explícita a esos materiales.

Los archivos históricos, como tales, fueron creados específicamente con la finalidad de salvaguardar este tipo de documentos y testimonios sobre el pasado. Por lo general, se encuentran en museos, departamentos o instituciones, a menudo dependientes de organismos oficiales. Aunque el acceso a los fondos documentales en ellos archivados no suele estar restringido, la mayoría de veces es necesario satisfacer ciertos requisitos, cuanto menos administrativos, para poder consultarlos. Existen, en cualquier caso, numerosas guías sobre el modo de utilizar los archivos (véase, por ejemplo, Sokal, 1977; Viney, Wertheimer y Wertheimer, 1979; Watson, 1965, en una muestra de archivos históricos psicológicos).

La conservación de los archivos y los servicios de los mismos, han sido tradicionalmente considerados como un arte y una ciencia. Identificada ésta con el nombre de *Archivología*, en la actualidad sus competencias solapan cada vez más con la moderna concepción de la Documentación científica como disciplina y ámbito especializado del saber. La revista *History of the Human Sciences* publicó en noviembre de 1998 un número especial monográfico dedicado a los archivos, bajo el título genérico de *The Archive*. En este número, autores como I. Velody, R.H. Brown, B. Davis-Brown, S. Kemp, C. Steedman, G. Meyerson, V. Zajkop y R. Hobbs, plantean distintas consideraciones teóricas y metodológicas sobre el archivo, como su importancia para las Ciencias Humanas, la política de los archivos, bibliotecas y museos en la construcción de una conciencia nacional, o los distintos tipos de archivos como el etnográfico, el electrónico o el visual. En cualquier caso, para todo historiador que se precie, los archivos históricos constituyen un lugar de visita obligada, al menos esporádicamente, ya que allí es donde suele ser posible encontrar las fuentes más jugosas de información desde el punto de vista de la investigación histórica.

En lo que respecta a la Historia general, en nuestro país existen archivos históricos bien conocidos desde hace varios siglos, como el *Archivo de Simancas*, creado en 1509 por Carlos V para recoger los privilegios, bulas y demás escrituras reales, o el *Archivo de Indias*, que data de finales del siglo XVIII, reuniendo toda la documentación relativa a América. Sin embargo, la creación sistemática de archivos históricos data del siglo XIX, coincidiendo con la revitalización de la Historia operada tras la Ilustración, y su posterior reconocimiento como especialidad académica. Cada país suele disponer de sus respectivos archivos nacionales, en su mayor parte integrados por fondos documentales de las administraciones públicas, pero también por documentos y colecciones particulares que en ocasiones revisten interés.

En España tenemos desde 1896 el *Archivo Histórico Nacional*, originariamente alojado en el Palacio de Bibliotecas y Museos de Madrid, para custodiar los fondos documentales de los monasterios y archivos suprimidos, las informaciones de nobleza de la Orden de Santiago, las colecciones de las catedrales de Toledo y Avila, la documentación histórica del archivo de Alcalá de Henares, la de los consejos suprimidos procedentes del antiguo ministerio de Gracia y Justicia, la vieja documentación del ministerio de Estado y los fondos relativos a las órdenes monásticas procedentes del antiguo ministerio de Hacienda. Las distintas comunidades disponen igualmente de sus archivos regionales. En nuestra ciudad, disponemos desde 1861 del *Archivo General del Reino de Valencia*, que reúne toda la documentación relativa al antiguo Reino.

En Francia los *Archivos Nacionales* fueron creados en 1789-90, y los *Archivos Departamentales* por orden del 5 de Brumario del año V de la época revolucionaria. En Inglaterra, el archivo más importante posiblemente sea el *Public Record Office* de Londres, por sus colecciones históricas y por los papeles de las distintas administraciones del Estado, organizaciones locales y privadas. El *Principal Probate Registry* conserva, además, una importante documentación medieval, y el *British Museum* interesantes colecciones de archivos particulares. En Italia, los *Archivos Centrales del Reino* se hallan en Roma desde 1875, y conservan la mayor parte de las administraciones centrales y de grandes cuerpos administrativos. Los *Archivos del Estado,* por su parte, son varios y contienen los fondos de los diversos reinos que formaron la unidad italiana. Algo similar podríamos decir de otros países, aunque una revisión más exhaustiva excedería nuestro mero propósito de ofrecer una pequeña muestra ilustrativa de este tipo de archivos históricos, antes de centrarnos en los más específicamente referidos a la Historia de la Ciencia.

En efecto, cuando nos restringimos al ámbito científico, interesa concretamente la documentación relativa al pasado de la ciencia en general y de cada una de ellas en particular. La creación de este tipo de archivos históricos es mucho más reciente, y a menudo forman parte de bibliotecas y museos de la ciencia. Centrándonos específicamente en los archivos relevantes para la Historia de la Psicología, nos limitaremos a nombrar algunos de los más representativos y, bajo nuestro punto de vista, más interesantes.

El mayor, y posiblemente también el más importante, es el Archivo de Historia de la Psicología Americana *(Archives of the History of American Psychology),* ubicado en las dependencias de la Universidad de Akron, Ohio, en los EE.UU. Fue creado en 1965 por J.A. Popplestone y su mujer M.W. McPherson, con la implicación de eminentes historiadores de la Psicología como R.I. Watson (véase Popplestone, 1975; Popplestone y McPherson, 1976, 1982). Actualmente custodia la colección más importante de documentos con valor histórico sobre el pasado de la Psicología americana, incluyendo tanto material escrito como material gráfico e instrumental, y en el primer caso tanto material publicado como no publicado. En él es posible encontrar, entre otras cosas, actas oficiales, informes, correspondencia, grabaciones, fotografías, películas, test y varios centenares de viejos aparatos psicológicos habitualmente utilizados en los antiguos laboratorios o investigaciones de Psicología experimental y Psicotecnia[41].

Junto a los archivos históricos de Akron, también podríamos mencionar los de la Asociación Psicológica Americana (*American Psychological Association Archives*), depositados desde 1966 y hasta 1999 en la Biblioteca del Congreso (*Library of Congress*) de Washington. En 1966 se alcanzó de hecho un acuerdo entre ambas instituciones para que la Biblioteca se encargara de la custodia y administración de los fondos documentales de la Asociación. Durante varios años, más de 270.000 documentos de la A.P.A. y sus filiales fueron trasladados allí y registrados por la Sección de manuscritos de la Biblioteca del Congreso. En 1993, la Biblioteca del Congreso advirtió a la A.P.A. que no podría seguir aceptando documentación, aunque se alcanzó un acuerdo para que siguiera custodiando y administrando los documentos correspondientes al periodo 1892-1983. La A.P.A. ha dispuesto de espacios propios destinados a albergar los restantes y nuevos fondos documentales en su propia sede, cuya inauguración se produjo recientemente, siendo ya oficial el nombramiento de Wade Pickren como su primer director de Archivos[42]. En lo que respecta a su contenido, los Archivos de la A.P.A. sirven de depósito oficial de todo tipo de documentos e información con valor histórico de la A.P.A. y filiales. Incluyen expedientes, correspondencia, memorias, actas de congresos y reuniones, informes, películas, escrituras, planos, mapas, gráficas, publicaciones (libros, libretos, posters, folletos, panfletos), testimonios, y otros documentos informativos y administrativos. También dispone de una colección de fotografías

---

[41]   John A.Popplestone, Archives of the History of American Psychology, Psychology Archives, University of Akron, Akron, Ohio 44325-4302. Telephone: (330) 972-7285; E-mail:Jpopplestone@uakron.edu.
[42]   Wade Pickren, *A.P.A. Archives*, American Psychological Association, 750 First Street, EN Washington, DC 20002-4242; Telephone: (202) 336-5645; E-mail: wpickren@apa.org.

etiquetadas y fechadas, y distintos tipos de material no impreso.

Los archivos históricos de Akron y Washington, no obstante, se limitan a documentos directa o indirectamente relacionados con la Psicología desarrollada en los EE.UU de América. Cuando se trata del pasado de la Psicología europea, son sin duda más valiosos los archivos existentes en distintos países de nuestro continente. A este respecto, el artículo de Woodward (1981) sobre la Historia de la Psicología en Europa es una amplia fuente de información sobre colecciones custodiadas en Inglaterra y Alemania. Junto a los archivos británicos y alemanes, tampoco quisieramos dejar de mencionar los Archivos históricos sobre la Psicología holandesa.

Los Archivos de la Psicología Holandesa (*Archives of Dutch Psychology*) recogen, administran y suministran información y documentación sobre la historia y el desarrollo de la Psicología en Holanda. Dirigidos por Peter van Drunen, incluyen tanto material escrito como documentos gráficos, y ya cuentan desde hace años con una cierta tradición en Europa. A lo largo de los años se han dedicado a recopilar una gran cantidad de material que incluye los archivos personales de eminentes psicólogos holandeses, numerosos tests psicológicos, materiales audiovisuales y una amplia colección de fotografías. Desde hace apenas un par de años dispone además de su propia página web, que puede visitarse en la dirección indicada en la referencia[43].

En Inglaterra han existido tradicionalmente los fondos de la *British Psychological Society*, fundada en 1901, ubicados desde 1979 en la Universidad de Liverpool, y desde hace apenas unos meses en el recién creado Centro de Historia de la Psicología de

---

[43] Prof. Peter van Drunen, *Archives of Dutch Psychology (ADNP)*, Grote Kruisstraat 2/1 (Postbus 1710), 9701 BS, Groningen, Holanda. Teléfono: 31-50.3636333, Fax: 31-50.3636304, E-mail: A.D.N.P.@ppsw.rug.nl. http://www.ppsw.rug.nl/psy/adnp.

la Universidad de Staffordshire (*Center for the History of Psychology -CHOP- at Staffordshire University*). El Centro, que fue oficialmente inaugurado por Ingrid Lunt, actual presidenta de dicha sociedad, el pasado 3 de Febrero de 1999, es la primera institución específicamente dedicada a la Historia de la Psicología en el Reino Unido, siendo su Director el profesor Graham Richards[44]. Además de los archivos de la Sociedad Británica de Psicología, el CHOP también alberga una pequeña colección de tests y otras fuentes de archivo con la intención declarada de ampliar sus fondos en los próximos años, hasta consolidarlo como el principal archivo histórico de la Psicología británica. Además, el Centro dispone de una biblioteca que cuenta con unos 5.000 volúmenes, incluyendo material sobre distintos aspectos de la Psicología y disciplinas afines como la Lingüística, Sociología, Evolución humana y Filosofía, con libros que datan del siglo XVII. Entre ellos destacan "Un tratado sobre las pasiones y facultades del alma humana" (*A Treatise of the Passions and Faculties of the Soule of Man, 1640*), de Edward Reymolds, considerado como uno de los primeros libros británicos de carácter psicológico, o "El origen primitivo de la humanidad" (*The Primitive Origination of Mankind. 1677*), de Sir Matthew Hale. Por otra parte mantiene relaciones institucionales con otros centros afines como el "Instituto de Historia de la Psicología Moderna" (*Institut für Geschichte der Neueren Psychologie*) de la Universidad de Passau (Alemania) o el Museo de la ciencia (*Science Museum*) de Londres.

En nuestra opinión, los archivos europeos más interesantes se encuentran en Alemania, ubicados en las dependencias de distintas universidades. Si buscamos la razón, tal vez sea porque fue allí donde la Psicología moderna dio los primeros

---

[44] Prof. Graham Richards, *Center for the History of Psychology (CHOP)*, Division of Psychology, Staffordshire University, College Road, Stoke on Trent ST4 2DE United Kingdom; Telephone: 01782 2944578 (direct), E-mail: sctgdr@staffs.ac.uk.

pasos hacia su consolidación como disciplina científica, aunque tampoco quisiéramos olvidar la eficaz disposición y el genio organizativo alemán. Entre ellos, especialmente importante es el Archivo del Instituto de Historia de la Psicología Moderna de la Universidad de Passau (*Institut für Geschichte der Neueren Psychologie der Universität Passau*), creado en 1981 y dirigido desde entonces por Horst Gundlach, que destaca sobre todo por su interesante colección de aparatos empleados en los laboratorios de Psicología experimental y Psicotecnia a finales del siglo XIX y principios del XX, además de otros tipos de materiales y documentos históricos[45].

Los asistentes al *XIV Congreso Anual de la European Society for the History of the Behavioural and Social Sciences (CHEIRON-Europe)*, celebrado en Passau del 3 al 7 de Septiembre de 1995, nunca olvidaremos el emocionante viaje en el *"Psycho-train"* con el que la organización del Congreso nos obsequió después de tres días de trabajo. El *"Psycho-train"*, como allí fue bautizado, es el último superviviente de los viejos vagones utilizados antiguamente en Austria para el psicodiagnóstico aptitudinal. Actualmente forma parte de un verdadero tren, espléndidamente conservado por la *Sociedad de Amigos del Ferrocarril* de Passau, y en aquella ocasión fue habilitado y puesto a nuestra disposición para un pequeño recorrido de demostración por una vía muerta, hasta la vecina localidad de Freyung, cuarenta kilómetros al norte de Passau y en pleno Parque Nacional de Baviera. Irmingard Stauble, profesor de la *Freie Universität* de Berlín encargado de escribir la crónica de aquel congreso, describió vívamente esta inolvidable experiencia con las siguientes palabras: *"Imagine un hermoso día de verano, el tren deslizándose hacia el interior de los bosques bávaros por una vía*

---

[45]　Prof. Horst Gundlach, *Institut für Geschichte der Neueren Psychologie.* Universität Passau. Leopoldstraße, 4. D-94030 Passau. Deutschland. Telephone 49-851.560.986-0; Fax: 49-851.560.986-12; E-mail: ptgundØ1@fsuni.rz.uni-passau.de.

muerta, las ramas rozando las ventanas al pasar, varias paradas para evitar que las barreras estuvieran cerradas. Al llegar a Freyung nos dio la bienvenida una pintoresca banda local de música, y luego fuimos agasajados con una degustación de especialidades regionales" (Stauble, 1995, p.8). Creemos que muchos colegas estarían de acuerdo con nosotros si afirmamos que aquel día nos sentimos transportados en el tiempo, y por un momento formando parte de la historia.

También sería posible mencionar otros centros y archivos, ligados a universidades o sociedades científicas, como el de la Universidad de Heidelberg, creado en 1979, o los Archivos Wundtianos de la Universidad de Leipzig, fundados en 1980, o legado de Wundt (*Wundt Nachlaß*). Por nuestra parte nos limitaremos a mencionar el de más reciente creación y también uno de los más interesantes ateniéndonos a su contenido. Nos referimos al Archivo de investigación en Historia de la Psicología (*Psychologiegeschichtliches Forschungsarchiv)* de la Universidad a Distancia de Hagen, inaugurado en 1999, y gestionado por un equipo dirigido por el Prof. Helmut E. Lück, e integrado además por Rudolf Miller, Gabi Sewz-Vosshenrich y Katrin Gaiser. El Instituto de Psicología de la Universidad a Distancia de Hagen es hoy por hoy uno de los principales centros europeos de investigación y enseñanza de la Historia de la Psicología, núcleo de numerosas investigaciones, publicaciones y actividades institucionales en este campo, entre las que se incluye la publicación de la revista Psicología e Historia (*Psychologie und Geschichte)* o la edición de la serie de monografías Contribuciones a la Historia de la Psicología (*Beiträge zur Geschichte der Psychologie),* publicada por la editorial alemana Peter Lang, que iniciada en 1991 está integrada ya por 15 volúmenes.

El Archivo de investigación en Historia de la Psicología de la Universidad de Hagen ha sido creado asumiendo las funciones de recopilación, organización, análisis y publicación de fuentes documentales y de archivo sobre el desarrollo histórico de la Psicología alemana. Algunas de estas tareas llevan realizándose allí desde 1997, cuando el grupo de Hagen empezó a adquirir distintas colecciones de archivos, como los documentos personales de importantes psicólogos alemanes, decanos de la Psicología académica y profesionales en este país, como los profesores Gert Heinz Fischer, Hans Anger, Wilhelm Lejeune o Leonard von Renthe-Fink, entre otros. A ello vino a añadirse la donación de una amplia colección personal por parte de Wolfgang Bringmann, de la Universidad de Alabama del Sur, EE.UU, sobre el origen y desarrollo de la Psicología alemana durante el siglo XIX y principios del XX, incluyendo, por ejemplo, numerosas cartas personales y fotografías sobre la vida y obra de Hugo Münsterberg, uno de los pioneros de la Psicología aplicada. El archivo recoge así una valiosa colección de manuscritos, originales y copias, además de documentos privados, correspondencia profesional, reimpresiones, grabaciones de audio y vídeo, cuadros y fotografías, tests, manuales e instrumental de investigación[46].

Además de estos archivos, no quisiéramos dejar de mencionar el esfuerzo de distintas universidades españolas que año tras año promueven iniciativas para la creación de fondos documentales propios relacionados con la Historia de la Psicología dentro y fuera de nuestro país. Entre ellas nos gustaría destacar el *Archivo histórico de la Universidad Autónoma de Barcelona (U.A.M.)*, creado por Milagros y Dolores Sáiz, que incluye información sobre los inicios de la Psicología científica en Cataluña, además de una colección de aparatos y otros recursos documentales, como diversos artículos y libros de algunos de los pioneros de la moderna Psicología experimental y aparatos del antiguo Instituto de Orientación Profesional de Cataluña.

---

[46]   Prof. Helmut E. Lück. *Psychologiegeschichtliches Forschungsarchiv*, FernUniversität, Institut für Psychologie, Postfach 940, D-59084 Hagen, Deutschland. Telephone: 49-2331 987 2776; Fax: 49- 2331 987 2709. E-mail: helmut.lueck@fernuni-hagen.de.

También digno de mención es el *Archivo Histórico de la Universidad Autónoma de Madrid (U.A.M.)*, creado este mismo año por el profesorado de Historia de la Psicología. La creación de este archivo llega como continuación de una serie de exposiciones bibliográficas y actuaciones dirigidas a la recuperación y conservación de material documental, y gracias a la donación o adquisición de fondos bibliográficos relacionados con la Historia de la Psicología. El Archivo se encuentra ubicado en las dependencias de la Facultad de Psicología de la U.A.M., y cuenta, entre otros fondos, con las bibliotecas personales de Rodríguez Sanabra, José Mallart y Rodrigo Lavín. Actualmente en fase de organización interna y catalogación del material, el archivo aspira a convertirse en centro y punto de referencia para la investigación en Historia de la Psicología en nuestro país.

Por nuestra parte, en el departamento de Psicología Básica de la Universidad de Valencia, venimos desarrollando desde hace años en esta dirección, una intensa labor de recopilación de fuentes documentales, y muy especialmente de revistas y material gráfico, que junto con los recursos ya disponibles en el centro y la elaboración de otros materiales didácticos de diferente índole, pretende en última instancia disponer de un fondo de recursos docentes para la enseñanza de la Historia de la Psicología, al que tengan libre acceso tanto los estudiantes de segundo y tercer ciclo, como los propios profesores. Junto a nuestra modesta contribución, éstos y otros muchos esfuerzos impulsan día a día el desarrollo de la investigación en Historia de Psicología en nuestro país, al tiempo que constituyen un importante estímulo para el futuro de nuestra disciplina.

3. FUENTES SECUNDARIAS EN HISTORIA DE LA PSICOLOGÍA

Las *fuentes secundarias* reflejan el trabajo realizado por otros investigadores sobre el tema que se estudia. Dado que

existen muchos tipos de fuentes secundarias, vamos a dividir-
las en dos grandes bloques: las fuentes secundarias no periódicas (que engloban enciclopedias, diccionarios, manuales o
tratados, monografías, compilaciones, tesis y documentos
audiovisuales), y las fuentes secundarias periódicas, sean éstas
de aparición regular (revistas y boletines) o irregular (actas y
series). En los próximos apartados presentaremos cada una de
ellas junto con alguna muestra representativa en el ámbito de
la Historia de la Psicología.

3.1. Fuentes secundarias no periódicas

Las fuentes secundarias no periódicas engloban básicamente los siguientes tipos de materiales: enciclopedias, diccionarios, manuales o tratados, monografías, compilaciones, tesis y
documentos audiovisuales.

a) Enciclopedias y Diccionarios

Las enciclopedias son la vía más adecuada para entrar en
contacto por primera vez con un tema, ofreciendo una exposición breve pero general y clara del mismo. Por este motivo,
resultan especialmente útiles para el estudiante, pero también
pueden serlo para el investigador. Los diccionarios, por su
parte, permiten una comprensión rápida y precisa de términos
más concretos. Su información es por lo general más específica
que la de las enciclopedias, siendo concisa y exhaustiva a un
tiempo. Además de los diccionarios descriptivos se han venido
publicando diccionarios generales, especializados tanto en
Historia como en Psicología. Tanto en este caso como en el de
las enciclopedias es posible ampliar más información mediante las llamadas que unos términos hacen a otros relacionados.

A pesar de que toda biblioteca universitaria suele dotarse
bien de este tipo de obras, no siempre se aprovechan sus
posibilidades. En las múltiples ocasiones que hay a lo largo del

curso para recomendar bibliografía, es útil hacer hincapié en el conocimiento y manejo de estas fuentes. En nuestra selección hemos incluido tanto obras específicas para la Psicología, como aquéllas más centradas en aspectos históricos, o que abarcan las Ciencias Sociales en su conjunto. También hemos considerado oportuno introducir diccionarios biográficos, por su especial utilidad para nuestra disciplina. En cualquier caso, además de las relevantes para la Psicología, un listado actualizado y más exhaustivo de obras de referencia generales e históricas de este tipo, incluyendo tanto materiales impresos como en formato electrónico, puede encontrarse en Alía (1998).

1. Enciclopedias:

Concise encyclopedia of psychology (1987). Ed. por R.J. Corsini. Nueva York: Wiley.

Diccionario enciclopédico de educación especial (1985). Madrid: Santillana (4 vols.).

Enciclopedia Internacional de las Ciencias Sociales (1974). Ed. por D.L. Sills. Madrid: Aguilar (11 vols.) (ed. orig. inglesa de 1968).

Enciclopedia temática de Psicología (1980). Ed. por L. Ancona. Barcelona: Herder (Ed. orig. italiana, 1972).

Encyclopedia of Educational Research (1969). Editada por la American Educational Research Education. Nueva York: McMillan.

Encyclopedia of Psychology (1984). Ed. por R.J. Corsini. Nueva York: Wiley (4 vols.).

International Encyclopedia of Psychiatry, Psychology, Psy-choanalysis, and Neurology (1977). Ed. por B.B. Wolman. Nueva York: Aesculapius (12 vols.).

The International Encyclopedia of Education (1985). Ed. por T. Husen y T.N. Postlethwaite. Oxford: Pergamon Press. (10 vols. más suplementos) (Trad. cast.: *Enciclopedia Internacional de la Educación*. Barcelona: MEC/Vicens-Vives, 1989).

2. Diccionarios históricos y filosóficos:

Abos, A.L. y Marco, A. (1986): *Diccionario de términos básicos para la historia*, Madrid, Alhambra, 626 pp.

Bernardi, A.de y Guarracino, S. (dirs.)(1997): *Diccionario de historia*, Madrid: Anaya & Mario Muchnik (3 vols.).

Brugger, W. (1983). *Diccionario de Filosofía*. Barcelona: Herder.

Burguière, A. (1991): *Diccionario de ciencias históricas*. Madrid: Akal, 702 pp.

Bynum, W.F., Browne, E.J. y Porter, R. (1986). *Diccionario de Historia de la Ciencia*. Barcelona: Herder (ed. orig.: *Dictionary of the history of science*. Londres: Macmillan, 1983, 2ª ed.).

Cook, C. (1993): *Diccionario de términos históricos*. Madrid: Alianza, 523 pp.

Ferrater Mora, J. (1982). *Diccionario de Filosofía* (4 vols.). Madrid: Alianza.

López Piñero, J.M., Glick, T.F., Navarro Brotóns, V. y Portela Marco, E. (1983). *Diccionario histórico de la ciencia moderna en España* (2 vols.). Barcelona: Península.

Pronko, N.H. (1988). *From AI to Zeitgeist. A philosophical guide for the skeptical psychologist*. Nueva York: Greenwood.

Valverde, J.Mª (1997): *Diccionario de historia*. Barcelona: Planeta, 321 pp.

Wiener, P. (dir.) (1988). *The dictionary of the history of ideas* (4 vols. + índices). Nueva York: Scribner.

3. Diccionarios biográficos:

Asimov, I. (1982). *Enciclopedia biográfica de ciencia y tecnología*. Madrid: Alianza (ed. orig., 1972).

Espasa Calpe (1990): *Biografías Espasa*. Barcelona. Espasa Calpe, 8 tomos.

Gillispie, C.C. (dir) (1970-1980). *The dictionary of scientific biography* (15 vols. + índices). Nueva York: Scribner.

Sheehy, N.; Chapman, A.J. y Conroy, W. (1997): *Biographical dictionary of psychology*. London: Routledge.

Vernia, P. (1995): *Diccionario histórico, biográfico y bibliográfico*, Madrid: Alderabán, 320 pp.

Williams, T.I. (dir.) (1974). *A biographical dictionary of scientists*. Londres: Black (2ª ed.).

Zusne, L. (1975). *Names in the history of psychology: A biographical source book*. Washington: Hemisphere Publ.

Zusne, L. (1984). *Biographical dictionary of psychology*. Westport, Ct.: Greenwood Press.

Zusne, L. (1987). *Eponyms in psychology: A dictionary and biographical sourcebook*. Westport, CT: Greenwood Press.

4. Diccionarios de Psicología:

Arnold, W., Eysenck, H.J. y Meili, R. (1979). *Diccionario de Psicología*. Madrid: Rioduero (3 vols).

Asanger, R. y Wenninger, G. (Hrgs.) (1995): *Handwörterbuch Psychologie* (5. Auflage), Weinnheim: Beltz, 924 S.

Benesh, H. (1995): *Enzyklopädisches Wörterbuch Klinische Psychologie und Psychotherapie*, Weinnheim: Beltz, 960 S.

Bruno, F.J. (1988). *Diccionario de términos psicológicos fundamentales*. Barcelona: Paidós (Trad. de la ed. inglesa de 1986).

Chaplin, J.P. (1968). *Dictionary of Psychology*. Nueva York: Dell Publishing.

Dorsch, F. (1985). *Diccionario de Psicología*. Barcelona: Herder (Trad. de la 10ª ed. alemana, 1982).

English, H.B. y English, A.C. (1958). *A comprehensive dictionary of psychological and psychoanalytical terms: A guide to usage*. Nueva York: Longmans/Green.

Eysenck, M.W. (ed.). (1990). *The Blackwell dictionary of cognitive psychology*. Oxford: Blackwell.

Genovard, C. y Chica, C. (1983). *Guía básica para psicólogos. Conceptos, ejercicios, instrumentos*. Barcelona: Herder.

Gregory, R.L. (1987). *The Oxford companion to the mind*. Oxford: Oxford Univ. Press.

Harré, R. y Lamb, R. (1986). *The dictionary of ethology and animal learning*. Oxford: Basil Blackwell.

Harré, R. y Lamb, R. (1990). *Diccionario de Psicología fisiológica y clínica*. Barcelona: Paidós (Ed. orig. inglesa, 1986).

Hernández Terrés, M.L. (1987). *Diccionario de Terminología científica en psicobiología y Psicología del aprendizaje*. Memoria de Licenciatura. Facultad de Filosofía, Psicología y Ciencias de la Educación, Universidad de Murcia.

La Psicología moderna de la A a la Z (1976) (2ª ed.). Bilbao: Mensajero (Ed. orig. francesa, 1967).

Laplanche, J. y Pontalis, J.B. (1971). *Diccionario de Psicoanálisis*. Barcelona: Labor.

Popplestone, J.A. y McPherson, M.W. (1988). *Dictionary of concepts in general psychology*. Westport, Conn.: Greenwood Press.

Reyes, R. (dir.) (1988). *Terminología científico-social. Aproximación crítica*. Barcelona: Anthropos.

Shikhirev, P. (ed.) (1987). *A concise psychological dictionary*. Nueva York: International Publishers.

Sutherland, S. (1989). *Macmillan dictionary of psychology*. Nueva York: Macmillan.

Thinés, G. y Lempereur, A. (1978). *Diccionario General de las Ciencias humanas*. Madrid: Cátedra.

Wolman, B.B. (1984). *Diccionario de ciencias de la conducta*. México: Trillas.

Wolman, B.B. (ed.) (1989). *Dictionary of behavioral science* (2ª ed.). San Diego, Ca.: Academic.

b) Manuales

El manual es un tipo de fuente que no requiere prácticamente de presentación, dado su papel central en la docencia universitaria. Sus ventajas de cara al estudio son evidentes: ofrece una visión amplia y sistemática del área, suele estar más actualizado que una enciclopedia, y su estructura está especialmente concebida con fines didácticos. Sin embargo, estas mismas características pueden limitarlo excesivamente a un mero material de estudio. Por esta razón siempre es conveniente utilizar diversos textos, de forma que puedan compararse tratamientos, puntos de vista, etc. Otras utilidades menos evidentes del manual, como por ejemplo servir de guía a bibliografía complementaria, identificar problemas interesantes de investigación, etc., tampoco debieran pasarse por alto. Una extensa relación de manuales de Historia de la Psicología sería la siguiente:

Ardila, R. (1971). *Los pioneros de la Psicología*. Buenos Aires: Paidós.

Arnau, J. y Carpintero, H. (1989). *Historia, teoría y método*. Madrid: Alhambra (Vol. 1 del *Tratado de Psicología General*, ed. por J. Mayor y J.L. Pinillos).

Baldwin, J.M. (1913). *History of psychology: A sketch and an interpretation* (2 vols.). Nueva York: Putnam.

Balmer, H. (Hrsg.) (1982). *Geschichte der Psychologie* (2 vols.). Weinheim: Beltz.

Benjafield, J.G. (1996): A History of Psychology. Boston & London: Allyn and Bacon.

Bolles, R. C. (1993). *The Story of Psychology: A thematic history.* Pacific Grove, CA: Brooks/Cole Publishing.

Bonnafont, C. et al. (1977). *Los grandes de la Psicología.* Bilbao: Mensajero (ed. orig.: *Les 10 grands de la psychologie.* París: Centre d'Etude et de Promotion de la Lecture).

Boring, E.G. (1990). *Historia de la Psicología experimental.* México: Trillas (ed. orig.: *A history of experimental psychology.* Nueva York: Appleton-Century-Crofts, 1950, 2ª ed.; la ed. orig. es de 1929).

Brennan, J. F. (1994). *History and Systems of Psychology.* Englewood Cliffs, NJ.: Prentice Hall (4ª de.)

Brennan, J. F. (1999). *Historia y Sistemas de la Psicología. México:* Prentice Hall.

Brett, G.S. (1912). *A history of psychology* (3 vols.). Londres: Allen (ed. rev.: 1921)

Buxton, C.E. (ed.) (1985). *Points of view in the modern history of psychology.* San Diego: Academic.

Caparrós, A. (1976). *Historia de la Psicología.* Barcelona: Univ. de Barcelona, Fac. de Filosofía y CC de la Educación.

Caparrós, A. (1980). *Historia de la Psicología.* Barcelona: CEAC.

Caparrós, A. (1980). *Los paradigmas en Psicología (Sus alternativas y sus crisis).* Barcelona: Horsori (reimp. en 1985).

Caparrós, A. (1984). *La Psicología y sus perfiles. Introducción a la cultura psicológica.* Barcelona: Barcanova.

Capretta, P.J. (1967). *A history of psychology in outline: From its origins to the present.* Nueva York: Dell.

Carpintero, H. (1996). *Historia de las ideas Psicológicas.* Madrid: Pirámide.

Cohen, David (1980). *Los psicólogos hablan de Psicología.* Madrid: Cátedra (ed. orig.: (1977). *Psychologists on psychology.* Londres: Routledge and Kegan Paul).

Chaplin, J.P. y Krawiec, T.S. (1979). *Systems and theories of psychology.* Nueva York: Holt, Rinehart & Winston (4ª ed.). (1ª ed., 1960).

Château, J., Gratiot-Alphandéry, H., Doron, R. y Cazayus, P. (1979). *Las grandes Psicologías modernas.* Herder: Barcelona (ed. orig.: (1977). *Les grandes psychologies modernes.* Bruselas: P. Mardaga).

Dessoir, M. (1894). *Geschichte der neueren deutschen Psychologie.* Berlín: C. Duncker.

Eckardt, G. (ed.) (1979). *Zur Geschichte der Psychologie.* Berlín: VEB.

Esper, E.A. (1964). *A history of psychology.* Filadelfia: Saunders.

Fancher, R.E. (1990). *Pioneers of psychology*. Nueva York: Norton (2ª ed.).

Flugel, J.C. (1933). *A hundred years of psychology: 1833-1933*. Nueva York: Macmillan.

Flugel, J.C. (1947). *A hundred years of psychology*. Nueva York: Basic Books (2ª ed.; incl. supl. 1933-1947).

Flugel, J.C. (1964). *A hundred years of psychology*. Nueva York: International Univ. Press (3ª ed.; incl. supl. 1947-1963 de D.J. West).

Foulquié, P. y Deledalle, G. (1951). *La psychologie contemporaine*. París: PUF.

Freitas Campos (org.) (1996): *Historia de psicologia*, Coletâneas da ANPEPP, Sao Paulo, Brasil: EDUC.

García Vega, L. (1985). *Lecciones de Historia de la Psicología*. Madrid: Ed. de la Universidad Complutense.

García Vega, L. (1989). *Historia de la Psicología*. Madrid: EUDEMA.

Garrett, H.E. (1975). *Las grandes realizaciones de la Psicología experimental*. México: FCE (ed. orig.: *Great experiments in psychology*. Nueva York: Appleton, 1941).

Gondra, J.Mª (1997-1998): *Historia de la Psicología. Introducción al pensamiento psicologico moderno*. Madrid: Síntesis (2 vols.)

Hall, G.S. (1912). *The founders of modern psychology*. Nueva York: Appleton.

Hearnshaw, L.S. (1989). *The shaping of modern psychology: An historical introduction*. Londres: Routledge.

Heidbreder, E. (1993). *Psicologías del siglo XX*. Buenos Aires: Paidós (ed. orig.: *Seven psychologies*. Nueva York: Appleton-Century-Crofts, 1933).

Hergenhahn, B.R. (1992). *An introduction to the History of Psychology*. Belmont, California: Wadsworth.

Hilgard, E.R. (1986). *The making of modern psychology. History of the twentieth century psychology in America*. San Diego: Harcourt Brace.

Hilgard, E.R. (1987). *Psychology in America: A historical survey*. San Diego: Harcourt Brace Jovanovich.

Hillner, K.P. (1984). *History and systems of modern psychology. A conceptual approach*. Nueva York: Gardner.

Hothersall, D. (1990). *History of psychology*. Nueva York: McGraw-Hill (2ª de.).

Hothersall, D. (1998). *Historia de la Psicología*. Madrid: McGraw-Hill Interamericana (3ª ed.).

Kantor, J.R. (1969). The scientific evolution of psychology (2 vols.). Chicago, Ill.: The Principia Press.

Keen, J.D. (1996): Master builders of modern psychology: from Freud to Skinner, London: Duckworth.

Kendler, H.H. (1987). Historical foundations of modern psychology. Chicago: Dorsey Press.

Kendler, H.H. (1987). Historical foundations of modern psychology. Filadelfia: Temple Univ. Press.

Kimble, G.E. y Schlesinger, K. (eds.) (1985). Topics in the history of psychology (2 vols.). Hillsdale, N.J.: Erlbaum.

Klein, D.B. (1970). A history of scientific psychology: Its origins and philosophical backgrounds. Nueva York: Basic Books.

Klemm, O. (1914). A history of psychology. Nueva York: Scribner.

Koch, S. y Leary, D.E. (eds.) (1985). A century of psychology as science. Nueva York: McGraw-Hill.

Lana, R.E. (1976). The foundations of psychological theory. Hillsdale, N.J.: Erlbaum

Lawry, J.D. (1981). Guide to the history of psychology. Totowa, N.J.: Littlefield, Adams.

Leahey, T.H. (1994). A history of modern psychology. Englewood Cliffs, N.J.: Prentice-Hall (2ª ed., 1991).

Leahey, T.H. (1998). Historia de la Psicología. Principales corrientes en el pensamiento psicológico. Madrid: Prentice-Hall, (4 ed.) (ed. orig.: A history of psychology: Main currents in psychological thought. Englewood Cliffs, N.J.: Prentice-Hall, 1992).

Legrenzi, P. et al. (1986). Historia de la Psicología. Barcelona: Herder (ed. orig.: (1982). Storia della psicologia. Bolonia: Il Mulino).

Lowry, R. (1971). The evolution of psychological theory: 1650 to the present. Chicago: Aldine-Atherton.

Lundin, R.W. (1996). Theories and systems of psychology. Lexington, Ma.: Heath (5ª ed.).

MacLeod, R.B. (1975). The persistent problems of psychology. Pittsburg, Penn.: Duquesne Univ. Press.

Madsen, K.B. (1988). A history of psychology in metascientific perspective. Amsterdam: North-Holland.

Marx, M.H. y Hillix, W.A. (1978). Sistemas y teorías psicológicos contemporáneos. Buenos Aires: Paidós (ed. orig.: Systems and theories in psychology. Nueva York: McGraw-Hill).

Merani, A.L. (1976). Historia crítica de la Psicología. De la antigüedad griega a nuestros días. Barcelona: Grijalbo.

Misiak, H. y Sexton, V.S. (1966). *History of psychology: An overview*. Nueva York: Grune & Stratton.

Mueller, F.L. (1969). *La Psicología contemporánea*. México: FCE (reimp. de la 1ª ed. cast. de 1965; ed. orig. francesa, (1963). *La psychologie contemporaine*. París: Payot).

Mueller, F.L. (1976). *Historia de la Psicología desde la Antigüedad hasta nuestros días*. México: FCE. (Ed. orig.: (1960). *Histoire de la Psychologie de l'antiquité a nos jours*. París: Payot).

Müller-Freienfels, R. (1929). *Die Hauptrichtungen der gegenwärtigen Psychologie*. Leipzig: Quelle und Meyer.

Murphy, G. (1929). *Historical introduction to modern psychology*. Nueva York: Harcourt Brace. (2ª ed. rev., 1949).

Murphy, G. (1968). *Psychological thought from Pithagoras to Freud*. Nueva York: Harcourt, Brace & World.

Murphy, G. y Kovach, J.K. (1972). *Historical introduction to modern psychology* (3ª ed.). Nueva York: Harcourt Brace Jovanovich.

Neel, A. (1977). *Theories of psychology: A handbook*. Nueva York: Wiley (2ª ed.).

Nordby, V.J. y Hall, C.S. (1979). *Vida y conceptos de los psicólogos más importantes*. México: Trillas (ed. orig.: *A guide to psychologists and their concepts*. San Francisco: Freeman, 1974).

O'Neil, W.M. (1975). *Los orígenes de la Psicología moderna*. Caracas: Monte Avila (ed. orig.: (1968). *The beginnings of modern psychology*).

Peters, R.S. (ed.) (1953). *Brett's history of psychology*. Londres: Allen & Unwin (ed. rev., 1962).

Pillsbury, W.B. (1929). *The history of psychology*. Nueva York: Norton.

Pongratz, L.J. (ed.) (1973). *Problemgeschichte der Psychologie*. Berna: Francke.

Quintana, J. (1985). *La Psicología de la conducta. Análisis histórico*. Madrid: Alhambra.

Reuchlin, M. (1982). *Historia de la Psicología*. Barcelona: Paidós (trad. de la ed. rev. francesa: (1980). *Histoire de la Psychologie*. París: PUF; 1ª ed. francesa, 1957).

Rezk, M. y Ardila, R. (1979). *Cien años de Psicología*. México: Trillas.

Ribot, T. (1885). *La psychologie allemande contemporaine: école expérimentale*. París: Alcan (2ª ed.).

Rieber, R.W. y Salzinger, K. (eds.) (1977). *The roots of American psychology: Historical influences and implications for the future*. Nueva York: Nueva York Academy of Sciences.

Roback, A.A. (1964). *A history of American psychology*. Nueva York: Collier (2ª ed.; ed. orig., 1952).

Robinson, D.N. (1979). *Systems of modern psychology: A critical sketch*. Nueva York: Columbia Univ. Press.

Robinson, D.N. (1982). *Historia crítica de la Psicología*. Barcelona: Salvat (ed. orig.: *An intellectual history of psychology*. Nueva York: Macmillan, 1976).

Rodríguez Domínguez, S. (1984). *Historia de la Psicología. Raíces y primeros desarrollos*. Salamanca: Univ. de Salamanca.

Sahakian (1982). *Historia y sistemas de la Psicología*. Madrid: Tecnos (ed. orig.: *History and systems of psychology*. Nueva York: Schenkman, 1975).

Sánchez Barranco, A. (1991). *Historia de la Psicología*. Sevilla: Editorial Científico-Técnica.

Sánchez Granjel, L. (1976). *Historia de la Psicología*. Salamanca: Graficesa.

Sargent, S.S. y Stafford, K. (1965). *The basic teachings of the great psychologists*. Nueva York: Doubleday (ed. rev.).

Schultz, D.P. (1981). *A history of modern psychology* (1ª ed.). San Antonio: Academic. (3ª ed.; ed. orig., 1969).

Schultz, D.P. y Schultz, S.E. (1996). *A history of modern psychology*. San Diego: Harcourt Brace Jovanovich (6ª ed.).

Sexton, V.S. y Misiak, H. (eds.) (1971). *Theoretical issues in psychology*. Belmont: Brooks/Cole.

Smith, S. (1984). *Ideas de los grandes psicólogos*. Barcelona: Laia (ed. orig., 1983).

Spearman, C. (1937). *Psychology down the ages* (2 vols.). Londres: Macmillan.

Thomae, H. y Feger, H. (1971). *Corrientes principales de la moderna Psicología* (vol. 7 del tratado *Fundamentos de Psicología*, ed por C.F. Graumann). Madrid: Morata (ed. orig.: (1969). *Einführung in die Psychologie. T. 7: Hauptströmungen der neueren Psychologie*. Frankfurt: Akademische Verlagsgesellschaft).

Thomson, R. (1968). *The Pelican history of psychology*. Baltimore, Md.: Penguin.

Tortosa, F. (coord.) (1998): *Una Historia de la Psicología moderna*. Madrid: McGraw-Hill Interamericana.

Viney, W. (1993). *A History of Psychology: Ideas and Context*. Boston: Allyn and Bacon.

Viqueira, J.V. (1930). *La Psicología contemporánea*. Barcelona: Labor.

Watson, R.I. (1963). *The great psychologists: Aristotle to Freud*. Filadelfia: Lippincott (4ª ed., 1978).

Wertheimer, M. (1970). *A brief history of psychology*. Nueva York: Holt, Rinehart & Winston (3ª ed., 1987).

Wolman, B.B. (1968). *Teorías y sistemas contemporáneos en Psicología*. Barcelona: Martínez Roca (ed. orig.: *Contemporary theories and systems in psychology*. Nueva York: Harper and Row, 1960).

Woodworth, R.S. (1948). *Contemporary schools of psychology*. Nueva York: Ronald Press (2ª ed.; 1ªed., 1931).

Woodworth, R.S. y Sheehan, M.R. (1964). *Contemporary schools of psychology* (3ª ed.). Nueva York: Ronald Press.

c) Monografías e Historias de campos específicos

En la monografía es donde mejor se puede apreciar con profundidad y amplitud la investigación histórica. Si está bien realizada, nos permite no sólo el conocimiento detallado de un problema, sino también descubrir el proceso que ha llevado desde la búsqueda y recopilación de las fuentes hasta la reconstrucción de la narración histórica, pasando por el análisis y organización de los datos. De hecho, algunos criterios de calidad para una monografía histórica incluyen la explicitación de la base documental, la formulación de problemas o hipótesis, la exposición del análisis realizado, el establecimiento de conclusiones y la argumentación de las mismas.

La monografía supone una acotación precisa de un problema a abordar, y esto ha tomado diversas formas en el campo de la Historia de la Psicología. Una posibilidad es ceñirse a un autor (una biografía, una exposición de su sistema teórico) o a una escuela (por ejemplo, cuando hay un grupo de investigadores con fuertes rasgos comunes, como es el caso de la Psicología de la Gestalt). En ambos casos, un individuo o un grupo de ellos constituyen la unidad de análisis del trabajo, y marcan los límites del mismo. Dos obras ejemplares del género biográfico son las de Veer y Valsiner (1991) y la de Vidal (1994), referidas respectivamente a Vygotski y Piaget. Otra obra de interés dedicada específicamente a las biografías es la siguiente:

National Academy of Sciences (1877-). *Biographical memoirs*. Nueva York: Columbia Univ. Press.

Otras obras están a medio camino entre la monografía y el manual de historia. Son las que hemos denominado «historias de campos específicos». Pueden seleccionar un tema concreto, que se irá desarrollando a lo largo de un período de tiempo contrastando las aportaciones de muchas personas. Son especialmente valiosas en aquellos terrenos que los manuales habituales apenas tocan, al estar excesivamente centrados en la Psicología académica experimental, como por ejemplo la historia de los tests, la modificación de conducta, la Psicología de la educación, etc. Un tipo especial lo constituyen aquellas historias cuyo eje no es un problema sino un colectivo de personas con características propias: la contribución de las mujeres, de los psicólogos que no son de raza blanca, etc. Finalmente, se puede optar por hacer una historia limitada al ámbito de un país, o bien de un período histórico. Aquí vamos a incluir una selección de «historias de campos específicos», a título únicamente ilustrativo. En la revisión de Hilgard, Leary y McGuire (1991) se puede encontrar también una buena muestra de ellas.

Amsel, A. (1989). *Behaviorism, neobehaviorism and cognitivism in learning theory: Historical and contemporary perspectives*. Hillsdale, N.J.: Erlbaum.

Boring, E.G. (1942). *Sensation and perception in the history of psychology*. Nueva York: Appleton-Century.

Fay, J.W. (1966). *American psychology before William James*. Nueva York: Octagon Books.

Glover, J.A. y Ronning, R.R. (eds.) (1987). *Historical foundations of educational psychology*. Nueva York: Plenum.

Gundlach, H. (1996): Untersuchungen zur Geschichte der Psychologie und der Psychotechnik, München: Profil Verlag.

Guthrie, R.V. (1976). *Even the rat was white: A historical view of psychology*. Nueva York: Harper and Row.

Joravsky, D. (1989). *Russian psychology*. Cambridge, Ma.: Blackwell.

Mandolini, R.G. (1977). *De Freud a Fromm. Historia general del psicoanálisis*. Buenos Aires: Ciordia (5ª ed.).

Morawski, J.G. (ed.) (1988). *The rise of experimentation in American psychology*. New Haven, Ct.: Yale Univ. Press.

O'Connell, A.N. y Russo, N.F. (eds.) (1983). *Models of achievement: reflections of eminent women in psychology*. Nueva York: Columbia Univ. Press.

O'Connell, A.N. y Russo, N.F. (eds.) (1988). *Models of achievement: Eminent women in psychology. Vol. 2*. Hillsdale, N.J.: Erlbaum.

O'Donnell, J.M. (1985). *The origins of behaviorism: American psychology 1870-1920*. Nueva York: New York Univ. Press.

Scarborough, E. y Furumoto, L. (1987). *Untold lives: The first generation of American women psychologists*. Nueva York: Columbia Univ. Press.

Smith, L.D. (1986). *Behaviorism and logical positivism: A reassessment of the alliance*. Stanford, Ca.: Stanford Univ. Press.

Sokal, M.M. (ed.) (1987). *Psychological testing and American society, 1890-1930*. New Brunswick, N.J.: Rutgers Univ. Press.

Stevens, G. y Gardner, S. (1982). *The women of psychology*. (2 vols.). Cambridge, Ma.: Schenkman.

Templado, Joaquín (1982). *Historia de las teorías evolucionistas*. Madrid: Alhambra (reimp. de la ed. de 1974).

Watson, J. (1966). *Teorías del placer. Su significado y su historia desde Aristipo hasta Spencer*. Buenos Aires: Paidós.

Wyss, D. (1975). *Las escuelas de Psicología profunda*. Madrid: Gredos (Trad. de la 2ª ed. alemana, 1961).

Zilboorg, G.A. (1941). *A history of medical psychology*. Nueva York: Norton.

La *Sociedad Española de Historia de la Psicología* ha expresado recientemente su voluntad de publicar a través de la *Revista de Historia de la Psicología* un monográfico anual, coincidiendo con el primer número de cada volumen. El primero de ellos, publicado en el número 1 del volumen 19 (1998) de la revista, estuvo dedicado a la *"Psicotecnia, Psicología y Sociedad durante la emergencia de las comunidades nacionales de psicólogos"*, con las aportaciones de prestigiosos historiadores nacionales y extranjeros como H. Carpintero, J. Quintana, M. y D. Sáiz, P.J. van Strien, A. Costall, J. Brozek y J. Hoskovec, y C. Trombetta, teniendo como editor invitado a Francisco Tortosa. El segundo de ellos, recientemente aparecido en el número 2 del volumen 20 (1999), ha estado dedicado a *"La Psicología en Alemania"*, y editado por Milagros Sáiz de la

Universidad Autónoma de Barcelona. Junto a las aportaciones de autores como W. Holzapfel y G. Eckardt, S. Wittmann, A. Mülberger, M. Sáiz, D. Sáiz y K. Dumond, hemos tenido el honor y la fortuna de participar en él con una contribución sobre la continuidad de la tradición berlinesa de Psicología de la Gestalt en Alemania, tras el ascenso del nazismo en 1933 (véase Pastor, Tortosa y Civera, 1999b).

d) Compilaciones

Hemos agrupado bajo el término de compilaciones aquellas obras, conocidas en inglés bajo la denominación de *readings*, que reúnen en un mismo volumen un conjunto de trabajos independientes entre sí. En primer lugar, tenemos compilaciones que recogen trabajos anteriormente publicados por un mismo autor; en nuestro caso, se trata de notables historiadores de la Psicología.

Boring, E.G. (1963). *History, psychology and science: Selected papers* (ed. por R.I. Watson y D.T. Campbell). Nueva York: Wiley.

Henle, M. (1986). *1879 and all that: essays in the theory and history of psychology*. Nueva York: Columbia Univ. Press.

Watson, R.I. (1977). *R.I. Watson's selected papers on the history of psychology* (ed. por J. Brozek y R.B. Evans). Hanover, N.H.: University Press of New England.

Más frecuente es, sin embargo, la compilación que reúne contribuciones de distintos autores. En algunos casos, estos trabajos han sido especialmente escritos para el volumen en cuestión. Esta práctica va siendo frecuente a medida que el tamaño de la ciencia conduce a una progresiva especialización. Una obra que pretenda representar con suficiente profundidad y actualidad distintos aspectos de una disciplina, ha de recurrir a la cooperación de un número de expertos. Así, tenemos compilaciones que tratan de poner al día aspectos de la historiografía psicológica (por ejemplo, Brozek y Pongratz, 1980; o Eckardt y Sprung, 1983), agrupar temáticamente traba-jos suscitados por un acontecimiento u homenaje (así, las de

Bringmann y Tweney, 1980; o la de Rieber, 1980, en torno a la figura de Wundt; o la de Carpintero y Peiró, 1981, en homenaje a J. Brozek), o incluso testimoniar la apertura de un enfoque novedoso de investigación (por ejemplo, la compilación de Leary, 1990, centrada en el uso de la metáfora). Si el libro es de múltiples autores, pero los trabajos que contiene habían sido publicados con anterioridad a su aparición, el sentido de compilarlos es hacer más accesible al lector un conjunto de contribuciones que pueden ser ya consideradas como clásicas. En esta línea citaremos la compilación de Henle, Jaynes y Sullivan (1973) sobre concepciones de la Historia de la Psicología; y la más reciente de Tortosa, Mayor y Carpintero (1990), que reúne enfoques historiográficos diversos. Esta última permite al estudiante tomar contacto con unas obras significativas para la disciplina, que de otro modo le serían inaccesibles; es, pues, un buen apoyo para los temas introductorios de la asignatura.

Ash, M.G. y Woodward, W.R. (eds.) (1987). *Psychology in twentieth-century thought and society*. Cambridge: Cambridge Univ. Press.

Bringmann, W.G. y Tweney, R.D. (eds.) (1980). *Wundt studies. A centennial collection*. Toronto: Hogrefe.

Brozek, J. y Pongratz, L.J. (eds.) (1980). *Historiography of modern psychology*. Toronto: Hogrefe.

Buss, A.R. (ed.) (1979). *Psychology in social context*. Nueva York: Irvington.

Buxton, C.E. (ed.) (1985). *Points of view in the modern history of psychology*. Orlando/San Diego: Academic.

Carpintero, H. y Peiró, J.M. (eds.) (1981). *Psicología contemporánea. Teoría y métodos cuantitativos para el estudio de su literatura científica*. Valencia: Alfaplús.

Carpintero, H. y Peiró, J.M. (eds.) (1984). *La Psicología en su contexto histórico. Ensayos en honor del Prof. Josef Brozek*. Valencia: Monografías de la Revista de Historia de la Psicología.

Eckardt, G. y Sprung, L. (eds.) (1983). *Advances in historiography of psychology*. Berlín: Deutscher Verlag der Wissenschaften.

Gholson, B., Shadish, W.R., Neimeyer, R.A. y Houts, A.C. (eds.) (1989). *Psychology of science. Contributions to metascience*. Nueva York: Cambridge Univ. Press.

312   *La documentación en historia de la psicología*

Hearst, E. (ed.) (1979). *The first century of experimental psychology.* Hillsdale, N.J.: Erlbaum.

Henle, M., Jaynes, J. y Sullivan, J.J. (eds.) (1973). *Historical conceptions of psychology.* Nueva York: Springer.

Hilgard, E.R. (ed.) (1988). *Fifty years of psychology: Essays in honor of Floyd Ruch.* Glenview, Il.: Scott, Foresman.

Jackson, D.N. y Rushton, J.P. (1987). *Scientific excellence. Origins and assessment.* Newbury Park, Cal.: Sage.

Kimble, G.E. y Schlesinger, K. (eds.) (1985). *Topics in the history of psychology* (2 vols.). Hillsdale, N.J.: Erlbaum.

Kimble, G. E., Wertheimer, M. y White, C. (Eds.) (1991). *Portraits of Pioneers in Psychology.* Hillsdale, NJ.: A.P.A./Erlbaum.

Koch, S. y Leary, D.E. (eds.) (1985). *A century of psychology as science.* Nueva York: McGraw-Hill.

Krantz, D.L. (ed.) (1969). *Schools of psychology: A symposium.* Nueva York: Appleton-Century-Crofts.

Leary, D.E. (ed.) (1990). *Metaphors in the history of psychology.* Cambridge: Cambridge Univ. Press.

McAdams, D.P. y Ochberg, R.L. (eds.) (1988). *Psychobiography and life narratives.* Durham, NC: Duke Univ. Press.

Postman, L. (ed.) (1962). *Psychology in the making: Histories of selected research problems.* Nueva York: Knopf.

Richelle, M. y Carpintero, H. (eds.) (1992). *Contributions to the history of the International Congresses of Psychology. A posthumous homage to J.R. Nuttin.* Valencia: Monografías de la Revista de Historia de la Psicología/Studia Psychologica, Leuven University Press.

Rieber, R.W. (ed.) (1980). *Wilhelm Wundt and the making of a scientific psychology.* Nueva York: Plenum Press.

Runyan, W.M. (ed.) (1988). *Psychology and historical interpretation.* Nueva York: Oxford Univ. Press.

Sexton, V.S. y Misiak, H. (eds.) (1971). *Historical perspectives in psychology: Readings.* Belmont, Cal.: Brooks/Cole.

Tortosa, F., Mayor, L. y Carpintero, H. (1990). *La Psicología contemporánea desde la historiografía.* Barcelona: PPU.

Wolman, B.B. (ed.) (1968). *Historical roots of contemporary psychology.* Nueva York: Harper and Row.

Woodward, W.R. y Ash, M.G. (eds.) (1982). *The problematic science: Psychology in nineteenth-century thought.* Nueva York: Praeger.

En el apartado dedicado a las actas de congresos hemos recogido también algunas obras que pueden ser consideradas como compilaciones. También entrarían en esta categoría algunos de los libros de lecturas mencionados anteriormente, en el caso de que incluyeran trabajos o comentarios historiográficos.

e) Tesis

Son importantes porque abordan en profundidad temas muy específicos, y porque ofrecen, además de los resultados de la investigación en sí, una revisión del estado del campo y un acopio extenso de bibliografía. Sin embargo, su disponibilidad es muchas veces escasa, aunque recientemente se han hecho valiosos esfuerzos por recoger y difundir las tesis doctorales. En general, a partir del desarrollo de las bases de datos ya no pueden seguir siendo consideradas como literatura gris (Alía, 1998). Las publicaciones relevantes para la información acerca de las tesis pertenecen a lo que hemos considerado fuentes terciarias; sin embargo, dado que todas se refieren a un mismo tipo de material, hemos considerado más clarificador reunirlas aquí.

Son muchos los títulos que, junto con otros materiales, ofrecen la referencia de las principales tesis, como el *Historical Abstracts* o el *Psychological Abstracts*, pero hay algunas publicaciones y bases de datos dedicadas monográficamente a ellas, referidas tanto a tesis españolas como extranjeras, que debiéramos mencionar. Entre ellas las principales serían las siguientes:

1. Teseo:

Es la base de datos del Consejo de Universidades. La Secretaría General Técnica, a través del Centro de Proceso de Datos, se encargó de la construcción de la base denominada Teseo a raíz de la orden del 16 de Julio de 1975 (B.O.E. del 1 de Septiembre), que disponía que la Dirección General de Universidades e Investigación y la Secretaría General Técnica del Ministerio de Educación y Ciencia debían crear y mantener un fichero mecanizado de tesis doctorales (Alía, 1998). A ella se ha ido incorporando la información relativa a las tesis doctorales aprobadas en España a partir del curso 1976-77. La ley de Reforma Universitaria de 1983 y el Reglamento del Consejo de Universidades (Real Decreto 552/1985, de 2 de abril, volvía a incidir en la obligatoriedad de mantener el fichero automatizado de tesis doctorales. En 1990 Teseo constaba de 25.000 referencias, correspondientes a las tesis leídas hasta el curso académico 1988-89. Desde 1997, la base de datos se distribuye en línea, con acceso gratuito, a través de la página web del Ministerio de Educación y Cultura (www.mec.es). Entre las referencias se incluyen las de repertorios impresos publicados por el Consejo de Universidades en 1990, más las leídas hasta la fecha. *Tesis Doctorales* es el nombre de la publicación del Ministerio de Educación y Ciencia que reúne las tesis doctorales aprobadas en Universidades españolas, recogidas en la base de datos *Teseo*. Después de una primera publicación que abarca de 1976 a 1989, hay volúmenes anuales por cursos académicos. Las tesis están organizadas por disciplinas y líneas de investigación, e incluye un índice de autores.

2. Dissertation Abstracts

Es el nombre de la base de datos de la UMI, y contiene la referencia de 1.400.000 tesis doctorales leídas en las universidades americanas (unas 400 aprox.) y de otras 200 universidades de todo el mundo, a partir de 1861 hasta nuestros días. Las leídas a partir de 1980 van acompañadas de un breve resumen. Las temáticas se clasifican en unas 3.000 materias, incluyendo la Historia y la Psicología. Se corresponde con tres publicaciones impresas, a saber, *Dissertation Abstracts International (DAI), American Doctoral Dissertations (ADD) y Comprehensive Dissertation Index (CDI)* editadas por la University Microfilms International, de Ann Arbor, Michigan, (EE.UU), que dispone a su vez de un servicio de préstamo y reproducción en papel y microficha de todas las tesis incluidas. La base de datos se distribuye en línea (también en ERL) y en CD-ROM. Éste se comercializa en tres discos: DAO (*Complete Edition*), DAO-A (*Humanities and Social Science*) y DAO-B (*Sciences and Engineering)*. En lo que respecta a las publicaciones, el *DAI* aparece periódicamente desde 1938 en dos secciones: la sección A de humanidades y ciencias sociales, y la sección B de ciencia y tecnología. Recoge las tesis de los EE.UU, Canadá y de 200 universidades no americanas desde 1861. El *CDI* se publica desde 1973 y consta de 37 volúmenes, cada uno dedicado a una materia; la mayor parte de sus tesis proceden de universidades americanas.

3. System for Information on Grey Literature in Europe (SIGLE):

Incluye la referencia bibliográfica de documentos de difícil localización y acceso, debido a su carácter especializado o limitada difusión, que no se publican por los cauces habituales, como tesis doctorales, actas de congresos no publicadas, informes de proyectos de investigación, documentación de cursos y seminarios, etc. En 1980 varios países europeos, con apoyo de la Comisión Europea, crearon esta base de datos para facilitar su difusión. SIGLE fue concebido como un sistema de recopilación y acceso a toda la literatura gris de estos países, a los que se adhirió España en 1991, estando desde entonces representada por el Centro de Información y Documentación Científica (CINDOC) del Consejo Superior de Investigaciones Científicas. A finales de 1992, SIGLE contenía 290.000 registros bibliográficos de carácter multisdisciplinar, correspondientes a cuatro áreas temáticas: tecnología (31%); ciencias naturales (26%); medicina y biología (14%); y ciencias sociales y humanidades (29%). Actualmente el número de registros llega a 364.000. La edición es exclusiva en CD-ROM. Entre los países participantes actualmente en el proyecto están, además de España, Alemania, Bélgica, Francia, Holanda, Hungría, Italia, Letonia, Luxemburgo, Reino Unido y la República Checa.

4. Doc Thèses:

Es el nombre de la base de datos y el boletín de resúmenes de tesis doctorales leídas en las universidades francesas a partir de 1972. Fue publicado en CD-ROM a finales de 1995 por Chadwyck-Healy France, y consta de un total de 300.000 referencias que incluyen el autor, título, director, disciplina, año de realización y resumen en inglés o francés. Se actualiza anualmente, con dos discos al año.

Iniciativas similares existen también en otros países, aunque una revisión más exhaustiva excedería nuestro propósito.

3.2. Fuentes secundarias periódicas

Las fuentes secundarias periódicas pueden ser de aparición regular o irregular. Las primeras incluyen revistas y boletines, y las segundas actas y series. En los próximos apartados presentaremos cada una de ellas junto con alguna muestra representativa en el ámbito de la Historia de la Psicología.

a) Revistas

La institucionalización de una disciplina lleva consigo la producción de medios de comunicación propios. Desde la aparición del *Journal of the History of the Behavioral Sciences* en 1965, y la sucesiva fundación de revistas especializadas en otros países, la mayor parte de los trabajos históricos han encontrado en ellas su cauce. Con todo, también se publican artículos de interés para nosotros en otras revistas psicológicas, o en las de campos afines no pertenecientes a la Psicología. Vamos a considerar las revistas relevantes conforme a estos tres apartados.

Como revistas especializadas en Historia de la Psicología o de las ciencias conductuales en general tenemos las siguientes:

Archivo Latinoamericano de Historia de la Psicología y Ciencias Afines (1988-). Ed. por H. Stubbe (Brasil) y R. León (Perú). Publicación de Cheiron-Latinoamérica (anual).

From Past to Future (1999-). University of Clark (semestral)

History of the Human Sciences (1988-). Londres: Sage Publ. (trimestral)

History of Psychology (1998-). The Official Journal of Division 26: History of Psychology. American Psychological Association (A.P.A.), Washington (trimestral).

Journal of the History of the Behavioral Sciences (1965-). Brandon, VT: Clinical Psychology Publ. Co. (trimestral).

Psychologie und Geschichte (1989-). Alemania.

Revista de Historia de la Psicología (1980-). Valencia: Univ. de Valencia, Dpto. de Psicología General (trimestral).
Storia della Psicologia e delle Scienze del Comportamento (1989-). Roma: La Nuova Italia Scientifica. (semestral).

Indudablemente, la revista decana en el campo es el *Journal of the History of the Behavioral Sciences*. Desde hace algunos años dedica uno de sus cuatro números anuales (el tercero, concretamente) a recoger exclusivamente reseñas bibliográficas (los restantes números también contienen bastantes). Publica artículos de investigación en Historia de la Psicología, Sociología, Antropología, etc., aunque la Psicología ocupa un lugar preponderante; y dentro de ésta hay una cierta tendencia (comprensible, por otra parte) a una sobrerrepresentación de la Psicología americana. También se dedica mucho espacio a temas relacionados con la utilidad de la Historia, sus enfoques y métodos, y el afinamiento de sus técnicas.

En el otro extremo estarían las más recientes, como *From past to future* o *History of Psychology*. Esta última es la revista oficial de la Division 26, Historia de la Psicología, de la A.P.A., cuyo editor es Michael M. Sokal, del *Worcester Polytechnic Institute*. Su primer número fue publicado en febrero de 1998, apareciendo desde entonces un número trimestral. Acaba de aparecer el primer número de su tercer volumen. Hasta el momento ha publicado una treintena de trabajos sobre temas históricos tan separados en el tiempo como las teorías medievales de la representación mental (Kemp, 1998) o la metáfora del ordenador (Crowther-Heyck, 1999), y sobre orientaciones tan dispares como las de la Psicología de la Gestalt (Arnheim, 1998), psicodinámicas (Drob, 1999; de Carvalho, 1999) o conductistas (Bruce, 1998a y b; Weidman, 1998). La revista también incluye secciones fijas de obituarios, información sobre la oferta de programas de estudios especializados en Historia de la Psicología en distintas universidades, noticias y novedades, y publicaciones de interés. Por su parte, *From past to future* tiene su sede en la Universidad de Clark (EE.UU) siendo su editor Jean Valsiner.

En nuestro país, la *Revista de Historia de la Psicología* publica cuatro números al año, y desde 1989 constituye el órgano de expresión de la Sociedad Española de Historia de la Psicología. Ofrece también información bibliográfica y noticias, aunque dedica a los artículos la mayor parte de sus páginas. Ha potenciado especialmente la investigación sobre la Historia de la Psicología española, no sólo a través de los trabajos recogidos en ella, sino también mediante una serie de entrevistas autobiográficas a figuras como Germain, Pinillos, Yela, Siguán o Carpintero. El número 2 de 1991 está dedicado en gran parte a la historia de la propia revista y del grupo de investigación de la Facultad de Valencia que le dio origen.

Otras revistas específicamente psicológicas, pero que recogen con frecuencia artículos de interés para el historiador son las siguientes:

American Journal of Psychology (1887-). Champaign, Ill.: University of Illinois at Urbana-Champaign (trimestral).

American Psychologist (1946-). Washington, D.C.: A.P.A. (mensual).

Anales de Psicología (1984-). Murcia: Secretariado de Publicaciones e Intercambio Científico de la Universidad de Murcia (semestral).

Análisis y Modificación de Conducta (1975-). Valencia: Univ. de Valencia, Facultad de Psicología (trimestral).

Anuario de Psicología (1969-). Barcelona: Facultad de Psicología, Universidad de Barcelona (Semestral).

British Journal of Psychology (1904-). Leicester: British Psychological Society (trimestral).

Estudios de Psicología (1980-). Madrid: Pablo del Río.

L'Année Psychologique (1894-). París: PUF (semestral).

Papeles del Colegio de Psicólogos. Madrid: Colegio Oficial de Psicólogos (trimestral).

Psychological Bulletin (1904-). Washington, D.C: A.P.A. (bimensual).

Psychological Review (1894-). Washington, D.C: A.P.A. (bimensual).

Revista de Psicología General y Aplicada (1946-). Madrid: Instituto de Orientación Educativa y Profesional (bimensual). (Desde 1996 edita Promolibro, Valencia —trimentral—).

Soviet Psychology. A Journal of translations (1962-). Armonk, N.Y.: Sharpe (trimestral).

Teaching of Psychology (1974-). Washington, D.C.: A.P.A. (trimestral).

Finalmente, mencionaremos algunas publicaciones de campos afines al nuestro. Entre ellas, es de destacar *Isis*, dedicada a la Historia de la Ciencia, por su calidad y por la información complementaria que ofrece: bibliografías, reseñas, etc.

British Journal for the History of Science (1962-). Oxford: Blackwell (cuatrimestral).

Bulletin of the History of Medicine. (1933-). Baltimore, Md.: Johns Hopkins Univ. Press (trimestral).

History of Childhood Quarterly: The Journal of Psychohistory (1974-). Nueva York: Atcom.

History of Education Quarterly (1961-). Nueva York: Nueva York Univ.

History of Psychiatry (1991-). Bucks (Ingl.): Alpha Academic (trimestral).

History of Science (1962-). Nueva York: Neale Watson Academic Publications (trimestral).

ISIS: Journal of the History of Science Society (1913-). Londres: History of Science Society (5 números al año).

Journal of the History of Ideas (1940-). Filadelfia: Temple Univ. (trimestral).

Journal of the History of Medicine and allied Sciences. Bethesda.

Journal of the History of Sociology (1978-). Boston, Mass.: Dpto. of Sociology, Univ. of Massachusetts.

Llull. Revista de la Sociedad Española de Historia de las Ciencias y de las Técnicas (1977-). Zaragoza: SEHCYT. (semestral).

Philosophy of the Social Sciences. Londres: Sage.

Science (1880-). Washington, D.C.: American Association for the Advancement of Science (semanal).

Social Studies of Science. Londres: Sage (trimestral).

Studies in History and Philosophy of Science (1970-). Oxford: Pergamon (trimestral).

Synthese. An international journal for epistemology, methodology and philosophy of science. Dordrecht: Kluwer (mensual).

b) Boletines

Los boletines o *newsletters* son publicaciones de circulación más restringida y formato más sencillo que las revistas. Sirven por lo general para poner en contacto a los miembros de una sociedad o grupo, o para difundir las investigaciones de un centro concreto. A veces la creación de un boletín es el primer paso para la fundación posterior de una revista, como sucedió en el caso del *Journal of the History of the Behavioral Sciences*. Mencionamos aquí algunos boletines vinculados a la Historia de la Psicología y ciencias afines:

Boletín de la Sociedad Española de Historia de la Psicología (1987-). (Lugar de edición variable) S.E.H.P..

Bulletin d'Information de la SFHSH (1988-). París: Societé Francaise pour l'Histoire des Sciences de l'Homme.

Cheiron Newsletter (1974-). Boston: ed. E. Taylor. International Society for the History of the Behavioral and Social Sciences.

Cheiron Newsletter (Europa). (1982-1996) (Lugar de edición variable) European Society for the History of the Behavioural and Social Sciences. (semestral).

ESHHS Newsletter (1996-). (Lugar de edición variable) European Society for the History of the Human Sciences. (semestral).

Existen además otros boletines de interés, como el *History and Philosophy of Psychology Section Newsletter*, que pone en contacto a los miembros de esa sección de la *British Psychological Society*, o el *Forum for History of Human Science Newsletter*, que reúne a un grupo de interés integrado en la *History of Science Society*. De éstos y otros similares se puede encontrar fácilmente información en los boletines anteriormente mencionados. El contenido principal de los mismos lo constituyen las actividades de la sociedad o grupo y la difusión de convocatorias de congresos o encuentros. También anuncian publicaciones de interés, o informes sobre trabajos en marcha de investigadores concretos, y suelen contener así mismo algún artículo de fondo.

c) Series

Las series son publicaciones periódicas (con frecuencia de aparición irregular) pero con formato propio de libro, que pueden incluir tanto trabajos monográficos como compilaciones. En ocasiones sirven de vehículo de difusión de las actas de un congreso. Por su carácter especializado y actualizado, son de gran importancia para el investigador, y en Psicología se constata la aparición reciente de numerosas publicaciones de este tipo. Para el historiador resultan útiles algunas series que fueron de actualidad en su momento y ahora constituyen clásicos. Hemos hablado de algunas de ellas en el apartado dedicado a las fuentes primarias, como la de Murchison o la de Koch, las series autobiográficas, las reediciones de clásicos de Robinson, etc.

No son muchas las series recientes dedicadas exclusivamente a la Historia de la Psicología. Podemos mencionar, por ejemplo, la *Cheiron Yearbook Series*, o la *Cambridge Studies in the History of Psychology*. También pueden aparecer contribuciones de interés histórico en series de carácter general, como es el caso de la *G. Stanley Hall Lecture Series*, publicada por la A.P.A., en la que colaboraron Michael Wertheimer y Laurel Furumoto con sendos trabajos sobre la Historia de la Psicología (Wertheimer, 1984; Furumoto, 1989). En alemán existen dos series bastante recientes que incluyen trabajos de gran calidad; son las siguientes:

Beiträge zur Geschichte der Psychologie (1991-). Herausgegeben von Helmut E. Lück, 14 Volúmenes. Francfort: Peter Lang.
Passauer Schriften zur Psychologiegeschichte (1983-). Herausgegeben vom Institut für Geschichte der Psychologie der Universität Passau. München/Wien: Profil-Verlag.

La serie *Passauer Schriften zur Psychologiegeschichte* fue fundada por el Prof. Werner Traxel, antiguo director del Instituto de Historia de la Psicología moderna de la Universidad de Passau y publicada inicialmente por la editorial Passavia-Universitätsverlag. Posteriormente se haría cargo de la misma el Prof. Horst Gundlach, que pasaría a publicarlas en la actual Profil-Verlag.

d) Actas de congresos

Al igual que sucede con las series, las actas de congresos anteriores pueden ser una fuente primaria de investigación para el historiador, que encuentra en ellas una muestra representativa de la investigación que se está desarrollando en el campo. Se han realizado estudios de este estilo, por ejemplo, en base a las actas de los *Nebraska Symposium on Motivation* (Mayor y Montoro, 1985) o los *Congresos Internacionales de Psicología* (Montoro, Tortosa, Carpintero y Peiró, 1984; Richelle y Carpintero, 1992). Aquí nos centraremos, sin embargo, en su papel como fuente secundaria.

En nuestro caso, son de interés las correspondientes a las sociedades dedicadas a la Historia de la Psicología y ciencias afines. Tanto Cheiron (EE.UU) como la antigua Cheiron-Europe, ahora ESHHS (*European Society for the History of the Human Sciences*) publican ocasionalmente las actas de sus encuentros. En relación con esta última han sido publicadas las actas correspondientes a los primeros cinco congresos de la sociedad. Los volúmenes están editados en rústica con una media de 350 páginas. Aunque el volumen 1 está agotado, los otros 4 pueden conseguirse a través de la tesorería de la sociedad. Las actas de los congresos X y XII, celebrados respectivamente en Madrid y Poznan (Polonia), también han sido publicadas. Los volúmenes que recogen las contribuciones a estas dos reuniones son los siguientes:

Carpintero, H., Lafuente, E., Plas, R. y Sprung, L. (eds.) (1992). *New studies in the history of psychology and the social sciences*. Monografías de la Revista de Historia de la Psicología. Valencia: ECVSA.

Stachowski, R. y Pankalla, A. (1995): Studies in the History of Psychology and the social sciences. Poznan: Publishing Agency Impressions.

La Sociedad Española de Historia de la Psicología publica las actas de sus reuniones en la *Revista de Historia de la Psicología*, a excepción de las del I Symposium, publicadas en:

Rosa, A., Quintana, J. y Lafuente, E. (eds.) (1989). *Psicología e Historia. Contribuciones a la investigación en Historia de la Psicología*. Madrid: UAM.

Otras dos compilaciones de actas de interés histórico son las de la reunión previa a la constitución de la S.E.H.P. celebrada en Salamanca, y el conjunto de trabajos de Historia presentados en la *Reunión Internacional de Psicología Científica* en Alicante. Sus referencias son, respectivamente, las siguientes:

Rodríguez Domínguez, S. (ed.) (1985). *Estudios de Historia de la Psicología. Teoría y métodos de investigación*. Salamanca: Universidad. de Salamanca, ICE.

Carpintero, H. (dir.) (1983). *Historia y teoría psicológica. Trabajos presentados en la Reunión Internacional de Psicología Científica (Alicante, 1981)*. Valencia: Alfaplús.

Las actas de otras sociedades científicas también pueden ser útiles. En España, por ejemplo, son de interés las de los congresos de la *Sociedad Española de Historia de la Medicina* y los de la *Sociedad Española de Historia de la Ciencia y de la Técnica*.

Para estar al tanto de las publicaciones de congresos en general a nivel internacional, existe una fuente terciaria especializada. Esta publicación aparece trimestralmente, y contiene índices por autores, materias, editores, instituciones, etc. Se trata del Indice de Actas de Humanidades y Ciencias Sociales:

Index to Social Sciences & Humanities Proceedings (1979-). Filadelfia: ISI.

4. FUENTES TERCIARIAS EN HISTORIA DE LA PSICOLOGÍA

Consideramos aquí como fuentes terciarias las que sirven de guía para la localización de fuentes primarias y secundarias. Con fines expositivos las clasificaremos en dos categorías, según se trate de fuentes bibliográficas impresas o de fuentes electrónicas (bases de datos). Una revisión actualizada y exhaustiva de ambos tipos de fuentes terciarias puede encontrarse también en Alía (1998). Por nuestra parte, tanto en el caso del material impreso como de las bases de datos, nos limitaremos de forma casi exclusiva a las fuentes específicamente referidas a la Historia de la Psicología.

4.1. Fuentes bibliográficas impresas

En nuestra propuesta de clasificación, y con el fin de estructurar la exposición de las mismas, agruparemos las fuentes impresas en función del tipo de información que transmiten y de su amplitud. Entre ellas incluiremos las reseñas, revisiones, bibliografías, revistas de resúmenes, revistas y boletines de sumarios, índices de citas, catálogos y directorios.

a) Reseñas y revisiones

Las reseñas son un elemento muy útil en la documentación científica, porque no sólo permiten conocer las novedades que se publican, sino también informarse acerca de su utilidad y calidad. Por lo general, las revistas científicas especializadas suelen dedicar un cierto espacio para ello. En el campo de la Historia de la Psicología podemos destacar dos publicaciones que consagran un espacio bastante amplio a la reseña de libros: el *Journal of the History of the Behavioral Sciences* e *Isis*. La primera de ellas dedica íntegramente a las reseñas uno de los cuatro números que publica anualmente, además de las que aparecen en los números restantes. Por su parte, *Isis* es otra revista esencial para el historiador de la ciencia que también contiene numerosos ejemplos.

La importancia de las reseñas para la actualización científica se refleja en el hecho de que se haya creado una publicación específicamente dedicada a este tipo de literatura. Se trata de *Contemporary Psychology*, una de las revistas editadas por la

A.P.A. Su periodicidad es mensual, y cada año edita índices de su contenido. Además de informar sobre libros, incluye referencias de materiales audiovisuales. El editor consejero de esta publicación es Benjamin Harris, especializado en temas de Historia de la Psicología.

Contemporary Psychology (1956-). Washington, DC: American Psychological Association (A.P.A.) (mensual).

En lo relativo a las revisiones, se basan, al igual que las reseñas, en fuentes publicadas con anterioridad, pero su finalidad principal no es informar sobre éstas, sino utilizarlas para exponer el estado actual de la disciplina o su evolución reciente. Por tanto, permiten conocer el nivel de desarrollo, los logros y la problemática de un área de investigación. Por lo general están elaboradas por un especialista de ese mismo campo, que además de resumir los avances puede plantear cuestiones teóricas relevantes, contribuyendo así a los esfuerzos previos de teorización científica.

Al igual que las reseñas, las revisiones pueden ocupar una sección habitual en las revistas. Además, muchas obras publicadas en forma de compilación o serie constituyen revisiones de su campo específico. También hay publicaciones que se dedican de modo exclusivo a ellas. Las más conocidas en Psicología son las siguientes:

1. *Annual Review of Psychology (1950-). Palo Alto, Cal.: Annual Review Inc.:* Publica un volumen anual. Contiene una serie de revisiones planificadas previamente y encargadas a especialistas, de forma que en el lapso de unos cuantos años se haya pasado revista a las principales áreas psicológicas. Cada volumen incluye índices por autores y temas, así como la relación de materias que aparecerán el siguiente año. Recoge así mismo la referencia de artículos aparecidos en otras series del *Annual Review* y que pueden ser de interés psicológico (*Annual Review of Sociology, Neuroscience, Medicine, Anthropology*, etc.).

2. *Psychological Bulletin (1904-). Washington, D.C.: A.P.A.:* Tiene periodicidad bimensual. Se centra fundamentalmente en cuestiones metodológicas de Psicología experimental.

3. *Psychology Survey (1978-). Allen & Unwin.*: Es similar al *Annual Review of Psychology*, pero de nivel más asequible para el que no sea experto. Contiene también índices temáticos y de autor.

b) Bibliografías

Un primer acercamiento a la literatura de un campo lo puede proporcionar una bibliografía, especialmente si está seleccionada con criterios explícitos y ofrece comentarios sobre las obras que reseña. En este apartado vamos a incluir bibliografías de interés para el trabajo histórico. En este sentido existe una serie destinada específicamente a recoger bibliografías de la disciplina. Su referencia es la siguiente:

Bibliographies in the history of psychology and psychiatry (1982-). White Plains, N.Y.: Kraus. Editada por R.H. Wozniak.

Dentro de esta serie se incluyen algunas referencias que merecen una especial consideración. Entre ellas, la obra de Murchison fue pensada en su momento como un directorio actualizado con bibliografía, aunque ahora su valor sea netamente histórico:

Murchison, C. (Ed.) (1929-1932). *Psychological register* (Vols. 2 y 3). Worcester, Mass.: Clark University Press. (El volumen 1 no llegó a publicarse)

Otra ayuda fundamental para el historiador son los dos volúmenes publicados por R.I. Watson, sobre los psicólogos más eminentes que vivieron entre 1600 y 1964. En el primer tomo se recogen las obras fundamentales de estos autores dispuestos alfabéticamente; en el segundo, las fuentes secundarias más importantes sobre ellos:

Watson, R.I. (1974). *Eminent contributors to psychology. Vol. I: A bibliography of primary references.* Nueva York: Springer.
Watson, R.I. (1976). *Eminent contributors to psychology. Vol. II: A bibliography of secondary references.* Nueva York: Springer.

Existen otras bibliografías con carácter más general sobre la Historia de la Psicología, su estudio y su enseñanza, como las siguientes:

Benjamin, L.T. (1981). *Teaching history of psychology: A handbook.* Nueva York: Academic.

Benjamin, L.T. et al. (1989). *A history of American psychology in notes and news 1883-1945. An index to journal sources.* Millwood, N.Y.: Kraus.

Viney, W., Wertheimer, M. y Wertheimer, M.L. (1979). *History of psychology: A guide to information sources.* Detroit: Gale Research.

Watson, R.I. (1978). *The history of psychology and the behavioral sciences. A bibliographic guide.* Nueva York: Springer.

Más allá de las bibliografías especializadas, un primer paso para la búsqueda de libros y estudios monográficos puede ser también la consulta de "bibliografías de bibliografías" de carácter general. Entre ellas una de las más actuales es la monumental obra en 16 volúmenes de H. Walravens, que comenzó a publicarse en 1994 con el título de *Internationale Bibliographie der Bibliographien, 1959-1988.* Otros repertorios generales de obras de referencia incluyen igualmente apartados de bibliografías especializadas en Historia y en Ciencias Humanas, como por ejemplo los siguientes:

Malclès, L.N.: *Les sources du travail bibliographique,* Ginebra, Librairie Droz, 1950-1958 (reimpr. 1965) (3 tomos).

Sheehy, E.P. (ed.) (1986): Guide to reference books, Chicago: American Library Association.

Entre las bibliografías de carácter general también podríamos citar las editadas por la Biblioteca Nacional, como la *Bibliografía de bibliografías locales (1987),* que incluye la referencia de 444 repertorios bibliográficos, o la *Bibliografía española (1985),* publicación anual que trata de dar a conocer todas las publicaciones impresas en España y que ingresan en la Biblioteca Nacional, clasificadas por grupos según su temática.

Otra bibliografía general de carácter acumulativo y gran interés es el *ISBN (Libros españoles en venta),* que contiene la producción editorial aparecida en nuestro país hasta el año de publicación del repertorio (a excepción de los títulos ya agotados), así como la de aquellos países hispanoamericanos con editoriales incorporadas al sistema ISBN a través de la Agencia Española. Se edita anualmente y se compone de varios volúmenes, cada uno de los cuales cubre un periodo de 3 a 5 años con los registros bibliográficos ordenados por autores, títulos y materias, además de índices numérico y alfabético de editoriales y una tabla de materias vigentes. La edición de 1996 fue la última realizada en papel, con más de 700.000 referencias de títulos inscritos hasta el 31-12-1996; a partir de entonces sólo se encuentra disponible en base de datos, aunque en 1997 aún se publicó una adenda con los libros incorporados ese año a dicha base. Un catálogo bibliográfico similar se publica en la mayoría de países desarrollados.

c) Revistas de Resúmenes

Las revistas de resúmenes son publicaciones periódicas elaboradas por centros de documentación, que ofrecen referencias bibliográficas acompañadas de un resumen o *abstract*. Recogen principalmente artículos, aunque también incluyen algunos libros, tesis, etc. Suelen incluir índices por temas y por autores, lo que facilita la búsqueda retrospectiva de bibliografía. Mencionaremos aquí la versión en papel del *Psychological Abstracts* y del *Historical Abstracts*, por tratarse de las dos más representativas en nuestra especialidad:

1. *Psychological Abstracts. Washington: American Psychological Association.*

Iniciada en 1927, es posiblemente la fuente terciaria más completa en Psicología, con más de 30.000 referencias anuales. Organiza los resúmenes en grandes áreas psicológicas en sus números mensuales, y edita anualmente índices por autores y por materias más detallados.

2. Historical Abstracts. Santa Bárbara, California: ABC-Clio.

Fue iniciada en 1955, en principio con una cobertura entre 1775 y 1945. A partir de 1971 aparece en dos partes: A (1450-1914) y B (desde 1914). Comprende los resúmenes de artículos de historia moderna y contemporánea de las más importantes revistas del mundo, con más de 2.000 títulos. En el número 4 del volumen 44 aparece la relación de revistas que analiza el *Historical Abstracts*, en la que figuran 37 revistas españolas, entre ellas *nuestra Revista de Historia de la Psicología*. En casos excepcionales trata libros u otros materiales. La obra se estructura en tres partes: una primera de contenido general (metodología, historiografía, etc.), otra temática (historia económica, política, social, etc.) y la última por áreas geográficas.

d) Revistas, índices y boletines de sumarios

Las revistas, índices o boletines de sumarios, a diferencia de las anteriores, no incluyen resúmenes del contenido de los trabajos, limitándose a dar sus datos bibliográficos. Para ello, reproducen los sumarios de las publicaciones que vacían, complementándolos con índices por autores y por materias. Estos últimos se construyen mediante palabras-clave que suelen ser extraídas del título de los trabajos.

Existen boletines de índices bibliográficos tanto españoles como extranjeros. Entre los internacionales, el de mayor prestigio, tanto por su amplitud como por su actualidad, es sin duda el *Current Contents*, que reproduce los sumarios de multitud de revistas publicadas en todo el mundo. En nuestro país, los más importantes y más relevantes para el historiador serían el *Indice Español de Humanidades y Indice Español de Ciencias Sociales*, ambos realizados y publicados por el Centro de Información y Documentación del C.S.I.C. Presentamos a continuación una breve descripción de los mismos:

1. Current Contents. Filadelfia: Institute for Scientific Information (semanal).

Constituye una herramienta imprescindible de búsqueda de información, tanto por su amplia cobertura (más de 4.000 revistas de todo el mundo), como por la rapidez de su publicación (semanal). Está compuesta de varias series, de las cuales la que más nos interesa es *Social and Behavioral Sciences*, aunque otras también son relevantes (por ejemplo, *Life Sciences*). Esta publicación ofrece fundamentalmente sumarios de revistas, acompañados de un índice por autores y otro por palabras-clave de los títulos. Incluye además las direcciones de los autores de los trabajos, lo que permite contactar con ellos para solicitudes de información, separatas, etc. Otros contenidos de la publicación son: comentarios sobre documentación científica, novedades científicas de interés, comentarios de artículos de amplia repercusión, información sobre libros, etc.

2. Indice Español de Humanidades e Indice español de Ciencias Sociales.

Publicados hasta hace unos años por el Instituto de Información y Documentación en Ciencias Sociales y Humanidades de Madrid (ISOC), y actualmente por el Centro de Información y Documentación Científica (CINDOC), recogen fundamentalmente la producción científica española. Incluyen varias series, de las cuales nos atañen específicamente la serie A del *Indice Español de Ciencias Sociales*, dedicada a la «Psicología y Ciencias de la Educación», y la serie B del *Indice Español de Humanidades*, dedicada a las "Ciencias Históricas". Esta última, que se publica desde 1978, se corresponde con la base de datos ISOC-Historia. La consulta también es posible en el CD-ROM del C.S.I.C., del que volveremos a hablar más adelante.

e) Indices de citas

Los índices de citas constituyen otro valioso recurso documental. Recogen información de un gran número de revistas, analizando las referencias bibliográficas que contienen sus artículos y ordenándolas tanto por autores citadores como por autores citados. De esta forma, permiten realizar búsquedas prospectivas de bibliografía, partiendo de un trabajo o autor conocido sobre un tema y rastreando las citas que ha recibido en años posteriores. Se trata, en definitiva, de una forma rápida y sencilla de observar si una determinada línea de investigación ha tenido continuidad, y quiénes son las personas que le han prestado atención.

Publicados por el I.S.I. (*Institute for Scientific Information* de Filadelfia, existen tres índices de citas, diferenciados en función de las distintas disciplinas que abarcan: (1) *Science Citation Index*; (2) *Social Science Citation Index;* y (3) *Art and Humanities Citation Index.*

El *Art and Humanities Citation Index* es el índice de citas más importante en el ámbito de la Historia, analizando unos 1.300 títulos de revistas, de los cuales (según el último volumen publicado) 169 corresponden a esta especialidad. En lo referente a la Psicología, la mayor parte se encuentra en el *Social Science Citation Index.*

El *Social Science Citation Index* cubre 1.400 revistas y abarca unas 50 materias. En el primer volumen de los seis que constituyen el año 1994 figura una relación completa de las revistas que analiza. Empezó a publicarse en 1969, aunque de forma retrospectiva ha incluido información de varios años anteriores. Se divide en varias secciones: una donde las referencias están ordenadas por autores citados (*Citation Index*), otra por autores citadores (*Source Index*), otra sección que indiza los centros a los que pertenecen los autores (*Corporate Index*), y finalmente, el índice temático por términos permutados (*Permuterm Subject Index*). Actualmente está disponible en CD-ROM, lo cual, además de la ventaja del menor espacio de almacenamiento, hace mucho más rápida la obtención de datos.

Además de su función como recursos documentales, los índices de citas también son utilizados por algunos historiadores como herramientas historiográficas. Así, pueden usarse para realizar estudios sobre el impacto de ciertos autores, publicaciones, líneas de trabajo, etc., mediante el empleo de técnicas bibliométricas. Este tipo de utilización de los índices de citas por parte del historiador o del sociólogo de la ciencia presenta ciertas ventajas, sobre todo al permitir disponer cómodamente de mucha información difícil de reunir por otras vías. Con todo, su empleo no está exento de críticas que apuntan a ciertos sesgos a que pueden conducir, como por ejemplo la sobrerrepresentación de la literatura anglosajona o la referencia exclusiva a los primeros firmantes, entre otras.

f) Catálogos y Directorios

Las fuentes terciarias mencionadas hasta ahora tienen en común la finalidad de informar al investigador de la existencia de un determinado documento sobre el tema de su interés, con o sin una valoración del mismo. Otras fuentes terciarias, sin embargo, no se dedican a esta tarea, sino más bien a contribuir a la localización de estos documentos o de las personas que los han elaborado. Nos referimos básicamente a los catálogos y a los directorios.

Los catálogos, por lo general, recopilan los fondos bibliográficos disponibles en un centro de documentación, biblioteca o hemeroteca, o bien de varios centros a través de un catálogo colectivo. Un ejemplo de estos últimos sería el *Catálogo Colectivo de Publicaciones Periódicas*, creado en 1969 con la colaboración del C.S.I.C., comunidades autónomas y Biblioteca Nacional, que incluye títulos de más de 1.300 bibliotecas, y desde 1971 publica índices impresos por materias (Derecho, Medicina, Ciencias de la educación y Humanidades), aunque en formato impreso ya ha dejado de publicarse. Otro ejemplo de estos catálogos bibliográficos sería el *Catálogo de autores de la Biblioteca Nacional de Madrid*, dividido en dos partes correspondientes a sendos periodos (hasta 1981 y de 1981 a 1987); a partir de 1988 sólo está disponible en la base de datos ARIADNA, que describiremos más adelante. De ámbito más restringido, pero no por ello menos importantes, son los catálogos de revistas elaborados por las distintas Facultades de Psicología de las universidades españolas.

Ciertos catálogos no están destinados sólo a los fondos de un centro, sino que recogen información general sobre publicaciones, para informar al lector de su existencia y facilitar su localización, y suelen conocerse como catálogos comerciales. En algunos casos se trata también de directorios, que complementariamente tratan de facilitar el contacto con el responsable de su publicación, y en general con editores, personas o instituciones de diversa índole, pudiendo llegar a ser un útil complemento a la información bibliográfica.

Catálogos y directorios pueden estar dedicados a libros o a publicaciones periódicas. En la medida en que ya hemos hablado de algunos de los repertorios bibliográficos de libros más importantes, nos centraremos ahora en los de publicaciones periódicas. Entre ellos, el más prestigioso a nivel internacional es el *Ulrich's International Periodicals Directory*. Publicado anualmente en varios volúmenes, ofrece la relación de más de 140.000 publicaciones seriadas. También importante es el *The serials directory. An international reference book*, publicado desde 1988 por Ebsco, una de las principales agencias mundiales de distribución de publicaciones periódicas, con cerca de 5.000 páginas de información sobre más de 123.000 publicaciones periódicas, irregulares, anuales y títulos cesados. Las referencias de éstas y otras obras de este tipo relevantes para nuestra disciplina son presentadas a continuación:

Ulrich's International Periodicals Directory (1932-). New Providence: R.R. Bowker (5 vols.).

The serials directory. An international reference book (1988-) Nueva York: Ebsco.

Dawson Guide to Serials (1997). A selection of 30.000 international journal & periodicals. Folkestone (Reino Unido): Dawson.

Guía Inforbase de publicaciones periódicas (1994).

Irregular serials & annuals. An international directory 1986-1987 (1986). Nueva York: Bowker (12ª ed.).

Journals in Psychology. A resource listing for authors. Washington, D.C.: A.P.A. (Publicación destinada a servir de guía para quien pretende publicar un artículo, orientándolo a las revistas adecuadas).

Psychologie: Liste mondiale des periodiques specialisés. Psychology: World list of specialized periodicals (1967). París: Mouton.

Directory of the American Psychological Association (1989). Washington, D.C.: A.P.A. (2 vols.).

International directory of psychologists (2ª ed.). Assen, Hol.: Royal Vangorcum. (Directorio de psicólogos en países distintos de los EEUU).

Finalmente, entre los repertorios especializados más importantes publicados recientemente en España, destacan los dos siguientes:

Directorio de revistas españolas de Humanidades y Ciencias sociales (1994). Madrid: Cindoc, 278 páginas.

Publicaciones periódicas 1997. Humanidades (1997). Madrid: Marcial Pons, 99 págs.

El primero es una recopilación selectiva de las publicaciones periódicas españolas más relevantes desde el punto de vista científico o técnico en el ámbito de las Humanidades y Ciencias Sociales. Incluye 1.462 títulos con la dirección del editor, el código de materias de la UNESCO y el ISSN, y se divide en tres partes: catálogo alfabético de revistas; índice de revistas por materias UNESCO, por disciplinas científicas, por tipo de instituciones, por comunidades autónomas, por ISSN, e índice de instituciones editoras; y relación de revistas no vigentes.

El segundo incluye una selección de los principales títulos publicados en todo el mundo sobre las siguientes materias: Archivología y Biblioteconomía, Ciencias de la Información, Historia, Geografía, Bellas Artes, Filología, Filosofía y Pensamiento, Religión y Teología, y Psicología y Ciencias de la Educación. En cada una de las materias se incluye la relación de títulos, el país de edición, la periodicidad y el precio. Ofrece además 874 títulos de anuarios, revistas y periódicos de Historia, y dedica una especial atención a las obras españolas.

Con este repaso a los catálogos y directorios terminamos nuestro recorrido por las fuentes bibliográficas impresas. En el próximo apartado haremos lo propio con las fuentes electrónicas. En primer lugar examinaremos algunas de las principales bases de datos relevantes para nuestra disciplina. Al final del presente capítulo incluiremos igualmente una revisión de recursos y fuentes documentales en Historia de la Psicología accesibles a través de la red informática internacional, *Internet*.

4.2. Fuentes electrónicas: Bases de datos

Aunque nuestra exposición hasta el momento se ha limitado casi exclusivamente a las fuentes impresas, a lo largo de las páginas precedentes también hemos venido mencionando algunas de las bases de datos informatizadas que resultan de interés para la Psicología en general y para la Historia de la Psicología en particular, así como los centros a los que pertenecen. En este apartado examinaremos con mayor detenimiento las fuentes electrónicas, citando y describiendo brevemente algunas de la principales bases de datos que pueden ser de interés en nuestra especialidad. Con fines expositivos agruparemos las fuentes de este tipo en cuatro grupos, de mayor a menor generalidad, según se trate de bases de datos para la localización y estudio de fuentes documentales, bases de datos para la recuperación de bibliografías, de títulos generales, o de títulos especializados en Psicología e Historia de la Ciencia y de la Psicología.

a) Bases de datos sobre fuentes documentales

Dada la importancia que tiene la localización y estudio de fuentes documentales para el trabajo e investigación históricos, en los últimos años se han venido creando recursos de este tipo en formato electrónico. Con esta finalidad, el Ministerio de Educación y Cultura puso en marcha en 1980 el programa P.I.C. (*Puntos de Información Cultural*), para la producción de

bases de datos de contenido cultural y su distribución a los
sectores más interesados, como editores, libreros, o la propia
población universitaria. Desde 1996 se puede acceder a ellos
libre y gratuitamente, a través de la página web del Ministerio
de Cultura (*http://www.mec.es*). Entre ellas destacaríamos las
tres siguientes:

BIES. Bibliografía especializada: bibliografía española sobre archivos,
administración pública, ciencias de la información, ciencia y
tecnología, etc. Incluye BARC, subbase sobre bibliografía de
archivos y fuentes documentales. En 1995 incluía más de 84.000
documentos.

CARC. Censo de Archivos Iberoamericanos: ambicioso proyecto que
comenzó por describir los fondos y servicios de los principales
archivos españoles y que se va extendiendo poco a poco a América
Latina. En mayo de 1996 describía 34.077 archivos españoles, 185
de Costa Rica y 214 de Bolivia. Los datos que ofrece de cada
archivo son: país, provincia y localidad; nombre, dirección, teléfono, fax; horario, acceso y fecha de fundación del archivo; clasificación del archivo; tipo de archivo dentro de la clasificación; servicios del archivo; relación general y orientativa de materias de los
fondos del archivo; instrumentos de descripción y títulos publicados; relación de los fondos del archivo, indicando el volumen, las
fechas extremas que comprende la documentación y si están
inventariadas y catalogadas; proyectos informáticos y datos estadísticos; y notas.

CIDA. Descripción de Fuentes Documentales: el Centro de Información Documental de Archivos (CIDA), creado en 1977, se puso en
marcha en octubre de 1979 con dos objetivos fundamentales:
recopilar bibliografía archivística e informar sobre todo tipo de
fondos documentales. La base de datos CIDA es un catálogo de
fuentes documentales diversas, dividido en distintas subbases de
datos, entre las cuales la más relevante para nuestra disciplina
sería MESA (*Guía de fuentes para la Historia de la ciencia y la
tecnología*). En mayo de 1996 la Guía de fuentes de CIDA se
componía de 90.922 referencias de documentos depositados en los
principales archivos del país.

b) Bases de datos generales

Las bases de datos de carácter general sirven para la recuperación bibliográfica de diferentes tipos de documentos, incluyendo libros, monografías, tesis doctorales, artículos de publicaciones periódicas y bibliografías. Muchas de ellas se encuentran publicadas también en papel, pero en formato electrónico ofrecen un cómodo repertorio acumulativo que permite buscar y extraer fácilmente y con comodidad las publicaciones de los últimos años, y en algunos casos también la bibliografía de años anteriores. Algunas de ellas se encuentran en CD-ROM y otras sólo son accesibles en línea. Describiremos a continuación las principales bases, agrupadas en categorías según el tipo de documentos que integren.

b1) Bibliografías

ARIADNA: es una base de datos referencial multidisciplinar producida por el Instituto Bibliográfico Hispano y la Biblioteca Nacional, que recoge los fondos de la Biblioteca Nacional, que es accesible en línea a través de los PIC, y a la cual pueden conectar de modo gratuito todas las Bibliotecas Públicas del país. Contiene 290.000 registros de libros desde 1976. En lo relativo a la forma de búsqueda, además de por palabras del título, autor, año y CDU (Clasificación Decimal Universal), se puede interrogar por encabezamientos de materia, autor, título, etc. ARIADNA tiene su versión en CD-ROM con el nombre de BIBLIOGRAFIA ESPAÑOLA, la cual está editada por Bowker, el mismo distribuidor del CD-ROM de otras Bibliografías Nacionales, como los de la British Library (Reino Unido) o de la Bibliothèque Nationale (Francia). Está distribuida por el Ministerio de Cultura a través de los Puntos de Información Cultural (PIC).

Bibliografía general española siglo XV-1995: catálogo colectivo, publicado en CD-ROM en 1995 por K.G. Saur, que incluye más de un millón de títulos (monografías, artículos y series) publicados en castellano en España, Iberoamérica y en otras partes del mundo, representando los fondos de un grupo de 148 bibliotecas norteamericanas y europeas, entre las que se incluyen la British Library, Cambridge University, Harvard University, Library of Congress,

Oxford University y Yale University. Contiene unos 100.000 títulos desde el siglo XV hasta 1899, 400.000 desde 1900 hasta 1970, y 500.000 desde 1970 hasta 1995.

Bibliografía nacional española desde 1976 en CD-ROM: contiene más de 500.000 registros de todas las monografías ingresadas por depósito legal en la Biblioteca Nacional de Madrid desde 1976. Equivale al catálogo automatizado de la Biblioteca Nacional, *ARIADNA,* de acceso en línea a través de su página web (*www.bne.es*.) Distintos puntos de acceso permiten la búsqueda de cualquier registro por autor, autor corporativo, título, editorial, lugar y fecha de publicación, materia, ISBN, lengua, etc., y las combinaciones de todos ellos. El usuario dispone igualmente de diferentes índices generales. Su editor es la Biblioteca Nacional de España y su distribuidor: Chadwyck-Healey España. Su actualización es trimestral.

Bibliotecas públicas del Estado: el Ministerio de Educación y Cultura ofrece, a través de su página web (www.mec.es), acceso al catálogo general de la mayor parte de Bibliotecas Públicas del Estado, tanto de forma individualizada como colectiva. En septiembre de 1997 eran accesibles las bibliotecas de Andalucía (Almería, Cádiz, Córdoba, Granada, Huelva, Jaén, Málaga y Sevilla), Aragón (Huesca, Teruel y Zaragoza), Baleares (Mahón y Palma de Mallorca), Canarias (Las Palmas de Gran Canaria y Santa Cruz de Tenerife), Cantabria (Santander), Castilla-La Mancha (Albacete, Ciudad Real, Cuenca y Toledo), Castilla y León (Ávila, Burgos, León, Palencia, Salamanca, Segovia, Soria, Valladolid y Zamora), Cataluña (Girona, Lleida y Tarragona), Galicia (La Coruña y Pontevedra), La Rioja (Logroño), Madrid, Melilla, Murcia, País Vasco (Vitoria) y Valencia (Alicante, Castellón, Orihuela y Valencia).

Cataleg Col.lectiu de les Universitats de Catalunya: accesible en línea, a través de *Internet* en la siguiente dirección: *http:l/consorci.upc.es/ ccuc.htm,* contiene las referencias bibliográficas de los fondos automatizados de las bibliotecas universitarias catalanas (Autónoma de Barcelona, Barcelona, Girona, Lleida, Politécnica de Cataluña, Pompea Fabra, Rovira i Virgili) y Biblioteca de Cataluña. En agosto de 1997 estaba formado por 1.310.560 registros bibliográficos y 111.391 registros de revistas.

Catálogo colectivo del patrimonio bibliográfico: interesante iniciativa que comenzó a publicarse en formato impreso, tiene como objetivo fundamental promover la difusión y el conocimiento del patrimonio bibliográfico, en cumplimiento de lo dispuesto en la ley 16/1985 del Patrimonio Histórico Español. Realizada por el Ministerio de Educación y Cultura y las comunidades autónomas, con la colaboración de algunas universidades públicas, en mayo de 1997 se habilitó su acceso en línea, a través de *Internet*, en la página web del Ministerio (*www.mec.es*), con un total de 202.327 registros bibliográficos correspondientes a 328.265 ejemplares anteriores a 1900, localizados en unas 500 bibliotecas españolas. La actualización se efectúa de forma periódica tres veces al año. Además del acceso al propio catálogo, se ofrece información general del mismo, lista de bibliotecas con algún ejemplar, etc.

CIRBIC. Catálogo colectivo de las bibliotecas del Consejo Superior de Investigaciones Científicas: Catálogo de acceso en línea para sus investigadores y para todo el público, y distribuido en CD-ROM como base de datos comprendida entre las del CSIC. Incluye más de ochenta bibliotecas, algunas de ellas especialmente interesantes para el historiador de la Psicología. En total, reúne más de 514.000 referencias de libros y 42.000 de revistas, más de 300.000 registros bibliográficos de monografías y más de 30.000 referencias de publicaciones periódicas. Su actualización es continua.

ISBN. Libros españoles en venta: es una base de datos creada por la Agencia Española ISBN, de la Dirección General del Libro y Bibliotecas del Ministerio de Cultura, que recoge la producción editorial española disponible en el mercado desde 1965. Contiene más de 500.000 registros de los libros en venta en España, incluyendo los que están agotados y los títulos de editoriales que han dejado de tener actividad en los últimos años. Es accesible en línea, a través del PIC del Ministerio de Educación y Ciencia (*www.mec.es*), y en CD-ROM por Micronet. El periodo de cobertura varía: en *Internet* se ofrecen más de 778.000 referencias de libros editados a partir de 1965; en CD-ROM el periodo es menor, desde 1973. A diferencia de la edición impresa, figuran los libros agotados, algo importante para la búsqueda de bibliografía. Su actualización es de una vez al año. Edita además un repertorio anual, LIBROS ESPAÑOLES, que permite buscar por autores, títulos y grandes materias. Al igual que la base de datos ARIADNA, está distribuida por el Ministerio de Cultura a través de los Puntos de Información Cultural (PIC), y puede ser consultada por los usuarios de IBERTEX marcando el número correspondiente al servicio IBERTEX del Ministerio de Cultura.

Rebiun: catálogo colectivo de la red de bibliotecas universitarias españolas, a la que pertenecen, entre otras, las siguientes universidades: Universidad de Alcalá de Henares, Universidad de Barcelona, Universidad de Cantabria, Universidad de Castilla-La Mancha, Universidad Carlos III, Universidad Complutense de Madrid, Universidad Politécnica de Cataluña, Universidad Pompea Fabra, Universidad Pública de Navarra, UNED y Universidad de Santiago de Compostela. El crecimiento de la red, a la que se van sumando nuevas universidades, hace que el número de referencias aumente a un ritmo espectacular. En 1995 sumaban 700.000. En 1997, 2.100.000. En la edición de enero de 1998, se presenta en tres discos de CD-ROM, que incluyen y localizan 3.750.000 registros bibliográficos (monografías y publicaciones periódicas) pertenecientes a 31 bibliotecas universitarias, doblando prácticamente el número de universidades participantes. Su editor es Doc 6 y su actualización semestral.

Rueca: catálogo colectivo de la red de bibliotecas universitarias con catálogos Absys, es decir, los de las universidades Carlos III, Castilla-La Mancha, Jaén, La Rioja, Murcia y Pontificia de Comillas. Accesible en línea desde mediados de 1997 a través de la página web de la empresa propietaria de Absys, Baratz Servicios de Teledocumentación (*www.baratz.es*), y de la de las bibliotecas participantes, contenía a finales de 1997 unas 550.000 referencias bibliográficas.

Ruedo: catálogo colectivo de la Red Universitaria de Bibliotecas con aplicaciones Dobis/Libis, que engloba las referencias bibliográficas de las bibliotecas de las universidades de Alicante, Córdoba, Deusto, Granada, UNED, Navarra, Oviedo, País Vasco, Las Palmas, Politécnica de Madrid, Sevilla y Valladolid.

b2) Libros y Monografías:

Alice CD: equivale al *Catalogo dei Libri in Commercio,* o libros en venta en Italia. Contiene información de más de 320.000 títulos en venta y 60.000 libros agotados, 90.000 autores y 2.800 editores. Su editor en CD-ROM es Bowker-Saur.

ArticleFirst: contiene registros de artículos de 13.000 revistas de ciencia, tecnología, humanidades y cultura popular, desde 1990 hasta la actualidad. Editada por OCLC, es accesible en CD-ROM y en línea, a través de FirstSearch.

Bibliofile cataloguing: catálogo completo de la Biblioteca del Congreso de los Estados Unidos, Incluye libros, manuscritos, grabaciones, publicaciones periódicas, material audiovisual, mapas y partituras musicales y, en total, más de tres millones de registros bibliográficos en formato MARC. Como mencionamos anteriormente, entre sus fondos se encuentran los de la A.P.A., y también los del editor del catálogo, The Library Corporation, en CD-ROM.

Bibliografía Latinoamericana: es una base de datos referencial multidiciplinar creada por la Universidad Autónoma de México (UNAM). Esta base de datos está integrada por varias bases, entre las cuales las principales son: *CLASE* (Citas Latinoamericanas en Ciencias Sociales y Humanidades), que tiene su correspondiente repertorio bibliográfico; *CLASE PERIODICA* (Indice de Revistas Latinoamericanas en Ciencias); BIBLAT I. (Trabajos publicados por Latinoamericanos en revistas extranjeras); y BIBLAT II. (Trabajos sobre América Latina publicados en revistas extranjeras). Esta última es la base más importante para la búsqueda de bibliografía latinoamericana; recoge, desde 1975, referencias bibliográficas de artículos de revistas y monografías, y tiene su correspondiente versión en CD-ROM con un volumen de información de 270.000 registros. Su editor en CD-ROM es Multiconsult S.C., y su actualización anual.

Bibliografía nacional portuguesa en CD-ROM: publicada por la Biblioteca Nacional de Portugal y el Instituto Nacionale do Livro, en colaboración con Chadwyck-Healy, contiene más de 100.000 registros de las monografías y los nuevos títulos de publicaciones periódicas ingresadas por depósito legal en la Biblioteca Nacional de Portugal desde 1980. Se incluyen las tesis u otros trabajos académicos de carácter docente generados por distintos organismos de enseñanza superior portuguesa, sujetos al depósito legal, desde 1986. Se actualiza cada seis meses, acumulando todos los registros desde 1980.

Bibliografia Nazionale Italiana: CD-ROM del Instituto Centrale per il Catalogo Unico, con más de 450.000 registros de la bibliografía nacional italiana desde 1958 hasta la actualidad.

Bibliographic Index: bibliografía de bibliografías sobre cualquier materia, desde Ciencia y Tecnología a Ciencias Sociales y Humanidades. Recoge información desde 1984. Su editor en CD-ROM es The H.W. Wilson, y su actualización semestral.

Bibliographie Nationale Française sur CD-ROM: comprende la bibliografía nacional francesa desde el año 1970, en total más de 900.000

registros, entre los que se incluyen publicaciones oficiales. Sus editores son la Bibliotheque Nationale de France y Chadwyck-Healey Francia, y su actualización trimestral.

BNB On CDROM Backfile: bibliografía nacional británica desde 1950 hasta 1985. Su editor es The British Library National Bibliographic Service. Su actualización está sin determinar.

BNB On CD-ROM Current File: bibliografía nacional británica desde 1986 hasta nuestros días. Su editor es The British Library National Bibliographic Service, y su actualización es trimestral, añadiéndose cada vez unos 15.000 nuevos registros.

Bookbank: base de datos bibliográfica que contiene información de más de 1.950.000 títulos publicados en inglés por 25.000 editores y distribuidores de Gran Bretaña y Europa Occidental. Incluye libros agotados recientemente y títulos de próxima aparición. Sus editores en CD-ROM son J. Whitaker & Sons Ltd. y BowkerSaur, y se actualización mensual.

Books in Print: proporciona acceso directo a información sobre el sector editorial norteamericano, más de un millón y medio de registros de monografías publicadas a partir de 1979, 50.000 informes de editoriales, mayoristas y distribuidores y más de 77.000 encabezamientos de materias. Contiene, además, la referencia de 600.000 libros agotados: *Books Out of Print.* El acceso puede ser en línea y en CD-ROM. Su editor es R.R. Bowker.

Books in Print with Reviews: contiene la base de datos *Books in Print* completa, y las reseñas de libros publicadas por revistas especializadas como *Publishers Weekly, Library Journal y School Library Journal.* Su editor es R.R. Bowker, en CD-ROM y en línea.

Boston Spa Books: base de datos bibliográfica con referencias de más de 800.000 libros recibidos en el British Library Supply Centre desde 1980. Su editor en CD-ROM es The British Library Document Supply Centre, y su actualización semestral.

Boston Spa Conferences on CD-ROM: base de datos bibliográfica con referencias de más de 340.000 actas de conferencias de ámbito mundial y de todas las temáticas desde 1787, depositadas en el Centro de Suministro de Documentos de la British Library. Su editor es The British Library Document Supply Centre, y su actualización trimestral.

Boston Spa Serials on CD-ROM: contiene las referencias de más de 500.000 publicaciones periódicas recibidas en el British Library Document Supply Centre, la British Library Humanities and Social Sciences, la British Library Reference and Information

Service, la Cambridge University Library, y el Science Museum Library. Su editor es The British Library Document Supply Centre, y su actualización semestral.

The British Library General Catalogue of printed books to 1975: comprende más de seis millones de registros de la Biblioteca Británica anteriores a 1975, e incluye la mayor colección del mundo de pies de imprenta anteriores a 1914. Su editor en CD-ROM es Chadwyck-Healy.

British National Bibliography: contiene más de un millón de registros de la bibliografia nacional británica desde *1950* hasta la actualidad. Su editor en CD-ROM es Chadwyck-Healy, y su actualización mensual.

CDMARC Bibliographic: catálogo bibliográfico completo, con 4.200.000 registros en 1996, de la Biblioteca del Congreso de los Estados Unidos. Incluye publicaciones en inglés, desde 1968; en francés, desde 1973; en alemán, portugués y español, desde 1975; en otras lenguas románicas, desde 1976-77; en lenguas del sur de Asia y en alfabeto cirílico (en forma romanizada), desde 1980. Su editor es The Library of Congress, y su actualización trimestral.

Dentsche Bibliographie Aktuell: contiene más de 600.000 títulos de la bibliografía alemana desde el año 1986 hasta nuestros días. Incluye las series A (publicaciones dentro del mercado editorial), B (publicaciones fuera del mercado editorial), C (mapas), H (tesis doctorales) y N (publicaciones recientes). Las consultas se pueden realizar en inglés, francés o alemán. Su editor en CD-ROM es la Buchhandler-Vereinigung GmbH, y su actualización de tres veces al año.

Electre Biblio: versión en CD-ROM de la base de datos *Les Livres Disponibles (French Books in Print).* Contiene información bibliográfica de más de 390.000 títulos disponibles publicados por editores franceses (en cualquier idioma) o editores extranjeros (en francés), y de 150.000 obras agotadas. Su editor en CD-ROM es el Cercle de la Librairie, y su actualización mensual o trimestral.

German Books in Print: recoge más de 700.000 títulos de libros en lengua alemana de 13.500 editores de Alemania, Austria y Suiza publicados desde 1988. Su editor en CD-ROM es Bowker-Saur, y su actualización mensual.

Global Books in Print Plus: base de datos conjunta de las dos principales compañías que proporcionan información bibliográfica en lengua inglesa. Contiene alrededor de dos millones de referencias procedentes de *Books in Print* (Bowker) y más de 750.000 registros de *Bookbank* (Whitaker). Sus editores en CD-ROM son R.R. Bowker y J. Whitaker & Sons Ltd., y su actualización mensual.

International Books in Print: base de datos bibliográfica que recoge más de 265.000 títulos en lengua inglesa publicados por 7.000 editores de 130 países fuera de Estados Unidos y del Reino Unido. Su editor en CD-ROM es Bowker-Saur, y su actualización anual.

International Guide to Microform Masters: contiene más de 1.400.000 registros bibliográficos del material publicado en microfilms o microfichas y conservado en más de 200 bibliotecas, una buena parte de ellos relevantes para nuestra disciplina. Su editor en CD-ROM es Bowker-Saur, y su actualización anual.

ISBN Mexicano: contiene más de 32.000 referencias de los libros en venta en México desde 1985. Su editor en CD-ROM es Multiconsult SC., y su actualización anual.

Latbock. Libros latinoamericanos: base de datos de libros latinoamericanos. La primera edición comercial comenzó en 1996 con 35.000 registros bibliográficos, a los que se incorporan más de 40.000 títulos cada año. En principio, y hasta la incorporación a la base de datos de todos los países latinoamericanos, aportan registros Argentina, Bolivia, Brasil, Colombia, Chile, Ecuador, El Salvador, Guatemala, México, Paraguay, Perú, Uruguay, Venezuela y República Dominicana. Su editor es Fernando García Cambeiro, y su actualización tres veces al año.

Libros en venta en Hispanoamérica y España Plus: completa información bibliográfica sobre 150.000 títulos publicados en lengua española por unos 5.000 editores de 36 países de todo el mundo. Incluye libros publicados en español en Estados Unidos, Francia, Alemania, Italia, China, Israel, Suiza y Suecia. Su editor en CD-ROM es Bowker-Saur, y su actualización anual.

Newspaper Abstracts: contiene referencias de los artículos de mayor importancia publicados en los diarios *New York Times, Wall Street Journal, Washington Post, Cristian Science Monitor, Boston Globe, Chicago Tribune, Los Angeles Times y Atlanta Constitution.* Su editor en CD-ROM es University Microfilms International, y su actualización mensual.

Periodical Abstracts ondisc: índice de revistas generales, como por ejemplo, *Time, Newsweek, Scientific Ameritan, U.S. News y World Report.* Su editor en CD-ROM es University Microfilms International, y su actualización mensual.

Russian Books in print: base de datos bibliográfica que contiene todos los libros publicados en Rusia desde 1989 hasta la actualidad, más los libros pendientes de publicarse hasta 1997. Incluye la mayoría de las obras publicadas en otros estados de la antigua Unión Soviética. En 1996 contenía más de 130.000 títulos. Su editor es CD-ROM es R.R. Bowker. Su actualización está sin determinar.

VLB Aktuell: equivale al *German Books in Print,* que recoge unos 600.000 títulos de libros en venta publicados en lengua alemana desde 1985, por 9.000 editores. Su editor en CD-ROM es Bowker-Saur, y su actualización mensual.

Worldcat: catálogo colectivo de OCLC, que comenzó a funcionar en 1971 con la contribución de 54 bibliotecas de Ohio. Actualmente lo conforman miles de bibliotecas de 64 países. En 1996 contenía más de 34 millones de registros en 360 lenguas. De ellos, alrededor de 26 millones son de monografías. Distribuidos por épocas, 3,5 millones son de 1990 a la actualidad; 7 de 1980 a 1989; 5,5 de 1970 a 1979; 3 de 1960 a 1969; el resto, de épocas anteriores. Distribuidos por idiomas, domina el inglés, con más de 20 millones de referencias; los títulos en castellano y otros dialectos nacionales se publican separadamente en el CD-ROM *The Hispanic Cataloguing Collection,* con 1,5 millones de registros. A mediados de 1997, Worldcat se ha ampliado con las aportaciones de las bibliografías nacionales de Hungría, Eslovenia y la República checa. Se distribuye en línea, a través de FirstSearch, de OCLC. El número de referencias, el amplio periodo de cobertura y la posibilidad de localización de ejemplares convierten esta base de datos en uno de los principales títulos existentes en el mercado internacional.

b3) Artículos:

Spanish Union Catalogue of Periodicals: catálogo colectivo de publicaciones periódicas de las bibliotecas españolas, dirigido por la Biblioteca Nacional. Permite la búsqueda por el título, palabra-clave en el título, ISSN y editor. Está publicado en CD-ROM por Chadwyck-Healy.

ISSN Compact: editada por el Centre International de ISSN y distribuida por Chadwyck-Healy, contiene el registro mundial de ISSN, o número internacional de identificación de publicaciones seriadas, como revistas, periódicos, series, etc. Recoge más de 730.000 publicaciones seriadas de más de 180 países y en 144 idiomas diferentes. Se incluyen también las editadas por diversas instituciones oficiales (Comunidad Europea, ONU, UNESCO, OCDE, etc.) y asociaciones internacionales de ámbito científico y cultural.

Ulrich's International Periodicals Directory: versión electrónica del directorio de publicaciones periódicas del mismo título, mencionado anteriormente. Contiene el nombre y dirección de más de 900.000 editores procedentes de 200 países; citas bibliográficas completas de más de 215.000 publicaciones periódicas; anuarios y publicaciones irregulares; más de 10.000 periódicos diarios o semanales de todo el mundo; y más de 47.000 publicaciones fuera de circulación, desde 1979. Se puede acceder a él en línea o en CD-ROM. Sus editores son Silver Platter Information y R.R. Bowker, y su actualización trimestral.

b4) Tesis doctorales:

TESEO: Es la base de datos del Consejo de Universidades. Tal y como describimos en el apartado correspondiente de las fuentes impresas, incorpora la información relativa a las tesis doctorales aprobadas en España a partir del curso 1976-77. En 1990 constaba de 25.000 referencias, correspondientes a las tesis leídas hasta el curso académico 1988-89. Desde 1997, la base de datos se distribuye en línea, con acceso gratuito, a través de la página web del Ministerio de Educación y Cultura (www.mec.es).

TESIS: Es una base de datos referencial, elaborada por el Servicio de Documentación del Colegio Oficial de Psicólogos de Madrid, que recoge 425 tesis del área de Psicología presentadas en las Universidades españolas desde el curso 1982/83 a 1988/89. Cada registro, además de la referencia bibliográfica completa, va acompañado de un resumen.

Dissertations Abstracts Online: es una base de datos referencial creada por la University Microfilms International, Ann Arbor, MI, Estados Unidos, que recoge mas de 950.000 tesis leídas en las universidades de Estados Unidos desde 1861 y cubre todas las áreas del saber. También incluye tesis doctorales de Canadá. Desde 1988 recoge tesis procedentes de universidades del Reino Unido y del resto de Europa. Después de 1980 la mayoría de los registros incluyen un amplio resumen informativo. Las temáticas se clasifican en unas 3.000 materias, incluyendo la Historia y la Psicología. Se corresponde con las publicaciones *Comprehensive Dissertation Index* y *Dissertation Abstracts International.* La Sección A corresponde a "Humanidades y Ciencias Sociales", la Sección B a "Ciencia y Tecnología" y la Sección C a "Tesis

Europeas". Es accesible en línea a través de DIALOG y otros distribuidores, y además tiene versión en CD-ROM. Este último se comercializa en tres discos: DAO (*Complete Edition*), DAO-A (*Humanities and Social Science*) y DAO-B (*Sciences and Engineering*).

SIGLE. System for Information on Grey Literature in Europe: Incluye la referencia bibliográfica de documentos de difícil localización y acceso, debido a su carácter especializado o limitada difusión, que no se publican por los cauces habituales, como tesis doctorales, actas de congresos no publicadas, informes de proyectos de investigación, documentación de cursos y seminarios, etc. A finales de 1992 contenía 290.000 registros bibliográficos de carácter multisdisciplinar, correspondientes a cuatro áreas temáticas: Tecnología (31%); Ciencias Naturales (26%); Medicina y Biología (14%); y Ciencias Sociales y Humanidades (29%). Actualmente el número de registros llega a 364.000. La edición es exclusiva en CD-ROM.

Doc Thèses: Es el nombre de la base de datos de tesis doctorales leídas en las universidades francesas a partir de 1972. Fue publicado en CD-ROM a finales de 1995 por Chadwyck-Healy France, y consta de un total de 300.000 referencias que incluyen el autor, título, director, disciplina, año de realización y resumen en inglés o francés. Se actualiza anualmente, con dos discos al año.

c) Bases de datos especializadas

Además de las bases de datos de carácter general, existen otras especializadas en Psicología, Historia, o bien en campos más amplios como Ciencias Sociales y Humanidades o Ciencias Naturales, que pueden incluir información relevante para nuestra disciplina. Se trata de bases de datos disponibles en el mercado nacional o internacional, bien en CD-ROM o accesibles en línea, que contienen bibliografías, boletines de sumarios, catálogos colectivos y otros tipos de fuentes. En algunos casos puede que hayan sido comentadas en apartados anteriores, al disponer de las correspondientes publicaciones impresas. Las principales serían las siguientes:

Art and Humanities Search: accesible en línea y en CD-ROM, corresponde al índice de citas impreso Arts and Humanities Citation Index. Analiza 1.300 títulos de las revistas más importantes del mundo de las Humanidades, incluyendo la Historia, y una selección de los artículos contenidos en más de 5.800 revistas de Ciencias y de Ciencias Sociales. Contiene más de 1.400.000 registros bibliográficos publicados desde 1980.

BHI Plus. British Humanities Index: base de datos bibliográfica de Humanidades, que incluye más de 180.000 artículos de más de 320 revistas y diarios británicos desde 1985. Su editor en CD-ROM es Bowker-Saur, y su actualización trimestral.

BIBLIO es una base de datos referencial, elaborada por el Colegio Oficial de Psicólogos de Madrid, que contiene más de 19.000 registros procedentes de artículos de revistas especializadas y de informes, ponencias a congresos, proyectos, etc., desde 1975. Todos los documentos vaciados se encuentran en el Servicio de Documentación de la Delegación del C.O.P. de Madrid. La mayor parte de la base de datos BIBLIO son artículos de revistas de habla española y un alto porcentaje de éstos se duplican con los de la base de datos PSEDISOC.

British Education Index: Es una de las bases de datos de la British Library, especializada en temas de Educación. Cubre más de 35.000 referencias, desde 1976.

Current Contents Search: creada por el Institute for Scientific Information, Philadelphia, PA, Estados Unidos, es el formato electrónico de tal vez el más importante boletín de sumarios impreso, que como ya mencionamos anteriormente, ofrece un servicio semanal que reproduce los sumarios de las principales revistas en Ciencia y Tecnología, Ciencias Sociales, Arte y Humanidades. Se divide en siete ediciones, cada una de ellas dedicada a una disciplina científica, en base a la edición impresa del Current Contents: Medicina Clínica; Ciencias de la Vida; Ingeniería, Tecnología y Ciencias Aplicadas; Agricultura, Biología y Ciencias Ambientales; Física, Química y Ciencias de la Tierra; Ciencias Sociales y de la Conducta; y Arte y Humanidades. Además de suministrar los sumarios de las revistas también proporciona la referencia bibliográfica de cada artículo. Su cobertura temporal es de seis meses a un año, del año en curso.

DATRI: Base de datos de transferencia de resultados de investigación de la red OTRI/OTT, producida por el Consejo Superior de Investigaciones Científicas (CSIC).

ERIC: Base de datos creada por el National Institute of Education de EE.UU. Contiene datos de temas relacionados con la educación con fecha posterior a 1966.

FRANCIS: prestigiosa base de datos francesa, elaborada por el Centre de Documentation des Sciences Humaines (CDSH) integrado en el Institut de l'Information Scientifique et Technique (INIST) del Centre National de la Recherche Scientifique (CNRS), Vandoeuvre-les-Nancy Cedex, Francia. Desde 1972 recoge información en Ciencias Sociales y Humanidades en 20 subficheros que comprenden las distintas disciplinas (Ciencias de la Educación, Sociología, Economía, Filosofía, Historia de la Ciencia y de las Técnicas, etc.), casi todas ellas secciones de la publicación impresa *Bulletin Signalétique des Sciences Humaines,* constituyendo un conjunto único de cerca de 2 millones de referencias procedentes de 9.000 publicaciones periódicas (80%), libros (15%) y literatura gris como actas de congresos, tesis, informes, etc. (5%). La Psicología no se encuentra recogida en esta base, ya que el INIST, a diferencia del CINDOC, no considera la Psicología entre las Ciencias Sociales y la incluye entre las Ciencias Biomédicas en la base de datos PASCAL. FRANCIS recoge más de 76.000 registros anuales. Esta base de datos se puede consultar en su conjunto o limitar la búsqueda a un área concreta. Proporciona la referencia bibliográfica completa del documento acompañada de un breve resumen en francés. Es accesible en línea, y también tiene una versión en CD-ROM que edita el mismo INIST. Su versión impresa, Bulletin Signaletique, está dividida en 19 publicaciones independientes, correspondientes a las distintas disciplinas. Esta base de datos, aunque no es específica en el área de Psicología, es recomendable para temas con un interés multidisciplinar en Ciencias Sociales y Humanidades, sobre todo para bibliografía francesa.

Historical Abstracts: boletín de resúmenes que conforma una importante bibliografía sobre la historia mundial desde 1450, tanto por el número de referencias como por las revistas seleccionadas, y también por la calidad del sistema de recuperación documental, que cuenta con un buen tesauro construido exclusivamente en inglés, lo que facilita la búsqueda al no mezclar idiomas como hacen otras bases de datos internacionales. Contiene referencias de artículos aparecidos en más de 2.100 revistas, libros y tesis doctorales sobre todas las ramas de la Historia, Ciencias Sociales y Humanidades, escritos en más de 50 idiomas. El período de cobertura varía del acceso en línea al CD-ROM, siendo a partir de

350   *La documentación en historia de la psicología*

1973 en el primer caso, y desde 1952 en el segundo. La base de datos en disco contiene más de 245.000 referencias de artículos de revista, 20.000 de tesis y 42.000 de libros. Su editor es ABC-Clio.

History Source: base de datos bibliográfica con referencias de artículos de revista sobre Historia publicados desde 1984. Incluye el texto completo de las revistas *Ameritan Heritage, History Today y Smithsonian.* Está publicada por Ebsco en CD-ROM, y su actualización es bimestral o cuatrimestral.

Humanities Source: recoge el listado y resumen de los artículos de 450 revistas de materias humanísticas, incluyendo la Historia, ofreciendo además el texto completo de los 60 títulos más importantes. Está publicada en CD-ROM por Ebsco.

ICYT: Base de datos bibliográfica del Consejo Superior de Investigaciones Científicas (CSIC), especializada en revistas españolas de Ciencias Naturales y Tecnología. Recoge más de 70.000 registros desde 1978, y se actualiza mensualmente, incorporando al año unas 7.000 referencias. Esta base resulta de interés en el ámbito de la Psicofarmacología o Psicología Biológica, y sólo eventualmente en el de la Historia de la Psicología.

IME: Base de datos bibliográfica del Consejo Superior de Investigaciones Científicas (CSIC), que recoge y analiza más de 330 revistas médicas españolas. Creada por el Instituto de Estudios Documentales e Históricos sobre la Ciencia (IEDHC) de la Universidad de Valencia-CSIC, Centro de Documentación e Informática Biomédica (CEDIB) de la Universidad de Valencia-CSIC, y Caja de Ahorros de Valencia, está especializada en revistas españolas de Medicina y recoge más de 140.000 registros desde 1971. Se actualiza mensualmente e incorpora alrededor de 11.000 registros anuales. No obstante, teniendo en cuenta que esta base de datos recoge revistas de Psiquiatría, es interesante su consulta para búsquedas bibliográficas en el ámbito de Psicología Clínica, y sólo eventualmente puede resultar de interés en el de la Historia de la Psicología.

Inside Social Sciences and Humanities Plus: CD-ROM de la British Library que contiene más de 700.000 artículos de 7.000 revistas de Ciencias Sociales y Humanas. Además de la búsqueda de referencia, esta base de datos permite al usuario transmitir las peticiones seleccionadas directamente a la British Library Document Supply Centre, el más importante centro de obtención de documentos de todo el mundo. Su actualización es mensual.

ISOC. PSEDISOC: El Centro de Información y Documentación del CINDOC, del Consejo Superior de Investigaciones Científicas

(CSIC), produce y distribuye la Base de datos bibliográfica ISOC. Dentro de ella, PSEDISOC, recoge referencias de artículos de revistas españolas, especializadas en Psicología y Educación, así como, de forma selectiva, series monográficas, cubriendo las siguientes áreas temáticas: Psicología General, Psicometría, Psicología Experimental (Humana), Psicología Experimental (Animal), Psicobiología, Intervención Fisiológica, Sistemas de Comunicación, Psicología Evolutiva, Proceso Social y Problemas Sociales, Psicología Social, Personalidad, Trastornos Físicos y Psíquicos, Diagnóstico, Prevención y Tratamiento, Temas Profesionales y Deontología, Psicología de la Educación, Psicología del Trabajo, Educación/Enseñanza, Historia de la Educación, Filosofía de la Educación, Política Educativa, Sistema de Enseñanza, Educación Permanente y Empleo, Investigación Educativa, Evaluación y Orientación Pedagógica, Métodos y Materias de Enseñanza, Medios de Enseñanza, Administración de la Educación, Economía de la Educación, Organización de la Educación, Psicología de la Educación, Sociología de la Educación, Personal Docente, y Prospectiva. Entre las fuentes bibliográficas que incluye se encuentran cerca de 265 revistas españolas específicas de las áreas mencionadas, 128 de Psicología y 137 de Educación, editadas en todas las Comunidades y dialectos nacionales, en dos periodos temporales: desde 1975 a 1978, y desde 1981 hasta la actualidad, con una puesta al día mensual. En total recoge 23.902 títulos de Ciencias de la Educación y 21.614 de Psicología, que suman un total de 45.516 referencias, con un crecimiento anual cercano a los 3.500 artículos (en 1999). La Base de Datos PSEDISOC puede consultarse junto a las demás Bases del CINDOC. El acceso en línea (Telnet) requiere de palabra de paso, y puede hacerse a través del terminal u ordenador con *modem*. Utiliza el programa BASIS PLUS, que permite el acceso individualizado o simultáneo a todas las bases del CINDOC. Cada una de las disciplinas señaladas puede ser consultada de modo independiente, empleando como criterio de búsqueda los códigos de clasificación específicos de cada área.

LC MARC: Base de datos de los libros almacenados en la Library of Congress (Washington). Cubre todo tipo de áreas del saber.

MEDLINE: Es la base de datos del Index Medicus, y la creó la U.S. National Library of Medicine. Abarca 3.000 revistas y ocasionalmente libros.

MENTE. Base de Datos de Autores y Obras de la Historia de la Psicología en España: incluida dentro de PSICODOC'98, y editada en CD-

ROM por el Colegio Oficial de Psicólogos de Madrid, con la colaboración de la Biblioteca de la Facultad de Psicología de la Universidad Complutense. Contiene fichas de 475 autores de los que se conoce alguna obra clasificable dentro de la Historia de la Psicología en España, desde la antigüedad hasta la Guerra civil, y notas biográficas de 250 de ellos, así como bibliografías y fotografías de portadas, además de un programa de revistas y una base de datos con referencias de revistas y de literatura gris. Será descrita con mayor detenimiento en el próximo apartado, al hablar de los centros de documentación nacionales y, en concreto, del C.O.P.

MENTAL HEALTH ABSTRACTS: Creada por el National Institute of Mental Health de los EE.UU, recoge artículos de más de 1.200 revistas del mundo especializadas en salud mental.

PASCAL: junto con FRANCIS, mencionada anteriormente, es una base de datos referencial multidisciplinar creada por el Institut National de l'Information Scientifique et Technique (INIST)/ Centre National de la Recherche Scientifique (CNRS), Vandoeuvre-les-Nancy, Francia, que recoge literatura internacional desde 1973. La base tiene distintas secciones: Física, Química, Ciencias Aplicadas, Biología, Ciencias Médicas (en esta Sección incluye el apartado de Psicología, Psicopatología y Psiquiatría), Ciencias del Espacio y de la Tierra, etc. Se puede consultar en su conjunto, o limitar una disciplina utilizando un código de clasificación, que para la Psicología es el 390 (1976-1983) y el 002A26, 002B18, 002A27 (desde 1985). La versión impresa tiene diferentes publicaciones para cada área; la correspondiente a Psicología es el BULLETIN SIGNALETIQUE, SECTION 390 (1976-1983) y PASCAL EXPLORE E65 (desde 1984). El volumen total de la base de datos PASCAL es de 4.000.000 de registros y el apartado de Psicología, Psicopatología y Psiquiatría tiene un volumen de aproximadamente 140.000 registros. Recoge artículos de revista, tesis, informes, comunicaciones a congresos y libros. Su ámbito es internacional pero la literatura francesa está recogida de forma más exhaustiva. Se solapa en gran medida con la base de datos PsycINFO. La base de datos está en francés, pero los descriptores están en inglés, francés y español. Aproximadamente el 50% de los registros tiene un breve resumen en francés. Se puede consultar a través de distintos distribuidores, QUESTEL, DIALOG, etc., y tiene versión en CD-ROM.

Periodical Abstracts Research: editada por la UMI, contiene más de 1.200.000 referencias con resumen de más de 1.600 revistas sobre

Ciencias Sociales y Humanidades, publicadas desde 1986. Se encuentra disponible en línea por *Internet*, y en CD-ROM. *Periodical Contents Index:* base de datos publicada por Chadwyck-Healy que permite acceder a los sumarios de 3.500 revistas publicadas en todo el mundo en el campo de las Humanidades y las Ciencias Sociales entre 1800 y 1991, incluida la Historia. Se distribuye en dos series, cada una de ellas compuesta por distintos segmentos. La primera incluye las revistas editadas hasta 1960. La segunda, las publicadas entre 1961 y 1991. La relación completa de títulos vaciados puede verse en *Internet* en la siguiente dirección: *www.chadwyck.co.uk.*

Philosopher's Index: es una base de datos referencial creada por el *Philosophy Documentation Center,* Bowling Green State University, Bowling Green, OH, Estados Unidos, que recoge bibliografía procedente de libros y de artículos publicados en más de 270 revistas especializadas en Filosofía y disciplinas afines desde 1940. Es la fuente de información más completa en áreas como Estética, Etica, Epistemología, Lógica y Metafísica, así como para obtener información sobre Filosofía en disciplinas como Educación, Psicología, Religión, Derecho e Historia de la Ciencia. Es accesible en línea a través de DIALOG y se corresponde con la versión impresa Philosopher's Index. También existe su correspondiente versión en CD-ROM.

PSICODOC: Base de datos de Psicología editada en CD-ROM por el Colegio Oficial de Psicólogos de Madrid. Será descrita con mayor detenimiento en el próximo apartado, al hablar de los centros de documentación nacionales, y en concreto del C.O.P.

PSYCINFO. Psychological Abstracts Information Service: Base de datos de la A.P.A., que reúne información sobre publicaciones psicológicas o de disciplinas afines, y también puede consultarse en línea. Será descrita con mayor detenimiento en el próximo apartado, al hablar de los centros extranjeros de documentación, y en concreto de los servicios documentales de la A.P.A.

PSYNDEX: es una base de datos referencial creada por el Zentrastelle für Psychologische Information und Dokumentation (ZPID), Universität de Trier, TRIER, Alemania. Recoge desde 1977 más de 40.000 referencias bibliográficas en lengua alemana en el área de la Psicología y ciencias afines. Como PsycINFO, cubre todas las áreas de la Psicología. PSYNDEX es bilingüe y presenta los títulos, los descriptores, la clasificación y los resúmenes en alemán y en inglés. Recoge literatura procedente de Alemania, Austria y Suiza.

Vacía alrededor de 190 títulos de revistas, además de alrededor de 800 libros, 1.200 capítulos de libros, 300 tesis y 300 informes, etc. El total de registros anuales es aproximadamente de 5.500. PSYNDEX es accesible a través del distribuidor de bases de datos DIMDI y es compatible con PsycINFO. Ambas bases tienen el mismo sistema de clasificación, utilizan el mismo Tesauro y tienen los mismos campos en sus registros. Existe versión impresa, PSYCHOLOGISCHER INDEX, y en CD-ROM.

REDINET: Red estatal de bases de datos sobre investigaciones educativas. Centro Nacional de Investigación y Documentación Educativas (CIDE), Ministerio de Educación y Ciencia. Red iniciada en 1984.

SCISEARCH: es una base de datos referencial multidisciplinar en Ciencia y Tecnología, creada por el Institute for Scientific Information, (ISI), Philadelphia, PA, Estados Unidos, que desde 1974 recoge los registros publicados en el *Science Citation Index* (SCI), y registros procedentes de las series del *Current Contents* que no están incluidos en la versión impresa del SCI. Tiene la particularidad de añadir las citas bibliográficas que acompañan a los documentos, lo que permite la búsqueda por autores citados. Las revistas vaciadas son cuidadosamente seleccionadas de acuerdo con varios criterios, incluido el análisis de citas. Se puede decir que incluye el 90% de la literatura internacional científica y técnica más significativa. Además de la versión impresa existe versión en CD-ROM.

SOCIAL SCISEARCH: es una base de datos referencial, de carácter multidisciplinar en el ámbito de las Ciencias Sociales. Creada por el Institute for Scientific Information, Philadelphia, PA, Estados Unidos, recoge desde 1972 artículos de más de 1.500 revistas importantes en el ámbito de las Ciencias Sociales, incluyendo además artículos seleccionados por su interés en dicho ámbito procedentes de más de 3.000 revistas de otras áreas como Ciencias naturales, físicas y biomédicas. También incluye monografías, recensiones, conferencias, etc. *SOCIAL SCISEARCH* tiene la particularidad de añadir todas las citas bibliográficas que acompañan al documento, lo que permite que se pueda buscar por autor citado. Así es posible conocer si un trabajo determinado ha sido citado por otros autores, en qué año y en qué fuente. *SOCIAL SCISEARCH* se utiliza para conocer el nivel de impacto de un determinado autor o trabajo, aunque tiene la limitación de que recoge pocas revistas de idiomas distintos al inglés. Es accesible en línea a través de DIALOG y otros distribuidores, y se corresponde con la versión impresa *Social Science Citation Index*. También existe versión en CD-ROM.

Sociofile: CD-ROM equivalente a la publicación impresa *Sociological Abstracts*, título que mantiene en la base de datos en línea. Contiene más de 386.000 referencias y resúmenes de artículos publicados a partir de 1974 en 2.300 revistas de todo el mundo. De gran utilidad para la búsqueda de bibliografía de historia social, se distribuye en línea por FirstSearch, y en CD-ROM por SilverPlatter.

Sociological Abstracts: es una base de datos referencial creada por *Sociological Abstracts, Inc.*, San Diego, CA, Estados Unidos, que desde 1962 recoge la literatura científica en el área de Sociología y disciplinas afines publicada en 1.600 revistas especializadas y otras publicaciones como tesis, conferencias, etc. Contiene más de 180.000 referencias bibliográficas. Los registros además de la referencia bibliográfica completa tienen un amplio resumen. Es accesible en línea a través de DIALOG y otros distribuidores, se corresponde con la publicación Sociological Abstracts y tiene su correspondiente versión en CD-ROM. Utiliza el Thesaurus of Sociological Abstracts Index Terms.

Wilson Humanities Abstracts: proporciona la referencia bibliográfica y el resumen de 284.000 artículos publicados a partir de 1984 en 350 revistas de lengua inglesa especializadas en Ciencias Humanas. Se puede acceder a ella en línea a través de *Internet*, y en CD-ROM, siendo su editor The H.W. Wilson Company.

Wilson Humanities Index: base de datos similar a la anterior, pero prescindiendo del resumen. En línea se distribuye con el mismo título de la fuente impresa: *Humanities Index*.

5. *CENTROS DE DOCUMENTACIÓN*

Al inicio de este capítulo señalábamos cómo el ritmo de crecimiento y diversidad de la producción científica obligaba al investigador a invertir buena parte de su tiempo en la búsqueda de la documentación pertinente, y cómo ello había desembocado en el creciente desarrollo de la Documentación científica como especialidad interdisciplinar. A tenor de lo expuesto hasta el momento, parece evidente que el científico actual es incapaz de compatibilizar su trabajo de investigación con la lectura de los millares de publicaciones que diariamente salen a la luz, por lo que debe recurrir al documentalista, o en su defecto a las técnicas de documentación que éste habitualmente emplea. En su significado más actual la documentación es una forma de racionalizar el trabajo intelectual, y en este sentido debiera ser considerada como un saber instrumental, como una herramienta necesaria en todos los ámbitos de la ciencia.

El documentalista se consolida día a día como un profesional capaz de agilizar la comunicación científica, y al mismo tiempo se constata una progresiva creación de centros de documentación, especializados en el tratamiento y difusión de la información. El especialista en documentación está hoy en día específicamente formado en tareas de búsqueda y selección de documentos, tratamiento y análisis documental, y difusión de información. Se trata por lo demás, de tareas que se desarrollan en una secuencia determinada, de acuerdo con criterios racionales previamente establecidos, y en función de los objetivos e intereses específicos definidos por el usuario del servicio de documentación.

En general este proceso comprende una serie de pasos que podrían cifrarse en los siguientes (Amat, 1987): (1) *localización* inicial y posterior selección y adquisición del material; (2) *análisis documental*, incluyendo la descripción bibliográfica, catalogación y resumen del documento, con el fin de extraer la información original contenida en él y transformarla en una referencia bibliográfica completa que acelere su consulta posterior; (3) *búsqueda documental*, mediante procedimientos manuales o automatizados, para obtener de un fondo bibliográfico los documentos requeridos en una demanda específica; y (4) *difusión documental* con la que propiamente se pone a disposición del usuario la información que necesita, o se le facilitan los medios para poderla obtener mediante una serie de servicios específicos.

A su vez, estos servicios mediante los cuales difundir la información serían básicamente los siguientes: (1) *Servicio de búsquedas bibliográficas retrospectivas*, para localizar el mayor número posible de documentos sobre una determinada materia que constituye el campo de interés del usuario; (2) *Servicio de obtención de documentos primarios*, para conseguir el documento original, permitiendo al usuario su consulta *in situ*, en préstamo, o su adquisición permanente en original o copia; (3) *Servicio de difusión selectiva de la información*, para actualizar y mantener periódicamente informado al usuario sobre una determinada materia que constituye su campo de interés; (4) *Servicio de difusión de publicaciones periódicas*, con la misma finalidad que el anterior; (5*) Servicio de referencia o de consulta*, para acceder a documentos de referencia y así obtener información sin necesidad de acudir al documento original.

Dada la importancia y el valor instrumental de la información y de la documentación científica, existen centros especializados en la conservación y organización de documentos, identificados genéricamente con el nombre de "centros de documentación". En realidad este tipo de centros ha existido siempre, y de hecho podemos encontrarlos desde la Antigüedad, aunque tradicionalmente han sido escasos y han tenido un carácter y un uso restringido, como en el caso de las antiguas bibliotecas o archivos privados. Es algo que indudablemente contrasta con la creciente proliferación, especialización y diversificación de centros de este tipo que viene experimentándose en los últimos tiempos, como resultado de la gran expansión informativa que caracteriza la época actual.

Los centros de documentación desempeñan diversas funciones y tareas documentales con mayor o menor grado de especialización. En general, atendiendo a esta función podríamos hablar de cuatro tipos de centros: (1) *centros especializados en la conservación y almacenamiento de documentos primarios* (p.ej. archivos, bibliotecas o museos); (2) *centros especializados en la descripción y difusión del contenido de los documentos* (p.ej. centros y servicios de documentación e información bibliográfica); (3) *centros especializados en el análisis del contenido de los documentos* (p.ej. centros de análisis de datos o centros de cálculo); y (4) *centros especializados en la localización y acceso a los documentos* (bibliotecas, y centros y servicios de documentación e información bibliográfica). No obstante, debieramos tener en cuenta que se trata de una clasificación arbitraria y que muchos centros desempeñan indistintamente diversas funciones.

Los centros de documentación suelen mantener, por regla general, relaciones de coordinación entre sí, facilitando de este modo el trabajo de investigación. De hecho, la organización de la red documental se ha llegado a convertir en un objetivo prioritario en los programas de política científica de organismos gubernamentales. El tratamiento de la información en los distintos centros, combina hoy en día distintas tecnologías de la informática, telecomunicaciones y microedición, que han multiplicado las posibilidades de acceso y consulta de la más variada información, incluso a distancia. Estos centros adquieren así un carácter interdisciplinar, permitiendo el acceso y difusión selectiva de información correspondiente a diferentes ámbitos del saber, en función de los intereses del usuario. Gracias a la llamada "telemática", es decir, a la combinación de las tecnologías de la informática y de las telecomunicaciones, cada vez es más frecuente el poderlo hacer sin necesidad ni siquiera de desplazamiento físico.

En esta línea, *Internet* se ha revelado en los últimos años como un rápido y eficaz sistema que está revolucionando por completo el ámbito de la comunicación científica. Por nuestra parte, revisada someramente la importancia y función de los centros de documentación en la gestión de fuentes bibliográficas, así como los servicios que prestan, presentaremos a continuación los principales centros de este tipo existentes tanto en España como en el extranjero. En un último apartado concluiremos nuestra exposición con una mención a los servicios, fuentes y recursos documentales accesibles a través de la red informática internacional.

5.1. Centros de Documentación en España

Comentaremos en este apartado algunas notas generales sobre los Servicios de documentación del Consejo Superior de Investigaciones Científicas (CSIC), del Colegio Oficial de Psicológos, Bibliotecas Universitarias y otros centros.

a) Consejo Superior de Investigaciones Científicas (CSIC)

El *Centro de Información y Documentación Científica (CINDOC)* es un organismo del Consejo Superior de Investigaciones Científicas (CSIC), cuya principal línea de actuación es analizar, recopilar, difundir y potenciar la información científica en todas las áreas del conocimiento. Sus objetivos son los siguientes: (1) Prestar un apoyo documental adecuado a la programación científica del CSIC; (2) Desarrollar proyectos de investigación en el campo de la Documentación Científica para: a) estudiar su relación con otras ciencias, el contenido de la propia información científica y su desarrollo, b) analizar, diseñar y desarrollar sistemas, métodos, instrumentos y técnicas de tratamiento, almacenamiento, recuperación y difusión de la información, c) realizar estudios bibliométricos de la producción científica en todas las áreas del conocimiento, y d) realizar estudios terminológicos del vocabulario utilizado por los científicos españoles; (3) Recopilar la producción científica española y potenciar su difusión mediante la creación y distribución de las correspondientes bases de datos; (4) Poner al alcance de cualquier usuario la información científica específica sobre el tema requerido; y (5) Promover y colaborar en cursos de formación de especialistas y de usuarios de la información, fomentando el uso de las tecnologías de la misma.

Remontándonos a sus orígenes y haciendo un breve recorrido histórico por su trayectoria desde entonces, podría decirse que ésta se inicia en 1953, con la creación del Centro de Información y Documentación (CID) del Consejo Superior de Investigaciones Científicas. La creación de este organismo vino a significar la formalización de unas actividades que se desarrollaban en el seno del Patronato Juan de la Cierva, en el marco de la Sección extranjera de su Secretaría General, que organizaba la documentación que se suministraba a los Institutos y personal directivo del Patronato.

El CID comenzó sus tareas poniendo en marcha un servicio de consultas bibliográficas, e iniciando la publicación de un índice de revistas científicas y técnicas, luego complementado con el de resúmenes de artículos científicos y técnicos. En la década de los 70, a raíz de un informe de la Organización de Cooperación y Desarrollo Económico (OCDE) sobre la política española en materia de información y documentación, se creó un órgano coordinador del Plan Nacional de Información Científica y Técnica, para regular todas estas actividades: el *Centro Nacional de Información y Documentación Científica (CENIDOC)*.

El CENIDOC se encargaba de coordinar tres Institutos especializados en grandes áreas del conocimiento: Ciencia y Tecnología, Biomedicina y Ciencias Sociales y Humanidades. En 1975 el CID se convirtió en el *Instituto de Información y Documentación en Ciencia y Tecnología (ICYT)*, y ese mismo año se crearon los otros dos: el *Instituto de Información y Documentación en Ciencias Sociales y Humanidades (ISOC)*, a partir del Departamento de Información Científica y Técnica del Instituto Bibliográfico Hispánico del Ministerio de Cultura, y el *Instituto de Información y Documentación en Biomedicina*, a partir del Centro de Documentación e Informática Médica de Valencia.

La actuación de estos tres Institutos se orientó desde un primer momento a la investigación, docencia y servicios en el área de la Información y la Documentación Científica. A lo largo de 1975 se instalaron en el ICYT y el ISOC los primeros terminales para el acceso en línea a los grandes distribuidores de información: DIALOG, QUESTEL, ORBIT, etc. En 1976 el ISOC publicó por primera vez el Indice Español de Humanidades y el Indice Español de Ciencias Sociales, y en 1979 el ICYT hizo lo propio con el Indice Español en Ciencia y Tecnología. Estas tres publicaciones recogen desde entonces en forma de referencia bibliográfica los artículos publicados en las revistas científicas españolas en sus respectivas áreas, dando lugar posteriormente a las Bases de Datos ICYT e ISOC.

Las Bases de Datos ICYT (Ciencia y Tecnología) e ISOC (Ciencias Sociales y Humanidades) empezaron a distribuirse en línea a partir de 1989, desde el Centro Técnico de Informática del CSIC. Al año siguiente se editaron en CD-ROM, siendo el primer producto de información bibliográfica editado en este formato.

En 1992 se creó el Centro de Información y Documentación Científica (CINDOC) como resultado de la fusión del Instituto de Información y Documentación en Ciencias y Tecnología (ICYT) y el Instituto de Información y Documentación en Ciencias Sociales y Humanidades (ISOC), que asume de forma integrada el objetivo de potenciar la información científica en todos los campos del conocimiento.

Las Bases de Datos del CINDOC, mencionadas anteriormente en el apartado correspondiente a las fuentes terciarias electrónicas, se pueden consultar, salvo interrupción previamente anunciada en la conexión en línea, las 24 horas del día, todos los días del año. Para acceder a estas bases de datos es necesario registrarse y obtener la palabra de paso correspondiente, mediante la firma de un contrato con el CSIC. Tras ser firmado por ambas partes, éste le será remitido al usuario con la correspondiente palabra de paso. Existen dos formas de acceso: gratuito o completo.

El acceso gratuito, vía web, permite realizar búsquedas retrospectivas en todas las bases de datos y en todo el contenido de las mismas. El resultado será el número total de documentos que responden a la ecuación de búsqueda, aunque sólamente se visualizarán tres referencias bibliográficas completas, excepto en las bases de datos DATRI e ISOC-DC, en las que se puede recuperar y visualizar toda la información. El acceso completo, vía Web o *Telnet*, permite realizar búsquedas en la totalidad del contenido de las bases de datos, obteniéndose todas las referencias completas que resulten de dichas búsquedas.

Como vimos en su momento, las Bases de Datos CSIC están disponibles también en soporte CD-ROM, distribuidas por Micronet, en una edición cuatrimestral conjunta de todas las bases de datos del ISOC, junto con las Bases de Datos de Ciencia y Tecnología (ICYT), Biomedicina (IME) y Transferencia de Resultados de Investigación de la red OTRI/OTT (DATRI), más el catálogo colectivo de las bibliotecas del CSIC. El *software* es CD-KNOSYS, editado también por MICRONET. En edición impresa existen así mismo el *Indice Español de Ciencias Sociales* y el *Indice Español de Humanidades*. La suscripción, así como cualquier tipo de información general puede solicitarse directamente al CINDOC, a través de su Servicio de Distribución de Bases de Datos. Las direcciones de ambos son las siguientes:

MICRONET S.A.
María Tubau, 7 - Edif. Auge III, 6
28049 MADRID
Tfno.: (91) 358 96 25
Fax.: (91) 358 95 44
http://www.micronet.es/

Centro de Información y Documentación Científica (CINDOC).
Servicio de Distribución de Bases de Datos
C/Joaquín Costa, 22.
28002 MADRID, España
Tel.: (91) 5635482.
Fax.:(91)5642644.
E.Mail: sdi@cti.csic.es

El CINDOC produce distintas bases de datos bibliográficas, de las cuales nos concierne específicamente la base ISOC (Base de datos de Ciencias Sociales y Humanas). Tal y como vimos en el apartado anterior, se trata de una base de datos referencial, que recoge y analiza más de 1.600 revistas españolas relativas a Humanidades y Ciencias Sociales. La base de datos ISOC se divide, según su cobertura temática, en distintos subficheros, de los cuales nos concierne específicamente el llamado PSEDISOC, relativo a Psicología y Educación. Además de ésta, otras bases de datos de interés general distribuidas por el CINDOC serían IME, ICYT, CIRBIC y DATRI, ya descritas en el apartado anterior correspondiente a las fuentes terciarias electrónicas.

Las Bases recogen los artículos publicados en más de 1.625 revistas científicas españolas, y parcialmente otros documentos, como informes técnicos, comunicaciones a Congresos, monografías, etc. En la actualidad reúnen más de 260.000 referencias bibliográficas desde 1975, siendo actualizadas diariamente. En cada referencia se recoge información formal y de contenido: la primera hace referencia al autor o autores, título original y en castellano, lugar de trabajo de los autores, datos fuente, número de referencias bibliográficas, idioma y localización; la segunda incluye descriptores de materia, identificadores (nombres propios), topónimos y resúmenes de autor en castellano. Todos los campos son recuperables y, según las bases, se complementan con otros, como el período histórico cubierto por el documento, etc. Las Bases de Datos ISOC pueden consultarse en conjunto, o individualmente accediendo a cada uno de los subficheros temáticos.

Finalmente, las actividades desarrolladas por el Centro de Información y Documentación Científica (CINDOC), dan origen a una serie de publicaciones, las cuales constituyen en su conjunto un fondo pequeño pero muy especializado, tanto por los tipos de publicaciones como por los temas tratados. Tan sólo algunas de ellas podrían resultar de interés para el historiador de la Psicología, como por ejemplo las siguientes:

Catálogo alfabético: ordenación alfabética tradicional de todo el fondo editorial del CINDOC.
Catálogo alfabético.
Catálogo Colectivo de Revistas de Archivos, Bibliotecas y Documentación.

Catalogo de Publicaciones periódicas españolas sobre Archivos, Bibliotecas y Centros de Documentación.

Catálogo de Revistas de la Biblioteca del CINDOC.

CD-Rom Bases de Datos CSIC.

Directorio de Revistas Españolas de Ciencias Sociales y Humanas.

Directorio de Revistas Españolas de Ciencia y Tecnología.

La Documentación en España.

Indice Español de Ciencia y Tecnología.

Indice Español de Ciencias Sociales: Psicología y Ciencias de la Educación.

Indice Español de Humanidades: Ciencias Históricas.

Introducción general a las Ciencias y Técnicas de la Información y Documentación.

Proyecto de Difusión de las Revistas Científicas Españolas en las Bases de Datos Internacionales.

Revista Española de Documentación Científica.

Tesauro ISOC de Psicología.

b) Colegio Oficial de Psicólogos (C.O.P.)

En 1982 se creó el Servicio de Documentación de la Delegación de Madrid del Colegio Oficial de Psicólogos, que permitía la utilización de su base de datos para consultas, y en general, la reproducción de los documentos contenidos en ella, ofreciendo a su vez una publicación bimestral, *Documentación Psicológica*, ya mencionada entre las revistas de sumarios.

Su fondo bibliográfico llegó a reunir las referencias de más de 20.000 documentos distribuidos en diversas bases de datos. Las más relevantes para nosotros eran las siguientes: (1) *REUNION*, con información sobre congresos y otras actividades; *(2) LEGIS*, con las disposiciones legales publicadas en diversos Boletines Oficiales; *(3) LIBROS*, con los disponibles en dicho Servicio de Documentación; *(4) TESIS*, con las Tesis doctorales de Psicología leídas en universidades españolas desde el curso 1982-83; y *(5) BIBLIO*, la de mayor tamaño (más de 10.000 documentos), integrada tanto por artículos de revista como por informes, proyectos o cualquier otro documento disponible en el centro, abarcando revistas de habla hispana sobre Psicología, Psiquiatría y ciencias afines, ajustándose en lo posible en su clasificación al tesauro de la A.P.A.

Hoy en día, no obstante, las bases de datos del Colegio Oficial de Psicólogos de Madrid se encuentran ya agrupadas en un conjunto de bases de datos reunidas bajo la denominación de PSICODOC. En la actualidad (1998) incluyen un total de 35.000 referencias bibliográficas de 250 revistas y unos 200 congresos y libros de Psicología y temas afines en lengua castellana, publicados en España y América Latina desde 1975 hasta 1997. La base en conjunto tuvo un crecimiento medio de 3.500 referencias entre 1992 y 1996, que se amplió a 7.000 en el año 1997.

Cada una de las referencias de PSICODOC'98 incluye información bibliográfica sobre distintos aspectos formales y de contenido. Entre los primeros se incluyen los siguientes: (1) TÍTULO: Título del artículo, ponencia o capítulo; (2) TIT-TRADUCIDO: Título traducido al español; (3) AUTORES; (4) AFILIACION: Lugar de trabajo de los autores; (5) PUBLICA-CION: Título de la revista, congreso o libro; (6) VOL-NO-PAGS: Volumen, número y páginas del documento; (7) AÑO: Año de publicación; (8) TIPO-DOCUMENTO: Artículo de revista, congreso o capítulo de libro; (9) IDIOMA: Español; (10) CLASIFI-CACION: Por ejemplo, Abuso de drogas y adicción; (11) COD-CLASIFICACION: Por ejemplo: 2500, 2599 Psicología industrial, 2520, 2530, 2540, etc.; (12) DESCRIPTORES: Términos extraídos del Tesauro de Psicología del CSIC; (13) FRASE CLAVE: Términos acuñados, expresiones del autor, lugares, autores, nombres de tests, etc. que no se encuentran incluidos en el Tesauro; (14) REFS: Número de referencias citadas en el documento; (15) SIG: Número de localización de la publicación, interno; (16) ENTRADA: Fecha de la edición en que se ha introducido la información, por ejemplo 25-04-1997 para la primera edición, 25-01-1998 para la segunda edición, lo que permite repetir búsquedas para actualizar los resultados; (17) NUMID: Número de control del documento; 18. RESUMEN: Resumen en español; 19. ABSTRACT: Resumen en inglés.

En lo que respecta al contenido, el sistema de clasificación utilizado en PSICODOC'98, está explícitamente diseñado para facilitar la recuperación de la información bibliográfica. Consiste en una clasificación textual acompañada de su correspondiente clasificación numérica, con el fin de permitir la limitación de la búsqueda bibliográfica a varios epígrafes de clasificación a la vez, mediante el uso de operadores de intervalo. El sistema fue elaborado a partir del de la anterior base de datos BIBLIO, basada a su vez en la clasificación utilizada por la *American Psychological Association (A.P.A.)*, en su 7ª edición del *Thesaurus of Psychological Index Terms*, y en la clasificación empleada por el *Centro de Información y Documentación Científica (CINDOC-CSIC)*, en su 2ª edición del *Tesauro Isoc de Psicología*.

Las áreas temáticas incluidas, junto con sus correspondientes códigos numéricos, son las siguientes: 1100 Psicología General; 1200 Psicometría, Estadística y Metodología; 1300 Psicología Experimental Humana; 1400 Psicología Experimental Animal y Psicología Comparada; 1500 Psicología Fisiológica y Neurociencia; 1600 Psicología y Humanidades; 1700 Sistemas de Comunicación; 1800 Procesos y Temas Sociales; 1900 Psicología Social; 2000 Psicología de la Personalidad; 2100 Psicología del Desarrollo; 2200 Psicología Educativa; 2300 Trastornos Psicológicos y Físicos; 2400 Salud, Tratamiento de la Salud Mental y Prevención; 2500 Psicología Industrial y de las Organizaciones; 2600 Psicología del Deporte y Ocio; 2700 Psicología Vial; 2800 Marketing, Publicidad y Consumo; 2900 Psicología Militar; 3000 Psicología Ambiental; 3100 Psicología Jurídica y Temas Legales; 3200 Sistemas Expertos; y 3300 Temas Profesionales.

A su vez, cada una de estas categorías se subdivide en especialidades con sus epígrafes correspondientes. En nuestro caso, la información más interesante para nuestra disciplina correspondería al código 1100 (Psicología General), y dentro de ella al epígrafe 1120 (Historia y teorías); en menor medida, también el 1600 (Psicología y Humanidades). La información de interés para los historiadores de la Psicología, no obstante, se ha renovado recientemente con la creación de la *Base de Datos de Autores y Obras de la Historia de la Psicología en España*, *MENTE*, incluida dentro de PSICODOC'98, y editada en CD-ROM por el Colegio Oficial de Psicólogos de Madrid, con la colaboración de la Biblioteca de la Facultad de Psicología de la Universidad Complutense (Bandrés y Llavona, 1998).

MENTE contiene fichas de 475 autores de los que se conoce alguna obra clasificable dentro de la Historia de la Psicología en España, desde la antigüedad hasta la Guerra civil. Incluye además notas biográficas de 250 de ellos, así como bibliografías y fotografías de portadas. El programa permite hacer búsquedas por autor, tema, fecha y lugar de edición de las obras. Incluye también un test para evaluar los conocimientos del usuario acerca de autores y obras.

Además de *MENTE*, el CD-ROM contiene otros dos programas interesantes: *REVISTAS* (edición electrónica de las revistas editadas por el Colegio Oficial de Psicólogos); y *PSICODOC* (una base de datos con referencias de revistas y de literatura gris). El CD-ROM puede adquirirse dirigiéndose al Colegio Oficial de Psicólogos de Madrid. Acerca de PSICODOC´98 puede obtenerse información en la siguiente dirección de *Internet*:

http://www.cop.es/delegaci/madrid.

c) Otros centros y recursos

Además de los centros señalados, la mayor parte de las bibliotecas de las Facultades de Psicología españolas intercambian información respecto a sus fondos, fundamentalmente de revistas, mediante la publicación de *Catálogos* de sus hemerotecas y de *Boletines de Sumarios*. De esta forma, es posible en muchos casos localizar un artículo de una publicación periódica a la que no está suscrita la propia Facultad, e incluso a veces obtener una fotocopia del mismo por correo.

Por su servicio en este sentido y por la amplitud de sus fondos, es de destacar la Biblioteca de la Facultad de Psicología de la Universidad Complutense.

También debiéramos mencionar la colección de revistas de que disponemos en el Departamento de Psicología Básica de la Facultad de Psicología de Valencia, entre las que se encuentran algunas de las primeras revistas psicológicas importantes, en formato normal o *microfilm*. Entre ellas, *Mind, American Journal of Psychology, Psychological Review, Psychological Bulletin, Journal of Experimental Psychology* y *L'Année Psychologique*.

Junto a las Bibliotecas y hemerotecas universitarias, nos gustaría señalar los Puntos de Información Cultural del Ministerio de Educación y Cultura, ya mencionados anteriormente al hablar de las bases de datos, que abarcan información de muchos aspectos, no sólo científicos, sino también culturales, artísticos, etc. Para nuestros fines, ayudan a conocer los libros editados en España, los fondos de la Biblioteca Nacional, y censos de bibliotecas y editoriales, entre otros datos.

Finalmente, también quisiéramos mencionar algunos otros centros y recursos de información y documentación científica, así como ciertas asociaciones profesionales y empresas de servicios de documentación, cuyo conocimiento puede resultar de interés para la docencia e investigación en nuestro ámbito, y en general en cualquier disciplina o especialidad científica. Todas ellas son accesibles a través de *Internet*. Con este listado daremos por concluida esta revisión de los principales centros y servicios nacionales de documentación:

CICA. Centro Informático Científico de Andalucía.
CICYT. Comisión Interministerial de Ciencia y Tecnología.
CIDOB. Centre d'Informació i Documentació Internacionals a Barcelona.
CIEMAT. Centro de Investigaciones Energéticas Medioambientales y Tecnológicas.
FCR. Fundació Catalana per a la Recerca.
FUNDESCO. Fundación para el Desarrollo de las Comunicaciones.
Instituto Cervantes.

ADAB. *Asociación de Titulados Universitarios en Documentación y Biblioteconomía.*
ARCE. *Asociación de Revistas Culturales de España.*
ASEDIE. *Asociación Española de Distribuidores de Información Electrónica.*
COBDC. *Col.legi Oficial de Bibliotecaris-Documentalistes de Catalunya.*
SEDIC. *Sociedad Española de Documentación e Información Científica.*
BARATZ. *Servicios de Documentación.*
DOC6. *Consultores en Recursos de Información.*
SARENET.
SERVITEL. *Servicios Telemáticos.*

5.2. Centros de Documentación en el extranjero

Comentaremos en esta sección algunas notas generales sobre los Servicios de documentación de la Asociación Americana de Psicología, el Instituto de Información Científica de Filadelfia, la Biblioteca Inglesa y otros centros de documentación extranjeros.

a) American Psychological Association (A.P.A.)

Posiblemente los servicios de documentación de la A.P.A. sean los más utilizados por los psicólogos. Su base de datos, denominada *PsycINFO* (*Psychological Abstracts Information Service*) reúne información sobre publicaciones psicológicas o de disciplinas afines, siendo, sin duda, la más importante en el ámbito de la Psicología. Por esta razón hemos preferido destacarla sobre otras bases de datos, incluyéndola en este apartado y presentando una descripción más detenida de la misma.

PsycINFO es una base de datos referencial creada por los servicios de información de la A.P.A., encargados de facilitar el acceso a la literatura mundial en Psicología y Ciencias afines en diferentes formas, una de las cuales es el repertorio impreso *Psychological Abstracts*, que comenzó a publicarse en 1927. A partir de éste se creó en 1967 esta base de datos automatizada, que al igual que aquél cubre todas las áreas de la Psicología utilizando su mismo sistema de clasificación.

El sistema de clasificación del *Psychological Abstracts* establece las siguientes categorías temáticas: (1) PSICOLOGIA GENERAL: Parapsicología, Teorías, Historia y Metodología; (2) PSICOMETRIA: Estadística y Matemáticas; (3) PSICOLOGIA EXPERIMENTAL HUMANA: Percepción, Procesos Cognitivos, Motivación y Atención; (4) PSICOLOGIA ANIMAL EXPERIMENTAL Y COMPARADA: Aprendizaje y Conducta animal; (5) PSICOLOGIA FISIOLOGICA: Neurología, Electrofisiología y Psicofisiología; (6) INTERVENCION FISIOLOGICA: Estimulación eléctrica, Lesiones y Psicofarmacología; (7) SISTEMAS DE COMUNICACION: Lenguaje, Literatura y Arte; (8) PSICOLOGIA EVOLUTIVA: Desarrollo cognitivo, Psicosocial y de la personalidad y Gerontología; (9) PROCESOS Y TEMAS SOCIALES: Estructura Social, Cultura, Familia, Procesos legales y políticos, Conducta psicosexual, Uso de drogas; (10) PSICOLOGIA SOCIAL: Procesos grupales y Percepción social; (11) PERSONALIDAD; (12) TRASTORNOS FISICOS Y PSICOLOGICOS: Trastornos mentales, Trastornos de la conducta, Retraso mental, Trastornos del lenguaje y Trastornos físicos y Psicosomáticos; (13) PREVENCION Y TRATAMIENTO: Psicoterapia, Terapia de conducta, Farmacoterapia, Servicios de salud, Prevención y Rehabilitación; (14) TEMAS PROFESIONALES; (15) PSICOLOGIA DE LA EDUCACION: Administración de la Educación, Programas educativos, Dinámica de la clase, Educación especial, Orientación vocacional y medida; (16) PSICOLOGIA APLICADA: Intereses profesionales, selección y evaluación de personal, Dirección, organización y satisfacción del trabajo, Psicología ambiental, Psicología militar, Marketing y Publicidad; (17) PSICOLOGIA DEL DEPORTE Y OCIO. Cada categoría tiene un código que permite limitar una búsqueda a un área concreta.

La base de datos PsycINFO recoge información desde 1967, publicada en más de 1.500 revistas de 41 países diferentes. Tiene un volumen de más de 550.000 registros con un crecimiento anual aproximado de 40.000 registros, de los cuales aproximadamente el 54% son procedentes de Estados Unidos, un 8% del Reino Unido, un 2% de Francia, y un 21% del resto de Europa. En lo que respecta a los artículos en español recoge títulos publicados en 20 revistas españolas y 27 latinoamericanas. Además de artículos de revista recoge las tesis doctorales en Psicología contenidas en la base de datos *Dissertation Abstracts International,* y desde 1990 libros y capítulos de libros.

La versión en CD-ROM, se denomina *PsycLIT,* pero no es exactamente igual a PsycINFO: su cobertura temporal es desde 1974, tiene un volumen de 470.000 registros, no recoge las tesis doctorales, pero sí los libros y capítulos de libros (*PsycBOOKS*) desde 1987, que en total suman más de 45.000 registros. Algo similar ocurre con respecto al repertorio impreso *Psychological Abstracts,* ya que en este último no aparecen las tesis doctorales desde 1980, y tampoco aparecen los artículos que no están en inglés a partir de 1989.

Los documentos de la base de datos PsycINFO presentan la referencia bibliográfica completa, que incluye autores, lugar de trabajo del primer autor, título original y su traducción en inglés cuando está en otro idioma, fuente, descriptores, código de clasificación y un resumen informativo que refleja el objetivo del trabajo, hipótesis, tipo de población, metodología utilizada, resultados y conclusiones. Para los descriptores utiliza el vocabulario del *Thesaurus of Psychological Index Terms,* que ha servido de modelo a otros centros de documentación, y que merece una mención especial:

Thesaurus of Psychological Index Terms (1977). Washington, D.C.: American Psychological Association.

En efecto, el tesauro de un centro de documentación es una herramienta muy útil a la hora de abordar la consulta de los fondos del centro. Su función es orientar al lector dentro del vocabulario de una disciplina, puesto que reúne los términos de uso habitual en ella, los organiza y estructura relacional y/o jerárquicamente. Permite, pues, homogeneizar la clasificación de la información bibliográfica, facilitando su recuperación. El banco de datos de la A.P.A. es un punto de referencia fundamental para todo investigador en Psicología, si bien el excesivo peso de la bibliografía anglosajona en comparación con la atención que presta a la del resto del mundo hace conveniente el recurso a otros centros además de éste.

b) Institute for Scientific Information (I.S.I.)

Fue creado en 1960, y se encuentra en Filadelfia, EE.UU. Sus bancos de datos almacenan información acerca de 6.700 publicaciones sobre Ciencias Naturales y Sociales, Tecnología, Artes y Humanidades. Dicha información es accesible a través de diversos servicios.

El primero de ellos son las publicaciones, algunas de las cuales ya han sido mencionadas al hablar de las fuentes terciarias: el *Current Contents* en sus diversas series, los índices de citas (*Social Science Citation Index*, etc.), y el *Index to Social Sciences and Humanities Proceedings*, que proporciona información sobre congresos y reuniones científicas, son las principales.

Sus datos están reunidos en diversas bases: ISI/BIOMED, SCISEARCH, SOCIAL SEARCH, etc., en las que es posible realizar búsquedas en línea. También ofrece reproducciones de los artículos almacenados en el centro.

c) British Library

La British Library cumple, entre otras funciones, la de suministrar información, tanto a particulares como a otros organismos, atendiendo numerosas solicitudes de centros de documentación extranjeros. Entre sus diversos servicios está el *Servicio de Bibliografía*, que la difunde mediante ordenador o a través de publicaciones, el *Servicio de Referencia*, que permite la consulta de obras de este tipo, el *Servicio de Investigación*, que promueve la investigación bibliográfica, y un *Servicio de préstamos*.

Este último es tarea de la *British Library Lending Division*, creada en 1973, y que dispone de un fondo de más de cuatro millones y medio de libros y publicaciones periódicas y unos tres millones de documentos en microfichas, abarcando material de unos 90 países. Se encarga de suministrar la información, mediante préstamo de documentos, reprografía (en fotocopia o microficha), traducciones y consultas. Atiende numerosas peticiones de otros centros de documentación extranjeros de menor ámbito.

d) Otros centros

En Alemania existe un centro especializado en Psicología: el *Zentralstelle für Psychologische Information und Dokumentation*, situado en la Universidad de Trier, y que publica dos fuentes terciarias: el *Psychologischer Index*, para libros y revistas fundamentalmente, y la *Bibliographie Deutschprachiger Psychologischer Dissertationen*, para tesis. Ambas publicaciones están centradas en trabajos realizados por autores germanoparlantes. Sus datos están recogidos en la base PSYNDEX.

En Francia, el *Centre National de la Recherche Scientifique* cumple tareas de documentación científica, con dos importantes bases de datos, PASCAL y FRANCIS, ambas mencionadas en el apartado de fuentes bibliográficas electrónicas.

Dentro del ámbito latinoamericano, el *Centro de Documentación de la Facultad de Psicología de la Universidad Autónoma de México* ha creado el proyecto SAIPAL, que consiste en un sistema automatizado de información especializada en Psicología, además de la ya mencionada *Bibliografía Latinoamericana*, de carácter multidisciplinar.

La existencia o creación de bancos de datos en distintos países es un paso importante. La práctica inexistencia de los mismos, excepto en Estados Unidos, ha conllevado un peso excesivo de la literatura anglosajona y un desconocimiento de la labor realizada en otras áreas, incluso las del propio país del investigador. Afortunadamente esta situación parece estar cambiando en los últimos años gracias a distintas iniciativas institucionales promovidas por sociedades científicas en el ámbito de la Historia de la Psicología y de las Ciencias Humanas, como la ya mencionada creación de archivos históricos y otros recursos documentales.

En lo que respecta a otros centros y recursos extranjeros de interés, podríamos mencionar numerosos organismos, entidades, redes y asociaciones internacionales. Presentamos a continuación un listado con los más importantes, algunos de ellos ya mencionados, todos ellos accesibles a través de *Internet*:

ADBS. L'Association des Professionnels de l'Information et de la Documentation.

ADONIS. Document Delivery Service and Electronic Journal Subscription Service.

AENOR. Asociación Española de Normalización y Certificación.

AIB. Associazione Italiana Biblioteche.

ALA. American Library Association.

ANSI. American National Standards Institute.

ASIS. American Society for Information Science.

ASLIB. The Association for Information Management.

BBS. Association of Swiss Librarians and Libraries.

Bell & Howell Company.

BL. The British Library.

BLDSC. The British Library Document Supply Centre.

CCIRN. Coordinating Committee for Intercontinental Research Networking.

CENL. The Conference of European National Librarians.

CERL. Consortium of European Research Libraries.

CH. Chadwyck-Healey.

CNR. Consiglio Nazionale delle Ricerche.

CNRS. Centre National de la Recherche Scientifique.

CNRS. Centre National de la Recherche Scientifique.

CORDIS. Community Researchs and Development Information Service.

DANTE.

DIALOG. The Dialog Corporation.

EAGLE. European Association for Grey Literature Exploitation.

EAHIL. European Association for Health Information and Libraries.

EBLIDA. European Bureau of Library, Information and Documentation Associations.

EBSCO. Elton B. Stephens Company.

ECHO. European Commission Host Organisation.

EEMA. European Electronic Messaging Association.

ELSEVIER Sciencie.

EUnet.

EUSIDIC. The European Association of Information Services.

FID. International Federation for Information and Documentation.

FIZ. Fachinformationszentrum Karlsruhe.

IFLA. International Federation of Library Associations.

IFLANET mirror (Europa).

IIS. The Institute of Information Scientists.

INIST. Institut de l'Information Scientifique et Technique du CNRS.

ISI. The Institute for Scientific Information.

ISO. The International Organization for Standardization.

ISSN. International Standard Serial Number.

JISC. Joint Information Systems Committee.

LA. Library Association.

LEXIS-NEXIS.

OCLC. Online Computer Library Center.

REDIAL. Red Europea de Información y de Documentación sobre América Latina.

RITERM. Red Iberoamericana de Terminología.

RLG. Research Libraries Group.

SilverPlatter.

SLA. Special Libraries Association.

TERENA. Trans-European Research and Education Networking Association.

UMI.

UNESCO. United Nations Educational, Scientific and Cultural Organization.

WIPO. World Intellectual Property Organization.

6. RECURSOS DOCUMENTALES A TRAVÉS DE LA RED INFORMÁTICA INTERNACIONAL: INTERNET

En este último apartado concluiremos con una breve reseña de los recursos disponibles, centros de interés y posibilidades de acceso a las distintas fuentes de información descritas en las secciones precedentes, a través del sistema de comunicación *Internet*. Haremos mención a algunas de las posibles utilidades de este sistema de redes informáticas relativamente reciente, y mencionaremos algunos de los lugares de especial interés para historiadores de la Psicología.

En la actualidad, la mayor parte de las universidades dispone de servidores que permiten el acceso a *Internet*, generalmente a través de ordenadores personales conectados a ellos. *Internet* es una gran red internacional de ordenadores, o mejor dicho, una red de redes, que permite establecer comunicación inmediata con cualquier parte del mundo a través del ordenador. Al servicio de la investigación y de la docencia se convierte en un excelente recurso, que hoy en día nos permite obtener información sobre cualquier tema que nos interese con rapidez y comodidad. Mediante este sistema podemos, por ejemplo, consultar los fondos de una biblioteca, o contactar fácilmente con cualquier persona o institución de cualquier lugar del planeta.

Aunque lleva ya varios años funcionando, especialmente en el mundo académico, es en los últimos cuatro o cinco años cuando ha experimentado un fuerte desarrollo, debido sobre todo a las facilidades técnicas y al abaratamiento de los costos de conexión. Además de agilizar el contacto entre individuos e instituciones hasta unos límites insospechados hace tan sólo unos años, este sistema de comunicación ofrece todo un abanico de posibilidades de documentación que incluyen tanto el acceso a la información como su transmisión e intercambio.

Internet surgió en el año 1983 en los EE.UU, cuando una serie de instituciones, como Universidades, centros gubernamentales, organizaciones privadas, etc., primero americanas y luego de otros países, se unieron a *ARPANet*, una red interestatal establecida en los años 60 por el Ministerio de Defensa de los Estados Unidos para que toda la defensa del país dependiera de la misma red y compartiera los mismos recursos. Esta misma filosofía es la que hoy en día, más de veinticinco años después, sigue presidiendo *Internet*.

En efecto, para poder hablar de una red informática se necesitan como mínimo dos ordenadores conectados entre sí, de tal modo que puedan compartir recursos. En informática esto se denomina una *LAN*, que son las siglas de *Local Area Network* o "Red de área local". *Internet* no es una sola red, sino un sistema en el que diversas redes internacionales se han unido a un núcleo central, que no es otro sino la original ARPANet, de ahí que hayamos definido *Internet* como una red de redes. Cada individuo o institución que desee conectarse a *Internet* debe hacerlo a través de una red local: se une a ella, como por ejemplo a la de la Universidad de Valencia, y ésta red local conecta con *Internet*. De este modo se establecen múltiples ramificaciones que extienden las posibilidades de comunicación hasta límites antes inimaginables. Además de las pequeñas redes locales existen grandes redes internacionales para acceder a *Internet*, como BITNet, FIDONet, K-12Net, Compuserve, America OnLine, IBMNet, FrEdMail o las Free Nets BBS's, USENet o UUNet.

Para que pueda darse la comunicación entre todos los ordenadores conectados a la red, con independencia de sus características o de su sistema operativo, es necesario utilizar un mismo procedimiento de transmisión: es lo que se conoce como *TCP/IP*, que son las siglas de *Transmission Control Protocol/Internet Protocol* (Protocolo de control de transmisión/Protocolo de *Internet*). En el sistema de envío de *Internet* cada archivo es dividido en partes, a cada una de las cuales se le asigna el destino, al que pueden llegar por diferentes medios de transporte; una vez allí se reúnen y forman de nuevo el archivo original.

378   *La documentación en historia de la psicología*

Para que no haya errores en la recepción de la comunicación, es preciso que cada usuario tenga asignado un nombre y una dirección única e irrepetible en la red, que actúa como identificativo. El sistema de identificación utilizado en *Internet* se conoce como *DNS*, que son las siglas de *Domain Name System* (Sistema de nombres por campos), en el que cada usuario tiene asignada una dirección IP compuesta por cuatro grupos de tres dígitos numéricos (a modo del número de teléfono tradicional), y un nombre que le distingue de los demás usuarios de la misma red. Este último consta de un nombre propio, unido por el símbolo «@» (arroba) al nombre de la red local; la arroba sirve expresamente para indicar el Nodo, es decir la conexión a un ordenador central directamente unido a *Internet*. Generalmente, para el nombre propio y el de la red local se eligen determinadas siglas que guardan relación con el usuario y la institución a la que el ordenador se encuentra conectado. A continuación se indicaría el campo, que originalmente utilizaba siete tipos de terminaciones, indicativas del tipo de organismo conectado: (1) arpa: red de Arpanet; (2) mil: organizaciones militares; (3) gov: organizaciones gubernamentales; (4) net: empresas muy extendidas en la red; (5) edu: instituciones educativas; (6) empresas u organizaciones comerciales; y (7) org: cualquier tipo de organización no gubernamental o no incluida en las anteriores categorías. A los nombres anteriores se le añaden, finalmente, los identificadores del país, que suelen constar de dos letras (es para España, fr es Francia, de para Alemania, uk para el Reino Unido, etc). Una de nuestras direcciones de correo electrónico, por ejemplo, es *juan.c.pastor@uv.es*, que indica que el nombre de usuario es *juan.c.pastor*, que está conectado a *uv* (Universidad de Valencia), en *es* (España). Cada país tiene un organismo encargado de asignar los DNS y regular la entrada a *Internet*.

Internet ofrece muchos recursos y posibilidades para la docencia e investigación. En general sus principales utilidades podrían concretarse en las siguientes: (1) *E-MAIL:* correo electrónico; (2) *FTP:* transferencia de ficheros; (3) *TELNET:*

conexión a ordenadores remotos (huéspedes) para ejecutar programas; (4) *USENET NEWS O NEWSGROUPS*: intercambio de información y opiniones sobre temas con otras personas o grupos a modo de asociaciones de usuarios o informadores o foros de discusión en la red; (5) *HIPERTEXTOS:* consulta de textos, revistas electrónicas e información sobre centros, recursos y servicios de documentación; (6) *WORL WIDE WEB*: la búsqueda de información bibliográfica y general por todo el mundo. Realmente las tres primeras son las herramientas básicas, siendo las demás derivadas de ellas. En cualquier caso las describiremos con mayor detenimiento, en la medida en que somos conscientes de su relevancia para el trabajo académico.

En primer lugar, el *Correo Electrónico* o *E-MAIL* permite mandar y recibir mensajes por la red, los cuales se envían a una dirección determinada y se reciben en el ordenador. Los mensajes llegan a su destino en poco tiempo (unos segundos o como mucho unas horas), y de forma segura, sin necesidad de que los ordenadores del emisor y receptor estén en funcionamiento simultáneamente. Por otra parte, se pueden enviar tanto textos como documentos gráficos, en aquellos ordenadores que así lo permitan.

Por su parte, la utilidad *TELNET* o *Conexión remota*, funciona como una llamada telefónica que nos deja entrar en un ordenador que no es el nuestro, y mirar los datos que tiene, aunque eso sí, sin poder coger nada. Este sistema es el que nos permite, por ejemplo, consultar los fondos de una base de datos o de una biblioteca, o localizar a un usuario o una dirección. Los recursos accesibles vía Telnet podemos encontrarlos en Hytelnet, una base de datos sobre empresas o universidades con posible conexión Telnet.

En tercer lugar, el *FTP* o *File Transfer Protocol* o Protocolo de transferencia de archivos, permite acceder a documentos y archivos de otro ordenador con el que se ha conectado, y traerlos al nuestro, se trate de un texto, un documento gráfico, un programa, o cualquier otro tipo de documento que se encuentre en dicho ordenador. Instalar en el nuestro el archivo del ordenador remoto se conoce en informática con el nombre de "bajar de la red". En ocasiones puede hacerse de forma gratuita, mientras que en otros casos es necesaria una suscripción previa. Para saber si algún ordenador tiene el documento que buscamos existe además ARCHIE, una base de datos accesible vía Telnet, en la que se da información sobre los recursos vía FTP. Conectando previamente con la dirección ARCHIE, ésta nos indicará la dirección con la que debemos contactar.

Otra de las utilidades sería *News*, un servicio de *Internet* aportado por USENet. News son grupos de discusión internacionales, en los que, de modo similar a como se manda un correo electrónico, se puede situar un mensaje determinado para que pueda ser leído, y eventualmente contestado, por cualquier persona que acceda a dicho grupo. A estos foros se van añadiendo extensiones para ir acotando el terreno de discusión. Las llamadas *listas de distribución* son otro tipo de foro de discusión, en el que, al igual que en las News, varios usuarios pueden leer los mensajes que uno envía; la diferencia está en que no se desplaza el usuario a un sitio concreto, sino que el mensaje llega directamente a su correo electrónico, previa suscripción (por lo general gratuita) al servicio.

En cuarto lugar, otras utilidades de *Internet* serían *Phone* y *Talk*, que se emplean para conectar usuarios: Phone para conectar con los de la misma red, y Talk para conectar con usuarios del exterior. Al establecer una comunicación Phone o Talk, la pantalla del monitor queda dividida en dos partes: en la parte superior aparece lo que nosotros escribimos, y en la inferior lo que escribe el usuario al que hemos llamado. La comunicación es en cualquier caso inmediata, por lo que vendría a ser como una llamada telefónica en la que en lugar de hablar se escribe con el teclado, de ahí su nombre. Dentro de este mismo tipo de servicios, *IRC* es una charla que se da simultáneamente entre varias personas, previa conexión a un servidor u ordenador especializado en dar este servicio, y tras la elección de un canal en el que se habla de determinados problemas, según el interés de cada cual. Aunque menos difundido, ya que requiere de un ordenador muy potente con una buena tarjeta de sonido y un *modem* muy rápido, también existiría *InternetPhone*, en el que al conectar con un usuario, hablamos con él sin necesidad de utilizar el teclado.

Por otra parte, según ha evolucionado *Internet*, se han ido desarrollando distintas utilidades para facilitar el acceso y los desplazamientos por la red, simplificar su manejo y perfeccionar su configuración. Una de ellas es el llamado *Gopher*, que lleva el nombre de un tipo de ardilla, mascota de la Universidad de Minnessota, que es donde se creó este tipo de herramienta. Gopher surgió para evitar tener que escribir una larga serie de comandos, ya que con él basta con señalar y marcar. Este mismo sistema, tan simple, permite también iniciar sesiones TELNET o FTP, e incluso ir de un sitio a otro de la red sin necesidad de dar una dirección con la que conectar.

Otra de las utilidades desarrolladas para agilizar el acceso a la información y los desplazamientos por la red es el llamado *Hipertexto*, que funciona a modo de un sistema de llamadas o entradas de información desde un lugar principal. Así, cuando buscamos información sobre un determinado tema, el Hipertexto nos permite apartarnos por un momento del tema principal y acceder a temas secundarios subordinados o relacionados con el primero. Estos suelen presentarse a modo de enlaces. Gracias al Hipertexto también podemos ir de un sitio a otro sin conocer la dirección.

Finalmente, el desarrollo de *Internet* no sólo se ha centrado en ofrecer herramientas y programas para facilitar el acceso y los desplazamientos por la red, sino también en simplificar su manejo y añadir configuraciones multimedia, es decir, configuraciones que permitan obtener información en múltiples formatos (texto escrito, sonidos, fotografías e imágenes en movimiento), y que de este modo resulten mucho más atractivas. El ejemplo más representativo se encuentra en el llamado *World Wide Web*, más conocido como *Web* o, en español, *Güeb*, que permite acceder a toda la información y a todas las herramientas de *Internet* de un modo sencillo. Desde Web, de forma cómoda, rápida y sencilla, a través del ratón, se puede establecer una conexión Telnet, se puede acceder a archivos vía FTP, se puede consultar un Gopher, el IRC, mandar un e-mail etc. Es necesario, no obstante, tener un ordenador suficientemente potente, un *modem* de gran velocidad, y un programa que permita visualizar gráficos. Los ordenadores y servicios informáticos de la Universidad suelen cumplir estos requisitos.

Los programas más habituales para acceder a Web son Mosaic, Netscape y WebExplorer, conocidos como *browser* u hojeadores. El más empleado hoy día es el Netscape. La información aparecida o publicada en Web se conoce con el nombre de *página*, pudiendo haber tantas páginas Web como personas o usuarios de la red existan. Las instituciones como universidades, centros de investigación, facultades y departamentos universitarios y unidades docentes suelen tener sus propias páginas Web, al igual que puede tenerla cada usuario particular. Las páginas Web con sus enlaces correspondientes se elaboran con un editor de texto específico: un editor *HTML* o *HiperText Markup Language*. Cada usuario puede conseguir un editor HTML de la propia red, y elaborar su propia página de un modo relativamente sencillo. Nuestro grupo de investigación en Historia de la Psicología del Departamento de Psicología Básica de la Universidad de Valencia dispone de su propia página web, desde principios de este año 2000.

El sistema Web nos permite acceder directamente a una página, siempre que se sepa su dirección, o bien ir de un sitio a otro sin dirección definida. Facilita además la conexión con otros ordenadores, y en general cualquier otro tipo de conexión en red, tan sólo con señalar y marcar con el ratón. Igualmente permite distintos sistemas de búsqueda de la información requerida, aún desconociendo la dirección, a través de guías especializadas como Lycos, WebCrwaler, Yahoo, EINet Galaxy, The Whole *Internet* Catalog, Planet Earth, etc. Cada dirección Web empieza con las letras «http://...». HTTP significa HiperText

Tranfer Protocol, y es el protocolo de intercambio de información en Web.

En lo que respecta a la búsqueda y documentación bibliográfica, *Internet* permite acceder a los catálogos de bibliotecas, archivos, centros y demás recursos de documentación, tanto españoles como extranjeros, que tengan nodo, mediante un sistema de búsqueda por palabras clave. También ha empezado a generalizarse la publicación directa en red, de tal modo que ya es posible encontrar en ella distintos tipos de información, como por ejemplo los siguientes: (1) libros o artículos; (2) revistas electrónicas, que o bien se editan normalmente en papel y ahora también las han pasado a formato electrónico, o bien son revistas nuevas que han nacido en Web; (3) catálogos de bibliotecas de universidades y centros de investigación, etc.; (4) índices e incluso resúmenes de revistas que se editan en papel; (5) bases de datos, como por ejemplo la del I.S.B.N., que a través del Ministerio de Educación y Cultura está disponible en Web, y en la que se puede encontrar la referencia de cualquier libro publicado en España, además de otras muchas; (6) centros y recursos, a través de directorios elaborados sobre temas o aspectos concretos y motores de búsqueda (*search engine*) tipo Infoseek, Lycos, Yahoo, etc., que funcionan con palabras clave, suministrando un listado de direcciones Web en el que se mencionan temas relacionados con las palabras clave buscadas.

Una explicación detallada sobre el funcionamiento y aplicaciones de *Internet* en el campo de la Psicología puede encontrarse en Cubo (1996). En el caso concreto de la Historia de la Psicología, los boletines informativos de sociedades de Historia de la Psicología como la S.E.H.P. o la E.S.H.H.S., o la Division 26 de la A.P.A. a través de su revista oficial de reciente aparición History of Psychology, incluyen en sus páginas secciones dedicadas a lugares de interés en *Internet*. Destacaremos aquí algunos de ellos.

Especialmente atractiva resulta la página del programa de *"Historia y Teoría de la Psicología"* de la Universidad de York

(Canadá), que presenta múltiples conexiones a lugares y fuentes de información relacionados con la Historia de la Psicología. Desde esta página se puede acceder, por ejemplo, a información sobre publicaciones tales como las revistas *Theory and Psychology* y *Mind and Body: René Descartes to William James; an on-line history of psychology* de Robert Wozniak, del Bryn Mawr College. También puede accederse fácilmente desde ella a noticias y boletines de asociaciones, como la Division 24 de la A.P.A. (Psicología teórica y filosófica), la Division 26 de la A.P.A. (Historia de la Psicología), la Seccion 25 de la *Canadian Psychological Association* (Historia y Filosofía de la Psicología), la *International Society for the History of Behavioural and Social Sciences (Cheiron)*, la *History of Science Society*, la *International Society for Theoretical Psychology*, la *Philosophy of Science Association* y la *Society for Philosophy and Psychology*, así como a archivos como los *Archives of the History of American Psychology* y la *Charles Babbage Institute Archive Collection*. La dirección es la siguiente:

1. *http.//webpost.yorku.ca/dept/PSYCH/ORGS/HISTTHEO/resource.htm.*

También resultan de interés didáctico las direcciones de la Colección de Instrumentos psicológicos de la Universidad de Toronto y del Museo de la Instrumentación psicológica, igualmente citadas al hablar de las fuentes primarias (refs. 38 y 39). Asimismo, podríamos mencionar la existencia de una página de efemérides de Historia de la Psicología, que contiene una lista de hechos importantes en la historia de nuestra disciplina (nacimientos de autores, fechas de publicación de libros, etc.), acompañados de un breve comentario informativo. Su dirección es:

2. *http://www.webmart.net/~hkngfam/hysark.htm*

En realidad, este tipo de páginas docentes sobre Historia de la Psicología, hoy en día están proliferando. Una de las primeras en aparecer y tal vez por ello la más elaborada, fue la de la propia Universidad de York, que incluye además documentación para la docencia en Historia de la Psicología, ya mencionada y descrita en el apartado correspondiente a las fuentes primarias (ref. 14). Otras iniciativas de este tipo han sido desarrolladas por profesores, unidades docentes o departamentos de Historia de la Psicología de distintas universidades de todo el mundo, que ya disponen de sus propias páginas Web en las que exponen sus programas docentes o de estudios en Historia de la Psicología. Nos limitaremos a reseñar aquí algunas de las más visitadas:

3. *Department of Psychology at San Diego State University:*
   http://publi.sdsu.edu/Psy/histofpsy.html
   http://www.sci.sdsu.edu/Psy/histofpsy.html
4. *Department of Psychology at Bowling Green State University:*
   http://www.bgsu.edu/departments/psych/
5. *Committee on Conceptual Foundations of Science (CFS) & Fishbein Center at the University of Chicago:*
   http://humanities.uchicago.edu/humanities/cfs
   http://www2.uchicago.edu/ssd-fishbein
6. *Department of Psychology at the University of New Hampshire:*
   http://www.unh.edu/psychology
7. *Centre for Research into Innovation, Culture and Technology (CRICT):*
   http://www.brunel.ac.uk/depts/crict/
8. *Otros:*
   C. Davis: http://www.sfu.ca/-tbauslau/308/index.htm
   H. Michaelmas: http:WW2.tcd.ie/Psychology/courses/history.html
   G. Smith:http://indigo.stile.le.ac.u./-sgj/STILE/t0002040.html

Más general sería la página de la *European Guide to Science, Technology and Innovation Studies*, que proporciona información sobre estudios de ciencia y tecnología en toda Europa:

9. http://www.chem.uva.nl/sts/guide/

Para contactar con otros colegas historiadores de la Psicología y estar al tanto de reuniones y actividades institucionales, debemos mencionar las páginas de la *International Society for the History of the Human Sciences (CHEIRON)*, de la *European*

Society for the History of the Human Sciences (ESHHS) o de la
History of Science Society (HSS), en las que pueden encontrarse
las listas de miembros de cada sociedad, junto con sus direcciones postales y de correo electrónico, sus campos de interés e
información variada y actualizada sobre las mismas.

10. CHEIRON: http://www.yorku.ca/dept/psych/orgs/cheiron/
    cheiron.htm
11. ESHHS:
    http://www.dur.ac.uk/~dps0jmg/eshhs.htm
12. HSS:
    http://weber.u.washington.edu/~~hssexec/index.html

Aunque por el momento de ámbito más restringido, la *History
of Economics Society* también aspira a cubrir la Historia de las
Ciencias Sociales en general. Dispone de página Web y de lista de
correo. Esta última recoge correo interno de la propia sociedad,
información de los editores o promovida por ellos, intercambios
entre investigadores y discusión sobre controversias:

13. HES:
    http://www.eh.net/~HisEcSoc
    HES: <lists@eh.net>

También como punto de encuentro y medio de comunicación entre especialistas en el estudio de la naturaleza humana
ha sido concebida la dirección que mencionamos a continuación. Su propósito es tanto recibir trabajos originales como
habilitar un espacio que sirva de foro de discusión y crítica
constructiva sobre temas relacionados con una amplia diversidad de temas y disciplinas entre las que se incluye la Historia
de la Psicología. La dirección es doblemente valiosa, ya que se
encuentra conectada a distintas listas de correo electrónico y
Webs, además de proporcionar guías de bibliografías y recursos en Internet:

14. http://www.human-nature.

Ya que hemos mencionado las listas de correos debiéramos
citar alguna de ellas que fuera especialmente significativa para

el historiador de la Psicología, y en general para el historiador de la ciencia y de la tecnología. Las más relevantes en este sentido son las siguientes:

15. H-SCI-MED-TECH
    LISTSERV@h-net.msu.edu
    MAILSERV@CCTR.UMKC.EDU

A las anteriores direcciones podríamos añadir la página Web de información bibliográfica sobre Cultura e Historia de la ciencia, elaborada por Hartmut Krech de la universidad alemana de Bremen, que recoge información biográfica y bibliográfica sobre unos 730 autores, que puede bajarse desde la red (unos 288 K) para ser consultada más cómodamente. Entre otros incluye textos de Bacon, Comte o Kant, y en su mayor parte de autores germanoparlantes.

16. http://www.uni-bremen.de/~kr538/directory.html.

Otras direcciones también tienen que ver con recursos documentales, como la de la *European Guide to Science, Technology, and innovation Studies*, que proporciona información sobre estudios de ciencia y tecnología en toda Europa. Más general sería la página de recursos en Psicología elaborada por el Departamento de Psicología del *Le Moyne College;* de acuerdo con sus necesidades docentes, pretende servir de guía e índice de recursos para estudiantes y postgraduados interesados en Psicología, profesores, especialistas e investigadores, y para la población universitaria en general. También podríamos añadir la página de la *Sociedad Británica de Historia de la Ciencia (BSHS),* que pretende reunir a gente con un interés común en los distintos aspectos de la Historia de la ciencia:

17. http://www.chem.uva.nl/sts/guide/
18. http://maple.lemoyne.edu/~hevern/psychref.html/
19. http://www.man.ac.uk/Science_Engineering/CHSTM/bshs/

Siguiendo con recursos documentales, debiéramos mencionar igualmente la página de la nueva revista de la A.P.A., *History of Psychology*, que como explicamos en el apartado correspondiente pretende servir de foro tanto a psicólogos como a otros académicos interesados en el amplio abanico de ideas y orientaciones existentes en la Historia de la Psicología actual. Más general, y ciertamente más útil desde el punto de vista documental es la información bibliográfica contenida en la base de datos *ISIS Current Bibliography (ISIS CB)*, disponible en línea para los miembros de la Sociedad de Historia de la Ciencia (HSS), en la dirección antes mencionada (ref. 11) y que volvemos a recordar aquí (ref.17). La base de datos ISIS CB desde 1975 hasta la actualidad, y las bibliografías actuales publicadas en *Technology and Culture* desde 1987 fueron reunidas hace algunos años en un único archivo con el nombre de *History of Science and Technology (HST)*, al que se puede acceder en línea a través de la *Research Libraries Information Network (RLIN)*. Desde 1997, los miembros de la *History of Science Society* (HSS) tienen acceso completo y gratuito a la version Web del archivo HST a través de la página de la sociedad:

20. http://www.wpi.edu/~histpsy
21. http://weber.u.washington.edu/hssexec/

Podríamos añadir igualmente las direcciones de algunas librerías y bibliotecas, como la *Linda Hall Library*, que contiene una de las mayores colecciones mundiales de ciencia y tecnología, con más de un millón de volúmenes desde el siglo XV hasta hoy y conexiones con la *University of Kansas*, la *Spencer Research Center Library* y la *Clendening History of Medicine Library*. Incluye importantes colecciones históricas, revistas científicas y técnicas desde el siglo XVII, y libros antiguos desde el siglo XV que constituyen una valiosa fuente de información sobre Historia y Filosofía de la ciencia y de la tecnología (ref. 22). Junto a ella indicamos otra dirección a través de la cual se puede acceder a los catálogos de una gran cantidad de librerías de segunda mano repartidas por todo el mundo. En ella también existe la posibilidad de realizar consultas por autores, temas, etc., incluso comprar libros mediante un formulario que se envía automáticamente por correo electrónico (ref. 23):

22. http://www.lhl.lib.mo.us.
23. http://www.clark.net/pub/sws/gach.book.

La revisión de recursos y lugares de interés en *Internet* para historiadores de la Psicología sería interminable. En las próximas líneas presentamos un listado de direcciones agrupadas en cuatro categorías según el tipo de información que contienen: (1) Sociedades profesionales y programas universitarios; (2) Archivos generales, colecciones y enlaces adicionales; (3) Libros, revistas y otros textos en línea; y (4) Lugares dedicados a personajes históricos específicos.

La lista presentada no pretende ni mucho menos ser exhaustiva, sino tan sólo ofrecer una muestra orientativa del tipo de recursos accesibles a través de la red. Existen, evidentemente, otras muchas direcciones electrónicas de interés, con las que bien podría complementarse esta sucinta exposición de recursos. Estamos convencidos de que lo que hoy es aún escaso y sigue constituyendo una novedad, no tardará mucho tiempo en convertirse en algo masivo y habitual, que requerirá de mucho más que un mero apartado y un anexo en un capítulo de fuentes y recursos documentales. Entretanto nos contentamos con haber ofrecido esta pequeña muestra.

Sociedades Profesionales y Programas Universitarios

• Academy for the Study of Psychoanalytic Arts	http://www.AcademyAnalyticArts.org/
• American Association for the History of Medicine	http://128.220.50.88/journals/ bulletin_of_the_history_of_medicine/ information/AAHM.html
• American Education Research Association	http://aera.net/
• American Historical Association	http://www.theaha.org/
• American Philosophical Association	http://www.udel.edu/apa/
• American Psychological Association, Division 24 (Theoretical & Philosophical Psychology)	http://www.yorku.ca/dept/psych/orgs/ apa24/apa24.htm

• American Psychological Association, Division 26 (History of Psychology)	http://www.yorku.ca/dept/psych/orgs/apa26/
• Association for the Advancement of Philosophy and Psychiatry	http://www.swmed.edu/home_pages/aapp
• Canadian Philosophical Association	http://www.acpcpa.ca/framee.htm
• Canadian Psychological Association, Section for the History and Philosophy of Psychology	http://www.yorku.ca/dept/psych/orgs/cpahpp/
• Canadian Society for History and Philosophy of Science	http://www.uwo.ca/philosophy/cshpsinf.html
• Cheiron: The International Society for the History of Behavioral and Social Sciences	http://www.yorku.ca/dept/psych/orgs/cheiron/cheiron.htm
• European Society for the History of the Human Sciences	http://www.dur.ac.uk/~dps0jmg/eshhs.htm
• History of Science Society	http://weber.u.washington.edu/~hssexec/index.html
• Humanities and Social Sciences Federation of Canada	http://www.hssfc.ca/
• International Society for the History of the Neurosciences	http://www.medsch.ucla.edu/som/bri/archives/ishnhome.htm
• International Society for Theoretical Psychology	http://www.yorku.ca/dept/psych/orgs/istp/
• Organization of American Historians	http://www.indiana.edu/~oah/index.html
• Philosophy of Science Association	http://scistud.umkc.edu/psa/
• Society for Philosophy and Psychology	http://www.hfac.uh.edu/cogsci/spp/spphp.html
• Society for the Social History of Medicine	http://www.nottingham.ac.uk/~ahzwww/homesshm.htm
• TENNET (Theoretical and Experimental Neuropsychology/Neuropsychologie Expérimentale et Théorique	http://www.er.uqam.ca/nobel/tennet
• University College Dublin Postgraduate Studies in History and Philosophy of Psychology	http://www.ucd.ie/~psydept/pg_hist_phil.html
• York University History & Theory of Psychology Graduate Option	http://www.yorku.ca/dept/psych/grad/ht/welcome.htm

Archivos Generales, Colecciones y Enlaces adicionales

• Archives of the American Psychological Association Wade Pickren, Directory (Washington DC)	http://www.apa.org/archives/
• Archives of the History of American Psychology David Baker, Director (Akron, OH).	http://www.uakron.edu/archival/ psychology/
• Barnard College History of Psychology Museum by Thomas B. Perera at Columbia University (NY)	http://www.columbia.edu/barnard/ psych/b_museum.html
• Charles Babbage Institute Archive Collection at University of Minnesota	http://www.cbi.umn.edu/index.html
• Classics in the History of Psychology: On-line collection of dozens of historically influential psychological texts, and links to 100+ others, edited by Christopher D. Green, York University (Toronto, ON).	http://www.yorku.ca/dept/psych/classics/
• Cyber Museum of Neurosurgery by the American Association of Neurological Surgeons.	http://www.neurosurgery.org/ cybermuseum/summary.html
• Forensic Psychiatry Resource Page by James F. Hooper at University of Alabama	http://bama.ua.edu/~jhooper/
• History of American Education Web Project by Robert N. Barger at Indiana University, South Bend.	http://sun1.iusb.edu/eduweb01
• History of Education Site by Henk van Setten at the University of Nijmegen (Netherlands)	http://www.socsci.kun.nl/ped/whp/ histeduc/
• History of Idiocy by Murray K. Simpson at University of Dundee (UK) http://www.dundee.ac.uk/~mksimpso	http://www.dundee.ac.uk/~mksimpso
• History of Psychology Site by Bill House at the University of South Carolina Aiken (on-line primary texts from Ancient times to the 20th century; links to related sites)	http://www.usca.sc.edu/psychology/ histor~1.html

• History of Psychology Site by David Likely at the University of New Brunswick (Canada) (quizzes, puzzles, historial «headlines», and more)	http://www.unb.ca/web/units/psych/likely/psyc4053.htm
• History of Psychology Resources by Anthony Walsh of Salve Regina University (RI)	http://198.49.179.4/pages/awalsh/psych-history.html http://www.salve.edu/~walsh/psych-history.html
• History of Psychology Site at the University of Dayton (OH). (Lots of basic information abouts dozens of historical figures, and link to many others sites.)	http://elvers.stjoe.udayton.edu/history/welcome.htm
• Human-nature.com Archive of writing on a huge variety of views of human nature, by Robert Young, University of Sheffield (UK)	http://www.human-nature.com/
• Imagination, Mental Imagery, Consciousness, & Cognition: Scientific, Philosophical, and Historical Approaches. Articles by Nigel J. T. Thomas at California State University, Los Angeles (CA)	http://web.calstatela.edu/faculty/nthomas/
• International Psychology Conferences: Listing of meetings held all over the world, including contact addresses (Bonn, Germany)	http://www.psychologie.uni-bonn.de/kongress.htm
• Library Guide to the History of Psychology, compiled by Miriam E. Joseph at Saint Louis Univeristy (MO)	http://www.slu.edu/colleges/AS/PSY/510Guide.html
• The History of the Lobotomy» by Corey Vest at Carleton College (MN)	http://public.carleton.edu/~vestc/lobotomy.html
• William Marmie's History of Psychology Links (to sites about important figures in the history of psychology) (Site has moved to new URL. If you find it, please let me know.)	mailto:christo@yorku.ca
• Milestones in Neuroscience Research by Eric H. Chudler at the University of Washington)	http://weber.u.washington.edu/~chudler/hist.html

• Museum of Jurrasic Technology in Culver City, CA. It cannot be described. You have to see it to believe it.	http://www.mjt.org/
• Museum of the History of Psychological Instrumentation by Edward J. Haupt and Thomas B. Perera at Montclair State U. (NJ).	http://chss.montclair.edu/psychology/museum/museum.html
• Museum of Psychological Instruments by David Pantaloney at University of Toronto (ON)	http://www.psych.utoronto.ca/museum/
• Office of Teaching Resources in Psychology Online An initiative of Division 2 (Society for the Teaching of Psychology) of the American Psychological Association. Contains a compendium of introductory psychology texts, informational resources for teaching cross-cultural issues in psychology, and a wide variety of other resources.	http://www.lemoyne.edu/OTRP/
• Pictures of Health A collection of articles and documents about health theory and policy (both mental and physical) during the 19th and early 20th centuries. By Paul Turnbull at James Cook University (Australia).	http://www.cimm.jcu.edu.au/hist/main.html
• Pre-History of Cognitive Science a summary and bibliography compiled and maintained by Carl Stahmer at the University of California, Santa Barbara.	http://www.rc.umd.edu/cstahmer/cogsci/
• Reticulum: Neuroscience History Resources by Russell A. Johnson of UCLA.	http://www.medsch.ucla.edu/som/bri/archives/RETICULM.htm
• Social Psychology Network's History of Psychology Links.	http://www.wesleyan.edu/spn/history.htm
• Social Security Death Index (Death dates, birth dates, ZIP code of dwellings, etc. for U.S. residents after 1962)	http://www.ancestry.com/ssdi/advanced.htm

• Today in Psychology by Warren Street of Central Washington University (3000+ important dates in the history of psychology)	http://www.cwu.edu/~warren/today.html
• Women's Intellectual Contribution to the Study of Mind and Society by Linda M. Woolf of Webster University (St Louis, MO) and her students	http://www.webster.edu/~woolflm/women.html
• Victorian Science: An Overview Part of the Victorian Web by George P. Landow at Brown University (RI)	http://www.stg.brown.edu/projects/hypertext/landow/victorian/science/sciov.html
• Wellcome Institute for the History of Medicine (London)	http://www.wellcome.ac.uk/wellcomegraphic/a2/c3index.html

Libros, Revistas y otros textos en línea

• Classics in the History of Psychology. A collection of historically important articles and books on psychological topics edited by Christopher D. Green	http://www.yorku.ca/dept/psych/classics/
• Early Psychological Thought: Ancient Accounts of Mind and Soul by Christopher D. Green & Philip R. Groff	http://www.yorku.ca/faculty/academic/christo/earlypsy/
• Encyclopédie, ou Dictionnaire raisonné des sciences, des métiers et des arts Online version of the 18th century reference work for the arts and sciences edited by Diderot and d'Alembert	http://tuna.uchicago.edu/homes/mark/ENC_DEMO/
• History and Philosophy of Psychology Bulletin Official Bulletin of CPA History and Philosophy of Psychology Section	http://www.yorku.ca/dept/psych/orgs/cpahpp/bulletin.htm
• History of Psychology Official Journal of APA Division 26 (History of Psychology)	http://www.wpi.edu/~histpsy
• History of the Human Sciences	http://www.sagepub.co.uk/journals/usdetails/j0051.html
• Journal of the History of the Behavioral Sciences. Affiliated with Cheiron: The International Society for the History of Behavioral and Social Sciences.	http://www.interscience.wiley.com/jpages/0022-5061/

• Journal of the History of the Neurosciences. Official journal of the International Society for the History of the Neurosciences.	http://www.swets.nl/sps/journals/jhn.html
• Journal of Theoretical and Philosophical Psychology Official Journal of APA Division 24 (Theoretical and Philosophical Psychology)	http://www.yorku.ca/dept/psych/orgs/apa24/journal.htm
• Mind and Body: René Descartes to William James. An on-line history of psychology by Robert H. Wozniak, Bryn Mawr College.	http://serendip.brynmawr.edu/Mind/Table.html
• Mind, Brain and Adaptation in the Nineteenth Century: Cerebral Localization and Its Biological Context from Gall to Ferrier by Robert M. Young, U. Sheffield	http://www.human-nature.com/mba/mba1.html
• On-Line Books Page, 9000+ on-line literary and academic texts, administered by John Mark Ockerbloom at CMU.	http://www.cs.cmu.edu/books.html
• Project Gutenberg, designed and administered by Pietro Di Miceli. A large collection of on-line literary and academic texts.	http://www.promo.net/pg/index.html
• Psybernetica, An e-journal for Students of Psychology.	http://www.sfu.ca/~wwpsyb/
• Socrates A computer network for persons interested in the theoretical and philosophical foundations of psychology	http://www.yorku.ca/dept/psych/orgs/socrates.htm
• Stanford Encyclopedia of Philosophy	http://plato.stanford.edu/
• Theory and Psychology A Sage journal.	http://www.psych.ucalgary.ca/thpsyc/

Lugares dedicados a personas históricos específicos

• [Alfred] Adler Institute (San Francisco, CA)	http://ourworld.compuserve.com/homepages/hstein/
• The [Charles] Babbage Pages (1791-1871) by R.A. Hyman of the University of Exeter	http://www.ex.ac.uk/BABBAGE/
• Alphonse Bertillon (1853-1914) from «Pictures of Health» by Paul Turnbull at James Cook University (Australia)	http://www.cimm.jcu.edu.au/hist/stats/bert/index.htm
• James Braid (1795-1860) by Dylan Morgan (UK)	http://easyweb.easynet.co.uk/~dylanwad/morganic/bio_braid.htm
• Mary Whiton Calkins (1863-1930) by Jenn Bumb of Webster University (St. Louis, MO)	http://www.webster.edu/~woolflm/marycalkins.html
• Center for [John] Dewey Studies (1859-1952) at South Illinois University	http://www.siu.edu/~deweyctr/
• Dorthea Dix (1802-1887)by Jenn Bumb of Webster University (St. Louis, MO)	http://www.webster.edu/~woolflm/dorotheadix.html
• Knight Dunlap (1875-1949) by Alfred Kornfeld of Eastern Connecticut State University.	http://www.ecsu.ctstateu.edu/depts/psych/dunlap.htm
• Anna Freud (1895-1982) by Jenn Bumb of Webster University (St. Louis, MO)	http://www.webster.edu/~woolflm/annafreud.html
• FreudNet by the A. A. Brill Library	http://plaza.interport.net/nypsan/
• [Sigmund] Freud Museum (1856-1939) (London)	http://www.dalton.org/students/DBS/freud/index.html
• Sigmund Freud on the Web(1856-1939) by Marc Fonda (Ottawa, ON)	http://www.magma.ca/~mfonda/freudhm.html
• [Sigmund] Freud Photo Archives (1856-1939) by Daniel Hocking (Decatur, IL)	http://www.fgi.net/~freud/fphark.htm
• Phineas Gage Information (1823-1860) page by Malcolm Macmillan of Deakin University (Australia)	http://www.hbs.deakin.edu.au/gagepage/pgage.htm
• Francis Galton (1822-1911) from «Pictures of Health» by Paul Turnbull at James Cook University (Australia)	http://www.cimm.jcu.edu.au/hist/stats/galton/index.htm

• Friedrich Hayek (1899-1992) by Greg Ransom of MiraCosta College (Oceanside, CA)	http://www.hayekcenter.org/ friedrichhayek/hayek.html
• Karen Horney (1885-1952)	http://www.1w.net/karen/
• [David] Hume Archives (1711-1776) by Jim Fieser of the University of Tennessee at Martin.	http://www.utm.edu/research/hume/
• Thomas Huxley (1825-1895) from «Pictures of Health» by Paul Turnbull at James Cook University (Australia)	http://www.cimm.jcu.edu.au/hist/stats/ hux/index.htm
• A Stroll with William James (1842-1910) by Frank Pajares of Emory University. (Atlanta, GA)	http://userwww.service.emory.edu/ ~mpajare/james.html
• A View of William James (1842-1910) by R. H. Albright (Boston, MA)	http://world.std.com/~albright/ james.html
• The Webbing of William James (1842-1910) by Marc Fonda (Ottawa, ON)	http://www.magma.ca/~mfonda/ james.html
• C. G. Jung Home Page (1875-1961) by Donald Williams (Boulder, CO)	http://www.cgjung.com/cgjung/
• [Carl] Jung Index (1875-1961) by Matthew Clapp of the University of Georgia.	http://www.jungindex.net/
• Notes on C. G. Jung (1875-1961) by Marc Fonda (Ottawa, ON)	http://www.magma.ca/~mfonda/ jung01.html
• [Immanuel] Kant on the Web (1724-1804) by Steve Palmquist of Hong Kong Baptist University	http://www.hkbu.edu.hk/~ppp/Kant.html
• J. R. Kantor (1888-1984) by William Verpank of U. Tennessee, Knoxville	http://funnelweb.utcc.utk.edu/ ~wverplan/kantor/kantor.html
• [Alfred] Kinsey Institute (1894-1956). (Indiana Univeristy)	http://www.indiana.edu/~kinsey/ index.html
• Christine Ladd-Franklin (1847-1930) by Samantha Ragsdale at Webster University (St. Louis, MO)	http://www.webster.edu/~woolflm/ christineladd.html
• Ambrose August Liébeault (1823-1904) by Dylan Morgan (UK)	http://easyweb.easynet.co.uk/~dylanwad/ morganic/bio_liebeault.htm
• Biography of John Locke (1632-1704) by Peter Landry (Halifax, Nova Scotia)	http://www.blupete.com/Literature/ Biographies/Philosophy/Locke.htm

• Cesare Lombroso (1835-1909) from «Pictures of Health» by Paul Turnbull at James Cook University (Australia)	http://www.cimm.jcu.edu.au/hist/stats/lomb/index.htm
• [Abraham] Maslow Reading Room by Sam Cannon (Dayton, OH)	http://www.nidus.org/
• George [Herbert Mead]'s Page (1863-1931) by Lloyd Gordon Ward and Robert Throop, Brock U. (Ontario).	http://paradigm.soci.brocku.ca/~lward/default.html
• Franz Anton Mesmer (1734-1815) by Dylan Morgan (UK)	http://easyweb.easynet.co.uk/~dylanwad/morganic/bio_mesmer.htm
• G. E. Müller Biography (1850-1934) compiled by Ed Haupt, Montclair State U. (NJ)	http://www.shss.montclair.edu/psychology/haupt/haupthp.html
• [Jean] Piaget Archives (1896-1980) at the University of Geneva	http://www.unige.ch/piaget/presentg.html
• Adolphe Quetelet (1796-1874) from «Pictures of Health» by Paul Turnbull at James Cook University (Australia)	http://www.cimm.jcu.edu.au/hist/stats/quet/index.htm
• B. F. Skinner Foundation (1904-1990) by Eric M. Messick of West Virginia U.	http://www.lafayette.edu/allanr/welcom.htm
• [Frederick Winslow] Taylor Project (1856-1915) by Robert R. Downs of the Stevens Institute of Technology (NJ).	http://attila.stevens-tech.edu/~rdowns
• Margaret Floy Washburn (1871-1939) by Jenn Bumb of Webster University (St. Louis, MO)	http://www.webster.edu/~woolflm/washburn.html
• John B. Watson (1878-1958) by Linda Jean Kensick's of U. Texas	http://uts.cc.utexas.edu/~kensicki/watson.html

CAPÍTULO 6
LA DIDÁCTICA DE LA HISTORIA DE LA PSICOLOGÍA

En el último capítulo de este libro propondremos un programa para la docencia universitaria de la asignatura *Historia de la Psicología*, de acuerdo con el marco conceptual propuesto para la disciplina en las páginas precedentes. Considerando el marco concreto en que podría ser impartida, la contextualizaremos tanto en la estructura de los actuales planes de estudios universitarios, como en la de los propios estudios de licenciatura en Psicología.

Más allá de los aspectos formales, presentamos un programa consecuente con la noción de Historia de la Psicología que hemos venido defendiendo hasta ahora, aunque justificando no tanto su condición de disciplina científica como su importancia en la formación de los futuros licenciados y especialistas en Psicología. En este sentido reelaboraremos desde esta perspectiva algunos de los argumentos expuestos en el primer capítulo acerca del sentido y utilidad de la Historia.

Al presentar el programa de la asignatura, especificaremos sus objetivos, los contenidos y criterios empleados en su elaboración, así como una bibliografía general y específica organizada por temas. Comenzaremos con la descripción del programa de teoría, y a continuación haremos lo propio con el de prácticas. Incluiremos un último apartado sobre los métodos docentes para el desarrollo del programa propuesto, para acabar, a modo de conclusión, con algunas reflexiones finales que contribuyan a contextualizar la docencia de la *Historia de la Psicología* en su marco formal y conceptual, y a justificar su función.

1. EL PROGRAMA DE LA ASIGNATURA HISTORIA DE LA PSICOLOGÍA. TEORÍA

El programa completo de la asignatura *Historia de la Psicología* figura en los anexos al final del libro. En este apartado, ofreceremos previamente una justificación y descripción detallada del mismo. Siendo conscientes de que un programa es un plan de trabajo a seguir, en el que además se concreta el planteamiento general de la disciplina desarrollado en los capítulos precedentes, especificaremos no sólo su estructura y contenidos, sino también los objetivos que pretende conseguir, los criterios adoptados en su elaboración, y una selección de bibliografía, tanto general como específica, para la preparación del temario.

1.1. Objetivos del programa

Todo plan de trabajo se define por sus objetivos. El objetivo general de nuestra asignatura no es otro que el familiarizar al alumno con la historia de su propia disciplina, es decir, con las principales personas, teorías, descubrimientos, acontecimientos, etc. que han ido configurando la Psicología hasta el presente, de tal modo que le ayude a comprender lo que es ésta hoy en día, cómo y por qué. Este objetivo central, no obstante, remite a otros más generales y se concreta en otros más específicos.

En el primer caso, el programa que aquí proponemos se enmarca en el contexto general de los estudios de licenciatura en Psicología. Como todo proceso formativo, los objetivos de cualquier carrera universitaria incluyen tanto la adquisición de conocimientos como de actitudes y capacidades por parte del alumno. Entre los objetivos generales de la docencia universitaria, el perfil formativo de los Nuevos Planes de Estudios de Psicología de la Universidad de Valencia, alude explícitamente a la formación integral del alumno, tanto en el terreno intelectual como científico:

"La persona titulada en Psicología por la Universidad de Valencia ha de estar capacitada para el ejercicio profesional y, en su caso, para participar en la investigación y la docencia con criterios autónomos (...) el proceso formativo se ha de llevar a cabo con métodos que estimulen el sentido crítico de los estudiantes mediante el trabajo intelectual, facilitando situaciones de aprendizaje tutelado y participativo. El licenciado en Psicología dispondrá de la formación científica y técnica necesarias para intervenir como profesional en la solución de los problemas psicológicos individuales y sociales, en su prevención y en el mejor aprovechamiento de recursos personales y ambientales" (B.O.E. núm 174, de 22-7-1994).

Complementariamente, los objetivos formativos de la titulación se especifican en los siguientes términos:

"Los estudios de Psicología garantizarán la adquisición teórica, metodológica y práctica de los conocimientos científicos y técnicos sobre los comportamientos individuales y sociales; sobre sus dimensiones y procesos básicos, en sí mismos y en relación con los aspectos biológicos; sobre su génesis, desarrollo y diferencias. También garantizarán el dominio de los métodos y de las técnicas de investigación, de análisis de datos, de evaluación y de intervención que sean relevantes en el campo psicológico" (B.O.E. núm. 174, de 22-7-1994).

El segundo caso haría referencia a la formación específica en Historia de la Psicología, aunque igualmente podríamos servirnos de esta misma distinción entre objetivos informativos y formativos propia de cualquier tarea educativa.

En primer lugar, los *objetivos informativos* harían referencia a la mera transmisión de información por parte del docente, y a la adquisición de conocimientos por parte del estudiante. Podríamos concretarlos en cinco tareas:

(1) Dar a conocer la evolución temporal de las ideas y conocimientos psicológicos, mostrando las grandes líneas de desarrollo teórico y los cambios que han ido experimentando a lo largo del tiempo; los contenidos se presentarán de forma organizada y sistemática, y en el contexto intelectual y social en el que se desarrollan y cobran sentido.

(2) Mostrar la evolución de la moderna Psicología científica, mostrando cómo ésta se configura e institucionaliza con distintos ritmos históricos y formas de desarrollo, así como las correspondientes concepciones del objeto y método de investigación psicológica; los contenidos se presentarán vinculados a contextos geográficos y temporales, mostrando la relación entre éstos y las conceptuaciones psicológicas resultantes.

(3) Dar a conocer a los autores más relevantes, destacando su condición de científicos e investigadores, y presentando su trabajo como un proceso de creación intelectual desarrollado en el marco de programas o tradiciones de investigación y en determinadas instituciones o estructuras académicas y profesionales.

(4) Situar la evolución de la Psicología en el contexto de la Historia de la Ciencia y del pensamiento, mostrando los efectos que han tenido sobre ella los cambios en la concepción general de la ciencia, y los desarrollos de otras disciplinas como la Filosofía, Fisiología, Medicina, Sociología, etc.

(5) Situar la evolución de la Psicología en el contexto histórico general, mostrando, a través de la introducción de elementos de Historia general o haciendo referencia a ellos, la influencia que los cambios sociales y culturales han tenido sobre la teoría y práctica psicológicas.

En segundo lugar, los *objetivos formativos* harían referencia a la adquisición de actitudes y capacidades por parte del alumno, algo que en realidad no depende tanto del contenido del temario cuanto del modo en que se imparte. Por otra parte, se trata de elementos comunes a toda tarea educativa, de ahí que deban ser tenidos en cuenta a la hora de planificar cualquier actividad docente. Podrían concretarse, básicamente, en los siguientes:

(1) Promover entre los estudiantes una actitud científica, de investigación y reflexión, tanto con respecto a la propia

materia como a la Psicología en general; puede lograrse mediante determinadas dinámicas de clase en las que se permita la participación activa del alumno, la argumentación de las opiniones propias y la confrontación de ideas.

(2) Favorecer el desarrollo de habilidades intelectuales básicas para cualquier disciplina, como la lectura comprensiva, la capacidad de análisis y síntesis de la información, la elaboración y organización intelectual y la expresión ordenada de las propias ideas, sea verbalmente o por escrito; ello puede lograrse mediante determinadas prácticas, como por ejemplo los comentarios de textos científicos, o ejercicios de evaluación que promuevan el pensamiento productivo y creativo, frente al aprendizaje mecánico, la asimilación repetitiva y el mero reconocimiento.

(3) Dar a conocer al alumno, en la medida de lo posible, el proceso y las técnicas básicas de investigación en la Historia de la Psicología, así como algunas de las fuentes y recursos documentales y el modo de acceder a ellos; además de aludir al proceso historiográfico y fuentes de información histórica durante las explicaciones de clase, puede lograrse proporcionando al alumno bibliografía especializada, o sugiriéndole cómo acceder a ella haciendo uso del Servicio de Información Bibliográfica de la Universidad (S.I.B.), algo que por otra parte resultará útil no sólo para ésta, sino también para cualquier otra materia.

1.2 Aspectos formales del programa

Entre los aspectos formales del programa incluiremos los criterios adoptados en la elaboración y organización del temario, la planificación temporal y la selección de bibliografía.

a) Criterios de elaboración

Los criterios para la elaboración del programa hacen referencia, por un lado a la selección de contenidos, y por otro al modo de estructurarlos y organizarlos con fines didácticos. En ambos casos, los criterios han sido adoptados de acuerdo con la concepción de la Historia de la Psicología expuesta en las páginas precedentes.

En primer lugar, en lo que respecta a la selección de los contenidos, hemos adoptado un criterio suficientemente amplio como para dar cabida a las distintas opciones teóricas y metodológicas que se han ido desarrollando en el ámbito psicológico a lo largo del tiempo. La limitada amplitud de la asignatura obliga a ser restrictivos con el contenido, por lo que nos limitaremos, eso sí, a la Psicología moderna; ésta la identificamos con la Psicología académica, y ésta a su vez con la desarrollada a partir del siglo XIX como disciplina autónoma, con el reconocimiento social y del mundo universitario. Esta intención concuerda, por lo demás, con nuestra defensa de un concepto integrador de Psicología, suficientemente amplio como para que todos los psicólogos se sintieran identificados, intención que hacíamos explícita en el capítulo 3, con estas mismas palabras, en el contexto de nuestras reflexiones sobre el objeto de la Historia de la Psicología.

Por otra parte, insistimos deliberadamente en aquellos planteamientos psicológicos del pasado, que de un modo u otro resulten de interés para la Psicología actual, y ayuden a explicarla y entenderla. También decíamos a este respecto que familiarizándonos con el origen de las ideas ganábamos en comprensión. Independientemente del procedimiento seguido a la hora de determinar la importancia relativa de los planteamientos psicológicos del pasado, nombres como los de Adler, Binet, Ebbinghaus, Freud, Galton, Hull, James, Jung, Koffka, Köhler, Külpe, Pavlov, Piaget, Skinner, Thorndike, Titchener, Tolman, Watson, Wertheimer o Wundt, constituyen la base de cualquier curso básico de Historia de la Psicología. Otros autores, no tan representativos o influyentes para los psicólogos contemporáneos, como por ejemplo Brentano, Dilthey, Janet, Metzger, Münsterberg, Stumpf, etc. pueden servir de nódulos para conectar o explicar la procedencia o derivaciones de determinados planteamientos e ideas psicológicas. Tampoco habría que olvidar los propios intereses y preferencias personales y de grupo de investigación, que sin duda también se reflejan en cierto modo en la elección de contenidos y en el peso o importancia relativos atribuidos a cada uno de ellos.

En segundo lugar, en lo relativo a la estructuración del programa, se han seguido distintos criterios organizativos que se reflejan en diferentes bloques temáticos, y dentro de ellos en la ordenación de los temas. El programa consta así de dieciséis temas, agrupados en seis partes o bloques. En general, hemos organizado el programa teórico de la asignatura de acuerdo con tres criterios básicos: uno espacial, uno temporal y otro conceptual.

Los dos primeros bloques temáticos son de tipo introductorio: el primero sirve como una primera aproximación a la Historia de la Psicología como disciplina científica; el segundo ofrece una panorámica de los antecedentes de la Psicología moderna, focalizando especialmente la atención en los desarrollos del siglo XIX. A partir de aquí hemos adoptado un criterio cronológico y otro geográfico para estructurar el programa y delimitar los diferentes temas y bloques temáticos. Como punto de corte temporal hemos elegido 1945, estableciendo con la Segunda Guerra Mundial un antes y un después en el desarrollo histórico de la Psicología mundial. Como criterio geográfico, hemos partido de una distinción general entre la Psicología desarrollada en el continente europeo y la desarrollada en América; dentro de la Psicología europea, hemos establecido, a su vez, una diferenciación por áreas de influencia lingüística y cultural, distinguiendo cinco contextos: el germanoparlante, el francófono, el anglosajón, el ruso y el hispanoparlante.

En la medida en que las consecuencias del conflicto bélico fueron diferentes según el ámbito geográfico, en la demarcación de los bloques temáticos hemos optado por combinar ambos criterios, estableciendo así tres apartados adicionales que vendrían a unirse a los dos de introducción: un tercer bloque dedicado a la Psicología europea anterior a la II Guerra Mundial; un cuarto bloque dedicado a la Psicología norteamericana anterior a la II Guerra Mundial; y un quinto bloque dedicado a la Psicología posterior a la II Guerra Mundial. Finalmente, hemos incluido un último apartado temático dedicado a la Psicología en el mundo de habla hispana. Siendo coherentes con el planteamiento general, los contenidos de esta sexta parte podrían haberse ubicado en los bloques precedentes, según se tratase de la Psicología española o latinoamericana, y anterior o posterior a 1945. Sin embargo, hemos optado por incluirla en un apartado propio y diferenciado, dado su particular interés para nosotros, ya que se trata de nuestro propio ámbito geográfico o cultural.

En lo que respecta al contenido de los distintos temas, los dos primeros, de carácter introductorio, se identifican respectivamente con los primeros bloques temáticos. Con esta única excepción, los restantes temas siguen por regla general el citado criterio de demarcación espacial por ámbitos geográficos.

Los siete temas siguientes, correspondientes a la tercera parte, se ocupan de los orígenes y primeros desarrollos de la Psicología académica en Alemania (Temas 3 y 4), Francia y la Suiza francófona (Tema 5), Austria y la Suiza germanoparlante (Temas 6 y 7), Rusia (Tema 8) y Gran Bretaña (Tema 9). En lo que respecta al bloque correspondiente a la Psicología norteamericana (Parte IV), al tratarse realmente de un único país (EE.UU), el establecimiento de los temas sigue un criterio temporal. Así, el Tema 10 se refiere a los primeros planteamientos psicológicos en los Estados Unidos, el Tema 11 a los primeros desarrollos de la Psicología de la Conducta y el Tema 12 a los subsiguientes en el llamado Neoconductismo.

El quinto bloque temático consta de dos temas referidos a la reconstrucción de la Psicología tras la Segunda Guerra Mundial en Europa (Tema 13) y en los Estados Unidos (Tema 14) respectivamente. El Tema 15, a modo de conclusión, recoge los planteamientos más recientes de la Psicología contemporánea, teniendo en cuenta que es necesaria la suficiente perspectiva temporal como para poder hacer Historia. Finalmente, el último apartado consta de un único tema (Tema 16) dedicado a la Historia y perspectivas de la Psicología española y latinoamericana.

Dentro de cada tema ha primado un criterio conceptual, estableciendo en caso necesario apartados diferenciados para las distintas propuestas conceptuales desarrolladas dentro de cada área de influencia. Así, siempre que ello fuera posible y sirviera además para clarificar y dar coherencia a la narración o explicación histórica, hemos agrupado los planteamientos psicológicos en corrientes, escuelas o tendencias de pensamiento. A su vez, cuando el contenido del tema lo permitiera o lo hiciera recomendable, éstas han sido puestas en relación con tradiciones más amplias de pensamiento, las corrientes generales de ideas, o el clima intelectual de la época.

Con esta estructura conseguimos un programa acorde con nuestros planteamientos básicos sobre la Historia de la Psicología expuestos en este libro. Por una parte, insistimos en la necesidad de ubicar cada propuesta conceptual en unas coordenadas espaciales y temporales concretas, y dentro de un contexto intelectual y social definidos, para que adquieran su pleno sentido y significado histórico; de este modo somos coherentes con la defensa del relativismo histórico de que hemos hecho gala en los capítulos precedentes.

Por otra parte, nuestra narración histórica reconoce la existencia de desarrollos paralelos tendentes a la configuración e institucionalización de una Psicología académica, en diferentes secuencias temporales y evolutivas; de este modo rompemos con una concepción lineal de la Historia, basada en el progreso acumulativo de la ciencia, y reflejamos nuestra creencia en la existencia de distintos ritmos históricos, bajo la influencia de condicionantes de muy diversa índole.

Complementariamente, narramos una Historia de la Psicología en la que no sólo tienen cabida las ideas psicológicas, sino también sus aplicaciones, y en general los aspectos sociales, institucionales, instrumentales y tecnológicos; de este modo, mostrando el desarrollo institucional y profesional de la Psicología, además del puramente intelectual, somos coherentes con nuestra concepción postpositivista de la ciencia y nuestra defensa de una Historia integral, en la que los componentes internos y externos del saber, en este caso del psicológico, queden igualmente representados.

b) Planificación temporal

Otro aspecto a mencionar tiene que ver con la planificación temporal. A este respecto hemos procurado hacer una distribución lo más homogénea posible del tiempo asignado a la exposición de cada tema. Para ello, con fines didácticos, buscamos la máxima uniformidad en la elaboración de los temas, procurando que todos ellos tuvieran aproximadamente la misma extensión, y que las diferentes propuestas conceptuales quedaran así igualmente representadas en el conjunto de la asignatura.

De este modo conseguimos también un programa adaptable a asignaturas de diferente duración, dado el carácter provisional del actual sistema docente, que podrían desarrollarse en un número variable de sesiones según el plan de estudios y, dentro de él, la amplitud de la asignatura.

Por ejemplo, constando el programa de dieciséis temas, si la asignatura fuera cuatrimestral podría impartirse en 35 sesiones de 60 minutos. Disponiendo de 120 minutos para cada tema, es decir, desarrollando cada uno de ellos en dos clases, se cubrirían un total de 32 sesiones de las 35 previstas. Las tres restantes se corresponderían con una clase de presentación, una clase de balance y conclusiones y una clase reservada como margen de error debido a posibles imprevistos o eventuales retrasos. A su vez, cada uno de los temas se divide en cuatro apartados, por lo que en cada clase deberían impartirse dos apartados, correspondientes a medio tema. En cambio, si la asignatura fuese anual, el número de sesiones destinadas a cada tema se elevaría a cuatro, lo que permitiría una exposición "doblemente" pausada y minuciosa de las lecciones. Con ello se cubrirían 64 sesiones de clase, reservándose las 16 restantes para ocho sesiones de prácticas de dos horas de duración cada una de ellas. Las clases de presentación de la teoría y de la práctica irían en detrimento del tema uno, al que se dedicarían de este modo sólo tres sesiones de clase.

Teniendo en cuenta la escasa duración de la asignatura y el carácter básico del curso, pensamos que ésta es la mejor manera de lograr una panorámica integrada de la evolución histórica de la Psicología. Somos conscientes de que determinados apartados son más densos que otros, por lo que asignarles el mismo tiempo docente puede parecer poco equitativo. Esta eventualidad ha sido tenida en cuenta en la configuración del programa, considerando las diferencias de distribución como errores variables, que en última instancia se compensan en el conjunto del programa y se difuminan en la imagen global de la Historia de la Psicología que aspiramos a construir. Por otra parte, semejante distribución presenta indudables ventajas desde el punto de vista didáctico, tanto para el alumno como para el profesor, dado que simplifica al máximo el plan de trabajo a seguir, y contribuye a una mejor previsión y planificación temporal.

c) Bibliografía

Finalmente, quisiéramos mencionar los criterios adoptados en la selección de la bibliografía que acompaña al temario. Somos conscientes de que la utilización de la bibliografía es un elemento imprescindible de la docencia universitaria, y de que su correcto uso es necesario para que el resto de los recursos docentes cumplan eficazmente su cometido. La cuidadosa preparación y selección de una bibliografía ajustada al temario, aumenta los recursos del alumno y su capacidad de participación, lo que sin duda repercute positivamente en su formación general, y en la dinámica de la asignatura en particular.

No podemos olvidar, no obstante, que la consulta de la bibliografía suele estar subordinada a los intereses de cada alumno, y normalmente en función de la mayor o menor dedicación con que se entregue a la preparación de la asignatura. En el mejor de los casos, el alumno demostrará su devoción asistiendo a clase, complementando las explicaciones del profesor con la atenta lectura y estudio de los manuales, explorando la bibliografía complementaria, escogiendo algunas lecturas especializadas y contrastando opiniones con el docente, tanto en tiempo de clase como en las tutorías, siempre que el tema en cuestión o sus propios intereses así lo aconsejen. En el peor de los casos, suplirá la asistencia a clase con la consulta directa de los manuales, o se limitará a asistir a clase y tomar algunas notas generales con las que poder preparar mínimamente los exámenes. Ni que decir tiene que entre ambos extremos existe una amplia variabilidad, ni cuál de ellos contribuye a sacar el máximo provecho y rentabilidad a la asignatura, y por esta misma razón despierta más a menudo las simpatías del profesor.

Por nuestra parte, hemos incluido dos tipos de fuentes bibliográficas: generales, y específicas de cada tema. En el programa de la asignatura figuran como bibliografía básica y complementaria, respectivamente. En caso de interés por parte del alumno, el profesor puede asesorarle sobre la naturaleza y grado de especialización de la información que contienen estas fuentes, en función de sus intereses particulares.

En lo relativo a las obras generales, hemos escogido cinco manuales que, a nuestro juicio, presentan una serie de indudables ventajas frente a otros posibles: (1) se trata de los manuales más recientes, publicados en los últimos dos años, y con una presentación moderna y además actualizada; (2) se trata de manuales disponibles en castellano, y por lo tanto accesibles al alumnado; (3) están escritos por importantes historiadores de la Psicología, de reconocido prestigio en el ámbito nacional e internacional; (4) de acuerdo con su naturaleza, se caracterizan por su presentación sistemática de los contenidos y su claridad expositiva, lo que les otorga un claro valor didáctico; (5) conjuntamente permiten preparar el temario propuesto para la asignatura en su totalidad y con mayor amplitud de la que permite el limitado tiempo de clase, con lo que se convierten en un útil complemento de las explicaciones del profesor; (6) reflejan diferentes propuestas conceptuales y modelos historiográficos, lo que permite al alumno contrastar diferentes Historias de la Psicología, y elegir con libertad, entre una oferta variada, aquélla o aquéllas que más se ajusten a sus intereses o preferencias. Son los siguientes:

BRENNAN, J.F. (1999): *Historia y Sistemas de la Psicología*. Madrid: Prentice-Hall (traducción castellana de la 5ª edición inglesa).
GONDRA, J.Mª (1997-1998): *Historia de la Psicología. Introducción al pensamiento psicológico moderno*. Madrid: Síntesis (2 volúmenes).
HOTHERSALL, D. (1997): *Historia de la Psicología*. México: McGraw-Hill (traducción castellana de la 3ª edición inglesa, 1997).
LEAHEY, Th.H. (1998): *Historia de la Psicología. Principales corrientes en el pensamiento psicológico* (traducción castellana de la 4ª edición inglesa).
TORTOSA, F. (Coord.) (1998): *Una Historia de la Psicología moderna*, Madrid: McGraw-Hill, 1998.

Entre todos ellos destacamos, por razones obvias, el manual elaborado en la Universidad de Valencia, con la participación directa de todo nuestro grupo de investigación. Se trata de una obra colectiva, en la que han participado 38 especialistas de 17 universidades y cinco países diferentes. En lo que respecta a su contenido la obra se adecua en lo esencial al programa propuesto, y en general ofrece un patrón explicativo que otorga sentido a la Psicología actual y a su evolución histórica. La orientación, estructura y contenido del libro se describen allí en los siguientes términos:

> *"La concepción actual de la disciplina psicológica es fruto más de aquella ilustración que abrió la puerta a una modernidad que ha configu-*

rado nuestro hoy, una modernidad cuestionada pero todavía no sustitui-
da. Nadie duda que existieron ideas psicológicas desde los albores del
tiempo humano, pero sólo desde la segunda mitad del siglo XIX los
psicólogos comenzaron a tomar conciencia de sí mismos como comu-
nidad de expertos diferenciada de otras, y consiguieron, formando a
veces extrañas alianzas, hacerse un hueco en los mercados de títulos
y profesiones que se estaban conformando. Nuestra reconstrucción de
esos poco más de cien años de historia de la Psicología en las
principales áreas geo-político-lingüísticas de Europa, en EE.UU. y en el
mundo de habla castellana constituye el núcleo del libro. Además se
incluye una parte dedicada a los albores de la Psicología como disciplina,
donde, desde el Renacimiento, se trazan, en las ciencias del espíritu y
en las naturales, las líneas maestras que llevaron a las primeras
propuestas formalmente psicológicas de mediados del siglo XIX, y otra,
muy amplia, se ocupa de la práctica psicotecnológica, una especie de
cenicienta en los no muy numerosos manuales que la incluyen. Por
último, debe mencionarse el primer capítulo que, dedicado a la historia
y a la historiografía, permite situar nuestro proyecto, sin ambages,
dentro del profesionalizado horizonte actual de los historiadores; nunca
se construye un relato, y menos el histórico, desde un lugar sin
supuestos, y en ese capítulo se explicitan los nuestros" (Tortosa, 1998,
contraportada).

En lo relativo a la bibliografía específica, hemos incluido en
cada tema una relación actualizada de fuentes secundarias,
que a nuestro juicio pueden ayudar a profundizar en los
contenidos concretos de dicho tema. Se trata, por lo demás, de
obras de muy diversa índole, aunque en su mayoría son libros,
monografías, y artículos de revista. También incluimos ocasionalmente algunos manuales cuya calidad o peso específico no
nos permite ignorarlos, aún cuando no hayamos optado por
incluirlos entre los manuales básicos de la asignatura, como es
el caso de los de Carpintero (1996), Boring (1978) o Sahakian
(1987). Dado que la inclusión de estas obras complementarias
en el programa tiene un carácter fundamentalmente informativo, y su consulta es opcional y normalmente guiada por el
interés particular de algunos estudiantes por detenerse
específicamente en ciertos contenidos del temario, no hemos
tenido en cuenta la mayor o menor accesibilidad de estas
fuentes a la hora de citarlas, sino sobre todo la utilidad y

oportunidad de los textos y su interés científico. Tampoco hemos reparado en el idioma, aunque siempre que existieran traducciones en castellano hemos preferido citar éstas frente a la fuente original.

1.3. Aspectos de contenido del programa

En lo que respecta al contenido, hemos procurado ajustar el programa de la asignatura tanto a la realidad de los estudiantes como a la de la propia carrera universitaria de Psicología. En este sentido, tanto el nivel de generalidad de los temas como su grado de complejidad han sido pensados teniendo en cuenta la totalidad de los estudios en los que se ubica la asignatura.

Por otra parte, los propios límites de ésta, obligan a ser cuidadosamente selectivos en la elección de los temas, así como en la exposición oral de las contribuciones históricas. Por esta razón, pretendemos que el tiempo de clase sea destinado a la exposición del núcleo o aspectos centrales de cada tema, remitiendo al alumno a la utilización de recursos complementarios, como pudiera ser la consulta de los manuales y bibliografía complementaria especificada en el programa, así como el sistema de tutorías en los horarios de atención a alumnos previstos a tal efecto. Como veremos después, también las prácticas aspiran a ser un valioso complemento de las clases teóricas.

a) Temas y Bloques temáticos

La relación de temas del programa del módulo teórico de la asignatura *Historia de la Psicología* es la siguiente (ver tabla 6.2):

TEMA 1: Historia e Historiografía de la Psicología.
TEMA 2: Antecedentes de la Psicología moderna.
TEMA 3: Los orígenes de la Psicología académica en Alemania.
TEMA 4: Evolución de la Psicología académica en Alemania hasta la Segunda Guerra Mundial.

TEMA 5: Primeros desarrollos de la Psicología en el área francófona.
TEMA 6: Primeros desarrollos de la Psicología en Austria-Hungría.
TEMA 7: Evolución de la Psicología dinámica en el área germanoparlante.
TEMA 8: Primeros desarrollos de la Psicología en Rusia.
TEMA 9: Primeros desarrollos de la Psicología en Gran Bretaña.
TEMA 10: Los inicios de la Psicología académica en los EE.UU.
TEMA 11: El Conductismo.
TEMA 12: Los Neoconductismos.
TEMA 13: La reconstrucción de la Psicología europea tras la Segunda Guerra Mundial.
TEMA 14: La evolución de la Psicología en los EE.UU tras la Segunda Guerra Mundial.
TEMA 15: Principales desarrollos en la Psicología contemporánea.
TEMA 16: La Psicología en el mundo de habla hispana.

Como mencionamos anteriormente, estos dieciséis temas han sido agrupados en bloques temáticos, de manera que es posible distinguir seis partes en el programa de la asignatura. Son las siguientes (ver tabla 6.3):

PARTE I: Historia e Historiografía de la Psicología.
PARTE II: Los orígenes de la Psicología moderna.
PARTE III: La Psicología en Europa hasta la Segunda Guerra Mundial.
PARTE IV: La Psicología en los EE.UU. hasta la Segunda Guerra Mundial.
PARTE V: La evolución de la Psicología tras la Segunda Guerra Mundial.
PARTE VI: La Psicología en el mundo de habla hispana.

b) Descricpión de los temas

La **Parte I** se corresponde con el *tema 1* del programa. Se trata de un apartado de tipo introductorio, que sirve para ofrecer una primera conceptuación de la Historia de la Psicología como disciplina científica, y complementariamente de la Historia general, de la ciencia, y de la propia Psicología, poco más o menos en los términos en que estos mismos planteamientos han sido desarrollados aquí. También pretende aportar una justificación de la Historia de la Psicología como materia y como saber especializado, destacando usos y funciones de la misma, como los mencionados en las páginas precedentes.

La **Parte II** se identifica asimismo con el *tema 2* del programa. Aborda los antecedentes de la Psicología moderna, y en concreto las aportaciones de la Filosofía y de las Ciencias Naturales (particularmente de la Biología, Medicina, Astronomía y Fisiología), y en concreto las teorías filosóficas sobre la mente y la actividad mental desarrolladas desde presupuestos epistemológicos racionalistas y empiristas, las interpretaciones funcionales de la mente como instrumento adaptativo derivadas de la teoría de la evolución de Darwin, los primeros desarrollos experimentales derivados de la Fisiología experimental, Psicofisiología y Psicofísica, y las primeras tentativas de evaluación y tratamiento psicológicos reflejadas en teorías y prácticas como la Frenología, la Craneoscopia, la Fisiognómica o el Magnetismo y la Hipnosis, desarrollados en los siglos XVIII y XIX, que constituyen la antesala de la moderna Psicología científica. Pretendemos ofrecer con ello una panorámica histórica de la evolución del pensamiento científico y filosófico previo a la constitución de la Psicología académica o científica.

La **Parte III** se corresponde con los temas 3 al 9 del programa. En este extenso bloque se exponen los orígenes y primeros desarrollos de la Psicología europea hasta la Segunda Guerra Mundial, mostrando líneas paralelas de desarrollo histórico en distintos contextos geográficos y áreas de influencia lingüística y cultural.

En el *tema 3* se estudia la constitución formal de la Psicología académica a finales del siglo XIX, con la fundación del primer Instituto de Psicología Experimental en la ciudad alemana de Leipzig, así como las líneas directrices de la propuesta psicológica de su fundador y primer psicólogo moderno, Wilhelm Wundt, en su doble vertiente, individual y social: la Psicología Fisiológica o experimental y la Psicología Etnológica o cultural. Complementariamente se mencionan otras propuestas de Psicología científica desarrolladas por las mismas fechas en otras universidades alemanas, como las de Berlín, Gotinga y Wurzburgo, por parte de científicos como Carl Stumpf, Hermann Ebbinghaus o el equipo de investigadores dirigido por Oswald Külpe. Finalmente prestamos atención a la dimensión social de la Psicología científica, haciendo un breve análisis del proceso de institucionalización de la Psicología científica en Alemania, examinando indicadores como la creación de los primeros laboratorios, de las primeras revistas especializadas, o de las primeras sociedades científicas y congresos de Psicología.

En el *tema 4* analizamos la evolución general de la Psicología académica en Alemania en las primeras décadas del siglo XX, prestando especial atención al modelo de Psicología desarrollado en la Universidad de Berlín, cuyo Instituto psicológico llegará a ser entre 1900 y 1933 el mayor centro de investigación psicológica del mundo. Conocida como Psicología de la Gestalt, examinamos algunos de los planteamientos teóricos y metodológicos más característicos de sus principales representantes y escuelas. Complementariamente, examinamos la evolución de la Psicología académica durante el periodo nazi (1933-1945), así como el fuerte desarrollo de la Psicología aplicada promovido por las dos Guerras Mundiales, mostrando los principales procedimientos psicotécnicos y su utilidad al servicio del psicodiagnóstico y de la selección militar y profesional.

En el *tema 5* examinamos los primeros desarrollos de la Psicología moderna en el área francófona, y en concreto la práctica de la hipnosis y de la Psicoterapia por parte de las llamadas Escuelas de París y de Nancy, las contribuciones de Pierre Janet a la Psicología dinámica, de Alfred Binet a la Psicología individual y diferencial, y de otros psicólogos franceses como Henri Piéron o Henri Wallon a la Psicología Experimental. Al igual que en otros temas, insistimos en la dimensión social del saber, contextualizando estas aportaciones en el proceso de institucionalización de la Psicología académica en Francia, y examinando indicadores como la fundación de laboratorios y revistas especializadas, o la celebración de reuniones científicas. Complementariamente, examinamos la aportación de Jean Piaget en la Suiza de habla francesa.

En el *tema 6* analizamos la contribución histórica de la Psicología austro-húngara, focalizándola en el Psicoanálisis, y personalizándola en la figura de Sigmund Freud. No obstante, más que adoptar una perspectiva biográfica, presentamos su aportación como una síntesis ambiciosa y original de las más variadas corrientes e influencias intelectuales y sociales de su época y ambiente. Planteamos un recorrido panorámico por su extensa obra y a continuación examinamos, en primer lugar las directrices básicas de su sistema teórico, y en segundo lugar las peculiaridades de la técnica psicoanalítica, como forma básica de terapia psicológica enraizada en la tradición psicoterapéutica centroeuropea y francesa.

En el *tema 7* analizamos las principales derivaciones del Psicoanálisis en el contexto germanoparlante, estableciendo tres líneas paralelas de desarrollo teórico y aplicado: la Escuela de Freud, que conservará en lo esencial los aspectos estructurales, dinámicos y evolutivos del psicoanálisis ortodoxo; el Neopsicoanálisis, que en general se liberará de la importancia atribuida por aquél al inconsciente y a la sexualidad, resaltando en su lugar el papel de los factores sociales y culturales; y otros planteamientos de corte más filosófico o antropológico, entre los que destaca la Psicología Analítica de Carl Gustav Jung.

En el *tema 8* examinamos los primeros desarrollos de la moderna Psicología científica en Rusia. Planteamos algunas reflexiones sobre el triunfo de la reflexología frente a la Psicología introspectiva, y examinamos las directrices básicas de la reflexología clásica, representada por autores como Sechenov o Bechterev. Prestamos particular atención a las contribuciones de Ivan Petrovich Paulov al ámbito de la Psicología, con especial mención a sus trabajos sobre condicionamiento clásico. Finalmente examinamos las principales directrices que guían la evolución de la Psicología soviética tras la Revolución Rusa de 1917, insistiendo en las aportaciones de la llamada Escuela socio-histórica, que tiene en Lev Semionovitch Vygotski a su principal representante.

En el *tema 9* hacemos lo propio con la Psicología científica en Gran Bretaña. En este caso nos detenemos en las particulares condiciones económicas, políticas y sociales del Imperio británico durante el siglo XIX y principios del XX, y su incidencia sobre la vida, el trabajo científico y la investigación psicológica. A continuación examinamos la institucionalización y primeros desarrollos de la Psicología británica en sus dos principales núcleos académicos, la Universidad de Londres y la Universidad de Cambridge, representativos de dos tradiciones metodológicas dentro de la Psicología científica: la tradición correlacional y la tradición experimental, respectivamente.

La **Parte IV** incluye los temas 10 al 12, y se centra en los orígenes y desarrollo histórico de la Psicología académica en los EE.UU de América hasta la Segunda Guerra Mundial.

El *tema 10* se ocupa de los inicios de la Psicología científica en este país, examinando las principales particularidades de su proceso de institucionalización y las principales etapas en su configuración como disciplina. A continuación se recogen las primeras propuestas psicológicas, en concreto las de William James y otros pioneros, insistiendo en el matiz funcional que adquiriría la Psicología en este país, y que quedará reflejada en la polémica entre las dos primeras grandes escuelas de la Psicología norteamericana: el Estructuralismo y el Funcionalismo. Finalmente incluimos algunas consideraciones sobre el gran desarrollo que, tras su origen europeo, experimentaron la Psicología aplicada y los tests en los EE.UU, favorecido por la política educativa y de inmigración del gobierno estadounidense, y al servicio de la industria y de los conflictos bélicos.

El *tema 11* trata de la Psicología de la Conducta. Esta se enmarca en la tendencia general de la Psicología americana hacia una Psicología funcional, adaptativa y objetiva, que tiene su mejor expresión en la Psicología animal. En este sentido destacamos primero la aportación de Edward Lee Thorndike y luego de John Broadus Watson. Examinamos el sistema teórico propuesto por éste último como consecuencia extrema y derivación lógica del funcionalismo, presentada como alternativa a cualquier Psicología de la conciencia previa, y punto de partida de una tradición de investigación experimental que se prolongará durante varias décadas.

El *tema 12* se ocupa, finalmente, de la evolución de la Psicología de la Conducta en los llamados Neoconductismos, los cuales suponen una versión modificada del anterior conductismo, desarrollada en los años 30 a los 50. Tras la presentación de las características generales comunes a todos ellos, se exponen las particularidades y principales características diferenciales de los sistemas neoconductistas propuestos por Edward Chace Tolman, Clark Leonard Hull y Burrhus F. Skinner, habitualmente caracterizados como un neoconductismo propositivo e intencional en el caso de Tolman, un neoconductismo hipotético-deductivo altamente formalizado en el caso de Hull, y un neoconductismo descriptivo radical en el de Skinner.

La **Parte VI** comprende los temas 13, 14 y 15, que están dedicados a examinar las principales líneas de desarrollo histórico de la Psicología académica tras la finalización de la Segunda Guerra Mundial, siguiendo nuevamente una exposición estructurada por áreas de influencia lingüística y cultural.

El *tema 13* está dedicado a la Psicología europea. Habiendo sido Europa el centro del conflicto bélico, sufrió especialmente las consecuencias de la guerra: la destrucción o desmantelamiento de los laboratorios, institutos y centros de investigación durante la contienda, y la emigración de muchos de los líderes de la Psicología europea a los EE.UU, hizo que la investigación psicológica hubiera desaparecido prácticamente, iniciándose un proceso de reconstrucción y normalización de la vida académica en el ámbito de la Psicología. El tema expone los principales rasgos de este proceso en Alemania,

Francia, Gran Bretaña y la antigua Unión Soviética. En el caso de Alemania se examinan los diferentes caminos seguidos por la Psicología académica en el Este y en el Oeste, hasta la reciente reunificación de la RFA y de la RDA en 1989. En el área francófona se menciona la evolución seguida por la Psicología suiza de la mano de autores como Jean Piaget o Edouard Claparède, y por la Psicología francesa guiada por nombres como los de Henri Piéron, Henri Wallon o Paul Fraisse. En Gran Bretaña se destaca el desarrollo de la Psicología clínica y de la personalidad con Hans Jürgen Eysenck. Finalmente se ofrece una panorámica general de la Psicología soviética bajo la influencia del marxismo y de sus desarrollos más recientes.

El *tema 14* se centra en la Psicología de los EE.UU, donde la Segunda Guerra Mundial no supuso una ruptura tan acusada como en Europa, aunque sí un importante punto de inflexión. En este tema se expone su evolución posterior a 1945 en tres líneas de desarrollo, a saber, la Psicología de la Conducta, la Psicología de la Gestalt, y el Psicoanálisis. En relación con la primera, se ofrecen las principales aportaciones de la tercera generación de psicólogos de la conducta, formados en el Instituto de Relaciones Humanas de la Universidad de Yale (Spence, Dollard, Miller, Mowrer y Sears), y en las Universidades de Indiana (Estes) y Harvard (Bush, y Mosteller), y en concreto sus investigaciones experimentales sobre el aprendizaje, así como los estudios de Hebb sobre las bases neurofisiológicas de los procesos psicológicos humanos. En lo que respecta al Psicoanálisis se presenta una panorámica general de la historia del movimiento psicoanalítico en los EE.UU, en conexión con la estructura y los planteamientos generales sugeridos en el tema 7. Acerca de la Psicología de la Gestalt, se examinan algunas de las aportaciones tardías de Wolfgang Köhler, y las de Kurt Lewin y su grupo de investigadores del Instituto Tecnológico de Massachusetts al desarrollo de la Psicología social y de la dinámica de grupos.

El *tema 15* complementa al anterior revisando los desarrollos más recientes de la Psicología norteamericana, surgidos como alternativas a las Psicologías del momento, En concreto se examinan el origen y evolución histórica de la Psicología Humanista y de la Psicología Cognitiva. Al hablar del movimiento humanista se presentan las aportaciones generales de sus principales representantes: Abraham Maslow, Carl Rogers y George Kelly. En relación con la Psicología Cognitiva, se estudia su desarrollo en dos etapas: sus inicios y primeros pasos durante los años cincuenta y sesenta, y su evolución posterior en los años setenta y ochenta con su consolidación disciplinar y derivación hacia el conexionismo.

Por último, la **Parte VI** se corresponde con el *tema 16*, dedicado a la Psicología en el mundo de habla hispana. En él se estudia la Historia de la Psicología española en dos periodos cronológicos, separados por la Guerra Civil y la posterior dictadura. Complementariamente, se incluye una panorámica general de la Historia y perspectivas de la Psicología en Latinoamérica.

Tras este breve resumen y descripción de los contenidos del programa, pasamos a continuación a mostrarlo. En esta presentación se indica el título del tema y los apartados de que consta, junto con la bibliografía general y específica seleccionada para su preparación y recomendada a los estudiantes.

Tabla 6.1: Bloques Temáticos del Programa de Historia de la Psicología

PARTE I:	Historia e Historiografía de la Psicología.
PARTE II:	Los orígenes de la Psicología moderna.
PARTE III:	La Psicología en Europa hasta la Segunda Guerra Mundial.
PARTE IV:	La Psicología en los EE.UU. hasta la Segunda Guerra Mundial.
PARTE V:	La evolución de la Psicología tras la Segunda Guerra Mundial.
PARTE VI:	La Psicología en el mundo de habla hispana.

**Tabla 6.2: Relación de Temas del Programa de Historia de la
Psicología**

Tema 1:	Historia e Historiografía de la Psicología.
Tema 2:	Antecedentes de la Psicología moderna.
Tema 3:	Los orígenes de la Psicología académica en Alemania.
Tema 4:	Evolución de la Psicología académica en Alemania hasta la Segunda Guerra Mundial.
Tema 5:	Primeros desarrollos de la Psicología en el área francófona.
Tema 6:	Primeros desarrollos de la Psicología en Austria-Hungría.
Tema 7:	Evolución de la Psicología dinámica en el área germanoparlante.
Tema 8:	Primeros desarrollos de la Psicología en Rusia.
Tema 9:	Primeros desarrollos de la Psicología en Gran Bretaña.
Tema 10:	Los inicios de la Psicología académica en los EE.UU.
Tema 11:	El Conductismo.
Tema 12:	Los Neoconductismos.
Tema 13:	La reconstrucción de la Psicología europea tras la Segunda Guerra Mundial.
Tema 14:	La evolución de la Psicología en los EE.UU tras la Segunda Guerra Mundial.
Tema 15:	Principales desarrollos en la Psicología contemporánea.
Tema 16:	La Psicología en el mundo de habla hispana.

2. EL PROGRAMA DE LA ASIGNATURA HISTORIA DE LA PSICOLOGÍA. PRÁCTICAS

Además del módulo teórico, el programa que proponemos para la asignatura *Historia de la Psicología* consta también de un módulo práctico complementario. Este último ha sido diseñado teniendo en cuenta el programa de teoría, y en conexión con el temario propuesto. En general, el programa de prácticas comparte en lo esencial los objetivos, criterios y bibliografía básica considerados en la elaboración y descripción del programa teórico de la asignatura.

Con todo, no deja de tratarse de un módulo autónomo y específico, con sus propias particularidades, tanto formales como de contenido. Por esta razón hemos optado por presentarlos por separado. Tras haber descrito el programa de teoría, en este apartado presentaremos el programa de prácticas junto con algunas consideraciones generales sobre la metodología y plan de trabajo previsto. Del mismo modo, y de acuerdo con este planteamiento general, procuraremos definir con mayor precisión el modo y razón de la complementariedad entre ambos módulos. Seguiremos en nuestra exposición el mismo esquema empleado en el apartado anterior.

2.1. Objetivos del programa

Las clases prácticas están concebidas como un complemento de los módulos de teoría, y planteadas en conexión con los temas del programa teórico. Se pretende con ello que sirvan al alumno para familiarizarse con los principales contenidos del temario, y le ayuden a comprender y manejar mejor conceptos y claves fundamentales de la asignatura. También aquí se pretende que las clases resulten útiles y formativas para los alumnos, y que además sirvan para la preparación de los exámenes de teoría.

En definitiva, el programa práctico que proponemos está pensado para que contribuya a una mejor comprensión de la información transmitida en las clases teóricas. Implícita en su condición práctica, otra ventaja adicional del sistema propuesto es su valor formativo y utilidad en la adquisición de actitudes, destrezas y habilidades básicas en el trabajo intelectual, como el empleo y contrastación de fuentes bibliográficas o la lectura y análisis crítico de textos científicos. En este sentido, además de contribuir a la adquisición de conocimientos, también promueve específicamente la consecución de los objetivos formativos a que hicimos referencia en apartados anteriores. Complementariamente, las prácticas reducen la necesidad de profundizar en ciertos contenidos del programa en las clases teóricas, bajo el supuesto de que dichos contenidos serán considerados con mayor detenimiento en las prácticas.

Bajo nuestro punto de vista, entendemos que la principal diferencia entre la teoría y práctica de la asignatura *Historia de la Psicología* no es tanto de contenido cuanto formal. En la teoría, es el profesor el que debe asumir la iniciativa y desarrollar la mayor parte del trabajo activo, mientras que el papel del alumno es fundamentalmente receptivo, aún cuando la estructura y dinámica de las clases permita ocasionalmente su participación puntual, y aunque consideremos que la recepción de información y contenidos implica un trabajo activo de asimilación y elaboración intelectual.

En las clases prácticas, en cambio, se invierten los papeles: el alumno es el que debe desarrollar el trabajo en clase, mientras que la actividad básica del profesor se concentra en la fase previa de preparación y presentación del material, y en la fase posterior de corrección y evaluación de los trabajos. Que el trabajo del profesor no se concentre en el tiempo de clase no quiere decir que éste permanezca inactivo, ya que como es lógico, el alumno cuenta de hecho con su presencia, asesoramiento y eventual intervención. Lo que queremos resaltar aquí es que las prácticas consisten en un ejercicio que sólo puede desarrollar el alumno, y a través del cual es él mismo quien maneja y elabora contenidos del programa teórico de la asignatura, facilitando así su propio aprendizaje. En este sentido de "ejercicio de aprendizaje" es como entendemos y aplicamos el concepto de "práctica".

2.2. Aspectos formales de programa

En la asignatura de *Historia de la Psicología* las clases prácticas consistirán en actividades de análisis y comentario de textos históricos. Los criterios empleados en la selección de los textos y de la bibliografía, y en la estructuración y planificación temporal de las actividades, pasan a exponerse a continuación.

a) Criterios de elaboración

Al igual que en el programa teórico, los criterios adoptados en la elaboración del programa de prácticas de la asignatura hacen referencia a la selección de actividades y contenidos, y a su estructuración y organización en el tiempo de clase. Como acabamos de mencionar, todas las actividades prácticas consistirán en el análisis y comentario de textos históricos. Se trata de textos originales de autores eminentes y emblemáticos en la Historia de la Psicología moderna, y representativos de las principales orientaciones y corrientes psicológicas que se han ido desarrollando a lo largo de la Historia.

En su selección hemos adoptado, pues, un criterio de relevancia histórica, en el que han sido considerados tres aspectos complementarios: 1) el autor, debiendo tratarse de figuras de reconocida influencia en la historia de nuestra disciplina, y protagonistas o personajes centrales en cualquier Historia de la Psicología; 2) la corriente, debiendo tratarse de textos representativos de las principales corrientes o tendencias psicológicas, de tal modo que todas ellas queden igualmente representadas en el programa de actividades; 3) el contenido, debiendo tratarse de textos que incluyan los componentes o características esenciales que definen la propuesta teórica y metodológica del autor y de la corriente que representa.

Por otra parte, hemos optado por la inclusión de textos completos, ya sea artículos, conferencias o capítulos de libro, en lugar de fragmentos, con el fin de que el alumno tenga a su alcance ejemplos de exposición científica, tal y como ésta fue presentada al público en su momento. De este modo permitimos que pueda apreciar el esfuerzo y la contribución intelectual original, con el planteamiento, desarrollo y conclusiones formuladas por el autor.

Los textos pueden ser facilitados por el profesor, y su análisis realizarse en horario de clases. El análisis y comentario de los textos se realizaría según el modelo explicado y propuesto por el profesor, y con la única ayuda de los manuales de la asignatura y las explicaciones recibidas en las clases teóricas. Dada la naturaleza y finalidad práctica de la actividad y el carácter reducido de los grupos, optamos por que la asistencia a clase sea obligatoria. Por una parte el propio sistema de organización de las prácticas prevé su realización y entrega en tiempo de clase, con el fin de que el alumno pueda beneficiarse de la presencia y asesoramiento permanente del profesor, así como de sus explicaciones previas y demostraciones prácticas, o de las dinámicas de grupo generadas en el aula. De este modo tampoco se ve sobrecargado de trabajo extra fuera de la misma. Entendemos, además, que la práctica comprende la participación de la sesión en su conjunto, y no sólo el trabajo escrito en el que se plasman sus resultados. En este sentido, no concebimos otro modo de realizar las prácticas sino en el aula y mediante el ejercicio: pretender hacerlas sin estar presente y participando, sería como pretender ponerse en forma viendo un evento deportivo, sea desde la grada o viendo su retransmisión desde un sillón.

b) Planificación temporal

El programa que proponemos consta de ocho prácticas que se desarrollarán en sendas sesiones de clase, más otra adicional que será reservada para la presentación del programa y la explicación de la metodología de trabajo. También aquí hemos buscado la máxima simplicidad y uniformidad en la planificación temporal del programa.

La duración de las sesiones puede ser variable, según criterio del profesor o según lo imponga la propia estructura de los planes de estudios. Con independencia del tiempo previsto para la realización de cada práctica, cada sesión será distribuida es tres partes: presentación, lectura y análisis crítico y redacción. Durante los primeros minutos el profesor introducirá el texto, enmarcándolo en la obra de su autor y en su contexto histórico e intelectual, y poniéndolo en relación con las explicaciones de las clases teóricas. Igualmente, proporcionará algunas claves que faciliten su comprensión y posterior análisis por parte del alumno. Esta presentación se realizará con la ayuda de medios audiovisuales como vídeos, diapositivas y transparencias. En el tiempo restante se procederá a la lectura y análisis del texto, y a la exposición y redacción del informe o comentario correspondiente.

A menudo la planificación temporal del programa de prácticas viene impuesta por unos horarios fijos, establecidos de antemano por los Planes de Organización Docente de cada centro. Las exigencias del calendario no siempre permiten la correcta y adecuada sincronización entre los programas teórico y práctico, aunque por nuestra parte hemos procurado tener en cuenta este imperativo a la hora de planificar los contenidos de ambos programas, de tal modo que el desarrollo temporal de las prácticas se adecúe, en la medida de lo posible, al desarrollo temporal del programa teórico. De este modo pretendemos que ambos programas queden cronológicamente entrelazados, además de depender temáticamente el uno del otro.

c) Bibliografía

En lo que respecta a la bibliografía, los manuales y obras de consulta recomendados son los mismos que los especificados en el programa del módulo teórico de la asignatura. Interesa citar, no obstante, las obras de las que han sido extraídos los textos seleccionados. Complementariamente, existen ciertos manuales de prácticas y comentarios que pueden resultar de interés general. Estos suelen incluir, además, capítulos específicamente dedicados al comentario de textos científicos, en los que el alumno puede encontrar una valiosa guía para familiarizarse con el procedimiento. Obviando las obras ya mencionadas en el programa teórico, el listado bibliográfico que proponemos sería el siguiente:

1. Compilaciones de textos:

Gondra, J.M. (1982). *La Psicología moderna. Textos básicos para su génesis y desarrollo histórico*. Bilbao: DDB.

Sahakian, W.S. (1982). *Historia de la Psicología*. México: Trillas.

2. Libros de comentarios:

Quiñones, E., Tortosa, F. y Carpintero, H. (Dirs.) (1993). *Historia de la Psicología. Textos y comentarios*. Madrid: Tecnos.

3. Manuales de prácticas:

Tortosa, F.; Civera, C. y Calatayud, C. (Dirs.) (1995): *Prácticas de Historia de la Psicología*. Valencia: Promolibro.

Sáiz, M., Sáiz, D. y Mülberger, A. (Dirs.) (1995). *Historia de la Psicología. Manual de prácticas*. Barcelona: Avesta.

4. Guías de comentario de texto:

Carpintero, H.; Quiñones, E. y Tortosa, F. (1993): El comentario de texto. En E. Quiñones, F. Tortosa y H. Carpintero (Dirs.), *Historia de la Psicología. Textos y comentarios*. (págs. 35-47) Madrid: Tecnos.

Pérez, A., Alonso, F. y Tejero, P. (1995). Comentario de textos clásicos. En F. Tortosa Gil, C. Civera Mollá y C. Calatayud Miñana (Dirs.), *Prácticas de Historia de la Psicología* (págs. 233-253). Valencia: Promolibro.

Mülberger, A. y Sáiz, M. (1995). ¿Cómo se hace un comentario de texto? En M. Sáiz Roca, D. Sáiz Roca, y A. Mülberger (Dirs.), *Historia de la Psicología. Manual de prácticas* (págs. 193-197). Barcelona: Avesta.

2.3. Aspectos de contenido del programa

Las distintas prácticas que componen el programa plantean actividades de análisis y comentario de uno o dos textos representativos de alguna de las principales corrientes psicológicas. En relación con las actividades de comentario hemos procurado guiarlas hacia los puntos neurálgicos de la corriente, en los que estriba su principal significado u aportación histórica. En relación con las corrientes hemos intentado que estuvieran representadas las grandes escuelas de la Psicología moderna, agrupándolas en cuatro categorías correspondientes a la Psicología de la conciencia, la Psicología del inconsciente, la Psicología de la conducta, la Psicología humanista y la Psicología cognitiva.

La **Psicología de la Conciencia** se desarrolla en dos prácticas, a través de tres textos. La *Práctica 1* se centra en la polémica suscitada a finales del siglo XIX y principios del siglo XX en los EE.UU entre la orientación estructural de corte europeo y la Psicología funcional típicamente norteamericana, como ejemplo de los dos primeros modelos de análisis e investigación experimental de la conciencia. Hemos seleccionado para ello sendos textos de los principales representantes de cada corriente: E.B. Titchener y R. Angell. La *Práctica 2* se centra en un modelo alternativo de investigación experimental de la conciencia, que surgió en Europa y llegó a dominar el panorama psicológico en las décadas de 1910 y 1920, hasta ser exportado a América en los 30, donde pasó a convertirse en una escuela minoritaria: la Psicología de la Gestalt.

La **Psicología del Inconsciente** se desarrolla en la *Práctica 3*, a través de un texto de S. Freud. La elección del autor no requiere justificación, dado que se trata de su proponente inicial y principal representante. El texto recoge las características esenciales de su propuesta conceptual y metodológica.

La **Psicología de la Conducta** se analiza en dos prácticas, mediante tres textos. La *Práctica 4* se centra en el conductismo clásico, a través de un texto de su fundador J.B. Watson. La *Práctica 5* insiste en las propuestas de la segunda generación de psicólogos de la conducta, conocidas con el nombre de Neoconductismos, a través de sendos textos de sus dos representantes más característicos: E.Ch. Tolman y C.L. Hull.

La **Psicología Humanista** se presenta mediante un texto de C. Rogers y otro de A. Maslow, que se analizan en la *Práctica 6*. Por último, la **Psicología Cognitiva** se aborda en la *Práctica 7*, analizando uno de los textos inciales de esta orientación, escrito por G.A. Miller, tal vez el primero y principal representante de la introducción de la teoría de la información en Psicología.

Finalmente, hemos querido incluir una última práctica sobre la **Psicología Española**. Así, en la *Práctica 8* planteamos la lectura y comentario de un escrito autobiográfico de Mariano Yela, una de las figuras clave en la Psicología española contemporánea. En este caso no se trata, pues, de un texto científico, aunque sí de una fuente histórica primaria, que permite al alumno el contacto con la Historia de la Psicología a través del testimonio directo de uno de sus protagonistas. Como complemento, incluimos un texto adicional con el capítulo uno del *Examen de Ingenios para las Ciencias*, de Juan Huarte de San Juan, con el que pretendemos acercar al alumno a la obra de nuestro patrón y psicólogo más universal. La relación completa de prácticas y su planificación por sesiones de clase figura en la tabla 6.3.

Tabla 6.3: Relación de Temas del Programa de Prácticas de Historia de la Psicología

1ª SESIÓN:	*Presentación*: El comentario de textos históricos.
2ª SESIÓN:	*Práctica 1*: La Psicología de la Conciencia I: Estructura vs Función.
3ª SESIÓN:	*Práctica 2*: La Psicología de la Conciencia II: La Psicología de la Gestalt.
4ª SESIÓN:	*Práctica 3*: La Psicología del Inconsciente.
5ª SESIÓN:	*Práctica 4*: La Psicología de la Conducta I: Conductismo.
6ª SESIÓN:	*Práctica 5*: La Psicología de la Conducta II: Neoconductismos.
7ª SESIÓN:	*Práctica 6*: La Psicología Humanista.
8ª SESIÓN:	*Práctica 7*:La Psicología Cognitiva.
9ª SESIÓN:	*Práctica 8*: La Psicología Española.

3. *LA DOCENCIA DE LA HISTORIA DE LA PSICOLOGÍA*

En la didáctica de la Historia, y en general en la enseñanza universitaria, resulta llamativa la tradicional falta de investigación empírica sobre la docencia y la función del profesor. Además de la escasez de estudios, las investigaciones parecen centrarse más en cuestiones de contenido que de forma, es decir, parecen más preocupadas por lo que hay que enseñar, que por el modo de enseñarlo (Carretero, Pozo y Asensio, 1989; Carretero y Limón, 1993).

Conscientes de esta situación, los historiadores de la Psicología, vinculados a la universidad y al mundo académico, se han esforzado en los últimos años por reflexionar sobre sus métodos de enseñanza y compartir su propia experiencia docente, dando origen a distintos trabajos sobre didáctica, que han venido siendo publicados en los últimos años en distintas revistas especializadas, como el *Journal of the History of the Behavioral Sciences* o el *American Psychologist*. Entre todas ellas, quizás la más importante a este respecto sea la revista *Teaching of Psychology*, aparecida en 1974. Dedicada específicamente a la enseñanza de la Psicología, en 1979 dedicó un monográfico (n° 6) a la didáctica de la Historia de la Psicología.

En general, estos trabajos reflexionan acerca del modo de conseguir alguna fórmula de enseñanza, que permitiendo conseguir los objetivos de la asignatura y sin perder rigor expositivo, resulte atractiva para el alumno. Algunas de la sugerencias pasan por la construcción de juegos de preguntas sobre Historia de la Psicología, la representación teatral de personajes históricos con ideas contrapuestas, la replicación de experimentos psicológicos clásicos, el empleo de medios audiovisuales, etc.

Por nuestra parte, también dirigimos nuestros esfuerzos como docentes universitarios a hacer que la Historia de la Psicología sea una asignatura que resulte al mismo tiempo interesante y útil para el alumno, aunque no somos partidarios del empleo de métodos sofisticados. Para conseguir que los estudiantes se interesen por lo que contamos pensamos que tan importantes son las estrategias didácticas particulares, como conseguir un clima adecuado en el aula que permita la comunicación y deje la puerta abierta a la participación del estudiante. Previamente, debe además ser consciente del valor de la asignatura en su formación, y encontrar sentido a lo que se le cuenta y se le propone estudiar.

La actitud del profesor, y ciertos recursos didácticos como la narración de anécdotas históricas, una cierta dosis de representación teatral, el empleo de un tono de voz apropiado, apelaciones puntuales con la invitación a responder, o la aprobación de todas las preguntas formuladas por el estudiante, entre otros muchos, pueden ayudar a captar la atención del alumno, aunque somos conscientes de que lo verdaderamente esencial, y lo que en última instancia debe despertar y mantener su interés por la asignatura, son sus contenidos globales y el modo en que éstos se plasman en un plan docente.

Con esta finalidad, sugerimos que la docencia siga ciertas directrices generales. Entre ellas podríamos destacar las siguientes:

(1) Enlazar pasado y presente; enfocar la docencia pensando en el presente de la Psicología, destacando en cada tema el significado de las distintas aportaciones históricas, su relevancia para la Psicología actual y el modo en que han contribuido a definir determinados rasgos de la misma;

(2) Hacer que el alumno viaje en el tiempo y se sitúe en el pasado, haciéndole notar las peculiaridades y diferencias con respecto a las actuales condiciones y formas de vida y de trabajo, y cómo las ideas y conceptos cambian de significado según la época y el lugar, promoviendo así la comprensión histórica;

(3) Utilizar recursos historiográficos y narrativos como el *flash-back* o la narración simultánea de historias paralelas en cada lugar y etapa histórica, como forma de despertar interés y mostrar la existencia de diferentes ritmos históricos, incluso dentro de un mismo período cronológico;

(4) Dar forma a la narración histórica para facilitar la comprensión y retención, identificando en la exposición de cada tema un núcleo de teorías psicológicas o ideas centrales ligadas a ciertos nombres o escuelas, que destaquen con claridad sobre el contexto intelectual y social en que surgen;

(5) No ser dogmático y contar la historia como algo provisional y no definitivo, como algo relativo y no absoluto, presentando no lo que ocurrió, sino lo que probablemente ocurrió desde nuestro punto de vista, justificando nuestra posición y por qué pensamos así, y dejando la puerta abierta a interpretaciones diferentes o futuras reinterpretaciones;

(6) Remitir a la falta de investigación histórica o al desplazamiento de los focos de interés actual para justificar posibles lagunas expositivas.

El plan docente general debiera exponerse a los estudiantes en la primera sesión de clase. Esta primera toma de contacto con el alumno debiera reservarse también para la presentación del profesor y del programa de la asignatura, del sistema de clases y tutorías y de la bibliografía, con el fin de tener informado al estudiante. Dándole a conocer los planes del profesor y las normas de la asignatura, y ofreciéndole desde el primer momento los distintos recursos de que dispone para prepararla, el estudiante puede planificar su trabajo con mayor autonomía.

En el próximo apartado ofreceremos una descripción general de los métodos elegidos para el desarrollo del programa de *Historia de la Psicología*. En la medida en que la docencia de las clases teóricas difiere de la de las clases prácticas, presentaremos ambas por separado.

3.1. Clases teóricas

En nuestra propuesta, las clases teóricas de la asignatura consistirían en explicaciones de los temas del programa según un modelo de lección magistral. En el tiempo de clase se insistiría en los principales aspectos del temario. Los alumnos deberán complementar las explicaciones de clase y preparar cada tema con ayuda de los manuales y bibliografía específica indicada en el programa. Sin ser obligatoria, se aconseja la asistencia a clase, insistiendo en nuestra intención de que resulte formativa, además de útil para la preparación de los exámenes.

Las lecciones magistrales constituyen, pues, la columna vertebral de la asignatura. El amplio número de estudiantes matriculados por regla general, hace que este método resulte el más efectivo y viable para conseguir los objetivos de la asignatura. Mediante el sistema de lección magistral, las explicaciones de clase permiten desarrollar los contenidos centrales de cada tema, aclarar aspectos particularmente difíciles de comprender, exponer la relación existente entre los distintos contenidos y el conjunto del temario, así como orientar acerca de la bibliografía más adecuada para profundizar en los contenidos del programa.

El sistema de lección magistral presenta, no obstante, ciertos inconvenientes, como el riesgo de perder la atención del estudiante, o que éste se desentienda de la explicación para entregarse a una toma de apuntes al dictado, en ocasiones compulsiva y desprovista de todo sentido formativo. Para evitarlo, el sistema permite complementariamente la eventual participación del estudiante, a través de preguntas ocasionales, interlocuciones, discusiones teóricas y puestas en común, que pueden surgir espontáneamente o ser provocadas deliberadamente por el profesor en determinados momentos de la exposición, cuando la naturaleza del tema o la actitud del auditorio así lo aconsejen o surja la oportunidad. Por otra parte, se pueden utilizar distintos apoyos audiovisuales, los cuales pueden servir tanto para reforzar la explicación teórica del profesor, como para romper la monotonía del discurso oral, aligerar la densidad de la clase y fijar la atención del alumno. A este respecto, es útil disponer de los medios audiovisuales necesarios: reproductor de diapositivas, vídeo, televisión, proyector de transparencias, cañón proyector, etc., y de distintos materiales audiovisuales, incluyendo vídeos, grabaciones y transparencias y diapositivas sobre *Historia de la Psicología*.

En lo que respecta a la estructura de la lección, éstas se ajustan al tiempo de clase. Por lo general, las clases tienen una duración preestablecida de 60 minutos, por lo que cadsa lección sería de una hora. Los minutos iniciales de cada sesión se dedican a exponer un resumen general de la lección anterior, que ayude a centrar la atención del auditorio y ligar el discurso oral. Los temas han sido elaborados procurando que todos ellos tuvieran aproximadamente la misma extensión, con el fin de conseguir una distribución lo más homogénea posible del tiempo asignado a la exposición de cada tema y a cada lección. Así simplificamos al máximo el plan de trabajo a seguir, y contribuimos a una mejor previsión y planificación temporal.

Cada tema puede ser desarrollado en un número variable de clases o lecciones, según las exigencias del plan de estudios. Cada lección comienza con una breve introducción, a modo de presentación, en la que se hilvana el objetivo general, la estructura y contenidos que van a ser abordados, y se relaciona la materia a tratar con las lecciones precedentes. En el transcurso de la sesión, se exponen los conceptos centrales del tema correspondiente y se analiza su evolución histórica. Fieles a nuestra concepción historiográfica, se seleccionan, describen, explican e interpretan los principales sucesos históricos, en relación con teorías, métodos, problemas empíricos y autores, y enmarcándolos en el contexto psicológico, intelectual y social en que surgen y se desarrollan. Cada lección se cierra con unas conclusiones finales, a modo de balance y síntesis general de los contenidos y aspectos tratados, la cual sirve al mismo tiempo para anunciar y justificar la lección siguiente.

Como complemento de las lecciones magistrales se aconseja al alumno hacer uso de la bibliografía recomendada en el programa, remitiendo en diferentes momentos de la exposición, al inicio o al término de la misma, a los libros, artículos o monografías allí indicados, siempre que se estime oportuno o conveniente. Las tutorías constituyen una excelente ocasión para comentar más detenidamente la bibliografía básica y complementaria, y asesorar al alumno en función de sus intereses o necesidades específicas. El profesor no dejará por ello de facilitar sus horarios de atención al alumno, ni de insistir en que éstos sean contemplados como un complemento de las sesiones de clase, y un recurso más a su alcance y disposición.

Según los Estatutos de la Universidad, el profesor ha de dedicar varias horas semanales a las tutorías o a la atención a alumnos. En general, ésta está concebida como un servicio más al estudiante, en el que recibir información y asesoramiento por parte del profesor, en privado, en un espacio adecuado y sin las inconveniencias del aula o de los pasillos, y en un momento específicamente escogido para ello, sin las premuras impuestas por el apretado horario de clases. En este horario el profesor asume las funciones de tutor, aconsejando a sus alumnos sobre diversas cuestiones relacionadas con la asignatura, y en general con su formación y estudios universitarios.

En los horarios de tutorías el profesor puede llegar a atender demandas de lo más pintoresco y variado por parte de sus alumnos, aunque generalmente suele ser utilizado por ellos y por el propio profesor como un recurso didáctico, de ahí que hayamos optado por incluirlo en este apartado. De hecho, las solicitudes más frecuentes son de explicaciones más detalladas sobre ciertos contenidos del programa que no hubieran quedado suficientemente claros en clase, o de repuesta a dudas surgidas durante el estudio y aprendizaje de los temas. Otro tipo de información bastante solicitada es la relacionada con los exámenes, como el tipo de prueba o los criterios de evaluación, y la revisión de los errores cometidos y calificaciones obtenidas.

También hay consultas por motivos personales, como problemas de asistencia, interés por modificar las fechas de exámenes o por ampliar los plazos de entregas de trabajos, y un largo etcétera. Desgraciadamente, desde la implantación de los Nuevos Planes de Estudios la mayoría de demandas tiene que ver con problemas administrativos relacionados con errores en las listas, actas o calificaciones, consultas de horarios de clases y asignaturas, revisión de exámenes y evaluaciones, y entrega de trabajos y prácticas, aunque somos conscientes de que no deja de tratarse de una situación coyuntural ligada a las exigencias de adaptación a un nuevo sistema docente.

Al margen del tipo de consulta, los horarios de tutorías constituyen una excelente ocasión para ofrecer al alumno una atención personalizada dentro del actual sistema universitario. Esta se convierte en una oportunidad única cuando se trata de alumnos motivados e interesados por la materia, y deseosos de invertir tiempo y dedicación personales en la preparación del programa o en la realización de trabajos complementarios que les ayuden a profundizar en ciertos aspectos del temario o en el conocimiento general de la *Historia de la Psicología*. Es ésta la ocasión de asesorarles más específicamente sobre la bibliografía especializada y las formas de acceder a ella.

Aunque por regla general nuestra asignatura no despierta fácilmente las simpatías de los alumnos, más inclinados hacia asignaturas de áreas aplicadas y con mayor proyección profesional, como la Psicología clínica, la Psicología escolar o la Psicología industrial, por citar algún ejemplo, siempre hay estudiantes que también ven en ello una buena ocasión para estrechar la relación y el trato con sus profesores, y ponerse a trabajar bajo la tutela de alguno de ellos.

En cualquier caso, la posibilidad de realizar trabajos individuales supervisados por el profesor, o de participar en seminarios con grupos reducidos, se ha visto drásticamente reducida con la llegada de los Nuevos Planes de Estudio. La corta duración de los módulos, la fuerte carga que supone la multitud de trabajos e informes de prácticas que los alumnos tienen que presentar, el gran número de exámenes que deben realizar o la densidad de los horarios de clase, que limita el tiempo de estudio personal, son algunas de las razones que explican este cambio y hacen cada vez más difícil motivar a los alumnos en esta dirección. No obstante, confesamos con humildad, aunque también con cierta satisfacción, que en alguna ocasión lo hemos conseguido.

3.2. Clases prácticas

Nuestros estudiantes entran en contacto con los autores y teorías relevantes en la Historia de la Psicología a través de las explicaciones del profesor y de los manuales de la asignatura, algo que en definitiva es necesario e incluso aconsejable. Sin embargo, los manuales y clases teóricas sólo consiguen una interpretación general del devenir de la Psicología, la cual es ofrecida además desde la perspectiva del autor o del profesor. Por ello consideramos también importante que el alumno conozca de primera mano los escritos de autores clásicos de la disciplina, y se esfuerce por leerlos, comprenderlos, interpretarlos y criticarlos por sí mismo. En este sentido proponemos el análisis y comentario de textos psicológicos históricamente relevantes, como el método adecuado para la didáctica de las clases prácticas, y como el complemento más eficaz de las clases teóricas.

Pensamos que la lectura y discusión crítica de textos originales permite conseguir los objetivos propuestos en la exposición del programa de la asignatura, y contribuye de diversos modos a la formación del estudiante. A diferencia de los manuales, cuando el estudiante maneja contribuciones originales de personajes como los escogidos (Titchener, Angell, Köhler, Freud, Watson, Tolman, Hull, Rogers, Maslow o Miller), se enfrenta a textos mucho más complejos, más arduos y difíciles de entender, menos elaborados y ajustados a las necesidades docentes, lo que sin duda le exigirá un mayor esfuerzo intelectual y un trabajo adicional, formativo y productivo, que contribuirá al desarrollo y enriquecimiento de sus capacidades.

Además de adquirir un mayor vocabulario técnico, el alumno ejercitará sus capacidades de lectura comprensiva, análisis de enunciados científicos, síntesis, organización y exposición de ideas, y pensamiento crítico. Adicionalmente, al consultar fuentes primarias tendrá ante sí a los propios protagonistas de la Historia de la Psicología, es decir, a los psicólogos que han dado origen a las ideas, conceptos, métodos, instrumentos, técnicas, etc, que estudia en las diferentes asignaturas a la largo de la carrera. Enfrentándose a sus escritos sin la mediación del profesor, y recibiendo sus enseñanzas de primera mano, aprenderá a valorar doblemente el trabajo académico, tanto el realizado por el investigador en cuestión, como el del propio docente.

Por otra parte, la lectura y análisis de textos psicológicos originales constituye un valioso complemento de la docencia universitaria, supliendo algunas de sus deficiencias, en especial las derivadas de las limitaciones de tiempo y de la excesiva fragmentación de la oferta académica. Estas mismas causas hacen que el alumno reciba en muchas ocasiones la información descontextualizada y simplificada en exceso, en unidades de información aisladas y pobremente fundamentadas, cuyo concurso fortuito difícilmente puede contribuir a obtener una visión madura y completa de la composición de la Psicología. La lectura de fuentes primarias evita imágenes triviales, carentes de sentido o sesgadas, y conclusiones erróneas, precipitadas, escasamente fundadas, dogmáticas o acríticas.

En lo que respecta a la tarea propiamente dicha, existen muchas formas de comentar un texto. En general todas ellas tratan de comprenderlo y profundizar en su significado. Por nuestra parte proponemos a los estudiantes un procedimiento estructurado que les sirva de guía y permita una mayor uniformidad, tanto en el trabajo desarrollado en las sesiones de clase como en la presentación de los trabajos, y posteriormente en las tareas de evaluación. En dicho procedimiento se incluyen los apartados y puntos clave para realizar el comentario, permitiendo que cada alumno pueda desarrollar su propio estilo, aunque conservando esta estructura general. Nuestra guía incluye seis apartados, de los que presentaremos a continuación un breve comentario: planteamiento (objetivos), análisis (estructura e ideas principales), síntesis (resumen), contextualización (contexto psicológico, intelectual y social), valoración (crítica objetiva y personal) y conclusiones.

(1) *Planteamiento*: se trata aquí de expresar de forma sucinta la intención y objetivos del autor al escribir el texto.

(2) *Análisis*: consiste en exponer el modo en que está estructurado el texto, las ideas principales que contiene, y la forma en que están expresadas y argumentadas.

(3) *Síntesis*: se trata de exponer en un breve resumen el contenido del texto, condensando en pocas líneas las ideas fundamentales y la forma en que se organizan.

(4) *Contexto*: en este apartado se trata de encuadrar el texto en su marco histórico, caracterizando el momento en el que fue escrito y lo que sucedió antes y después. Conviene para ello especificar distintos contextos, haciendo referencia a los siguientes aspectos: a la obra y pensamiento de su autor; a la escuela o corriente psicológica a la que pertenece; al contexto intelectual más amplio, comparando las ideas del texto con otros puntos de vista existentes en su época, y considerando tanto los antecedentes que pudieron influir en él como sucesores en los que pudo haber influido; y por último al contexto social y cultural en el que fue escrito.

(5) *Valoración*: se trata aquí de hacer una evaluación personal del texto desde nuestra óptica y situación actual. Debe tratarse de una crítica constructiva y fundamenta-

da, por lo que proponemos distinguir dos apartados: en primer lugar, considerar las valoraciones críticas realizadas por otros, normalmente estudiosos y especialistas, antes que nosotros y desde distintas perspectivas, contrastando sus juicios y opiniones; a continuación, hacer una valoración personal en la que plasmemos nuestra propia impresión y nuestro propio punto de vista al respecto. Dado el componente subjetivo de cualquier valoración, pretendemos evitar, de este modo, críticas planteadas con ligereza, con afán de desmontar o excesivamente centradas en errores de interpretación o puntos débiles, aprendiendo también a resaltar aspectos positivos del texto, como su eventual vigencia, su originalidad, su influencia, o cualquier otro aspecto relevante de su contribución histórica.

(6) *Conclusiones*: consiste, por último, en hacer un balance final en el que el alumno indique aquello que quiera resaltar, tanto en relación con el texto analizado como con el comentario que acaba de realizar.

4. CONCLUSIÓN Y REFLEXIONES FINALES

En nuestras reflexiones acerca del objeto de la Historia de la Psicología, decíamos que ésta se ocupa de la evolución y los cambios experimentados por la Psicología a lo largo del tiempo. Al reflexionar sobre la naturaleza y condición científica de la Psicología definíamos ésta como una disciplina intelectual, que agrupa de forma organizada a un colectivo de individuos con una finalidad común: el estudio y conocimiento de lo psicológico.

Lo "psicológico" ha sido interpretado de diversos modos según el marco geográfico y temporal, tal y como pretendemos reflejar en los contenidos del programa de la asignatura. Desde este punto de vista, la Psicología debiera ser presentada en la clases como una realidad histórica y social, que se ha ido configurando con el transcurso de los años, bajo la influencia de múltiples condicionantes externos, hasta adquirir su configuración actual como disciplina académica, tecnología y profesión.

Por una parte, la Psicología actual es una actividad humana de investigación, que produce conocimientos científicos y tecnológicos: en el primer caso se trata de ideas y teorías, organizadas dentro de una estructura conceptual definida, que pretenden dar cuenta de las regularidades empíricamente observables en un determinado tipo de fenómenos humanos; en el segundo caso se trata de formas y herramientas de intervención social, con un uso y una finalidad prácticas, susceptibles de aplicación a determinados problemas y necesidades humanas.

Por otra parte, la Psicología actual también es una actividad profesional, de prestación de servicios especializados a cambio de una retribución económica, sobre demanda, y en base a un criterio de relevancia social. Complementariamente es una práctica y un saber organizados, que agrupa a un colectivo de individuos identificados intelectual y profesionalmente como psicólogos. Gracias a esta organización disponen de reglas consensuadas con las que sancionan legal y socialmente su identidad y preservan su condición de expertos, canalizan su actividad a través de instituciones, y comparten y hacen públicos sus conocimientos.

Las dos dimensiones que conforman la Psicología, la intelectual o conceptual y la social u organizativa, se refieren respectivamente a los aspectos internos y externos de una única realidad dinámica que evoluciona a lo largo del tiempo. Este desarrollo temporal es el que constituye, precisamente, el contenido de nuestra disciplina. Así, al contemplar la Psicología desde la perspectiva histórica, atendemos a los cambios experimentados en su doble vertiente, interna y externa, haciendo que la Historia de la Psicología sea *"la Historia de los cambios ideológicos y sociales experimentados por la Psicología en su evolución temporal"*. Por esta misma razón hemos propuesto un programa en el que las dos vertientes quedan igualmente representadas.

En primer lugar, nuestro programa refleja la dimensión intelectual de la disciplina, atendiendo al desarrollo de las ideas psicológicas a lo largo del tiempo. En la medida en que esta dimensión intelectual remite a un núcleo de aspectos conceptuales, tanto teóricos como metodológicos, nuestro programa remite a la evolución conceptual de la Psicología, es decir, a lo que llamamos la lógica del desarrollo interno de las teorías y métodos psicológicos.

Debemos pensar, a este respecto, que las ideas psicológicas no son inmutables, sino que sufren cambios como cualquier otro tipo de ideas. Por nuestra parte, creemos oportuno tratar de mostrar cómo los psicólogos y las comunidades de psicólogos definen y redefinen sus conceptos, construyen y reconstruyen sus teorías, y conciben ideas, las aceptan o rechazan, las sostienen o abandonan, las defienden o rebaten, etc. Debemos procurar mostrar cómo, con el tiempo, las concepciones psicológicas derivan eventualmente en modelos, programas o tradiciones, que actúan como referente con respecto al cual se posicionan los psicólogos de cada época, bien para continuarlas o bien para reemplazarlas.

Ahora bien, desde esta óptica, la Historia de la Psicología desarrollada en el programa sería una historia intelectual, es decir, una historia en la que el hilo conductor lo constituirían las ideas que la disciplina ha ido generando a lo largo del tiempo. Creemos que éstas serían las que en último término darían sentido a la Historia de la Psicología y justificarían su existencia, pero también estamos convencidos de que para explicar las ideas y posiciones de los pensadores debemos prestar atención a los determinantes sociales e institucionales, y así debemos reflejarlo también en los contenidos del programa.

Es cierto que los psicólogos suelen emplear argumentos científicos para defender sus ideas y consagran su actividad científica a la resolución de problemas empíricos. Sin embargo, no podemos olvidar que dicha actividad está teóricamente mediada, y que las teorías surgen además en un marco institucional sobre el que operan múltiples y diversos condicionantes de índole social, económica, política, ideológica, cultural, etc. Del mismo modo que el científico no puede constatar hechos empíricos sin más obviando tales mediaciones, el historiador de la ciencia tampoco puede contentarse con narrar hechos históricos sin preguntarse por los condicionantes de las ideas científicas, y lo mismo podríamos decir en el caso de la Historia de la Psicología.

El Historiador de la ciencia contemporáneo, formado en la tradición postpositivista, se caracteriza por adoptar una actitud radicalmente diferente respecto de la naturaleza de la ciencia. En general concibe las teorías científicas no como representaciones exactas de un mundo invariable que han ido perfeccionándose a lo largo del tiempo, sino como realidades dinámicas y cambiantes, que en interacción continua con sus datos dan lugar a distintos resultados conceptuales, diversos y a menudo contrapuestos. Además, los conceptos van siempre ligados al resto de conocimientos y creencias sostenidas en un momento histórico determinado, y sólo adquieren sentido circunscritos a un tiempo y a un lugar, en unas coordenadas espaciales y temporales concretas.

Nuestro programa y su contenido han sido elaborados pensando de este modo sobre la ciencia, y procurando examinarla en movimiento. En este sentido procura mostrar que el conocimiento científico en general, y el psicológico en particular, están condicionados por distintos factores externos que definen la racionalidad de toda una época, y que para explicar el desarrollo de las ideas científicas y psicológicas debemos ir más allá de lo empírico, y abrirnos a la consideración de otros aspectos del momento histórico particular. Enfocado desde esta perspectiva, el contenido de nuestro programa aspira a ser algo más que una mera sucesión de teorías y métodos, algo más que un mero registro de ideas, para tratar de explicar el origen, desarrollo e implantación de las mismas. Seguramente no podremos evitar destacar más unos elementos descriptivos y explicativos que otros según nuestras preferencias, pero nuestra intención es que todos ellos estén más o menos presentes en nuestra reconstrucción histórica.

En conclusión, el programa de la asignatura y su contenido están concebidos desde esta perspectiva relativista. Consideramos que lo que llamamos Psicología no es algo absoluto, sino relativo a un tiempo y un lugar determinados, y tampoco es inmutable, sino dinámico. Tal y como la reflejamos en la asignatura, la Psicología está constantemente reestructurando sus fronteras, suprimiendo divisiones, redefiniendo sus problemas de acuerdo con la época. Está, en definitiva, construyéndose, a través de un proceso histórico de negociación intra e interdisciplinar, así como en relación con la cultura y con la sociedad en la que surgen y se plantean las ideas.

La Historia que pretendemos contar en las clases trata de explicar las razones que hacen que se abandonen unas teorías psicológicas y sean sustituidas por otras. Además de las principales teorías, métodos y demás componentes intelectuales, examinamos esta serie de negociaciones y transacciones históricas en las que intervienen los psicólogos, desde que empiezan a interesarse por un determinado objeto de conocimiento hasta que éste se perfila y consolida definitivamente como un campo propio de investigación. La historia externa y la historia interna de la Psicología se combinan así para hacer inteligible el recorrido histórico que planteamos en el programa.

En otro orden de cosas, la presencia de una asignatura como *Historia de la Psicología* en el *curriculum* del psicólogo no precisa de mayores justificaciones, desde el momento en que el propio Ministerio de Educación y Ciencia establece su inclusión en los planes de estudios de todas las Universidades españolas como materia troncal. Sin embargo, siendo la Historia de la Psicología una disciplina formalmente histórica, uno puede preguntarse hasta que punto está justificada su presencia como asignatura en nuestros planes de estudios. Aún reconociendo en ella un contenido psicológico, no deja de versar sobre el pasado, por lo que aún así uno podría plantearse si verdaderamente contribuye al conocimiento actual, y en qué medida es necesaria en la formación del futuro psicólogo. En las conclusiones del capítulo tercero reflexionábamos acerca de los principales usos y funciones de la disciplina, destacando su sentido y utilidad. En las próximas líneas destacaremos algunos de los argumentos que legitiman su lugar y condición en los estudios de licenciatura.

En primer lugar, tal y como allí comentamos, la Historia de la Psicología se enmarca en nuestra universidad en el área de conocimiento de Psicología Básica, asumiendo como propia la responsabilidad del estudio e investigación de la bases y fundamentos de nuestra disciplina. Como parte de una Psicología General, la Historia de la Psicología debe integrar de forma ordenada, coherente y armoniosa los descubrimientos psicológicos realizados en diversos ámbitos empíricos, distintos lugares geográficos y diferentes momentos temporales, dotando de un significado preciso a la Psicología actual. La Historia de la Psicología se plasma en una narración que describe y explica la evolución de la disciplina en el pasado, siguiendo un determinado hilo argumental gracias al cual adquiere sentido el presente. En ello estriba justamente su función de integración y fundamentación teórica de la Psicología. Por esta razón creemos justificada su condición de materia troncal.

Paralelamente, en segundo lugar, la Historia de la Psicología también contribuye a dotar de sentido y unidad al resto del *curriculum* académico. Al igual que la Historia resulta útil a la propia Psicología desempeñando una función legitimadora del *statu quo* actual y dotándola de un sentido de identidad disciplinar, la asignatura *Historia de la Psicología* resulta útil a los propios estudios de Psicología, al facilitar la sistematización y ordenación de los contenidos impartidos en las demás asignaturas. Por ello consideramos oportuna su ubicación en el primer ciclo de los estudios de licenciatura.

Por una parte, la Historia sirve de columna vertebral, al tiempo que proporciona un marco teórico unificado donde integrar los conocimientos adquiridos en las restantes materias. Esto resulta especialmente útil en aquellos planes de estudios en los que no existe ninguna asignatura de introducción general a la Psicología. En un momento en que los alumnos ya disponen de algunos conocimientos básicos sobre la Psicología, la Historia les permite organizarlos de forma significativa.

Por otra parte, la Historia sirve también para encontrar sentido a la diversidad de la Psicología actual, la cual se refleja, lógicamente, en la oferta de asignaturas, tanto optativas como troncales y obligatorias. No nos referimos meramente a la existencia de numerosas especialidades o ámbitos aplicados, sino también a la mencionada fragmentación teórica y a la pluralidad de orientaciones y escuelas, que ya desde los primeros compases de la licenciatura empieza a desconcertar a los estudiantes. La Historia puede ayudar a conocer la diversidad existente, pero también a comprenderla, desarrollando una perspectiva no sólo integradora, sino también más amplia, que ayude a entender que existen diversos modos de hacer Psicología. En un momento en que los alumnos aún no disponen de los suficientes conocimientos especializados sobre la Psicología, la Historia les explica la forma en que ésta se ha desarrollado, y cómo opciones y tendencias van siempre ligadas a contextos históricos, sociales y culturales determinados.

En tercer lugar, y en conexión con este último argumento, la Historia de la Psicología contribuye a dotar al alumno de una perspectiva crítica, a nuestro juicio necesaria para su formación integral y como futuro psicólogo o psicóloga. En las conclusiones del capítulo tercero ya destacamos la utilidad de la Historia para el desarrollo intelectual y humano del estudiante (al igual que del ya licenciado), cifrándola en su valor formativo, más allá de la mera adquisición de conocimientos científicos o técnicos. En un ámbito particularmente plural como es la Psicología, la asignatura se convierte en la mejor forma de situar al estudiante frente a las múltiples opciones que existen hoy en día, de mostrarle las raíces de la diversidad y de enseñarle a asumir la relatividad de cualquier posicionamiento con respecto a lo psicológico.

El proceso de formación a que se somete el estudiante a lo largo de la carrera conlleva inevitablemente, de forma explícita o implícita, un cierto adoctrinamiento (o si se prefiere de socialización). La Historia sirve para mostrarle que las ideas, teorías y métodos que está aprendiendo (y la ciencia en general) no son algo absoluto, sino un producto histórico que podría haber adoptado distintas formas. Por una parte, le enseña a ser consciente de que las preguntas que se formulan los investigadores y los criterios vigentes sobre la labor científica siempre están subordinados a un tiempo y un lugar; por otra parte, le ayuda a ser más consciente de los múltiples condicionantes que operan sobre el quehacer intelectual, de sus propias asunciones, de los supuestos subyacentes a su trabajo, de las influencias sociales y culturales, y a pensar que si la comunidad psicológica ha desarrollado ciertas opciones teóricas y metodológicas es porque ha habido poderosas razones para ello. Familiarizándose con la procedencia de las ideas, gana en comprensión, capacidad de análisis y reflexión, sentido crítico y tolerancia.

Se trata, por lo demás, de un saludable ejercicio de humildad científica, que enseña al estudiante a ser respetuoso y constructivo, y a tomar conciencia de que cada nueva generación no parte de cero, sino que forma parte de un proceso más amplio y de que para aportar algo nuevo y distinto primero hay que asumir el camino que otros han recorrido ya. Gracias a la Historia se aprende a no criticar sin más las insuficiencias y equivocaciones, ni a desmontar porque sí y por el gusto de hacerlo, sino a aprender a valorar cualquier logro en función de las condiciones en las que se consigue.

.......Confiamos en que estas reflexiones sirvan como contraargumento frente a aquellas opiniones que pudieran cuestionar la contribución de la Historia en la cualificación como expertos de los futuros psicólogos. Creemos que su importancia en el proceso formativo está plenamente justificada, tanto desde el punto de vista científico o profesional como intelectual: en el primer caso, la Historia amplía la perspectiva de conocimientos de los estudiantes y los prepara mejor para valorar los logros presentes y hacer uso de las posibilidades actuales; desde el punto de vista intelectual, acorde con la doble función de la universidad respecto de los estudiantes, y más allá de la preparación estrictamente técnica y profesional, nuestra disciplina puede contribuir a dotarlos de un bagaje cultural más amplio y a fomentar en ellos una actitud crítica y científica, proporcionándoles un marco global e histórico en el que situar sus conocimientos más especializados, y fomentando hábitos de reflexión sobre los mismos.

Con todo, la realidad actual de las Facultades de Psicología, y en general de la docencia en buena parte de las universidades españolas, sumida desde hace varios años en un proceso de transformación y renovación de los planes de estudios, nos hace ser conscientes de la provisionalidad de cualquier programa docente, así como del carácter coyuntural de la situación actual. En el caso concreto de nuestra universidad, por ejemplo, los esfuerzos institucionales parecen dirigirse, de hecho, hacia una nueva e inminente reforma, que ésta vez suponga una efectiva racionalización y mejora de la calidad de la docencia universitaria, y repercuta positivamente tanto en el alumnado como en el profesorado.

En lo que respecta a la *Historia de la Psicología*, las previsiones contemplan su inminente conversión en una asignatura anual, que presumiblemente permita el cómodo desarrollo de un programa completo, sin algunas de las limitaciones y dificultades formales que el actual sistema impone a la docencia, y que tienen que ver con cuestiones decisivas como la distribución de espacios, la planificación del calendario académico en fechas y bandas horarias, la duración de módulos y asignaturas, etc., que tanto afectan a las condiciones e incluso a la posibilidad misma de impartir la docencia de una especialidad.

Estas razones nos han hecho plantearnos en diversos momentos la posibilidad de proponer un programa general de

Historia de la Psicología, adaptable con las variaciones pertinentes a las diversas exigencias impuestas por las necesidades institucionales y de reorganización de la docencia universitaria, o incluso orientado al futuro, según las actuales previsiones. Sin embargo, también somos conscientes de las dificultades que entraña elaborar y adaptar cualquier programa docente a unas condiciones y circunstancias específicas, al igual que no podemos olvidar que las actuales, más allá de su provisionalidad, son las que están vigentes hoy en día. Confesamos (con prudencia aunque con total honestidad) nuestro deseo de conocer, e incluso participar activa y comprometidamente, en este proceso de renovación tan vaticinado y ansiado por muchos, y confiamos que nuestra propuesta pueda resultar útil. Entre tanto, seguimos trabajando y haciendo trabajar a nuestros estudiantes mientras esperamos el cambio. Haciendo gala de nuestra condición de historiadores y no sin cierto pudor, confesamos sentirnos al pensarlo como Henri IV debió de sentirse al pronunciar en París, allá por el 1589, desde lo alto de la colina de Montmartre que hoy en día corona la Iglesia del Sagrado Corazón, reconquistando su trono y poniendo así fin al espacio de interreino que durante 30 años había desolado Francia..., aquello de *"París bien vale una misa"*.

ANEXO 1:

PROGRAMA DE HISTORIA DE LA PSICOLOGÍA. TEORÍA

0. Presentación: "HISTORIA DE LA PSICOLOGÍA. TEORÍA"

Apartados:

0.1. Presentación del profesor.
0.2. Presentación del programa de la asignatura.
0.3 Presentación del sistema de clases y tutorías.
0.4 Presentación de la bibliografía.

Bibliografía general:

BRENNAN, J.F. (1999): *Historia y Sistemas de la Psicología.* Madrid: Prentice-Hall (traducción castellana de la 5ª edición inglesa).

GONDRA, J.Mª (1997-1998): *Historia de la Psicología. Introducción al pensamiento psicológico moderno.* Madrid: Síntesis (2 volúmenes).

HOTHERSALL, D. (1997): *Historia de la Psicología.* México: McGraw-Hill (traducción castellana de la 3ª edición inglesa, 1997).

LEAHEY, Th.H. (1998): *Historia de la Psicología. Principales corrientes en el pensamiento psicológico* (traducción castellana de la 4ª edición inglesa).

TORTOSA, F. (Coord.) (1998): *Una Historia de la Psicología moderna,* Madrid: McGraw-Hill, 1998.

PARTE I: HISTORIA E HISTORIOGRAFÍA DE LA PSICOLOGÍA

Tema 1: "HISTORIA E HISTORIOGRAFÍA DE LA PSICOLOGÍA"

Apartados:

1.1   Introducción.
1.2   Ciencia e Historia de la Ciencia.
1.3   Psicología e Historia de la Psicología.
1.4   Función de la Historia de la Psicología.

Bibliografía general:

BRENNAN, J.F. (1999): *Historia y Sistemas de la Psicología*. Madrid: Prentice-Hall (traducción castellana de la 5ª edición inglesa) (Cap. 19, págs. 336-347).

LEAHEY, Th.H. (1998): *Historia de la Psicología. Principales corrientes en el pensamiento psicológico* (traducción castellana de la 4ª edición inglesa) (Cap. 1, págs. 3-37).

TORTOSA, F. (Coord.) (1998): *Una Historia de la Psicología moderna*, Madrid: McGraw-Hill, 1998 (Cap. 1: Historia e Historiografía de la Psicología, por F. Tortosa y J.A. Vera, págs. 3-18).

Bibliografía complementaria:

Ash, M.G. (1983). The self-presentation of a discipline: history of psychology in the United States between pedagogy and scholarship. En L. Graham, W. Lepenies y P. Weingart (eds.), *Functions and uses of disciplinary histories* (pp. 143-189). Dordrecht: Reidel.

Ash,M. y Woodward,W. (eds.) (1987): *Psychology in Twentieht-Century Thought and Society*. Cambridge/Nueva York: Cambridge University Press.

Barker,P. y Gholson,B. (1984): The history of the psychology of learning as a rational process: Lakatos versus Kuhn. En H.W. Reese (Ed.), *Advances in child development and behavior*, Vol. 18 (pp. 227-244). Nueva York: Academic Press.

Barnes, B. (1982): *T.S. Kuhn and social science*. Londres: Macmillan (Trad. cast.: *T.S. Kuhn y las ciencias sociales*. México: FCE, 1986).

Benjafield,J. (1996): *A History of Psychology*. Boston: Allyn and Bacon.

Benjamin, L. (1992): Introduction to the special issue. *American Psychologist, 47*, (2), 109-110.

Benjamin, L.T. Jr. (Ed.) (1988): *A history of psychology. Original sources and contemporary research.* Nueva York: McGraw-Hill.

Berger,,P. y Luckmann,T. (1967): *The social construction of reality.* Harmondsworth, UK: Penguin.

Blas Aritio, F. A. (1982). Prólogo a T. H. Leahey, *A History of Psychology* (pp. 11-17). Madrid: Debate.

Blas Aritio, F.A. (1980). Problemas y tareas de la Historia de la Psicología. *Rev. de Psicología General y Aplicada, 35* (5), 751-767.

Blas Aritio, F.A. (1982). El desarrollo «reformista» de la Psicología. *Revista de Historia de la Psicología, 3* (4), 333-366.

Bloor,D. (1983): *Wittgenstein: A social theory of knowledge.* Nueva York: Columbia University Press.

Blumenthal,A. (1975): A reappraisal of Wilhelm Wundt. *American Psychologist, 30,* 1081-1088.

Boakes, R.A. (1984). *From Darwin to behaviourism - Psychology and the minds of animals.* Cambridge: Cambridge University Press. (Trad. cast.: *Historia de la psicología animal. De Darwin al conductismo.* Madrid: Alianza, 1984).

Boring,E.(1929, 1950): Historia de la Psicología experimental. México: trillas, 1985.

Boring,E.G.(1961): Autobiography (Expanded, updated and reoriented from the sketch of 1952). En E.G.Boring, Psychology at large. An autobiography and selected essays. Nueva York: Basic Books.

Braudel, F. (1960): Unité et diversitée des sciences de l'homme. *Revue de l'Enseignement Supérieur,* n° 1, 17-22 (reimp. en F. Braudel, *La historia y las ciencias sociales* (pp. 201-214). Madrid: Alianza, 1984).

Brozek, J. y Pongratz, L.J. (eds.) (1980). *Historiography of modern psychology.* Toronto: Hogrefe.

Brozek,J. (1983): Study of the history of psychology around the world: Recent institutional and organizational developments. *Revista de Historia de la Psicología, 4* (4), 293-345.

Brozek,J. (ed.) (1984): *Explorations in the History of Psychology in the United States.* Lewisburg, PA: Bucknell University Press.

Brush,S.G. (1974): Should the history of science be rated X? *Science,* 183, 1164-1172.

Buss,A. (ed.) (1979): *Psychology in Social Context.* Nueva York: Irvington.

Buxton,C. (ed.): *Points of view in the modern history of psychology.* San Diego: Academic Press.

Caparrós, A. (1978). La Psicología, ciencia multiparadigmática. *Anuario de Psicología, 19* (2), 79-110.

Caparrós, A. (1984). Notes for reconsidering the called philosophic psychologies. *Revista de Historia de la Psicología, 5* (1-2), 85-90.

Caparrós, A. (1991): Crisis de la psicología: ¿singular o plural? Aproximación a algo más que un concepto historiográfico. Anuario de Psicología, nº 51, 5-20.

Caparrós,A. (1980): Problemas historiográficos de la historia de la psicología. Revista de Historia de la Psicología, 1, 3-4, 393-413. Repr. en F.Tortosa, L.Mayor y H.Carpintero, La psicología contemporánea desde la historiografía. Barcelona: PPU, 1990.

Carpintero, H. (1980): La psicología actual desde una perspectiva bibliométrica: Una introducción. Análisis y Modificación de Conducta, 11-12, 9-23.

Carpintero, H. (1996). Historia de las Ideas Psicológicas. Madrid: Pirámide. (Caps. 1-2, págs. 21-40).

Carpintero,H. Peiró,J. y Tortosa,F.(1988): The influence of european thought on the development of the american psychology: The first decades. University of Valencia. Contract DAJA 45 87 M 0399. U.S. Army Research Institute. European Science Coordination Office.

Carr, E. H. (1981). ¿Qué es la Historia?. Barcelona: Ariel (Ed. Orig., 1961).

Cerullo,J. (1988): E.G.Boring: Reflections on a discipline builder. American Journal of Psychology, 101(4), 561-575.

Coan, R. (1968): Dimensions of psychological theory. American Psychologist, 23, 715-722. (reimp. en Tortosa et al., La psicología contemporánea desde la historiografía (pp. 195-214). Barcelona: PPU, 1990).

Danto, A.C. (1965): Analytical philosophy of history. Cambridge: Cambridge University Press (Trad. cast.: Historia y narración. Ensayos de filosofía analítica de la historia. Barcelona: Paidós/ICE - UAB, 1989).

Danziger, K. (1984). Towards a conceptual framework for a critical history of psychology. Revista de Historia de la Psicología, 5 (2), 99-107.

Danziger, K. (1985): The origins of the psychological experiment as a social institution. American Psychologist, 40 (2), 133-140.

Danziger, K. (1990): Constructing the subject. Historical origins of psychological research. Cambridge: Cambridge Univ. Press.

Danziger, K. (1993). History, Practice, and Psychological objects: Reply to commentators. En H.Rappard, P.van Strien, L.Mos y W.Baker (Eds.), Annals of theoretical psychology, Vol. 8 (pp. 71-84). Nueva York: Plenum Press.

Danziger, K. (1993). Psychological objects, practice, and history. En H.Rappard, P.van Strien, L.Mos y W.Baker (Eds.), Annals of theoretical psychology, Vol. 8 (pp. 15-47). Nueva York: Plenum Press.

Danziger,K. (1979): The positivist repudiation of Wundt. Journal of the History of the Behavioral Sciences, 15 (3), 205-230.

Danziger,K. (1992): Ideas and constructions: Reply to reviewers. Theory and Psychology, 2, 255-256.

Danziger,K. (1994): Does the history of psychology have a future? Theory and Psychology, 4, 467-484.

Dunlap.K. (1941): The historical method in psychology. *Journal of General Psychology*, 24, 49-62.

Echeverría, J. (1989). *Introducción a la metodología de la ciencia*. Barcelona: Barcanova.

Fodor,J. (1975): *The language of thought*. Cambridge: Harvard University Press.

Furumoto, L. (1989): The new history of psychology. En I.S. Cohen (ed.), *G. Stanley Hall Lecture Series*, vol. 9 (pp. 5-34). Washington, DC: APA.

Garfield, E. (1985). The life and career of George Sarton: The father of the History of Science. *Journal of the History of the Behavioral Sciences*, *21* (2), 107-117.

Gergen, K. (1985): The social constructionist movement in modern psychology. *American Psychologist*, *40* (3), 266-275.

Geuter, U. (1983). The uses of history for the shaping of a field: Observations on German psychology. En L. Graham, W. Lepenies y P. Weingart (eds.), *Functions and uses of disciplinary histories* (pp. 191-228). Dordrecht: Reidel.

Gholson,B. y Barker,P. (1985): Kuhn, Lakatos and Laudan. Applications in the history of physics and psychology. *American Psychologist*, *40* (7), 755-769.

Greenwood,J. (1992): Realism, empiricism and social construction. *Theory and Psychology*, 2, 131-152.

Griffith,C. (1921): Some neglected aspects of a history of psychology. Psychological Monographs, 30, n° 136, 17-29.

Hale,M. (1980): Human science and the social order: Hugo Münsterberg and the origins of applied psychology. Philadelphia: Temple University Press.

Hilgard, E., Leary, D. y McGuire, G. (1991): The history of psychology: A survey and critical assessment. *Annual Review of Psychology*, *42*, 79-107.

Hilgard, E.R. (1982). Robert I. Watson and the founding of Division 26 of the American Psychological Association. *Journal of the History of the Behavioral Sciences*, *18* (4), 308-311.

Kimble,G. Wertheimer,M. y White,Ch. (Eds.): *Portraits of Pioneers in Psychology*. Hillsdale, New Jersey: LEA.

Koch,S. y Leary,D. (Eds.) (1985): *A century of Psychology as a science*. Nueva York: McGraw-Hill.

Koch,S.(1959): General introduction to the Series. En S.Koch (Ed.), *Psychology: A study of a science*. (tomo 1). Nueva York: McGraw-Hill.

Koyré, A. (1955). *Etudes d'histoire de la pensée philosophique*. París: Gallimard (Trad. cast.: *Pensar la ciencia*. Barcelona: Paidós, 1994).

Kragh, H. (1989). *Introducción a la Historia de la ciencia*. Barcelona: Crítica/ Grijalbo. (ed. orig.: *An introduction to the historiography of science*. Cambridge: Cambridge University Press, 1987).

Kuhn, T. (1968/77). History of science. En *International Encyclopedia of the Social Sciences*, vol. 14 (pp. 74-83). Nueva York: Crowell Collier y Macmillan (Reimp. en *The essential tension*. Chicago: Univ. of Chicago Press, 1977).

Kuhn, T.S. (1962). *The structure of scientific revolutions.* Chicago: Univ. of Chicago Press (Trad. cast.: *La estructura de las revoluciones científicas.* Madrid: FCE, 1975).

Kuhn, T.S. (1977): *The essential tension. Selected studies in scientific tradition and change.* Chicago: Univ. of Chicago Press (Trad. cast.: *La tensión esencial. Estudios selectos sobre la tradición y el cambio en el ámbito de la ciencia.* México: FCE, 1982).

Lakatos, I. y Musgrave, A. (eds.) (1970). *Criticism and the growth of knowledge.* Cambridge: Cambridge Univ. Press. (Trad. cast.: *La crítica y el desarrollo del conocimiento.* Barcelona: Grijalbo, 1975). (contiene aportaciones de Popper, Kuhn y Lakatos, entre otros).

Laudan, L. (1977). *Progress and its problems.* Londres: Routledge and Kegan Paul (Trad. cast.: *El progreso y sus problemas.* Madrid: Encuentro, 1986).

Leary,D.E. (1987): Telling likely stories: the rhetoric of the new psychology, 1880-1920. *Journal of the History of the Behavioral Sciences, 23* (4), 315-331.

Lepenies,W. y Weingart,P. (1983): Introduction. En L. Graham, W. Lepenies y P. Weingart (Eds.), *Functions and uses of disciplinary histories* (pp. ix-xx). Dordrecht: Reidel.

López, J. A. (1986). Comentarios críticos sobre el estado de la Psicología como ciencia. *Revista de Historia de la Psicología, 7,* 91-102.

López-Cerezo,J.A., Luján,J.L. y González,M. (1997): Comunicación personal

Luján,J.L (1990): Estudio descriptivo y evaluativo del complejo científico-tecnológico de la inteligencia humana. Tesis Doctoral. Universitat de València.

Mackenzie,B. (1977): Behaviourism and the limits of scientific method. Atkabtic Highlands, NJ: Humanities Press (Trad. cast., *El conductismo y los límites del método científico.* Bilbao: DDB, 1982).

Mayor, J. y Pérez Ríos, J. (1989). ¿Psicología o Psicologías? Un problema de identidad. En J. Arnau y H. Carpintero (eds.), *Historia, teoría y método* (pp. 3-69). Madrid: Alhambra (Vol. 1 del *Tratado de Psicología General,* ed. por J. Mayor y J.L. Pinillos).

Miller,G. (1962): *Psychology: the science of mental life.* Nueva York; Harper & Row.

Morawski,J. (ed.) (1988): *The Rise of Experimentation in American Psychology.* Nueva York: Yale University Press.

Mos,L. y Baker,W. (1993a): Preface. *Annals of theoretical psychology, Vol. 8* (pp. vii-x) Nueva York: Plenum Press.

Mueller, C.G. (1979). Some origins of psychology as science. *Annual Review of Psychology, 30,* 9-29.

O'Donnell,J. (1985): *The Origins of Behaviorism. American Psychology. 1870-1920.* Nueva York: Nueva York University Press.

Ortega y Gasset, J. (1933/83). En torno a Galileo. En *Obras Completas,* Tomo 5. Madrid: Alianza/Revista de Occidente.

Overton, W.F. (1984). World views and their influence on psychological theory and research: Kuhn-Lakatos-Laudan. En H.W. Reese (Ed.), *Advances in child development and behavior*, Vol. 18 (pp. 191-226). Nueva York: Academic.

O´Donnell, J. (1979): The crisis of experimentalism in the 1920s: E. G. Boring and his uses of history. *American Psychologist*, 34, 289-295.

Pereyra, C. (1984). *El sujeto de la historia*. Madrid: Alianza.

Pinillos, J.L. (1980). Observaciones sobre la Psicología científica. *Análisis y Modificación de Conducta*, 6 (13), 537-590.

Price, D.J.S. (1973). *Hacia una ciencia de la ciencia*. Barcelona, Ariel. (ed. orig.: *Little Science, Big Science*. Nueva York: Columbia University Press, 1963).

Price,D.J.S. (1963): *Little Science, big science*. Nueva York: Columbia University Press.

Price,D.J.S.(1984): The Science/Technology relationship, the craft of experimental science, and policy for the improvement of high technology innovation. *Research Policy*, 13, 3-20.

Quiñones, E. y Tortosa, F. (1993). Problemas historiográficos. En E. Quiñones, F. Tortosa y H. Carpintero (Eds.), *Historia de la Psicología. Textos y Comentarios* (pp. 48-61). Madrid: Tecnos.

Rappard,H. van Strien,P. Mos,L. y Baker,W. (1993a): *Annals of theoretical psychology, Vol.9*. Nueva York: Plenum Press.

Rieber,R. (ed.) (1980): *Wilhelm Wundt and the Making of a Scientific Psychology*. Nueva York: Plenum Press.

Rieber,R. y Salzinger,K.(ed.) (1980): *Psychology: Theoretical-Historical perspectives*. Nueva York: Academic Press.

Rodríguez Domínguez, S. (ed.) (1985). *Estudios de Historia de la Psicología. Teoría y métodos de investigación*. Salamanca: Univ. de Salamanca, ICE. (contiene trabajos sobre diversas perspectivas metodológicas)

Rosa,A., Huertas,J.A. y Blanco,F. (1996): Metodología para la Historia de la Psicología. Madrid: Alianza Editorial.

Rossi, P. (1986): *I ragni e le formiche: Un'apologia della storia della scienza*. Bolonia: Il Mulino (Trad. cast.: *Las arañas y las hormigas. Una apología de la historia de la ciencia*. Barcelona: Crítica/Grijalbo, 1990).

Sanders, C. y Rappard, H. (1988). Psychology and philosophy of science. En K.Madsen y L.Mos (Eds.), *Annals of theoretical psychology*, Vol. 3. Nueva York: Plenum.

Scarborough,E. y Furumoto,L. (1987): *Untold Lives: The First Generation of American Women Psychologists*. Nueva York: Columbia University Press.

Scheurer, P. (1979): *Rèvolutions de la science et permanence du réel*. París: PUF (Trad. cast.: *Revoluciones de la ciencia y permanencia de lo real*. Barcelona: Destino, 1982).

Schultz, D. (1969). *A History of Modern Psychology.* Nueva York: Academic Press.

Smith, R. (1988): Does the History of Psychology Have a Subject? *History of the Human Sciences* 1/2: 147-177.

Sokal, M.M. (1984). History of psychology and history of science: Reflections on two subdisciplines, their relationship, and their convergence. *Revista de Historia de la Psicología, 5* (1-2), 337-347.

Sokal,M. (Ed.) (1987): *Psychological testing and American society, 1890-1930.* New Brunswick, NJ: Rutgers Univ. Press.

Stam,H. (1990): Rebuilding the ship at sea: The historical and theoretical problems of constructionist epistemologies in psychology. *Canadian Psychology,* 31, 239-261.

Stocking,G.(1965): On the limits of «presentism» and «historicism» in the histopriography of the behavioral sciences. *Journal of the History of the Behavioral Sciences,* 1(2), 211-218.

Strien, P.J. van (1987): Model disciplines, research traditions, and the theoretical unification of psychology. En W.J. Baker, M.E. Hyland, H. van Rappard y A.W. Staats (Eds.), *Current issues in theoretical psychology* (pp. 333-344). Amsterdam: North-Holland.

Tortosa, F., Calatayud, C. y Pérez-Garrido, A. (1992): E.G. Boring en la historiografía psicológica contemporánea. *Revista de Historia de la Psicología, 13,* (2-3), 335-351.

Tortosa, F., Calatayud, C. y Redondo, M. (1991): La Historia de la Psicología en España. Del amateurismo a la profesionalización. *Revista de Historia de la Psicología, 12* (2), 157-174.

Tortosa, F., Mayor, L. y Carpintero, H. (1990). La historiografía de la Psicología: Orientaciones y problemas. En F. Tortosa, L. Mayor y H. Carpintero (pp. 25-48), *La Psicología contemporánea desde la historiografía.* PPU: Barcelona.

Tortosa, F., Mayor, L. y Carpintero, H. (eds.) (1990). *La Psicología contemporánea desde la historiografía.* Barcelona: PPU.

Tortosa, F., Quiñones, E. y Carpintero, H. (1993). La Historia de la Psicología. En E. Quiñones, F. Tortosa y H. Carpintero (Eds.), *Historia de la Psicología. Textos y Comentarios* (pp. 11-34). Madrid: Tecnos.

Toulmin, S. (1972): *Human understanding. Vol. 1: The collective evolution and use of concepts.* Princeton, N.J.: Princeton Univ. Press. (Trad. cast.: *La comprensión humana.* Madrid: Alianza, 1977).

Vera, J.A., Quiñones, E. y Pedraja, M.J. (1989). Reflexiones en torno a los problemas epistemológicos y metodológicos de la Historia de la Psicología. *Revista de Historia de la Psicología, 10* (1-4), 91-99.

Vygotski,L. (1991): El significado histórico de la crisis en psicología. En *Obras escogidas I* (pp. 257-407). Madrid: MEC/Visor. (orig. de 1926).

Watson, R. (1966): The role and use of history in the psychology curriculum. *Journal of the History of the Behavioral Sciences*, *2* (1), 64-69.

Watson, R.I. (1960): The history of psychology: A neglected area. *American Psychologist*, *15*, 251-255.

Watson,R. (1967): A note on the history of psychology as a especialization. *Journal of the History of the Behavioral Sciences*, *3* (2), 192-193.

Watson,R. (1975): The history of psychology as a specialty: A personal view of its first 15 years. *Journal of the History of the Behavioral Sciences*, *11* (1), 5-14.

Wettersten,J. (1975): The historiography of scientific psychology. *Journal of the History of the Behavioral Sciences*, 11, 157-171.

Wittgenstein,L. (1953): *Philosophical Investigations*. Oxford: Blackwell.

Wittgenstein,L. (1980): *Remarks on the philosophy of psychology (Vol. II)*. Chicago: University of Chicago Press.

Woodward,W. (1980): Toward a critical historiography of psychology. En J. Brozek y L.J. Pongratz (Eds.), *Historiography of modern psychology* (pp. 29-67). Toronto: Hogrefe (Trad. parcialmente en F. Tortosa et al. (Eds.), *La psicología contemporánea desde la historiografía* (pp. 73-87). Barcelona: PPU, 1990).

Woodward,W. y Ash,M. (Eds.) (1982): *The Problematic Science: Psychology in Nineteenth-Century Thought*. Nueva York: Praeger.

Yela, M. (1989). Unidad y diversidad de la Psicología. En J. Arnau y H. Carpintero (eds.), *Historia, teoría y método* (pp. 71-92). Madrid: Alhambra (Vol. 1 del *Tratado de Psicología General*, ed. por J. Mayor y J.L. Pinillos).

Young,R. (1966): Scholarship and the History of the Behavioral Sciences. *History of Science*. 5: 1-51.

Ziman,J. (1984): *An introduction to science studies*. Cambridge: Cambridge Univ. Press (Trad. cast.: *Introducción al estudio de las ciencias*. Barcelona: Ariel, 1986).

PARTE II: LOS ORÍGENES DE LA PSICOLOGÍA MODERNA

Tema 2: "ANTECEDENTES DE LA PSICOLOGÍA MODERNA"

Apartados:

2.1   Introducción.
2.2   Las Psicologías del alma y de la mente.
2.3   La Psicología de la conciencia adaptativa.
2.4   Psicofisiología, Psicofísica, Reflexología cerebral y Magnetismo.

Bibliografía general:

BRENNAN, J.F. (1999): *Historia y Sistemas de la Psicología*. Madrid: Prentice-Hall (traducción castellana de la 5ª edición inglesa) (Caps. 2-10, págs. 18-163).

GONDRA, J.Mª (1997-1998): *Historia de la Psicología. Introducción al pensamiento psicológico moderno*. Madrid: Síntesis. (Volumen 1: Nacimiento de la Psicología científica, Caps 1-3, págs. 26-110).

HOTHERSALL, D. (1997): *Historia de la Psicología*. México: McGraw-Hill (traducción castellana de la 3ª edición inglesa, 1997) (Caps 1-3, págs. 13-114).

LEAHEY, Th.H. (1998): *Historia de la Psicología. Principales corrientes en el pensamiento psicológico* (traducción castellana de la 4ª edición inglesa) (Caps. 2-6, págs. 39-226).

TORTOSA, F. (Coord.) (1998): *Una Historia de la Psicología moderna*, Madrid: McGraw-Hill, 1998 (Parte II: *Los albores de la propuesta disciplinar*, por J. Quintana y F. Tortosa, págs. 19-82).

Bibliografía complementaria:

Ackerknecht, E.H. (1958): La Médecine à Paris entre 1800 et 1850. Paris.

Ato, M. (1993). Gustav T. Fechner y la psicofísica. En E. Quiñones, F. Tortosa y H. Carpintero (Dirs.), *Historia de la Psicología. Textos y comentarios* (pp. 192-200). Madrid: Tecnos.

Bacon, F. (1620/1987): *Novum Organum*. Barcelona: Editorial Laia.

Beer, C.G. (1983). Darwin, instinct, and ethology. *Journal of the History of the Behavioral Sciences*, 19 (1), 68-80.

Ben-Zeev, A. (1990). Reid and the Cartesian framework. *Journal of the History of the Behavioral Sciences*, *26* (1), 38-47.

Benjamin, B.B. (1968). Immanuel Kant and his impact on psychology. En B.B. Wolman (ed.), *Historical roots of contemporary psychology* (pp. 229-247). Nueva York: Harper and Row.

Bertrand, A. (1823): Traité du somnambulisme et des différentes modifications qu'il présente. París: Dentu.

Binet, A. y Fere, C.S. (1888): Animal Magnetism. Nueva York: D. Appleton and Co.

Boring, E. (1978): Historia de la Psicología Experimental. México, Edit. Trillas.

Bowler, P.J. (1985): La defensa del darwinismo. En *El eclipse del darwinismo*, Barcelona, Lábor.

Bramwell, J.M. (1896): James Braid. Brain, XIX, 90-110.

Bramwell, J.M. (1903). Hypnotism, its history, practice and theory. Philadelphia: J.B. Lippincott.

Brooks, G.P. (1976). The faculty psychology of Thomas Reid. *Journal of the History of the Behavioral Sciences*, *12*(1), 65-77.

Burke, P. (1993): El Renacimiento. Barcelona: Crítica.

Buxton, C. E. (1985). Early sources and basic conceptions of Functionalism. En C. E. Buxton (ed.). *Points of view in the modern history of psychology* (pp. 19-50). San Diego: Academic Press.

Cadava, E., Connor,P. y Nancy,J. (1991): Who comes after the subject? Nueva York: Routledge.

Canguilhem, G. (1975): La formación del concepto de reflejo en los siglos XVII y XVIII. Barcelona, Juan Lliteras, Editor.

Carpintero, H. (1996). *Historia de las Ideas Psicológicas*. Madrid: Pirámide (Caps. 4 al 14).

Carrol, J. (1993): Humanism. The rebirth and wreck of western culture. Londres: Fontana.

Cochrane, C. (1940): Christianity and classical culture. A study of thought and action from Augustus to Augustine. Oxford: Oxford University Press.

Dalgado, D.G. (1907): Braidisme et fariisme ou la doctrine du Docteur Braid sur l'hypnotisme comparé avec oelle de l'abbé Faria sur le somneil lucide. Paris.

Darwin, Ch. (1877/1983): Apunte biográfico de un niño. Madrid, Edit. Tecnos.

Dechambre, A. (1877): Mesmérisme. Dictionnaire Encyclopédique des Sciences Médicales, 2° serie, vol. VII, 143-211. Paris.

Deleuze, J.P.F. (1813): Histoire critique du magnétisme animal. 2 vols. Paris.

Dijksterhuise, E.(1961): The Mechanization of the world picture. Oxford: Clarendon.

Drever, J. (1968). Some early associacionists. En B. Wolman (ed.), *Historical roots of contemporary psychology* (pp. 11-28). Nueva York: Harper.

Edmonston, W.E. (1986). The induction of hypnosis. Nueva York: John Wiley & Sons.

Ellenberger, H.F. (1965): Charcot and the Salpètrière school. American Journal of Psychotherapy, 19, 253-267.

Ellenberger, H.F. (1965): Mesmer and Puységur: from Magnetism to Hypnotism. Psychoanalytic Review, LII, 137-153.

Ellenberger, H.F. (1970). The discovery of unconscious. The history and evolution of dynamic psychiatry. Nueva York: Basic Books (versión en castellano: El descubrimiento del inconsciente. Madrid: Gredos, 1976).

Faria, J.C. (1906, or. 1819): De la cause du somneil lucide: ou Étude de la nature de l´homme. Paris: Henri Jouvre.

Fearing, F. (1930): Reflex Action: A Study in the History of Physiological Psychology Baltimore, Williams and Wilkins.

Fernández, T. R. y Sánchez, J. (1993). La definición de la mente en Alexander Bain. En E. Quiñones, F. Tortosa y H. Carpintero (Dirs.), *Historia de la Psicología. Textos y comentarios*, (pp. 201-209). Madrid: Tecnos.

Foville, A. (1886): Préface. In Tuke,D. Kack, Le corps et l'esprit. Action du moral et de l´imagination sur le physique. Paris.

Galilei, G. (1623/1981): *El ensayador*. Buenos Aires: Aguilar.

Garín, E. (1990): El hombre del Renacimiento. Madrid: Alianza.

Gauld, A. (1992). A history of hypnotism. Cambridge: Cambridge University Press.

Gellner, E. (1985): Relativismus and the social sciences. Cambridge: Cambridge University Press.

Gergen, K. (1991): The saturated self. Dilemmas of identity in contemporary life. Nueva York: Basic Books.

Goldsmith, M. (1934): Franz Anton Mesmer. Nueva York: Doubleday.

Gonzalez-Ordi, H., Miguel-Tobal, J.J. y Tortosa, F (1992): ¿Es la hipnósis un estado alterado de conciencia? Raíces históricas de una controversia. Revista de Historia de la Psicología, 13(4), 51-74.

Gouaux, C. (1972). Kant's view on the nature of empirical psychology. *Journal of the History of the Behavioral Sciences, 8* (2), 237-242.

Grassi, E. (1993): La filosofía del humanismo. Barcelona: Anthropos.

Greenway, A.P. (1973). The incorporation of action into associationism: The psychology of Alexander Bain. *Journal of the History of the Behavioral Sciences, 9* (1), 42-52.

Haydn, M. (1950): The counter-Renaissance. Nueva York: Charles Scribner's Sons.

Hazard, P. (1961): La crise de la conscience européenne: 1680-1715. Paris: Gallimard.

Heller, A. (1980): Can modernity survive? University of California Press.

Heyd, T. (1989). Mill and Comte on Psychology. *Journal of the History of the Behavioral Sciences, 25* (2), 125-138.

Hof, U. (1993): La Europa de la Ilustración. Barcelona: Crítica.

Hoffeld, D.R. (1980): Mesmer's failure: sex, politics, personality and the Zeitgeist. Journal of the History of the Behavioral Sciences, 16, 377-386.

Hume, D. (1748): *Investigaciones sobre el conocimiento humano*. Madrid, Alianza Editorial, 1980.

Jussieu, L. de (1784): Rapport particuleur de l'un des commisaires de la Société Royale de Médecine sur le magnétisme animal. Paris.

Kant, I. (1798), *Antropología en sentido pragmático*. Madrid, Alianza Editorial, 1991.

Lamarck, J.B. (1809): *Zoología filosófica*, Barcelona, Edit. Alta Full.

Leary, D.E. (1978). The philosophical development of the conception of psychology in Germany, 1780-1850. *Journal of the History of the Behavioral Sciences, 14* (2), 113-121.

Leary, D.E. (Ed.) (1990). *Metaphors in the history of psychology*. Cambridge: Cambridge Univ. Press.

Leibniz, G. *Nuevos Ensyos sobre el entendimiento humano*. Madrid, Editora Nacional, 1977.

Leigh, D. (1961): The historical development of British psychiatry. Oxford.

León Carrión, J. (1991). Indulgencia para Gall: la dignificación del cerebro. *Revista de Historia de la Psicología, 12* (3-4), 429-432.

López Piñero, J.M. y Morales Meseguer, J.M. (1970). *Neurosis y psicoterapia. Un estudio histórico*. Madrid: Espasa-Calpe.

Louis, E.V.M. (1898): Les origenes de la doctrine du magnétisme animal. Mesmer et la Société de l'Harmonie. Paris.

Lowry, R. (1970). The reflex model in psychology: Origins and evolution. *Journal of the History of the Behavioral Sciences, 6* (1), 64-69.

Machovec, F.J. (1979). The cult of Asklipios. American Journal of Clinical Hypnosis, 22, 85-90.

MacKenzie, B. (1976). Darwinism and positivism as methodological influences on the development of psychology. *Journal of the History of the Behavioral Sciences, 12* (4), 330-337.

Marshall, M.E. (1974). G.T. Fechner: Premises toward a general theory of organisms (1823). *Journal of the History of the Behavioral Sciences, 10* (4), 438-447.

McReynolds, P. (1968). The motivational psychology of Jeremy Bentham. (I y II). *Journal of the History of the Behavioral Sciences, 4* (3), 230-244; *4* (4), 349-365.

Mesmer, F.A. (1785). Aphorismes de M. Mesmer. París: Bertrand (versión en castellano: Los fundamentos del Magnetismo Animal. Barcelona: Jasón, 1931).

Mill, J. (1869), *Analysis of the Phenomena of the Human Mind*. Baldwin, London (Vol. I).

Mischel, T. (1966). «Emotion» and «motivation» in the development of English psychology: D. Hartley, James Mill, A. Bain. *Journal of the History of the Behavioral Sciences, 2* (2), 123-145.

Moniz, E. (1960). El abate Faria en la historia de la hipnosis. Buenos Aires: Poblet (Or. Abate Faria na Historia do Hipnotismo. Lisboa, 1925).

Moravia, S. (1983). The capture of the invisible for a (Pre)history of psychology in Eighteenth-Century-France. *Journal of the History of the Behavioral Sciences*, 19 (4), 370-378.

Moulines, C. (1993). La percepción en Hermann von Helmholtz. En E. Quiñones, F. Tortosa y H. Carpintero (Dirs.), *Historia de la Psicología. Textos y comentarios*, (pp. 210-216). Madrid: Tecnos.

Payne, Th (1948): The age of reason. Nueva York: A Citadel Press Book.

Pérez Rios, J. (1993). La filosofía de comte y el método positivo. En E. Quiñones, F. Tortosa y H. Carpintero (Dirs.), *Historia de la Psicología. Textos y comentarios* (pp. 184-191). Madrid: Tecnos.

Perry, C. (1978): The Abbé Faria: A neglected figure in the history of hypnosis. En F.H. Frankel y H.S. Zamansky (Eds.): Hypnosis at its Bicentennial. Nueva York: Plenum Press.

Petryszak, N.G. (1981). Tabula rasa - Its origins and implications. *Journal of the History of the Behavioral Sciences, 17* (1), 15-27.

Pinillos, J.L. (1997): El corazón del laberinto. Crónica del fin de una época. Madrid:Espasa-Calpe.

Quintana, J. (1989). Reflexión y conciencia en la escuela escocesa del sentido común. *Revista de Historia de la Psicología, 10* (1-4), 51-62.

Quintana, J. (1990). Elementos para una Psicología objetiva en el siglo XVIII. *Revista de Historia de la Psicología*, 11 (3-4), 257-271.

Quintana, J. (1991). La neuropsicología de Spencer en el umbral de «reflejo condicionado». *Revista de Historia de la Psicología, 12* (3-4), 15-27.

Reimer, H. (1935): Die Forschungen James Braids über die Hypnose und ihre Bedeutung für die Heilkunde. Düsseldorf.

Robinson, D.N. (1982). *Historia crítica de la Psicología*. Barcelona: Salvat (caps. 7, 8, 9 y 10).

Roussillon, R. (1992): Du baquet de Mesmer au «baquet» de s.Freud. Paris: PUF.

Sánchez González, J.C. (1988). Para una definición de «asociacionismo». Una investigación histórica de las limitaciones en el uso de la asociación. *Revista de Historia de la Psicología, 9* (4), 415-455.

Shuger, D. (1990): Habits of thought in the English Renaissance. University of California Press.

Smith, C.U.M. (1987). David Hartley's Newtonian neuropsychology. *Journal of the History of the Behavioral Sciences,* 23 (2), 123-136.

Snyder, L. (1955): The Age of Reason. Nueva York: Van Nostrand.

Sprung, L. y Sprung, H. (1983). Gustav Theodor Fechner y el surgimiento de la Psicología experimental. *Revista Latinoamericana de Psicología, 15*(3), 349-368.

Stevens, L. (1974): Exploradores del cerebro. Barcelona, Barral Editores.

Tarnas, R. (1993): The passion of the Western Mind. Nueva York: Ballantine Books.

Toulmin, S. (1990): Cosmopolis. The Hidden Agenda of Modernity. Chicago,Ill.: Chicago University Press.

Turner, R.S. (1977). Hermann von Helmholtz and the empiricist view. *Journal of the History of the Behavioral Sciences, 13* (1), 48-58.

Vives, J.L. (1538), *Tratado del alma.* Madrid, Edics. de La Lectura, s/f.

Watson, R.I. (1971). A prescriptive analysis of Descartes' psychological views. *Journal of the History of the Behavioral Sciences, 7* (3), 223-248.

Weckowicz, T.E. & Liebel-Weckowicz, H.P. (1990): A history of great ideas in abnormal psychology. Amsterdam: North-Holland.

Wolberg, L.R. (1948). Medical Hypnosis. Vol.1: The principles of hypnotherapy. Nueva York: Grune & Stratton.

Wrigley, E. (1993): Cambio, continuidad y azar. Carácter de la Revolución Industrial inglesa. Barcelona: Crítica.

PARTE III: LA PSICOLOGÍA EN EUROPA HASTA LA SEGUNDA GUERRA MUNDIAL

Tema 3: "LOS ORÍGENES DE LA PSICOLOGÍA ACADÉMICA EN ALEMANIA"

Apartados:

3.1 Introducción.

3.2 El modelo dominante: la Psicología científica de Wilhelm Wundt.

3.3 El proceso de institucionalización de la Psicología científica en Alemania.

3.4 Otras Psicologías científicas alemanas: las Universidades de Berlín, Gotinga y Wurzburgo.

Bibliografía general:

BRENNAN, J.F. (1999): *Historia y Sistemas de la Psicología*. Madrid: Prentice-Hall (traducción castellana de la 5ª edición inglesa) (Caps. 11, págs. 164-186).

GONDRA, J.Mª (1997-1998): *Historia de la Psicología. Introducción al pensamiento psicológico moderno*. Madrid: Síntesis. (Volumen 1: Nacimiento de la Psicología científica, Caps 4-5, págs. 113-192).

HOTHERSALL, D. (1997): *Historia de la Psicología*. México: McGraw-Hill (traducción castellana de la 3ª edición inglesa, 1997) (Cap. 4, págs. 115-140; Cap. 6, págs. 184-212).

LEAHEY, Th.H. (1998): *Historia de la Psicología. Principales corrientes en el pensamiento psicológico* (traducción castellana de la 4ª edición inglesa) (Cap. 7, págs. 227-260).

TORTOSA, F. (Coord.) (1998): *Una Historia de la Psicología moderna*, Madrid: McGraw-Hill, 1998 (Introducción Parte III: *El advenimiento de la Psicología como disciplina en Europa*, por F. Tortosa, J.C. Pastor y C. Esteban, págs. 83-96; Cap. 5, apartados 1-2: *El nacimiento de la Psicología académica en Alemania*, por F. Tortosa, J.C. Pastor y J. Quintana, págs. 97-108; Cap. 5, apartados 3-4: *El nacimiento de la Psicología académica en Alemania*, por M. Sáiz, D. Sáiz y A. Mülhberger, págs. 108-120).

Bibliografía complementaria:

Ach,N. (1905). *Über die Willenstätigkeit und das Denken*. Göttingen: Vanderhoeck y Ruprecht.

Actas del I. Kongress für experimentelle Psychologie (1904). *Bericht über den I. Kongress für experimentelle Psychologie in Giessen vom 18. bis 21.* April 1904. Leipzig: Verlag von Johann Ambrosius Barth.

Ash, M. (1980b). Wilhelm Wundt and Oswald Külpe on the institutional status of Psychology: An academic controversy in historical context. En W. Bringmann y R. Tweney, *Wundt Studies: A centennial collection*, (pp. 396-421). Toronto: Hogrefe.

Ash, M.G. & Geuter, U. (Hrsg.).(1985). Geschichte der deutschen Psychologie im 20. Jahrhundert. Opladen: Westdeutscher Verlag.

Ash, M.G. (1980a). Academic politics in the history of science: experimental psychology in Germany, 1879-1941, *Central European History, 13*, 255-286.

Ben-David, J. y Collins, R. (1966). Social factors in the origins of a new science: The case of psychology. *Amer. Soc. Rev., 31*, 451-465. (Trad. en Tortosa et al., *La Psicología contemporánea desde la historiografía* (pp. 135-162). Barcelona: PPU,1990).

Blumenthal, A. L. (1975). A reappraisal of Wilhelm Wundt. *American Psychologist, 30*, 1.081-1.088.

Blumenthal, A. L. (1985). Wilhelm Wundt: Psychology as the propaedeutic science. En C. E. Buxton (ed.). *Points of view in the modern history of psychology,* (pp. 19-50). San Diego: Academic Press.

Boring, E.G. (1065). On the subjectivity of important historical dates: Leipzig 1879. *Journal of the History of the Behavioral Sciences, 1* (1), 5-9.

Boring, E.G. (1935). Georg Elias Müller: 1850-1934. *American Journal of Psychology, 47*, 344-348.

Boring, E.G. (1950). *Historia de la Psicología Experimental.* México: Trillas, 1985 (4ª ed. en español)

Brentano, F. (1874): *Psychologie vom empirischen Standpunkte*, Leipzig, Duncker & Humblot (4ª ed., 1971, Hamburgo, Meiner).

Bringman, W. y Ungerer, G. (1980). The establishment of Wilhelm Wundt's Leipzig Laboratory. *Storia e Crítica della Psicologia, 1,1*, 11-28.

Bringman, W., Bringmann, N. y Ungerer, G. (1980). The establishment of Wundt's laboratory: An Archival and documentary study. En W. Bringmann y R. Tweney, *Wundt Studies*, (pp. 123-157). Toronto: Hogrefe.

Bringmann, W. y Bringmann, N. (1986b). Ebbinghaus antd the New World. *Revista de Historia de la Psicología, 7, 1*, 71-80.

Bringmann, W.G. y Tweney, R.D. (eds.) (1980). *Wundt studies: A centennial collection.* Toronto: Hogrefe.

Bringmann, W.G., Balance, W.D.G. y Evans, R.B. (1975). Wilhelm Wundt 1832-1920: A brief biographical sketch. *Journal of the History of the Behavioral Sciences, 11* (3), 287-297.

Bringmann. W.G. y Bringmann, N.J. (1986a). Ebbinghaus and the New World. En F. Klix y H. Hagendorf, *Human Memory and cognitive capabilities*, (pp. 13-22).

Amsterdam: Elsevier Science Publishers B. V.

Brozek, J. y Pongratz, L.J. (eds.) (1980). *Historiography of modern psychology*. Toronto: Hogrefe (contiene varios trabajos sobre la obra de Wundt y los comienzos de la Psicología).

Bühler, K. (1907). Tatsachen und Probleme zu einer Psychologie der Denkvorgänge (I. Über Gedanken). *Archiv für die gesamte Psychologie, 9*, 297-305.

Buxton, C. (1985). *Points of view in the modern history of Psychology*. San Diego: Harcourt Brace Jovanovich.

Caparrós, A. (1976). *Historia de la Psicología*. Esplugas (Barcelona): C.E.U.

Caparrós, A. (1980). *Los paradigmas en Psicología*. Barcelona: Horsori.

Caparrós, A. (1984). *La Psicología y sus perfiles. Introducción a la cultura psicológica*. Barcelona: Barcanova.

Caparrós, A. (1986). *H. Ebbinghaus. Un funcionalista investigador tipo dominio*. Barcelona: Publicacions Edicions Universitat de Barcelona.

Caparrós, A. (1993). El estudio experimental de la memoria: La aportación de Hermann Ebbinghaus. En E. Quiñones, F. Tortosa y H. Carpintero, *Historia de la Psicología. Textos y comentarios*, (pp. 11-34). Madrid: Tecnos.

Caparrós, A. y Anguera, B. (1986). Ebbinghaus y la tradición funcionalista. *Revista de Historia de la Psicología, 7, 4*, 11-27.

Caparrós, A. y Kirchner, M. (1982). La llamada de Wundt a la «Cátedra de Filosofía» de Leipzig. *Revista de Historia de la Psicología, 3* (3), 231-246.

Carpintero (1996). *Historia de las Ideas Psicológicas*. Madrid: Pirámide (caps. 15 y 18).

Carpintero, H. & Peiró, J.M. (Eds.).(1984). Psychology in its Historical Context. Essays in honour Prof. Josef Brozek. Monografias de la Revista de Historia de la Psicologia. Special Issue. Valencia: University Press.

Carpintero, H. (1993). Wilhelm Wundt y la Psicología científica. En E. Quiñones, F. Tortosa y H. Carpintero (Dirs.), *Historia de la Psicología. Textos y comentarios* (pp. 231-244). Madrid: Tecnos.

Carpintero, H. (1996). *Historia de las ideas psicológicas*. Madrid: Pirámide.

Carpintero, H., Lafuente, E., Plas, Regine & Sprung, L. (Eds.). (1992). New Studies in the History of Psychology and the Social Sciences. Proceedings of the Tenth Meeting of Cheiron European Society for the Behavioral and Social Sciences. Madrid, September 1991. Valencia: Revista de Historia de la Psicologia, Monographs 2.

Cattell, J.MCK. (1888). The psychological laboratory of Leipzig. *Mind, 13*, 37-51.

Cattell, J.MCK. (1928). Early psychological laboratories. *Science*, 543-548.

Clair, J.; Pichler, Cathrin & Pircher, W. (Hrsg.).(1989). Wunderblock - Eine Geschichte der modernen Seele. Wien: Löcker.

Claparede, E. (1935). Georg Elias Müller (1850-1934). *Archives de Psychologie,* *25,* 110-114.

Danziger, K. (1979). The positivist repudiation of Wundt. *Journal of the History of the Behavioral Sciences, 15* (3), 205-230.

Danziger, K. (1980). The history of introspection reconsidered. *Journal of the History of the Behavioral Sciences, 16* (3), 241-262.

Danziger, K. (1985). The origins of the psychological experiment as a social institution. *American Psychologist, 40* (2), 133-140.

Danziger, K. (1987). Social context and investigative practice in early Twentieth-Century Psychology. En M. G. Ash y W. R. Woodward (Eds.), *Psychology in twentieth-century thought and society* (pp. 13-33). Cambridge, Mass.: Cambridge Univ. Press.

Danziger, K. (1990). *Constructing the subject: Historical origins of psychological research.* Cambridge: Cambridge Univ. Press.

Dobson, V. y Bruce, D. (1972). The German University and the development of experimental psychology. *Journal of the History of the Behavioral Sciences, 8* (2), 204-207.

Eckardt, G. (Hrsg.).(1979). Zur Geschichte der Psychologie. Berlin: VEB Deutscher Verlag der Wissenschaften.

Eckardt, G. y Sprung, L. (eds.) (1983). *Advances in historiography of psychology.* Berlín: VEB (contiene numerosos trabajos sobre diversos aspectos de la obra e influencia de Wundt).

Eckardt, G.; Bringmann, W.G. & Sprung, L. (Eds.).(1985). Contributions to a History of Developmental Psychology. Berlin et al.: Mouton.

Eysenck, M.W. (1986). Ebbinghaus: An Evaluation. En F. Klix y H. Hagendorf, *Human Memory and cognitive capabilities,* (pp. 53-61). Amsterdam: Elsevier Science Publishers B. V.

Flugel, J.C. (1933). *A Hundred Years of Psychology.* London: Gerald Duckworth & Co., 1953.

Geuter, U. (Hrsg.).(1986 & 1987). Daten zur Geschichte der deutschen Psychologie. 2 Bände. Göttingen et al.: Hogrefe.

Harre, R., Gundlach, H.; Metraux, A. y Wilkes, K. (1985). Antagonism and Interaction: the relations of Philosophy to Psychology. En C. Buxton, *Points of view in the modern History of Psychology.* San Diego: Harcourt Brace Jovanovich.

Haupt,E.(1990): Contributions to the History of Psychology: LXXII. Göttingen and Leipzig: Academic biographies as sources for institutional summaires. *Psychological Reports, 67,* 995-1003.

Heidbreder, E. (1985). *Psicologías del siglo XX.* México: Paidós.

Hilgard, E.R. (1964). Introduction to Dover Edition. En H. Ebbinghaus, *Memory. A Contribution to Experimental Psychology,* (pp. vii-xi). New York: Dover Publications, Inc., 1964.

Humphrey,G. (1973). *Psicología del pensamiento: teorías e investigaciones.* México: Trillas.

Jaeger, S. & Staeuble, Irmingard (1978). Die gesellschaftliche Genese der Psychologie. Frankfurt am Main: Campus.

Jaeger, S.; Staeuble, Irmingard; Sprung, L. & Brauns, H.-P. (Hrsg.). (1995). Psychologie im soziokulturellen Wandel - Kontinuitäten und Diskontinuitäten. Frankfurt am Main et al.: Lang.

Katz, D. (1935a). Georg Elias Müller. *Acta Psychologica, I*, 234-240.

Katz, D. (1935b). Georg Elias Müller. *Psychological Bulletin, 32*, 377-380.

Koch, S. & Leary, D.E. (Eds.). (1985). A century of Psychology as Science. New York et al.: McGraw-Hill.

Leary, D.E. (1979). Wundt and after: Psychology's shifting relations with the natural sciences, social sciences, and philosophy. *Journal of the History of the Behavioral Sciences, 15* (3), 231-241.

Lindenfeld, D. (1978). Oswald Külpe and the Würzburg School. *Journal of the History of the Behavioral Sciences, 14* (2), 132-141.

Lück, H.E. (1991). Geschichte der Psychologie. Strömungen, Schulen, Entwicklungen. Stuttgart et al.: Kohlhammer.

Marbe, K. (1901). *Experimentell-psychologische Untersuchungen über das Urteil. Eine Einleitung in die Logik.* Leipzig: Engelmann.

Marbe, K. (1913). *Die Aktion gegen die Psychologie: Eine Abwehr.* Leibzig: Teubner.

Marbe, K. (1915). Zur Psychologie des Denkens. *Fortschritte der Psychologie und ihrer Anwendungen, 3*, 1-42.

Marx, M.H. y Hillix, W.A. (1983): *Sistemas y teorías psicológicos contemporáneos* (ed. rev. y ampl.), Buenos Aires, Paidós.

Mayer, A y Orth, J. (1901). Zur qualitativen Untersuchung der Association. *Zeitschrift für Psychologie und Physiologie der Sinnesorgane, 26*, 1-3.

Meischner, W. & Metge, Anneros (Hrsg.).(1980). Wilhelm Wundt - Progressives Erbe, Wissenschaftsentwicklung und Gegenwart. Protokoll des Internationalen Symposiums vom 1.-2. November 1979. Sonderband: Wissenschaftliche Beiträge der Karl-Marx-Universität Leipzig. Leipzig: Universitätsdruck.

Meischner, W. y Eschler, E. (1979). *Wilhelm Wundt.* Leipzig: Urania Verlag.

Messer, A. (1906). Experimentell-psychologische Untersuchungen über das Denken. *Archiv für die gesamte Psychologie, 8*, 1-224.

Meumann, E. (1903). Zur Einführung. *Archiv für die Gesamte Psychologie, 1*, 1-8.

Montoro, L. ; Bañuls, R. y Gonzalez-Solaz, M.J. (1992). The International Unification of Psychology: Its background in International Comittees and the initial development of the International Union of Scientific Psychology. En M.

Richelle y H. Carpintero, *Contributions to the History of the International Congresses of Psychology*, (pp. 91-100). Revista de Historia de la Psicologia y Studia Psychologica.

Montoro, L., Carpintero, H. y Tortosa, F. (1983). Los orígenes de los Congresos Internacionales de Psicología. *Revista de Historia de la Psicología, 4, 1*, 43-57.

Mueller, F.L. (1960). *Historia de la Psicología*. México: Fondo de Cultura Económica, 1963.

Mülberger, A. (1994). *La aportación de Karl Marbe a la Psicología: un enfoque crítico*. Barcelona: Tesis doctoral presentada el 4 de Noviembre de 1994 en la Facultad de Psicología de la Universitat Autònoma de Barcelona.

Mülberger, A., Saiz, M. y Saiz, D. (1995a). La psicología alemana: La actividad científica en el Laboratorio de Leipzig. En M. Sáiz, D. Sáiz y A. Mülberger, *Historia de la Psicología. Manual de prácticas*, (pp. 209-220). Barcelona: Avesta.

Mülberger, A., Saiz, M. y Saiz, D. (1995b). Erste Zeitschriften der experimentellen Psychologie in Deutschland: ein vergleich. *Actas de la 14th. Annual Conference of the Cheiron Europe*. Passau (Alemania).

Müller, M. (1994). Vergleichende Musikpsychologie - eine Berliner Variante der Völkerpsychologie. Psychologie und Geschichte 6. Heft 3-4. 290-302.

Murray, D.J. (1983): *A history of Western psychology*, Englewood Cliffs, N.J., Prentice Hall Inc.

Nicolas, S. (1992). Hermann Ebbinghaus et l'étude expérimentale de la mémoire humaine. *L'Année Psychologique, 92*, 527-544.

Pastor, J.C.; Civera, C. y Esteban, C. (1997): La psicología anterior al conductismo en Europa. En A. Garrido (ed.), John Broadus Watson. ¿El primer psicólogo de una nueva era?, Valencia, Promolibro, págs. 29-52).

Peiró, J.M. y Carpintero, H. (1978). Los primeros laboratorios de Psicología y su influencia en la aparición de esta ciencia. *Análisis y Modificación de Conducta, 4* (5), 129-158.

Pinillos (1981). Wundt y la explicación psicológica. *Revista de Historia de la Psicología, 2* (4), 355-360.

Pongratz, L. J.; Traxel, W. & Wehner, E.G. (Hrsg.).(1972 & 1979). Psychologie in Selbstdarstellungen. Band I & II. Stuttgart et al.: Huber.

Pongratz, L.J. (1967). Problemgeschichte der Psychologie. Bern et al.: Francke.

Popplestone, J.A. & White McPherson, Marion (1994). An Illustrated History of American Psychology. Madison et al.: WCB Brown & Benchmark.

Rappard, H. (1984). Wundt and Dilthey on Verstehen - Two varieties of «Gentlemeth». *Revista de Historia de la Psicología, 5* (1-2), 303-312.

Rodriguez, S. (1984). *Historia de la Psicología. Raíces y primeros desarrollos*. Salamanca: Universidad de Salamanca.

474   *Anexo 1: Programa de historia de la psicología. Teoría*

Sahakian, W.S. (1975). *Historia y sistemas de la Psicología.* Madrid: Tecnos, 1982.

Saiz, D. y Saiz, M. (1989). *Una introducción a los estudios de la memoria.* Barcelona: Avesta.

Saiz, D., Saiz, M. y Baques, J. (1996). *Psicología de la memoria. Manual de prácticas.* Barcelona: Avesta.

Sáiz, M. y Sáiz, D. (1993). O. Külpe y la escuela de Würzburgo. En E. Quiñones, F. Tortosa y H. Carpintero (Dirs.), *Historia de la Psicología. Textos y comentarios* (pp. 253-261). Madrid: Tecnos.

Saiz, M., Mülberger, A. y Saiz, D. (1992a). Die Fortsetzunf der Wundt'schen Psychologie anhand des Archiv für die Gesamte Psychologie (1903-1914). En H. Carpintero et al., *New studies in the History of Psychology and the social sciences*, (pp. 225-231). Valencia: Revista de Historia de la Psicologia. Monographs 2.

Saiz, M., Mülberger, A. y Saiz, D. (1992b). La revista «Zeitschrift für Psychologie und Physiologie der Sinnesorgane» en el marco de la primera psicología experimental alemana. *Revista de Historia de la Psicología, 13, 2-3,* 245-254.

Sáiz, M., Sáiz, D. y Mülberger, A. (1990). La Psicología alemana a través de la revista «Philosophische Studien». *Revista de Historia de la Psicología, 11* (3-4), 411-421.

Saiz, M., Saiz, D., Mülberger, A. y Bataller, I. (1992). La tradition de la première Psychology experimentale allemande à travers l'étude quantitatif de ses journeaux. *International Journal of Psychology, 27, 3-4,* 532.

Scheerer, E. (1990). Psychologie. In J. Ritter & K. Gründer (Hrsg.), Historisches Wörterbuch der Philosophie. Band 7. Basel: Schwabe und Co. 1599-1653.

Schröder, Christina (1995). Der Fachstreit um das Seelenheil. Psychotherapiegeschichte zwischen 1880-1932. Frankfurt am Main et al.: Lang.

Schultz, D.P. y Schultz, S.E. (1969). *A History of Modern Psychology.* Orlando: Harcourt Brace Jovanovich College Publishers, 1992.

Schumann, F. (1911). *Bericht über den 4. Kongress für experimentelle Psychologie in Innsbruck (19-22. April 1910).* Leipzig: J.A. Barth.

Sprung, H.; Sprung, L. (1995): Carl Stumpf (1848-1936) und die Anfänge der Gestaltpsychologie an der Berliner Universität. En S. Jaeger, I. Staeuble, L. Sprung y H.P. Brauns (eds.), *Psychologie im soziokulturellen Wandel - Kontinuitäten und Diskontinuitäten* , Francfort, Lang, págs. 259-268.

Sprung, H.; Sprung, L. (1997): Disziplingenese der Neueren Psychologie in Deutschland im 19. und 20. Jahrhundert - Carl Stumpf (1848-1936) und die Geschichte der Psychologie in Berlin. En W. Baumgartner, F.P. Burkard, y F. Wiedemann (eds.), *Brentano Studien - Internationales Jahrbuch der Franz Brentano Forschung.* Wurzburgo, Röll.

Sprung, L. & Schönpflug, W. (Hrsg.).(1992). Zur Geschichte der Psychologie in Berlin. Frankfurt am Main et al.: Lang.

Sprung, L. & Sprung, Helga (1981). Wilhelm Maximilian Wundt - Ancestor or Model? Zeitschrift für Psychologie 189, H. 1. 237-246.

Sprung, L. & Sprung, Helga (1996). Foundations of the History of Methodology and of a System of Methodology of Modern Psychology. In W. Battmann & S. Dutke (Eds.), Processes of the Molar Regulation of Behavior. Lengerich et al.: Pabst. 291-307.

Sprung, L. & Sprung, Helga (1997). Georg Elias Müller (1850-1934) - Skizzen zum Leben, Werk und Wirken. In G. Lüer & Uta Lass (Hrsg.), Erinnern und Behalten. Wege zur Erforschung des menschlichen Gedächtnisses. Göttingen: Vandenhoeck & Ruprecht.

Sprung, L. y Sprung, H. (1986). Hermann Ebbinghaus: Life, Work and Impact in the History of Psychology. En F. Klix y H. Hagendorf, *Human Memory and cognitive capabilities*, (pp. 23-34). Amsterdam: Elsevier Science Publishers B. V.

Sprung, L. y Sprung, H. (1992). Kontinuität und Diskontinuität in der Geschichte der Psychologie-Stadien der Institutionalisierung sowie wissenschaftliche Ursprünge und personale Anfänge der Gestaltpsychologie in Berlin. *Zeitschrift für Psychologie, 200*, 287-293.

Sprung, L. y Sprung, Helga (1988). Reflexiones acerca de la Historia de la Psicología y las Investigaciones sobre el surgimiento de la Psicología Experimental en la Alemania del Siglo XIX. Psicología y Sociedad. Anuario de la Especialidad de Psicología de la Escuela de Postgrado de la Universidad Inca Garcilaso de la Vega (Perú) 1. 229-234.

Sprung, L.; Sprung, H.; Kernchen, S. (1984): Carl Stumpf and the origin and development of psychology as a new science at the university of Berlin. En H. Carpintero y J.M. Peiró (eds.), *Psychology in its Historical Context*, Monografías de la Revista de Historia de la Psicología, Valencia, Universidad de Valencia, págs. 349-355.

Sprung, L.; Sprung, H.; Kernchen, S. (1986): Erinnerungen an einen fast vergessenen Psychologen? Carl Stumpf (1848-1936) zum 50. Todestag, *Zeitschrift für Psychologie*, 194, (4), págs. 509-516.

Stumpf, C. (1890a). *Tonpsychologie*. Leipzig: Hirzel.

Stumpf, C. (1890b). Über Vergleichungen von Tondistanzen. *Zeitschrift für Psychologie und Physiologie der Sinnesorgane, 1*, 419-485.

Stumpf, C. (1891a). Wundt's Antikritik. *Zeitschrift für Psychologie und Physiologie der Sinnesorgane, 2*, 266-293.

Stumpf, C. (1891b). Mein Schlusswort gegen Wundt. *Zeitschrift für Psychologie und Physiologie der Sinnesorgane, 2*, 438-443.

Stumpf, C. (1910). Beobachtungen über Kombinationstöne. *Zeitschrift für Psychologie, 55*, 1.

Stumpf, C. (1914). Über neuere Untersuchungen zur Tonlehre. En F. Schumann, *Bericht über den 6. Kongress für experimentelle Psychologie (Göttingen).*

Stumpf, C. (1930). Autobiography. En C. Murchison, *A History of Psychology in Autobiography*, (vol. 1, pp. 389-441). New York: Russell & Russell, 1961.

Traxel, W. (1985). Geschichte für die Gegenwart. Vorträge und Aufsätze zur Psychologiegeschichte. Passau: Passavia.

Watt, H.J. (1905). Experimentelle Beiträge zu einer Theorie des Denkens. *Archiv für die gesamte Psychologie, 4*, 289-436.

Wehner, E. G. (Hrsg.). (1992). Psychologie in Selbstdarstellungen. Band III. Bern et al.: Huber.

Wehner, E.G. (1990): Geschichte der allgemeinen Psychologie. En E.G. Wehner (ed.), *Geschichte der Psychologie. Eine Einführung*, Darmstadt, Wissenschaftliche Buchgesellschaft, págs. 1-51.

Wirth, G. (1920). Unserem GroBen Lehrer Wilhelm Wundt in Unauslöschlicher Dankbarkeit zum Gedächnis!. *Archiv für die Gesamte Psychologie, XL*, 1-17.

Wolman, B.B. (1968): *Teorías y sistemas contemporáneos en psicología*, Barcelona, Martínez Roca.

Woodward, W.R. & Cohen, R. S. (Eds.).(1991). World Views and Scientific Discipline Formation. Boston Studies in the Philosophy of Science. Volume 134. Dordrecht: Kluwer.

Woodworth, R.S. (1948): *Contemporary schools of psychology*, Nueva York, Ronald Press.

Wundt, W. (1881a). Über die Messung psychischer Vorgänge. *Philosophische Studien, 1*, 252-259.

Wundt, W. (1881b). Weitere Bemerkungen über psychische Messung. *Philosophische Studien, 1*.

Wundt, W. (1891a). Über die Vergleichung von Tondistanzen. *Philosophische Studien, 4*, 292-309.

Wundt, W. (1891b). Eine Replik C. Stumpfs. *Philosophische Studien, 7*, 298-327.

Wundt, W. (1892). Auch ein Schlusswort. *Philosophische Studien, 7*, 633-636.

Wundt, W. (1910). Das Institut für experimentelle Psychologie zu Leipzig. *Psychologische Studien, 5, 5-6*, 279-293.

Wundt, W. (1913): *Die Psychologie im Kampf ums Dasein*.

Tema 4: "EVOLUCIÓN DE LA PSICOLOGÍA ACADÉMICA EN ALEMANIA HASTA LA SEGUNDA GUERRA MUNDIAL"

Apartados:

4.1 Evolución general de la Psicología académica alemana hasta 1933.

4.2 La Psicología de la Gestalt.

4.3 Evolución general de la Psicología académica durante el nacionalsocialismo (1933-1945).

4.4 El desarrollo de la Psicología aplicada en Alemania.

Bibliografía general:

BRENNAN, J.F. (1999): *Historia y Sistemas de la Psicología*. Madrid: Prentice-Hall (traducción castellana de la 5ª edición inglesa) (Cap. 13, págs. 213-225).

GONDRA, J.Mª (1997-1998): *Historia de la Psicología. Introducción al pensamiento psicológico moderno*. Madrid: Síntesis. (Volumen 2: Escuelas, teorías y sistemas contemporáneos, Cap. 4, págs. 197-243).

HOTHERSALL, D. (1997): *Historia de la Psicología*. México: McGraw-Hill (traducción castellana de la 3ª edición inglesa, 1997) (Caps 15, págs. 215-254).

LEAHEY, Th.H. (1998): *Historia de la Psicología. Principales corrientes en el pensamiento psicológico* (traducción castellana de la 4ª edición inglesa) (Cap. 7, págs. 248-251; Cap. 12, págs. 409-450).

TORTOSA, F. (Coord.) (1998): *Una Historia de la Psicología moderna*, Madrid: McGraw-Hill, 1998 (Cap. 6: *La evolución de la Psicología académica en Alemania I: La Psicología de la Gestalt hasta 1933*, por J.C. Pastor y F. Tortosa, págs. 121-140; Cap. 7: *La evolución de la Psicología académica en Alemania II: La Psicología moderna hasta 1945*, por L. Sprung y H. Sprung, págs. 141-152; Cap. 20: *El desarrollo de la Psicología aplicada en Europa central*, por H. Gundlach, págs. 389-397).

Bibliografía complementaria:

Ash, M. G. (1985). Gestalt Psychology: origins in Germany and reception in the United States. En C.E. Buxton (ed.), *Points of view in the modern history of psychology* (pp. 295-344). San Diego: Academic Press.

Ash, M. G. (1995). Gestalt psychology in German culture, 1890-1967. Holism and the quest of objectivity. (Cambridge Studies in the History of Psychology.) Cambridge: University Press.

Ash, M.G. & Geuter, U. (Hrsg.).(1985). Geschichte der deutschen Psychologie im 20. Jahrhundert. Opladen: Westdeutscher Verlag.

Ash, M.G. (1980a). Academic politics in the history of science: experimental psychology in Germany, 1879-1941, *Central European History,* 13, 255-286.

Ash, M.G. (1982): The Emergence of Gestalt Psychology: Experimental Psychology in Germany, 1890-1920. Phil. Diss., Harvard University, *Dissertation Abstracts International,* 43, 1983.

Ash, M.G. (1985a): Die experimentellen Psychologie an den deutschsprachigen Universitäten von der Wilhelminischen Zeit bis zum Nationalsozialismus. En M. Ash y U. Geuter (eds.), *Geschichte der deutschen Psychologie im 20. Jahrhundert,* Opladen: Westdeutscher Verlag, págs. 45-82.

Ash, M.G. (1985b): Ein Institut und eine Zeitschrift. Zur Geschichte des Berliner Psychologischen Instituts und der Zeitschrift "Psychologische Forschung" nach 1933. En Carl Friedrich Graumann (ed.), *Psychologie im Nationalsozialismus*. Berlín, Springer, págs. 113-137.

Ash, M.G. (1987): Gestaltpsychologie im Denken des 20. Jahrhunderts, En M. Amelang (ed.), *Bericht über den 35. Kongreß der Deutschen Gesellschaft für Psychologie in Heidelberg 1986,* vol. 2, págs. 33-45, Göttingen, Hogrefe.

Ash, M.G. (1995): *Gestalt psychology in German culture, 1890-1967. Holism and the quest of objectivity*. Cambridge Studies in the History of Psychology. Cambridge, University Press.

Baumgarten, Franziska (1928). *Die Berufseignungsprüfungen. Theorie und Praxis*. München: R. Oldenbourg.

Baumgarten, Franziska (Hrsg.) (1949). *Progrès de la Psychotechnique - Progress of Psychotechnics - Fortschritte der Psychotechnik 1939-1945*. Bern: A. Francke.

Benussi (1904): Zur Psychologie des Gestalterfassens. Die Müller-Lyersche Figur. En A. Meinong, *Untersuchungen zur Gegenstandtheorie und Psychologie,* Leipzig, Barth, págs. 303-448.

Benussi (1914): Gesetze der inadäquaten Gestaltauffassung. Die Ergebnisse meiner bisherigen experimentellen Arbeiten zur Analyse der sogenannten geometrisch-optischen Täuschungen. *Archiv für die gesamte Psychologie,* 32, págs. 396-419.

Bogen, Hellmuth (1927). *Psychologische Grundlegung der praktischen Berufsberatung*. Langensalza: Beltz.

Boring, E.G. (1950). *Historia de la Psicología Experimental*. México: Trillas, 1985 (4ª ed. en español).

Brauns, H.P. (1992): Lewins Berliner Experimentalprogramm. En W.Schönpflug (ed.), *Kurt Lewin. Person, Werk, Umfeld. Historische Rekonstruktionen und aktuelle Wertungen aus Anlaß seines hundertsten Geburtstags*. Beiträge zur Geschichte der Psychologie, Vol 5, págs. 87-112, Francfort, Peter Lang.

Brentano, F. (1874): *Psychologie vom empirischen Standpunkte,* Leipzig, Duncker & Humblot (4ª ed., 1971, Hamburgo, Meiner).

Bringmann, W. G.; Lück; H. E.; Miller, R. & Early, C. E. (Eds.).(1997). A Pictorial History of Psychology. Carol Stream: Quintessence.

Brozek, J. & Pongratz, L.J. (Eds.).(1980). Historiography in Modern Psychology. Toronto: Hogrefe.

Brunswick, E. (1929): Prinzipienfragen der Gestalttheorie. En E. Brunswick et al., *Beiträge zur problemgeschichte der Psychologie. Festchrift zu Karl Bühlers 50. Geburtstag*, Jena, G. Fischer, págs. 78-149.

Bühler, K. (1907). Tatsachen und Probleme zu einer Psychologie der Denkvorgänge (I. Über Gedanken). *Archiv für die gesamte Psychologie, 9*, 297-305.

Bühler, K. (1908). Tatsachen und Probleme zu einer Psychologie der Denkvorgänge. II. Über Gedankenzusammenhänge. *Archiv für die gesamte Psychologie, 12*, 1-23.

Bühler, K. (1918): *Die geistige Entwicklung des Kindes*, Jena, G. Fischer.

Bühler, K. (1926): Die 'Neue Psychologie' Koffkas. *Zeitschrift für Psychologie*, 99, págs. 145-159.

Buxton, C. (1985). *Points of view in the modern history of Psychology.* San Diego: Harcourt Brace Jovanovich.

Caparros, A. (1976). *Historia de la Psicología.* Esplugas (Barcelona): C.E.U.

Caparros, A. (1980). *Los paradigmas en Psicología.* Barcelona: Horsori.

Caparros, A. (1984). *La Psicología y sus perfiles. Introducción a la cultura psicológica.* Barcelona: Barcanova.

Carpintero (1996). *Historia de las Ideas Psicológicas.* Madrid: Pirámide (Cap. 26 y 29)

Carson, John (1993). *Army Alpha, army brass, and the search for army intelligence.* Isis, 84, 278-309.

Clair, J.; Pichler, Cathrin & Pircher, W. (Hrsg.).(1989). Wunderblock - Eine Geschichte der modernen Seele. Wien: Löcker.

Cocks, Geoffrey (1985). *Psychotherapy in the Third Reich. The Göring Institute.* New York: Oxford University Press.

Couvé, Richard (1925). *Die Psychotechnik im Dienste der Deutschen Reichsbahn.* Berlin: VDI-Verlag.

Dehue, Trudy (1990). *De regels van het vak. Nederlandse psychologen en hun methodologie 1900-1985.* Amsterdam: Van Gennep. (Englisch:

Dorsch, Friedrich (1963). *Geschichte und Probleme der Angewandten Psychologie.* Bern: Hans Huber.

Duncker, K. (1935): *Zur Psychologie des Produktiven Denkens.* Berlín, Springer.

Ebbinghaus, Hermann (1897). *Über eine neue Methode zur Prüfung geistiger Fähigkeiten und ihre Anwendung bei Schulkindern.* Hamburg: Leopold Voss. (Französisch: H. Ebbinghaus (1897). Sur une nouvelle méthode d'appreciation des capacités intellectuelles. Revue Scientifique, Quatrième Série, 8, 424-430.)

Eckardt, G. & Sprung, L. (Eds.).(1983). Advances in Historiography of Psychology. Berlin: VEB Deutscher Verlag der Wissenschaften.

Eckardt, G. (Hrsg.).(1979). Zur Geschichte der Psychologie. Berlin: VEB Deutscher Verlag der Wissenschaften.

Eckardt, G.; Bringmann, W.G. & Sprung, L. (Eds.).(1985). Contributions to a History of Developmental Psychology. Berlin et al.: Mouton.

Ehrenfels, C. v. (1890): Über 'Gestalqualitäten', reproducción en F. Weinhandl (ed.), *Gestalthaftes Sehen. Ergebnisse und Aufgaben der Morphologie. Zum hundertjährigen Geburtstag von Christian von Ehrenfels*, Darmstadt: Wissenschaftliche Buchgesellschaft, 1960, págs. 11-43.

Elteren, M.van (1992): Sozialpolitische Konzeptionen in Lewins Arbeitspsychologie. En W.Schönpflug (ed.), *Kurt Lewin. Person, Werk, Umfeld. Historische Rekonstruktionen und aktuelle Wertungen aus Anlaß seines hundertsten Geburtstags.* Beiträge zur Geschichte der Psychologie, Vol 5, págs. 127-148, Francfort, Peter Lang.

Elteren, M.van y Lück, H.E. (1990): Lewin's films and their role in field theory. En S.A. Wheelan, E.A. Pepitone y V. Abt (eds.), *Advances in field theory*, Nueva York, Sage.

Eschenmayer, Carl August (1817). *Psychologie in drei Theilen als empirische, reine und angewandte. Zum Gebrauch seiner Zuhörer.* Stuttgardt: Johann Georg Cotta.

Flugel, J.C. (1933). *A Hundred Years of Psychology.* London: Gerald Duckworth & Co., 1953.

Fries, Mauri (1996). Mutterlichkeit und Kinderseele. Zum Zusammenhang von Sozialpädagogik, bürgerlicher Frauenbewegung und Kinderpsychologie zwischen 1899 und 1933 -ein Beitrag zur Würdigung Martha Muchows. Frankfurt am Main et al.: Lang.

Gabucio, F. (1993): Max Wertheimer: Dinámica y Lógica del Pensamiento Productivo. En E. Quiñones, F. Tortosa y H. Carpintero (eds.): *Historia de la Psicología. Textos y comentarios.* Madrid, Tecnos, págs. 378-384.

García-Baró, M. (1993). La Psicología empirista de F. Brentano. En E. Quiñones, F. Tortosa y H. Carpintero (Dirs.), *Historia de la Psicología. Textos y comentarios* (pp. 245-252). Madrid: Tecnos.

Geuter, U. (1986-1987). *Daten zur Geschichte der deutschen Psychologie* (2 Bände) Göttingen: Verlag für Psychologie. Dr. C.J. Hogrefe.

Geuter, U. (1987). German psychology during the nazi period. En M.G. Ash y W.R. Woodward (eds.), *Psychology in twentieth-century thought and society* (pp. 165-187). Cambridge: Cambridge Univ. Press.

Geuter, U. (1992). The professionalization of psychology in Nazi Germany, trans. Richard Homes. (Cambridge Studies in the History of Psychology.) Cambridge: University Press.

Geuter, Ulfried (1984). *Die Professionalisierung der deutschen Psychologie im Nationalsozialismus*. Frankfurt am Main: Suhrkamp. (Englisch: Ulfried Geuter (1992). The professionalization of psychology in Nazi Germany. Cambridge: Cambridge University Press.)

Geuter, Ulfried (1985). Polemos panton pater - Militär und Psychologie im Deutschen Reich 1914-1945. In Mitchell G. Ash & Ulfried Geuter (Eds.), *Geschichte der deutschen Psychologie im 20. Jahrhundert*. Opladen: Westdeutscher Verlag.

Gibson, J.J. (1971): The legacies of Koffka´s Principles. *Journal of the History of the Behavioral Sciences*, 7, págs. 3-9.

Giese, Fritz (1921). *Psychotechnische Eignungsprüfungen an Erwachsenen*. *Langensalza*: Wendt & Klauwell.

Giese, Fritz (1925). *Handbuch psychotechnischer Eignungsprüfungen*. Halle a. S.: Carl Marhold. (Handbuch der Arbeitswissenschaft, Bd. IV).

Graumann, C.F. (Hrsg.).(1985). Psychologie im Nationalsozialismus. Berlin et al.: Springer.

Gundlach, H. (1993). Entstehung und Gegenstand der Psychophysik. Berlin et al.: Springer.

Gundlach, H. (Hrsg.).(1996). Untersuchungen zur Geschichte der Psychologie und der Psychotechnik. Passauer Schriften zur Psychologiegeschichte Band 11. München et al.: Profil.

Gundlach, Horst (1993). Psychotechnische Untersuchungen bei der Deutschen Reichspost. In H. Gold, A. Koch (Eds.), *Fräulein vom Amt* (p. 109-119). München: Prestel Verlag.

Gundlach, Horst (1996a). Faktor Mensch im Krieg. Der Eintritt der Psychologie und Psychotechnik in den Krieg. *Berichte zur Wissenschaftsgeschichte*, 19, 131-143.

Gundlach, Horst (1996b). The Hipp chronoscope as totem pole and the formation of a new tribe - applied psychology, psychotechnics and rationality. Teorie & Modelli, *Rivista di Storia e Metodologia della Psicologia*, n. s., 1, 65-85.

Gundlach, Horst (1996c). Psychologie und Psychotechnik bei den Eisenbahnen. In H. Gundlach (Hrsg.): *Untersuchungen zur Geschichte der Psychologie und der Psychotechnik* (p. 127-146). München: Profil Verlag.

Gundlach, Horst (1997). Vocational aptitude tests (Psychotechnics). In Betsy W. Bahr, Robert Bud, Stephen Johnston & Deborah Warner (Eds.), *Instruments of Science: A Historical Encyclopedia*. Hamden CT: Garland (in print).

Hale, Matthew (1980). *Human science and social order. Hugo Münsterberg and the origins of applied psychology*. Philadelphia: Temple University Press.

482 Anexo 1: Programa de historia de la psicología. Teoría

Haller, R. y Fabian, R. (1985): Alexius Meinong und die Grazer Schule der Gegenstandstheorie. En K. Freisitzer, et al. (ed.), *Tradition und Herausforderung. 400 Jahre Universität Graz*, Graz, Akademische Druck- und Verlaganstalt, págs. 277-291.

Haller, R. y Stadler, F. (eds.) (1988): *Ernst Mach. Werk und Wirkung*, Viena, Hölder-Pichler-Tempsky.

Harrower, M. (1971): A note on the Koffka papers. *Journal of the History of the Behavioral Sciences*, 7, págs. 141-153.

Harrower, M. (1984): *Kurt Koffka: An Unwitting Self-portrait*, Gainesville, U. Florida Press.

Heidbreder, H. (1991) *Psicologías del siglo XX*. Barcelona: Paidós. (cap. 6: *Psicología de la Gestalt: Wertheimer, Köhler, Koffka*

Heider, F. (1970): Gestalt Theory: Early History and Reminiscences. *Journal of the History of the Behavioral Sciences*, 6, págs. 131-139.

Henle, M. (1977): The influence of Gestalt Psychology in America. *Annals of the New York Academy of Sciences*, 291, págs. 3-12.

Henle, M. (1985). Rediscovering Gestalt Psychology. En s. Koch y D. E. Leary (Eds.), *A century of psychology as science*, (pp. 100-120). New York: McGraw-Hill.

Henle, M. (1993). Man's place in nature in the thinking of Wolfgang Köhler. *Journal of the History of the Behavioral Sciences, 19* (1), 5-8.

Herrmann, T. (1976): Ganzheitpsychologie und Gestalttheorie. En H. Balmer (ed.), *Die Psychologie des 20. Jahrhunderts. Vol. 1: Die europäische Tradition*. Zürich, Kindler, págs. 573-658.

Hische, Wilhelm (1950). *Arbeitspsychologie*. Berlin: Weidmannsche Buchhandlung.

Husserl, E. (1965): *Philosophie als strenge Wissenschaft*, Frankfurt am Main, Vittorio Klostermann.

Jaeger, S. (1993): Wolfgang Köhler. En H.E. Lück, R. Miller (eds.), *Illustrierte Geschichte der Psychologie*. (págs. 85-89). München: Quintessenz. (versión en inglés en: Bringmann, W. G.; Lück, H. E.; Miller, R. y Early, Ch. E. (eds.)(1997), A Pictorial History of Psychology. Carol Stream: Quintessence)

Jaeger, S.; Staeuble, Irmingard; Sprung, L. & Brauns, H.-P. (Hrsg.). (1995). Psychologie im soziokulturellen Wandel - Kontinuitäten und Diskontinuitäten. Frankfurt am Main et al.: Lang.

Jaeger, Siegfried & Staeuble, Irmingard (1981). Die Psychotechnik und ihre gesellschaftlichen Entwicklungsbedingungen. In F. Stoll (Ed.), *Die Psychologie des 20. Jahrhunderts* (Vol. 13 - Anwendungen im Berufsleben, p. 53-95). Zürich: Kindler.

Klemm, Otto (1933). *Pädagogische Psychologie*. Breslau: Hirt.

Klix, F.; Kossakowski, A. & Mäder, W. (Hrsg.).(1980). Psychologie in der DDR - Entwicklung, Aufgaben, Perspektiven. 2. erweiterte und ergänzte Auflage. Berlin: VEB Deutscher Verlag der Wissenschaften.

Koffka, K. (1913-1921): Beiträge zur Psychologie der Gestalt und Bewegungerlebnisse, *Zeitschrift für Psychologie*, 1913, 67, págs. 353-449.

Koffka, K. (1915): Zur Grundlegung der Wahrnemungpsychologie. Eine Auseinandersetzung mit V. Benussi. *Zeitschrift für Psychologie*, 73, pág. 11-90.

Koffka, K. (1921): *Die Grundlagen der psychischen Entwicklung*, Osterwieck: Zickfeld.

Koffka, K. (1922): Perception: an introduction to the Gestalttheorie, *Psychological Bulletin*, 19, págs. 531-585.

Koffka, K. (1924): *The growth of mind. An introduction to child psychology*. Londres, Kegan Paul.

Koffka, K. (1925): Psychologie. En M. Dessoir (ed.), *Lehrbuch der Philosophie, vol. 2: Die Philosophie in ihren Einzelgebieten*. Berlín, Ullstein

Koffka, K. (1931): Die Wahrnehmung von Bewegung. En A. Bethe, G.v. Bergmann, G. Emden y A. Ellinger (eds.), *Handbuch der normalen und pathologischen Physiologie. Receptionsorgane II. Photoreceptoren. Zweiter Teil*, Berlín, Springer, págs. 1166-1214).

Koffka, K. (1935): *Principles of Gestalt Psychology*, Nueva York, Harcourt, Brace.

Koffka, K. (1953): *Principios de Psicología de la Forma*, Buenos Aires, Paidós.

Köhler, W. (1917): *Intelligenzprüfungen an Menschenaffen*, Berlín, Springer.

Köhler, W. (1920): *Die physischen Gestalten in Ruhe und im stationären Zustand. Eine naturphilosophische Untersuchung*, Erlangen, Weltkreisverlag.

Köhler, W. (1924): *The mentality of Apes*, London, Kegan Paul.

Köhler, W. (1929): *Gestalt Psychology*, Nueva York, Liveright.

Köhler, W. (1938): *The place of value in a world of facts*, Nueva York, Liveright.

Köhler, W. (1940): *Dynamics in Psychologie*, Nueva York, Liveright.

Köhler, W. (1947): *Gestalt psychology: An introduction to the new concepts in modern psychology*, Nueva York, Liveright.

Köhler, W. (1969): *The Task of Gestalt Psychology*, Princeton, Nueva Jersey, Princeton University Press.

Kraepelin, Emil (1894). *Über geistige Arbeit*. Jena: Gustav Fischer.

Kraepelin, Emil (1902). Die Arbeitscurve. *Philosophische Studien*. Festschrift. Wilhelm Wundt zum siebzigsten Geburtstage überreicht von seinen Schülern. I. Theil, 19, 459-507.

Kraepelin, Emil (1922). Gedanken über die Arbeitskurve. *Psychologische Arbeiten*, 7, 535-547.

Leeper, R.W. (1943): *Lewin's Topological and Vector Psychology.* Eugene, Oregon, University of Oregon.

Leitchman, M. (1979). Gestalt theory and the revolt against positivism. En A. R. Buss (ed.), *Psychology in Social Context* (pp. 47-75). New York: Irvington.

Lewin, K. (1917): Die psychische Tätigkeit bei der Hemmung von Willensvorgängen und das Grundgesetz der Association. *Zeitschrift für Psychologie*, 77, págs. 212-247.

Lewin, K. (1922): *Der Begriff der Genese in Physik, Biologie und Entwicklungsgeschichte. Eine Untersuchung zur vergleichenden Wissenschaftslehre.* Berlín, Springer.

Lewin, K. (1936): *Principles of Topological Psychology.* Nueva York, MacGraw-Hill.

Lewin, K. (1938): The conceptual representation and the measurement of psychological forces. *Contributions to Psychological Theory*, 1, N.4. Durham, Duke University Press.

Lewin, K. (1938-39): Field theory and experiment in Social Psychology: concepts and methods. *American Journal of Sociology*, 44, págs. 868-897.

Lewin, K. (1942): Field theory if learning. *Yearbook of the National Society for the Study of Education* 41, págs. 215-242.

Lipmann, Otto et al. (1908). Der gegenwärtige Stand der angewandten Psychologie in den einzelnen Kulturländern. *Zeitschrift für angewandte Psychologie*, 1, 170-179+278-290+466-472.

Lockot, Regine (1985). Erinnern und Durcharbeiten. Zur Geschichte der Psychoanalyse und Psychotherapie im Nationalsozialismus. Frankfurt am Main: Fischer.

Luchins (1975): The place of Gestalt theory in American Psychology. A case study. En S.Ertl, L. Kemmler y M. Stadler (eds.), *Gestalttheorie in der modernen Psychologie.* Darmsadt: Steinkopff.

Lück, H.E. (1991). Geschichte der Psychologie. Strömungen, Schulen, Entwicklungen. Stuttgart et al.: Kohlhammer.

Lück, H.E. (1993): Kurt Lewin. En H.Lück y R.Miller (eds.), *Illustrierte Geschichte der Psychologie*, Munich, Quintessenz, págs. 90-95.

Lück, H.E. (1996). Die Feldtheorie und Kurt Lewin. Weinheim: Beltz - Psychologie Verlags Union.

Mach, E. (1875): *Grundlinien der Lehre von den Bewegungsempfindungen* (reproducción) Amsterdam, 1967, E.J. Bonset.

Mach, E. (1886): *Beiträge zur Analyse der Empfindungen,* Jena, G. Fischer.

Marbe, Karl (1912/1913). Die Bedeutung der Psychologie für die übrigen Wissenschaften und die Praxis. *Fortschritte der Psychologie und ihrer Anwendungen*, 1 (1), 5-82.

Marbe, Karl (1926). *Der Psycholog als Gerichtsgutachter im Straf- und Zivilprozess.* Stuttgart: Ferdinand Enke.

Marbe, Karl (1927). *Psychologie der Werbung.* Stuttgart: Poeschel.

Marrow, A.J. (1969): *The practical theorist. The life and work of Kurt Lewin,* Nueva York, Basic Books.

Martens, Hans Alfred (1919). *Psychologie und Verkehrswesen.* Leipzig: Johann Ambrosius Barth.

Marx, M.H. y Hillix, W.A. (1983): *Sistemas y teorías psicológicos contemporáneos* (ed. rev. y ampl.), Buenos Aires, Paidós.

Metraux, A. (1992): Kurt Lewin in philosophisch-psychologischen Rollenkonflikt. En W.Schönpflug (ed.), *Kurt Lewin. Person, Werk, Umfeld. Historische Rekonstruktionen und aktuelle Wertungen aus Anlaß seines hundertsten Geburtstags.* Beiträge zur Geschichte der Psychologie, Vol 5, págs. 29-38, Francfort, Peter Lang.

Métraux, Alexandre (1985). Die angewandte Psychologie in Deutschland vor und nach 1933. In C. F. Graumann (Hrsg), *Psychologie im Nationalsozialismus* (S. 221-262). Berlin: Springer-Verlag.

Metzger, W. (1965). The historical background for national trends in psychology: German Psychology. *Journal of the History of the Behavioral Sciences, 1,* (1), 109-115.

Metzger, W. (1970): Verlorenes Paradies. *Schweizerische Zeitschrift für Psychologie,* 29, págs. 16-25.

Meumann (1903). Zur Einführung. *Archiv für die Gesamte Psychologie, 1,* 1-8.

Meumann, Ernst (1907). *Vorlesungen zur Einführung in die experimentelle Pädagogik und ihre psychologischen Grundlagen* (2 Vol.). Leipzig: Wilhelm Engelmann.

Moede, Walther (1930). *Lehrbuch der Psychotechnik* (Bd. 1). Berlin: Julius Springer.

Moede, Walther (1933). *Konsumpsychologie.* Berlin: Buchholz & Weisswange.

Mueller, F.L. (1960). *Historia de la Psicología.* México: Fondo de Cultura Económica, 1963.

Müller, M. (1994). Vergleichende Musikpsychologie - eine Berliner Variante der Völkerpsychologie. Psychologie und Geschichte 6. Heft 3-4. 290-302.

Münsterberg, Hugo (1912). *Psychologie und Wirtschaftsleben. Ein Beitrag zur angewandten Experimental-Psychologie.* Leipzig: Johann Ambrosius Barth.

Münsterberg, Hugo (1913). *Psychology and industrial efficiency.* Boston: Houghton Mifflin Company.

Münsterberg, Hugo (1914a). *Grundzüge der Psychotechnik.* Leipzig: Johann Ambrosius Barth.

Münsterberg, Hugo (1914b). *Psychology, general and applied.* New York: D. Appleton and Company.

Murray, D.J. (1983): *A history of Western psychology*, Englewood Cliffs, N.J., Prentice Hall Inc.

Pastor, J.C., Sprung, L. y Sprung, H. (1997): La Escuela Berlinesa de Psicología de la Gestalt: Aspectos relacionados con su origen y desarrollo. *Comunicación presentada en el X Congreso de la Sociedad Española de Historia de la Psicología, Madrid, 10, 11 y 12 de Abril de 1997.* Aceptado para su publicación en *Revista de Historia de la Psicología* (en prensa).

Pehle, W. H. & Sillem, P. (Hrsg.).(1992). Wissenschaft im geteilten Deutschland - Restauration oder Neubeginn nach 1945. Frankfurt am Main: Fischer.

Pongratz, L. J.; Traxel, W. & Wehner, E.G. (Hrsg.).(1972 & 1979). Psychologie in Selbstdarstellungen. Band I & II. Stuttgart et al.: Huber.

Pongratz, L.J. (1967). Problemgeschichte der Psychologie. Bern et al.: Francke.

Poppelreuter, Walther (1917/1918). *Die psychischen Schädigungen durch Kopfschuss im Kriege 1914/1917* (2 vols.). Leipzig: Leopold Voss.

Popplestone, J.A. & White McPherson, Marion (1994). An Illustrated History of American Psychology. Madison et al.: WCB Brown & Benchmark.

Rechtien, W. (1984): Gestalttheorie. En H. Lück R. Miller y W. Rechtien (eds.), *Geschichte der Psychologie. Ein Handbuch in Schlüsselbegriffen*, Munich, Urban & Schwarzenberg.

Rodriguez, S. (1984). *Historia de la Psicología. Raíces y primeros desarrollos.* Salamanca: Universidad de Salamanca.

Rüegsegger, Ruedi (1986). *Die Geschichte der Angewandten Psychologie 1900-1940. Ein internationaler Vergleich am Beispiel der Entwicklung in Zürich.* Bern: Hans Huber.

Sahakian, W.S. (1975). *Historia y sistemas de la Psicología.* Madrid: Tecnos, 1982.

Sáiz, M., Sáiz, D., Mülberger, A. y Gabucio, F. (1991). Una aproximación a la escuela de la Gestalt a través del análisis de la revista «Psychologische Forschung» (1922-1938). *Revista de Historia de la Psicología, 12* (3-4), 77-87.

Sarris, V. (1987a): Max Wertheimer in Franckfurt (I)-, *Zeitschrift für Psychologie*, 195, págs. 283-310.

Sarris, V. (1987b): Max Wertheimer in Franckfurt (II), *Zeitschrift für Psychologie*, 195, págs. 403-431.

Sarris, V. (1988): Max Wertheimer in Franckfurt (III), *Zeitschrift für Psychologie*, 196, págs. 27-61.

Sarris, V. (1993): Gestaltpsychologie in Frankfurt. En H.E. Lück, R. Miller (eds.), *Illustrierte Geschichte der Psychologie.* (págs. 76-79). München: Quintessenz. (versión en inglés en: Bringmann, W. G.; Lück, H. E.; Miller, R. y Early, Ch. E. (eds.)(1997), A Pictorial History of Psychology. Carol Stream: Quintessence)

Scheerer, E. (1990). Psychologie. In J. Ritter & K. Gründer (Hrsg.), Historisches Wörterbuch der Philosophie. Band 7. Basel: Schwabe und Co. 1599-1653.

Schönpflug, W. (1992). Applied Psychology: Newcomer with a Long Tradition. Applied Psychology: An International Review 42, Issue 1. 5-66.

Schonpflug, W. (1992): Kurt Lewin, eine biographische Skizze. En W.Schönpflug (ed.), *Kurt Lewin. Person, Werk, Umfeld. Historische Rekonstruktionen und aktuelle Wertungen aus Anlaß seines hundertsten Geburtstags.* Beiträge zur Geschichte der Psychologie, Vol 5, págs. 13-28, Francfort, Peter Lang.

Schönpflug, W. (Hrsg.). (1992). Kurt Lewin - Person, Werk, Umfeld. Historische Rekonstruktionen und aktuelle Wertungen aus Anlaß seines hundertsten Geburtstags. Frankfurt am Main et al.: Lang.

Schröder, Christina (1995). Der Fachstreit um das Seelenheil. Psychotherapiegeschichte zwischen 1880-1932. Frankfurt am Main et al.: Lang.

Schulte, Robert Werner (1927). *Die Psychologie der Leibesübungen.* Berlin: Weidmannsche Buchhandlung.

Schultz, D.P. y Schultz, S.E. (1969). *A History of Modern Psychology.* Orlando: Harcourt Brace Jovanovich College Publishers, 1992.

Schumann, F. (1911). *Bericht über den 4. Kongress für experimentelle Psychologie in Innsbruck (19-22. April 1910).* Leipzig: J.A. Barth.

Sherrill, R. Jr. (1991). Natural wholes: Wolfgang Köhler and Gestalt Theory. En G. A. Kimble, M. Wertheimer y Ch. L. White, (Eds.). *Portraits of Pioneers in Psychology* (257-423). Hillsdale, New Jersey: LEA.

Simoneit, Max (1933). *Wehrpsychologie. Ein Abriss ihrer Probleme und praktischen Folgerungen.* Berlin: Bernard & Graefe.

Simoneit, Max (1944). *Grundriss der charakterologischen Diagnostik auf Grund heerespsychologischer Erfahrungen.* Leipzig: B. G. Teubner.

Smith, B. (1988) (ed.): *Foundations of Gestalt Theory,* Munich, Philosophia Verlag.

Sprung, H. (1992): Kurt Lewin und seine Berliner Schülerinnen. En W.Schönpflug (ed.), *Kurt Lewin. Person, Werk, Umfeld. Historische Rekonstruktionen und aktuelle Wertungen aus Anlaß seines hundertsten Geburtstags.* Beiträge zur Geschichte der Psychologie, Vol 5, págs. 149-160, Francfort, Peter Lang.

Sprung, Helga y Sprung, L. (1983). William Preyer, Psicólogo y Metodólogo. Revista de Historia de la Psicología 4, No. 2. 101-112.

Sprung, Helga; Sprung, L. & Woodward, W. R. (1995). Woman in the History of German-Speaking Psychology: The Model of Kurt Lewin's Research Group in Berlin. Cuadernos Argentinos de Historia de la Psicología 1, No. 1-2. 61-82.

Sprung, L. & Schönpflug, W. (Hrsg.).(1992). Zur Geschichte der Psychologie in Berlin. Frankfurt am Main et al.: Lang.

Sprung, L. & Sprung, Helga (1996). Foundations of the History of Methodology and of a System of Methodology of Modern Psychology. In W. Battmann & S. Dutke (Eds.), Processes of the Molar Regulation of Behavior. Lengerich et al.: Pabst. 291-307.

Sprung, L. y Linke, U. (1992): Kurt Lewin als Methodologe und Methodiker. Marginalien über bleibendes und Vergängliches aus einem großen Lebenswerk. En W.Schönpflug (ed.), *Kurt Lewin. Person, Werk, Umfeld. Historische Rekonstruktionen und aktuelle Wertungen aus Anlaß seines hundertsten Geburtstags.* Beiträge zur Geschichte der Psychologie, Vol 5, págs. 69-86, Francfort, Peter Lang.

Sprung, L. y Sprung, H. (1992). Kontinuität und Diskontinuität in der Geschichte der Psychologie-Stadien der Institutionalisierung sowie wissenschaftliche Ursprünge und personale Anfänge der Gestaltpsychologie in Berlin. *Zeitschrift für Psychologie, 200,* 287-293.

Sprung, L. y Sprung, Helga (1988). Reflexiones acerca de la Historia de la Psicología y las Investigaciones sobre el surgimiento de la Psicología Experimental en la Alemania del Siglo XIX. Psicología y Sociedad. Anuario de la Especialidad de Psicología de la Escuela de Postgrado de la Universidad Inca Garcilaso de la Vega (Perú) 1. 229-234.

Sprung, L.; Sprung, H. (1993): Die Berliner Schule der Gestaltpsychologie. En H.E. Lück, R. Miller (eds.), *Illustrierte Geschichte der Psychologie.* (págs. 80-84). München: Quintessenz. (versión en inglés en: Bringmann, W. G.; Lück, H. E.; Miller, R. y Early, Ch. E. (eds.)(1997), A Pictorial History of Psychology. Carol Stream: Quintessence).

Stachowski, R. (1992). Julian Ochorowicz's (1850-1917) law of reversibility and its relevance to the mind-body problem. En H. Carpintero et al., *New studies in the History of Psychology and the social sciences,* (pp. 275-289). Valencia: Revista de Historia de la Psicología. Monographs 2.

Stadler, M. (1985): Das Schicksal der nicht emigrierten Gestaltpsychologen im Nationalsozialismus. En C.F. Graumann (ed.), *Psychologie im Nationalsozialismus,* Berlín, Springer, págs. 139-164.

Stern, Erich (1928). *Gesundheitliche Erziehung.* Karlsruhe: Braun.

Stern, Erich (Ed.) (1954+1955). Die Tests in der klinischen Psychologie (= *Handbuch der klinischen Psychologie, vol. 1).* Zürich: Rascher Verlag.

Stern, Erich (Ed.) (1958). Die Psychotherapie in der Gegenwart. Richtungen, Aufgaben, Probleme, Anwendungen (= *Handbuch der klinischen Psychologie, vol. 2).* Zürich: Rascher Verlag.

Stern, L. William. (1902). *Zur Psychologie der Aussage. Experimentelle Untersuchungen über Erinnerungstreue.* Berlin: J. Guttentag.

Stern, William (1903). Angewandte Psychologie. *Beiträge zur Psychologie der Aussage,* 1, 4-45.

Stern, William (1911). *Die Differentielle Psychologie in ihren methodischen Grundlagen.* Leipzig: Johann Ambrosius Barth.

Stern, William (1912). *Die psychologischen Methoden der Intelligenzprüfung und deren Anwendung an Schulkindern.* Leipzig: Johann Ambrosius Barth.

Stock, W. (1992): Die Grazer Schule: Psychologie, Gegenstandstheorie, Wirklichkeitstheorie. *Nachrichten der Forschungstelle für Österreichische Philosophie (Graz)*, 3, págs. 7-25.

Strien, P. J. van (1993). *Nederlandse psychologen en hun publiek. Een contextuele geschiedenis*. Assen: Van Gorcum.

Sullivan, J.J. (1968). Franz Brentano and the problems of intentionality. En B.B. Wolman (ed.), *Historical roots of contemporary psychology* (pp. 248-274). Nueva York: Harper and Row.

Traxel, W. (1985). Geschichte für die Gegenwart. Vorträge und Aufsätze zur Psychologiegeschichte. Passau: Passavia.

Trudy Dehue (1995). *Changing the rules: Psychology in the Netherlands 1900-1985*. Cambridge: Cambridge University Press.)

Ulich, E. (1992): Lewin als Arbeitspsychologe. En W.Schönpflug (ed.), *Kurt Lewin. Person, Werk, Umfeld. Historische Rekonstruktionen und aktuelle Wertungen aus Anlaß seines hundertsten Geburtstags*. Beiträge zur Geschichte der Psychologie, Vol 5, págs. 113-126, Francfort, Peter Lang.

Weber, Max (1908+1909a+1909b). Zur Psychophysik der industriellenArbeit. *Archiv für Sozialwissenschaft und Sozialpolitik*, 27+28+29, 730-770+219-227+719+761+513-542.

Weber, Wilhelm (1927). *Die praktische Psychologie im Wirtschaftsleben. Eine systematische und kritische Zusammenfassung des gesamten Gebietes der Wirtschafts-Psychotechnik*. Leipzig: Johann Ambrosius Barth.

Wehner, E. G. (Hrsg.). (1992). Psychologie in Selbstdarstellungen. Band III. Bern et al.: Huber.

Wehner, E.G. (1990): Geschichte der allgemeinen Psychologie. En E.G. Wehner (ed.), *Geschichte der Psychologie. Eine Einführung*, Darmstadt, Wissenschaftliche Buchgesellschaft, págs. 1-51.

Weinhandl, F. (1960): Christian von Ehrenfels, sein philosophisches Werk. En F. Weinhandl (ed.), *Gestalthaftes Sehen. Ergebnisse und Aufgaben der Morphologie. Zum hundertjährigen Geburtstag von Christian von Ehrenfels*, Darmstadt: Wissenschaftliche Buchgesellschaft, págs. 1-10.

Wendelborn, S. (1994). Die Entwicklung der Klinischen Psychologie in Berlin im ausgehenden 19. Jahrhundert dargestellt am Beispiel Albert Moll (1862-1939). Psychologie und Geschichte 6. Heft 3-4. 303-312.

Wendelborn, S. (1996). Emigration aus Deutschland während des Nationalsozialismus - Ein Beitrag zur Biographie Karl Dunckers. In H. Gundlach (Hrsg.).(1996), Untersuchungen zur Geschichte der Psychologie und der Psychotechnik. Passauer Schriften zur Psychologiegeschichte. Band 11. München et al.: Profil. 263-272.

Wertheimer, M. (1912): Experimentelle Studien über das Sehen von Bewegung. *Zeitschrift für Psychologie*, 61, págs. 161-265.

Wertheimer, M. (1920): Über Schlußprozesse im produktiven Denken. En M. Wertheimer, Drei Abhandlungen zur Gestalttheorie, Erlangen, Palm/Enke, 1925, págs. 164-184.

Wertheimer, M. (1923): Untersuchungen zur Lehre von der Gestalt, Psychologische Forschung, 4, págs. 301-350.

Wertheimer, M. (1945): Productive Thinking. Nueva York, Harper.

Wertheimer, M. (1970). A Brief History of Psychology. New York: Holt, Rinehart & Winston.

Wertheimer, M. (1991). Max Wertheimer: modern cognitive psychology and the Gestalt problem. En G. A. Kimble, M. Wertheimer y Ch. L. White, (Eds.). Portraits of Pioneers in Psychology (189-207). Hillsdale, New Jersey: LEA.

Wirth, G. (1920). Unserem GroBen Lehrer Wilhelm Wundt in Unauslöschlicher Dankbarkeit zum Gedächnis!. Archiv für die Gesamte Psychologie, XL, 1-17.

Witasek, F. (1899): Über die Natur der geometrisch-optischen Täuschungen. Zeitschrift für Psychologie, 19, pág. 81-174.

Wolman, B.B. (1968). Teorías y sistemas contemporáneos en Psicología. Barcelona: Martínez Roca (Cap. 12: Psicología de la Gestalt.

Woodward, W.R. & Cohen, R. S. (Eds.).(1991). World Views and Scientific Discipline Formation. Boston Studies in the Philosophy of Science. Volume 134. Dordrecht: Kluwer.

Woodworth, R.S. (1948): Contemporary schools of psychology, Nueva York, Ronald Press.

Wunderlich, Gesa (1991). Die Öffnung der Psychoanalyse. Von der elitären Privatwissenschaft zur anerkannten Behandlungsmethode. Stuttgart et al.: Thieme.

Wundt, Wilhelm, (1909/1910). Über reine und angewandte Psychologie. Psychologische Studien, 5, 1-47.

Tema 5: "PRIMEROS DESARROLLOS DE LA PSICOLOGÍA EN EL ÁREA FRANCÓFONA"

Apartados:

5.1 Orígenes e institucionalización de la Psicología en Francia.

5.2 Primeras propuestas psicológicas en Francia: la Psicología patológica y la Psicología diferencial.

5.3 Otras propuestas psicológicas: la Psicología experimental.

5.4 La Psicología en la Suiza de habla francesa con Jean Piaget.

Bibliografía general:

GONDRA, J.Mª (1997-1998): *Historia de la Psicología. Introducción al pensamiento psicológico moderno*. Madrid: Síntesis. (Volumen 1: Nacimiento de la Psicología científica, Cap. 7, págs. 240-291; Volumen 2: Escuelas, teorías y sistemas contemporáneos, Cap. 6, págs. 340-351).

HOTHERSALL, D. (1997): *Historia de la Psicología*. México: McGraw-Hill (traducción castellana de la 3ª edición inglesa, 1997) (Cap. 8, págs. 255-281).

TORTOSA, F. (Coord.) (1998): *Una Historia de la Psicología moderna*, Madrid: McGraw-Hill, 1998 (Cap. 8, apartados 1-3: *Los comienzos de la Psicología en Francia*, por R. Sos, C. Esteban y C. Civera, págs. 153-164; Cap. 8, apartado 4: *Los comienzos de la Psicología en Francia*, por F. Parot, págs. 164-166; Cap. 9: *La Psicología en la Suiza de habla francesa: Jean Piaget*, por J.A. Vera, págs. 179-197).

Bibliografía complementaria:

Abbagnano, N. (1973). *Historia de la Filosofía*. Barcelona: Montaner y Simón.

Anastasi,A. (De.) (1965): Individual Differences. New York: Wiley.

Andrieu,B. (1994): Causes et conséquences de L´Année Psychologique (8-14). Proceedings of the 13th Cheiron Europe Annual Conference. Paris: Université René Descartes, Institut de Psychologie.

Andrieu,B. (1994): S.Freud et W.James: Déplacements de la Psychophysiologie. Revue Internationale de Psychopathologie, 13, 83-102..

Anguera, B. (1990). P. Janet y S. Freud: La noción del inconsciente. *Revista de Historia de la Psicología, 11* (3-4), 289-295.

Anguera, B. (1991). Pierre Janet, un contemporáneo de Sigmund Freud. La noción de inconsciente. *Anuario de Psicología, 50*, (3), 99-108.

Avanzini,G. (1969). La Contribution de Binet à l'Elaboration d'une Pédagogie Scientifique. Paris: J.Vrin.

Barnés, D. (1930). *Estudio Preliminar a "Psicología del niño y Pedagogía Experimental de Ed. Clapàrede*. Madrid: Beltrán.

Barrio, V. del (1993). Alfred Binet y el estudio de la inteligencia. En E. Quiñones, F. Tortosa y H. Carpintero (Dirs.), *Historia de la Psicología. Textos y comentarios*, (pp. 262-270). Madrid: Tecnos.

Barrows,S. (1990): Miroirs déformants. Réflexions sur la foule en France à la fin du XIX siècle. Paris: Aubier.

Barrucand,D. (1967): L´histoire de l´hypnose en France. Paris : PUF

Baruk, H. (1967). *La psychiatrie francaise de Pinel a nous jours*. París: PUF.

Battro, A.M. (1969). *El pensamiento de Jean Piaget*. Buenos Aires: Emecé.

Beauchesne,H. (1986): Histoire de la psychopathologie. Paris: PUF.

Beaunis,H. (1894): Introduction. L´Année Psychologique, 1, III-VII.

Bélanger,D. (1992): Autobiographie (222-231). En F. Parot et Marc Richelle (éds.), Psychologues de langue française; autobiographies. Paris, PUF.

Bergson, H. (1907/73). *La Evolución Creadora*. Madrid: Austral.

Bernheim, H. (1886/1887): De la Sugestión y sus Aplicaciones a la Terapéutica. Oviedo: Imprenta de Vicente Braida.

Bernheim, H. (1891): Hypnotisme, Suggestion, Psychothérapie: Études Nouvelles. París: Doin.

Bertrand,F. (1930): Alfred Binet et son oeuvre. Paris: Alcan.

Beuchet,J. (1962): L'Oeuvre de B.Bourdon. Bulletin de Psychologie, 16, 176-224.

Bidon-Chanal, A. (1990). El biologismo de la Psicología empírica de Th.A. Ribot. *Revista de Historia de la Psicología*, *11* (3-4), 313-319.

Bidon-Chanal, A. (1995). La Psicología en Francia: Theodule A. Ribot. En M. Sáiz Roca, D. Sáiz Roca, y A. Mülberger (Dirs.), *Historia de la Psicología. Manual de prácticas* (pp. 193-197). Barcelona: Avesta.

Bidon-Chanal, A. y Caparrós, A. (1989). El método introspectivo en la obra de Th.A. Ribot (1839-1936). *Revista de Historia de la Psicología*, *10* (1-4), 1-5.

Bidón-Chanal,A. (1991): La conceptualización biológica en los origenes de la psicología científica: la obra de Th.A.Ribot. Tesis Doctoral. Universidad de Barcelona.

Bidón-Chanal,A. (1995): La psicología en Francia: Theodule A. Ribot(221-228). En M.Saiz, D.Saiz y A.Mülberger, Historia de la Psicología. Manual de Prácticas. Barcelona: Avesta.

Binet,A (1908): Preface. L'Année psychologique, 14, V-VIII.

Binet,A. (1886/1929): La psicología del razonamiento. Madrid: Daniel Jorro.

Binet,A. (1892): Les Alterations du Personnalité. Paris: Alcan.

Binet,A. (1900): La Sugestibilité. Paris: Schleicher.

Binet,A. (1903): Étude éxperimentale de l'Intelligence. París: Schleicher.

Binet,A. (1903): La Pensée sans Images. Revue Philosophique, 55, 138-152.

Binet,A. (1909): Le bilan de la psychologie en 1908. L´Année Psychologique, 15, V-XII.

Binet,A. (1909/1910): Ideas Modernas sobre los Niños. Madrid: José Ruiz.

Binet,A. (1911): Nouvelles recherches sur la mesure du niveau intellectuel chez les enfants d'école. L´Année Psychologique, 17, 145-201.

Binet,A. y Feré,Ch. (1887): Le magnétisme animal. Paris: Alcan.

Binet,A. y Lorde,A. (1909): Théâtre d'Épouvante. Paris: Librerie Théâtrale.

Binet,A. y Lorde,A. (1913): La Folie au Théâtre. Paris: Fontemoing.

Binet,A. y Lorde,A. (1924): Théâtre de la Peur. Paris: Librerie Théâtrale.

Binet,A. y Simon,T. (1905). Méthodes nouvelles pour le diagnostic des niveaux intellectuels des anormaux. L'Année Psychologique, 11, 191-244.

Binet,A. y Simon,T. (1905-1911/1916). The Development of Intelligence in Children (The Binet-Simon Scale). Baltimore: Williams & Wilkins.

Binet,A. y Simon,T. (1908). Le Développement de l'Intelligence chez les Enfants. L'Année Psychologique,14, 1-94.

Binet,A. y Simon,T. (1910). L'Hystérie. L'Année Psychologique, 16, 67-122.

Binet,A. y Simon,T. (1910). La Folie avec Conscience. L'Année Psychologique, 16, 123-163.

Binet,A. y Simon,T. (1910). La Folie Maniaque-Depréssive. L'Année Psychologique, 16, 164-214.

Binet,A. y Simon,T. (1910). Les Démences. L'Année Psychologique, 16, 266-348.

Binet,A. y Simon,T. (1911). Définition de l'Aliénation. L'Année Psychologique, 17, 301-350.

Binet,A. y Simon,T. (1911/1915). A Method of Measuring the Development of Intelligence of Young Children. Chicago: Chicago Medical Books.

Binet,A., Philippe,J., Courtier,J. y Henri,V. (1894/1906): Introducción a la Psicología Experimental. Madrid: Daniel Jorro.

Bonduelle,M., L'Hermitte,F. y Gautier,J. (1993): La Revue Neurologique, 1893-1993. Revue Neurologique, 149 (2), 91-112.

Bondy, M. (1974). Psychiatric antecedents of psychological testing (before Binet). *Journal of the History of the Behavioral Sciences*, *10* (2), 180-195.

Bresson,F. (1992): Autobiographie (233-252). En F.Parot y M.Richelle (Eds.), Psychologues de langue française; autobiographies. Paris, PUF.

Bringuier, J. P. (1981). *Conversaciones con Piaget*. Barcelona: Gedisa (Ed. orig., 1977).

Brooks, J. I. (1993). Philosophy and Psychology at the Sorbonne, 1885-1913. *Journal of the History of the Behavioral Sciences*, *19* (2), 123-145.

Bruner,J.S. (1996): Meyerson aujourd'hui: quelques réflexions sur la psychologie culturelle (192-207). En F.Parot (Ed.), Pour une psychologie historique; hommage à I. Meyerson. Paris, PUF.

Bruner,J.S. (1998): Piaget et Vygotsky, célebrons la différence. En O.Houdé y C.Meljac (Eds), L'esprit piagétien: hommage international à Jean Piaget. Paris, PUF.

Buck-Morss, S. (1979). Socioeconomic bias in Piaget's theory. En A. R. Buss (De.), *Psychology in Social Context*, (pp. 349-363). New York: Irvington publisher.

Cairns, R. B. (1992). The making of a developmental science. The contributions and intellectual heritage of James Mark Baldwin. *Develpmental Psychology, 28* (1), 17-24.

Caparrós, A. (1982). Piaget y sus orígenes científicos y filosóficos. *Rev. Psic. Gral. y Apl., 37*(2), 285-307.

Carlson, E.T. (1989). Multiple personality and hypnosis: The first one hundred years. *Journal of the History of the Behavioral Sciences*, *25* (4), 315-322.

Carpintero, H. (1985). Algunos antecedentes de la obra de Piaget. Un capítulo de Psicología cognitiva antes del cognitivismo. En J. Mayor y J. L. Pinillos (eds.), *Actividad humana y procesos cognitivos* (pp. 161-182). Madrid: Alhambra.

Carpintero, H. (1996). Historia de las ideas psicológicas. Madrid: Pirámide.

Carpintero, H. y Peiró, J. M. (1977). La presencia de J. M. Baldwin en la Psicología de J. Piaget. *Rev. Psicol. General y Aplicada, 32*(147), 601-611.

Carroy,J. (1991): Hypnose, Suggestion et psychologie. L´ Invention de Sujets. Paris: PUF.

Carroy,J. (1993): Les personnalités doubles et multiples. Entre Science and Fiction. Paris: PUF.

Carroy,J. y Plas,R. (1993): La méthode pathologique et les origines de la psychologie française au XIXe siècle. Revue Internationale de Psychopathologie, 12, 603-612.

Carson,J. (1994): Talents, Intelligence, and the Construction of Human Difference in France and America. Ph.D. diss. Princeton University.

Cavanaugh, J.C. (1981). Early developmental theories: A brief review of attempts to organize developmental data prior to 1925. *Journal of the History of the Behavioral Sciences, 17* (1), 38-47.

Charcot,J.M. (1882): Sur les divers états nerveux déterminés par l´hypnotisation chez les hystériques. Comptes Rendues Académie des Sciences, XCIV, 403-405.

Charcot,J.M. y Richer,P. (1881/1890): Contribution à l´étude de l´hypnotisme chez les hystériques; du phénomène de l´hyperexcitabilité neuro-musculaire. Oeuvre Complètes, vol. IX, Paris, 309-421.

Charmasson,Th. y Parot,F. (1989):520 AP 1 a 51, Archives d'Henri Piéron (1881-1964), Archives Nationales de France.

Charmasson,Th. y Parot,F. (1990): 360 AP 3 a 30, Archives d'Henri Wallon (1879-1962), Archives Nationales de France.

Charmasson,Th.; Deméllier,D.; Parot,F. y Vermès,G. (1992): 520 AP 1 a 67, Archives d'Ignace Meyerson (1888-1983), Archives Nationales de France.

Château,J., Gratiot-Alphandéry,H., Doron,R. y Cazayus,P. (1979): Las grandes psicologías modernas. Barcelona: Herder.

Chertok, L. (1984) (Ed.): Résurgence de l'hypnose. Une bataille de deux cents ans. Paris: Desclée de Brouwer.

Chertok, L. (1988): Early theories of hypnosis. En G. D. Burrows y L. Dennerstein (Eds.): Handbook of hypnosis and psychosomatic medicine. Amsterdam: Elsevier/North-Holland Biomedical Press.

Chertok,L. y Saussure,R. (1979): Nacimiento del psicoanálisis. Vicisitudes de la relaión terapéutica de Mesmer a Freud. Barcelona: Gedisa.

Claparède, Ed. (1915/30). *Psicología del niño y Pedagogía Experimental* (octava edición). Madrid: Beltrán.

Claparède, Ed. (1923/83). *Prólogo a "El lenguaje y el pensamiento en el niño" de Jean Piaget.* Buenos Aires: Guadalupe.

Claparède,E. (1903/1907): Asociación de Ideas. Madrid: Jorro.

Claparède,E. (1911): Alfred Binet. Archives de Psychologie, 11, 37-88.

Claparède,E. (1911/1930): Psicología del Niño y Pedagogía Experimental. Madrid: Francisco Beltrán.

Claparède,E. (1923/1933): Cómo diagnosticar las Aptitudes de los Estudiantes. Madrid: Aguilar.

Coll, C. (1982). Configuración y desarrollo de la Escuela de Ginebra: Las relaciones entre la Epistemología y la Psicología Genéticas. *Rev. Psic. Gral. y Apl., 37*(2), 309-321.

Coll, C. (1996). El legado de Jean Piaget (1896-1996), *Anuario de Psicología, 69*, 213-220.

Coll, C. y Guillieron, C. (1981). Jean Piaget y la Escuela de Ginebra: itinerario y tendencias actuales. *Infancia y Aprendizaje* (Monografía nº 2), 56-95.

Danziger, K. (1990). *Constructing the subject: Historical origins of psychological research.* Cambridge: Cambridge Univ. Press.

Delay,J. (1958): La Vie et l'Oeuvre d'Alfred Binet. Psychologie Française, 3, 58-88.

Delval, J.A. (1980). La herencia de Jean Piaget. *Rev. de Psicología General y Aplicada, 35* (6), 1.123-1.133.

Díaz-Aguado, M. J. y Yela, M. (1982a). Algunas fuentes bibliográficas para el estudio de la obra de Piaget. *Rev. Psic. Gral. y Apl., 37*(2), 357-362.

496   *Anexo 1: Programa de historia de la psicología. Teoría*

Díaz-Aguado, M. J. y Yela, M. (1982b). Contribución al estudio de la Bibliografía española sobre la obra de Piaget. *Rev. Psic. Gral. y Apl., 37*(2), 325-356.

Ellenberger,H. (1950): La Psychotherapie de Janet. Evolution Psychiatrique, 3, 465-482.

Ellenberger,H. (1965): Charcot and the Salpètrière school. American Journal of Psychotherapy, 19, 253-267.

Ellenberger,H. (1965): Mesmer and Puységur: from Magnetism to Hypnotism. Psychoanalytic Review, LII, 137-153.

Ellenberger,H. (1970/1976). El descubrimiento del inconsciente. Madrid: Gredos.

Ellenberger,H. (1973): Pierre Janet Philosophique. Dialogue, 12, 254-287.

Ey, H. (1968). Pierre Janet: The man and the work. En B.B. Wolman (ed.), *Historical roots of contemporary psychology* (pp. 177-195). Nueva York: Harper and Row.

Fessard,A. (1951): Henri Piéron. L' Année Psychologique, 50, vii-xiii.

Foucault,M. (1972): Histoire de la folie à l'âge classique. Paris: NRF.

Fraisse, P. (1970). French origins of the psychology of behavior: The contribution of Henri Pieron. *Journal of the History of the Behavioral Sciences, 6*(2), 111-119.

Fraisse,P. (1957): L'Institut de Psychologie de l'Université de Paris. Bulletin de l'Association Internationales de Psychologie Appliquée, 6, 40-51.

Fraisse,P. (1958): L'oeuvre d'Alfred Binet en Psychologie Expérimentale. Psychologie Française, 3, 1-7.

Fraisse,P. (1981): The Centennial Celebration of Henri Pieron, founder of Psychology in France. French Language Psychology, 2, 211-222.

Fraisse,P. (1989): La psychologie il y a un siècle. L'Année Psychologique, 89, 171-179.

Fraisse,P. (1992): Autobiographie (79-96). En F.Parot y M.Richelle (Eds.), Psychologues de langue française; autobiographies, Paris, PUF.

Galifret.Y. (1989): Piéron instaurateur de la psychologie en France. L'Année Psychologique, 89, 199-212.

Gilgen y Gilgen (1988). *Psychology around the world...*

Ginsburg, H. y Opper, S. (1969). *Piaget's theory of intellectual development. An introduction.* Englewood Cliffs, N.J.: Prentice-Hall. (Trad. cast.: *Piaget y la teoría del desarrollo intelectual.* Bogotá: Prentice-Hall Internacional, 1982).

González, H., Miguel-Tobal, J.J. y Tortosa, F. (1992). ¿Es la hipnosis un estado alterado de consciencia?: raíces históricas de una controversia. *Revista de Historia de la Psicología, 13*, (4), 51-75.

Gratiot-Alphandéry,H. (1992): Autobiographie (31-49). En F.Parot y M.Richelle (Eds.), Psychologues de langue française; autobiographies. Paris, PUF.

Gruber, H. E. y Voneche, J. J. (1977). *The essential Piaget. An interpretative reference and guide.* New York: Basic Books.

Harris, P. (1997). Piaget in Paris: from 'autism' to logic. *Human Development, 40,* 109-123.

Jacob,F. (1970): La logique du vivant. Paris: Gallimard.

Janet,P. (1889): L'Automatisme Psychologique: Essay de Psychologie Expérimentale sur les Formes Inférieures de l'Activité. Paris: Alcan.

Janet,P. (1895): J.M.Charcot. Son oeuvre psychologique. Revue Philosophique, XXXIX, 569-604.

Janet,P. (1911): L'état mental des hystériques. Paris: Felix Alcan.

Janet,P. (1915): L'Oeuvre philosophique de Th Ribot. Journal de Psychologie Normal et Pathologique, 12, 268-282.

Janet,P. (1930): L'Evolution Psychologique de la Personnalité. Paris: Chahine.

Kopell, B.S. (1968). Pierre Janet's description of hypnotic sleep provoked from a distance. *Journal of the History of the Behavioral Sciences, 4* (2), 119-123.

Kostileff,N. (1911/1922): La Crisis de la Psicología Experimental. Madrid: Jorro.

L'Hermitte,J. (1950): L'École de la Salpêtrière. J.M.Charcot psycho-physiologiste. Encéphale, XXXIX, 297-310.

Lakatos, I. (1970). Falsification and the methodology of scientific research programmes. En I. Lakatos y A. Musgrave (Eds.), Criticism and the growth of knowledge (pp. 91-195). Cambridge: Cambridge Univ. Press.

Larguier des Bancels,J. (1912): L'oeuvre d'Alfred Binet. L'Année Psychologique, 18, 15-32.

Liébault,A.A. (1891): Thérapeutique suggestive. Son mécanisme. Propietés diverses du somneil provoqué et des états analogues. Paris.

López-Piñero,JM y Morales,JM (1970): Neurósis y psicoterapia. Un estudio histórico. Madrid: Espasa-Calpe.

Mayo,E. (1951): The Psychology of Pierre Janet. London: Routledge.

Melleti-Bertolini,M. (1991): Il pensiero e la memoria. Filosofia e psicologia nella «Revue Philosophique» du Th. Ribot (1876-1916). Milan: Franco Angelli.

Merllié,D. (1993): Les rapports entre la Revue de Métaphysique et la Revue Philosophique. Revue de Métaphysique et de Morale, 1-2, 59-90.

Michotte,A. (1939): Discourse (47-59). En Varios: Centenaire de Th.Ribot. Jubilé de la Psychologie Scientifique Francaise., Paris: Imprimerie moderne.

Molto, J. y Carpintero, H. (1987). La Psicología francesa en la revista L'Annee Psychologique (1894-1945). *Revista de Historia de la Psicología, 8* (1-2), 163-181.

Moltó,J. (1982): La Psicología Francesa a través de L'Année Psychologique. Tesis Doctoral. Universitat de València.

Moltó,J. y Carpintero,H. (1985): Henri Piéron y la psicología francesa. Millars, X, 75-94.

Morales, J. M. y Ortiz, M. (1993). Las observaciones clínicas de Pierre Janet. En E. Quiñones, F. Tortosa y H. Carpintero (Dirs.), *Historia de la Psicología. Textos y comentarios* (pp. 299-310). Madrid: Tecnos.

Mucchielli,L. (1994): Sociologie et psychologie en France, l'appel à un territoire commun: vers une psychologie collective (1890-1940). En F.Parot (Ed.), Les territoires de la psychologie. num. spécial de la Revue de Synthèse, CXV, 445-483.

Oleron,P. (1957): Binet et la psychologie de l´intelligence. Revue de Psychologie Appliquée, 7, 249-265.

Paicheler,G. (1993): L´invention de la psychologie moderne. Paris: L´Harmattan.

Parot, F. (1993) Psychology Experiments: spiritism at the Sorbonne. *Journal of the History of the Behavioral Sciences, 19* (1), 23-28.

Parot, F. y Richelle, M. (1992). *Psychologues de langue franVaise*. París: PUF.

Parot,F. (1989): La psychologie scientifique française et ses instruments au début du XXe siècle (259-264). En C.Blondel, F.Parot, A,Turner y M.Williams (eds.), Studies in the History of Scientific Instruments. Londres: Rogers Turner Books.

Parot,F. (1998): 1945-1950, le tournant historique de la psychologie, Sciences humaines, num. spécial (en prensa).

Parot,F. y Richèlle,M. (1992): Introduction à la psychologie. Historie et méthodes. París: PUF

Parot,F.(1994): Le bannissement des esprits; naissance d'une frontière institutionnelle entre spiritisme et psychologie. En F.Parot (Ed.), Les territoires de la psychologie, num. spécial de la Revue de Synthèse, CXV, 417-443.

Parrat-Dayan, S. (1993a). La réception de l'oeuvre de Piaget dans le milieu pédagogique des années 1920-1930. *Revue Francaise de Pédagogie, 104*, 73-83.

Parrat-Dayan, S. (1993b). Le texte et ses voix: Piaget lu par ses pairs dans le milieu psychologique des années 1920-1930. *Archives de Psychologie, 61*, 127-152.

Parrat-Dayan, S. (1994). Piaget dans L´ecole Libératrice: La dialectique de l'autre et du même. *Archives de Psychologie, 62*, 171-192.

Peiró, J.M. y Grau, R. (1991). La presencia de la obra de E. Claparede en la Psicología de Jean Piaget. *Revista de Historia de la Psicología, 12* (2), 87-121.

Piaget, J. (1915/77). La misión de la Idea. En H. E. Gruber y J. J. Voneche, *The essential Piaget. An interpretative reference and guide*. New York: Basic Books.

Piaget, J. (1918/77). *Recherche*. En H. E. Gruber y J. J. Voneche, *The essential Piaget. An interpretative reference and guide*. New York: Basic Books.

Piaget, J. (1920/77). El Psicoanálisis y sus relaciones con la psicología del niño. En H. E. Gruber y J. J. Voneche, *The essential Piaget. An interpretative reference and guide*. New York: Basic Books.

Piaget, J. (1923/83). *El lenguaje y el pensamiento en el niño*. Buenos Aires: Guadalupe.

Piaget, J. (1924/74). *El juicio y el razonamiento en el niño*. Buenos Aires: Guadalupe.

Piaget, J. (1927/77). El primer año de vida del niño. En H. E. Gruber y J. J. Voneche, *The essential Piaget. An interpretative reference and guide*. New York: Basic Books.

Piaget, J. (1930a/94). L'Egocentrisme. *Archives de Psychologie, 62*, 187-189.

Piaget, J. (1930a/94). La Vie sociale de l'Enfant. *Archives de Psychologie, 62*, 183-187.

Piaget, J. (1930a/94). Le Syncrétisme. *Archives de Psychologie, 62*, 189-192.

Piaget, J. (1930a/94). Psychologie expérimentale: la Mentalité de l'Enfant. *Archives de Psychologie, 62*, 179-183.

Piaget, J. (1936/85). *El nacimiento de la inteligencia en el niño*. Barcelona: Grijalbo.

Piaget, J. (1937/85). *La construcción de lo real en el niño*. Barcelona: Grijalbo.

Piaget, J. (1947/89). *La psicología de la inteligencia*. Barcelona: Grijalbo.

Piaget, J. (1952/71) Autobiografía. *Anuario de Psicología, 4*, 27-65.

Piaget, J. (1965/70). *Sabiduría e ilusiones de la filosofía*. Barcelona: Ediciones Península.

Piaget, J. (1970/82). La teoría de Jean Piaget. *Infancia y Aprendizaje* (Monografía n° 2).

Piaget, J. (1971). Autobiografía. *Anuario de Psicología, 4*, 27-65.

Piaget, J. (1971). Discurso Académico como motivo de la recepción del título de Doctor 'Honoris Causa' por la Universidad de Barcelona. *Anuario de Psicología, 4*, 15-19.

Piaget, J. (1981). *Seis estudios de Psicología*. Barcelona: Seix Barral (orig., 1964).

Piaget, J: (1946/86). *La formación del símbolo en el niño*. México: Fondo de Cultura Económica.

Piaget,J. (1932/1935): El juicio moral en el niño. Madrid: F.Beltrán.

Piaget,J. (1941): La Psychologie d'Eduard Claparède. Archives de Psychologie, 28, 51-71..

Pieron, H. (1962). Conciencia y conducta en Pierre Janet. *Rev. Psic. Gral. y Apl.*, *17*, 589-596.

Piéron,H. (1939): Le laboratoire de psychologie de la Sorbonne (185-199). En Varios: Centenaire de Th.Ribot. Jubilé de la Psychologie Scientifique Francaise., Paris: Imprimerie moderne.

500 Anexo 1: Programa de historia de la psicología. Teoría

Piéron,H. (1950): Cinquante ans de psychologie française. L'Année Psychologique, 51, 552-574.

Pieron,H. (1952): Autobiography (257-278). En E.G. Boring y cols. (eds.): A history of Psycholog in Autobiography. Worcester (Mass): Clark University Press.

Piéron,H. (1954): Histoire succinte des congrès internationaux de psychologie. L'Année Psychologique, 53, 397-405.

Piéron,H. (1958): De l'actinie à l'homme. Vol. I. Anticipation et mémoire. Bases de l'evolution psychique. Paris: PUF.

Piéron,H. (1959): De l'actinie à l'homme. Vol. II. De l´instinct animal au psychisme humain. Affectivité et conditionnement. Paris: PUF.

Pieron,H. (1960): Pierre Janet: quelques souvenirs. Psychologie Française, 5, 81-92.

Piéron,H. (1963): La psychophysique. In P.Fraisse y J.Piaget (Eds.), Traité de psychologie expérimentale. Paris: PUF.

Piéron,H. (1965): Discours pour le 75 anniversaire du laboratoire de psychologie de la Sorbonne. L'Année Psychologique, 65, 6-15.

Pollack, R.H. (1971). Binet on perceptual-cognitive development or Piaget-come-lately. Journal of the History of the Behavioral Sciences, 7(4), 370-375.

Pollack,R. y Brenner,M. (1969): The Experimental Psychology of A.Binet. New York: Springer.

Prevost,C. (1973): Janet, Freud et la Psychologie Clinique. Paris: Payot.

Reuchlin, M. (1965). The historical background for national trends in psychology: France. Journal of the History of the Behavioral Sciences, 1 (2), 115-123.

Reuchlin, M. (1982). Historia de la Psicología. Barcelona: Paidós. (Cap. 4).

Ribot,Th. (1870/1877): La Psicología Inglesa Contemporánea (Escuela Experimental. Salamanca: Sebastián Cerezo.

Ribot,Th. (1873/1928): La Herencia Psicológica. Madrid: Daniel Jorro.

Ribot,Th. (1879/1885): La Psicología Alemana Contemporánea Sevilla: Francisco Martinez Conde.

Ribot,Th. (1909): Psychologie (229-257). En Varios, De la Méthode dans les Sciences, Paris, Alcan.

Ribot,Th. (1923): Preface (V-XIV). En G.Dumas (ed.) Traité de Psychologie (Tomo I). Paris: Felix Alcan.

Richelle,M., Janssen,P. y Brédart,S. (1992): Psychologie in Belgium. Annual Review of Psychology, 43, 505-529.

Romay, J. (1988). Aproximación al concepto de inteligencia en Binet. Revista de Historia de la Psicología, 9 (2-3), 261-271.

Sahakian, W. S. (1982). Historia y sistemas de la Psicología. Madrid: Tecnos (Cap. 10: Psicología clínica parisiense.

Scheneider, W. H. (1992). After Binet: French intelligence testing, 1900-1950. *Journal of the History of the Behavioral Sciences, 18* (2), 111-132.

Schneider,E. (1957): La Place d'Alfred Binet dans l'Evolution de la Biometrie. Revue de psychologie Appliquée, 7, 305-316.

Schwartz, L. (1955). *Les névroses et la psychologie dynamique de Pierre Janet.* París: PUF.

Siegler,R. (1992). The other Alfred Binet. Developmental Psychology, 28 (2), 179-190.

Siguán, M. (1982). Piaget en España. *Rev. Psic. Gral. y Apl., 37*(2), 275-283.

Siguán, M. (1985). Sobre Piaget, Wallon y Vygotski. *Anthropos,* n° 48, 36-39.

Simon,Th. (1912): Alfred Binet. L'Année Psychologique, 18, 1-14.

Simon,Th. (1954): Souvenirs sur Alfred Binet. Bulletin de la Societé Alfred Binet, 415, 343-360.

Sos-Peña,R. y Moltó,J. (1993): La influencia de la psicología francesa del siglo XIX en las ciencias sociales contemporáneas Revista de Historia de la Psicología, 14(3-4), 65-76.

Taine,H. (1870/1944): La Inteligencia. Buenos aires: Albatros.

Taine,H. (1895): Les philosophes classiques du XIX siècle en France. París: Hachette.

Thieman,T. y Bewer,W. (1978): Alfred Binet on Memory for Ideas. Genetics Psychological Monographs, 97, 234-264.

Thirard-Carroy,J. (1976): La fondation de la «Revue Philosophique». Revue Philosophique, 4, 401-413.

Tortosa,F., González-Ordi,H., y Miguel-Tobal,J.J. (1993): Estado alterado de conciencia vs no-estado. Un formato remozado para una controversia clara. En A.Capafons y S.Amigó, Hipnosis. Terapia de autoregulación e intervención conductual. Valencia: Promolibro, 9-43.

Trillat,E. (1988): Hystérie et hipnosis (Une approche historique). Psychiatrie Française, 19, 9-19.

Tryphon, A., Parrat-Dayan, S. y Volkmann-Raue, S. (1996). La réception de l'oeuvre de Piaget dans le milieu psychologique germanophone des années 1920-1930. *Archives de Psychologie, 64,* 83-108.

Varios (1939): Centenaire de Th.Ribot. Jubilé de la Psychologie Scientifique Francaise., Paris: Imprimerie moderne.

Varios (1993): 150 ans d'Annales Médico-Psychologiques. Annales Médico-Psychologiques, 151, n°3.

Varon,E.(1935): The development of Alfred Binet's psychology. Psychological monographs, 46, 1-120.

Varon,E.(1936): The development of Alfred Binet's concept of intelligence. Psychological Review, 43, 32-58.

Vernant,J.P. (1996): Entre mythe et politique, Paris: Seuil.

Vidal, F. (1986). Piaget et la psychanalyse: premières rencontres. *Le Bloc-notes de la psychanalyse, 6*, 171-189.

Vidal, F. (1987). Jean Piaget and the liberal protestant tradition. En M.G. Ash y W.R. Woodward (eds.), *Psychology in twentieth-century thought and society* (pp. 271-294). Cambridge: Cambridge Univ. Press.

Vidal, F. (1988). L'Institut Rousseau au temps des passions. *Education et Recherche, 10*, 60-81.

Vidal, F. (1994). *Piaget before Piaget.* Cambridge, Mass.: Harvard Univ. Press.

Vidal, F. (1994). Piaget Poète. Avec deux sonnets oubliés de 1918. *Archives de Psychologie, 64*, 3-7.

Vidal, F. (1995). Sabina Spielrein, Jean Piaget -chacun pour soi. *L'Evolution Psychiatrique, 60*(1), 97-113.

Vidal, F. (1997). Towards rereading Jean Piaget. *Human Development, 40*, 124-126.

Vidal,F. y Parot,F. (1996): Ignace Meyerson et Jean Piaget: une amitié dans l'histoire (61-73). En F.Parot (éd.), Pour une psychologie historique; hommage à Ignace Meyerson. Paris, PUF.

Vonèche, J. (1991). La biographie. Une méthode pour la psychologie. *Archives de Psychologie, 59*, 301-312.

Wallon, H. (1980). *Psicología del niño* (2 vols.). Madrid: Pablo del Río (selección de textos, editada por J. Palacios).

Wesley, F. y Hurtig, M. (1969). Masters and pupils among French psychologists. *Journal of the History of the Behavioral Sciences, 5* (4), 320-325.

Wolf, T.H. (1966). Intuition and experiment: Alfred Binet's first efforts in child psychology. *Journal of the History of the Behavioral Sciences, 2*(3), 233-239.

Wolf, T.H. (1969). The emergence of Binet's conception and measurement of intelligence: A case history of creative process (I y II). *Journal of the History of the Behavioral Sciences, 5* (2), 113-134; *5* (3), 207-237.

Wolf,T. (1973): Alfred Binet. Chicago: University of Chicago Press.

Wolf,T.H. (1964): Alfred Binet: A Time of Crisis. American Psychologist, 19, 762-771.

Wolf,T.H. (1966): Intuition and Experiment: A.Binet first Efforts in Child Psychology. Journal of the History of the Behavioral Sciences, 2, 233-240.

Wolf,T.H. (1969): The emergence of Binet's conception and measurement of intelligence: A case history of the creative process. Journal of the History of the Behavioral Sciences, 5, 113-134.

Wundt,W. (1893): Hypnotismus und Suggestion. Philosophischen Studien, 8, 1-85.

Yela, M. (1982). La huella de Piaget. *Rev. Psic. Gral. y Apl., 37*(2), 311-313.

Zazzo,R. (1958). Alfred Binet et la psychologie de l'enfant. Psychologie Française, 3, 113-121.

Zazzo,R. (1989). De Binet a Wallon: La psychologie de l'enfant. L'Année Psychologique, 89, 181-197.

Zazzo,R.(1992): Autobiographie (51-77). En F.Parot y M.Richelle (Eds.), Psychologues de langue française; autobiographies. Paris, PUF.

Zubiri, X. (1970). *Cinco lecciones de filosofía*. Madrid: Moneda y Crédito.

Zusne, L y Blakely, A. S. (1985). Contributions to the history of psychology: XXXVI. The comparative prolificacy of Wundt and Piaget. *Perceptual and Motor Skills, 61* (1), 50.

Zuzza,F. (1948): Alfred Binet et la Pedagogie Experimentales. Louvain: Nauwelaerts.

Tema 6: "PRIMEROS DESARROLLOS DE LA PSICOLOGÍA EN AUSTRIA-HUNGRÍA"

Apartados:

6.1 Contextualización histórica de la obra de Sigmund Freud.
6.2 Recorrido histórico por la obra de Sigmund Freud.
6.3 El Psicoanálisis como sistema teórico.
6.4 El Psicoanálisis como método terapéutico.

Bibliografía general:

BRENNAN, J.F. (1999): *Historia y Sistemas de la Psicología.* Madrid: Prentice-Hall (traducción castellana de la 5ª edición inglesa) (Cap. 14, págs. 226-246).

GONDRA, J.Mª (1997-1998): *Historia de la Psicología. Introducción al pensamiento psicológico moderno.* Madrid: Síntesis. (Volumen 2: Escuelas, teorías y sistemas contemporáneos, Cap. 3, págs. 143-184).

HOTHERSALL, D. (1997): *Historia de la Psicología.* México: McGraw-Hill (traducción castellana de la 3ª edición inglesa, 1997) (Cap. 8, págs. 281-305).

LEAHEY, Th.H. (1998): *Historia de la Psicología. Principales corrientes en el pensamiento psicológico* (traducción castellana de la 4ª edición inglesa) (Cap. 8, págs. 261-306).

TORTOSA, F. (Coord.) (1998): *Una Historia de la Psicología moderna*, Madrid: McGraw-Hill, 1998 (Cap. 23: *La Psicología psicoanalítica y el psicoanálisis de Sigmund Freud*, por V. Bermejo y F. Tortosa, págs. 433-452).

Bibliografía complementaria:

Anguera, B. (1990). P. Janet y S. Freud: La noción del inconsciente. *Revista de Historia de la Psicología, 11* (3-4), 289-295.

Anguera, B. (1991). Pierre Janet, un contemporáneo de Sigmund Freud. La noción del inconsciente. *Anuario de Psicología, 50*, 99-108.

Aron, L. (1996). From hypnotic suggestion to free association: Freud as a psychotherapist, circa 1892-1893. *Contemporary Psychoanalysis, 32*(1), 99-114.

Assoun, P. (1993/1994). *Introducción a la metapsicología freudiana.* Buenos Aires, Paidos.

Azouri, Ch. (1992/1995). *El psicoanálisis.* Madrid: Acento.

Bakan, D. (1964). *Freud et la tradition mystique juive.* París: Payot.

Beauchesne, H. (1986). *Histoire de la psychopathologie.* Paris: PUF.

Beier, E. G. (1991). Freud: 3 contributions. En G. A. Kimble, M. Wertheimer y Ch. L. White, (Eds.). *Portraits of Pioneers in Psychology* (43-55). Hillsdale, New Jersey: LEA.

Bergmann, M. y Hartman, F. (eds.) (1990). *The evolution of psychoanalytic technique*. New York: Columbia University Press.

Bermejo, V. (1993). *La institucionalización del psicoanálisis en España en el marco de la A. P. I.* Tesis Doctoral. Universidad de Valencia.

Bermejo, V. (1993). *Nota histórica al cumplirse el centenario de la "primerísima" traducción de una obra de Freud*. Revista de Psicoanálisis de Madrid, 18, noviembre, pp. 67-91. (Incluye la reproducción del artículo de Breuer y Freud «*Mecanismo psíquico de los fenómenos histéricos*», traducción aparecida en la *Revista de Ciencias Médicas de Barcelona, 3 y 4*, tomo XIX de 1893).

Bermejo, V. (1994). *La institucionalización del psicoanálisis en España en el marco de la A.P.I.* Revista de Historia de la Psicología, 15(3-4), 49-62.

Bermejo, V. (1995). *La difusión de las ideas de Freud en la España del siglo XX.* En: VV. AA. *Freud. Divulgación Cultural del Psicoanálisis. 2º Ciclo*. Valencia:. Promolibro.

Bernfeld,S. (1949): Freud´s scientific beginnings. *American Imago*, 6, 163-196.

Berrios, G. (1996). *The History of Mental Symptoms*. New York: Cambridge University Press.

Blumenthal, S. (1995). «The tempest in my mind»: Cultural interfaces between psychiatry and literature, 1844-1900. *Journal of the History of he Behavioral Sciences, 31*(1), 3-34.

Bofill, P. y Tizón, J. (1994). *Qué es el psiconálisis. Orígenes, temas e instituciones actuales*. Barcelona, Herder.

Brunner, J. (1991). Psychiatry, psychoanalysis, and politics during the First World War. *Journal of the History of he Behavioral Sciences, 27*(4), 352-365.

Carpintero (1996). *Historia de las Ideas Psicológicas*. Madrid: Pirámide. (Cap. 21)

Chertok, L. y Saussure, R. (1979). *Nacimiento del psicoanálisis. Vicisitudes de la relaión terapéutica de Mesmer a Freud*. Barcelona: Gedisa.

De Becker, R. (1966/1972). *Sigmund Freud. Biografía. La vida trágica*. Madrid, Biblioteca Nueva.

Decker, H. (1977). *Freud in Germany: Revolution and Reaction in Science 1893-1907.* New York: International University Press.

Decker, H.A. (1975). The interpretation of dreams: Early reception by the educated German public. *Journal of the History of the Behavioral Sciences, 11* (2), 129-141.

Ellenberger, H. (1970/1976). *El descubrimiento del inconsciente*. Madrid: Gredos.

Ellenberger, H. F. (1972). The story of «Anna O.»: A critical review with new data. *Journal of the History of the Behavioral Science, 8* (3), 267-279.

Erdelyi, M. H. (1985). *Psychoanalysis: Freud's cognitive psychology.* New York: W.H.Freeman and Co.

Erdelyi, M. H. (1994). Dissociation, defense, and the unconscious. En D. Spiegel (ed.), *Dissociation: Culture, mind, and body.* Washington, DC: American Psychiatric Press.

Erwin, E. (1996). *A final accounting: Philosophical and empirical issues in Freudian psychology.* Cambridge, MA: MIT Press.

Esterson, A. (1993*). Seductive mirage: An exploration of the work of Sigmund Freud.* Chicago, Ill: Open Court.

Etchegoyen, R. (1986). *Los fundamentos de la técnica psicoanalítica.* Buenos Aires: Amorrortu.

Evans, R.B. y Koelsch, W. (1985). Psychoanalysis arrives in America: The 1909 psychology conference at Clark University. *American Psychologist, 40*, 942-948.

Fancher, R. (1971). The neurological origin of Freud's dream theory. *Journal of the History of the Behavioral Sciences, 7*(1), 59-75.

Fedina, P. (1974). *Diccionario de Psicoanálisis.* Madrid: Alianza.

Freud, S. y Jones, E. (1993). *The complete correspondence of Sigmund Freud and Ernest Jones, 1908-1939*(R. Paskauskas, ed.). Cambridge, MA: Harvard University Press.

Freud, S. y Jung, C. G. (1994). *The Freud/Jung letters: The correspondence between Sigmund Freud and C. G. Jung* (W. McGuire y A. McGlashan, eds.) Princeton, NJ: Princeton University Press.

Freud,A. (1937). *The Ego and Mechanisms of Defense.* New York: International Universities Press.

Freud,S. (1922-1934). *Obras Completas.* Madrid: Biblioteca Nueva.

Freud,S. (1954). *The Origins of Psychoanalysis. Letters to Wilhelm Fiess, Drafts and Notes: 1887-1902*(M.Bonaparte, A.Freud, E.Kris, eds.). New York: Basic Books.

Freud,S. (1976). *Obras Completas.* Buenos Aires: Amorrortu.

Freud,S. (1985). *The Complete Letters of Sigmund Freud to Wilhelm Fiess, 1887-1904* (J.M: Masson, ed.). Cambridge, MA: Harvard University Press..

Freud,S. (1988). *Epistolario, 1893-1939.* Barcelona: Orbis.

Gay, P. (1988). *Freud: A life of our time.* New York: Norton.

Gedo, J. y Pollock, G. (eds.) (1976). *Freud: The fusion of science and humanism. The intelectual history of psychoanalysis.* New York: International Unversity Press.

Gelfand, T. y Kerr, J. (eds.) (1992*). Freud and the history of psychoanalysis.* Hillsdale, NJ: Analytic Press.

Gilman, S. ; Birmele, J.; Geller, J. y Greenberg, V. (eds.) (1994). *Reading Freud's reading.* New York: New York University Press.

Good, M. (1995). Karl Abraham, Sigmund Freud, and the fate of the seduction theory. *Journal of the American Psychoanalytic Association, 43*(4), 1137-1167.

Grinberg, L. (1977). *Psicoanálisis: Freud y el Psicoanálisis.* En: G. Vidal; H.Bleichmar y R.Usandivaras *Enciclopedia de Psiquiatría.* Buenos Aires:El Ateneo.

Grinberg, L. (1981). *Psicoanálisis. Aspectos teóricos y clínicos.* Barcelona, Paidós.

Gutiérrez-Terrazas, J. (1988). *Los dos pilares del psicoanálisis: el pulsional y el inconsciente.* Barcelona, Hogar del Libro.

Gutiérrez-Terrazas, J. (1988). *Psicología dinámica o psicoanálisis: concepto, fundamento epistemológico y actualidad.* Barcelona, Hogar del Libro.

Haynal, A. y Holder, E. (1993). *Psychoanalysis and the sciences: Epistemology history.* Berkeley, CA: University of California Press.

Heidbreder, H. (1991) *Psicologías del siglo XX.* Barcelona: Paidós (Cap. 7: *El psicoanálisis: Freud*).

Henry, M. y Brick, D. (1993). *The genealogy of psychoanalysis.* Stanford, CA: Stanford University Press.

Heynick, F. (1985). Dream dialogue and retrogression: Neurolinguistic origins of Freud's «replay hypothesis.» *Journal of the History of he Behavioral Sciences, 21*(4), 321-341.

Hoffman, L.E. (1987). The ideological significance of Freud's social thought. En M.G. Ash y W.R. Woodward (eds.), *Psychology in twentieth century thought and society* (pp. 253-269). Cambridge: Cambridge Univ. Press.

Holt, E. B. (1915). *The Freudian wish and its place in ethics.* New York: Holt.

Holt, R.R. (1968). Beyond vitalism and mechanism: Freud's concept of psychic energy. En B.B. Wolman (ed.), *Historical roots of contemporary psychology* (pp. 196-226). Nueva York: Harper and Row.

Jones, B. (1993). Repression: The evolution of a psychoanalytic concept from the 1890's to the 1990's. *Journal of the American Psychoanalytic Association, 41*(1), 63-93.

Jones, E. (1953-1957/1976). *Vida y Obra de Sigmund Freud.* Buenos Aires: Hormé.

Kaufmann, P. (1993). *Elementos para una enciclopedia del psicoanálisis.* Buenos Aires: Paidós.

Knight, I. (1984). Freud's «Project»: A theory for Studies on Hysteria. *Journal of the History of he Behavioral Sciences, 20* (4), 340-358.

Lagache, D. (1955). *El Psicoanálisis.* Buenos Aires: Paidós.

Laín Entralgo, P. (1943). La obra de Segismundo Freud. En *Estudios de historia de la medicina y de antropología médica* (vol. I). Madrid: Escorial.

Laplanche, J.; Pontalis, J. (1967). *Diccionario de Psicoanálisis.* Barcelona, Labor.

508   Anexo 1: Programa de historia de la psicología. Teoría

López-Piñero, J. M. y Morales-Meseguer, J. (1970). *Neurósis y psicoterapia. Un estudio histórico.* Madrid: Espasa-Calpe.

Lowry, R. (1967). Psychoanalysis and the philosophy of physicalism. *Journal of the History of the Behavioral Sciences, 3* (2), 156-167.

MacGrath, W. (1986). *Freud's discovery of psychoanalysis: The politics of Hysteria.* Ithaca, New York: Cornell University Press

Mandolini, R.G. (1977). *De Freud a Fromm. Historia general del psicoanálisis.* Buenos Aires: Ciordia. (Además de la información sobre autores concretos, véanse las pp. 480-485 sobre la Historia del movimiento psicoanalítico).

Masson,J. (1984). *The assault on truth: Freud's supression of the seduction theory.* New York: Farrar, Straus and Giroux.

McCarthy, T. (1981). Freud and the problem of sexuality. *Journal of the History of the Behavioral Sciences, 17* (3), 332-339.

Meltzer, D. (1967). *El proceso psicoanalítico.* Buenos Aires: Hormé-Paidós.

Mestre, M. V. (1993). Freud y el psicoanálisis. En E. Quiñones, F. Tortosa y H. Carpintero (Dirs.), *Historia de la Psicología. Textos y comentarios* (pp. 311-321). Madrid: Tecnos.

Miller, J. (1983). Three constructions of transference in Freud, 1895-1915. *Journal of the History of he Behavioral Sciences, 19*(2), 153-172.

Muller, J. (1992). A re-reading of Studies on Hysteria: the Freud-Breuer break revisited. *Psychoanalytic Psychology, 9*(2), 129-156.

Newton, P. (1995). *Freud: From youthful dream to mid-life crisis.* New York: Guilford Press.

Prevost, C. (1973). *Janet, Freud et la Psychologie Clinique.* Paris: Payot.

Pribam, K. y Gill, M. (1976). *Freud´s 'Project' reassessed.* New York: Basic Books.

Rachman, S. (dir.) (1975). *Ensayos críticos al psicoanálisis.* Madrid: Taller de Ediciones JB.

Rapp, D. (1988). The reception of Freud by the British press: General interest and literary magazines, 1920-1925. *Journal of the History of he Behavioral Sciences, 24* (2), 191-201.

Reisman, J. M. (1991). *A history of clinical psychology* (2ª ed.). New York: Hemisphere Publishing Corp.

Ricoeur, P. (1973). *Freud: Una interpretación de la cultura.* Madrid: Siglo XXI.

Roazen, P. (1975). *Freud and his followers.* New York: Knopf.

Roazen, P. (1993). *Meeting Freud's family.* Amherst, MA: University of Massachusetts Press.

Rof Carballo, J. (1972). *Biología y Psicoanálisis.* Bilbao, Desclée de Brouwer.

Roussillon, R. (1992). *Du baquet de Mesmer au «baquet» de S. Freud.* Paris: PUF.

Sackler,A. et al. (1956). *The Great Psychodynamic Therapies in Psychiatry.* New York: Harper & Row.

Sahakian, W.S. (1982). *Historia y sistemas de la Psicología.* Madrid: Tecnos.

Sarason, S. (1994). *Psychoanalysis, General Custer, and the verdicts of history and other essays on psychology in the social scene.* San Francisco, CA: Jossey-Bass.

Schorr, A. (1990). Geschichte der Klinischen Psychologie. En: E. Wehner (ed.), *Geschichte der Psychologie. Eine Einführung.* Darmstadt: Wissenschaftliche Buchgesellschaft.

Schröder, C. (1995). *Der Fachstreit um das Seelenheil. Psychotherapiegeschichte zwischen 1880-1932.* Frankfurt am Main: Lang.

Schur, M. (1972). *Sigmund Freud, enfermedad y muerte en su vida y en su obra.* Barcelona: Paidós.

Sirkin, M. y Fleming, M. (1982). Freud's «Project» and its relationship to psychoanalytic theory. *Journal of the History of he Behavioral Sciences, 18*(3), 230-241.

Skinner, B. F. (1954) Critique of psychoanalytic concepts and theories. *Scientific Monthly, 79,* 300-305.

Sopena, C. (1990). *Metapsicología del inconsciente.* En: Varios *El inconsciente.* Gijon: Asociación Athenaion.

Spurling, L. (ed.) (1989). *Sigmund Freud: Critical assessments* (4 vols.). England: Routledge; London.

Steele, R.S. (1985). Paradigm found: a deconstruction of the history of the psychoanalytic movement. En C.E. Buxton (ed.), *Points of view in the modern history of psychology* (pp. 197-219). San Diego: Academic Press

Sulloway,F.(1974): *Freud: Biologist of the mund: Beyond the psychoanalytic legend.* Nueva York: Basic Books.

Thomä, H. y Kächele, H. (1990). *Teoría y práctica del psicoanalisis.* (2 vols.). Barcelona: Herder.

Vande Kemp, H. (1981). The dream in periodical literature: 1860-1910. *Journal of the History of the Behavioral Sciences, 17* (1), 88-113.

Varios (1992). The unconscious. *Psyke and Logos, 13*(1).

Weckowicz, T. y Liebel-Weckowicz, H. (1990). *A History of great ideas in abnormal psychology.* Amstedram: North-Holland.

Weisz, G. (1975). Scientists and sectarians: the case of psychoanalysis. *Journal of the History of the Behavioral Sciences, 11* (4), 350-365.

Wolman, B.B. (1968). *Teorías y sistemas contemporáneos en Psicología.* Barcelona: Martínez Roca (Cap. 6: *Psicoanálisis*).

Wyss, D. (1975). *Las escuelas de psicología profunda. Desde sus principios hasta la actualidad.* Madrid: Gredos

Tema 7: "EVOLUCIÓN DE LA PSICOLOGÍA DINÁMICA EN EL ÁREA GERMANOPARLANTE"

Apartados:

7.1   Derivaciones del Psicoanálisis: las Escuelas psicodinámicas.

7.2   El Psicoanálisis ortodoxo.

7.3   El Neopsicoanálisis.

7.4   Corrientes psicodinámicas de orientación filosófica.

Bibliografía general:

BRENNAN, J.F. (1999): *Historia y Sistemas de la Psicología*. Madrid: Prentice-Hall (traducción castellana de la 5ª edición inglesa) (Cap. 14, págs. 226-246).

GONDRA, J.Mª (1997-1998): *Historia de la Psicología. Introducción al pensamiento psicológico moderno*. Madrid: Síntesis. (Volumen 2: Escuelas, teorías y sistemas contemporáneos, Cap. 3, págs. 185-196).

Bibliografía complementaria:

Ansbacher, H. (1990). Alfred Adler's influence on the three leading cofounders of humanistic psychology. *Journal of Humanistic Psychology, 30*(4), 45-53.

Ansbacher, H. y Ansbacher, R. (1956/1959). *La psicología individual de Alfred Adler.* Buenos Aires: Troquel.

Bancroft, M. (1975). Jung and his circle. *Psychological Perspectives, 6,* 114-127.

Beauchesne, H. (1986). *Histoire de la psychopathologie.* Paris: PUF.

Bergmann, M. y Hartman, F. (eds.) (1990). *The evolution of psychoanalytic technique.* New York: Columbia University Press.

Berrios, G. (1996). *The History of Mental Symptoms.* New York: Cambridge University Press.

Blumenthal, S. (1995). «The tempest in my mind»: Cultural interfaces between psychiatry and literature, 1844-1900. *Journal of the History of he Behavioral Sciences, 31*(1), 3-34.

Bofill, P. y Tizón, J. (1994). *Qué es el psiconálisis. Orígenes, temas e instituciones actuales.* Barcelona, Herder.

Borch J. M. y Brick, D. (1991). *Lacan: The absolute master.* Stanford, CA: Stanford University Press.

Carpintero (1996). *Historia de las Ideas Psicológicas.* Madrid: Pirámide. (cap. 22).

Cocks, G. (1985). *Psychotherapy in the Third Reich. The Göring Institute.* New York: Oxford University Press.

Coles, R. (1991). *Anna Freud: The dream of psychoanalysis*. Reading. MA: Addison-Wesley.

Dor, J. (1985). *Introducción a la Lectura de Lacan*. (2 vols.). Barcelona, Gedisa.

Ellenberger, H. (1970/1976). *El descubrimiento del inconsciente*. Madrid: Gredos.

Fedina, P. (1974). *Diccionario de Psicoanálisis*. Madrid: Alianza.

Felman, S. (1987). *Jacques Lacan and the adventure of insight: Psychoanalysis in contemporary culture*. Cambridge, MA: Harvard University Press.

Freedheim, D. et al. (eds.) (1992), *History of Psychotherapy A century of change*. Washington, DC: American Psychological Association.

Freud, S. y Jung, C. G. (1994). *The Freud/Jung letters: The correspondence between Sigmund Freud and C. G. Jung* (W. McGuire y A. McGlashan, eds.) Princeton, NJ: Princeton University Press.

Freud,A. (1937). *The Ego and Mechanisms of Defense*. New York: International Universities Press.

Gelfand, T. y Kerr, J. (eds.) (1992). *Freud and the history of psychoanalysis*. Hillsdale, NJ: Analytic Press.

Good, M. (1995). Karl Abraham, Sigmund Freud, and the fate of the seduction theory. *Journal of the American Psychoanalytic Association, 43*(4), 1137-1167.

Gutiérrez-Terrazas, J. (1988). *Psicología dinámica o psicoanálisis: concepto, fundamento epistemológico y actualidad*. Barcelona, Hogar del Libro.

Harris, B. y Brock, A. (1991). Otto Fenichel and the Left opposition in psychoanalysis. *Journal of the History of he Behavioral Sciences, 27*(2), 157-165.

Henry, M. y Brick, D. (1993). *The genealogy of psychoanalysis*. Stanford, CA: Stanford University Press.

Horney,K. (1939). *New ways in psychoanalysis*. New York: Norton.

Jung,C.G. (1961). *Memories, dreams, reflections*. New York: Pantheon Books.

Jung,C.G. (1968). *Analytical psychology: its theory and practice*. New York: Pantheon Books.

Kaufmann, P. (1993). *Elementos para una enciclopedia del psicoanálisis*. Buenos Aires: Paidós.

Kaufmann, W. (1992). *Discovering the mind: Freud, Adler, and Jung*. New Brunswick, NJ: Transaction Publishers.

Klopfer,W. (1973). The short history of projective techniques. *Journal of the History of the Behavioral Sciences*, 9, 60-65.

Lagache, D. (1955). *El Psicoanálisis*. Buenos Aires: Paidós.

Laplanche, J.; Pontalis, J. (1967). *Diccionario de Psicoanálisis*. Barcelona, Labor.

Lockot, R. (1985). *Erinnern und Durcharbeiten. Zur Geschichte der Psychoanalyse und Psychotherapie im Nationalsozialismus*. Frankfurt: Fischer.

Lowry, R. (1967). Psychoanalysis and the philosophy of physicalism. *Journal of the History of the Behavioral Sciences, 3* (2), 156-167.

Mandolini, R.G. (1977). *De Freud a Fromm. Historia general del psicoanálisis*. Buenos Aires: Ciordia. (Además de la información sobre autores concretos, véanse las pp. 480-485 sobre la Historia del movimiento psicoanalítico).

Noll, R. (1994). *The Jung cult: Origins of a charismatic movement*. Princeton, NJ: Princeton University Press.

Reisman, J. M. (1991). *A history of clinical psychology* (2ª ed.). New York: Hemisphere Publishing Corp.

Roazen, P. (1975). *Freud and his followers*. New York: Knopf.

Roazen, P. (1993). *Meeting Freud's family*. Amherst, MA: University of Massachusetts Press.

Roudinesco, E. (1995). *Jacques Lacan. Esbozo de una vida, historia de un sistema de pensamiento*. Barcelona: Anagrama

Sackler, A. et al. (1956). *The Great Psychodynamic Therapies in Psychiatry*. New York: Harper & Row.

Sahakian, W.S. (1982). *Historia y sistemas de la Psicología*. Madrid: Tecnos.

Samuels, A. (1985). *Jung and the post-Jungians*. Boston: Routledge & Kegan Paul.

Samuels, A. (1994). The professionalization of Carl G. Jung's analytical psychology clubs. *Journal of the History of the Behavioral Sciences, 30*(2), 138-147.

Schorr, A. (1990). Geschichte der Klinischen Psychologie. En: E. Wehner (ed.), *Geschichte der Psychologie. Eine Einführung*. Darmstadt: Wissenschaftliche Buchgesellschaft.

Schröder, C. (1995). *Der Fachstreit um das Seelenheil. Psychotherapiegeschichte zwischen 1880-1932*. Frankfurt am Main: Lang.

Scotton, B. ; Chinen, A. y Battista, J. (eds.) (1996). *Textbook of transpersonal psychiatry and psychology*. New York, New York: Basic Books, Inc.

Sperber, M. (1972). *Alfred Adler et la psychologie individuelle. L'homme et sa doctrine*. Paris : Gallimard.

Steele, R.S. (1985). Paradigm found: a deconstruction of the history of the psychoanalytic movement. En C.E. Buxton (ed.), *Points of view in the modern history of psychology* (pp. 197-219). San Diego: Academic Press

Stepansky, P. (1983). *In Freud's Shadow: Adler in context*. Hillsdale: Analitic Press.

Stern, E. (ed.) (1958). Die Psychotherapie in der Gegenwart. Richtungen, Aufgaben, Probleme, Anwendungen. En *Handbuch der klinischen Psychologie, vol. 2*. Zürich: Rascher Verlag.

Vázquez, A. (1981). *Freud y Jung: dos modelos antropológicos.* Salamanca: Sígueme.

Villerbu, L. M. (1990). 69 ans apres: Le psychodiagnostic de H. Rorschach. Speculation et experimentation. *Revue de Psychologie Appliquee,* 40(2), 287-304.

Weckowicz, T. y Liebel-Weckowicz, H. (1990). *A History of great ideas in abnormal psychology.* Amstedram: North-Holland.

Weisz, G. (1975). Scientists and sectarians: the case of psychoanalysis. *Journal of the History of the Behavioral Sciences,* 11 (4), 350-365.

Wolman, B.B. (1968). *Teorías y sistemas contemporáneos en Psicología.* Barcelona: Martínez Roca (Cap. 6).

Wunderlich, G. (1991). *Die Öffnung der Psychoanalyse. Von der elitären Privatwissenschaft zur anerkannten Behandlungsmethode.* Stuttgart: Thieme.

Wyss, D. (1975). *Las escuelas de Psicología profunda. Desde sus principios hasta la actualidad.* Madrid: Gredos.

Tema 8: "PRIMEROS DESARROLLOS DE LA PSICOLOGÍA EN RUSIA"

Apartados:

8.1 .... Psicología introspectiva vs. Reflexopsicología.

8.2 .... La Reflexología clásica.

8.3 .... La aportación de Ivan Petrovich Paulov (1849-1936).

8.4 .... Desarrollos de la Psicología soviética.

Bibliografía general:

BRENNAN, J.F. (1999): *Historia y Sistemas de la Psicología*. Madrid: Prentice-Hall (traducción castellana de la 5ª edición inglesa) (Cap. 15, págs. 247-254, Cap. 16, págs. 264-268).

GONDRA, J.Mª (1997-1998): *Historia de la Psicología. Introducción al pensamiento psicológico moderno*. Madrid: Síntesis (Volumen 1, Nacimiento de la Psicología científica, Cap. 8, págs. 292-342).

HOTHERSALL, D. (1997): *Historia de la Psicología*. México: McGraw-Hill (traducción castellana de la 3ª edición inglesa, 1997) (Caps 12, págs. 473-487).

LEAHEY, Th.H. (1998): *Historia de la Psicología. Principales corrientes en el pensamiento psicológico* (traducción castellana de la 4ª edición inglesa) (Cap. 10, págs. 360-363).

TORTOSA, F. (Coord.) (1998): *Una Historia de la Psicología moderna*, Madrid: McGraw-Hill, 1998 (Cap. 10, apartados 1-3 y 5: *Los inicios de la Psicología en Rusia. El triunfo de la reflexología,* por J. Quintana y F. Tortosa, págs. 199-204 y 214; Cap. 10, apartado 4: *Los inicios de la Psicología en Rusia. El triunfo de la reflexología,* por G. de la Casa, G. Ruiz y N. Sánchez, págs. 204-214; Cap. 11: *Los inicios de la Psicología soviética,* por J.A. Vera, págs. 215-230).

Bibliografía complementaria:

Anokhin,P.K. (1968): Ivan P. Pavlov and Psychology. En B.B.Wolman: *Historical roots of contemporary psychology* (pp 131-159) New York: Harper & Row.

Babkin, B.P. (1949). *Pavlov. A biography*. Chicago: The University of Chicago Press.

Bauer, A.R. (1959). *The New Man in Soviet Psychology*. Cambridge, Mass.: Harvard University.

Bechterev,V. (1965): *La psicología objetiva*. Buenos Aires: Paidós (2ª de.).

Blanck, G. (1990). Vygotsky: The man and his cause. En L. C. Moll (Ed.), *Vygotsky and Education. Instructional implications and applications of sociohistorical Psychology* (pp. 31-58). Cambridge, Mass.: Cambridge University.

Boakes,D. (1984): *From Darwin to Behaviorism, Psychology and the minds of animals*. Cambridge: Cambridge University Press (trad. cast. *Historia de la psicolog'a animal. De Darwin al conductismo.* Madrid: Alianza Psicolog'a, 1989).

Brozeck, J. y Mecacci, L. (1974). New Soviet Research Institute of Psychology. A milestone in the development of psychology in U.S.S.R. *American Psychologist, 29* (6), 475-478.

Brozek, J. (1972). To test or not to test: Trends in the Soviet views. *Journal of the History of the Behavioral Sciences, 8* (2), 243-248.

Bruner, J. (1984). Vygotski: una perspectiva histórica y conceptual. *Infancia y aprendizaje*, 27-28, 2-16.

Bruner, J. (1987). Preface. En R. W. Rieber y A. S. Carton (Eds.), *The Collected Works of L.S. Vygotsky. Vol I* (pp. 1-16). Nueva York: Plenum.

Carpintero, H. (1987). La evolución de la escuela psicológica rusa: ¿un caso singular?. En M. Siguán (coord.), *Actualidad de Lev S. Vygotski* (pp. 20-32). Madrid: Anthropos.

Carpintero, H. (1996). *Historia de las Ideas Psicológicas.* Madrid: Pirámide (Caps. 19, 20 y 33).

Carr, Ed. H. (1979/84). *La revolución rusa.* De Lenin a Stalin 1917-1929. Madrid: Alianza.

Chernakov, E. T. (1948). Against idealism and metaphysics in psychology. En J. Wortis, *Soviet Psychiatry* (pp. 261-285). Baltimore: Williams and Wilkins, 1950.

Cole, M. y Scribner, S. (1978). Introducción. En L.S. Vygotski, *Mind in Society: The Development of Higher Psychological Processes.* Comp., Cole, M., John-Steiner, V., Scribner, S. y Souberman, E. Cambridge, Mass: Harvard University.

Davidov, V. V. y Radzikhovskii, L. A. (1985). Vygotsky's theory and the activity-oriented approach in psychology. En J. V. Wertsch (Ed.), *Culture, communication and cognition: Vygotskian perspectives* (pp. 35-65). Cambridge, Mass.: Cambridge University.

De la Casa, L.G., Ruiz, G. y Sánchez, N. (1995). Pavlov, la actividad nerviosa superior y la psicolog'a. *Estudios de Psicolog'a, 53*, 15-24.

Dews, P.B. (1981). Pavlov and psychiatry. *Journal of the History of the Behavioral Sciences, 17* (2), 246-250.

Engels, F. (1981). *Introducción a la Dialéctica de la naturaleza.* Madrid: Ayuso.

Esper,E. (1964): *A history of psychology.* Philadelphia: W.B.Saunders Co.

Frolov,Y.P. (1942): *La actividad cerebral. Estado actual de la teoría de Pavlov.* Buenos Aires: Lautaro.

Gantt, W.H. (1973): Reminiscences of Pavlov. *Journal of the Experimental Analysis of Behavior*, 20, 131-136.

García Vega, L. (1991). La actividad nerviosa superior según Pavlov y la Psicología soviética. *Revista de Historia de la Psicología*, 12 (3-4), 9-13.

García Vega, L. (1993). *Historia de la Psicología III. La Psicología rusa: reflexología y Psicología soviética.* Madrid: Siglo XXI.

García Vega, L. (1993). La fisiología psicológica de I. P. Pavlov. En E. Quiñones, F. Tortosa y H. Carpintero (Dirs.), *Historia de la Psicología. Textos y comentarios* (pp. 293-298). Madrid: Tecnos.

Gifford, G.E., Jr. (1981). Pavlov's legacy to behavioral psychology, physiology, and psychiatry: A program about Pavlov. *Journal of the History of the Behavioral Sciences*, 17 (2), 236-238.

Gormezano,I., Prokasy,W. y Thompson,R. (1987): *Classical Conditioning.* Hillsdale, NJ: Lawrence Erlbaum Associates.

Guthrie,E. (1930): Conditioning as a principle of learning. *Psychological Review*, 37, 412-428. (Trad. Cast. en Gondra, J.M. (1990) (3ª Ed.). *La psicolog'a moderna.* Bilbao: DDB.

Guthrie,E. (1934): Pavlov's theory of conditioning. *Psychological Review*, 41, 192-206.

Hearnshaw,L. (1989): *The shaping of modern psychology. An historical introduction.* New York: Routledge.

Hilgard,E. & Bower,G. (1976): *Teorías del aprendizaje.* México, Edit. Trillas.

Huertas, J.A., Rosa, A. y Montero, I. (1991). La Troika: Un análisis del desarrollo de las contribuciones de la escuela socio-histórica de Moscú. *Anuario de Psicología*, nº 51, 113-128.

John-Steiner, V. y Souberman, E. (1978). Epílogo. En L.S. Vygotski, *Mind in Society: The Development of Higher Psychological Processes.* Comp., Cole, M., John-Steiner, V., Scribner, S. y Souberman, E. Cambridge, Mass: Harvard University.

Joravsky, D. (1987). L.S. Vygotskii: The muffled deity of Soviet psychology. En M.G. Ash y W.R. Woodward (eds), *Psychology in twentieth century thought and society* (pp. 189-211). Cambridge, Mass.: Cambridge Univ. Press.

Joravsky,D. (1989): *Russian Psychology. A Critical History.* Cambridge, Mass.: Basil Blackwell Ltd.

Kimble, G. A. (1991). The spirit of Ivan Petrovich Pavlov. En G. A. Kimble, M. Wertheimer y Ch. L. White, (Eds.). *Portraits of Pioneers in Psychology* (pp. 27-40). Hillsdale, New Jersey: LEA.

Kolbanovsky (1947). For a marxist approach to problems of psychology. En J. Wortis, *Soviet Psychiatry* (pp. 286-294). Baltimore: Williams and Wilkins, 1950.

Koshtoyants,K. (1965): Sechenov (1829-1905). En I.Sechenov: *Reflexex of the brain* (pp. 119-139) Cambridge, Mass.: MIT Press.

Kouzlin, A. (1987). Social context misconstrued. The case of soviet developmental psychology. *Human Development, 30,* 336-340.

Kozulin, A. (1984). The concept of activity in Soviet psychology: Vygotsky versus his disciples. *Revista de Historia de la Psicología, 5* (1-2), 205-209.

Kozulin, A. (1994). *La Psicología de Vygotski.* Madrid: Alianza (orig., 1990).

Kozulin,A. (1984): *Psychology in Utopia: Toward a Social history of Soviet Psychology.* Cambridge, Mass.:MIT Press.

Kozulin,A. (1985): Georgy Chelpanov and the establishment of the Moscow Institute of Psychology. *Journal of the History of the Behavioral Sciences,* 1, 23-32.

Laroshevski, M. G. y Gurguenidze, G. S. (1982/91). Epílogo a *Obras escogidas de L. S. Vygotsky.* Madrid: Visor/M.E.C.

Lashley,K. (1930): Basic neural mechanisms in behavior. *Psychological Review,* 37, 1-24.

Lee, B. (1985). Intellectual origins of Vygotsky's semiotic analysis. En J. Wertsch (Ed.), *Culture, communication and cognition: Vygotskian perspectives* (pp. 66-93).Cambridge, Mass.: Cambridge University.

Lefebvre, H. (1969). *Logique formelle, logique dialectique.* Paris: Anthropos.

Legrenzi, P. et al. (1986). *Historia de la Psicología.* Barcelona: Herder (véase cap. 4, «La reflexología y la escuela histórico-cultural», por L. Mecacci).

Lenin, V. I. (1908/74). *Materialismo y empiriocriticismo.* Madrid: Fundamentos.

Leontiev, A. N. (1982/91). Artículo de introducción sobre la labor creadora de L. S. Vygotski. En L. S. Vygotski, *Obras escogidas I* (pp. 419-450). Madrid: MEC/ Visor.

Leontiev, A.N. y Luria, A.R. (1968). The psychological ideas of L. S. Vygotski. En B.B. Wolman (ed.), *Historical roots of contemporary psychology* (pp. 338-367). Nueva York: Harper and Row.

Lomov, B. F. (1982).Soviet Psychology. Its historical origins and contemporary status. *American Psychologist, 37* (5), 580-586.

Luria, A. R. (1979). *The making of mind.* Cambridge, Mass: Harvard University.

Mac Leish, J. (1975). *Soviet psychology: history, theory, content.* Londres: Methuen.

McLeish, J. (1975). *Soviet Psychology. History. Theory. Content.* London: Methuen.

Minick, N. (1987). The development of Vygotsky's thought: an introduction. En R. W. Rieber y A. S. Carton (Eds.), *The Collected Works of L.S. Vygotsky. Vol I* (pp. 17-36). Nueva York: Plenum.

Orbelli,L. (1940): Prologo. En I.P. Pavlov, *Los reflejos condicionados,* 25-28. Buenos Aires: A. Pe–a Lillo, 1964.

Pavlov, I. P. (1982). *Actividad Nerviosa Superior.* Barcelona: Fontanella.

Pavlov, I.P. (1935). Los tipos de Actividad nerviosa superior en relación con neurosis y psicosis, y mecanismo fisiológico de los s'ntomas neuróticos y psicóticos. En I.P. Pavlov *Los reflejos condicionados aplicados a la psicopatolog'a y psiquiatr'a*, 337-342. Buenos Aires: Peña Lillo, 1954.

Pavlov, I.P. (1973). *Actividad nerviosa superior.* Barcelona: Fontanella.

Pavlov,I.P. (1903): Psicolog'a y psicopatolog'a experimentales en los animales. En I.P. Pavlov, *Actividad nerviosa superior*, págs. 109-122. Barcelona: Fontanella, 1973.

Pavlov,I.P. (1909). Las ciencias naturales y el cerebro. En I.P. Pavlov, *Actividad nerviosa superior*, págs. 149-159. Barcelona: Fontanella, 1973.

Pavlov,I.P. (1924). Lecciones sobre el trabajo de los hemisferios cerebrales. En I.P. Pavlov, *Actividad nerviosa superior*, 123-148. Barcelona: Fontanella, 1973.

Pavlov,I.P. (1926). Relaciones entre la excitación y la inhibición, delimitación entre la excitación y la inhibición, la neurosis experimental en los perros. En I.P. Pavlov, *Actividad nerviosa superior*, págs. 169-179. Barcelona: Fontanella, 1973.

Pavlov,I.P. (1932). The reply of a physiologist to psychologists. *Psychological Review*, 39, 91-127.

Pavlov,I.P. (1933). Los «sentiments d'emprise» y la fase ultraparadójica. En I.P. Pavlov, *Actividad nerviosa superior*, págs. 394-398. Barcelona: Fontanella, 1973.

Pavlov,I.P. (1934). El reflejo condicionado. En I.P. Pavlov, *Actividad nerviosa superior*, págs. 180-198. Barcelona: Fontanella, 1973.

Payne, T. (1968): *S.L.Rubinstein and the Philosophical Foundations of Soviet Psychology.* Dordrecht-Holland: D.Reidel.

Payne, T. R. (1968). *S. L. Rubinstein and the philosophical foundations of soviet psychology.* Dordrecht: Reidel.

Peiró, J. M., Mateu, M C. y Carpintero, H. (1980). El impacto de A. R. Luria en la comunidad científica actual. *Revista de Historia de la Psicología, 1* (2), 171-198.

Quintana,J. (1985): *La psicología de la conducta.* Análisis histórico. Madrid: Alhambra.

Rahmani, L. (1973). *Soviet Psychology.* New York: International Universities.

Ramírez, J. D. (1984). El lenguaje como instrumento regulador de la conducta. En J. Palacios, A. Marchesi y M. Carretero (Comps.), *Psicología evolutiva 2. Desarrollo cognitivo y social del niño* (pp. 305-318). Madrid: Alianza.

Razran, G. (1965/71). Russian Physiologists' psychology and American experimental psychology: A historical and systematic collation and a look into the future. En V. S. Sexton y M. Misiak (Eds.), *Historical perspectives in Psychology: Readings* (pp. 349-389). Belmont: Brooks/Cole.

Rivière, A. (1984). La psicología de Vygotsky: sobre la larga proyección de una corta biografía. *Infancia y Aprendizaje, 27/28,* 7-87.

Rivière, A. (1987). El concepto de conciencia en Vygotski y el de la Psicología histórico-cultural. En M. Siguán (Coord.), *Actualidad de Lev S. Vygotski* (pp. 128-135). Madrid: Anthropos.

Rivière, A. (1991). *Objetos con mente.* Madrid: Alianza.

Rosa, A. (1993). El problema de la conciencia en la Psicología rusa: La posición de A. R. Luria. En E. Quiñones, F. Tortosa y H. Carpintero (Dirs.), *Historia de la Psicología. Textos y comentarios* (pp. 447-456). Madrid: Tecnos.

Rosa, A. y Montero, I. (1988). La escuela socio-histórica en psicología. Una aproximación histórica sobre su aparición y desarrollo. En A. Rosa, J. Quintana y E. Lafuente (Eds.), *Psicología e Historia. Contribuciones a la investigación en Historia de la Psicología.* Madrid: Ediciones de la Universidad Autónoma de Madrid.

Rubinstein, S. L. (1946/67). *Principios de Psicología General.* México: Grijalbo.

Rubinstein,S.L. (1963): *La Psicología. Principios, métodos, desarrollo.* Montevideo: Ediciones Pueblos Unidos.

Sahakian,W. (1982): *Historia y sistemas de la Psicología.* Madrid: Tecnos.

Schiermann, A. (1963): La escuela reflexológica de Bechterev. En I.P.Pavlov y otros: *Psicología reflexológica.* Buenos Aires: Paidós, 33-75.

Scribner, S. (1985). Vygotsky's uses of history. En J. V. Wertsch (Ed.), *Culture, communication and cognition: Vygotskyan perspectives* (pp. 119-145). Cambridge, Mass.: Cambridge University.

Sechenov,I.M. (1973): Who must investigate theproblems of psychology and how. En I.M.Sechenov: *Biographical Sketch and Essays.* New York: Arno, 337-391. (Or. 1873).

Sechenov,I.P. (1978, Or. 1863): *Los reflejos cerebrales.* Barcelona: Fontanella.

Siguán, M. (1987). Actualidad de Vygotski. En M. Siguán (Coord.), *Actualidad de Lev. S. Vygotski* (pp. 9-19). Madrid: Anthropos.

Siguán, M. (coord.) (1987). *Actualidad de Lev S. Vygotski.* Madrid: Anthropos.

Skinner, B.F. (1981). Pavlov's influence on psychology in America. *Journal of the History of the Behavioral Sciences, 17* (2), 242-245.

Valls, R. (1981). *La dialéctica. Un debate histórico.* Barcelona: Montesinos.

Veer, R. Van der y Valsiner, J. (1991). *Understanding Vygotsky. A quest for synthesis.* Cambridge, Mass.: Blackwell.

Vera, J. A. (1990). *L. S. Vygotski: un proyecto de Psicología General.* Universidad de Murcia: Tesis de Licenciatura no publicada.

Vera, J. A. (1993). L. S. Vygotski: la cara oculta de la Psicología soviética. En E. Quiñones, F. Tortosa y H. Carpintero (Dirs.), *Historia de la Psicología. Textos y comentarios* (pp. 436-446). Madrid: Tecnos.

Anexo 1: Programa de historia de la psicología. Teoría

Vera, J. A. (1995). La "Escuela Socio-histórica" y el método experimental-genético: investigaciones de las funciones psicológicas superiores en la Unión Soviética. En F. Tortosa, C. Civera y C. Calatayud (Dirs.), *Prácticas de Historia de la Psicología* (pp. 191-210). Valencia: Promolibro.

Vera, J. A. (1995). La Psicología soviética: el pensamiento metateórico de L. S. Vygotski. En M. Sáiz, D. Sáiz y A. Mulberguer (Dirs.), *Historia de la Psicología. Manual de prácticas* (pp. 329-342). Barcelona: Avesta.

Vera, J. A. y Quiñones, E. (1993). ¿Ha sido necesaria la 'Revolución Cognitiva' para la revitalización de la Psicología de Vygotski? *Revista de Historia de la Psicología, 14* (3-4), 373-384.

Vera, J. A., Quiñones, E., García, J. y Pedraja, M. J. (1990). James y Vygotski: Influencia del funcionalismo en la psicología soviética. *Revista de Historia de la Psicología, 11* (3-4), 123-131.

Vera, J.A. (1992). *Vygotski y la Psicología cognitiva. Justificación, desde el punto de vista de la historiografía crítica, de la recuperación de una obra injustamente olvidada.* Universidad de Murcia: Tesis Doctoral no publicada.

Vygotski (1925/70). Psicología del Arte. Barcelona: Barral.

Vygotski, L. S. (1925/91). La conciencia como problema de la psicología del comportamiento. En L. S. Vygotski, *Obras Escogidas, I* (pp. 39-60).Madrid: Visor-MEC.

Vygotski, L. S. (1927/91). El significado histórico de la crisis de la psicología. Una investigación metodológica. En L. S. Vygotski, *Obras Escogidas, I* (pp. 259-413).Madrid: Visor-MEC.

Vygotski, L. S. (1978/79). *El desarrollo de los procesos psicológicos superiores.* Barcelona: Grijalbo.

Vygotski, L. S. (1985). Le problème des fonctions intellectuelles supèrieures dans le système des recherches psychotechniques. *Anuario de Psicología, 33* (2), 8-16.

Vygotski, L. S. (1991). Obras Escogidas. Madrid: MEC/Visor.

Wallon, H. (1951/80). Psicología y materialismo dialéctico. En H. Wallon, *Psicología del niño. Una comprensión dialéctica del desarrollo infantil* (pp. 78-81). Madrid: Pablo del Rio.

Wertsch, J. V (1985/88). Vygotsky y la formación social de la mente. Barcelona: Paidos.

Wertsch, J. V y Jounis, J. (1987). Contextualizing the investigator: The case of developmental psychology. *Human Development, 30*, 18-31.

Wertsch, J. V. (1981). The concept of activity in soviet psychology: an introduction. En J. V. Wertsch (Ed.), *The concept of activity in Soviet Psychology* (pp. 3-36). New York: Sharpe.

Wertsch, J. V. (1985). Introduction. En J. V. Wertsch (Ed.), *Culture, communication and cognition: Vygotskian perspectives* (1-18). Cambridge, Mass.: Cambridge University.

Wertsch, J. V. (1990). The voice of rationality in a sociocultural approach to mind. En L. C. Moll, *Vygotsky and Education. Instructional implications and applications of sociohistorical psychology* (pp. 111-126). Cambridge, Mass.: Cambridge University.

Wertsch, J.V. (1985). *Vygotsky and the social formation of mind.* Cambridge, Mass.: Harvard Univ. Press. (Trad. cast.: *Vygotsky y la formación social de la mente.* Barcelona: Paidós, 1988).

Windholz, G. (1990). Pavlov and the Pavlovians in the laboratory. *Journal of the History of the Behavioral Sciences, 26* (1), 64-75.

Windholz,G. (1984). Pavlov *vs.* Köhler. Pavlov's little-known primate research. *Pavlovian Journal of Biological Sciences, 19(1),* 23-31.

Windholz,G. (1986). A comparative analysis of the conditional reflex discoveries of Pavlov and Twitmyer, and the birth of a paradigm. *Pavlovian Journal of Biological Sciences, 21(4),* 141-147.

Windholz,G. (1987). Pavlov as a Psychologist. A reappraisal. *Pavlovian Journal of Biological Sciences,* 22(3), 103-112.

Windholz,G. (1992). Pavlov's conceptualization of learning. *American Journal of Psychology, 105(3),* 459-469.

Windholz,G. (1995). Pavlov on the conditioned reflex method and its limitations. *American Journal of Psychology, 108(4),* 575-588.

Windholz,G. (1996). Pavlov's conceptualization of the dynamic stereotype in the theory of higher nervous activity. *American Journal of Psychology, 109(2),* 287-295.

Wortis, (1950). *Soviet Psychiatric.* Baltimore: Williams and Wilkins Company.

Yakunin,V.A. (1985): Los primeros laboratorios psicológicos. En B.Lomov y V. Shustikov (Responsables): *La ciencia psicológica soviética.* Moscú: Nauka (Redacción general de publicaciones para el extranjero).

Yaroshevski, M.G. (1968). I.M. Sechenov - The founder of objective psychology. En B.B. Wolman (ed.), *Historical roots of contemporary psychology* (pp. 77-110). Nueva York: Harper.

Yaroshevski,M. (1968): I.M.Sechenov. The founder of objective psychology. En B.B.Wolman: *Historical roots of contemporary psychology.* New York: Harper & Row, 77-110.

Yaroshevski,M. (1982): The logic of scientific development and the scientific school: The example of Ivan Mikhailovich Sechenov. En W.Woodward y M.Ash (eds.): *The problematic science.* New York: Praeger, 231-254.

Zichenko, V. P. (1985). Vygotsky's ideas about units for the analysis of mind. En J. V. Wertsch (Ed.), *Culture, communication and cognition: Vygotskian perspectives* (pp. 94-118). Cambridge Mass.: Cambridge University.

522 Anexo 1: Programa de historia de la psicología. Teoría

Tema 9: "PRIMEROS DESARROLLOS DE LA PSICOLOGÍA EN GRAN BRETAÑA"

Apartados:

9.1 Contextualización histórica de la Psicología británica.

9.2 La institucionalización de la Psicología británica.

9.3 La Psicología académica en la Universidad de Londres: Psicología diferencial y método correlacional.

9.4 La Psicología académica en la Universidad de Cambridge: Psicología general y método experimental.

Bibliografía general:

GONDRA, J.Mª (1997-1998): *Historia de la Psicología. Introducción al pensamiento psicológico moderno*. Madrid: Síntesis (Volumen 1: Nacimiento de la Psicología científica, Cap. 6, págs. 195-239).

HOTHERSALL, D. (1997): *Historia de la Psicología*. México: McGraw-Hill (traducción castellana de la 3ª edición inglesa, 1997) (Cap. 9, págs. 316-331).

LEAHEY, Th.H. (1998): *Historia de la Psicología. Principales corrientes en el pensamiento psicológico* (traducción castellana de la 4ª edición inglesa) (Cap. 9, págs. 307-317).

TORTOSA, F. (Coord.) (1998): *Una Historia de la Psicología moderna*, Madrid: McGraw-Hill, 1998 (Cap. 12: *La Psicología científica en Gran Bretaña*, por A. Rosa, págs. 231-245).

Bibliografía complementaria:

Akin,W. (1977): *Technocracy and the American Dream. The Technocracy Movement, 1900-1941*, Berkeley (CA): University of California Press.

Alvárez,R. (1988): Prólogo. En F.Galton, *Herencia y eugenesia*, Madrid: Alianza. (Compilación de textos de Galton llevada a cabo por Raquel Alvarez Peláez).

Alvira, F.; Avia, M. D.; Calvo, R. y Morales, J. F. (1979). *Los dos métodos de las ciencias sociales*. Madrid: Centro de Investigaciones Sociológicas

Anastasi,A. (1965): *Individual differences*. New York: Wiley.

Balaguer, I., Tortosa, F.M. y Carpintero, H. (1987). La Psicología británica a través del British Journal of Psychology (1904-1945). *Revista de Historia de la Psicología, 8* (1-2), 141-161.

Bannister,R. (1989): Social darwinism. Science and Mith in Anglo-American social thought. Philadelphia: Temple University Press.

Baritz,L. (1960): *The servants of power: A history of the use of social sciences in American industry.* Middletown, CT: Wesleyan university press.

Bartlett, F.C. (1923). *Psychology and Primitive Culture.* Nueva York: MacMillan.

Bartlett, F.C. (1927). *Psychology and the Soldier.* Cambridge: Cambridge University Press.

Bartlett, F.C. (1929). Experimental method in Psychology. *Report of the British Association for the Development of Science, 97,* 186-198.

Bartlett, F.C. (1932). *Remembering: An Experimental and Social Study.* Cambridge: Cambridge University Press. Versión española titulada. *Recordar.* Madrid: Alianza (1995).

Bartlett, F.C. (1940). *Political Propaganda.* Cambridge: Cambridge University Press.

Bartlett, F.C. (1956). Changing scene. *British Journal of Psychology, 47,* 81-87.

Bartlett, F.C. (1957). *Thinking. An Experimental and Social Study.* Londres: Allen & Unwin.

Bartlett, F.C.; Ginsberg, M.; Lindgren, E.J: y Thouless, R.H. (eds.) (1939). *The Study of Society: Methods and Problems.* Londres: Routledge and Kegan Paul.

Bartlett, F.C: (1943). Fatigue following highly skilled work. *Proceedings of the Royal Society of London 131,* 247-257

Beveridge, W.H. (1905). The problems of the unemployed. *Sociological Papers,* 3, 324-331.

Binet,A. & T.Simon (1905): Upon the Necessity of Establishing a Scientific Diagnosis of Inferior States of Intelligence. En A.Binet & T.Simon (1916), *The Development of the Intelligence in Children (The Binet-Simon Scale),* Vineland (NJ): Publications of the Training School 11.

Binet,A. & V.Henri (1896): La Psychologie Individuelle. *L'Année Psychologique* 2, 411465.

Binet,A. (1903): *L'Étude Experimentale de l'Intelligence,* París: Alfred Costes Éditeur, 1922.

Binet,A. (1909): *Las ideas modernas sobre los niños,* México: F.C.E.

Bledstein,B. (1976): The culture of professionalism. New York: Norton.

Booth, C., ed. (1889). *Labour and the Life of the People of London.* London: Macmillan.

Boring, E. G. (1954). The nature and history of experimental control. *American Journal of Psychology, 67,* 573-89.

Boring, E.G. (1950/78). *Historia de la Psicología experimental.* México: Trillas. (caps. 20 y 24)

Bowley, A.L. (1906). Presidential address to the economic section of the British Association for the Advancement of Science. *Journal of the Royal Statistical Society, 69,* 540-58.

Bowley, A.L. (1915). *The Nature and Purpose of the Measurement of Social Phenomena.* London: P.S. King and Son.

Broadbent, D. (1958). *Perception and Communication.* Nueva York: Pergamon Press.

Burnham,J. (1988): Paths into American Culture, Psychology, Medicine and Morals. Philadelphia: Temple University Press.

Burt, C.L. (1909). Experimental tests of general intelligence. *British Journal of Psychology, 3,* 94-177.

Burt, C.L. (1914). The measurement of intelligence by the Binet tests. *Eugenics Review, 6,* 36-50 y 140-152.

Burt, C.L. (1915). *General and Specific Factors Underlying the Primary Emotions.* Manchester: British Association.

Burt, C.L. (1921). *Mental and Scholastics Tests.* London County Council.

Burt, C.L. (1923). The causal factors of juvenile crime. *British Journal of Medical Psychology, 3,* 1-33.

Burt, C.L. (1925). *The Young Delinquent. (The Sub-Normal School Child, vol. 1)* . Londres: University of London Press.

Buss, A.R. (1976). Galton and the birth of differential psychology and eugenics: social, political, and economic forces. *Journal of the History of the Behavioral Sciences, 12* (1), 47-58.

Camfield,T. (1970): *Psychologists at War: the History of American Psychology and the First World War,* Ann Arbor (MI): UMI Dissertation Services.

Camfield,T. (1973): The Professionalization of American Psychology, 1870-1917. *Journal of the History of the Behavioral Sciences* 9: 66-75.

Canguilhem, G. (1943/1963-6). *On the Normal and the Pathological.* Dordrecht: Reidel.

Carpintero, H. (1996). *Historia de las Ideas Psicológicas.* Madrid: Pirámide (Caps. 13 y 17).

Carroll,J. (1982): La medición de la inteligencia. En R. Sternberg (ed.), *Inteligencia Humana I,* Barcelona: Paidós, 1987.

Cattell, J.M. (1890). Mental Tests and Measurements (followed by some remarks by F. Galton*). Mind, 15,* 373-380.

Cattell, R.B. (1988). Psychological theory and scientific method. En J.R.Nesselroade y R.B.Cattell (eds*.): Handbook of Multivariate Experimental Psychology,* 2nd Edition. New York, NY: Plenum Press.

Cattell,J.M. & Farrand,L. (1896): Physical and mental measurements of the students of Columbia University. *Psychological Review,* 3, 618-648.

Cattell,J.M. (1886a): Psychometrische Untersuchungen. *Philosophische Studien,* 3, 305-335, 452-492.

Cattell,J.M. (1886b): The time taken up by cerebral operations. *Mind,* 11, 220-242, 377-392, 524-538.

Chapman,P. (1988): *Schools as Sorters. Lewis M. Terman, Applied Psychology, and the Intelligence Testing Movement, 18901930.* Nueva York: New York University Press.

Colom Marañón, R. (1995). *Psicología de las diferencias individuales.* Madrid: Pirámide.

Coon,D. (1994): "Not a creature of reason":The alleged impact of watsonian behaviorism on advertising in the 1920s. En J.Todd & E.Morris, *Modern perspectives on John B. Watson and classical behaviorism.* Westport, Connecticut: Greenwood Press. 37-64.

Coriat,B. (1979): *El taller y el cronómetro: ensayo sobre el taylorismo, el fordismo y la producción en masa.* Barcelona: Crítica(1996).

Cowles, M. (1989). *Statistics in Psychology: An Historical Perspective.* Hillsdale, NJ: Erlbaum.

Craik, K. (1943). *The Nature of Explanation.* Cambridge: Cambridge University Press.

Cravens,H. (1978):The triumph of evolution: american scientists and the heredity-environment controversy, 1900-1941. Philadelphia: University of Pennsylvania Press.

Cravens,H. (1985): History of the social sciences. En S. Kohlstedt & M.Rossiter, Historical writing on american science. Osiris. Second Series. Vol. 1, 183-207.

Cronbach, L. J. (1957). The two disciplines of scientific psychology. *American Psychologist, 12,* 671-84. (Traducción española en F.Alvira y otros, 1979, o.c., pp. 93-124).

Cronbach, L. J. (1975). Beyond the two disciplines of scientific psychology. *American Psychologist, 30,* 116-27 (Traducción española en F.Alvira y otros, 1979, o.c., pp. 253-280).

Cronbach,L.J. (1975): Five Decades of Public Controversy Over Mental Testing. *American Psychologist.* 30(1), 1-14.

Danziger, K. (1980). Wundt and the two traditions of psychology. En R. W. Rieber (ed.): Wilhelm Wundt and the Making of a Scientific Psychology, p. 27-45. New York, NY: Plenum.

Danziger,K. (1979): The Social Origins of Modern Psychology. In A.Buss, *Psychology in Social Context,* Nueva York (NY): Irvington.

Darmon,P. (1988): La tentation eugénique. *L'Historie,* 108, 61-63.

De Landsheere, G. (1988). History of Educational Research. En J.P. Keeves (ed.): *Educational Research, Methodology and Measurement: An International Handbook,* p. 9-16. Oxford, UK: Pergamon Press.

Diamond,S. (1977): Francis Galton and American Psychology. *Annals of the New York Academy of Sciences* 291, 47-55.

526   *Anexo 1: Programa de historia de la psicología. Teoría*

Diamond,S. (1980): Francis Galton and American Psychology. In R. Rieber & K. Salzinger (Eds.) *Psychology: Theoretical-historical perspectives.* New York: Academic Press.

Drever, J. (1965). The historical background for national trends in psychology: on the non-existence of English associationism. *Journal of the History of the Behavioral Sciences, 1* (2), 123-130.

Fancher,R. (1985): *The Intelligence Men: Makers of the IQ Controversy.* Nueva York: W.W. Norton & Co.

Fechner,G.T. (1882): *Revision der Hauptpunkte der Psychophysik.* Leipzig: Breitkopf und Härtel

Fletcher, R. (1990). *Science, Ideology and the Media: The Cyril Burt Scandal.* Londres: Transaction Publishers.

Galton, F. (1869/1892a). *Hereditary Genius: and Enquiry into its Laws and Consequences.* Londres: McMillan.

Galton, F. (1883). *Inquiries into the human faculty and its development.* Londres: MacMillan.

Galton, F. (1892b). *Finger prints.* Londres: MacMillan.

Galton, F. (1901). The possible improvement of the human breed under the existing conditions of law and sentiment. *Nature, 64,* 1670, 659-665.

Galton, F. (1907). *Probability. The foundation of eugenics.* The Herbert Spencer Lecture. Oxford: Clarendon Press.

Galton,F. (1869): Hereditary Genius. London: MacMillan.

Galton,F. (1887): On recent designs of Anthropometric instruments. *Journal of the Anthropological Institute.* 16, 2-11.

Galton,F. (1889):Correlations and their Measurement, Chiefly from Anthropometric Data. *Proceedings of the Royal Society of London* XLV: 135-145. Reimpreso en: W. Dennis (ed.) *Readings in the History of Psychology.* Nueva York: Appleton-Century-Crofts (1948).

Galton,F. (1907, Or.1883): *Inquiries into Human Faculty and its Development.* Nueva York: Dutton.

Galton,F. (1988): *Herencia y eugenesia.* Madrid: Alianza. (Compilación de textos de Galton llevada a cabo por Raquel Alvarez Peláez).

Garrett, H. E. (1947). *Statistics in Psychology and Education.* New York, NY: Longmans.

Gelb,S. (1986): Henry H.Goddard and the inmigrants, 1910-1917: The studies and their social context. *Journal of the History of the Behavioral Sciences,* 22, 324-332.

Goddard,H.H. (1908): The Binet and Simon Test of intellectual capacity. *Training School Bulletin.* 5(10), 3-9.

Goddard,H.H. (1910a): A measuring Scale for intelligence. *Training School Bulletin,* 6, 146-155.

Goddard,H.H. (1910b): Four hundred feeble-minded children classified by the Binet method. *Journal of Psycho-Asthenics*, 15, 17-30.

Goddard,H.H. (1920): *Human Efficiency and Levels of Intelligence*, Princeton: Princeton University Press.

González-García,M. (1993): El conductismo watsoniano y la polémica herencia-ambiente. *Psicothema* 5(1), 111-123.

Gould,S. (1981): *The mismeasure of man.* New York: Norton.

Grande, P. y Rosa, A. (1993): «Antecedentes y aparición de la psicología del procesamiento de la información». *Estudios de Psicología.*

Haney,W. (1984): Testing Reasoning and Reasoning about Testing. *Review of Educational Research.* 54, 597-654.

Hart,B. & Spearman,Ch. (1912): General Ability, its Existence and Nature. *British Journal of Psychology.* 5, 51-84.

Head, H. (1925). *Aphasia and Kindred Dissorders of Speech.* Cambridge: Cambridge University Press.

Hearst, E. (1979). One hundred years: themes and perspectives. En E. Hearst (ed): *The First Century of Experimental Psychology,* p. 1-37. Hillsdale, NJ: Lawrence Erlbaum Associates.

Henri,V. & Tawney,G. (1895): Ueber die Trugwahrnehmung zweier Punkte bei der Berührung eines Punktes der Haut. *Philosophischen Studien,* 11, 394-405.

Henri,V. (1896): Travaux de psychophysique. *Revue Philosophique,* 42, 55-79.

Henri,V. (1898): *Uber die Raumwahrnehmungen des Tastsinnes: Ein Beitrag zur experimentellen psychologie.* Berlin: Reuther & Reichard.

Hofstadter,R. (1955): Social darwinism in american thought. Boston: Beacon Press.

Horsman,R. (1981): Race and manifest destiny: The origins of American Racial Anglo-Saxonism. Cambridge (Mass.): Harvard University Press.

Juan-Espinosa, M. de (1997). *Geografía de la inteligencia humana.* Madrid: Pirámide.

Kamin, L.J. (1974). *The Science and Politics of I.Q..* Potomac: Lawrece Erlbaum.

Kamin,L. (1976): Heredity, Intelligence, Politics and Psychology. En N.Block & G.Dworkin (eds.) The IQ Controversy. New York: Random House, 374-382.

Karier,C. (1972): Testing for order and control in the corporate liberal state. Educational Theory 22, 154-180.

Kavale, K.A. y Sink, C.A. (1985). Sir Cyril Burt in review: An empiricist in the dock. *Revista de Historia de la Psicología, 6*(4), 287-316.

Kendall, M. G. (1978). Statistics. II: The history of statistical method. En W. H. Kruskal y J. M. Tanur (eds): *International Encyclopedia of Statistics, Vol. II,* p. 1093-1101. New York, NY: The Free Press.

Kohlstedt,S. & Rossiter,M. (1985): Historical writing on american science. Osiris. Second Series. Vol. 1.

Kuna,D. (1976): The concept of suggestion in the early history of advertising psychology. *Journal of the History of the Behavioral Sciences*, 12, 347-353.

Linden,K. & Linden,J. (1968): Modern mental measurement: A historical perspective. New York: Houghton Mifflin Company.

Littman, R. A. (1979). Social and intellectual origins of experimental psychology. En E. Hearst (ed.): *The First Century of Experimental Psychology*, p. 39-86. Hillsdale, NJ: Lawrence Erlbaum Associates.

López-Cerezo, J.A. (1991): Human Nature as Social Order: A Hundred Years of Psychometrics. *Journal of Social and Biological Structures.* 14(4), 409-434.

López-Cerezo,J. y Luján,J. (1989): *El artefacto de la inteligencia. Una reflexión crítica sobre el determinismo biológico de la inteligencia.* Barcelona: Anthropos.

Lovie, A. D. y Lovie, P. (1993). Charles Spearman, Cyril Burt, and the origins of Factor Analysis. *Journal of the History of the Behavioral Sciences*, 19(4), 308-321.

Lowry, R. (1971). *The Evolution of Psychological Theory: 1650 to the Present.* Chicago, IL: Aldine.

Luján, J.L. (1991): La psicofísica y el origen de los tests de inteligencia. *Revista de Historia de la Psicología,* 12(1), 41-55.

Luján, J.L. (1996): Teorías de la inteligencia y tecnologías sociales. En: M.González-García,M., López-Cerezo,J.A. y Luján-López,J.L. (1996): *Ciencia, tecnología y sociedad. Una introducción al estudio social de la ciencia y la tecnología,* Madrid: Tecnos, 253-289.

Luján, J.L. (1990): Estudio descriptivo y evaluativo del complejo científico-tecnológico de la inteligencia humana. Tesis Doctoral (Universitat de València).

MacKenzie,D. (1981): *Statistics in Britain*, Edimburgo: Edinburgh University Press.

Mayrhauser, R.T. von (1987): The Manager, The Medic and the Mediator: The Clash of Professional Psychological Styles and the Wartime Origins of Group Mental Testing. En M.Sokal, ed., *Psychological Testing and American Society, 1890-1930*, New Brunswick (NJ): Rutgers University Press, 128-157.

McClearn, G. E. (1991). A trans-time visit with Francis Galton. En G. A. Kimble, M. Wertheimer y Ch. L. White, (Eds.). *Portraits of Pioneers in Psychology* (pp. 1-11). Hillsdale, New Jersey: LEA.

Mehler,B. (1987): Eliminating the inferior. *Science for the People*, 6, 14-18.

Métraux, A. (1983). An essay on the early beginnings of psychometrics. En G. Eckardt y L. Sprung (eds.), *Advances in historiography of psychology* (pp. 241-247). Berlín: VEB.

Miller,G. (1985): Introducción a la Psicología. Madrid: Alianza Editorial.

Minton,H. (1987): Lewis M. Terman and Mental Testing: In search of the democratic ideal. En M.Sokal (ed.) *Psychological Testing and American Society, 1890-1930*, New Brunswick (NJ): Rutgers University Press, 95-112.

Mora, J.A. (1995). La Psicología inglesa: la obra de Francis Galton. En M. Sáiz Roca, D. Sáiz Roca, y A. Mülberger (Dirs.), *Historia de la Psicología. Manual de prácticas* (pp. 229-238). Barcelona: Avesta.

Morawski,J. (1984): *The Misuse of Psychological Knowledge in Policy Formulation: The American Experience*, Ottawa: Science Council of Canada.

Myers, C.S. (1909/1911). *A Text-book of Experimental Psychology.* Londres: Edward Arnold.

Myers, C.S. y Bartlett, F.C. (1925). *A Text-book of Experimental Psychology.* Cambridge: Cambridge University Press.

Napoli,D. (1980): The architects of adjustment: the history of the psychological profession in the United States. New York: Kenniket Press.

Pearson,K. (1914-1930): *The life, letters, and labours of Francis Galton.* Cambridge, Engl.: Cambridge University Press.

Pickens,D. (1968): *Eugenics and the Progressives.* Nashville: Vanderbilt University Press.

Porter, T. M. (1986). *The rise of Statistical Thinking, 1820-1900.* Princeton, NJ: Princeton University Press.

Quetelet, L.A.J. (1842, Or. 1835), *A Treatise on Man and the Development of His Faculties*, Edimburgo: William and Robert Chambers.

Quiñones,E., Garcia-Sevilla,J. y Pedraja,M.J. (1989): El uso de instrumentos en la investigación psicológica. En J.Arnau y H.Carpintero (eds.) Historia, Teoría y Método (373-390). Madrid: Alhambra.

Reed,J. (1987): Robert M. Yerkes and the Mental Testing Movement. En M.Sokal, ed., *Psychological Testing and American Society, 1890-1930*, New Brunswick (NJ): Rutgers University Press, 75-94.

Rivers, W.H. (1912). Conventionalism in primitive art. *Reports of the British Association for the Advancement of Science.* (Sección H), 599.

Rosa, A. (1996a). Bartlett's Psycho-Anthropological Project. *Culture and Psychology 2*(2), 355-378.

Rosa, A. (1996b). The Past, Intellectual histories and their Uses for the Future: A Response to Middleton and Crook (1996). *Culture and Psychology 2*(2), 397-405.

Rosa, A.; Huertas, J.A. y Blanco, F. (1996). *Metodología de la Historia de la Psicología.* Madrid: Alianza.

Rose, A. (1985). *The Psychological Complex. Society, Politics and Society in England (1869-1939).* Londres: Routledge and Kegan-Paul.

Sahakian, W.S. (1975/1982). *Historia y sistemas de psicología.* Madrid: Tecnos.

Samelson,F. (1975): On the science and politics of the I.Q. *Social Research*, 42, 467-488.

Samelson,F. (1977): World War Y Intelligence testing and the development of psychology. *Journal of the History of the Behavioral Sciences*, 13, 274-282.

Samelson,F. (1978): From 'race psychology' to 'studies in prejudice'. *Journal of the History of the Behavioral Sciences*, 14, 316-327.

Samelson,F. (1979): Putting Psychology on the Map: Ideology and Intelligence Testing. En A.Buss (ed.), *Psychology in Social Context*, Nueva York (NY): Irvington, 103-168.

Samelson,F. (1982): H.H.Goddard and the inmigrants. *American Psychologist*, 40, 243-244.

Samelson,F. (1987): Was early mental testing: (a) racist inspired, (b) objective science, (c) a technology for democracy, (d) the origin of the multiple-choice exams, (e) none of the above? (Mark the RIGHT answer). En M.Sokal (ed.) *Psychological Testing and American Society, 1890-1930*, New Brunswick (NJ): Rutgers University Press, 113-127.

Schultz, D. (1980*). A History of Modern Psychology.* 3rd Edition. New York, NY: Academic Press.

Sharp,S. (1899): Individual psychology: A Study in Psychological Method. *American Journal of Psychology* 10, 329-391.

Smith, M y Bartlett, F.C. (1919). On listening to sounds of weak intensity. Part I. *British Journal of Psychology 10*, 101-129.

Smith,J. (1985): *Minds made feeble: The mith and legacy of the Kallikaks.* Rockville,Md: Aspen Systems.

Sokal, M. (1987b): James McKeen Cattell and Mental Anthropometry: Nineteeth-Century Science and Reform and the Origins of Psychological Testing. En M.Sokal (ed.) *Psychological Testing and American Society, 1890-1930*, New Brunswick (NJ): Rutgers University Press, 21-45.

Sokal,M. (1971): The Unpublished Autobiography of James McKeen Cattell. *American Psychologist* 26(7), 626-635.

Sokal,M. (1980): Graduate study with Wundt: Two eyewitness accounts. In W.Bringmann & R. Tweney, *Wundt studies: A centennial collection*. Toronto: C.J.Hogrefe, 210-225.

Sokal,M. (1981) (ed.): *An education in psychology: James Mckeen Cattell's Journal and letters from Germany and England, 1880-1888*. Cambridge,Mass.: MIT Press.

Sokal,M. (1981): The Origins of the Psychological Corporation. *Journal of the History of the Behavioral Sciences* 17: 54-67.

Sokal,M. (1982): James McKeen Cattell and the failure of Anthropometric Mental Testing, 1890-1901. En W.Woodward & M.Ash (eds.) The problematic science: Psychology in nineteenth-century thought. New York: Praeger, 322-345.

Sokal,M. (1984): James McKeen Cattell and American Psychology in the 1920s. In: J.Brozek (ed.), *Explorations in the History of Psychology in the United States*, Londres: Associated University Press.

Sokal,M. (ed.) (1987a): Introduction. En M.Sokal (ed.) *Psychological Testing and American Society, 1890-1930*, New Brunswick (NJ): Rutgers University Press, 1-20.

Spearman, C. (1904). 'General Intelligence': objectively determined and measured. *American Journal of Psychology*, 15, 201-292. Versión española titulada *La inteligencia general*. En J.M. Gondra: *La Psicología Moderna*. Bilbao: Desclée de Brouwer (1982).

Spearman, C. (1923). *The nature of Intelligence and the principle of cognition*. London: MacMillan

Spearman, C. (1927). *The abilities of man: Their nature and measurement*. London: MacMillan

Stern,W. (1912): *The Psychological Methods of Testing Intelligence*, Baltimore: Warnick & York/Educational Psychology Monographs Series, 1914.

Sternberg,R. (1990): *Metaphors of Mind: Conceptions of the Nature of Intelligence*. Cambridge: Cambridge University Press.

Stigler, S. M. (1986). *The History of Statistics: The Measurement of Uncertainty Before 1900*. Cambridge, MA: Harvard University Press.

Stocking,G. (1962): Lamarckianism in American Social Science: 1890-1915. Journal of the Hiustory of Ideas, 23, 239-256.

Stout, G.F. (1899). *Manual of Psychology*. Londres: University Tutoral Press.

Sully, J. (1884). *Outlines of Psychology*. Londres. Longmans.

Sully, J. (1886). *Teacher's Handbook of Psychology*. Londres: Longman. Versión española titulada *Psicología pedagógica*. Chicago: Appleton.

Terman,L. & Childs,H. (1912): A Tentative Revision and Extension of the Binet-Simon Measuring Scale of Intelligence, I, II, III. *The Journal of Educational Psychology* 3: 61-74; 133-143, 198-208, 277-289.

Terman,L. (1916): *The measurement of intelligence*. Boston: Houghton Mifflin.

Terman,L. (1919): *The intelligence of School children*. Boston: Houghton Mifflin.

Terman,L. (1922): Were we born that way? *World's Work*, 44, 657-659.

Terman,L. (1923): The Problem. In L.Terman, ed. *Intelligence Tests and School Reorganization*, Yonkerson-Hudson (NY): World Book Company

Terman,L. (ed.) (1923): *Intelligence Tests and School Reorganization*, Yonkerson-Hudson (NY): World Book Company.

Thurstone,L.L. (1947): *Multiple-Factor Analysis. A Development and Expansion of «The Vectors of Mind»*. Chicago: The University of Chicago Press.

Walker, H. (1929). *Studies in the History of Statistical Method*. Baltimore, MD: Williams and Wilkins.

Ward, J. (1886). Psychology. *Enciclopaedia Britannica*, 8ª edición, 37-85.

Ward, J. (1911). Psychology. *Enciclopaedia Britannica* , 11ª edición, vol XXII, 547-605.

Ward, J. (1918). *Psychological Principles*. Cambridge: Cambridge University Press.

Wertheimer, M. (1979*). A Brief History of Psychology*. Revised Edition. New York, NY: Holt, Rinehart and Winston.

White, A. (1901). *Efficiency and Empire*. Londres: Methuen.

Wiebe,R. (1967): The search for order, 1877-1920. New York: Hill & Wang.

Wissler.C. (1901): The Correlation of Mental and Physical Tests. *Psychological Review, Monograph Supplement,* 3(6).

Wolf,T. (1973): Alfred Binet. Chicago: University of Chicago Press.

Yerkes,R. (1917a): Psychology and National Service. The Journal of Applied Psychology 1, 301-304.

Yerkes,R. (1917b): The Binet versus the Point Scale Method of Measuring Intelligence. *The Journal of Applied Psychology* 1, 111-122.

Young,K. (1924): The history of mental test. Pedagogical Seminary, 31, 1-48.

Zeidner,J. & Drucker,A. (1988): Behavioral Science in the Army. A corporate history of the Army Research Institute. United States Army Research Institute for the Behavioral and Social Sciences.

Zenderland (1987): The Debate over the Diagnosis: Henry Herbert Goddard and the Medical Acceptance of Intelligence Testing. En M.Sokal (ed.) *Psychological Testing and American Society, 1890-1930*, New Brunswick (NJ): Rutgers University Press, 46-74.

PARTE IV: LA PSICOLOGÍA EN LOS EE.UU HASTA LA SEGUNDA GUERRA MUNDIAL

Tema 10: "LOS INICIOS DE LA PSICOLOGÍA ACADÉMICA EN LOS EE.UU"

Apartados:

10.1   Institucionalización de la Psicología académica en los EE.UU.

10.2   Primeras propuestas psicológicas.

10.3   Estructuralismo vs.Funcionalismo.

10.4   El desarrollo de la Psicología aplicada en los EE.UU.

Bibliografía general:

BRENNAN, J.F. (1999): *Historia y Sistemas de la Psicología*. Madrid: Prentice-Hall (traducción castellana de la 5ª edición inglesa) (Cap. 12, págs. 187-212).

GONDRA, J.Mª (1997-1998): *Historia de la Psicología. Introducción al pensamiento psicológico moderno*. Madrid: Síntesis. (Volumen 1: Nacimiento de la Psicología científica, Cap. 9, págs. 346-408; Volumen 2: Escuelas, teorías y sistemas contemporáneos, Cap. 1: págs. 19-78).

HOTHERSALL, D. (1997): *Historia de la Psicología*. México: McGraw-Hill (traducción castellana de la 3ª edición inglesa, 1997) (Cap. 5, págs. 141-158; Cap. 9, págs. 331-362; Cap. 10, págs. 365-383).

LEAHEY, Th.H. (1998): *Historia de la Psicología. Principales corrientes en el pensamiento psicológico* (traducción castellana de la 4ª edición inglesa) (Cap. 9, págs. 318-334; Cap. 10, págs. 335-356).

TORTOSA, F. (Coord.) (1998): *Una Historia de la Psicología moderna*, Madrid: McGraw-Hill, 1998 (Introducción Parte IV: *La configuración de la Psicología como discipina autónoma en EE.UU*, por A. Pérez, C. Calatayud y C. Civera, págs. 249-260; Cap. 13: *Los inicios de la Psicología en EE.UU. El triunfo del funcionalismo*, por A. Pérez, C. Calatayud y F. Tortosa, págs. 262-282).

Bibliografía complementaria:

Albrecht, F.(1960):The new Psychology in America: 1880-1895. Johns Hopkins University.

Allen, G.W. (1967): William James: A Biography. New York. Viking.

Angell, J.R. (1903):The relations of structural and functional psychology to philosophy. Philosophical Review, 12, 243-270.

Angell, J.R. (1906): The fundamental function of consciousness. Psychological Bulletin, 3

Angell, J.R. (1909): The influence of Darwin on Psychology. Psychological Review. 16, 152-169.

Angell, J.R. (1911): Usages of the terms mind, consciousness, and soul. Psychological Bulletin, 8, 46-47.

Angell, J.R. (1913): Behavior as a category of psychology. Psychological Review, 20, 255-270.

Angell, J.R. (1913): Professor Watson and the image. Journal of Philosophy, Psychology and Scientific Methods, 10, 609.

Angell, J.R.(1904): Psychology: An introductory study of the structure and function of the human consciousness. New York: Holt.

Angell, J.R.(1907): The province of functional psychology. Psychological Review.14, 61-91.

Bakan, D. (1954): A consideration of the problem of introspection. Psychological Bulletin, 51,105-118.

Baker, N.C. (1955): Foundations of John Dewey´s educational theory. New York: Columnia University Press.

Baldwin, J.M. (1894): Psychology, Past and Present. Psychological Review. 1, 363-391.

Baldwin, J.M. (1895a): Mental Development in the child and the race. New York: McMillan Co.

Baldwin, J.M. (1895b): Evolution and Biology. Psychological Review, 2, 189.

Baldwin, J.M. (1897): Social and Ethical Interpretations of mental development. New York: McMillan Company.

Baldwin, J.M. (1904): The genetic progression of psychic objects. Psychological Review, 11, 216-221.

Baldwin, J.M. (1905): Sketch of the history of psychology. Psychological Review, 12, 144-165.

Bjork, D.W. (1983): The Compromised Scientist: William James in the Development of American Psychology. New York. Columbia University Press.

Boring, E.G. (1990). *Historia de la Psicología experimental.* México: Trillas. (caps. 20 y 24)

Bringmann, W.G., Bringmann, M.W. & Early, C.E. (1992): «G.S. Hall and the History of .... Psychology». American Psychologists, 47, 281-289.

Broughton, J. y Freeman-Moir, D. (Eds.) (1982): The cognitive developmental psychology of James Mark Baldwin. Norwood,NJ: Ablex.

Brozek, J. (1984): Explorations in the History of Psychology in the United States. Cranbury. N.J.: Associated University Presses.

Bugental, J. (1964): The third force in psychology. Journal of Humanistic Psychology, 4, 19-26.

Burkhardt, F.J. (Ed.) (1976): *The Works of William James. Essays in Radical Empiricism.* Cambridge,Ma.: Harvard University Press.

Burkhardt, F.K. y Browers, F. (Eds.) (1991): *William James's Principles of Psychology.* Cambrdige. Ma. Harvard University Press.

Burnham, J.C.: Paths into American Culture. Psychology, Medicine and Morals. Philadelphia. Temple University Press, 1988

Buxton, C.E. (1985). American Functionalism. En C.E. Buxton (ed.), *Points of view in the modern history of psychology* (pp. 113-140). San Diego: Academic Press.

Calatayud, C. (1993). J. R. Angell y el funcionalismo. En E. Quiñones, F. Tortosa y H. Carpintero (Dirs.), *Historia de la Psicología. Textos y comentarios* (pp. 332-354). Madrid: Tecnos.

Camfield, T.M. (1973). The professionalization of American psychology, 1870-1917. *Journal of the History of the Behavioral Sciences, 9* (1), 66-75.

Cannon, W.B. (1927): The James-Lange theory of emotion: A critical examination and an alternative theory. *American Journal of Psychology*, 39, 106-124.

Cannon, W.B. (1932): *The wisdom of the body.* Nueva York: Norton (ed.rev. 1939).

Carpintero, H. (1972): William James y la psicología conductista. Saitabi. 22,5-12.

Carpintero, H. (1996). *Historia de las Ideas Psicológicas.* Madrid: Pirámide (Caps. 16 y 23).

Carr, H.A. (1925): Psychology. A Study of Mental Acivity. New York: Longmans, Green

Carr, H.A. (1930/1965): La Psicología Funcionalista. En H.Carr, W.McDougall y G.S.Brett. Psicología del "Acto". Psicología Funcionalista. Psicología Hórmica. Buenos Aires: Paidós.

Cattell, J.Mck. (1930): Psychology in America. Psychological Bulletin ,27, 658-671.

Costall, A. (1993): How Lloyd Morgan´s Canon back fired. *Journal of the History of the Behavioral Sciences*, 29, 113-122.

Dallenbach, K.M. (1915): The history and derivation of the word «function» as a systematic term in psychology. American journal of Psychology. 26, 473-484.

Daniel, R.S. & Louttit, C.M. (1953): Professionals problems in psychology.New York: Prentice Hall.

Dewey, J. (1884): The New Psychology. Andover Review, 2, 287-288.

Dewey, J. (1896): The reflex arc concept in psychology.Psychological Review.3, 357-370.

Donnelly, M. (1992): Reinterpreting the legacy of William James. Washington, DC: APA.

Estes, W.K. (Ed.) (1990): William James Symposium. Psychological Science, 1, 149-186.

Evans, R. & Scott, F. (1978): The 1913 International Congress of Psychology: The american congress that wasn't. American Psychologist, 33, 711-723.

Evans, R. (1970): The origins of Titchener's doctrine of meaning. *Journal of the History of the Behavioral Sciences*,6, 334-341.

Evans, R. (1972): E.B.Titchener and his lost system. *Journal of the History of the Behavioral Sciences*, 8, 168-180.

Evans, R. (1990): The scientific and psychological positions of E.B. Titchener. In R.Leys y R.Evans (Eds.): *Defining American Psychology: The Correspondence between Adolf Meyer and Edward Bradford Titchener*. Baltimore. MD.: Johns Hopkins University Press.

Evans, R. (1990): William James and The Principles (11-31). En M.Johnson y T.Henley (Eds.), *Reflections on The Principles of Psychology*. Hillsdale. N.J.: Lawrence Erlbaum Associates.

Evans, R. (1991): E.B.Titchener on scientific psychology and technology (89-103). In G.Kimble, M.Wertheimer y C.White (Eds.), *Portraits of Pioneers in Psychology*. Hillsdale,NJ: Lawrence Erlbaum Associates.

Evans, R. (1991): Introduction: The historical context. In F.K.Burkhardt & F. Browers (Eds.): *William James's Principles of Psychology*. Cambrdige. Ma. Harvard University Press.

Evans, R. B. (1984): The Origins of American Academic Psychology. In Brozek, J. (Ed.): Explorations in the History of Psychology in the United States. Granbury. N. J. : Associated University Presses.

Evans, R., Sexton, V. & Cadwallader, T. (1992): 100 years. The American Psychological Association. A historical perspective. Washington, DC: American Psychological Association.

Evans. R. y MacLeod, R. (1992): Foreword. In E.B.Titchener: *Systematic Psychology. Prolegomena*. Ithaca, New York: Cornell University Press.

Farr, R.(1987): The science of mental life: A social psychological perspective. Bulletin of the British Psychological Society, 40, 1-17

Farson, R. (1978): The technology of humanism. Journal of humanistic Psychology, 18, 5-35.

Fay, J.W.: American Psychology before William James. New Brunswick. N.J. Rutgers .... University Press,1939.

Feinstein, H. (1984/1987): La Formación de William James. Buenos Aires: Paidós.

Fernberger, S.W. (1932): «The A.P.A.: A Historical Summary, 1892-1930». Psychological Bulletin, 29, 1-89.

Fletcher, R. (1991): Science, ideology, and the media: The Cyril Burt scandal. New Brunswick, NJ: Transaction Publishers.

Gardner, S. y Stevens, G. (1992): Red Vienna and the golden age of psychology, 1918-1938. Nueva York: Praeger.

Gigerenzer, G. et al. (1989): The empire of chance. Cambridge,UK: Cambridge University Press.

Giorgi, A.: «The implications of James's plea for psychology as a natural science». In M.G. Johnson & T.B. Henley (Eds.): Reflections on The Principles of Psychology: WilliamJames after a Century. Hillsdale. N.J. Erlbaum,1990.

Harrison, R. (1963): Functionalism and its historical significance. Genetic Psychology Monographs. 68, 387-423.

Hearnshaw, L.S. (1964): A Short History of British Psychology: 1840-1940. New York: Barnes & Noble.

Heidbreder, E. (1933): Seven Psychologies. New York: Appleton

Heidbreder, E. (1973): Functionalism. In Henle, Jaynes & Sullivan, Historical conceptions of psychology. New York: Springer.

Heidbreder, H. (1991) *Psicologías del siglo XX.* Barcelona: Paidós (Cap. 2: La Psicología de William James; Cap. 3: El funcionalismo: J. R. Angell, Harvey Carr, John Dewey).

Helbroner, R.L. (1985): «Carnegie and Rockefeller». In A Sense of History: The Best writings from the pages of American Heritage. Boston. Houghton Mifflin.

Henle, M (1957): «Some Problems of Eclecticism». Psychological Review, 1957, 64, 296-305.

Henle, M. (1971): Did Titchener commit the stimulus error? The problem of meaning in structural psychology. Journal of the History of the Behavioral Sciences.7, 279-282.

Henle, M. (1974): E.B.Titchener and the case of the missing element. Journal of the History of the Behavioral Sciences. 10, 227-237.

Henle, M. (1986): 1879 and all that: Essays in the theory and history of psychology. Nueva York: Columbia University Press.

Hergenhahn, B.R. (1992): An Introduction to the History of Psychology. Belmont. California. Wadsworth Publishing Company.

Hilgard, E. R. (1991). Harvey Carr and Chicago Functionalism: a simulated interview. En G. A. Kimble, M. Wertheimer y Ch. L. White, (Eds.). *Portraits of Pioneers in Psychology* (pp. 121-136). Hillsdale, New Jersey: LEA.

Hilgard, E.R. (1978): American Psychology in historical perspective. Washington, DC: APA.

Hilgard, E.R. (1987): Psychology in America: A historical survey. New York: Harcourt Brace Jovanovich.

Hindeland, M.J. (1971): Edward Bradford Titchener: A pioneer in perception. Journal of the History of the Behavioral Sciences. 7, 23-28.

Hoffman, E. (1988): The right to be human. A biography of Abraham Maslow. Los Angeles: Tarcher.

Holt, E.B.: «Titchener's Psychology». Psychological Bulletin,1911, 8, 25-30.

Hulse, S.H. & Green, B.F. (Eds.) (1986): One Hundred Years of Psychological Research in America: G.S. Hall and the Johns Hopkins Tradition. Baltimore, MD: Johns Hopkins University Press.

Hunter, W.S. (1949): James Rowland Angell, 1869-1949. American Journal of Psychology. 62, 439-450.

James, W. (1884): On some omissions of introspective psychology. *Mind*, 9, 1-26.

James, W. (1884/1985): ¿Qué es una emoción? *Estudios de Psicología*, 21, 57-73.

James, W. (1890): *Principios de Psicología*. México: Fondo de Cultura Económica, 1989.

James, W. (1892): A plea for Psychology as a "Natural Science". *Philosophical Review*, 1, 146-53.

James, W. (1892): *Compendio de Psicología*. Buenos Aires: Emecé, 1963.

James, W. (1894): The physical basis of emotion. *Psychological Review*, 1, 516-529.

James, W. (1897/1922): *La voluntad de creer y otros ensayos de psicología popular.* Madrid: D.Jorro.

James, W. (1904): Does consciousness exist? Journal of Philosophy, 1, 477-491.

James, W. (1905): La notion de conscience. *Archives de Psychologie*, V, 1-12.

James, W. (1907): *Pragmatismo: un nuevo nombre para algunos antiguos modos de pensar.* Barcelona: Orbis, 1984.

James, W. (1912): *Essays in Radical Empiricism.* Nueva York: Longmans, Green.

Jastrow, J. (1901): Some currents and undercurrents in Psychology. Psychological Review, 8, 1-26.

Johnson, M. y Henley, T. (Eds.) (1990): *Reflections on The Principles of Psychology.* Hillsdale. N.J.: Lawrence Erlbaum Associates.

Joynson, R. (1989): The Burt affair. Londres: Routledge.

Karpf, G.B. (1932): American Social Psychology. New York: McGraw-Hill.

Knigt, M. (1950): William James . London: Penguin Books.

Koch, S. (1959): A study of science. Vol. 2. General systematic formulations, learning and special processes. Nueva York: McGraw-Hill.

Kohlstedt, S.D. (1980): «Science: The Struggle for survival, 1880-1894». Science, 209, 33-42.

Krantz, D. (1969): The Baldwin-Titchener controversy: A case study in the functioning and malfunctioning of schools. In Krantz (Ed.): *Schools of Psychology: A Symposium.* New York: Appleton-Century-Crofts.

LaCapra, D. (1983): *Rethinking Intellectual History: Texts, Contexts and Language.* Ithaca: Cornell University Press.

Ladd, G.T. (1894): Psychology: Descriptive and Explanatory. New York: Scribner.

Landy, F.J. (1992): «Hugo Munsterberg: Victim or Visionary?». Journal of Applied Psychology, 77, 787-802.

Lange, C.(1887): *Über Gemüthsbewegungen.* Leipzig: Thomas (Or. danés *Om Sidsbevaegelser,* 1885).

Leary, D.E. (1992): William James and the Art of Human Understanding. *American Psychologists,* 47, 152-160.

Leys, R. y Evans, R. (Eds.) /1990): *Defining American Psychology: The Correspondence between Adolf Meyer and Edward Bradford Titchener.* Baltimore. MD.: Johns Hopkins University Press.

Lovie, A. y Lovie, P. (1993): Charles Spearman, Cyril Burt, and the origins of factor analysis. *Journal of the History of the Behavioral Sciences,* 29, 308-321.

MacLeod, R. (1969): William James: Unfinished business. Wahington, DC: APA.

Madigan, S. & O'Hara, R. (1992): «Short-Term Memory and the Turn of the Century». American Psychologists, 47, 170-174.

Mayor, L.; Tortosa,F. y Sos-Peña, R. (1993): Vigencia de la obra de Walter B. Cannon en las Ciencias Sociales: el estudio experimental de la emoción (1915; 1927) y «The wisdom of the body» (1932). *Revista de Psicología* (Universitas Tarraconensis), 15 (2), 139-148.

Miles, W. (1949): James Rowland Angell, 1869-1949, psychologist-educator. Science,110, 1-4.

Miller, G. (1962); Psychology: The Science of Mental Life. New York: Harper.

Mills, E.S. (1969): George Trumball Ladd: Pioneer American Psychologist. Cleveland, Ohio: Press of Case Western Reserve University.

Miner, B. (1904): The changing attitude of American Universities toward Psychology. Science. 299-307.

Moore, E.C. (1961): American pragmatism: Peirce, James y Dewey. New York: Columbia University Press.

Mueller, R.H. (1974): The american era of James Mark Baldwin. New Hampshire,Univ. Ph.D.

Mueller, R.H. (1976): A chapter in the history of the relationship between psychology and sociology in America: James Mark Baldwin. Journal of the History of the behavioral sciences, 12, 240-253.

Munsterberg, H. (1915): Psychology: General and Applied. New York. Appleton..

Myers, G.E. (1986): *William James: His Life and Thought.* New Haven, CT: Yale University Press.

O'Donnell (1985): *The origins of behaviorism: American Psychology, 1870-1920.* New York: New York University Press.

540 *Anexo 1: Programa de historia de la psicología. Teoría*

Peiro, J. y Carpintero, H. (1978): Los primeros laboratorios de Psicologia. Análisis y Modificación de Conducta ,4, 129-158.

Peiro, J.M. (1977a): La psicología de James Mark Baldwin: Un análisis objetivo de su significación en la historia de la psicología. Valencia: Tesis Doctoral.

Petras, J.W. (1969): Psychological antecedents of sociological theory in America: William James and James Mark Baldwin. Journal of the History of the Behavioral Sciences. 4,132-142.

Pillsbury, W.B. (1928): The psychology of Edward Bradford Titchener. Philosophical Review. 37, 95-108.

Poffenberger, A.T. (1962): Robert Sessions Woodworth: 1869-1962. American Journal of Psychology. 75, 677-692.

Raphelson, A.C. (1973): The pre-Chicago Association of the early functionalists. *Journal of the History of the Behavioral Sciences*, 9, 115-122.

Ratner, J. (De.)(1963): John Dewey: Philosophy, psychology and social practice. Nueva York: Putnam.

Roback, A.A. (1952): *History of American Psychology.* New York: Library Publishers.

Roediger, H. (De.) (1985): Ebbinghaus Centennial. Journal of Experimental Psychology: Learning, Memory and Cognition, 11, 414-435.

Rosenzweig, S. (1992): *Freud, Jung and Hall the King-Maker: The Historic Expedition to America (1909).* Seattle: Hogrefe & Huber.

Ross, B. (1991). William James: spoiled child of American psychology. En G. A. Kimble, M. Wertheimer y Ch. L. White, (Eds.). *Portraits of Pioneers in Psychology* (pp. 13-25). Hillsdale, New Jersey: LEA.

Ross, D. (1972): *G. Stanley Hall: The Psychologist as Prophet.* Chicago: University of Chicago Press.

Ruckmick, C.A. (1913): The use of the term function in Englisch textbooks of psychology. American Journal of Psychology. 24, 99-123.

Sanford, E.C. (1924): Granville Stanley Hall, 1846-1924. American Journal of Psychology 35, 313-371.

Scarborough, E. y Furumoto, L. (1987) Untold lives: the first generation of american women psychologists. Nueva York: Columbia University Press.

Taylor, E.(1990): New light on the origin of William James's experimental psychology. In M.Johnson y T.Henley (Eds.): *Reflections on the Principles of Psychology: William James after a century.* Hillsdale. N.J: Erlbaum.

Thorndike, E.L. & Woodworth, R.S. (1901): The influence of improvement in one mental function upon the efficiency of other functions. Psychological Review. 8, 247-261, 384-395, 553-564.

Tinker, M. & Thuma, B.D. (1927): The rating of psychologists. American Journal of Psychology. 28.

Titchener, E.B. (1897): A psychological laboratory. Mind. 311-331.

Titchener, E.B. (1898):The postulates of a structural psychology. Philosophical Review, 7, 449-465.

Titchener, E.B. (1898b): Modern psychology and education. Ebbinghaus method for the study of modern fatigue in school hours. J.Educ.N.E.Nat. 48, 7-8.

Titchener, E.B. (1899): Discussion: Structural and Functional Psychology. Philosophical Review. 8, 290-299.

Titchener, E.B. (1905): The problems of Experimental Psychology. American Journal of Psychology. 16, 220-224.

Titchener, E.B. (1908b): Lectures on the Elementary Psychology of Feeling and Attention. New York: McMillan Company.

Titchener, E.B. (1909): A Textbook of Psychology. New York: McMillan Company.

Titchener, E.B. (1910a): The past decade in experimental psychology. American Journal of Psychology , 21, 404-421.

Titchener, E.B. (1912a): Prolegomena to a study of introspection. American Journal of Psychology, 23, 427.

Titchener, E.B. (1912c): The schema of introspection. American Journal of Psychology. 23, 485-508.

Titchener, E.B. (1913a): The method of examination. American Journal of Psychology. 24, 429-440.

Titchener, E.B. (1916): A beginner´s psyychology. New York: MacMillan.

Titchener, E.B. (1922b): Functional psychology and the psychology of act. American Journal of Psychology. 33, 43-83.

Titchener, E.B. (1925): Experimental Psychology: A retrospect. American Journal of Psychology. 36, 313-323.

Titchener, E.B. (1929): Systematic Psychology: Prolegomena. New York: McMillan Co.

Tortosa, F. (1981): La psicología americana a través del American Journal of Psychology (1887-1945). Tesis Doctoral. Valencia: Universidad de Valencia. Mimeo.

Tortosa, F. (1989): Estructuralismo y funcionalismo. En J.Mayor y JL.Pinillos, eds., Tratado de Psicología General (Tomo 1, Historia, Teoría y Método - J.Arnau y H.Carpintero, eds.-). Madrid: Alhambra, 133-166.

Tortosa, F. y cols. (1995): Edward Bradford Titchener en el laberinto de los espejos ¿Unidad en la diversidad? Revista de Historia de la Psicología,, 16 (3-4). En prensa.

Tortosa, F., Calatayud, C., Carbonell, E., Pérez-Garrido, A., (1994): Sobre héroes y villanos. Edward Bradford Titchener y la institucionalización de la psicología norteamericana. Revista de Historia de la Psicología. 15 (3-4), 21-40.

Vanderplas, J.M. (Ed.) (1966): Controversial issues in psychology. Boston: Houghton Mifflin.

Wann, T. (De.) (1964): Behaviorism and phenomenology. Chicago: Chicago University Press.

Weiss, A.P. (1917): Relation Between Functional and Behavior Psychology. *Psychological Review*, 24, 353-368.

Weiten, W. y Wight, R. (1992): Portraits of a discipline: An examination of Introductory Psychology Textbooks in America. In A.Puente, J.Matthews y Ch. Brewer (Eds.): *Teaching Psychology in America: A History.* Washington, D.C.: APA 1992.

White, H. (1987): The content of the form. Baltimore: The Johns Hopkins University Press.

Winston, A.S.(1990): Robert Sessions Woodworth and the Columbia bible: How the psychological experiment was redefined. *American Journal of Psychology*, 103, 391-401.

Woodworth, R.S. (1932): Autobiography. In C.Murchison (Ed.): A History of Psychology in Autobiography. Vol 2. Worcester, Mass.: Clark University Press. 359-380

Woodworth, R.S. (1943): The Adolescence of American Psychology. *Psychological Review*, 50, 10-32.

Woodworth, R.S. (1944): J.Mckeen Cattell,1860-1944.Psychological Review. 51, 201-209.

Woodworth, R.S. y Sheehan, M. (1964): Contemporary Schools of Psychology (3rd ed.). New York:Ronald Press.

Zazzo, R. (1942/1964): La Psicología Norteamericana. Buenos Aires: Paidós.

Tema 11: "EL CONDUCTISMO"

Apartados:

11.1 Introducción

11.2 Edward Lee Thorndike y la Psicología animal

11.3 La propuesta conductista de J.B. Watson.

11.4 La primera generación de psicólogos de la conducta.

Bibliografía general:

BRENNAN, J.F. (1999): *Historia y Sistemas de la Psicología*. Madrid: Prentice-Hall (traducción castellana de la 5ª edición inglesa) (Cap. 15, págs. 255-263).

GONDRA, J.Mª (1997-1998): *Historia de la Psicología. Introducción al pensamiento psicológico moderno*. Madrid: Síntesis. (Volumen 2: Escuelas, teorías y sistemas contemporáneos, Cap. 1, págs. 54-60; Cap. 2, págs. 79-142).

HOTHERSALL, D. (1997): *Historia de la Psicología*. México: McGraw-Hill (traducción castellana de la 3ª edición inglesa, 1997) (Cap. 10, págs. 383-393; Cap. 12, 445-473).

LEAHEY, Th.H. (1998): *Historia de la Psicología. Principales corrientes en el pensamiento psicológico* (traducción castellana de la 4ª edición inglesa) (Cap. 10, págs. 357-360; Cap. 11: 379-391).

TORTOSA, F. (Coord.) (1998): *Una Historia de la Psicología moderna*, Madrid: McGraw-Hill, 1998 (Cap. 14: *Edward Lee Thorndike y la Psicología animal*, por G. Ruiz, N. Sánchez y L.G. de la Casa, págs. 283-292; Cap. 15: *La propuesta conductista de J.B. Watson*, por A. Pérez, F. Tortosa y C. Calatayud, págs. 293-314).

Bibliografía complementaria:

Algarabel, S. (1983). Génesis histórica del condicionamiento clásico: reflejo, contigüidad y efecto en la formación del conductismo. *Revista de Historia de la Psicología, 4* (3), 225-245.

Amsel, A. (1989). *Behaviorism, neobehaviorism and cognitivism in learning theory: historical and contemporary perspectives*. Hillsdale, N.J.: Erlbaum.

Bitterman, M.E. (1969). Thorndike and the problem of animal intelligence. *American Psychologist, 24*, 444-453.

Boakes, R. (1989). *Historia de la Psicología animal. De Darwin al conductismo*. Madrid: Alianza.

Boakes, R.A. (1984). *From Darwin to behaviourism - Psychology and the minds of animals*. Cambridge: Cambridge Univ. Press. (Trad. cast.: *Historia de la Psicología animal. De Darwin al conductismo*. Madrid: Alianza, 1984).

544   *Anexo 1: Programa de historia de la psicología. Teoría*

Boring, E.G. (1990). *Historia de la Psicología experimental.* México: Trillas. (caps. 20 y 24)

Brewer, Ch. L. (1991). Perspectives on John B. Watson. En G. A. Kimble, M. Wertheimer y Ch. L. White, (Eds.). *Portraits of Pioneers in Psychology* (pp. 171-186). Hillsdale, New Jersey: LEA.

Burnham, J.C. (1968). On the origins of behaviorism. *Journal of the History of the Behavioral Sciences, 8* (4), 143-151..

Burnham, J.C. (1972). Thorndike's puzzle boxes. *Journal of the History of the Behavioral Sciences, 8* (2), 159-167.

Caparrós, A. (1980). *Los paradigmas en Psicología. Sus alternativas y sus crisis.* Barcelona: Horsori. (cap. 2).

Carpintero, H. (1996): *Historia de las Ideas Psicológicas.* Madrid: Pirámide (Cap. 25).

Darwin, C. (1859). *On the origin of species by means of natural selection.* London: Murray (Trad. cast., Madrid: Espasa-Calpe, 1988).

Darwin, C. (1871). *The descent of man and selection in relation to sex.* London: Murray (Trad. cast., Madrid: E.D.A.F., 1982)

Galef, B.G. (1988). Evolution and learning before Thorndike: A forgotten epoch in the history of behavioral research. En R.C. Bolles and M.D. Beecher (Eds.), *Evolution and learning.* Hillsdale, N.J.: LEA, pp. 39-58.

Glickman, J. M. (1985). Some thoughts on the evolution of comparative psychology. En S. Koch y D. E. Leary (Eds.), *A century of psychology as science* (pp. 738-782). New York: McGraw-Hill.

Gondra, J. M. (1994). El hábito y el condicionamiento en las explicaciones del aprendizaje propuestas por Watson. *Revista de Historia de la Psicología, 15* (3-4), 105-115.

Gondra, J.M. (1991). La definición conductista de la Psicología. *Anuario de Psicología,* n° 51, 47-65.

Heidbreder, H. (1991) *Psicologías del siglo XX.* Barcelona: Paidós (Cap. 4: El *conductismo: John Broadus Watson*).

James, W. (1890). *The principles of psychology.* N.Y.: Henry Holt.

Jonçich, G. (1968). *The sane positivist. A biography of Edward L. Thorndike.* Middletown, Connecticut: Wesleyan University Press.

Kendler, H. H. (1985). Behaviorism and psychology: An uneasy alliance. En s. Koch y D. E. Leary (Eds.), *A century of psychology as science,* (pp. 121-134). New York: McGraw-Hill.

Logue, A. W. (1985). The origins of Behaviorism: antecedents and proclamation. En C.E. Buxton (ed.), *Points of view in the modern history of psychology* (pp. 141-167). San Diego: Academic Press

MacKenzie, B.D. (1972). Behaviourism and positivism. *Journal of the History of the Behavioral Sciences, 8* (2), 222-231.

Mills, T.W. (1899). The nature of animal intelligence and the methods of investigating it. *Psychological Review, 6,* 262-271.

Morgan C.L. (1894). *An introduction to comparative psychology.* London: Scott.

Morgan, C.L. (1896). *Habit and instict.* London: Edward Arnold.

O'Donnell, J.M. (1985). *The origins of behaviorism: American psychology, 1870-1920.* Nueva York: New York Univ. Press.

O'Neil, W.M. (1968). Realism and behaviorism. *Journal of the History of the Behavioral Sciences, 4* (2), 152-160.

Paley, W. (1802). *Natural theology: Or, evidences of the existence and attributes of the Deity, collected from the appearances of nature.* London: R. Fauldner.

Pérez, A. y Tortosa, F. (1993). La Psicología tal como la ve John B. Watson. En E. Quiñones, F. Tortosa y H. Carpintero (Dirs.), *Historia de la Psicología. Textos y comentarios* (pp. 366-377). Madrid: Tecnos.

Quiñones, E. y García-Sevilla, J. (1993). Thorndike *versus* Köhler: dos maneras de entender el aprendizaje. En E. Quiñones, F. Tortosa y H. Carpintero (Dirs.), *Historia de la Psicología. Textos y comentarios* (pp. 356-365). Madrid: Tecnos.

Romanes, G.J. (1882). *Animal intelligence.* London: Kegan, Paul, Trench & Co.

Romanes, G.J. (1884). *Mental evolution in animals.* N.Y.: Appleton.

Samelson, F. (1981). Struggle for scientific authority: The reception of Watson's behaviorism, 1913-1920. *Journal of the History of the Behavioral Sciences, 17* (3), 399-425.

Small, W.S. (1901). Experimental sutudy of the mental processes of the rat II. *American Journal of Psychology, 12,* 206-239.

Spalding, D.A. (1873). Instinct; with original observations on young animals. *Macmillans Magazine, 27,* 282-293.

Spencer, H. (1855). *Principles of Psychology.* London: Longman (Trad. cast. en Madrid, La España Moderna, S.A.).

Strayer, G.D. and Thorndike, E.L. (1917). *Educational administration: Quantitative studies.* N.Y.: MacMillan.

Thorndike, E.L. (1898). Animal intelligence: An experimental study of the associative processes in animals. En E.L. Thorndike (1911a), *Animal intelligence: Experimental Studies.* N.Y.: MacMillan, pp. 20-155.

Thorndike, E.L. (1899a). The instinctive reactions of young chicks.En E.L. Thorndike (1911a), *Animal intelligence: Experimental Studies.* N.Y.: MacMillan, pp. 156-168.

Thorndike, E.L. (1899b). A note on the psychology of fishes. En E.L. Thorndike (1911a), *Animal intelligence: Experimental Studies.* N.Y.: MacMillan, pp. 169-171.

Thorndike, E.L. (1901a). Mental life of monkeys. *Annals of New York Academy of Sciences, 13,* 431-456.

Thorndike, E.L. (1901b). The mental life of monkeys; An experimental study. *Psychological Review Monographs Supplements, 3,* 1-57.

Thorndike, E.L. (1901c). The intelligence of monkeys. *Popular Science Monthly, 59,* 273-279.

Thorndike, E.L. (1901d). The evolution of human intellect. En E.L. Thorndike (1911a), *Animal intelligence: Experimental Studies.* N.Y.: MacMillan, pp. 282-294.

Thorndike, E.L. (1901e). *Notes on child study.* N.Y.: MacMillan Company.

Thorndike, E.L. (1903). *Educational Psychology.* N.Y.: Lemcke and Buechner.

Thorndike, E.L. (1904). *An introduction to the theory of mental and social measurements.* N.Y.: Scientific Press.

Thorndike, E.L. (1906). *The principles of teaching.* N.Y.: A.G. Seiler.

Thorndike, E.L. (1910). *Handwriting.* Teachers College Record, 11, 1-81.

Thorndike, E.L. (1911a). *Animal intelligence: Experimental Studies.* N.Y.: MacMillan.

Thorndike, E.L. (1911b). *Individuality.* Boston: Houghton Mifflin.

Thorndike, E.L. (1913). *Educational Psychology: Briefer course.* N.Y.: Teachers College.

Thorndike, E.L. (1913-1914). *Educational Psychology (3 vols.).* N.Y.: Teachers College, Columbia University.

Thorndike, E.L. (1914). *The measurement of the ability in reading, preliminary scales and tests.* Teacher College Record, 15, 207-277.

Thorndike, E.L. (1917). *The Thorndike Arithmetics Books (1-3).* Chicago: Rand-McNally

Thorndike, E.L. (1919). Scientific personnel work in the Army. *Science, 49,* 53-61.

Thorndike, E.L. (1923). Measurement in education. En G.M. Whipple (Ed.), *Intelligence tests and their use: Part 1. The nature, history and general principles of intelligence testing.* Bloomington, IL: Public School, pp. 1-9.

Thorndike, E.L. (1926). *The measure of intelligence.* Teachers College, Columbia University.

Thorndike, E.L. (1931). *Human Learning.* N.Y.: Appleton-Century.

Thorndike, E.L. (1932). *Fundamentals of learning.* N.Y.: Teachers College, Columbia University.

Thorndike, E.L. (1935a). *The psychology of wants, interests and attitudes.* N.Y.: Appleton-Century.

Thorndike, E.L. (1935b). *Thorndike-Century Junior Dictionary.* Chicago: Scott Foresman.

Thorndike, E.L. (1939). *Your city.* N.Y.: Harcourt Brace.

Thorndike, E.L. (1940). *Thorndike-Century Senior Dictionary.* Chicago: Scott Foresman.

Thorndike, E.L. (1943). *Man and his works.* Cambridge, Mass.: Harvard University Press.

Thorndike, E.L. (1949). *Selected writing from a connectionist's psychology.* N.Y.: Appleton-Century.

Thorndike, E.L. and Woodworth, R.S. (1901c). The influence of improvement in one mental function upon the efficiency of other functions: III. Functions involving attention, observation and discrimination. *Psychological review, 8,* 553-564.

Thorndike, E.L. and Woodworth, R.S. (1901a). The influence of improvement in one mental function upon the efficiency of other functions: I. *Psychological review, 8,* 247-261.

Thorndike, E.L. and Woodworth, R.S. (1901b). The influence of improvement in one mental function upon the efficiency of other functions: II. The estimation of magnitudes. *Psychological review, 8,* 384-395.

Thorndike, E.L., Lay, W. and Dean, P.R. (1909). The relation of accuracy in sensory discrimination to general intelligence. *American Journal of Psychology, 20,* 364-369.

Thorndike, R. L. (1991). Edward L. Thorndike: a professional and personal appreciation. En G. A. Kimble, M. Wertheimer y Ch. L. White, (Eds.). *Portraits of Pioneers in Psychology* (pp. 139-151). Hillsdale, New Jersey: LEA.

Tolman, E. Ch. (1938). The determiners of behavior at a choice point. *Psychological Review, 45,* 144-178.

Wundt, W. (1894). *Lectures on human and animal Psychology.* London: Swan Sonnenschein & Co.

Tema 12: "LOS NEOCONDUCTISMOS"

Apartados:

12.1 Características generales de los Neoconductismos.

12.2 El Neoconductismo de Edward Chace Tolman

12.3 El Neoconductismo de Clark L. Hull

12.4 El Neoconductismo de Burrus F. Skinner.

Bibliografía general:

BRENNAN, J.F. (1999): *Historia y Sistemas de la Psicología.* Madrid: Prentice-Hall (traducción castellana de la 5ª edición inglesa) (Cap. 16, págs. 269-287).

GONDRA, J.Mª (1997-1998): *Historia de la Psicología. Introducción al pensamiento psicológico moderno.* Madrid: Síntesis. (Volumen 2: Escuelas, teorías y sistemas contemporáneos, Cap. 5, págs. 245-316).

HOTHERSALL, D. (1997): *Historia de la Psicología.* México: McGraw-Hill (traducción castellana de la 3ª edición inglesa, 1997) (Caps 1-3, págs. 13-114).

LEAHEY, Th.H. (1998): *Historia de la Psicología. Principales corrientes en el pensamiento psicológico* (traducción castellana de la 4ª edición inglesa) (Cap. 11, págs. 391-408).

TORTOSA, F. (Coord.) (1998): *Una Historia de la Psicología moderna,* Madrid: McGraw-Hill, 1998 (Cap. 16, apartados 1-5: *Nuevas fórmulas para el conductismo: Tolman y Hull,* por MªJ. Pedraja, págs. 315-326; Cap. 16, apartados 6-12: *Nuevas fórmulas para el conductismo: Tolman y Hull,* por G. Ruiz, N. Sánchez y G. de la Casa, págs. 326-334; Cap. 17: *B.F. Skinner y el conductismo radical,* por M. Richelle, págs. 335-345).

Bibliografía complementaria:

Adams,G. (1931): *Psychology: science or superstition?.* N.Y.: Covici Friede.

Aguado,L. (1983): Tendencias actuales en la psicología del aprendizaje animal. En L. Aguado (Ed.), *Lecturas sobre aprendizaje animal* (pp. 11-42). Madrid: Debate.

Amsel, A. (1989). *Behaviorism, neobehaviorism and cognitivism in learning theory: historical and contemporary perspectives.* Hillsdale, N.J.: Erlbaum.

Amsel,A. & Rashotte,M. (1984): *Mechanisms of Adaptive Behavior. Clark L. Hull's Theoretical Papers, with Commentary.* N.Y.: Columbia University Press.

Amsel,A. (1962): Frustrative nonreward in partial reinforcement and discrimination learning. *Psychological Review,* 69, 306-328.

Amsel,A. (1994): *Frustration Theory.* Cambridge: Cambridge University Press.

Amundson,R. (1985): Psychology and epistemology: The place versus response controversy. *Cognition, 20,* 127-153.

Anguera,M. y Veá,J. (Eds.) (1984): *Conducta animal y representaciones mentales.* Barcelona: PPU.

Ayllon, T. & Azrin, N.H. (1968). The Token Economy, New York:Appleton Century Crofts.

Baernstein, H.D. & Hull, C.L. (1929): A mechanical model of the conditioned reflex. *Journal of General Psychology,* 5, 99-106.

Beach,F. (1950): The snark was a boojum. *American Psychologist, 5,* 115-124.

Blodgett,H. (1929): The effect of the introduction of reward upon the maze performance of rats. *University of California Publications in Psychology, 4,* 113-134.

Boakes,R. (1989): *Historia de la Psicología animal. De Darwin al conductismo.* Madrid: Debate (ed. orig., 1984).

Boring,E.G. (1950): *A history of experimental psychology.* Nueva York: Appleton-Century-Crofts (2ª ed.) (Trad. cast.: *Historia de la psicología experimental.* México: Trillas, 1978).

Bower,G. y Hilgard,E. (1981): *Theories of learning.* Englewood Cliffs, N.J.: Prentice-Hall (5ª ed.).

Buxton,C. (1951): Learning. *Annual Review of Psychology, 2,* 23-44.

Caparrós,A. (1980): *Los paradigmas en psicología. Sus alternativas y sus crisis.* Barcelona: Horsori.

Caparrós,A., Gabucio,F., Anguera,B. y Giménez,M.C. (1989): La psicología de la Gestalt. En J. Arnau y H. Carpintero (Eds.), *Historia, teoría y método* (pp. 235-250). Madrid: Alhambra.

Carpintero, H. (1996). *Historia de las Ideas Psicológicas.* Madrid: Pirámide (Caps. 28 y 34).

Carpintero,H. (1987): *Historia de la psicología,* Vol. 2. Valencia: Nau Llibres.

Chomsky, N. (1959) Review of Skinner,B.F., Verbal Behavior. Language ,4,16-49.

Chomsky, N. (1972).Psychology and ideology. Cognition ,1,1-46.

Ebbinghauss, H. (1913): *Memory: A contribution to experimental psychology.* N.Y.: Teachers College.

Elliott,M. (1928): The effect of change of reward on the maze performance of rats. *University of California Publications in Psychology, 4,* 23.

Ferster, C. & Skinner, B.F. (1957). Schedules of Reinforcement, New York:Appleton Century Crofts, p. 741.

Foreword (1951): En E.C. Tolman, *Collected Papers in psychology* (pp. v-xiv). Berkeley/Los Angeles: University of California Press.

Fuentes, J.B. y Lafuente, E. (1989): Los neoconductismos. En J. Arnau y H. Carpintero (Eds.), *Historia, Teoría y Método*. Madrid: Alhambra, pp. 251-279.

Gleitman, H. (1991). Edward Chace Tolman: a life of scientific and social purpose. En G. A. Kimble, M. Wertheimer y Ch. L. White, (Eds.). *Portraits of Pioneers in Psychology* (pp. 227-241). Hillsdale, New Jersey: LEA.

Gondra, J. M. (1992). Skinner, la Historia y los orígenes de la noción de operante. *Revista de Historia de la Psicología, 13* (2-3), 37-43.

Gondra, J. M. (1993). Hull y los mecanismos del hábito. En E. Quiñones, F. Tortosa y H. Carpintero (Dirs.), *Historia de la Psicología. Textos y comentarios* (pp. 397-411). Madrid: Tecnos.

Gondra, J. M. (1994). El hábito y el condicionamiento en las explicaciones del aprendizaje propuestas por Watson. *Revista de Historia de la Psicología, 15* (3-4), 105-115.

Gondra, J.M. (1989). La tesis doctoral de C.L. Hull sobre el desarrollo de los conceptos: influencias y relación con su obra posterior. *Revista de Historia de la Psicología, 10* (1-4), 321-335.

Gondra, J.M. (1990): La influencia de James en las teorías conductistas del pensamiento. *Revista de Historia de la Psicología*, 11, 109-122.

Gondra, J.M. (1995): El proyecto de la batería universal de tests: una contribución de C.L. Hull a la orientación vocacional. *Revista de Historia de la Psicología*, 16, 25-31.

Harlow, H.F. (1953): Mice, monkey, men, and motives. *American Psychologist*, 60, 23-32.

Hilgard, E.R. (1948). *Theories of Learning*. Nueva York: Appleton-Century-Crofts.

Hilgard, E.R. (1961). *Teorías del aprendizaje*. México: FCE (Trad. de la ed. inglesa de 1956).

Hilgard, E.R. (1973): La teoría sistemática de la conducta de Hull. En E.R. Hilgard y G.H. Bower, *Teorías del Aprendizaje* (pp 170-216) México, Trillas.

Hill, W.F. (1971). *Learning. A survey of psychological interpretations*. Scranton: Chandler (ed. rev.). (Trad. cast.: *Teorías contemporáneas del aprendizaje*. Barcelona: Paidós, 1980).

Holt, E.B. (1915). *The Freudian wish and its place in ethics*. Nueva York: Holt.

Hull, C.L. & Baerstein, H.D. (1929): A mechanical parallel to the conditioned reflex. *Science*, 70, 14-15.

Hull, C.L. (1920): Quantitative Aspects of the Evolution of Concepts: An Experimental Study. *Psychological Monographs* (28), 85 págs.

Hull, C.L. (1924): The influence on tobacco smoking on mental and motor efficency. *Psychological Monographs*, 33 (N° 150).

Hull, C.L. (1925a): An automatic machine for making multiple aptitude forecasts. *Journal of Educational Psychology*, 26, 593-598.

Hull, C.L. (1925b): An automatic correlation calculating machine. *Journal of the American Statistical Association*, 20, 522-531.

Hull, C.L. (1928): *Aptitude Testing*. Yonkers-on-Hudson, N.Y.: World Book.

Hull, C.L. (1929): A functional interpretation of the conditioned reflex. *Psychological Review*, 36, 498-511.

Hull, C.L. (1930a): Simple Trial-And-Error Learning: A Study in Psychological Theory. *Psychological Review*, 37, 241-256.

Hull, C.L. (1930b): Knowledge and purpose as habit mechanisms. Psychological Review 37, 511-525 (Trad. Cast.: J.M. Gondra (1982), *La psicología contemporánea*. Bilbao: DDB).

Hull, C.L. (1931): Goal attraction and directing ideas conceived as habit phenomena. *Psychological Review*, 38, 487-506.

Hull, C.L. (1932): The goal gradient hypothesis and maze lerning. *Psychological Review*, 39, 25-43.

Hull, C.L. (1933): *Hypnosis and Suggestibility: An Experimental Approach*. N.Y.: Appleton-Century.

Hull, C.L. (1934a): The concept of the habit-family hierarchy and maze lerning: Part I. *Psychological Review*, 41, 33-54.

Hull, C.L. (1934b): The concept of the habit-family hierarchy and maze lerning: Part II. *Psychological Review*, 41, 134-152.

Hull, C.L. (1943): *Principles of Behavior: An Introduction to Behavior Theory*. N.Y.: Appleton-Century-Crofts (Trad. Cast.: Madrid, Debate, 1986)

Hull, C.L. (1950): Behavior Postulates and Corollaries-1949. *Psychological Review*, 57, 173-180.

Hull, C.L. (1951): *Essentials of Behavior*. New Haven: Yale University Press.

Hull, C.L. (1952a): *A Behavior System: An Introduction to Behavior Theory Concerning the Individual Organism*. New Haven: Yale University Press.

Hull, C.L. (1952b): Autobiography. En E.G. Boring, H.S. Langsfeld, H. Werner, & R.M. Yerkes (Eds.), *A History of Psychology in Autobiography* (Vol. IV). Worcester, MA: Clark University Press pp. 143-162.

Hull, C.L. (1962): Psychology of the Scientist: IV. Passages from the «Idea Books». *Perceptual and Motor Skills*, 15, 807-882.

Hull, C.L., Hovland, C.I., Ross, R.T., Hall, M., Perkins, D.T. & Fitch, F.B. (1940): *Mathematico-deductive Theory of Rote Learning*. New Haven: Yale University Press.

Hull, C.L. (1935a): The mechanism of the assembly of behavior segments in novel combinations suitable for problem solutions. *Psychological Review*, 42, 219-245.

Hull, C.L. (1935b): The conflicting psychologies of learning -a way out. *Psychological Review*, 6, 491-516.

Hull,C.L. (1937): Mind, Mechanism, and Adaptive Behavior. Psychological Review, 44, 1-32 (Trad. Cast.: J.M. Gondra (1982), *La psicología contemporánea.* Bilbao: DDB)..

Innis, N.K. (1987). Edward C. Tolman: Comparative psychologist?. En E. Tobach (Ed.), *Historical perspectives and the international status of comparative psychology* (pp. 119-126). Hillsdale, N.J.: Erlbaum.

Innis, N.K. (1992). Tolman and Tryon. Early research on the inheritance of the ability to learn. *American Psychologist, 47,* 190-197.

Kendler, H.H. (1952). What is learned: A theoretical blind alley. *Psychological Review, 59,* 269-277.

Kimble, G. A. (1991). Psychology from the standpoint of a mechanist: an appreciation of Clark L. Hull. En G. A. Kimble, M. Wertheimer y Ch. L. White, (Eds.). *Portraits of Pioneers in Psychology* (pp. 209-225). Hillsdale, New Jersey: LEA.

Koch, S. (1954): Clark L. Hull. En W.K. Estes et. al. (Eds.), *Modern Learning Theory.* N.Y.: Appleton-Century-Crofts, pp. 1-176.

Krech, D. (1979). Tolman, Edward Ch. En D.L. Sills (Dir.), *Enciclopedia Internacional de las Ciencias Sociales* (pp. 378-381). Madrid: Aguilar (ed. orig., 1968).

Krueger, R.G. & Hull, C.L. (1931): An electro-chemical parallel to the conditioned reflex. *Journal of General Psychology,* 5, 262-269.

Lafuente, E. (1986). La significación de Tolman para el cognitivismo. *Revista de Historia de la Psicología, 7* (3), 15-30.

Lafuente, E. (1993). El conductismo propositivo de C. Tolman. En E. Quiñones, F. Tortosa y H. Carpintero (Dirs.), *Historia de la Psicología. Textos y comentarios* (pp. 412-421). Madrid: Tecnos.

Levine, M. (1965). Hypothesis behavior. En A.M. Schrier, H.F. Harlow y F. Stollnitz (Eds.), *Behavior of nonhuman primates, Vol. 1.* Nueva York: Academic.

Lindsley, O.R. (1956), Operant conditioning methods applied to research in chronic schizophrenia, Psychiatric Research Report, 5, Amer.Psychiatric Ass., June.

Logue, A. W. (1985). The growth of Behaviorism: controversy and diversity. En C.E. Buxton (ed.), *Points of view in the modern history of psychology* (pp. 169-196). San Diego: Academic Press

López Cerezo, J. A. (1995). El conductismo skinneriano como filosofía de la ciencia y como filosofía positiva. *Revista de Historia de la Psicolgía, 16* (1-2), 211-240.

MacCorquodale, K. y Meehl, P.E. (1948). On a distinction between hypothetical constructs and intervening variables. *Psychological Review, 55,* 95-107.

MacCorquodale, K. y Meehl, P.E. (1954). Edward C. Tolman. En W.K. Estes et al., *Modern learning theory* (pp. 177-266). Nueva York: Appleton-Century-Crofts.

Macfarlane, D.A. (1930). The rôle of kinesthesis in maze learning. *University of California Publications in Psychology*, *4*, 277-305.

Malone, J. (1990): *Theories of Learning. A Historical Approach.* Belmont, CA: Wadsworth Publishing Company.

Melton, A.W. (1950). Learning. *Annual Review of Psychology*, *1*, 9-30.

Menzel, E.M. (1978). Cognitive mapping in chimpanzees. En S.H. Hulse, H. Fowler y W.K. Honig (Eds.), *Cognitive processes in animal behavior* (pp. 375-422). Hillsdale, N.J.: Erlbaum.

Miguel Tobal, J. J. (1993). Skinner y el análisis funcional de la conducta. En E. Quiñones, F. Tortosa y H. Carpintero (Dirs.), *Historia de la Psicología. Textos y comentarios* (pp. 471-479). Madrid: Tecnos.

Miller, N.E. & Dollard, J. (1941): *Social learning and imitation.* N.H.,CT: Yale University Press.

Miller, N.E. (1944): Experimental studies in conflict. En J.H. Hunt (Ed.), *Personality and the behavior disorders.* N.Y.: Roland Press, pp. 431-465.

Miller, N.E. (1948): Studies of fear as an acquirable drive: 1. Fear as motivation and fear reduction as reinforcement in the learning of new responses. *Journal of Experimental Psychology*, 38, 89-101.

Mills, J.A. (1988): The genesis of Hull's Principles of Behavior. *Journal of the History of the Behavioral Sciences*, 24, 392-401.

Morawski, J.G. (1986): Organizing Knowledge and Behavior at Yales's Institute of Human Relations. *Isis*, 77, 219-242.

Mowrer, O.H. (1947): On the dual nature of learning: A reinterpretation of «conditioning» and «problem solving». *Harvard Educational Review*, 17, 102-150.

Nordby, V.J. y Hall, C.S. (1979). Edward Ch. Tolman (1886-1959). En *Vida y conceptos de los psicólogos más importantes* (pp. 160-164). México: Trillas (ed. orig., 1974).

Olton, D.S. y Samuelson, R.J. (1976). Remembrance of places passed: Spatial memory in rats. *Journal of Experimental Psychology: Animal Behavior Processes*, *2*, 97-116.

Olton, D.S: (1979). Mazes, maps, and memory. *American Psychologist*, *34*, 583-596.

Pedraja, M.J. (1994). Hacia una interpretación histórica de Tolman. *Revista de Historia de la Psicología*, *15* (3-4), 305-319.

Pedraja, M.J. (1995). La polémica del aprendizaje latente: Tolman vs. Hull. En F. Tortosa, C. Civera y C. Calatayud (Dirs.), *Prácticas de Historia de la Psicología* (pp. 211-232). Valencia: Promolibro.

Quintana, J. (1985). *Psicología de la conducta. Análisis histórico.* Madrid: Alhambra.

Rescorla, R.A. and Wagner, A.R. (1972): A Theory of Pavlovian Conditioning: Variations in the Effectiveness of Reinforcement and Nonreinforcement. En A.H. Black & W.F. Prokasy (Eds.), *Classical Conditioning II: Current Research and Theory.* N.Y.: Appleton-Century-Crofts, pp. 64-99.

Restle, F. (1962). The selection of strategies in cue learning. *Psychological Review, 69,* 329-343.

Richelle, M. (1977). Análisis formal y análisis funcional del comportamiento verbal; notas sobre el debate entre Chomsky y Skinner. in R. Bayes (Ed.). Chomsky o Skinner ? La genes¿s del lenguaje, Barcelona: Fontanella, pp. 135-156.

Richelle, M. (1987). Variation and selection: the evolutionary analogy in Skinner's theory. in S. Modgil and C. Modgil (Eds). B.F.Skinner: Consensus and controversy, New York-London: Falmer Press, pp. 127-137.

Richelle, M. (1991). Review of «The Goal of B.F. Skinner and Behavior Analysis» by R.W. Proctor and J. Weeks, 1990. Behav¿oural Processes, 23, pp. 244-249.

Richelle, M. (1992). La Analogía evolucionista en el pensarniento de B.F. Skinner. in G. Gil Roales-Nieto, C. Luciano Soriano et M. Pérez Alvarez (Eds), Vigencia de la obra de Skinner, Universidad de Granada: 115-124.

Richelle, M. (1993). B.F. Skinner, A Reappraisal. Hove, London, Lawrence Erlbaum Associates. [Second printing 1995]

Ritchie, B.F. (1953). The circumnavigation of cognition. *Psychological Review, 60,* 216-221.

Ruiz, G., Sánchez, N. y Casa, G. de la (1991). La culminación teórica del proyecto inicial de B.F. Skinner (1930-1938): La metáfora hidráulica del condicionamiento. *Anuario de Psicología*, n° 51, 89-111.

Samelson, F. (1981). Struggle for scientific authority: The reception of Watson's behaviorism, 1913-1920. *Journal of the History of the Behavioral Sciences, 17* (3), 399-425.

Sheffield, F.D., Wulff, J.J. & Backer, R. (1951): Reward value of copulation without sex drive reduction. *Journal of Comparative and Psysiological Psychology,* 44, 3-8.

Skinner, B.F. (1983). A matter of conse~uences, New York:Alfred Knopf.

Skinner, B.F. (1990).Can Psychology be a Science of Mind ? American Psychologist, 45,1206-1210.

Skinner, B.F. (1938). The Behavior of Organisms, New York:Appleton Century Crofts.

Skinner, B.F. (1944): Review of Hull's Principle of Behavior. *American Journal of Psychology,* 57, 276-281 (Trad. Cast.: Barcelona, Fontanella, 1975).

Skinner, B.F. (1948). Walden Two, New York:The Macmillan Company.

Skinner, B.F. (1950): Are theories of learning necessary. *Psychological Review,* 57, 193-216 (Trad. Cast.:Barcelona Fontanella, 1975).

Skinner, B.F. (1953). Science and Human Behavior, New York:The Macmillan Company.

Skinner, B.F. (1954) Critique of psychoanalytic concepts and theories, Scientific Monthly, 79, 300-305.

Skinner, B.F. (1955) What is psychotic behavior?, in Theory and treatment of the psychoses: some newer aspects (dedication od renard Hospital, St.Louis), Washington University Studies, 77-99.

Skinner, B.F. (1956).A Case History in Scientific Method. American Psychologist, 11,221-233.

Skinner, B.F. (1957). Verbal Behavior, New York:Appleton Century Crofts.

Skinner, B.F. (1961). Cumulative Record, New York:Appleton Century Crofts.

Skinner, B.F. (1966).The Phylogeny and Ontogeny of Behavior. Science,153,1205 1213.

Skinner, B.F. (1968). The technology of teaching, New York:Appleton Century Crofts.

Skinner, B.F. (1969). Contingencies of Reinforcement: A theoretical analysis, New York:Appleton Century Crofts.

Skinner, B.F. (1971) The free and happy student, New York University Education Quarterly, 4; 2-6.

Skinner, B.F. (1971). Beyond Freedom and Dignity, New York:Alfred A. Knopf.

Skinner, B.F. (1974). About Behaviorism, New York: Alfred Knopf.

Skinner, B.F. (1976). Particulars of my life, New York:Alfred Knopf.

Skinner, B.F. (1978). Reflections on behaviorism and society, Englewood Cliffs, New Jersey:Prentice-Hall.

Skinner, B.F. (1979). The shaping of a behaviorist, New York:Alfred Knopf.

Skinner, B.F. (1981).Selection by Consequences. Science, 213,501-4.

Skinner, B.F. (1984a).The Shame of American Education. American Psychologist, 39,947-54.

Skinner, B.F. (1984b).The Evolution of Behavior. Journal of the ExDerimental Analvsis of Behavior ,41,217-21.

Skinner, B.F. (1987). Upon further reflection, Englewood Cliffs, New Jersey:Prentice

Skinner, B.F. (1987).Whatever happened to psychology as the science of behavior ? American Psychologist,42,780-786.

Skinner, B.F. (1989). Recent Issues in the Analysis of Behavior, Columbus, Ohio:Merrill Publishing Company.

Smith, L.D. (1986). *Behaviorism and logical positivism: A reassessment of the alliance.* Stanford, Cal.: Stanford Univ. Press.

Smith, L.D. (1990): Models, Mechanisms, and Explanation in Behavior Theory: The Case of Hull versus Spence. *Behavior and Philosophy*, 18, 1-18.

Smith, L.D. (1994): *Conductismo y positivismo lógico. Una reconsideración de la alianza.* Bilbao: DDB.

Spence, K.W. (1936): The nature of discrimination learning in animals. *Psychological Review*, 43, 427-429.

Spence, K.W. (1937): The differential response in animals to sitimuli varying within a single dimension. *Psychological Review*, 44, 430-444.

Spence, K.W. y Lippitt, R. (1946). An experimental test of the sign-gestalt theory of trial and error learning. *Journal of Experimental Psychology*, *36*, 494.

Tinklepaugh, O.L. (1928). An experimental study of representative factors in monkeys. *Journal of Comparative Psychology*, *8*, 197-236.

Tolman, E. C. (1932): *Purposive Behavior in Animals and Men*. N.Y.: Century.

Tolman, E.C. (1915). *Studies in memory*. Tesis doctoral inédita. Universidad de Harvard, Departamento de Filosofía y Psicología.

Tolman, E.C. (1922). A new formula for behaviorism. *Psychological Review*, *29*, 44-53 (Reimp. en Collected papers).

Tolman, E.C. (1925a). Behaviorism and purpose. *The Journal of Philosophy*, *22*, 36-41 (Reimp. en *Collected Papers*).

Tolman, E.C. (1925b). Purpose and cognition: The determiners of animal learning. *Psychological Review*, *32*, 285-297 (Reimp. en *Collected Papers*).

Tolman, E.C. (1926). A behavioristic theory of ideas. *Psychological Review*, *33*, 352-369 (Reimp. en *Collected Papers*).

Tolman, E.C. (1927). Habit formation and higher mental processes in animals. *Psychological Bulletin*, *24*, 1-35.

Tolman, E.C. (1928). Habit formation and higher mental processes in animals. *Psychological Bulletin*, *25*, 24-53.

Tolman, E.C. (1932). *Purposive behavior in animals and men*. Nueva York: Century (Reimp. en 1967, Nueva York: Irvington, en The Century Psychology Series).

Tolman, E.C. (1935). Psychology versus immediate experience. *Philosophy of Science*, *2*, 356-380 (Reimp. en *Collected Papers*).

Tolman, E.C. (1936). Operational behaviorism and current trends in psychology. *Proceedings 25th Anniv. Celeb. Inaug. of Graduate Studies at the Univ. of Southern Calif.* (pp. 89-103). Los Angeles: Univ. of Southern Calif. Press (Reimp. en *Collected Papers*).

Tolman, E.C. (1938). The determiners of behavior at a choice point. *Psychological Review*, *45*, 1-41 (Reimp. en *Collected Papers*).

Tolman, E.C. (1941). Psychological man. *The Journal of Social Psychology*, *13*, 205-218 (Reimp. en *Collected Papers*).

Tolman, E.C. (1942). *Drives toward war*. Nueva York: Appleton-Century.

Tolman, E.C. (1945). A stimulus-expectancy need-cathexis psychology. *Science*, *101*, 160-166.

Tolman, E.C. (1948). Cognitive maps in rats and men. *Psychological Review*, *55*, 189-208 (Reimp. en *Collected Papers*).

Tolman, E.C. (1951a). *Collected papers in psychology.* Berkeley/Los Angeles: University of California Press (Reimp. en 1961 con el título *Behavior and psychological man*).

Tolman, E.C. (1951b). A psychological model. En T. Parsons y E.A. Shils (Eds.), *Toward a general theory of action* (pp. 279-361). Cambridge: Harvard University Press. (Trad. cast.: Un modelo psicológico. En *Hacia una teoría general de la acción* (pp. 312-405). Buenos Aires: Kapelusz, 1968).

Tolman, E.C. (1952). Edward Chace Tolman. En E.G. Boring et al. (Eds.), *A history of psychology in autobiography*, Vol. 4 (pp. 323-339). Worcester, Mass.: Clark University Press.

Tolman, E.C. (1959). Principles of purposive behavior. En S. Koch (Ed.), *Psychology: A study of a science. Study 1. Conceptual and systematic. Vol. 2. General systematic formulations, learning, and special processes* (pp. 92-157). Nueva York: McGraw-Hill.

Tolman, E.C. y Brunswik, E. (1935). The organism and the causal texture of the environment. *Psychological Review, 42*, 43-77 (Reimp. en K.R. Hammond (Ed.), *The psychology of Egon Brunswik* (pp. 457-486). Nueva York: Holt, Rinehart & Winston,1966).

Tolman, E.C. y Honzik, C.H. (1930a). «Insight» in rats. *University of California Publications in Psychology, 4* (14), 215-232.

Tolman, E.C. y Honzik, C.H. (1930b). Introduction and removal of reward, and maze performance in rats. *University of California Publications in Psychology, 4*, 257-275.

Tolman, E.C. y Krechevsky, I. (1933). Means-end-readiness and hypothesis - A contribution to comparative psychology. *Psychological Review, 40*, 60-70.

Tolman, E.C., Ritchie, B.F. y Kalish, D. (1946a). Studies in spatial learning. I. Orientation and the short-cut. *Journal of Experimental Psychology, 36*, 13-24.

Tolman, E.C., Ritchie, B.F. y Kalish, D. (1946b). Studies in spatial learning. II. Place learning vs. response learning. *Journal of Experimental Psychology, 36*, 221-229.

Tolman, E.C: (1949). There is more than one kind of learning. *Psychological Review, 56*, 144-155.

Trabasso, T.R. y Bower, G.H. (1968). *Attention in learning: Theory and research.* Nueva York: Wiley.

Wagner, A.R. (1963): Conditioned frustration as a learned drive. *Journal of Experimental Psychology, 66*, 142-148.

Watson, J.B. (1930): *Behaviorism.* N.Y.: Norton (Trad. Cast.: El conductismo. Buenos Aires, Paidos, 1961).

Watson,J.B. (1914): *Behavior. An introduction to comparative psychology.* Nueva York: Holt.

Zangwill, O.L. (1995): Hipnosis experimental. En R.L. Gregory (Ed.), *Diccionario Oxford de la* mente. Madrid: Alianza Diccionarios, pp. 519-523.

PARTE V: LA EVOLUCIÓN DE LA PSICOLOGÍA TRAS LA SEGUNDA GUERRA MUNDIAL

Tema 13: "LA RECONSTRUCCIÓN DE LA PSICOLOGÍA EUROPEA TRAS LA SEGUNDA GUERRA MUNDIAL"

Apartados:

13.1 La Psicología alemana después de la Segunda Guerra Mundial.
13.2 La Psicología francesa después de la Segunda Guerra Mundial.
13.3 La Psicología inglesa después de la Segunda Guerra Mundial.
13.4 La Psicología soviética después de la Segunda Guerra Mundial.

Bibliografía general:

GONDRA, J.Mª (1997-1998): *Historia de la Psicología. Introducción al pensamiento psicológico moderno.* Madrid: Síntesis (2 volúmenes).

TORTOSA, F. (Coord.) (1998): *Una Historia de la Psicología moderna*, Madrid: McGraw-Hill, 1998 (Cap. 24, apartado 1: *La reconstrucción de la Psicología europea*, por H. Lück, págs. 463-467; Cap. 24, apartado 2: *La reconstrucción de la Psicología europea*, por F. Parot, págs. 467-472; Cap. 24, apartado 3: *La reconstrucción de la Psicología europea*, por P. Sanchis, C. Civera y C. Esteban, págs. 472-479; Cap. 24, apartado 4: *La reconstrucción de la Psicología europea*, por J.A. Vera, págs. 479-482).

Bibliografía complementaria:

Armytage,W.(1955): Civic Universities. London: Ernest Benn.

Ash,M. y Woodward,W.(1987): Psychology in twentieth century thought and society. Cambridge: Cambridge University Press.

Bélanger, David (1992): Autobiographie, en F. Parot et Marc Richelle (éds.), *Psychologues de langue française; autobiographies*, Paris, PUF, p. 222-231.

Bondy, C. & Riegel, K. (1956): *Social psychology in Western Germany.* Washington: Library of Congress, Reference Department.

Bresson, François (1992): Autobiographie, en F. Parot et Marc Richelle (éds.), *Psychologues de langue française; autobiographies*, Paris, PUF, p. 233-252.

Brown,L y Fuchs,A.(1971): Early experimental psychology in New Zeland: The Hunter-Titchener letters. Journal of the History of the Behavioral Sciences, 6, 10-23.

Bruner, Jerome S. (1996): Meyerson aujourd'hui: quelques réflexions sur la psychologie culturelle, en F. Parot (éd,), *Pour une psychologie historique; hommage à I. Meyerson*, Paris, PUF, p. 192-207.

Bruner, Jerome S. (1998): Piaget et Vygotsky, célebrons la différence, en O. Houdé et C. Meljac (éds), *L'esprit piagétien: hommage international à Jean Piaget*, Paris, PUF.

Charmasson Thérèse et Françoise Parot (1989): 520 AP 1 a 51, Archives d'Henri Piéron (1881-1964), Archives Nationales de France.

Charmasson Thérèse et Françoise Parot (1990): 360 AP 3 a 30, Archives d'Henri Wallon (1879-1962), Archives Nationales de France.

Charmasson Thérèse; Deméllier, Daniel; Françoise Parot et Vermès Geneviève (1992): 520 AP 1 a 67, Archives d'Ignace Meyerson (1888-1983), Archives Nationales de France.

Civera,C. (1994): La influencia de la Psicología alemana en el desarrollo de la psicología española actual. El caso de J.C. Brengelmann y la terapia de conducta. Tesis Doctoral. Universitat de València.

Danziger,K.(1982): British Psychophisiology in XIX Siecle. A neglected chapter in the history of psychology. En W.Woodward y M.Ash, eds.,The Problematic Science. Psychology in Nineteenth-Century Thought. New York: Praeger.

Donald,I.J. & Canter,D. (1987): United Kingdom. In A.Gilgen & C.Gilgen (Eds.): International Handbook of Psychology. Westport, Connecticut: grenwood Press, 502-533.

Drever,J.(1965): The historical background for national trends in psychology: On the non-existence of english associationism. Journal of the History of the Behavioral Sciences, 1, 123-130.

Ebbinghaus, H. (1885): *Über das Gedächtnis. Untersuchen zur experimentellen Psychologie.* Leipzig: Duncker & Humbolt.

Eysenck,H.J. (1987): Psychology in the United Kingdom. In S.R.Perls (ed.): Psychology: An international perspective. Professional Seminar Consultants.

Foss,B.M. (1969): Psychology in Great Britain. Supplement to the Bulletin of the British Psychological Society. London: British Psychological Society.

Foss,B.M. (1976): United Kingdom. In V.Sexton & H.Misiak (Eds.): Psychology arounf the world. Monterrey, CA: Brooks/Cole, 428-443.

Fraisse, Paul (1992): Autobiographie, en F. Parot et Marc Richelle (éds.), *Psychologues de langue française; autobiographies,* Paris, PUF, p. 79-96.

Gratiot Alphandéry, Hélène (1992): Autobiographie, en F. Parot et Marc Richelle (éds.), *Psychologues de langue française; autobiographies,* Paris, PUF, p. 31-49.

Hearnshaw, L.(1964): A short history of british psychology (1840-1940). London: Methuen.

Lück, H.E. (1996): *Geschichte der Psychologie. Strömungen, Schulen, Entwicklungen.* 2. Ed. Stuttgart: Kohlhammer.

Miller, G.A., Galanter, E. & Pibram, K.H. (1960): *Plans and the structure of behavior.* Holt, Rinehart & Winston.

Misiak, H. y Sexton,V.(1966): History of psychology: An overview. New York: Grune and Stratton.

Mucchielli, Laurent (1994): Sociologie et psychologie en France, l'appel à un territoire commun: vers une psychologie collective (1890-1940), en F. Parot (éd.), *Les territoires de la psychologie*, num. spécial de la *Revue de Synthèse*, t. CXV, p. 445-483.

Parot, Françoise (1994): Le bannissement des esprits; naissance d'une frontière institutionnelle entre spiritisme et psychologie, en F. Parot (éd.), *Les territoires de la psychologie*, num. spécial de la *Revue de Synthèse*, t. CXV, p. 417-443.

Parot, Françoise (1998): 1945-1950, le tournant historique de la psychologie, *Sciences humaines*, num. spécial (en prensa).

Parot, Françoise et Marc Richelle (1992): Introduction à la psychologie; histoire et méthodes, Paris, PUF.

Perls, S. (Ed.)(1987): Psychology. An international perspective. Alburquerque, Nuevo Méjico: Profesional Seminar Consultants.

Richelle, Marc; Janssen, Pierre et Brédart Serge (1992): Psychologie in Belgium, *Ann. Rev. Psychol.*, 43, p. 505-529.

Sanchis,P. (1993): Impacto de Eysenck en la literatura psicológica contemporánea. Tesis Doctoral. Universitat de València.

Schorr, A. (1990): Geschichte der Klinischen Psychologie. En: E.G. Wehner (Ed.), *Geschichte der Psychologie. Eine Einführung* (pp. 131-161). Darmstadt: Wissenschaftliche Buchgesellschaft.

Sexton, V & Misiak, H. (Eds.)(1976): Psychology arounf the world. Monterrey, CA: Brooks/Cole.

Sidgwik, H.(1892): Presidential Adress. Proceedings of the II International Congress of Psychology. Amsterdam: Klaus Reprint Intern.

Vernant, Jean-Pierre (1996): Entre mythe et politique, Paris, Seuil.

Vidal, Fernando et Parot Françoise (1996): Ignace Meyerson et Jean Piaget: une amitié dans l'histoire, en F. Parot (éd.), *Pour une psychologie historique; hommage à Ignace Meyerson*, Paris, PUF, p. 61-73.

Wehner, E.G. (1990): Geschichte der Allgemeinen Psychologie. En: E.G. Wehner (Ed.), *Geschichte der Psychologie. Eine Einführung* (pp. 1-51). Darmstadt: Wissenschaftliche Buchgesellschaft.

Woodward, W. y Ash, M. (Eds.)(1982): The Problematic Science. Psychology in Nineteenth-Century Thought. New York: Prager.

Zazzo, René (1992): Autobiographie, en F. Parot et Marc Richelle (éds.), *Psychologues de langue française; autobiographies*, Paris, PUF, p. 51-77.

Tema 14: "LA EVOLUCIÓN DE LA PSICOLOGÍA EN LOS EE.UU TRAS LA SEGUNDA GUERRA MUNDIAL"

Apartados:

14.1 Evolución general de la Psicología en los EE.UU tras la Segunda Guerra Mundial.

14.2 La Psicología de la conducta después de la Segunda Guerra Mundial.

14.3 La Psicología de la Gestalt después de la Segunda Guerra Mundial.

14.4 El Psicoanálisis después de la Segunda Guerra Mundial.

Bibliografía general:

BRENNAN, J.F. (1999): *Historia y Sistemas de la Psicología*. Madrid: Prentice-Hall (traducción castellana de la 5ª edición inglesa) (Cap. 16, págs. 276-287; Cap. 13: 220-225; Cap. 14: 240-246).

GONDRA, J.Mª (1997-1998): *Historia de la Psicología. Introducción al pensamiento psicológico moderno*. Madrid: Síntesis. (Volumen 2: Escuelas, teorías y sistemas contemporáneos, Cap. 4, págs. 237-244; Cap. 6, págs. 324-327).

HOTHERSALL, D. (1997): *Historia de la Psicología*. México: McGraw-Hill (traducción castellana de la 3ª edición inglesa, 1997) (Cap. 7, págs. 237-253).

LEAHEY, Th.H. (1998): *Historia de la Psicología. Principales corrientes en el pensamiento psicológico* (traducción castellana de la 4ª edición inglesa) (Cap. 13, págs. 451-469).

TORTOSA, F. (Coord.) (1998): *Una Historia de la Psicología moderna*, Madrid: McGraw-Hill, 1998 (Cap. 25, apartado 1: *Las tres fuerzas de la Psicología en EE.UU*, por J. Quintana, págs. 483-494; Cap. 25, apartado 2: *Las tres fuerzas de la Psicología en EE.UU*, por A. Ferrándiz, págs. 494-499).

Bibliografía complementaria:

Allport, D.A. (1980). Patterns and actions: Cognitive mechanisms are content-specific. En G.L. Claxton (Ed.), *Cognitive psychology: new directions.* Londres: Routledge & Kegan Paul.

Anderson, J.R. y Bower, G.H.(1973). *Human associative memory.* Washington, D.C.: V. H. Winston. (Traducción castellana: *Memoria asociativa.* México: Limusa, 1977).

Anderson, J.R.(1976). *Languaje, memory, and thougth.* Hillsdale, NJ: Erlbaum.

Aron, L. y Harris, A. (eds.) (1993). *The legacy of Sandor Ferenczi.* Hillsdale, NJ: Analytic Press.

Ash, M. G. (1992). Cultural contexts and scientific change in psychology: Kurt Lewin in Iowa. *American Psychologist*, 47, 198-207.

Ash, M. G. (1992). Kurt Lewin in Iowa. En W. Schönpflug (ed.), *Kurt Lewin. Person, Werk, Umfeld. Historische Rekonstruktionen und aktuelle Wertungen aus Anlas seines hundertsten Geburtstags*. Beiträge zur Geschichte der Psychologie (vol 5). Francfort, Peter Lang.

Ash, M. G. y Söllner, A. (eds.) (1996). *Forced Migration and Scientific Change: Emigre German-Speaking Scientists and Scholars after 1933*. Cambridge: Cambridge University Press.

Atkinson, R.C. y Shiffrin, R.M. (1968). Human memory: a proposed system and its control processes. En K.W. Spence y J.T. Spence (Eds.), *The psychology of learning and motivation* (vol. 2). Nueva York: Academic. (Traducción castellana: Memoria humaqna: una propuesta sobre el sistema y sus procesos de control. En M.V. Sebastián (Comp.), *Lecturas de psicología de la memoria* (pp. 23-59). Madrid: Alianza, 1983).

Back, K. (1992). Die Anfänge der Gruppendynamik am Massachusetts Institute of Technology (MIT). En W. Schönpflug (ed.), *Kurt Lewin. Person, Werk, Umfeld. Historische Rekonstruktionen und aktuelle Wertungen aus Anlaß seines hundertsten Geburtstags*. Beiträge zur Geschichte der Psychologie (vol 5). Francfort: Peter Lang.

Baddeley, A.D.(1976). *The Psychology of Memory*. Nueva York: Harper & Row. (Traducción castellana: *Psicología de la memoria*. Madrid: Debate, 1983).

Ballesteros, S. (1995). *Psicología General. Un enfoque cognitivo*. Madrid: Fundación Ramón Areces.

Baranger, W. (1976). *Posición y Objeto en la obra de Melanie Klein*. Buenos Aires: Kargieman.

Bergmann, M. y Hartman, F. (eds.) (1990). *The evolution of psychoanalytic technique*. New York: Columbia University Press.

Bofill, P. y Tizón, J. (1994). *Qué es el psicoanálisis. Orígenes, temas e instituciones actuales*. Barcelona, Herder.

Bransford, J.D. y Franks, J.J.(1971). The abstraction of linguistic ideas. *Cognitive Psychology*, 2, 331-350.

Bransford, J.D. y Johnson, M.K.(1972). Contextual prerequisites for understanding: Some investigations of comprehension and recall. *Journal of Verbal Learning and Verbal Behavior*, 11, 717-726.

Broadbent, D. E.(1958). *Perception and communication*. Nueva York: Pergamon Press. (Traducción castellana: *Percepción y comunicación*. Madrid: Debate, 1984).

Bruner, J.S., Goodnow, J.J. y Austin, G.A. (1956). *A study of thinking*. Nueva York: Wiley. (Traduc. castellana: *El proceso mental en el aprendizaje*. Madrid: Narcea, 1978).

Brunner, J. (1994). Looking into the hearts of the workers: or How Erich Fromm turned critical theory into empirical research. *Political Psychology, 15*(4), 631-654.

Burston, D. (1991). *The legacy of Erich Fromm.* Cambridge, MA: Harvard University Press.

Bush, R. R. y Mosteller, F.(1951). A model for stimulus generalization and discrimitation. *Psychological Review, 58,* 413-423.

Bush, R.R. y Mosteller, F. (1955). *Stochastic models for learning.* Nueva York: Wiley.

Cantor, J. (ed.) (1991). *Psychology at Iowa: Centennial essays.* Hillsdale, NJ: Lawrence Erlbaum Associates.

Caparrós, A. y Gabucio, F. (1986). La aparición del paradigma cognitivo: Una cuestión problemática. *Revista de Historia de la Psicología, 7,* 53-58.

Chomsky, N. (1957). *Syntactic Structures.* La Haya: Mouton.

Chomsky, N. (1959). A review of B.F. Skinner's *Verbal Behavior. Language, 35,*26-58.

Coles, R. (1991). *Anna Freud: The dream of psychoanalysis.* Reading. MA: Addison-Wesley.

Collins, A. M. y Loftus, E. F.(1975). A spreading-activation theory of semantic processing. *Psychological Review, 82,* 407-428.

Collins, A. M. y Quillian, M. R.(1972). How to make a language user. En E. Tulving y W. Donalson (Eds.), *Organization of memory* (pp. 309-351). Nueva York: Academic Press. (Traducción castellana en M.V. Sebastián (Comp.)(1983), *Lecturas de psicología de la memoria.* Madrid: Alianza.

Cortina, M. y Maccoby, M. (eds.) (1996). *A prophetic analyst: Erich Fromm's contribution to psychoanalysis.* Northvale, NJ: Jason Aronson.

Craik, F. I. M. y Lockhart, R. S.(1972) Levels of processing: A framework for memory research. *Journal of Verbal Learning and Verbal Behavior, 11,* 671-684. (Traducción castellana en *Estudios de Psicología,* 1980, *2,* 93-109).

De Vega, M. (1984). *Introducción a la psicología cognitiva.* Madrid: Alianza.

Dickinson, A.(1980). *Contemporary Animal Learning Theory.* Cambridge: Cambridge University Press. Traducción castellana: *Teorías actuales del aprendizaje animal.* Madrid: Debate, 1984).

Dollard,J. y Miller,N. (1950). *Personality and Psychotherapy.* New York: McGraw-Hill.

Dollard,J., Doob,L., Miller,N., Mowrer,O. y Sears,R. (1939). *Frustration and Aggression.* New Haven, CT: Yale University Press.

Donaldson, G. (1996). Between practice and theory: Melanie Klein, Anna Freud and the development of child analysis. *Journal of the History of he Behavioral Sciences, 32* (2), 160-176.

Estes, W.K. (1950). Toward a statistical theory of learning. *Psychological Review*, *57*, 94-107.

Freedheim, D. et al. (eds.) (1992), *History of Psychotherapy A century of change*. Washington, DC: American Psychological Association.

Frick, F.C. y Miller, G.A. (1951). A statistical description of operant conditioning. *American Journal of Psychology*, *64*, 20-36.

Gardner, H. (1985). *The mind's new science*. Nueva York: Basic Books. (Traducción castellana: *La nueva ciencia de la mente*. Barcelona: Paidós, 1987).

Garner, W.R. (1988). The contribution of information theory to psychology. En W. Hirst (Ed.), *The making of cognitive science. Essays in honor of George A. Miller* (pp.19-35). Cambridge: Cambridge University Press.

Garner, W.R. y Hake, H.W. (1951). The amount of information in absolute judgments. *Psychological Review*, *58*, 446-459.

Gelfand, T. y Kerr, J. (eds.) (1992). *Freud and the history of psychoanalysis*. Hillsdale, NJ: Analytic Press.

Gilgen, A. (1982). *American Psychology since World War II: A profile of the discipline*. Westport, CT: Greenwood Press.

Gillespie, W. (1989). The legacy of Sigmund Freud. En J. Sandler (ed.), *Dimensions of psychoanalysis*. Madison, CT: International Universities Press.

Green, M. y Rieber, R. (1980). The assimilation of Psychoanalysis in America. En R. Rieber y K. Salzinger, *Psychology: Theoretical Historical Perspectives*. New York: Academic.

Grosskurth, Ph. (1986). *Melanie Klein. Su mundo y su obra*. Barcelona: Paidós.

Gutierrez-Terrazas, J. (1988). *Psicología dinámica o psicoanálisis: concepto, fundamento epistemológico y actualidad*. Barcelona, Hogar del Libro.

Hale, N. (1971). *Freud and the americans: The beginnings of psychoanalysis in the United States, 1876-1917*. London & New York: Oxford University Press.

Hale, N. (1978). From Berggasse XIX to Central Park West: The Americanization of psychoanalysis, 1919-1940. *Journal of the History of he Behavioral Sciences*, *14*(4), 299-315.

Harris, B. y Brock, A. (1991). Otto Fenichel and the Left opposition in psychoanalysis. *Journal of the History of he Behavioral Sciences*, *27*(2), 157-165.Horney,K. (1939). *New ways in psychoanalysis*. New York: Norton.

Haynal, A. y Holder, E. (1993). *Psychoanalysis and the sciences: Epistemology history*. Berkeley, CA: University of California Press.

Henry, M. y Brick, D. (1993). *The genealogy of psychoanalysis*. Stanford, CA: Stanford University Press.

Hick, W.E. (1952). On the rate of gain of information. *Quarterly Journal of Experimental Psychology*, *4*, 11-26.

Hilgard, E. R. (1987). *Psychology in America: A Historical Survey*. New York: Harcourt Brace Jovanovich.

Hinshelwood, R. D. (1994). *Clinical Klein: From theory to practice*. New York: Basic Books.

Hirst, W. (Ed.)(1988). *The making of cognitive science. Essays in honor of George A. Miller.* Cambridge: Cambridge University Press.

Hughes, J. (1989). *Reshaping the psychoanalytic domain: The work of Melanie Klein, W. R. D. Fairbairn, and D. W.* Winnicott. Berkeley, CA: University of California Press.

Kahneman, D.(1973). *Attention and Effort.* Englewood Cliffs, NJ: Prentice-Hall.

Kaufmann, P. (1993). *Elementos para una enciclopedia del psicoanálisis.* Buenos Aires: Paidós.

King, P. y Steiner, R. (eds.) (1991). *The Freud-Klein controversies 1941-45.* London, England: Tavistock/Routledge.

Klein, M. (1920/1960). *Obras Completas.* Buenos Aires: Paidós.

Klopfer,W. (1973). The short history of projective techniques. *Journal of the History of the Behavioral Sciences*, 9, 60-65.

Köhler, W. (1947). *Gestalt psychology: An introduction to the new concepts in modern psychology.* New York: Liveright.

Köhler, W. (1969). *The Task of Gestalt Psychology.* Princeton, NJ: Princeton University Press.

Lachman, R., Lachman, J.L. y Butterfield, E.C. (1979). *Cognitive psychology and information processing: An introduction.* Hillsdale, N.J.: Erlbaum (hay traducción castellana).

Lagache, D. (1955). *El Psicoanálisis.* Buenos Aires: Paidós.

Lane, R. y Meisels, M. (eds.) (1994). *A history of the Division of Psychoanalysis of the American Psychological Association.* Hillsdale, NJ: Lawrence Erlbaum Associates

Laplanche, J.; Pontalis, J. (1967). *Diccionario de Psicoanálisis.* Barcelona, Labor.

Leahey, T.H. (1994). *Historia de la Psicología.* Madrid: Debate (2ª ed. cast., trad. de la 3º ed. inglesa).

Lewin, K. (1942/1967). Field theory and learning. En *Forty first Yearbook of the National Society for the Study of Education* (10ª imp.). Chicago: Chicago University Press.

Lewin,K., Dembo,T., Festinger,L. y Sears,P. (1944). Level of aspiration. En J.Hunt (de.) *Personality and the Behavior Disorders* (vol. 1). New York: Ronald Press.

Limentani, A. (1996). A brief history of the International Psychoanalytical Association. *International Journal of Psycho Analysis, 77*(1), 149-158.

Lippit,R. (1947). Kurt Lewin, 1890-1947: Adventures in the exploration of interdependece. *Sociometry*, 10, 87-97.

Luchins, A. (1989). Moral treatment in asylums and general hospitals in 19th century America. *Journal of Psychology*, *123*(6), 585-607.

Luchins, A. (1993). Social control doctrines of mental illness and the medical profession in nineteenth-century America. *Journal of the History of he Behavioral Sciences*, *29*(1), 29-47.

Luchins,A. (1975). The place of Gestalt theory in American Psychology. A case study. En S. Ertl, L. Kemmler y M. Stadler (eds.), *Gestalttheorie in der modemen Psychologie*. Darmsatdt: Steinkopff.

Marín, J. y Navalón, C. (1993). El problema de las máquinas pensantes: antecedentes históricos y desarrollos actuales. En C. Navalón y M. Medina (eds.), *Psicología y trabajo social* (pp. 253-269). Barcelona: DM/PPU.

Marrow, A. (1969). *The practical theorist. The life and work of Kurt Lewin*. New York: Basic Books.

Matarazzo, J. (1985). Psychotherapy. En G. Kimble y K. Schlesinger (eds.), *Topics in the History of Psychology* (vol. 2). Hillsdale, NJ: Lawrence Erlbaum Associates.

Mayor, J.(1980). Orientaciones y problemas de la psicología cognitiva. *Análisis y Modificación de Conducta*. *6* (n.11-12), 213-278.

Meltzer, D. (1978). *Desarrollo kleiniano*. Buenos Aires: Spatia.

Menaker, E. (1982). *Otto Rank: A rediscovered Legacy*. New York: Columbia University Press.

Miller, G.A. (1956). The magical number seven, plus or minus two: some limits on aour capacity for processing information. *Psychological Review*, *63*, 81-97. (Traducción castellana: El número mágico 7 ± 2. Algunas limitaciones en nuestra capacidad para el procesamiento de la información. En M.V. Sebastián (Comp.), *Lecturas de psicología de la memoria* (pp. 131-153). Madrid: Alianza, 1983).

Miller, G.A. y Frick, F.C. (1949). Statistical behavioristics and sequences of responses. *Psychological Review*, *56*, 311-324.

Miller, G.A., Galanter, E. y Pribram, K. (1960). *Plans and the structure of behavior*. Nueva York: Holt (traducción castellana: *Planes y la estructura de la conducta*. Madrid: Debate, 1983).

Navon, D. y Gopher, D.(1979). On the Economy of the Human-Processing System. *Psychological Review*, *86*, 214-255.

Neisser, U. (1976). *Cognition and reality. Principles, and implications of cognitive psychology*. San Francisco, CA: W. H. Freeman. (Traducción castellana: *Procesos cognitivos y realidad. Principios e implicaciones de la psicología cognitiva*. Madrid: Marova, 1981).

Neisser, U. (1988). Cognitive recollections. En W. Hirst (Ed.), *The making of cognitive science. Essays in honor of George A. Miller* (pp.81-88). Cambridge: Cambridge University Press.

Neisser, U.(1967). *Cognitive psychology*. Englewood Cliffs, NJ: Prentice-Hall. (Trad. castellana: *Psicología cognoscitiva*. México: Trillas, 1976).

Newell, A. y Simon, H. A.(1972). *Human Problem Solving*. Englewood Cliffs, NJ: Prentice-Hall.

Newell, A., Shaw, J.C. y Simon, H.A. (1956). The logic theory machine. *IRE Transactions on Information Theory*. Reeditado en E.A. Feigembaum y J. Feldman (Eds.). *Computers and thought*. Nueva York: McGraw-Hill, 1963.

Norman, D.A. y Levelt, W.J.M. (1988). Live at the Center. En W. Hirst (Ed.), *The making of cognitive science. Essays in honor of George A. Miller* (pp.100-109). Cambridge: Cambridge University Press.

Osgood, C. E. (1953). *Method and theory in experimental psychology*. Nueva York, Oxford Univesity Press (Traducción castellana: *Curso superior de Psicología experimental*. Trillas, 1977).

Peterson, L.R. y Peterson, M.J. (1959). Short-term retention of individual verbal items. *Journal of Experimental Psychology, 58*, 193-198.

Petot, M. (1979). *Melanie Klein. Primeros descubrimientos y primer sistema (1919-1932)*. Buenos Aires: Paidós.

Petot, M. (1982). *Melanie Klein. Le moi et le bon objet 1932-1960*. París: Dunod.

Putnam, H. (1960). Minds and machines. En S. Hook (comp.), *Dimensions of Mind*. Nueva York: New York Univ. Press (Trad. cast. en A. Turing y otros (1985). *Mentes y máquinas*. Madrid: Tecnos).

Reisman, J. M. (1991). *A history of clinical psychology* (2ª ed.). New York: Hemisphere Publishing Corp.

Rescorla, R.A. (1968). Probability of shock in the presence and absence of CS in fear conditioning. *Journal of Comparative & Pshysiological Psychology, 66*, 1-5. En L. Aguado (Ed.), *Lecturas sobre aprendizaje animal* (pp. 49-59). Madrid: Debate, 1983.

Rescorla, R.A. (1972). Informational variables in Pavlovian conditioning. En G. Bower (Ed.), *The psychology of learning and motivation* (Vol. 6, pp. 1-46). Nueva York: Academic Press.

Rivière, A. (1991). Orígenes históricos de la psicología cognitiva: paradigma simbólico y procesamiento de la información. *Anuario de Psicología*, nº 51, 129-155.

Roazen, P. (1975). *Freud and his followers*. New York: Knopf.

Roazen, P. (1993). *Meeting Freud's family*. Amherst, MA: University of Massachusetts Press.

Roback, A. (1964). *A History of American Psychology*. New York: Collier.

Romero, A. (1995). *Aprendizaje mediante condicionamiento*. Murcia: Diego Marín.

Romero, A. (1997). El papel de las nuevas tecnologías del conocimiento y de la información en el surgimiento de la psicología cognitiva. En F. Tortosa (Ed.), Historia de la Psicología. Madrid: McGraw-Hill.

Rosch, E. (1973). Natural categories. *Cognitive Psychology, 4,* 328-350

Rosenbleuth, A., Wiener, N. y Bigelow, J. (1943). Behavior, purpose and teleology. *Phylosophy of Science, 10,* 18-24. (Reimpreso en J.V. Canfield (ed.), *Purpose in nature.* Englewood Cliffs, NJ: Prentice-Hall, 1966).

Rosenzweig, S. (1992). *Freud, Jung and Hall the King-Maker: The Historic Expedition to America (1909).* Seattle: Hogrefe & Huber.

Rumelhart, D.E. (1975). Notes on a schema for stories. En D.G. Bobrow y A.M. Collins (Eds.), *Representation and understanding.* Nueva York; Academic Press.

Rumelhart, D.E., McClelland, J.L. y PDP Research Group (Eds.) (1986). *Parallel Distributed Processing. Explorations in the microstructure of cognition.* Cambridge, Mass.: Cambridge Univ. Press (traducción castellana en Madrid: Alianza).

Sackler,A. et al. (1956). *The Great Psychodynamic Therapies in Psychiatry.* New York: Harper & Row.

Samuels, A. (1985). *Jung and the post-Jungians.* Boston: Routledge & Kegan Paul.

Samuels, A. (1994). The professionalization of Carl G. Jung's analytical psychology clubs. *Journal of the History of the Behavioral Sciences, 30*(2), 138-147.

Scotton, B. ; Chinen, A. y Battista, J. (eds.) (1996). *Textbook of transpersonal psychiatry and psychology.* New York, New York: Basic Books, Inc.

Shannon, C.E. (1948). A mathematical theory of communication. *Bell System Technical Journal, 27,* 379-423, 623-656.

Shannon, C.E. y Weaver, 1949). *The mathematical theory of communication.* Urbana, IL: University of Illinois Press (Trad. cast.: *Teoría matemática de la comunicación.* Madrid: Forja, 1981).

Shiffrin, R.M. y Schneider, W.(1977). Controlled and automatic human information processing: II. Perceptual lerning, automatic attending, and a general theory. *Psychological Review, 84,* 127-190.

Sperling, G. (1960). The information available in brief visual presentations. *Psychological Monographs, 74,* n° 11

Stevens, S.S. (Ed.)(1951). *Handbook of Experimental Psychology.* Nueva York: Wiley.

Tudela, P. (1993). El modelo de la memoria de Atkinson y Shiffrin. En E. Quiñones, F. Tortosa y H.Carpintero (Dirs.), *Historia de la Psicología. Textos y comentarios* (pp. 539-552). Madrid: Tecnos.

Tulving, E. (1972). Episodic and semantic memory. En E. Tulving y W. Donaldson (Eds.), *Organization of memory.* Nueva York: Academic Press.

Tulving, E. (1985). How many memory systems are there? *American Psychologist, 40,* 385-398.

Varios (1995). 1985-1995. Los primeros cien años de Psicoanálisis. *Anuario de Psicología*, 67(4).

Viner, R. (1996). Melanie Klein and Anna Freud: The discourse of the early dispute. *Journal of the History of he Behavioral Sciences*, 32 (1), 4-15.

Wagner, A.R. y Rescorla, R.A. (1972). Inhibition in pavlovian conditioning: Application of a theory. En R.A. Boakes y M.S. Halliday (Eds.), *Inhibition and learning*. Londres: Academic.

Weckowicz, T. y Liebel-Weckowicz, H. (1990). *A History of great ideas in abnormal psychology*. Amstedram: North-Holland.

Wiener, N. (1948). *Cybernetics: Communication and control in the animal and the machine*. Nueva York: Wiley (2ª edición de 1961 en MIT Press)(Traducción castellana: *Cibernética*. Barcelona: Tusquets, 1985).

Woodworth, R.S. y Schlosberg, H. (1954). *Experimental Psychology*. Nueva York: Holt.

Wyss, D. (1975). *Las escuelas de psicología profunda. Desde sus principios hasta la actualidad*. Madrid: Gredos.

Tema 15: "PRINCIPALES DESARROLLOS EN LA
PSICOLOGÍA CONTEMPORÁNEA"

Actividades:

15.1 Panorámica general de la Psicología contemporánea.
15.2 La Psicología Humanista.
15.3 La Psicología Cognitiva: Primeros desarrollos.
15.4 La Psicología Cognitiva: Consolidación y posterior evolución.

Bibliografía general:

BRENNAN, J.F. (1999): *Historia y Sistemas de la Psicología*. Madrid: Prentice-Hall (traducción castellana de la 5ª edición inglesa) (Caps. 17-18, págs. 288-325).

GONDRA, J.Mª (1997-1998): *Historia de la Psicología. Introducción al pensamiento psicológico moderno*. Madrid: Síntesis. (Volumen 2: Escuelas, teorías y sistemas contemporáneos, Cap. 6, págs. 317-366).

LEAHEY, Th.H. (1998): *Historia de la Psicología. Principales corrientes en el pensamiento psicológico* (traducción castellana de la 4ª edición inglesa) (Caps. 13, págs. 469-486; Cap. 14, págs. 487-518; Cap. 15, págs. 519-552).

TORTOSA, F. (Coord.) (1998): *Una Historia de la Psicología moderna*, Madrid: McGraw-Hill, 1998 (Cap. 25, apartado 3: *Las tres fuerzas de la Psicología en EE.UU*, por L. Mayor y F. Tortosa, págs. 500-504; Cap. 26: *Primeros desarrollos y consolidación de la Psicología cognitiva*, por A. Romero, Mª J. Pedraja y J. Marín, págs. 506-528).

Bibliografía complementaria:

Adarraga, P. y Zaccagnini, J.L. (Eds.)(1994). *Psicología e inteligencia artificial.* Madrid: Trotta.

Aguado, L.(1983). Tendencias actuales en la psicología del aprendizaje animal. *Anuario de Psicología, 29*, 67-88.

Allport, D. (1980). Patterns and actions: Cognitive mechanisms are content-specific. En G. Claxton (ed.), *Cognitive psychology: new directions*. Londres: Routledge & Kegan Paul.

Allport, D.A. (1980). Patterns and actions: Cognitive mechanisms are content-specific. En G.L. Claxton (Ed.), *Cognitive psychology: new directions*. Londres: Routledge & Kegan Paul.

Allport, G. (1940). The psychologist´s frame of reference. *Psychological Bulletin, 37*(1), 1-27.

Allport, G. (1954). *The nature of prejudice.* Cambridge, MA: Addison-Wesley.

Allport, G. (1968). *The person in psychology. Selected essays.* Boston: Beacon Press.

Álvarez Munárriz, L. (1994). *Fundamentos de Inteligencia Artificial.* Murcia: Servicio de Publicaciones de la Universidad de Murcia.

Amsel, A. (1989). *Behaviorism, neobehaviorism and cognitivism in learning theory.* Hillsdale, NJ: Erlbaum.

Anderson, J.R. y Bower, G.H.(1973). *Human associative memory.* Washington, D.C.: V. H. Winston. (Traducción castellana: *Memoria asociativa.* México: Limusa, 1977).

Anderson, J.R.(1976). *Language, memory, and thougth.* Hillsdale, NJ: Erlbaum.

Anguera, M.T. y Veá, J.J. (Comps.)(1984). *Conducta animal y representaciones mentales.* Barcelona: PPU.

Asch, S.E. (1952). *Social psychology.* Englewood Cliffs, NJ: Prentice-Hall.

Atkinson, R.C. y Shiffrin, R.M. (1968). Human memory: a proposed system and its control processes. En K.W. Spence y J.T. Spence (Eds.), *The psychology of learning and motivation* (vol. 2). Nueva York: Academic. (Traducción castellana: Memoria humana: una propuesta sobre el sistema y sus procesos de control. En M.V. Sebastián (Comp.), *Lecturas de psicología de la memoria* (pp. 23-59). Madrid: Alianza, 1983).

Ato, M. (1981). Prólogo a la edición española de *Cognition and reality. Principles and implications of cognitive psychology,* de U. Neisser, 1976, S. Francisco, CA: W.H. Freeman. (Trad. cast. en Morata).

Baars, B.J. (1986). *The cognitive revolution in psychology.* Nueva York: Guilford.

Baddeley, A.D. y Hitch, G. (1974). Working memory. En G. Bower (Ed.), *The psychology of learning and motivation.* Nueva York: Academic Press.

Baddeley, A.D.(1976). *The Psychology of Memory.* Nueva York: Harper & Row. (Traducción castellana: *Psicología de la memoria.* Madrid: Debate, 1983).

Bajo, M.T. y Cañas, J.J. (1991). *Ciencia cognitiva.* Madrid: Debate.

Ballard, D.H., Hinton, G.E. y Sejnowski, T.J. (1983). Parallel visual computation. *Nature, 306,* 21-26.

Ballesteros, S. (1995). *Psicología General. Un enfoque cognitivo.* Madrid: Fundación Ramón Areces.

Bartlett, F.C. (1932). *Remembering: A study in experimental and social psychology.* Londres: Cambridge University Press. (Trad. Cast.: *Recordar. Estudio de psicología experimental y social.* Madrid: Alianza, 1995).

Berger, D.E., Pezdek, K. y Banks, W.P. (Eds.)(1987). *Applications of cognitive psychology: Problem solving, education, and computing.* Hillsdale, NJ: Erlbaum.

Bousfield, W. A. (1953). The occurrence of clustering in the recall of randomly arranged associates. *Journal of General Psychology, 49,* 229-240.

Bransford, J.D. y Franks, J.J.(1971). The abstraction of linguistic ideas. *Cognitive Psychology, 2*, 331-350.

Bransford, J.D. y Johnson, M.K.(1972). Contextual prerequisites for understanding: Some investigations of comprehension and recall. *Journal of Verbal Learning and Verbal Behavior, 11*, 717-726.

Breton, P. (1989). *Historia y crítica de la informática*. Madrid: Cátedra.

Broadbent, D. E.(1958). *Perception and communication*. Nueva York: Pergamon Press. (Traducción castellana: *Percepción y comunicación*. Madrid: Debate, 1984).

Broadbent, D. E.(1958). *Perception and communication*. Nueva York: Pergamon Press. (Traducción castellana: *Percepción y comunicación*. Madrid: Debate, 1984).

Bruner, J. (1990). *Acts of meaning*. Cambridge, MA: Harvard University Press. (Trad. cast.: *Actos del significado. Más allá de la revolución cognitiva*. Madrid: Alianza, 1991).

Bruner, J.S., Goodnow, J.J. y Austin, G.A. (1956). *A study of thinking*. Nueva York: Wiley. (Traduc. castellana: *El proceso mental en el aprendizaje*. Madrid: Narcea, 1978).

Bruner, J.S., Goodnow, J.J. y Austin, G.A. (1956). *A study of thinking*. Nueva York: Wiley. (Traduc. castellana: *El proceso mental en el aprendizaje*. Madrid: Narcea, 1978).

Bugental, J. (1964). The third force in psychology. *Journal of Humanistic Psychology, 4*, 19-26.

Bush, R. R. y Mosteller, F.(1951). A model for stimulus generalization and discrimination. *Psychological Review, 58*, 413-423.

Bush, R.R. y Mosteller, F. (1955). *Stochastic models for learning*. Nueva York: Wiley.

Caparrós, A. y Gabucio, F. (1986). La aparición del paradigma cognitivo: Una cuestión problemática. *Revista de Historia de la Psicología, 7*, 53-58.

Cherry, E.C. (1953). Some experiments on the recognition of speech with one and two ears. *Journal of Acoustic Society of America, 25*, 975-979.

Chomsky, N. (1957). *Syntactic Structures*. La Haya: Mouton.

Chomsky, N. (1959). A review of B.F. Skinner's *Verbal Behavior. Language, 35*, 26-58.

Chomsky, N. (1980). *Rules and representations*. Nueva York: Columbia University Press (Trad. cast.: *Reglas y representaciones*. México: FCE, 1983).

Cofer, C.N. (1979). Human learning and memory. En E. Hearst (Ed.), *The first century of experimental psychology* (pp. 323-370). Hillsdale, NJ: Erlbaum.

Collins, A. M. y Loftus, E. F.(1975). A spreading-activation theory of semantic processing. *Psychological Review, 82*, 407-428.

Collins, A. M. y Quillian, M. R.(1972). How to make a language user. En E. Tulving y W. Donaldson (Eds.), *Organization of memory* (pp. 309-351). Nueva York: Academic Press. (Traducción castellana en M.V. Sebastián (Comp.)(1983), *Lecturas de psicología de la memoria.* Madrid: Alianza.

Collins, A.M. (1977). Why cognitive science. *Cognitive science*, *1*, 1-2.

Collins, A.M. y Quillian, M.R. (1969). Retrieval time from semantic memory. *Journal of Verbal Learning and Verbal Behavior, 8,* 240-247.

Craik, F. I. M. y Lockhart, R. S.(1972) Levels of processing: A framework for memory research. *Journal of Verbal Learning and Verbal Behavior, 11,* 671-684. (Traducción castellana en *Estudios de Psicología*, 1980, *2,* 93-109).

Crevier, D. (1993). *AI: the tumultuous history of the search for artificial intelligence.* Nueva York: Basic Books. (Trad. cast.: *Inteligencia artificial.* Madrid: Acento, 1996).

Cushman, P. (1995). *Constructing the self, constructing America: A cultural history of psychotherapy.* Reading, MA: Addison-Wesley.

DeCarvalho, R. (1991). *The founders of humanistic psychology.* New York: Praeger Publishers.

Deese, J. (1957). Serial organization in the recall of disconnected items. *Psychology Reports, 3,* 577-582.

Delclaux, I. (1982). Introducción al procesamiento de la información en psicología. En I. Delclaux y J. Seoane (Eds.), *Psicología cognitiva y procesamiento de la información* (pp. 21-38). Madrid: Pirámide.

Delclaux, I. y Seoane, J. (Comps.)(1982). *Psicología cognitiva y procesamiento de la información.* Madrid: Pirámide.

Dickinson, A.(1980). *Contemporary Animal Learning Theory.* Cambridge: Cambridge University Press. (Traducción castellana: *Teorías actuales del aprendizaje animal.* Madrid: Debate, 1984).

Estes, W.K. (1950). Toward a statistical theory of learning. *Psychological Review, 57,* 94-107.

Estes, W.K. (1991).Cognitive architectures from the standpoint of an experimental psychologist. *Annual Review of Psychology, 42,* 1-28.

Eysenck, M.W. y Keane, M. (1990). *Cognitive psychology.* Hillsdale, NJ: Erlbaum.

Feigenbaum, E.A., Buchanan, B.G. y Lederberg, J. (1971).

Ferrándiz, P. (Ed.)(1997). *Psicología del aprendizaje.* Madrid: Síntesis.

Festinger, L. (1957). *A theory of cognitive dissonance.* Evanston, IL: Row Peterson.

Fodor, J.A. (1968). *Psychological explanation.* Nueva York: Ramdom House. (Trad. cast.: *La explicación psicológica.* Madrid: Cátedra, 1980).

Fodor, J.A. (1983). *The modularity of mind.* Cambridge, MA: MIT Press. (Trad. cast.: *La modularidad de la mente.* Madrid: Morata, 1986).

574 Anexo 1: Programa de historia de la psicología. Teoría

Fodor, J.A. (1985). Précis of the modularity of mind. *The Behavioral and Brain Sciences, 8,* 1-42.

Forster, K.I. (1994). Computational modeling and elementary process analysis in visual word recogntion. *Journal of Experimental Psychology: Human Perception and Performance, 20*(6), 1292-1310.

Freedheim, D. et al. (eds.) (1992), *History of Psychotherapy A century of change.* Washington, DC: American Psychological Association.

Frick, F.C. y Miller, G.A. (1951). A statistical description of operant conditioning. *American Journal of Psychology, 64,* 20-36.

Frick, W. (1971/1989). *Humanistic psychology: Conversations with Abraham Maslow, Gardner Murphy, and Carl Rogers.* Bristol: Wyndham Hall Pres.

Froufe, M. (1996). *El inconsciente cognitivo.* Madrid: Ediciones de la Universidad Autónoma de Madrid.

Gagné, E.D. (1985). *The cognitive psychology of school learning.* Glenview, IL: Scott, Foresman (Trad. Cast.: *La psicología cognitiva del aprendizaje escolar.* Madrid: Visor, 1991).

García-Albea, J.E. (1993). *Mente y conducta. Ensayos de psicología cognitiva.* Madrid: Trotta.

Gardner, H. (1985). *The mind's new science. A history of the cognitive revolution.* Nueva York: Basic Books (Trad. cast.: *La nueva ciencia de la mente. Historia de la revolución cognitiva.* Barcelona. Paidós, 1987).

Gardner, H. (1985). *The mind's new science.* Nueva York: Basic Books. (Traducción castellana: *La nueva ciencia de la mente.* Barcelona: Paidós, 1987).

Garner, W.R. (1988). The contribution of information theory to psychology. En W. Hirst (Ed.), *The making of cognitive science* (pp. 19-35). Cambridge: Cambridge University Press.

Garner, W.R. (1988). The contribution of information theory to psychology. En W. Hirst (Ed.), *The making of cognitive science. Essays in honor of George A. Miller* (pp.19-35). Cambridge: Cambridge University Press.

Garner, W.R. y Hake, H.W. (1951). The amount of information in absolute judgments. *Psychological Review, 58,* 446-459.

Garnham, A. (1988). *Artificial Intelligence: An introduction.* Londres: Routledge & Kegan Paul.

Gates, B. (1995). *The road ahead.* Nueva York: Penguin Books. (Trad. cast.: *Camino al futuro.* Madrid: McGraw-Hill, 1995).

Gibson, J.J. (1979). *The ecological approach to visual perception.* Boston, MA: Houghton Mifflin.

Gondra, J. M. (1975). *La psicoterapia de C.R. Rogers.* Bilbao: Desclée de Brouwer.

Grande, P. (1990). La psicología del procesamiento de información: Una aproximación histórica. En P. Fernández y M. Ruiz. (Eds.), *Cognición y modularidad* (pp. 65-82). Barcelona: PPU.

Grassi, E. (1993). *La filosofía del humanismo.* Barcelona: Anthropos.

Green, C.D. (1996). Where did the word "cognitive" come from anyway?. *Canadian Psychology, 37,* 31-39.

Green, C.D. (1996). Where did the word "cognitive" come from anyway?. *Canadian Psychology, 37,* 31-39.

Grossberg, S. (1976). Adaptive pattern classification and universal recoding: I. Parallel development and coding of neural feature detectors. *Biological Cybernetics, 23,* 121-134.

Halling, S. y Nill, J. (1995). A brief history of existential-phenomenological psychiatry and psychotherapy. *Journal of Phenomenological Psychology, 26*(1), 1-45.

Hearst, E. (1979). One hundred years: Themes and perspectives. En E. Hearst (Ed.), *The first century of experimental psychology* (pp. 1-38). Hillsdale, NJ: Erlbaum.

Hebb, D.O. (1949). *Organization of behavior.* Nueva York: Wiley. (Trad. cast.: *Organización de la conducta.* Madrid: Debate, 1985).

Heider, F. (1958). *The psychology of interpersonal relations.* New York: Wiley.

Heider, F. (1958). *The psychology of interpersonal relations.* Nueva York: Wiley.

Hick, W.E. (1952). On the rate of gain of information. *Quarterly Journal of Experimental Psychology, 4,* 11-26.

Hirst, W. (Ed.) (1988). *The making of cognitive science. Essays in honor of George A. Miller.* Cambridge: Cambridge University Press.

Hirst, W. (Ed.)(1988). *The making of cognitive science. Essays in honor of George A. Miller.* Cambridge: Cambridge University Press.

Hodges, A. (1996). *The Alan Turing Internet Scrapbook.* En Internet http:// www.wadham.ox.ac.uk/~ahodges/ scrapcomputer.html

Hoyle, M.A. (1996). *Computers: From the past to the present.* En Internet http:/ /calypso.cs.uregina.ca/Lecture/

Hull, C.L. (1943). *Principles of behavior.* Nueva York: Appleton-Century-Crofts.

Jacobs, A.M. y Grainger, J. (1994). Models of visual word recognition sampling the state of the art. *Journal of Experimental Psychology: Human Perception and Performance, 20*(6), 1311-1334.

Jeffress, L.A. (Comp.) (1951). *Cerebral mechanisms in behavior. The Hixon Symposium.* Nueva York: Wiley.

Johnson-Laird, P. (1988). *The computer and the mind. An introduction to Cognitive Psychology.* Glasgow: William Collins. (Trad. cast.: *El ordenador y la mente. Introducción a la ciencia cognitiva.* Barcelona: Paidós, 1990).

Johnson-Laird, P.N. (1983). *Mental models.* Cambridge, MA: Harvard University Press.

Johnson-Laird, P.N. (1988). *The computer and the mind: An introduction to cognitive science.* Glasgow: W. Collins. (Trad. cast.: *El ordenador y la mente.* Barcelona: Paidós, 1990).

Kahneman, D.(1973). *Attention and Effort.* Englewood Cliffs, NJ: Prentice-Hall. (Trad. cast.: *Atención y esfuerzo.* Madrid: Biblioteca Nueva, 1997).

Kaufmann, W. (1956). *Existentialism from Dostoevsky to Sartre.* New York: World Publishing Co.

Kelly, W. (1991). *Psychology of the unconscious: Mesmer, Janet, Freud, Jung, and current issues.* Buffalo: Prometheus Books;.

Kelly,G.A. (1955). *The psychology of personal constructs.* New York: Norton.

Kessel, F.S. y Bevan, W. (1985). Notes toward a history of cognitive psychology. En C.E. Buxton (Ed.), *Points of view in the modern history of psychology* (pp. 259-294). San Diego: Academic Press.

Kintsch, W. (1974). *The representation of meaning in memory.* Hillsdale, NJ: Erlbaum

Kintsch, W. y Van Dijk, J.A. (1978). Toward a model of text comprehension and production. *Psychological Review, 85,* 363-394.

Kirschenbaum, H. y Henderson, V. (eds.) (1989). *Carl Rogers: Dialogues: Conversations with Martin Buber, Paul Tillich, B. F. Skinner, Gregory Bateson, Michael Polanyi, Rollo May, and others.* Boston, MA: Houghton Mifflin.

Kuhn, T.S. (1962). *The structure of scientific revolutions.* Chicago: University of Chicago Press (Trad. cast.: *La estructura de las revoluciones científicas.* Madrid: FCE, 1975).

Laberge, D. y Samuels, S.J. (1974). Toward a theory of automatic information processing in reading. *Cognitive Psychology, 6,* 293-323.

Lachman, R., Lachman, J.L. y Butterfield, E.C. (1979). *Cognitive psychology and information processing: An introduction.* Hillsdale, N.J.: Erlbaum (hay traducción castellana).

Leahey, T.H. (1994). *Historia de la Psicología.* Madrid: Debate (2ª ed. cast., trad. de la 3º ed. inglesa).

Lewandowsky, S. (1993). The rewards and hazards of computer simulations. *Psychological Science, 4,* 236-243.

Lexicon Services (1996), *Who was first? A brief chronology of historical firsts in computers (1939-1981).* En Internet http://www.apollo.co.uk/a/Lexikon/who-was-first.html

Luccio, R. (1986). La psicología cognitivista. En P. Legrenzi (Ed.), *Historia de la psicología* (pp. 235-259). Barcelona: Herder.

Mackenzie, B.D. (1977). *Behaviorism and the limits of scientific method.* Londres: Routledge & Kegan Paul (Trad. cast: *El behaviorismo y los límites del método científico.* Bilbao: DDB, 1982).

Mackintosh, N.J. (1974). *The psychology of animal learning.* Londres: Academic Press.

Maher, B. (De.) (1969): Clinical psychology and personality. The selected papers of George Kelly. Nueva York: Wiley.

Maher, B. (ed.) (1969). *Clinical psychology and personality. The selected papers of George Kelly.* New York: Wiley.

Marín, J. y Navalón, C. (1993). El problema de las máquinas pensantes. Antecedentes históricos y desarrollos actuales. En C. Navalón y M.E. Medina (Coords.), *Psicología y trabajo social* (pp. 253-269). Murcia: DM.

Marín, J. y Navalón, C. (1993). El problema de las máquinas pensantes: antecedentes históricos y desarrollos actuales. En C. Navalón y M. Medina (eds.), *Psicología y trabajo social* (pp. 253-269). Barcelona: DM/PPU.

Marr, D. (1982). *Vision. A computational investigation into the human representation and processing of visual information.* San Francisco, CA: Freeman. (Trad. cast.: *La visión.* Madrid: Alianza, 1985).

Maslow, B. (ed.) (1972). *Abraham H. Maslow: A Memorial Volume.* Monterrey, CA: Brooks Cole.

Matarazzo, J. (1985). Psychotherapy. En G. Kimble y K. Schlesinger (eds.), *Topics in the History of Psychology* (vol. 2). Hillsdale, NJ: Lawrence Erlbaum Associates.

Mateos Sanz, M. (1995). *Mente y computación.* Madrid: Ediciones de la Universidad Autónoma de Madrid.

Mateos Sanz, M.M. (1995). *Mente y computación.* Madrid: Ediciones de la Universidad Autónoma de Madrid.

May,R. (de.) (1961). *Existential Psychology.* New York: Random House.

Mayor, J. (Ed.)(1985). *Actividad humana y procesos cognitivos (homenaje a J.L. Pinillos).* Madrid: Alhambra.

Mayor, J.(1980). Orientaciones y problemas de la psicología cognitiva. *Análisis y Modificación de Conducta. 6* (n.11-12), 213-278.

McClelland, J.L. y Rumelhart, D. (1981). An interactive interaction model of context effects in letter perception. *Psychological Review, 88,* 375-407.

McClelland, J.L., Rumelhart, D.E. y PDP Research Group (Eds.) (1986). *Parallel Distributed Processing. Explorations in the microstructure of cognition. Vol. 2. Psychological and Biological Models.* Cambridge, Mass.: Cambridge Univ. Press

McCloskey, M. (1991). Networks and theories: the place of connectionism in cognitive science. *Psychological Science, 2,* 387-395.

McCorduck, P. (1979). *Machines who think. A personal inquiry into the history and prospects of artificial intelligence.* Nueva York: W.H. Freeman. (Trad. cast: *Máquinas que piensa. Un enfoque personal en la historia y perspectivas de la inteligencia artificial.* Madrid: Tecnos, 1991).

578 *Anexo 1: Programa de historia de la psicología. Teoría*

McCorduck, P. (1979). *Machines who think. A personal inquiry into the history and prospects of artificial intelligence.* Nueva York: W.H. Freeman. (Trad. cast: *Máquinas que piensa. Un enfoque personal en la historia y perspectivas de la inteligencia artificial.* Madrid: Tecnos, 1991).

McCrary, J.W. y Hunter, W.S. (1953) Serial position curves in verbal learning. *Science, 117,* 131-134.

McCulloch, W.S. y Pitts, W.H. (1943). A logical calculus of the ideas immanent in nervous activity. *Bulletin of Mathematical Biophysics, 5,* 115-155 (reimpreso en M. Boden (Ed.), *The Phylosophy of Artificial Intelligence* (pp. 22-39). Oxford: Oxford University Press).

McCulloch, W.S. y Pitts, W.H. (1943). A logical calculus of the ideas immanent in nervous activity. *Bulletin of Mathematical Biophysics, 5,* 115-155 (reimpreso en M. Boden (Ed.), *The Phylosophy of Artificial Intelligence* (pp. 22-39). Oxford: Oxford University Press).

McGill, W.J. (1988). G.A. Miller and the origins of mathematical psychology. En W. Hirst (Ed.), *The making of cognitive science. Essays in honor of George A. Miller* (pp. 3-18). Cambridge: Cambridge University Press.

Megargee, E. y Spielberger, C. (eds.) (1992). *Personality assessment in America: A retrospective on the occasion of the fiftieth anniversary of the Society for Personality Assessmen.* Hillsdale, NJ: Lawrence Erlbaum Associates.

Miller, G.A. (1951). *Language and Communication.* Nueva York: McGraw-Hill.

Miller, G.A. (1951). *Language and communication.* Nueva York: McGraw-Hill

Miller, G.A. (1953). What is informatio measurement? *American Psychologist, 8,* 3-11.

Miller, G.A. (1956). The magical number seven, plus or minus two: some limits on aour capacity for processing information. *Psychological Review, 63,* 81-97. (Traducción castellana: El número mágico 7 ± 2. Algunas limitaciones en nuestra capacidad para el procesamiento de la información. En M.V. Sebastián (Comp.), *Lecturas de psicología de la memoria* (pp. 131-153). Madrid: Alianza, 1983).

Miller, G.A. (1956). The magical number seven, plus or minus two: some limits on aour capacity for processing information. *Psychological Review, 63,* 81-97. (Traducción castellana: El número mágico 7 ± 2. Algunas limitaciones en nuestra capacidad para el procesamiento de la información. En M.V. Sebastián (Comp.), *Lecturas de psicología de la memoria* (pp. 131-153). Madrid: Alianza, 1983).

Miller, G.A. y Frick, F.C. (1949). Statistical behavioristics and sequences of responses. *Psychological Review, 56,* 311-324.

Miller, G.A., Galanter, E. y Pribram, K. (1960). *Plans and the structure of behavior.* Nueva York: Holt (traducción castellana: *Planes y la estructura de la conducta.* Madrid: Debate, 1983).

Miller, G.A., Galanter, E. y Pribram, K. L. (1960). *Plans and the structure of behavior.* Nueva York: Holt, Rinehart and Winston. (Traducción castellana: *Planes y la estructura de la conducta.* Madrid: Debate, 1983)

Minsky, M. (1963). Steps toward Artificial Intelligence. En Feigenbaum y Feldman (Eds.), *Computers and thought.* Nueva York: McGraw-Hill.

Minsky, M. (1975). A framework for representing knowledge. En P.H. Winston (Ed.), *The psychology of computer vision.* Nueva York: McGraw-Hill.

Minsky, M. y Papert, S. (1968). *Perceptrons.* Cambridge, MA: MIT Press.

Morton, J. (1981). The status of information processing models of language. *Philosophical transactions of the Royal Society of London,* B259, 387-396.

Navon, D. y Gopher, D.(1979). On the Economy of the Human-Processing System. *Psychological Review, 86,* 214-255.

Neisser, U. (1967). *Cognitive psychology.* Englewood Cliffs, NJ: Prentice-Hall. (Trad. castellana: *Psicología cognoscitiva.* México: Trillas, 1976).

Neisser, U. (1967). *Cognitive psychology.* Englewood Cliffs, NJ: Prentice-Hall. (Trad. castellana: *Psicología cognoscitiva.* México: Trillas, 1976).

Neisser, U. (1976). *Cognition and reality. Principles, and implications of cognitive psychology.* San Francisco, CA: W. H. Freeman. (Traducción castellana: *Procesos cognitivos y realidad. Principios e implicaciones de la psicología cognitiva.* Madrid: Marova, 1981).

Neisser, U. (1988). Cognitive recollections. En W. Hirst (Ed.), *The making of cognitive science. Essays in honor of George A. Miller*(pp.81-88). Cambridge: Cambridge University Press.

Newell, A. y Simon, H. A. (1972). *Human Problem Solving.* Englewood Cliffs, NJ: Prentice-Hall.

Newell, A., Shaw, J.C. y Simon, H.A. (1956). The logic theory machine. *IRE Transactions on Information Theory.* Reeditado en E.A. Feigenbaum y J. Feldman (Eds.). *Computers and thought.* Nueva York: McGraw-Hill, 1963.

Newell, A., Shaw, J.C. y Simon, H.A. (1958). Elements of a theory of human problem solving. *Psychological Review, 65,* 151-166.

Norman, D.A y Bobrow, D. G. (1979). Descriptions: an intermediate stage in memory retrieval. *Cognitive Psychology, 11,* 107-123.

Norman, D.A y Bobrow, D. G.(1975). On data-limited and resouce-limited processes. *Cognitive Psychology, 7,* 44-64.

Norman, D.A. (Ed.)(1981). *Perspectives on cognitive science.* Hillsdale, NJ: Erlbaum. (Trad. cast.: *Perspectivas de la ciencia cognitiva.* Barcelona: Paidós, 1987)

Norman, D.A. y Bobrow, D.G.(1976). On the role of active memory processes in perception and cognition. En C.N. Cofer (Ed.), *The structure of human memory.* San Francisco; W.H. Freeman. (Trad. castellana: *La estructura de la memoria humana.* Barcelona: Omega, 1979).

Norman, D.A. y Levelt, W.J.M. (1988). Live at the Center. En W. Hirst (Ed.), *The making of cognitive science. Essays in honor of George A. Miller* (pp.100-109). Cambridge: Cambridge University Press.

Osgood, C. E. (1953). *Method and theory in experimental psychology.* Nueva York, Oxford Univesity Press (Traducción castellana: *Curso superior de Psicología experimental.* Trillas, 1977).

Paivio, A. (1971). *Imagery and verbal processes.* Nueva York: Holt, Rinehart & Winston.

Pask, G. (1961). *An approach to Cybernetics.* Londres: Hutchinson.

Pedraja, M.J. (1998). E.C. Tolman. En F. Tortosa (Ed.), *Historia de la Psicología.* Madrid: McGraw-Hill.

Penrose, R. (1991). *La nueva mente del emperador.* Madrid: Mondadori.

Penrose, R. (1994). *Shadows of the minds: a search for the missing science of consciousness.* Oxford: Oxford University Press (Trad. Cast.: *Las sombras de la mente: hacia una comprensión científica de la consciencia.* Barcelona: Crítica, 1996

Peterson, L.R. y Peterson, M.J. (1959). Short-term retention of individual verbal items. *Journal of Experimental Psychology, 58,* 193-198.

Pinillos, J.L. (1980). Observaciones sobre la psicología científica. *Análisis y modificación de conducta, 6* (13), 537-590.

Posner, M.I. y Schulman, G.L. (1979. Cognitive science. En E. Hearst (Ed.), *The first century of experimental psychology* (pp. 371-405). Hillsdale, NJ: Erlbaum.

Pozo, J.I. (1989). *Teorías cognitivas del aprendizaje.* Madrid: Morata.

Putnam, H. (1960). Minds and machines. En S. Hook (comp.), *Dimensions of Mind.* Nueva York: New York Univ. Press (Trad. cast. en A. Turing y otros (1985). *Mentes y máquinas.* Madrid: Tecnos).

Putnam, H. (1960). Minds and machines. En S. Hook (comp.), *Dimensions of Mind.* Nueva York: New York Univ. Press (Trad. cast. en A. Turing y otros (1985). *Mentes y máquinas.* Madrid: Tecnos).

Pylyshyn, Z.W. (1984). *Computation and cognition: Toward a foundation for cognitive science.* Cambridge, Mass.: MIT Press (Trad. cast.: *Computación y conocimiento. Hacia una fundamentación de la ciencia cognitiva.* Madrid: Debate, 1988).

Quillian, M.R. (1968). Semantic memory. En M. Minsky (Ed.), *Semantic information processing.* Cambridge, MA: MIT Press.

Rescorla, R.A. (1968). Probability of shock in the presence and absence of CS in fear conditioning. *Journal of Comparative & Pshysiological Psychology, 66,* 1-5. (Trad. cast. en L. Aguado (Ed.), *Lecturas sobre aprendizaje animal* (pp. 49-59). Madrid: Debate, 1983).

Rescorla, R.A. (1972). Informational variables in Pavlovian conditioning. En G. Bower (Ed.), *The psychology of learning and motivation* (Vol. 6, pp. 1-46). Nueva York: Academic Press.

Rivière, A. (1991). Orígenes históricos de la psicología cognitiva: paradigma simbólico y procesamiento de la información. *Anuario de Psicología*, nº 51, 129-155.

Rivière, A. (1991a). *Objetos con mente.* Madrid: Alianza.

Rivière, A. (1991b). Orígenes históricos de la psicología cognitiva: paradigma simbólico y procesamiento de la información. *Anuario de Psicología*, nº 51, 129-155.

Rogers, C. (1964/1970). Toward a science of the person. En T. Wann (ed.), *Behaviorism and phenomenology* (6ª imp.). Chicago: Chicago University Press.

Rogers, C. R. (1959). A theory of therapy, personality and interpersonal relationships, as developed in the client-centerd framework. En S. Koch (ed.), *Psychology: A study of a science* (vol. III). New York: McGraw Hill.

Rogers, C. y Skinner, B .F. (1990). Some issues concerning the control of human behavior. *ACD-Journal, 18,* (1), 79-102.

Rogers, T. (1995). *The psychological testing enterprise: An introduction.* Pacific Grove, CA: Brooks/Cole Publishing Co.

Rogers,C. (1951). *Client-Centered Therapy.* Boston. Houghton Mifflin.

Rogers,C. (1961). *On Becoming a Person.* Boston. Houghton Mifflin.

Romero, A. (1995). *Aprendizaje mediante condicionamiento.* Murcia: Diego Marín.

Romero, A. (1998). El papel de las nuevas tecnologías del conocimiento y de la información en el surgimiento de la psicología cognitiva. En F. Tortosa (Ed.), *Historia de la Psicología.* Madrid: McGraw-Hill.

Rosch, E. (1973). Natural categories. *Cognitive Psychology, 4,* 328-350

Rosenblatt, F. (1958). The Perceptron: a probabilistic model for information storage and organization in the brain. *Psychological Review, 65,* 386-408.

Rosenblatt, F. (1958). The Perceptron: A probabilistic model for information storage and organization in the brain. *Psychological Review, 65,* 386-408.

Rosenblatt, F. (1962). *Principles of neurodynamics.* Nueva York: Spartan.

Rosenbleuth, A., Wiener, N. y Bigelow, J. (1943). Behavior, purpose and teleology. *Phylosophy of Science, 10,* 18-24.

Rosenblueth, A., Wiener, N. y Bigelow, J. (1943). Behavior, purpose and teleology. *Phylosophy of Science, 10,* 18-24. (Reimpreso en J.V. Canfield (ed.), *Purpose in nature.* Englewood Cliffs, NJ: Prentice-Hall, 1966).

Ruiz-Vargas, J.M. (1994). *La memoria humana. Función y estructura.* Madrid: Alianza.

Rumelhart, D.E. (1975). Notes on a schema for stories. En D.G. Bobrow y A.M. Collins (Eds.), *Representation and understanding.* Nueva York; Academic Press.

Rumelhart, D.E. (1989). The architecture of mind: A connectionist approach. En M.I. Posner (Ed.), *Foundations of Cognitive Science*, (pp. 133-159). Cambridge, MA: MIT Press.

Rumelhart, D.E., McClelland, J.L. y PDP Research Group (Eds.) (1986). *Parallel Distributed Processing. Explorations in the microstructure of cognition.* Cambridge, Mass.: Cambridge Univ. Press (Trad. cast.: *Introducción al procesamiento distribuido en paralelo.* Comp. y selección de J.A. García-Madruga. Madrid: Alianza, 1992).

Sale, A.E. (1996). *The Colossus rebuild project.* En Internet http://www.cranfield.ac.uk/CCC/Bpark/colossus.htm

Sanmartín, J. y Algarabel, S. (1990). Introducción. En S. Algarabel y J. Sanmartín (Eds.), *Métodos informáticos aplicados a la psicología* (pp. 19-36). Madrid: Pirámide.

Sanmartín, J., Meliá, J.L. y Soler, M.J. (1990). Estructura y funcionamiento de un ordenador En S. Algarabel y J. Sanmartín (Eds.), *Métodos informáticos aplicados a la psicología* (pp. 37-79). Madrid: Pirámide.

Schank, R.C. y Abelson, R.P. (1977). Schank, R.C. y Abelson, R.P. (1977). *Scripts, plans, goals, and understanding: An inquiry into human knowledge structures.* Hillsdale, NJ: Erlbaum. (Trad. cast.: *Guiones, planes, metas y entendimiento.* Barcelona: Paidós, 1988)

Schneider, D. y May, R. (1995). *The psychology of existence: An integrative, clinical perspective.* New York, New York: McGraw-Hill.

Schneider, W. (1987). Connectionism: Is it a paradigm shift for psychology?. *Behavior Research Methods & Computers, 19*, 73-83.

Searle, J. (1980). Minds, brains and programs. *The Behavioral and Brain Sciences, 3*, 473-424.

Searle, J. (1983). *Intentionality: An essay in the philosophy of mind.* Cambridge: Cambridge University Press.

Sebastián, M.V. (1994). *Aprendizaje y memoria a lo largo de la historia.* Madrid: Visor.

Seoane, J. (1979). Inteligencia artificial y procesamiento de la información. *Boletín de la Fundación March,* septiembre.

Seoane, J. (1985). Conocimiento y representación social. En J. Mayor (Comp.), *Actividad humana y procesos cognitivos (homenaje a J.L. Pinillos)*(pp. 81-103). Madrid: Alhambra.

Shannon, C.E. (1938). A symbolic Analysis of Relay and switching circuits. Tesis doctoral, MIT, publicada en *Transactions of the American Institute of Electrical Engineers, 57,* 1-11.

Shannon, C.E. (1938). *A symbolic analysis of relay and switching circuits.* Tesis, Massachusetts Institute of Technology.

Shannon, C.E. (1948). A mathematical theory of communication. *Bell System Technical Journal, 27,* 379-423, 623-656.

Shannon, C.E. (1948). A mathematical theory of communication. *Bell System Technical Journal, 27,* 379-423, 623-656.

Shannon, C.E. y Weaver, 1949). *The mathematical theory of communication.* Urbana, IL: University of Illinois Press (Trad. cast.: *Teoría matemática de la comunicación.* Madrid: Forja, 1981).

Shannon, C.E. y Weaver, 1949). *The mathematical theory of communication.* Urbana, IL: University of Illinois Press (Trad. cast.: *Teoría matemática de la comunicación.* Madrid: Forja, 1981).

Shepard, R.N. y Cooper, L.A. (1981). *Mental images and their transformations.* Cambridge, MA: MIT Press.

Shiffrin, R.M. y Schneider, W.(1977). Controlled and automatic human information processing: II. Perceptual learning, automatic attending, and a general theory. *Psychological Review, 84,* 127-190.

Simon, H.A. (1969). *Sciences of artificial.* Cambridge, MA: MIT Press. (Trad. Cast.: *Las ciencias de lo artificial.* Barcelona: A.T.E., 1979).

Simon, H.A. (1981). Cognitive Science: The newest science of the artificial. En D.A. Norman (Ed.), *Perspectives on cognitive science.* Hillsdale, NJ: Erlbaum. (Trad. cast.: *Perspectivas de la ciencia cognitiva.* Barcelona: Paidós, 1987)

Simon, H.A. (1991). *Models of my life.* Nueva York: Basic Books.

Skinner, B.F. (1977). Why I am not a cognitive psychologist. *Behaviorism, 5,* 1-10. (Trad. cast. en *Reflexiones sobre conductismo y sociedad.* México: Trillas, 1982).

Smith, L.D. (1986). *Behaviorism and logical positivism: A reassessment of the alliance.* Stanford, CA: Stanford University Press.

Sperling, G. (1960). The information available in brief visual presentations. *Psychological Monographs, 74,* nº 11

Spiegelberg, H. (1960/1972). *Phenomenology in psychology and psychiatry: A historical introduction.* Evanston: Northwestern University Press.

Sternberg, S. (1966). High-speed scanning in human memory. *Science, 153,* 652-654.

Sternberg, S. (1969). Memory-scanning: Mental processes revealed by reaction-time experiments. *American Scientist, 57,* 421-457.

Stevens, S.S. (Ed.)(1951). *Handbook of Experimental Psychology.* Nueva York: Wiley.

Still, A. y Costall, A. (1987). Introduction: In place of cognitivism. En A. Costall y A. Still (Eds.), *Cognitive psychology in question* (pp. 1-12). Brighton: Harvester.

Tolman, E.C. (1932). *Purposive behavior in animals and men.* Nueva York: Appelton-Century-Crofts.

Tudela, P. (1993). El modelo de la memoria de Atkinson y Shiffrin. En E. Quiñones, F. Tortosa y H.Carpintero (Dirs.), *Historia de la Psicología. Textos y comentarios* (pp. 539-552). Madrid: Tecnos.

Tulving, E. (1962). Subjective organization in free recall of 2unrelated words". *Psychological Review, 61,* 401-409.

Tulving, E. (1972). Episodic and semantic memory. En E. Tulving y W. Donaldson (Eds.), *Organization of memory.* Nueva York: Academic Press.

Tulving, E. (1985). How many memory systems are there? *American Psychologist, 40,* 385-398.

Turing, A. (1950). Computing machinery and intelligence. *Mind, 59.* (Trad. cast. en A. Turing y otros (1985). *Mentes y máquinas.* Madrid: Tecnos).

Turing, A.M. (1936). On computable numbers, with an application to the Entscheindungs-problem. *Proceedings of the London Mathematical Society, 2ª serie,* 42, *230-265 (reimpreso en M. Davis (Ed.),* The undecidable: Basic papers on undecidable propositions, unsolvable problems and computable functions. Hewlett, N.Y.: Raven Press, 1965).

Turing, A.M. (1950). Computing machinery and intelligence. *Mind, 59,* 433-460. (Reeditado en A.R. Anderson (Ed.), *Controversia sobre mentes y máquinas* (pp. pp. 11-50). Barcelona: Tusquets, 1984. También incluido en *¿Puede pensar una máquina?,* Valencia: Teorema).

Underwood, B.J. y Shulz, R.W. (1960). *Meaningfulness and verbal learning.* Philadelphia: Lipincott.

Valle,R. y King,M. (1978). *Existential-Phenomenological Alternatives for Psychology.* New York: Oxford.

Varela, F.J. (1988). *Cognitive science. A cartography of current ideas.* (Trad. cast.: *Conocer. Las ciencias cognitivas: tendencias y perspectivas. Cartografía de las ideas actuales.* Barcelona: Gedisa, 1990).

Varios (1990). Fiftieth anniversary of the person-centered approach. *Person Centered Review, 5*(4), 357-363.

Varios (1992). The humanistic movement in psychology: History, celebration and prospectus. *Humanistic Psychologist, 20*(2-3).

Varios (1995). Carl Rogers. *Journal of Humanistic Psychology, 35*(4).

Vega, M. de (1981). Una exploración de los metapostulados de la psicología contemporánea: El logicismo. *Análisis y Modificación de Conducta, 7,* 345-375.

Vega, M. de (1984). *Introducción a la psicología cognitiva.* Madrid: Alianza.

Vera Ferrándiz, J.A. (1992). *Vygotski y la psicología cognitiva. Justificación, desde el punto de vista de la Historiografía Crítica, de la recuperación de una obra injustamente olvidada.* Murcia: Universidad de Murcia (tesis doctoral no publicada).

Von Neumann, J. (1951). The general and logic theory of automata. En L.A. Jeffress (Ed.), *Cerebral mechanisms in behavior.* Nueva York: Wiley (Trad. cast.: Teoría general y lógica de los dispositivos automáticos. En J.R. Newman (Ed.), *Pensamiento y máquinas.* Barcelona: Grijalbo, 1975).

Von Neumann, J. (1958). *The computer and the brain*. New Haven, Connecticut: Yale University Press.

Wagner, A.R. y Rescorla, R.A. (1972). Inhibition in pavlovian conditioning: Application of a theory. En R.A. Boakes y M.S. Halliday (Eds.), *Inhibition and learning*. Londres: Academic.

Watson, J. B. (1913). Psychology as the behaviorist views it. *Psychological Review, 20,* 158-177.

Wertsch, J.V. (1985). *Culture, communication and cognition: vygotskian perspectives*. Cambridge: Cambridge University Press

Wertz, F. (1989). Approaches to perception in phenomenological psychology: The alienation and recovery of perception in modern culture. En R. Valle y S. Halling (eds.), *Existential-phenomenological perspectives in psychology: Exploring the breadth of human experience*. New York: Plenum Press.

Whitehead, A.N. y Russell, B. (1910-1913). *Principia Mathematica*. Cambridge: Cambridge University Press.

Wiener, N. (1948). *Cybernetics: Communication and control in the animal and the machine*. Nueva York: Wiley (Trad. cast.: *Cibernética*. Barcelona: Tusquets, 1985).

Wiener, N. (1948). *Cybernetics: Communication and control in the animal and the machine*. Nueva York: Wiley (2ª edición de 1961 en MIT Press). (Trad. cast.: *Cibernética*. Barcelona: Tusquets, 1985).

Woodworth, R.S. y Schlosberg, H. (1954). *Experimental Psychology*. Nueva York: Holt.

Zaccagnini, J.L. (1994). Introducción al campo de la inteligencia artificial. En P. Adarraga y J.L. Zaccagnini (Eds.), *Psicología e Inteligencia Artificial* (pp. 13-36). Madrid: Trotta.

Zalbidea,M.A. (1986). La obra de A.H.Maslow y su impacto en la Psicología actual. Universitat de València: Tesis de Licenciatura.

Zalbidea,M.A. (1988). La alternativa humanista: Un estudio objetivo a través de la obra de Abraham H. Maslow y su presencia e impacto en la Psicología actual. Tesis Doctoral. Universidad de Valencia.

PARTE VI: LA PSICOLOGÍA EN EL MUNDO DE HABLA HISPANA

Tema 16: "LA PSICOLOGÍA EN EL MUNDO DE HABLA HISPANA"

Actividades:

16.1   Introducción.

16.2   Historia de la Psicología en España hasta la Guerra Civil.

16.3   Historia de la Psicología en España tras la Guerra Civil.

16.4   Historia y perspectivas de la Psicología en Latinoamérica.

Bibliografía general:

TORTOSA, F. (Coord.) (1998): *Una Historia de la Psicología moderna*, Madrid: McGraw-Hill, 1998 (Cap. 27, *Historia y perspectivas de la Psicología en España*, por F. Tortosa, C. Civera y C. Esteban, págs. 531-551; Cap. 28: *Historia y perspectivas de la Psicología en Latinoamerica*, por R. Ardila, págs. 553-564).

Bibliografía complementaria:

Abellán,J.L. (1979-1989): Historia Crítica del Pensamiento Español. Tomo V(I). Madrid: Espasa-Calpe (5 vols.)

Abellán,J.L. (1996): Historia del pensamiento español. Madrid: Espasa-Calpe.

Abellán,J.L. (dir.)(1976): El exilio español de 1939. Madrid: Taurus (6 vols.).

Alarcón, R. (1994). El pensamiento psicológico de Walter Blumenfeld. Lima: Consejo Nacional de Ciencia y Tecnología.

Alcalá-Galiano,A. (1846): Historia de España. Madrid: Imp. Soc. Tipogr y Literaria (7 vols.).

Ardila, R. ((d.). (1978a). La profesión del psicólogo. México: Editorial Trillas.

Ardila, R. ((d.). (1993a). Psicología en Colombia. Contexto social e histórico. Bogotá: Tercer Mundo Editores.

Ardila, R. (1968). Psychology in Latin America. American Psychologist, 23, 567-574.

Ardila, R. (1970a). Landmarks in the history of Latin American psychology. Journal of the History of the Behavioral Sciences, 6, 140-146.

Ardila, R. (1970b). La psychologie latino-americaine. Bulletin de Psychologie (Paris), 23, 410-415.

Ardila, R. (1971). Professional problems of psychology in Latin America. Interamerican Journal of Psychology, 5, 53-58.

Ardila, R. (1976a). Latin America. En V.S. Sexton y H. Misiak (Eds.), Psychology around the world (pp. 259-279). Monterey, California: Brooks / Cole.

Ardila, R. (1976b). Educational psychology in Latin America. En C.D. Catterall ((d.), Psychology in the schools in international perspective. Vol. 1 (pp. 126-141). Columbus, Ohio: International School Psychology Steering Committee.

Ardila, R. (1978b). Behavior modification in Latin America. En M. Hersen, R.M. Eisler y P.M. Miller ((ds.), Progress in behavior modification. Vol. 6 (pp. 123-142). New York: Academic Press.

Ardila, R. (1979). La psicología en Argentina: pasado, prewsente y futuro. Revista Latinoamericana de Psicología, 11, 72-91.

Ardila, R. (1980). Historiography of Latin American psychology. En J. Brozek y L. J. Pongratz ((ds.). Historiography of modern psychology (pp. 111-118). Toronto: Hogrefe.

Ardila, R. (1981). The evolution of psychology in Latin America. Spanish-Language Psychology, 1, 337-346.

Ardila, R. (1982). Psychology in Latin America today. Annual Review of Psychology,33, 103-122.

Ardila, R. (1983). Pshihologia in America Latina: Stiinta si profesie. Revista de Psichologie (Rumania), 29 (4), 359-365.

Ardila, R. (1984). Factores socioculturales en el desarrollo de la psicología: el caso de América Latina. En H. Carpintero y J.M. Peiró ((ds.), La psicología en su contexto histórico / Psychology in its historical context (pp. 41-49). Valencia, EspaÑa: Universidad de Valencia.

Ardila, R. (1986a). La psicología en América Latina, pasado, presente y futuro. México: Siglo XXI Editores.

Ardila, R. (1986b). La Revista Latinoamericana de Psicología y su papel en el desarrollo de la psicología hispanoparlante. Revista Latinoamericana de Psicología, 18, 485-492.

Ardila, R. (1987). Comparative psychology in Latin America. En E. Tobach (De.), Historical perspectives and the international status of comparative psychology (pp. 161-172). Hillsdale, NJ: Erlbaum.

Ardila, R. (1989a). Puntos de convergencia y de divergencia en la historia de la psicología latinoamericana. Arquivos Brasileiros de Psicologia, 41 (1), 134-144.

Ardila, R. (1989b). La psicología en Iberoamérica. En J. Mayor y J.L. Pinillos ((ds.), Tratado de psicología general. Vol. 1. Historia, teoría y método (pp. 353-372). Madrid: Editorial Alhambra.

Ardila, R. (1989c). Black culture, hispano-Latin America, and clinical psychology. En K. Peltzer y P.O. Ebigbo ((ds.), Clinical psychology in Africa (South of the

Sahara), the Caribbean, and Afro-Latin America (pp. 80-84). Uwani-Enugu, Nigeria: Chuka Printing Co. Working Group for African Psychology.

Ardila, R. (1991). Psicología latinoamericana y psicología internacional: un intento de integración. En L.N. Allende et al ((ds.), Claves psicológicas en nuestra América. Visión puertorriqueÑa (pp. 319-327). San Juan, Puerto Rico: Universidad Interamericana de Puerto Rico (Libros Hómines, Tomo 9).

Ardila, R. (1992a). Entre el Río Grande y la Antártida. América Latina y su psicología a las puertas del siglo XXI. Libro de ponencias. Congreso Ibero-americano de Psicología (pp. 16-31). Madrid: Colegio Oficial de Psicólogos.

Ardila, R. (1993b). Latin American psychology and world psychology. Is integration possible? En U. Kim y J.W. Berry ((ds.), Indigenous psychologies. Research and experience in cultural context (pp. 170-176). Newsbury Park, California: Sage Publications.

Ardila, R. (Ed.). (1974). El análisis experimental del comportamiento, la contribución latinoamericana. México: Editorial Trillas.

Ardila,R. (1971): Los pioneros de la psicología. Buenos Aires: Paidós.

Ayala,F. (1965): España, a la fecha. Buenos Aires: Sur.

Bandrés,J., Llavona,R. y Campos,J. (1996): Luis Simarro. En M. Saiz, D. Saiz (coord.) Personajes para una Historia de la Psicología en España. Barcelona: Ed. Autonoma/Piramide, 185-199.

Barbado,M. (1943): Introducción a la Psicología Experimental. Madrid: C.S.I.C.

Barbado,M. (1946): Estudios de Psicología Experimental. Madrid: C.S.I.C. (Texto recogido en el prólogo por el P. M.Ubeda)

Bermejo,V. (1993): La institucionalización del psicoanálisis en España en el marco de la A.P.I. Universitat de València: Tesis Doctoral (dirs. F.Tortosa y H.Carpintero).

Biescas,J.A. y Tuñón de Lara,M. (1980): España bajo la dictadura franquista. Toma X de la Historia de España. Barcelona: Labor.

Blanco,A. y Botella,J. (1995): La enseñanza de la psicología en España a la luz de los nuevos planes de estudio. Papeles del Psicólogo. Epoca III, nª62, 29-47.

Blanco,F. (1993): J.V.Viqueira y la psicología española de principios de siglo. UAM: Tesis Doctoral (dir. A.Rosa).

Cabanellas,G. (1975): La Guerra de los mil dias. Buenos Aires: Heliasta.

Calatayud,C., Tortosa,F. y Montoro,L. (1984): La psicología aplicada en la post-guerra española. En I Congreso del Colegio Oficial de Psicologos(142-148). Madrid: COP.

Carpintero, H. (1994a): Historia de la Psicología en España. Madrid: Eudema Universidad.

Carpintero, H. (1994b): Some historical notes on scientific psychology and its professional developments. Applied Psychology: An International Review, 43(2), 131-150.

Carpintero,H. (1989): La psicología y la Junta para Ampliación de Estudios. En J.M. Sánchez-Ron (de.): 1907-1987: La Junta para Ampliación de Estudios e Investigaciones Científicas 80 años después. Madrid: C.S.I.C. (2 vols.).

Carr,R. (1966): Spain, 1808-1939. Oxford: Clarendon Press.

Carreras-Artau,T. (1952): Médicos-Filósofos españoles del siglo XIX. Barcelona: C.S.I.C.

Cordero,A. (1985): La psicología industrial es España entre los años 1952-1977. En Varios, XXV Aniversario de la Sociedad Española de Psicología. Oviedo: Pentalfa Ediciones.

Cruz-Hernández,M. (1960): Lecciones de Psicología. Madrid: Revista de occidente.

De la Torre, C. (1991). Temas actuales de historia de la psicología. La Habana: Ediciones ENPES.

Díaz-Guerrero, R. (1995). Origins and development of Mexican ethnopsychology. World Psychology, 1, 49-67.

Díaz-Guerrero, R., y Díaz-Loving, R. (1996). Etnopsychology, the Mexican version. Interamerican Journal of Psychology, 30, 118-126.

Diaz-Pinés, O. (1954): El Consejo Superior de Investigaciones Científicas. Temas españoles, nº82. Madrid: Publicaciones españolas.

Finison, L.J. (1977): Psychologists and Spain: A historical note. American Psychologist 32, 1080-1084.

Fraile,G. (1972): Historia de la Filosofía Española. Madrid: Editorial Católica (2 vols.).

Gali,A. (1978): Història de les institucions y del moviment cultural a Catalunya 1900 a 1936. Barcelona: Fundación Galí.

Germain, J. (1980): Autobiografía. Revista de Historia de la Psicología, I, 1-2.

Germain,J. (1946): Presentación. Revista de Psicología General y Aplicada, 1(1), 5-10.

Germain,J. (1953): Sociedad Española de Psicología. Acta de la Sesión Inaugural: palabras del Presidente Germain. Revista de Psicología General y Aplicada. 8(25-28), 713-724.

Giner,F. (1877): Lecciones Sumarias de Psicología. (2º de.). Madrid: Imprenta de Aurelio J. Alaria (1ª 1874).

Giner,F. (1969): Ensayos. Madrid: Alianza.

González,U. (1886): La Psicología Fisiológica. Madrid: F.Fé.

Ibañez-Martín,J. (1940): Hacia una nueva ciencia española. Discurso pronunciado el 30 de octubre de 1940 en el acto inaugural del C.S.I.C.

Ibarz,V. (1996): Santiago Ramón y Cajal. En M. Saiz, D. Saiz (coord.) Personajes para una Historia de la Psicología en España. Barcelona: Ed. Autonoma/ Piramide, 201-217.

Lafuente,E. (1978): La psicología española en la época de (Wundt) la aportación de Francisco Giner de los Rios. UCM: Tesis Doctoral (dir. JL Pinillos).

López-Piñero,J.M. (1982): La ciencia en la historia hispánica. Barcelona: Salvat.

López-Piñero,J.M. (1993): Cajal y la estructura histológica del sistema nervioso. Investigación y Ciencia, 197: 6-13, 327-330.

Mallart,J. (1974): Cincuentenario del originariamente llamado Instituto de orientación y Selección Profesional. Revista de Psicología General y Aplicada. 29(131), 929-1008.

Marias,J. (1960): Ortega. Y. Circunstancia y vocación. Madrid: Revista de Occidente

Marias,J. (1963): La España posible en tiempo de Carlos III. Madrid: Sociedad de Estudios y Publicaciones.

Marín, G., Kennedy, S., y Boyce, B.C. (1987). Latin American pscychology: A guide to research and training. Washington, D.C.: American Psychological Association.

Martínez Giménez, T., y Alonso Pla, F. (1995). Análisis documental. Introducción a las técnicas bibliométricas. En F. Tortosa Gil, C. Civera Mollá y C. Calatayud MiÑana (Dirs.), Prácticas de historia de la psicología (pp. 319-333). Valencia: Promolibro.

Netto, S.P. (1981). A psicologia no Brasil. En M.G. Ferri y S. Motoyama ((ds.), Historia das ciencias no Brasil. Vol. 3. S,o Paulo, Brasil: Universidade de S,o Paulo / Conselho Nacional de Desenvolvimento Científico e Tecnológico.

Nuñez,D. (1975): El darwinismo en España. Madrid: Castalia.

Nuñez,D. (1975): La mentalidad positiva en España: Desarrollo y crisis. Madrid: Tucar Eds.

Ortega y Gasset,J. (1966): Algunas notas. Obras Completas, 7ª de. Madrid: Revista de Occidente

Orti y Lara,J.M. (1884): El catecismo de los textos vivos. Madrid: Biblioteca de La Ciencia Cristiana.

Páramo-Ortega, R. (1992). Freud in Mexiko. Munich, Alemania: Quintessenz Verlags.

Pérez-Delgado,E. y Zanón,J.L. (1996): La psicología experimental de Manuel Barbado. En M. Saiz, D. Saiz (coord.) Personajes para una Historia de la Psicología en España. Barcelona: Ed. Autonoma/Piramide. 355-362.

Pieron, H. (1955): L´Union Internationale de la Psychologie Scientifique. L´Anné Psychologique, 55, 597.

Prieto,JM, Fernández-Ballesteros,R., y Carpintero,H. (1994): Contemporary psychology in Spain. Annual Review of Psychology, 45, 51-78.

Rodriguez-Lafora,G. (1932): Métodos psicotécnicos aconsejables para el estudio de la personalidad. Revista de Pedagogía, XI, 123, 97-108.

Rosenzweig, M.R. ((d.). (1992). International psychological science. Progress, problems, and prospects. Washington, D.C.: American Psychological Association.

Ruiz, P. (1984): Prólogo. En R.Valls, La interpretación de la Historia de España, y sus orígenes ideológicos, en el bachillerato franquista (1938-1953). Universidad de Valencia: ICE.

Saiz,M. (1996): Ramón Turró, padre de la psicología experimental catalana. En M. Saiz, D. Saiz (coord.) Personajes para una Historia de la Psicología en España. Barcelona: Ed. Autonoma/Piramide, 219-241.

Saiz,M. y Saiz,D. (1996): Emilio Mira y la psicotecnia. En M. Saiz, D. Saiz (coord.) Personajes para una Historia de la Psicología en España. Barcelona: Ed. Autonoma/Piramide, 375-397.

Samelson,F. (1979): Putting psychology on the map: Ideology and Intelligence testing. En A.Buss (de.): Psychology in social context. New York: Irvington.

Sánchez-Ron,J.M. (dir.)(1989): 1907-1987: La Junta para Ampliación de Estudios e Investigaciones Científicas 80 años después. Madrid: C.S.I.C. (2 vols.).

Siguán,M. (1981): La psicologia à Catalunya. Barcelona: Edicions 62.

Siguán,M. (1990): Entrevista al Dr. Siguán (con F.Tortosa). Valencia.

Siguán,M.(1984): De mi vida como psicólogo. Revista de Historia de la Psicología, 5, 3, 5-36.

Simarro,L. 1902): De la iteración. Boletín de la Institución Libre de Enseñanza, 26, 348-352.

Talayero,J. (1938): La metodología en la escuela primaria. En Ministerio de Educación Nacional (de.): Curso de orientaciones nacionales de la enseñanza primaria. Burgos: Hijos de Santiago Rodriguez, 69-109.

Tamames, R. (1974): La República. La Era de Franco. En M.Artola (dir.), Historia de España Alfaguara. Madrid: Alianza Universidad.

Tena, J.; Cordero, L. y Díaz, J.L. (1976): La Universidad española. Datos para un problema. Madrid: Confederación Española de Cajas de Ahorros.

Tortosa, F.; Civera, C. y Alonso, F. (1994): Los arquitectos del ajuste. Mariano Yela y la Psicología española. Revista de Psicología General y Aplicada, 48(4), 455-484.

Tortosa,F. (Investigador Principal)(1979): La evolución de la psicología en España: Análisis realizado a través de los manuales de segunda enseñanza». MEC (INAPE), Valencia/Madrid

Tortosa,F., Quintanilla,I., Civera,C. y Diaz,R. (1993): Psychologie et profession en Espagne. Profils historiques et situation actuelle. Special issue: Applied Psycholoy in Europe: The professionalization process. European Review of Applied Psychology, 43(2), 123-139.

Tuñón de Lara,M. (1984): Los comienzos del siglo XX (1898-1931). Madrid: Espasa-Calpe.

Turró,R. (1910): Psicologia fisiològica de la fam. Anals de Medicina. IV, 364-375, 433-450 y 495-503.

Turró,R. (1912): Origens del coneixement: la fam. Barcelona: Societat Catalana d'Edicions.

Turró,R. (1918): La base trófica de la inteligencia. Madrid: Publicaciones de la Residencia de Estudiantes, serie Y, vol. 4.

Valderrama, P., Colotla, V.A., Gallegos, X., y Jurado, S. (1994). Evolución de la psicología en México. México: Manual Moderno.

Varios (1994): Special Issue . Applied Psychology in Spain. Applied Psychology: An International Review, 43(2).

Varios, (1987): Los origenes de la psicología científica en España: El doctor Simarro. Investigaciones Psicológicas, 4.

Vezzetti, H. (1988). El nacimiento de la psicología en Argentina. Pensamiento psicológico y positivismo. Buenos Aires: Puntosur Editores.

Vilar,P. (1989): Historia de España. Barcelona: Ed. Crítica.

Yela, M. (1954): Historia de la Escuela de la Psicología de la Universidad de Madrid. Revista de Psicología General y Aplicada, IX, 32, 642-646.

Yela, M. (1987): Spain. En A.Gilgen & C.Gilgen (Eds.): International Handbook of Psychology. Westport, Conn.: Greenwood Press., 440-460.

Yela, M. (1993a): La psicología española. En E.Quiñónes, F. Tortosa H. Carpintero, Historia de la Psicología. Textos y comentarios, 593-603. Madrid: Tecnos.

Yela,M. (1995): Joseph Nuttin: In amici memoriam. Revista de Psicología General y Aplicada, 48(4), 565-570.

0. Conclusiones: "HISTORIA DE LA PSICOLOGÍA. MÓDULO TEÓRICO"

Apartados:

0.1. Conclusiones del profesor.

0.2. Balance de la asignatura.

0.3 Dudas y preguntas.

0.4 Presentación de los exámenes.

Bibliografía general:

BRENNAN, J.F. (1999): *Historia y Sistemas de la Psicología*. Madrid: Prentice-Hall (traducción castellana de la 5ª edición inglesa).

GONDRA, J.Mª (1997-1998): *Historia de la Psicología. Introducción al pensamiento psicológico moderno*. Madrid: Síntesis (2 volúmenes).

HOTHERSALL, D. (1997): *Historia de la Psicología*. México: McGraw-Hill (traducción castellana de la 3ª edición inglesa, 1997).

LEAHEY, Th.H. (1998): *Historia de la Psicología. Principales corrientes en el pensamiento psicológico* (traducción castellana de la 4ª edición inglesa).

TORTOSA, F. (Coord.) (1998): *Una Historia de la Psicología moderna*, Madrid: McGraw-Hill, 1998.

ANEXO 2:
PROGRAMA DE HISTORIA DE LA PSICOLOGÍA. PRÁCTICAS

1ª Sesión

0. Presentación: «EL COMENTARIO DE TEXTOS HISTÓRICOS CLÁSICOS»

Presentación:

Como se especifica en el programa de la asignatura de *Historia de la Psicología*, las prácticas consistirán en actividades de análisis y comentario de textos históricos originales de autores significativos en la Historia de la Psicología moderna. Según criterio del profesor, se desarrollarán un máximo de ocho prácticas, cada una de las cuales incluye uno o dos textos originales. Los alumnos deberán analizarlos y presentar por escrito su trabajo.

Cada práctica viene precedida de una hoja de presentación similar a ésta, en la que se especifican al alumno: a) los textos de la práctica; b) las actividades concretas a realizar; y c) los capítulos correspondientes del manual de la asignatura, que puede consultar como material auxiliar. En esta sesión preliminar se adjuntan tres capítulos de consulta como bibliografía complementaria. Recomendamos su lectura, ya que incluyen una introducción general a la asignatura, un modelo de análisis y comentario de texto, y un par de ejemplos de cómo se pueden realizar.

Textos:

Ninguno

Actividades:

Ninguna.

Bibliografía:

QUIÑONES, E.; TORTOSA, F. Y CARPINTERO, H. (Directores): «Historia de la Psicología. Textos y Comentarios». Madrid: Editorial tecnos, 1993, 630 págs.

1) TORTOSA, F. QUIÑONES, E. y CARPINTERO, H.: La Historia de la Psicología. Págs. 11-34.

2) CARPINTERO, H.; QUIÑONES, E. y TORTOSA, F.: *El comentario de texto*. Págs. 35-47.

3) QUIÑONES, E. y TORTOSA, F.: Problemas Historiográficos. Págs. 48-61.

2ª Sesión

Práctica 1: «PSICOLOGÍA DE LA CONCIENCIA I: ESTRUCTURA VS. FUNCIÓN»

Actividades:

1. Análisis y comentario de los dos textos propuestos.
2. Análisis comparativo de las semejanzas y diferencias entre las Psicologías estructural y funcional.

Textos:

GONDRA, J. Mª: La Psicología moderna. Textos básicos para su génesis y desarrollo histórico. Bilbao: Editorial DDB, 1982 (2ª ed.), 719 págs.

1) TITCHENER, E.B. (1898): Los postulados de una Psicología estructuralista. Págs. 209-219.

2) ANGELL, J.R. (1906): La provincia de la Psicología funcionalista. Págs. 327-347

Bibliografía:

TORTOSA, F. (Coord.): Una Historia de la Psicología Moderna. Aravaca, Madrid: Editorial McGraw-Hill Interamericana, 1998.

Cap. 5: TORTOSA, F.; PASTOR, J.C. Y QUINTANA, J.: El nacimiento de la Psicología académica en Alemania: La Psicología moderna hasta 1910. Págs. 97-120.

Cap. 13: PÉREZ, A.; CALATAYUD, C. Y TORTOSA, F.: Los inicios de la Psicología en los EE.UU. El triunfo del funcionalismo. Págs. 261-282.

3ª Sesión

Práctica 2: «PSICOLOGÍA DE LA CONCIENCIA II: GESTALTPSYCHOLOGIE»

Actividades:

1. Análisis y comentario del texto propuesto.

2. Análisis comparativo de la contribución teórica y metodológica de la Psicología de la Gestalt frente a otras tendencias de la Psicología de la época.

Textos:

GONDRA, J.Mª: La Psicología moderna. Textos básicos para su génesis y desarrollo histórico. Bilbao: Editorial DDB, 1982 (2ª ed.), 719 págs.

1) KÖHLER, W. (1927): El problema de la Psicología de la Forma. Págs. 489-508.

Bibliografía:

TORTOSA, F. (Coord.): Una Historia de la Psicología Moderna. Aravaca, Madrid: Editorial McGraw-Hill Interamericana, 1998.

Cap. 6: PASTOR, J.C. Y TORTOSA, F.: La evolución de la Psicología académica en Alemania I. La Psicología de la Gestalt hasta 1933. Págs 121-140.

4ª Sesión

Práctica 3: «LA PSICOLOGÍA DEL INCONSCIENTE»

Actividades:

1. Análisis y comentario del texto propuesto.
2. Análisis crítico del Psicoanálisis, valorando su contribución histórica y puntos fuertes y débiles.

Textos:

GONDRA, J.Mª: La Psicología moderna. Textos básicos para su génesis y desarrollo histórico. Bilbao: Editorial DDB, 1982 (2ª ed.), 719 págs.

1) FREUD, S. (1900): Psicología de los procesos oníricos. Págs. 241-257.

Bibliografía:

TORTOSA, F. (Coord.): Una Historia de la Psicología Moderna. Aravaca, Madrid: Editorial McGraw-Hill Interamericana, 1998.

Cap. 8: SOS, R.; ESTEBAN, C. Y CIVERA, C.: Los comienzos de la Psicología en Francia (Apartado 1-3; Págs. 153-162).

Cap. 23: BERMEJO, V. Y TORTOSA, F.: La Psicología psicoanalítica y el psicoanálisis de Sigmund Freud (Págs. 433-452).

5ª Sesión

Práctica 4: «LA PSICOLOGÍA DE LA CONDUCTA I: CONDUCTISMO CLÁSICO»

Actividades:

1. Análisis y comentario del texto propuesto.
2. Análisis crítico del conductismo watsoniano, valorando su contribución histórica y puntos fuertes y débiles.

Textos:

GONDRA, J.Mª: La Psicología moderna. Textos básicos para su génesis y desarrollo histórico. Bilbao: Editorial DDB, 1982 (2ª ed.), 719 págs.

1) WATSON, J.B. (1913): La Psicología tal como la ve el conductista. Págs. 399-414.

Bibliografía:

TORTOSA, F. (Coord.): Una Historia de la Psicología Moderna. Aravaca, Madrid: Editorial McGraw-Hill Interamericana, 1998.

Cap. 14: RUIZ, G.; SÁNCHEZ, N. Y GONZALO, L.: Edward Lee Thorndike y la Psicología animal (Págs. 283-292).

Cap. 15: PÉREZ, A.; TORTOSA, F. Y CALATAYUD, C.: La propuesta conductista de J.B. Watson (Págs. 293-314).

6ª Sesión

Práctica 5: «LA PSICOLOGÍA DE LA CONDUCTA II: NEOCONDUCTISMO»

Actividades:

1. Análisis y comentario de los dos textos propuestos.
2. Principales novedades que introduce la corriente neoconductista en la Psicología conductista.
3. Análisis comparativo de las semejanzas y diferencias entre los neoconductismos de TOLMAN y HULL.

Textos:

GONDRA, J.Mª: La Psicología moderna. Textos básicos para su génesis y desarrollo histórico. Bilbao: Editorial DDB, 1982 (2ª ed.), 719 págs.

1) TOLMAN, E.C. (1932): La conducta, un fenómeno molar. Págs. 561-576.
2) HULL, C.L. (1936): Mente, mecanismo y conducta adaptativa. Págs. 619-646.

Bibliografía:

TORTOSA, F. (Coord.): Una Historia de la Psicología Moderna. Aravaca, Madrid: Editorial McGraw-Hill Interamericana, 1998.

Cap. 16: PEDRAJA, MªJ./RUIZ, G.; SÁNCHEZ, N. Y GONZALO, L.: Nuevas fórmulas para el conductismo: Tolman y Hull. Págs. 315-334.

Cap. 17: RICHELLE, M.: Skinner y el conductismo radical. Págs. 335-346.

7ª Sesión

Práctica 6: «LA PSICOLOGÍA HUMANISTA»

Actividades:

1. Análisis y comentario de los dos textos seleccionados.

Textos:

ROGERS, C.: Hacia una ciencia de la persona. En T. Wann (dir.), Behaviorism and Phenomenology, Chicago, University of Chicago Presss, 1964, págs. 75-100.

Bibliografía:

TORTOSA, F. (Coord.): Una Historia de la Psicología Moderna. Aravaca, Madrid: Editorial McGraw-Hill Interamericana, 1998.

Cap. 25: MAYOR, L. Y TORTOSA, F.: Las tres fuerzas de la Psicología en los EE.UU. Epígrafe 3: El movimiento humanista: La tercera fuerza psicológica (Págs. 500-504).

8ª Sesión

Práctica 7: «LA PSICOLOGÍA COGNITIVA»

Actividades:

1. Análisis y comentario del texto seleccionado.

Textos:

MILLER, G.A.; GALANTER, E.; PRIBRAM, K.H.: Planes y Estructura de la conducta. Madrid: Editorial Debate, 1983 (ed. original de 1960), 245 págs.

1) Capítulo 1: Imágenes y Planes. Págs. 15-29.

Bibliografía:

TORTOSA, F. (Coord.): Una Historia de la Psicología Moderna. Aravaca, Madrid: Editorial McGraw-Hill Interamericana, 1998.

Cap. 22: ROMERO, A.: El papel de las nuevas tecnologías del conocimiento y de la información en el surgimiento de la Psicología cognitiva. Págs. 417-432.

Cap. 26: ROMERO, A.; PEDRAJA, MªJ. Y MARÍN, J.: Los primeros desarrollos de la Psicología Cognitiva del Procesamiento de la Información. Págs. 505-528.

9ª Sesión

Práctica 8: «LA PSICOLOGÍA ESPAÑOLA»

Actividades:

1. Comenta el papel desempeñado en la Historia de la Psicología española por Mariano Yela.

2. Comenta el significado histórico de Juan Huarte y su obra «Examen de Ingenios para las Ciencias», como antecedente de la psicología moderna.

Textos:

SAIZ, M. y SAIZ, D. (Coordinadoras): Personajes para una Historia de la Psicología en España. Madrid: Ediciones Pirámide, 1996

   1) Capítulo 26: Mariano Yela: esbozo de una autobiografía. Págs. 467-487.

FRESCO, F. (1991). Juan Huarte de San Juan. Examen de Ingenios para las ciencias, con introducción, notas y bibliografía. Madrid: Espasa Calpe, 1991.

   2) Capítulo 1: Donde se prueba por un ejemplo, que si el muchacho no tiene el ingenio y habilidad que pide la ciencia que quiere estudiar, por más es oírla de buenos maestros, tener muchos libros, ni trabajar en ella toda la vida. Págs. 55-65.

Bibliografía:

TORTOSA, F. (Coord.): Una Historia de la Psicología Moderna. Aravaca, Madrid: Editorial McGraw-Hill Interamericana, 1998.

   Cap. 27: TORTOSA, F.; CIVERA, C. Y ESTEBAN, C.: Historia y perspectivas de la Psicología en España. Págs. 531-551.

SAIZ, M. Y SAIZ, D. (Coord.): Personajes para una Historia de la Psicología en España. Madrid: Editorial Pirámide, 1996.

   Cap. 6: GARCÍA VEGA, L.: Juan Huarte de San Juan, págs. 115-132.

REFERENCIAS BIBLIOGRÁFICAS

Alía, F. (1998). *Fuentes de información para historiadores.* Gijón: Trea.

Altman, I. (1987). Centripetal and centrifugal trends in psychology. *American Psychologist*, 42 (12), 1058-1069.

Amat, N. (1987). *Documentación Científica y Nuevas Tecnologías de la Información.* Madrid: Pirámide.

Amat, N. (1990). *De la información al saber.* Madrid: Fundesco.

Amat, N. (1993). *Técnicas documentales y fuentes de información.* Barcelona: Pirámide.

Ardila, R. (1980). Historiography of Latin American psychology. En J. Brozek y L. J. Pongratz (dirs.). *Historiography of modern psychology.* Toronto: Hogrefe.

Ardila, R. (1994). Autobiografía de un psicólogo latinoamericano. *Revista de Historia de la Psicología*, 15, 1-2, 17-50.

Arnheim, R. (1998). Wolfgang Kohler and Gestalt Theory: An English Translation of Köhler's Introduction to *Die physischen Gestalten* for Philosophers and Biologists. *History of Psychology*, 1(1), 21-26.

Ash, M. G. (1983). The self-presentation of a discipline: History of Psychology in the United States between pedagogy and scholarship. En L. Graham, W. Lepenies y P. Weingart, (eds.), *Functions and uses of disciplinary histories.* vol. 7. Dordrecht, Holland: D. Reidel.

Ayer, A. (1965). *El positivismo lógico.* México. Fondo de cultura económica.

Bacon, F. (1620/1987). *Novum Organum.* Barcelona: Editorial Laia.

Bagg, R.A. (1972). How do you spell Pawloff? A note. *Journal of the History of the Behavioural Sciences*, 8(4), 387-388.

Baldwin, J.M. (1913). *History of Psychology.* (2 vols.). Nueva York: Putnam.

Barbado, M. (1928). *Introducción a la psicología experimental.* Madrid: Voluntad.

Barraclough, G. (1965). *Introducción a la historia contemporánea.* Madrid: Gredos.

Ben-David, J. y Collins, R. (1966/1990). Factores sociales en los orígenes de una nueva ciencia: El caso de la Psicología. En F.Tortosa, L.Mayor y H.Carpintero, *La psicología contemporánea desde la historiografía.* Barcelona: PPU.

Benjamin, L. T. (1992). Introduction to the special issue. *American Psychologist*, 47, (2), 109-110.

Bergson, H. (1907). *L'évolution créatrice*. Paris: Presses Universitaires de France (Traducción castellana: *La evolución creadora*. Barcelona: Planeta-Agostini, 1985)

Bevan, W. (1991). Contemporary psychology. A tour inside the onion. *American Psychologist*, 46, 475-483

Blanco, F. (Ed.)(1997). Historia de la Psicología española. Desde una perspectiva socio-institucional. Biblioteca Nueva. Psicología Universidad. Madrid

Blas Aritio, F.A. (1982a). El desarrollo «reformista» de la psicología. *Revista de Historia de la Psicología*, 3, 4, 333-366, 1982.

Blas Aritio, F.A. (1982b). Prólogo. En T.H. Leahey, *Historia de la Psicología. Las grandes corrientes del pensamiento psicológico* (pp. 11-17). Madrid. Debate

Blas-Aritio, F. (1980). Problemas y tareas de la historia de la psicología. *Revista de Psicología General y Aplicada*, 35, 5, 751-767.

Blumenthal, A. (1975). A reappraisal of Wilhelm Wundt. *American Psychologist*, 30, 1081-1088.

Boletín Oficial del Estado (B.O.E.), núm 174 (22-7-1994).

Boring, E.G. (1929). *A History of Experimental Psychology* (first ed.). New York: Century.

Boring, E.G. (1942). *Sensation and perception in the history of experimental psychology*. New York: Appleton-Century.

Boring, E.G. (1950/78). *A History of experimental psychology*. New York: Appleton-Century-Crofts (2ª ed.) (Traducción castellana: *Historia de la Psicología experimental*. México: Trillas, 1978).

Boring, E.G. (1955). Dual Role of the Zeitgeist in scientific creativity. *Scientific monthly*, 80, 101-106 (reimpresión en V. Sexton y H. Misiak (Eds.), *Historical perspectives in psychology: Readings*. Belmont:Brook/Cole, 1971.

Boring, E.G. (1963a). Eponym as placebo. Adrees of the Honorary President of the 17th International Congress of Psychology (Washington, 1963). Repr. en E.G.Boring: *History, Psychology, and Science: Selected papers* (eds., R.I.Watson y D.T.Campbell), Nueva York: John Wiley.

Boring, E.G. (1963b). Fechner: Inadvertent Founder of Psychophysics. En E.G. Boring, *History, Psychology, and Science: Selected Papers*, New York: Wiley, 126-131.

Boring, E.G. (1965). On the Subjectivity of Important Historical Dates: Leipzig, 1879. *Journal of the History of the Behavioral Sciences*, 1, 5-9.

Boring, E.G. (1990). Great men and Scientific Progress. Proceedings of the American Philosophical Society, 94, 339-351, 1950c.Repr. en F. Tortosa, L. Mayor y H. Carpintero, *La psicología contemporánea desde la historiografía*. Barcelona: PPU.

Bowler, G. (1993). The fragmentation of psychology?. *American Psychologist*, 48, (8), 905-907.

Braudel, F. (1949/75). *El mediterráneo y el mundo mediterráneo en la época de Felipe II*. Madrid: Fondo de cultura económica.

Braudel, F. (1968). *La historia y las ciencias sociales*. Madrid: Fondo de cultura económica.

Brett, G.S. (1912). *A history of psychology* (3 vols.). Nueva York: McMillan.

Brett, G.S. (1972). *Historia de la psicología*. Buenos Aires: Paidós.

Bringmann, W. y Tweney, R. (eds.) (1980). *Wundt Studies, a centennial collection*. Toronto: Hogrefe.

Brosel, S. y Pagel, G. (1987). *Psychoanalyse im Exil-texte verfolgter Analytiker*. Würzburg: Königshausen y Neumann.

Brozek, J. (1970). A note on historians'unhistoricity in citing references. *Journal of the History of the Behavioural Sciences*, 6(3), 255-257.

Brozek, J. (1973a). Soviet historiography of psychology: Sources of biographic and bibliographic information. *Journal of the History of the Behavioural Sciences*, 9(2), 152-161.

Brozek, J. (1973b). Soviet historiography of psychology II: Contributions of non-russian authors. *Journal of the History of the Behavioural Sciences*, 9(3), 213-216.

Brozek, J. (1974a). Soviet historiography of psychology III: Between philosophy and history. *Journal of the History of the Behavioural Sciences*, 10(2), 195-201.

Brozek, J. (1974b). Soviet historiography of psychology IV: History of psychology abroad. *Journal of the History of the Behavioural Sciences*, 10(3), 348-351.

Brozek, J. (1982).Vontributions of Robert I Watson (1909-1980) to the literature on the History of Psychology. Journal of the History of the Behavioral Sciences, 18, 326-331.

Brozek, J. (1983). Study of the history of psychology around the world: Recent institutional and organizational developments. *Revista de Historia de la Psicología*, 4(4), 293-345.

Brozek, J. (1984a). Multiphasic profile: a selective autobiography. *Revista de Historia de la Psicología*, 5(1-2), 13-40.

Brozek, J. (1984b). *Explorations in the History of Psychology in the United States*. Cranbury. NJ: Associated University Presses.

Brozek, J. (1999). History of a historian of psychology in the United States, 2(2), 83-101.

Brozek, J. y Dazzi, N. (1977). Contemporary historiography of psychology: Italy. *Journal of the History of the Behavioural Sciences*, 5(4), 307-319.

Brozek, J. y Evans, R. (eds.) (1977). *R. I. Watson´s Selected Paper on the History of Psychology*. Hannover, NH: University Press of New England.

Brozek, J. y León, R. (1983). La contribución de Robert I. Watson a la Historia de la psicollogía como especialidad. Revista de Historia de la Psicología, 4(3), 263-273.

Brozek, J. y Pongratz, L. (eds.) (1980). *Historiography of Modern Psychology*. Toronto: C. J. Hogrefe.

Brozek, J. y Pongratz, L. (eds.) (1980). Historiography of Modern Psychology. Toronto: C. J. Hogrefe.

Brozek, J. y Schneider, L. (1973) Second Summer Institute on the History of Psychology. *Journal of the History of the Behavioral Sciences*, 9: 91-101.

Brozek, J., Watson, R.I. y Ross, B. (1969). A Summer Institute on the History of Psychology. *Journal of the History of the Behavioral Sciences*, 5: 307-319.

Brozek, J., Watson, R.I. y Ross, B. (1970). A Summer Institute on the History of Psychology. *Journal of the History of the Behavioral Sciences*, 6: 25-35, 1970.

Bruce, D. (1998a). The Lashley-Hull Debnate Revisited. *History of Psychology*, 1(1), 69-84.

Bruce, D. (1998b). Lashley Rejection of Connectionism. *History of Psychology*, 1(2), 160-164.

Bunge, M. (1969). *La investigación científica. Su estrategia y su filosofía.* Barcelona: Ariel.

Bunge, M. (1980). *Epistemología. Curso de actualización.* Barcelona, Ariel.

Burckhardt, J. (1961). *Reflexiones sobre la historia universal.* México: Fondo de cultura económica.

Burger, T. (1978). Droysen and the idea of Verstehen, *Journal of the History of the Behavioural Sciences*, 14(1), págs. 6-19.

Buss, A.R. (1977). In Defense of a critical-presentist historiography: the fact-theory relationship and Marxims epistemology. *Journal of the History of the Behavioral Sciences*, 13 (3), 252-260.

Buss, A.R. (ed.) (1979). *Psychology in Social Context.* New York: Irvington.

Caparrós, A. (1979). *Introducción histórica a la psicología contemporánea.* Barcelona: Rol.

Caparrós, A. (1980a). Problemas historiográficos de la Historia de la psicología, *Revista de Historia de la Psicología*, 1, 3-4, 393-414.

Caparrós, A. (1980b). *Los paradigmas en psicología. Sus alternativas y sus crisis.* Barcelona: Horsori.

Caparrós, A. (1984a). *La Psicología y sus perfiles. Introducción a la cultura psicológica.* Barcelona: Barcanova.

Caparrós, A. (1984b). Notes for reconsidering the called philosophic psychologies. *Revista de Historia de la Psicología*, 5 (1-2) págs. 85-90.

Carlson, N.R. (1996). *Fundamentos de Psicología Fisiológica.* Madrid: Prentice-Hall (3ª edición).

Carpintero, H. (1977). La ciencia de la ciencia y la investigación psicológica en el mundo contemporáneo. *Revista de Psicología General y Aplicada*, 146, 409-424.

Carpintero, H. (1978). *Historia de la Psicología.* UNED. Madrid.

Carpintero, H. (1980). La *Psicología* actual desde una perspectiva bibliométrica: Una introducción. *Análisis y Modificación de Conducta*, 11-12, 9-23.

Carpintero, H. (1984a). The «Revista de Historia de la Psicología»: A journal for an expanding specialty in psychology. *XXIII International Congress of Psychology*, Acapulco, México, 2-7 september.

Carpintero, H. (1984b). The impact of Spanish Civil War on Spanish Scientific Psychology. *Revista de Historia de la Psicología.* 5, 1-2, 91-98.

Carpintero, H. (1987). La evolución de la escuela psicológica rusa. ¿Un caso singular? En M. Siguán (coord.), *Actualidad de L. S. Vygotski*. Madrid: Anthropos.

Carpintero, H. (1991). Entrevista Autobiográfica. (Con Tortosa y E. Pérez-Delgado). *Revista de Historia de la Psicología*, 12 (2), 1-14.

Carpintero, H. (1996a). *Historia de las ideas psicológicas*. Madrid: Pirámide.

Carpintero, H. (1996b). Información psicológica. ¿cómo y cuanta? *Papeles del psicólogo*, 64, págs. 37-40.

Carpintero, H. (dir.) (1983). *Historia y teoría psicológica*. Valencia: Alfaplús

Carpintero, H. y Lafuente, E. (1991). History of psychology and other social sciences in Spain. A report on current state of affairs. *Cheiron Newsletter*, 1991, autumm, 17-23.

Carpintero, H. y Peiró, J.M. (1981). *Psicología Contemporánea. Teoría y Métodos cuantitativos para el estudio de su literatura científica*. Valencia: Alfaplús.

Carpintero, H. y Peiró, J.M. (1983). Applications of the bibliometric methodology to the studies of the history of psychology. En G.Eckardt y L.Sprung (eds.), *Advances in historiography of psychology* (pp.196-204) Berlin: Deutscher Verlag der Wissenschaften.

Carpintero, H. y Tortosa, F. (1990). Aplicaciones de la metodología bibliométrica a la historia de la psicología: Una visión de conjunto. En F. Tortosa, L. Mayor y H. Carpintero, *La psicología contemporánea desde la historiografía*. Barcelona: PPU. Carpintero, 1990

Carr, E.H. (1961). ¿*Qué es la Historia?*. Barcelona. Ariel. 1981.

Carretero, M. y Limón, M. (1993). Aportaciones de la psicología cognitiva y de la instrucción a la enseñanza de la Historia y las Ciencias Sociales. *Infancia y Aprendizaje*, 62-63, págs. 153-167.

Carretero, M., Pozo, J.I. y Asensio, M. (eds.) (1989). *La enseñanza de las Ciencias Sociales*. Madrid: Visor.

Carus, F.A. (1808). *Geschichte der Psychologie*. Leipzig: J.A.Barth.

Carvalho, R.J.de (1999). Otto Rank, The Rankian Circle in Philadelphia, and the Origins of Carl Rogers's Person-Centered Psychotherapy.. *History of Psychology, 2(2), 132-148*.

Cassirer, E. (1943). *Filosofía de la Ilustración*. México: Fondo de cultura económica.

Childe, V.G. (1976). *Teoría de la Historia*. Buenos Aires: La Pléyade.

Childe, V.G. (1985). ¿*Qué sucedió en la historia?* Barcelona: Planeta-Agostini.

Civera, C. (1995): *Johannes C. Brengelmann. Una vida al servicio de la ciencia*. Valencia: Promolibro.

Coan, R. (1990). Dimensiones de la Teoría Psicológica. En F. Tortosa, L.Mayor y H.Carpintero, *La psicología contemporánea desde la historiografía*. Barcelona: PPU.

Coan, R. y Zagona, S. (1962). Contemporary ratings of psychological theorists. *Psychological Record,* 12, 315-322, 1962.

Coan, R.W. (1968). Dimensions of psychological theory. *American Psychologist*, 23, 715-722.

Collingwood, R.G. (1987): *Idea de la historia*. México: Fondo de cultura económica.

Croce, B. (1955). *Teoría e historia de la historiografía*. Buenos Aires: Escuela.

Croce, B. (1960). La historia como hazaña de la libertad. México: Fondo de Cultura Económica.

Cronbach, L.J. (1957/1979). Las Dos Disciplinas de la Psicología Científica. En F. Alvira; M.D. Avia; R. Calvo y J.F. Morales, *Los dos métodos de las ciencias sociales*. Madrid: Centro de Investigaciones Sociológicas.

Crowther-Heyck, H. (1999). George A. Miller, Language, and the Computer Metaphor of Mind. *History of Psychology*, 2(1), 37-64.

Crutchfield, R.S. y Krech, D. (1962). Some guides to the understanding of the history of psychology. En L.Postman (de.), *Psychology in the making. History of selected research problems* (pp.3-27). Nueva York: Knopf.

Dahl, O. (1967). *Grunntrekk i Historieforskningens Metodeloere*. Oslo: Universitetsforlaget.

Danto, A.C. (1965/1989). *Historia y narración. Ensayos de filosofía analítica de la historia*. Barcelona: Paidós.

Danziger, K. (1979a). The positivist repudiation of Wundt. *Journal of the History of the Behavioral Sciences*, 15(3), 205-230.

Danziger, K. (1979b). The social origins of modern psychology. En A. R. Buss (ed.), *Psychology in social context*. New York: Irvington.

Danziger, K. (1984). Towards a conceptual framework for a critical history of psychology. *Revista de Historia de la Psicología*, 5(2), 99-107.

Danziger, K. (1985). The Methodological Imperative in Psychology. *Philosophy of Social Sciences 18*, 1-13.

Danziger, K. (1987a). Social context and investigative practice in early Twentieth-Century Psychology. En M. Ash y W. Woodward (eds.), *Psychology in twentieth-century thought and society*. Cambridge, MA: Cambridge University Press.

Danziger, K. (1987b). Statistical method and the historical development of research practice in American Psychology. En G. Gingerenzer, L. Kruger y M. Morgan (eds.), *The probabilistic revolution: Ideas in modern science* (vol. 2). Cambridge, MA: MIT Press.

Danziger, K. (1990a/1994). *Constructing the subject: Historical origins of psychological research*. New York: Cambridge University Press.

Danziger, K. (1990b). Generative metaphor and the history of psychological discourse. En D. E. Leary (ed.), *Metaphors in the history of psychology*. New York: Cambridge Univ. Press.

Del Valle, F. (1989). Las funciones documentales: tipología de centros y servicios de documentación. En J.López Yepes, *Fundamentos de información y documentación*. Madrid: Eudema.

Dennis, W. (ed.) (1948). *Readings in the history of psychology*. Nueva York: Appleton Century Crofts.

Descartes, R. (1641/1977). *Meditaciones Metafísicas.* Madrid: Alfaguara.

Dessoir, M. (1884). *Geschichte der neueren deutschen Psychologie.* Tomo 1. Berlín: C.Dunckers.

Dessoir, M. (1991). Abriss einer Geschichte der Psychologie. Heidelberg: Winter.

Diamond, S. (ed.)(1974). *The roots of psychology: A sourcebook in the history of ideas.* New York: Basic Books.

Dilthey, W. (1949). *Introducción a las ciencias del espíritu,* en *Obras de Dilthey,* tomo I. México, Fondo de cultura económica.

Drever, J. (ed.) (1960). *Sourcebook in psychology.* New York: Philosophical Library.

Drob, S.L. (1999). Jung and the Kabbalah. *History of Psychology,* 2(2), 102-118.

Droysen, J.G. (1960). *Historik.* Múnchen: Oldenbourg (4ª edición).

Dujovne, L. (1959). *La filosofía de la historia desde el Renacimiento hasta el siglo XVIII.* Buenos Aires: Galatea.

Eckardt, G. y Sprung, L. (eds.) (1983). *Advances in Historiography of Psychology.* Berlin: VEB Deutscher Verlag der Wissenschaften.

Eddington, A. (1952). *La naturaleza del mundo físico.* Buenos Aires: Sudamericana.

Ellenberger, H. (1970/1976). *El descubrimiento del inconsciente.* Madrid: Gredos.

Ellis, (1938). *A sourcebook in Gestalt psychology.* New York: Harper, Brace & Co.

Engels, F. (1968). *Anti-Dühring.* Méjico: Grijalbo.

Evans, R.B. (1982). Robert I.Watson and the history of psychology program at the University of New Hampshire. *Journal of the History of the Behavioral Sciences,* 18, 4, 320-321.

Eysenck, H.J. (1972). *Psychology is about people.* Harmondsworth, Ingl.: Penguin (Trad. cast.: *La rata o el diván.* Madrid, Alianza, 1979).

Eysenck, H.J. (1987). The growth of a unified scientific psychology. Ordeal by quackery. En A.W.Staats y L.P. Mos (eds.), *Annals of theoretical psychology,* Vol. 5 (pp. 91-113). Nueva York: Plenum.

Eysenck, H.J. (1988). Why history of psychology? *Revista de Historia de la Psicología,* 9(2-3), 239-259.

Feyerabend, P.K. (1970): *Contra el método. Esquema de una teoría anarquista del conocimiento.* Barcelona: Ariel.

Flugel, J. (1933/1953). *A Hundred Years of Psychology.* London: Gerald Duckworth & Co.

Fontana, J. (1979). *La historia.* Barcelona: Salvat.

Fontana, J. (1982). *Historia: Análisis del pasado y proyecto social.* Barcelona: Crítica

Foucault, M. (1966/1985). *Les mots et les choses. Une archéologie des sciencies humaines.* Paris: Gallimard (Traducción castellana: *Las palabras y las cosas. Una arqueología de las ciencias humanas*. Barcelona: Planeta-Agostini, 1985)

Fowler, R. (1990). Psychology: The core discipline. *American Psychologist*, 45(1), 1-6.

Fraisse, P. (1983). Autobiografía. *Revista de Historia de la Psicología*, 4(1) 5-20.

Fraisse, P. (1987). Unity and diversity in the behavioral and natural sciences. En A.W. Staats y L.P. Mos (Eds.), *Annals of theoretical psychology*, vol. 5 (pp. 213-240). Nueva York: Plenum.

Friedman, R. (1967). E.G. Boring´s mature view of the science in relation to a deterministic personal and intellectual motif. *Journal of the History of the Behavioral Sciences*, 3, 17-26.

Fuchs, A.H. y Kawash, G.F. (1974). Prescriptive dimensions for five schools of psychology. *Journal of the History of the Behavioural Sciences*, 3, págs. 17-26.

Furumoto, L. (1989). The new history of psychology. En I. S. Cohen (ed.), *G. Stanley Hall Lecture Series* (vol. 9). Washington, DC: American Psychological Association.

García, E. (1992). *Understanding Freud: The man and his ideas*. New York: University Press.

Garfield, E. (1985). The life and career of George Sarton: The father of the History of Science. *Journal of the History of the Behavioral Sciences*, 21(2), 107-117.

Gergen, K.; Gulerce, A.; Lock, A. y Misra, G. (1996). Psychological science in cultural context. *American Psychologist*, 51(5), 496-503.

Gergen, K.J. y Gergen, M.M. (Eds.)(1984). *Historical Social Psychology*. Hillsdale, New Jersey: Erlbaum.

Germain, J. (1980a). Autobiografía I. *Revista de Historia de la Psicología*, 1(1), 7-32.

Germain, J. (1980b). Autobiografía II. *Revista de Historia de la Psicología*, 1(2), 139-169.

Geuter, U. (1983). The uses of history for the shaping of a field: Observations on German Psychology. In L. Graham, W. Lepenies y P. Weingart (Eds.): *Functions and uses of Disciplinary Histories*. Vol. 7. Dordrecht: Reidel.

Geuter, U. (1983). The uses of history for the shaping of a field: Observations on German Psychology. In L. Graham, W. Lepenies y P. Weingart (Eds.): *Functions and uses of Disciplinary Histories*. Vol. 7. Dordrecht: Reidel, 1983.

Gilgen, A.R. (1987). The psychological level of organization in nature and interdependencies among major psychological concepts. En A.W. Staats y L.P. Mos (Eds.), *Annals of theoretical psychology*, vol. 5 (pp. 179-209). Nueva York: Plenum

Giorgi, A. (1985). Towards the articulation of psychology as a coherent discipline. En S. Koch y D:E. Leary (Eds.). *A century of psychological as science*, (pp. 46-59). New York. McGraw-Hill.

Giorgi, A. (1992): Toward the Articulation of Psychology as a Coherent Discipline. En S.Koch, y D.Leary (eds.), *A century of psychology as science* (págs. 46-59). Washington, DC: American Psychological Association (2ª edición).

Goodman, E.S. (1982). Robert I. Watson and the Cheiron Society. *Journal of the History of the Behavioural Sciences*, 18 (4), 322-325.

Goshen, C.E. (ed.) (1967). *Documentary history of psychiatry: A source book on historical principles*. Nueva York: Philosophical Library.

Grasci, A. (1949). *Il materialismo storico e la filosofia di Benedetto Croce y Note sul Machiavelli, sulla politica e sullo stato moderno*. Giulio Einaudi Editore, Turín.

Grasci, A. (1985). *La política y el estado moderno. (Antología de Il materialismo storico e la filosofia di Benedetto Croce y Note sul Machiavelli, sulla politica e sullo stato moderno*. Giulio Einaudi Editore, Turín, 1949) Planeta-Agostini, 1985.

Grünwald, H. (1984). Some notes on the problems and perspectives of the historiography of psychology. *Revista de Historia de la Psicología*, 5(2), 141-144. Reimpreso en H. Carpintero y J.M. Peiró, eds., *Psychology in its Historical Context. Essays in honour of Prof. Brozek*. Monografias de la Revista de Historia de la Psicología, nº 1. Valencia, 1984.

Guinchat, C. y Menou, M. (1992). *Introducción General a las Ciencias y Técnicas de la Información*. Madrid: UNESCO/CINDOC.Coll, 84, 90.

Gundlach, H. (1991). Theorien der Historiographie? En H.Lück y R.Miller, *Theorien und Methoden psychologiegeschichtlicher Forschung* (págs. 14-19). Göttingen: Hogrefe.

Hall, G.S. (1912). *The founders of modern psychology*. Nueva York: D.Appleton.

Harms, F. (1878). *Die Philosophie in ihrer Geschichte*, Vol. 1. Berlin: T. Grieben.

Hazard, P. (1963): *La pensée européenne au XVIIIème siècle. De Montesquieu à Lessing*. Paris: Librairie Arthème Fayard.

Hearnshaw, L.S. (1984). The two ingredients of history. *Revista de Historia de la psicologia*, 5, (1-2), 145-151.

Hegel, G.W.F. (1877/1974). *Lecciones sobre la filosofía de la historia universal* (2 vols.), Madrid: Revista de Occidente.

Heidbreder, E. (1933/1985). *Psicologías del siglo XX*. México: Paidós.

Helson, H. (1972). What can we learn from the history of psychology? *Journal of the History of the Behavioural Sciences*, 8(1), págs. 115-119.

Hempel, C.G. (1978). *Filosofía de la ciencia natural*. Madrid: Alianza.

Henle, M. (1961). *Documents of Gestalt psychology* Berkeley: University of California Press.

Henle, M. (1976). Why study the history of psychology? *Annals of the New York Academy of Sciences*, 270, 14-20.

Henle, M.; Jaynes, J. y Sullivan, J.J. (eds.) (1973), *Historical conceptions of psychology*. New York: Springer

Herrstein, R.J. y Boring, E.G. (1965) *A sourcebook in the History of Psychology*. Cambridge, Mass.: Harvard University Press.

Hiebsch, H. (1991). Kategorienanalyse als Beitrag zur Geschichte der Psychologie. En H.Lück y R.Miller, *Theorien und Methoden psychologiegeschichtlicher Forschung* (págs. 8-13). Göttingen: Hogrefe.

Hilgard, E.; Leary, D. y McGuire, G. (1991). The history of psychology: A survey and critical assessment. *Annual Review of Psychology*, 42, 79-107.

Hilgard, E.R. (1982). Robert I. Watson and the founding of Division 26 of the American Psychological Association. *Journal of the History of the Behavioral Sciences*, *18*(4), 308-311.

Hilgard, E.R. (1987). *Psychology in America: A Historical Survey*. New York: Harcourt Brace Jovanovich.

Hillix, W.A. y Marx, M.H. (eds.) (1974). *Systems and theories in psychology: A reader*. Saint Paul, Minn.: West.

Holzapfel, W. (1995). *Richard Pauli und sein Plan zu einer theoretischen Psychologie*. Regensburg: Roderer.

Holzkamp, K. (1973). *Sinnliche Erkenntnis. Historischer Ursprung und gesellschaftliche Funktion der Wahrnehmung*. Frankfurt: Fischer-Athenäum.

Hothersall, D. (1997). *Historia de la Psicología*. México: McGraw-Hill (traducción castellana de la 3ª edición inglesa, 1997).

Huizinga, J. (1934). *Sobre el estado actual de la ciencia histórica*. Madrid: Revista de Occidente.

Huizinga, J. (1946). *El concepto de la historia*. México. Fondo de cultura económica.

Hunter, R. y Macalpine, I. (eds.) (1963). *Three hundred years of psychiatry, 1535-1860*. Londres: Oxford University Press.

Iggers, G.G. (1980). Introduction: The transformation of historical studies in historical perspective. En G.G.Iggers y H.T.Parker (eds.), *International Handbook of historical studies. Contemporary research and theory* (págs. 1-14). Londres: Methuen.

Iggers, G.G. (1995). Historicism: The history and meaning of the term. *Journal of the History of Ideas*, 129-152.

Jaeger, S. (1985). Zur Herausbildung von Praxisfeldern der Psychologie bis 1933. En M.Ash y U.Geuter. *Geschichte der deutschen Psychologie im 20. Jahrhundert* (págs. 83-112). Opladen: Westdeutscher Verlag.

Jaeger, S. y Staeuble, I. (1978). *Die gesellschaftliche Genese der Psychologie*. Frankfurt: Campus.

James, W. (1880). Great men, great thoughts and the environment. *Atlantic Monthly*, 46, 441-459.

James, W. (1890). The importance of individuals. *Open Court*, 4, 2437-2440.

Jaynes, J. (1973). Introduction: The study of psychology. En M.Henle, J.Jaynes y J.J.Sullivan (eds.), *Historical conceptions of psychology*, (págs. ix-xii), New York: Springer.

Jue-Fu, G. (1984). Brief history ogf the historiography of Psychology in China. *Revista de Historia de la Psicología, 5(1-2)*.

Kandel, E.R.; Schwartz, J.H. y Jessell, T.M. (1997). *Neurociencia y conducta*. Madrid: Prentice-Hall.

Kant, I. (1964). *Filosofía de la Historia*. Buenos Aires: Nova.

Kemp, S. (1998). Medieval Theories of Mental representation. *History of Psychology*, 1(4), 275-288.

Kendler, H. (1981). *Psychology: A science in conflict*. New York, Oxford University Press.

Kendler, H. (1987). A good divorce is better than a bad marriage. En A.W. Staats y L.P. Mos (Eds.), *Annals of theoretical psychology*, vol. 5 (pp. 55-89). Nueva York: Plenum

Kimble, G. (1984). Psychology's two cultures. *American Psychologist*, 39(8), 833-839.

Kimble, G. (1989). Psychology from the standpoint of a generalist. *American Psychologist*, 44 (3), 491-499.

Kimble, G. (1990). To be or ought to be? *American Psychologist*, 45 (4), 558-560

Kimble, G. (1994). A frame of reference for psychology. *American Psychologist*, 49 (4), 510-519.

Kimble, G. y Schlesinger, K. (ed.) (1985). *Topics in the History of Psychology*. Hillsdale, Nueva Jersey: Erlbaum.

Kindler (1976). *Die Psychologie des 20. Jahrhunderts*. Zürich: Beltz Verlag.

Klemm, O. (1911) *Geschichte der Psychologie*. Leipzig/Berlin: Teubner.

Knight, D. (1975). *Sources for the history of science*. Nueva York: Cornell University press.

Koch, S (ed.) (1959-1963). *Psychology: A study of a science* (6 vols.) New York: McGraw-Hill.

Koch, S. (1961/1971). Psychological science versus the science-humanism antinomy: intimations of a significant science of man. American Psychologist, 16, 629-639. (reimpresión en V. Sexton y H. Misiak (Eds.), *Historical perspectives in psychology: Readings*. Belmont:Brook/Cole, 1971.

Koch, S. (1981). The nature and limits of psychological knowledge. Lessons of a century qua «science». *American Psychologist*, 36 (3), 257-269.

Koch, S. (1992). Wundt's creature at age zero. As a centenarian: some aspects of the institutionalization of the "new psychology". En S.Koch y D.Leary (eds.), *A century of psychology as science* (págs. 7-35). Washington, DC: American Psychological Association (2ª edición).

Koch, S. (1993). «Psychology» or «The psychological studies»? *American Psychologist*, 48 (8), 902-904

Kodama, S. (1984). Historiography of Psychology in Japan. *Revista de Historia de la Psicología*, 5 (1-2), 187-192.

Kon, I.S. (1962). *El idealismo filosófico y la crisis en el pensamiento histórico*. Buenos Aires: Platina.

Kragh, H. (1987/1989). *Introducción a la historia de la ciencia*. Barcelona: Crítica/Grijalbo.

Kragh, H. (1987/1989). *Introducción a la historia de la ciencia*. Barcelona: Crítica/Grijalbo.

Kragh, H. (1989). *Introducción a la historia de la ciencia*. Barcelona: Crítica/Grijalbo (ed. original: *An introduction to the historiography of science*. Cambridge: university Press, 1987).

Krantz, D.L. (1965). Toward a role for historical analysis: the case of psychology and physiology. *Journal of the History of the Behavioural Sciences*, 1(3), 278-283.

Krawiec, T.S. (ed.) (1972): *The psychologists*. Nueva York, Oxford University Press (Vol. 1).

Krawiec, T.S. (ed.) (1974): *The psychologists*. Nueva York, Oxford University Press (Vol. 2).

Krawiec, T.S. (ed.) (1978): *The psychologists*. Brandon: Clin. Psychol. Publishers (Vol. 3).

Kuhn, T.S. (1962/1975). *La estructura de las revoluciones científicas*. Madrid: FCE.

Kuhn, T.S. (1968). History of science. En *International Encyclopedia of the Social sciences*, vol. 14 (pp. 74-83). Nueva York: Crowell Collier y Mcmillan (Traducción castellana: La historia de la ciencia. en *La tensión esencial. estudios selectos sobre la tradicción y el cambio en el ámbito de la ciencia* (pp. 129-150). México: Fondo de cultura económica, 1982).

Kuhn, T.S. (1970). Reflections on my critics. En I.Lakatos y A.Musgrave (eds.), *Criticism and the growth of knowledge* (pp. 231-278), Cambridge: Cambridge University Press (trad. castellana: Lógica del descubrimiento o psicología de la investigación, en I.Lakatos y A.Musgrave (eds.), *La crítica y el desarrollo del conocimiento*, págs. 81-114). Barcelona: Grijalbo, 1975).

Kuhn, T.S. (1977/1982). *La tensión esencial. Estudios selectos sobre la tradición y el cambio en el ámbito de la ciencia*. MÈxico: FCE.

Kuhn, T.S. (1987). Las historias de la ciencia: mundos diferentes para públicos distintos. En A.Lafuente y J.J.Saldaña (eds.), *Historia de las ciencias* (págs. 5-11). Madrid: CSIC.

Laín Entralgo, P. (1975). La historia de la Medicina en el siglo XX. En P.Laín Entralgo (dir.), *Historia Universal de la Medicina, Tomo 7: Medicina actual* (págs. 451-454). Barcelona: Salvat.

Lakatos, I. (1968). Criticism and the methodology of scientific research programmes. *Proceedings of the aristotelian Society*, 69, págs. 149-162.

Lakatos, I. (1970). Falsification and the methodology of scientific research programmes. En I. Lakatos y A. Musgrave (eds.), *Criticism and the growth of knowledge*. Cambridge: Cambridge University Press.

Lakatos, I. (1974). *Historia de la Ciencia y sus reconstrucciones racionales*. Madrid: Tecnos.

Lakatos, I. (1983). *La metodología de los programas de investigación científica*. Madrid: Alianza.

Lapointe, F. (1972). Who originated the term "Psychology"?, *Journal of the History of the Behavioural Sciences*, 8, págs. 328-335.

Lapointe, F.H. (1970). Origin and evolution of the term «psychology». *American Psychologist*, 25 (7), 640-646.

Laudan, L. (1977/1986). *El progreso y sus problemas*. Madrid: Encuentro.

Laudan, L. (1981). *Science and Hypothesis. Historical essays on scientific methodology*. Boston: Reidel.

Laudan, L. (1984). *Science and values. The aims of science and their role in scientific debate*. Berkeley: University of California Press.

Laver, A.B. (1977). The historiography of Psychology in Canada. Journal of the History of the behavioural Sciences, 13(3), 243-251.

Leahey, T.H. (1980/1982). *Historia de la psicología. Las grandes corrientes del pensamiento psicológico*. Madrid: Debate.

Leahey, T.H. (1987). Entrevista. (con M.Mateu, E.Quiñones y M.J.Pedraja), *Revista de Historia de la Psicología*, 8(3), 273-293.

Leahey, T.H. (1992/1994). *Historia de la psicología*. Madrid: Debate.

Leahey, T.H. (1998). *Historia de la psicología. Las grandes corrientes del pensamiento psicológico*. Madrid: Prentice-Hall.

Leary, D.E. (1987). Telling likely stories: the rhetoric of the new psychology, 1880-1920. *Journal of the History of the Behavioral Sciences*, 23(4), 315-331.

Leary, D.E. (ed.) (1990). *Metaphors in the history of psychology*. Cambridge: Cambridge University Press.

Leary, D.E. (ed.) (1990). *Metaphors in the history of psychology*. Cambridge: Cambridge University Press.

Lenning, P. (1994). *Zur Methaphysik zur Psychophysik: G.T.Fechner (1801-1887)*. Frankfurt: Peter Lang.

León, O. y Montero, I. (1993). *Diseño de investigaciones. Introducción a la lógica de la investigación en Psicología y educación*. Madrid: McGraw-Hill.

León, R. (1982). Historiografía sudamericana de la psicología: una panorámica. *Revista de Historia de la Psicología*, 3(2), 157-169.

León, R. y Brozek, J. (1980). Historiography of Psychology in Spain. En J. Brozek y L.J. Pongratz, eds. *Historiography of modern Psychology*. Toronto, Canadá: C.J. Hogrefe, pp. 141-151.

Lepenies, W. y Weingart, P. (1983). Introduction. En L. Graham, W. Lepenies y P. Weingart (eds.), *Functions and Uses of Disciplinary Histories*. Dordrecht: Reidel.

Lessing, G.E. (1780). *La educación del género humano*. Zerbst: Zimmerman.

Littmann, R.A. (1976). The need for accuracy in historiography. *Journal of the History of the Behavioural Sciences*, 12(2), 178-180.

López Piñero, J.M. (1972). *El análisis estadístico y sociométrico de la literatura científica*. Valencia: Facultad de Medicina. Centro de Documentación e Informática Médica.

Losee, J. (1981). *Introducción histórica a la filosofía de la ciencia*. Madrid: Alianza (edición original: *A historical introduction to the philosophy of science*. Oxford: Clarendon Press, 1980, ed. rev.).

Lück, H. y Miller, R. (1991). *Theorien und Methoden psychologiegeschichtlicher Forschung*. Göttingen: Hogrefe.

Lück, H.; Miller, R. y Rechtien, W. (1984). *Geschichte der Psychologie*. München: Urban y Schwarzenberg.

Lück, H.; Miller, R. y Sewz-Vosshenrich, G. (1999). *Klassiker der Psychologie*. Stuttgart: Kohlhammer Verlag.

Makkreel, R. (1992). *Dilthey: Philosopher of human studies*. Princeton. Princeton University Press.

Mallart, J. (1981). Memorias de un aspirante a psicólogo (Autobiografía). *Revista de Historia de la Psicología*, 2(2), 91-123.

Mandler, G. (1996). The situation of Psychology: Landmarks and choicepoints. *American Journal of Psychology*, 109, 1, págs. 1-35.

Mann, J.A. y Kreyche, G.F. (eds.) (1966). *Reflections on man: Readings in philosophical psychology from classical philosophy to existentialism*. Nueva York: Harcourt, Brace & World.

Marks, R.W. (ed.) (1966). *Great ideas in psychology*. Nueva York: Bantam.

Marrou, H. (1968). *Del conocimiento histórico*. Buenos Aires: Abbat.

Marx, K. (1970). *Contribución a la crítica de la economía política*. Madrid: Alberto Corazón.

Marx, M. y Engels, F. (1970). *La ideología alemana*. Barcelona: Grijalbo.

Marx, M.H. y Hillix, W.A. (1983). Sistemas y teorías psicológicas contemporáneos. Buenos Aires: Paidós (3ª edición).

Mayor L. y Montoro, L. (1985). Los Simposios de Nebraska sobre motivación como canal de comunicación científica. *Revista de Historia de la Psicología*, 6(1), 47-60.

Mayor, J. (1980). Orientaciones y problemas de la psicología cognitiva. *Análisis y Modificación de Conducta*. 6 (11-12), 213-278.

Mayor, J. (1985a). Actividad humana y procesos cognitivos. En J. Mayor (ed.), *Actividad humana y procesos cognitivos. Homenaje a J. L. Pinillos* (págs. 3-36). Madrid: Alhambra.

Mayor, J. (1989). El mÈtodo científico en psicología. En J. Mayor y J.L. Pinillos, dirs., *Tratado de Psicología General. Tomo I, Historia, Teoría y Método* (dirs., J.Arnau y H.Carpintero) Madrid: Ed. Alhambra.

Mayor, J. (ed.) (1985). *Metáfora y conocimiento*. En J. Mayor (ed.), *Actividad humana y procesos cognitivos* (págs. 233-265). *Homenaje a J. L. Pinillos*. Madrid: Alhambra.

Mayor, J. y Pérez Ríos, J (1989). Psicología o psicologías? Un problema de identidad. En J. Mayor y J.L. Pinillos, dirs., *Tratado de Psicología General. Tomo I, Historia, Teoría y Método* (dirs., J.Arnau y H.Carpintero) Madrid: Ed. Alhambra.

Meinecke, F. (1943). *El historicismo y su génesis*. México: Fondo de cultura económica.

Mercier, D. (1901). *Los orígenes de la psicología contemporánea*. Madrid: Sáenz de Jubera Hermanos (edición original de 1897)

Mill, J. S. (1865/1972). *Augusto Comte y el positivismo*. Madrid: Aguilar.

Miller, G.A. (1985). The constitutive problem of psychology. En S. Koch y D. Leary, eds., *A century of psychology as science*. (pp.40-45) Nueva York: McGraw-Hill.

Montoro, L.; Tortosa, F.; Carpintero, H. y Peiró, J.Mª (1984). A short history of the International Congresses of Psychology (1889-1960), *Revista de Historia de la Psicología*, 5(1-2), 245-252.

Mora, G. (1975). The historiography of psychiatry and its development: a re-evaluation. *Journal of the History of the Behavioural Sciences*, 1(1), 43-52.

Müller, C. (1979). Some origins of psychology as science. *Annual Review of Psychology, 30*, 9-29.

Müller-Freienfels, R. (1935). The evolution of modern psychology. New Haven, CT: Yale University Press.

Murchison, C. (1926). *Psychologies of 1925*. Worcester, MA: Clark University Press.

Murchison, C. (1930a). *Psychologies of 1930*. Worcester, MA: Clark University Press.

Murchison, C. (1930b). *A History of Psychology in Autobiography* (vol. 1). Worcester, Mass: Clark University Press.

Murchison, C. (1932). *A History of Psychology in Autobiography* (vol. 2). Worcester, Mass: Clark University Press.

Murchison, C. (1936). *A History of Psychology in Autobiography* (vol. 3). Worcester, Mass: Clark University Press.

Murphy, G. y Murphy, L. (eds.) (1969). *Western Psychology: from the Greeks to William James*. New York: Basic Books.

O'Connell, A. y Russo, N. (eds.) (1990). *Women in Psychology: a biobibliographical sourcebook*. Westport, C.T.: Greenwood.

O'Donnell, J.M. (1979). The crisis of experimentalism in the 1920s. E. G. Boring and his uses of history. *American Psychologist, 34*(4), 289-295.

Ortega y Gasset, J. (1914/1975). *Historia como Sistema*. Madrid: Revista de Occidente.

Ortega y Gasset, J. (1928/1974). La filosofía de la historia de Hegel y la historiología. Prólogo a G.W.F. Hegel, *Lecciones sobre la filosofía de la historia universal*. Madrid: Revista de Occidente.

Ortega y Gasset, J. (1957/1983). El hombre y la gente. En *Obras Completas*, Tomo 7, Madrid: Alianza/Revista de Occidente

Ortega y Gasset, J. (1972). *Una interpretación de la historia universal (En torno a Toynbee)* Madrid: Revista de Occidente.

Pastor, J. C.; Sprung, L. y Sprung, H y Tortosa, F. (1999). Reconsideraciones sobre el lugar de C. Stumpf en la Historia de la Psicología. *Revista de Historia de la Psicología*, 20 (1), págs.1-22.

Pastor, J. C.; Sprung, L. y Sprung, H. (1997). La Escuela Berlinesa de Psicología de la Gestalt: Aspectos relacionados con su origen y desarrollo. *Revista de Historia de la Psicología* 18(1-2), págs. 245-256.

Pastor, J.C., Pérez, A. y Calatayud, C. (1999). German-speaking psychologists in english-speaking sources. Reflections on national trends in the history of psychology. En prensa, aceptado para su publicación en *Revista de Psicología Universitas Tarraconenesis*.

Pastor, J.C.; Tortosa, F. y Civera, C. (1999). La continuidad de la Psicología de la Gestalt en Alemania tras 1933 con Wolfgang Metzger: ¿Continuidad o supervivencia?. Comunicación presentada en el *XII Symposium de la S.E.H.P.*, Almagro (ciudad Real), Abril de 1999 (pendiente de publicación en *Revista de Historia de la Psicología*).

Pastor, J.C.; Tortosa, F. y Civera, C. (1999b). Wolfgang Metzger en la tradición de la Escuela berlinesa de Psicología de la Gestalt, *Revista de Historia de la Psicología*, 20 (2), págs. 69-92.

Peirce, Ch.S. (1877). *Mi alegato en favor del pragmatismo*. Buenos Aires: Aguilar.

Pereyra, C. (1984). *El sujeto de la Historia*. Madrid. Alianza.

Perry, R.B. (1935). *The Thought and Character of William James*. Boston: Little Brown.

Pinillos, J.L. (1962). *Introducción a la psicología contemporánea*. Madrid: Consejo Superior de Investigaciones Científicas. Instituto «Luis Vives» de Filosofía.

Pinillos, J.L. (1982). Entrevista autobiográfica con J.L. Miralles. *Revista de Historia de la Psicología*, 3(3), 185-207.

Pinillos, J.L. (1984). Asociación y pensamiento. *Revista de Historia de la Psicología*, 5(1-2), 291-301.

Pinillos, J.L. (1989). Aprender y entender. En J. Mayor y J. L. Pinillos, (dirs.), *Tratado de Psicología General (Tomo 2, Aprendizaje)*. Madrid: Ed. Alhambra.

Pinillos, J.L. (1990). Introducción. En Varios, *Modelos de la mente* (págs, 7-12), Madrid: Universidad Complutense.

Pinillos, J.L.; López Piñero, J.M. y García Ballester, L. (1966). *Constitución y personalidad*. Madrid: CSIC.

Polanyi, M. (1958). *Personal knowledge: toward a postcritical philosophy*. London: Routledge.

Pongratz, L. (1967). *Problemgeschichte der Psychology*. München: Francke.

Pongratz, L. (1980). Descriptive and analytical approach: Dilthey vs. Ebbinghaus. En J. Brozek y L. J. Pongratz (eds.), *Historiography of modern psychology*. Toronto: Hogrefe.

Popper, K. (1935/62): *La lógica de la investigación científica*. Madrid: Tecnos.

Popper, K. (1961). *Miseria del historicismo*. Madrid: Taurus.

Popper, K. (1963). *El desarrollo del conocimiento científico. Conjeturas y refutaciones*. Buenos Aires: Paidós.

Popplestone, J. (1975). Retrieval of primary sources. *Journal of the History of the Behavioural Sciences*, 11(1), 20-22.

Popplestone, J. y McPherson, M. (1976). Ten years of the Archives of the History of American Psychology, *American psychologist*, 31, 533-534.

Popplestone, J. y McPherson, M. (1982). Robert I. Watson. Eminent contributor and cofounder of the Archives of the History of American Psychology, *Journal of the History of the Behavioural Sciences*, 18(4), 317-319.

Price, D.J.S. (1963/73). *Hacia una ciencia de la ciencia*. Barcelona: Ariel, 1973
Price, D.J.S. (1971): *Little Science, Big Science*. New York: Columbia, V.P. (edición original de 1963).
Quintana, J. (1985). *La psicología de la conducta. Análisis histórico*. Madrid: Alhambra.
Quintana, J. (1991). La Sociedad Española de Historia de la Psicología. Revista de Histora dela Psicología, 12 (2), 141-155.
Quintana, J., Rosa, A.; Huertas, J.A. y Blanco, F. (1997). *La incorporación de la psicología científica a la cultura española. Siete décadas de traducciones (1868-1936)*. UAM Ediciones
Rand, B. (ed.) (1912). *Classical psychologists: Selections illustrating psychology from Anaxagoras to Wundt*. Boston: Houghton Mifflin.
Ranke, L. (1885). *Geschichte der romanischen und germanischen Völker von 1494 bis 1514*. Leipzig (edición original de 1824).
Rappard, H. (1979). *Psychology as selfknowledge*. Haesen, Holland: Van Gorcum.
Real Academia de la Lengua Española (1954). *Nuevo Diccionario de la Lengua Española*. Barcelona: Sopena.
Real Academia de la Lengua Española (1988). *Diccionario de la Lengua española*. Madrid: Real Academia.
Reeves, J.W. (ed.) (1958). *Body and mind in Western thought: An introduction to same origins of modern psychology*. Londres: Penguin.
Reichenbach, H. (1938). *Experience and prediction*. Chicago: University of Chicago Press.
Ribot, Th. (1870/1877). *La Psicología Inglesa Contemporánea (escuela Experimental)*. Salamanca: Sebastián Cerezo.
Ribot, Th. (1879/1885). *La Psicología Alemana Contemporánea* Sevilla: Francisco Martinez Conde.
Richelle, M. y Carpintero, H. (1992). *Contributions to the history of international congresses of Psychology. A posthumous homage to J.R.Nuttin*. Valencia: Monografías de la Revista de Historia de la Psicología/Studia Psychologica, Leuven University Press.
Rivière, A. (1991a). *Objetos con mente*. Madrid: Alianza.
Rivière, A. (1991b). Orígenes históricos de la psicología cognitiva: paradigma simbólico y procesamiento de la información. *Anuario de Psicología*, 51, 129-155.
Robinson, D.N (1976). *An intellectual history of psychology*. New Yok: Macmillan. (Traducción castellana *Historia crítica de la psicología*. Barcelona. Salvat, 1982)
Robinson, D.N (1985). Science, psychology, and explanation. Synonims of antonims?. En S. Koch y D. Leary, eds., *A century of psychology as science*. (pp.60-74) Nueva York: McGraw-Hill.
Robinson, D.N. (1993). Psychology as its history. En H.V. Rappart, P.J. van Strien, L.P. Mos y W.J. Baker (Eds.). *Annals of theorethical psychology*, Vol. 9 (pp. 41-46). Nueva York: Plenum.

Rodríguez, S. (1985) (coord.). *Estudios de historia de la psicología. Teoría y métodos de investigación.* Salamanca: ICE Universidad de Salamanca.

Rodríguez, S. (1986). *Sobre el concepto, teoría y método de la Historia de la Psicología.* Salamanca: Varona.

Rodríguez, S. (1986). *Sobre el concepto, teoría y método de la historia de la psicología.* Salamanca: Gráficas Varona, 1986.

Rosa, A. (1993). La polisemia de la palabra historia. Historia-pasado, historiografía, historia-narración e historia intelectual. *Revista de Historia de la Psicología,* 14 (3-4), 1-7.

Rosa, A. Quintana, J. y Lafuente, E. (1988) (eds.). *Psicología e Historia. Contribuciones a la investigación en Historia de la Psicología.* Madrid. Ediciones de la Universidad Autonoma de Madrid. Colección de Estudios, n° 21, 17-28.

Rosa, A.; Blanco, F. y Huertas, J.A. (1991). ¿Para quÈ hacemos Historia de la Psicología?. Revista de Historia de la Psicología, 12 (3-4), 405-412.

Rosa, A.; Huertas, J.A. y Blanco, F. (1998): Haciendo historia para el futuro de la psicología, *Anuario de Psicología,* 29(1), págs. 73-87.

Rosa, A.; Huertas, J.A.; Blanco, F. y Montero, I. (1991). Algunas reflexiones sobre metodología de la Historia de la Psicología. *Revista de Historia de la Psicología,* 12 (3-4), 393-403.

Rosa, A.; Quintana, J.; Huertas, J.A. y Blanco, F. (1999). *La incorporación de la psicología científica a la cultura española. Siete décadas de traducciones (1868-1936). Versión CD-ROM.* UAM Ediciones.

Rosa, A; Huertas, J.A. y Blanco, F. (1996): *Metodología para la Historia de la Psicología.* Madrid: Alianza.

Rosenzweig, M.R. y Leiman, A.I. (1992). *Psicología Fisiológica.* Madrid: McGraw-Hill.

Rosenzweig, S. (1992). Freud and Experimental Psychology: The emergence of Idiodynamics. En S.Koch, y D.Leary (eds.), *A century of psychology as science* (págs. 135-208). Washington, DC: American Psychological Association (2ª edición).

Ross, B. (1982). Robert I. Watson and the founding of the Journal of the History of the Behavioral Sciences. *Journal of the History of the Behavioral Sciences,* 18, 4, 312-316.

Ross, D. (1969). The Zeitgeist and american psychology. *Journal of the History of the Behavioral Sciences,* 5, 256-262.

Royce, J. (1982). Philosophic issues, Division 24, and the future. *American Psychologist,* 37, (3) 258-266.

Rychlak, J.F. (1993). A suggested principle of complementarity for psychology. In theory, not method. *American Psychologist,* 48, 933-942.

Sáiz, M. y Sáiz, D. (Coor.) (1996). *Personajes para una Historia de la Psicología en España.* Barcelona: Pirámide.

Samelson, F. (1974). History, origin myth and ideology: «Discovery» of social psychology. *Journal of the Theory in Social Behavior,* 4, 217-231.

Samelson, F. (1985). Organizing for the kingdom of behavior: Academic battles and organizational policies in the twenties. *Journal of the History of he Behavioral Sciences, 21*(1), 33-47.

Sánchez Albornoz, C. (1974). *Historia y libertad. Ensayos sobre historiología.* Madrid: Júcar.

Scheffler, I. (1967). *Science and Subjetivity.* Indianapolis: Bobbs-Merrill.

Schneider, S. (1990). Psychology at a crossroads. *American Psychologist,* 45, 521-529.

Siebeck, H. (1884). *Geschichte der Psychologie (Vol. 1, parte 2). Die Psychologie von Aristoteles bis zu Thomas von Aquino.* Gotha: Perthes.

Siebek, H. (1880). *Geschichte der Psychologie (Vol. 1, parte 1). Die Psychologie vor Aristoteles.* Gotha: Perthes.

Siguán, M. (1981). *La psicologia à Catalunya.* Barcelona: Edicions 62.

Siguán, M. (1984). De mi vida como psicólogo. *Revista de Historia de la Psicología,* 5(3) 5-36.

Siguán, M. (1991). Un siglo de psiquiatría en Cataluña (1835-1936). *Anuario de Psicología,* 51, 183-202.

Sokal, M. (1977). A guide to manuscripts in the United States Patent Office as a source of historical documents. *Journal of the History of Behavioral Sciences,* 10, 119.120.

Sokal, M. (1985). A.P.A. publications and the history of psychology. *American Psychologist,* 40(2), 241-242.

Spence, J.T. (1987). Centrifugal versus centripetal tendencies in psychology. Will the center hold? *American Psychologist,* 42, (12) 1052-1054.

Sprung L. y Sprung, H. (1996a). Foundations of the History of Methodology and of a System of methodology of Modern Psychology. En W.Battmann y S.Dutke (eds.), *Processes of the Molar Regulation of Behavior* (pp. 291-307).

Sprung L., Sprung, H. y Müller (1991). Pychologische Methodentheorie und Psychologiegeschichte. En H.Lück y R.Miller, *Theorien und Methoden psychologiegeschichtlicher Forschung* (págs. 43-53). Göttingen: Hogrefe.

Sprung, L (1997). Formen der Geschichtschreibung. Entwicklungsstand und Geschichte der historischen und der empirischen Methodenlehre. *Teorie & Modelli,* 11(1), 13-37.

Sprung, L. y Sprung, H. (1996b). Geschichte der Psychologie als Methodengeschichte und die Entwicklung der Forschungs-, Diagnose- und Evaluationsmethodik in der Deutschen Demokratischen Republik (DDR). En H.Gundlach (Hg.), *Untersuchungen zur Geschichte der Psychologie und Psychotechnik* (pp. 301-320). München: Profil.

Sprung, L. y Sprung, H. (1997a). Evaluation - ein neues Gebiet der humanwissenschaftlichen Methodenlehre? Beitrag für den *Tagungsband der Tagung "Menschenbilder in der Medizin- Medizin in den Menschenbildern, vom 2.-5. April 1997 an der Humboldt Universität zu Berlin* (por cortesía de los autores).

Sprung, L. y Sprung, H. (1997b). Psychologiegeschichte und Methoden-geschichte. Zur Geschichte der historischen und der empirischen Methodik sowie ausgewählte Reflexionen über ein System der psychologischen Methodenlehre. En D.Albert y H.Gundlach (Hrsg.), *Apparative Psychologie: Geschichtliche Entwicklung und gegenwärtige Bedeutung* (pp. 125-141). Lengerich: Pabst Science Publishers.

Staats, A.W. (1981). Paradigmatic behaviorism, unified theory, unified theory constructions methods, and the Zeitgeist of separatism. *American Psychologist*, 36, 239-256.

Staats, A.W. (1983). *Psychology's crisis of disunity. Philosophy and method for a unified science*. Nueva York, Praeger.

Staats, A.W. (1987a). Unified positivism: Philosophy for uninomic psychology. En W.J. Baker, M.E. Hyland, H. Van Rappard y A.W. Staats (Eds.), *Current issues in theorethical psychology*, (pp. 297-316). Amsterdam: North-Holland.

Staats, A.W. (1987b). Unified positivism: Philosophy for the revolution to unity. En A.Staats y L.Mos, (eds.), *Annals of Theoretical Psychology*, vol. 5. Nueva York, Plenum Press.

Staats, A.W. (1991). Unified positivism and unification psychology. Far or new field?. *American Psychologist*, 46, (9) 899-912.

Staats, A.W. y Mos, L.P. (Eds.)(1987). *Annals of theorethical psychology*, Vol. 5, Nueva York: Plenum.

Stauble, (1995). 14th Annual Conference of Cheiron-Europe, University of Passau, 3-7 September, 1995. *Cheiron Newsletter*, 13(2), 5-8.

Stauble, I. (1985). "Subjektpsychologie" oder "subjektlose Psychologie". Gesellschaftliche und institutionelle Bedingungen der Herausbildung der modernen Psychologie. En M.Ash y U.Geuter, *Geschichte der deutschen Psychologie im 20. Jahrhundert* (pp 19-44). Opladen: Westdeutscher Verlag.

Stauble, I. (1991). Psychological man and human subjectivity in historical perspective. *History of the Human Sciences*, 4(3), 417-431.

Stocking, G. W. Jr. (1965). On the limits of «presentism» and «historicism» in the historiography of the behavioral sciences. *Journal of the History of the Behavioral Sciences*, 1(2), 211-218.

Strawson, P. (1959). *Individuals: An essay in descriptive metaphysics*. London: Methuen.

Suppe, F. (1979). *La estructura de las teorías científicas*. Madrid: Editora Nacional.

Topolsky, J. (1982). *Metodología de la historia*. Madrid. Cátedra (ed. original de 1973).

Topolsky, J. (1982). Metodología de la historia. Madrid: Cátedra.

Tortosa F. (coord.) (1998). *Una historia de la psicología moderna*. Madrid: McGraw-Hill.

Tortosa, F. y Carpintero, H. (1980): La evolución de la Psicología en España en el siglo XX. Un estudio sobre manuales introductorios. *Revista de Historia de la Psicología*, I, 3-4, 353-391.

Tortosa, F., Civera, C., Pastor,J C y Tejero, P. (1993). *Historiographie et ideologie: E.G.Boring et le modele du Zeitgeist*. En Proceedings of the 12th

Cheiron-Europe Conference. Institute of Psychology: Adam Mickiewicz University, Poznan (Poland).

Tortosa, F., Quiñones, E. y Pérez, A. (1992): National trends in Psychology? The case of British tradition. *Revista de Historia de la Psicología*, 13(4), 27-50.

Tortosa, F.; Calatayud, C. y Redondo, M. (1991). La historia de la psicología en España. Del amateurismo a la profesionalización. *Revista de Historia de la Psicología*, 12, 2, 157-174.

Tortosa, F.; Mayor, L. y Carpintero, H. (1990). La psicología contemporánea desde la historiografía. Barcelona: PPU.

Tortosa, F.; Pérez, A. y Civera, C. (1993): Generaciones y tradiciones nacionales en psicología. El caso de la psicología americana. *Revista de Historia de la Psicología*, 14(2), 59-88.

Tortosa. F. y Quiñones, E. (1991*): The influence of British psychology in the current psychological tradition*. Symposium 109. The Roots of scientific psychology in Europe, *XXV International Congress of Psychology*, Brussels, July 19-24, 1992.

Toulmin, S. (1953). *The philosophy of science. An introduction*. Londres: Hutchinson. (Trad. Cast. *Filosofía de la ciencia*. Buenos Aires: Mirasol, 1964)

Toulmin, S. (1972/1977). *La comprensión humana*. Madrid: Alianza.

Toulmin, S.E. (1964). *La filosofía de la ciencia*. Buenos Aires: Libros del Mirasol.

Toynbee, A.J. (1951-1968*). A Study of History, Abridgement*. Oxford: Oxford University Press.

Toynbee, A.J. (1985). *Estudio de la Historia* (13 vols.). Barcelona: Planeta-Agostini.

Trigger, B.G. (1982) *La revolución arqueológica. El pensamiento de Gordon Childe*. Barcelona: Fontamara.

Tuñón, M. (1985a). *¿Por qué la historia?* Barcelona: Salvat.

Tuñón, M. (1985b). *Tiempo cronológico y tiempo histórico*. Leioa: Universidad del País vasco.

Tur, A.; Peiró, J.M. y Carpintero, H. (1983). Los estudios históricos sobre psicología. Un análisis a través del Journal of the History of the Behavioural Sciences (1965-1977). En H. Carpintero (dir.), *Historia y teoría psicológica* (págs. 7-32). Valencia: Alfaplús.

Turtle, A.M. (1986). Current historiography of psychology in Australia. *Revista de Historia de la Psicología*, 7(2) 43-51.

Turtle, A.M. y Blowers, G.H. (1984). Historiography of modern psychology in Asia, Southeast Asia and the South Pacific: Activities, aspects and prospects. *Revista de Historia de la Psicología*, 5(1-2), 367-374.

Veer y Valsiner, (1991). *Understanding Vygotski. A quest for synthesis*. Cambridge, Mass.: Blackwell.

Veyne, P. (1971). *Comment on écrit l'histoire? Essai d'épistemologie.* Paris: éditions du Seuil (Traducción castellana: *¿Cómo se escribe la historia? Ensayo de epistemología.* Madrid. Fragua, 1971).

Vidal, (1994). *Piaget before Piaget.* Cambridge: Harvard University Press.

Vilar, P. (1976a). *Crecimiento y desarrollo.* Barcelona: Ariel (3ª edición).

Vilar, P. (1980). *Introducción al vocabulario del análisis histórico.* Barcelona: Ed. Crítica/Grijalbo.

Vilar, P., Soboul, A., LeGoff, y otros. (1976). *La historia hoy.* Barcelona: Avance.

Viney, W.; Wertheimer, M. y Wertheimer, M. (1979). *History of Psychology: a guide to information sources.* Detroit: Gale Research.

Viqueira, V. (1930). *La psicología contemporánea.* Barcelona: Labor.

Vygotski, L.S. (1991). El significado histórico de la crisis en psicología. En *Obras escogidas* I (pp. 257-407). Madrid: MEC/Visor. (edición original de 1926).

Watson, J.B. (1913). Psychology as the behaviorist views it. *Psychological Review*, 20, 158-177.

Watson, R. (1965). The historical background for national trends in psychology: United States. *Journal of the History of the Behavioral Sciences*, 1, 130-138.

Watson, R.I (1966). The role and use of history in the psychology curriculum. *Journal of the History of the Behavioral Sciences*, 2 (1), 64-69.

Watson, R.I. (1960). The history of psychology: A neglected area. *American Psychologist*, 15, 251-255.

Watson, R.I. (1967a). Psychology: A prescriptive Science. *American Psychologist*, 22, 435-443,

Watson, R.I. (1967b). A note on the history of psychology as a especialization. *Journal of the History of the Behavioral Sciences*, 3 (2), 192-193.

Watson, R.I. (1971a). Prescriptions as operative in the history of psychology. *Journal of the History of the Behavioral Sciences*, 7, 311-322.

Watson, R.I. (1971b). A prescriptive analysis of Descarte's psychological views. *Journal of the History of the Behavioral Sciences*, 7, 223-248

Watson, R.I. (1972). Working paper (Autobiografía). En T. S. Krawiec (ed.), *The psychologists.* New York: Oxford Univ. Press.

Watson, R.I. (1975). The history of psychology as a specialty: A personal view of its first 15 years. *Journal of the History of the Behavioral Sciences*, 11(1), 5-14.

Watson, R.I. (1978). *The Great Psychologists: From Aristotle to Freud.* (4ª ed.) Philadelphia: Lippincott.

Watson, R.I. (1979). The history of psychology conceived as social psychology of the past. *Journal of the History of the Behavioral Sciences*, 15, 103-114

Watson, R.I. (1980). Socio-psychological approach: The study of personality. En J.Brozek y L.J.Pongratz, eds., *Historiography of modern psychology.* Toronto: Hogrefe.

Weidman, N. (1998). A response to Bruce (1998) on the Lashley-Hull debate. *History of Psychology*, 1(2), 156-159.

Werner, K. (1876). *Der Entwicklungsgang der mittelalterlichen Psychologie von Alcuin bis Albertus Magnus.* Wien: Gerold's Sohn.

Wertheimer, M. (1980). Historical Research - Why?. En J. Brozek y L. Pongratz (Eds.), *Historiography of modern psychology* (pp. 3-23). Toronto: Hogrefe. (Traducción castellana: Investigación histórica - ¿para qué? En F.Tortosa, L.Mayor y H.Carpintero (eds.), *La psicología contemporánea desde la historiografía.* Barcelona: PPU, 1990).

Wertheimer, M. (1984). History of Psychology. What's new about what's old. En A.M.Rogers y C.J.Scheier (eds.), *The Stanley Hall Lecture Series*, Vol. 4. Washington, DC: American Psychological Association.

Westland, G. (1978). *Current crises for psychology.* New York, Holt.

Wolf, F.O. (1978). Marxian approaches to the history of psychology, *Journal of the History of the Behavioural Sciences*, 14(2), 122-123.

Wolf, S. (1993). *Brain, mind, and medicine: Charles Richet and the origins of physiological psychology.* New Brunswick, NJ: Transaction Publishers.

Wolman, B.B. (1968). *Historical roots of contemporary psychology.* New York: Harper & Row.

Woodward, W.R. (1980). Toward a critical historiography of psychology. En J. Brozek y L. Pongratz (eds.), *Historiography of modern psychology.* Toronto: Hogrefe.

Woodward, W.R. (1981). "Visible colleges" and archives in Europe: First impressions. *Journal of the History of the Behavioural Sciences*, 17 (3), 387-398.

Woodworth, R.S. (1931). *Contemporary schools of psychology.* New York: Ronald.

Wrenn, R.L. (ed.) (1966). *Basic contributions to psychology: Readings.* Belmont (California: Wadsworth.

Yela, M. (1982). Esbozo autobiográfico. *Revista de Historia de la Psicología*, 3(4), 281-332

Yela, M. (1987). Towards a unified psychological science. En A.W. Staats y L.P. Mos (Eds.), *Annals of theoretical psychology*, vol. 5 (pp. 241-274). Nueva York: Plenum

Young, R. (1966). Scholarship and the history of the behavioural Sciences. *History of Science*, 5, 1-51.

Yuren Camarena, M.T. (1980). *Leyes, teorías y modelos.* México: Trillas.